"十二五"国家重点图书出版规划项目

中国现代化报告
2012

——农业现代化研究

何传启　主编

中国现代化战略研究课题组
中国科学院中国现代化研究中心　编

北京大学出版社
PEKING UNIVERSITY PRESS

图书在版编目(CIP)数据

中国现代化报告.2012:农业现代化研究/何传启主编.—北京:北京大学出版社,2012.4
ISBN 978-7-301-20402-3

Ⅰ.①中… Ⅱ.①何… Ⅲ.①现代化建设-研究报告-中国-2012②农业现代化-研究-中国 Ⅳ.①D61

中国版本图书馆 CIP 数据核字(2012)第 046063 号

书 名:	中国现代化报告 2012——农业现代化研究
著作责任者:	何传启 主编
责 任 编 辑:	黄 炜
封 面 设 计:	常燕生
标 准 书 号:	ISBN 978-7-301-20402-3/F · 3121
出 版 发 行:	北京大学出版社
地 址:	北京市海淀区成府路 205 号 100871
网 址:	http://www.pup.cn
电 话:	邮购部 62752015 发行部 62750672 编辑部 62752038 出版部 62754962
电 子 邮 箱:	zpup@pup.pku.edu.cn
印 刷 者:	北京宏伟双华印刷有限公司
经 销 者:	新华书店

        850 毫米×1168 毫米 16 开本 24.5 印张 637 千字
        2012 年 4 月第 1 版 2012 年 4 月第 1 次印刷

定 价: 65.00 元

中国现代化战略研究课题组

序

农业是人类文明和国家发展的重要基础,农业现代化是世界现代化的重要内涵。

中国是一个农业大国。在 20 世纪 60 年代,中国政府提出了"四个现代化"的发展目标,包括农业现代化、工业现代化、国防现代化和科技现代化。在过去 50 年里,关于农业发展和农业现代化的研究,涌现了一批高水平的学术成果。

1982 年,世界银行出版了《世界发展报告 1982:国际发展趋势/农业和发展》。2008 年世界银行再次聚焦农业与发展问题,出版了《世界发展报告 2008:以农业促发展》,这是它的第 30 本报告。这本报告主要包括三个方面的内容:(1) 农业如何促进发展;(2) "以农业促发展"的有效措施;(3) 如何实施"以农业促发展"议程等。该报告认为,发展中国家可以分为三组:传统农业国家、转型中国家和城市化国家;传统农业国家的发展重点是:实现增长、减少贫困和加强粮食安全等;转型中国家的发展重点是:缩小城乡收入差距、减少农村贫困和完善补贴政策等;城市化国家的发展重点是:建立小农户与现代食品市场的有机联系、提供良好就业机会、提高小农户的市场竞争力等。

今年中国科学院中国现代化研究中心完成的《中国现代化报告 2012:农业现代化研究》是它的第 12 本报告。这本报告讨论了世界和中国的农业现代化问题,主要包括三个方面内容:(1) 系统分析 1700～2100 年期间世界农业现代化的事实和前景,定量评价 1960～2008 年期间 131 个国家的农业现代化水平,归纳和探讨世界农业现代化的历史经验。(2) 简要分析 20 世纪以来农业现代化研究的主要观点、主要理论和政策含义,阐述农业现代化的基本原理。(3) 理性分析中国农业现代化的历史进程、国际比较和未来前景,提出中国农业现代化的路线图等。此外,这本报告还完成了 2009 年世界现代化评价。

《中国现代化报告 2012》认为,目前中国农业现代化建设需要关注三个方面。首先,提高农业效率,包括建设农业创新体系,提高农业劳动生产率、农业土地生产率和综合生产率等,实现农业效率现代化。其次,加快农业结构调整,包括降低农业劳动力比例、提高现代畜牧业比例和有机农业比例等,实现农业结构现代化。其三,提高农民生活质量,包括提高农民素质、增加农民收入和改善农村生活条件等,实现农民和农村现代化。

农业现代化是一项复杂的系统工程,没有捷径可走。21 世纪,中国农业现代化的机遇和挑战是空前的。上述研究报告及其研究结果,为我们提供了有价值的参考信息。

实现中国农业现代化,需要全社会的共同努力。

中国科学院院长

2012 年 2 月 12 日

前　言

2001 年是公元第三千年的纪元,是中国现代化第三步战略的起点。

2001 年开始出版的《中国现代化报告》(以下简称《报告》),先后得到国家自然科学基金委员会、国家科技部和中国科学院的资助,得到课题组顾问们的关怀和指导,受到国内外一些著名学者的充分肯定,受到国内外一些重要媒体的持续关注。

中国科学院前院长周光召院士题词:为可持续发展的现代化奋斗。中国科学院前院长路甬祥院士题词:研究现代化规律,创新现代化理论,促进现代化建设。中国工程院前院长宋健院士亲笔写到:你们近几年出版的《现代化报告》,非常好,对各界极有参考价值,很有思想性。国家科技部前部长徐冠华院士为《报告》作序:系统和科学地研究现代化,全面揭示现代化的客观规律,是中国科学家的一个历史责任。北京大学前校长、国家自然科学基金委员会前主任陈佳洱院士为《报告》作序:中国现代化研究既是关系国家目标和国家长远发展的重大基础研究,又是跨学科、跨领域和跨部门的综合研究,值得社会各界给予关注和支持。

美国杜克大学社会学荣誉教授图亚江(E. Tiryakian)说:《报告》覆盖的领域很广,而且毫无疑问,它代表了这些领域的世界先进水平。在东亚兴起的新一轮现代化进程中,你们正在发挥引领作用。俄罗斯科学院通讯院士拉宾教授(N. Lapin)说:《报告》对俄罗斯现代化的研究者和建设者而言都极有意义,《报告》俄文版已被送给俄罗斯有关政府部门参考。国际社会学协会前主席、意大利米兰大学政治和社会学系马蒂内利教授(A. Martinelli)说:《报告》采用自然科学与社会科学相结合的研究方法,这种方法是促进现代化研究的有效方法。欧洲科学院院士、波兰社会学家莫拉斯基教授(W. Morawski)说:将在大学讲课时使用这份《报告》。

2001 年以来,先后有 280 多家中国报纸对《报告》进行报道或评论,《人民日报》的相关报道有 10 多次,《光明日报》的相关报道有 20 多次,《报告》被引篇次超过 1000 次;美国、英国、德国、韩国和澳大利亚等国家的媒体也进行了多次报道。2008 年香港《中国评论通讯社》说:《中国现代化报告》的影响力很大,对政府长远政策的制定、对社会精英的思考模式、对社会舆论的理论引导、对民意的启发,都具有无法低估的作用。2011 年元月《科学时报》头版报道:现代化科学是民族复兴基础。2011 年 10 月根据国家新闻出版总署有关文件,《中国现代化报告》被列入"十二五"国家重点出版规划 400 种精品项目(第 77 项"中国发展报告系列")。

迄今为止,《中国现代化报告》已经走过了 11 年的历程。《报告》前 11 年的主题依次是:现代化与评价、知识经济与现代化、现代化理论与展望、地区现代化、经济现代化、社会现代化、生态现代化、国际现代化、文化现代化、世界现代化和现代化科学。它们分别涉及现代化基础理论研究、分层次现代化研究、分领域现代化研究等。

今年《报告》的主题是农业现代化研究,属于部门现代化研究。关于农业现代化研究,已有大量文献,有些文献的学术水平非常高。本项研究侧重定量研究和国际比较,它的主要目的有四个:(1)为研究农业现代化现象提供历史事实;(2)为研究农业现代化理论提供一种框架;(3)为中国农业现代化提供世界背景;(4)为中国农业现代化提供一种前景分析。

本《报告》主要包括五个部分:首先,系统分析 1700 年以来世界农业现代化的历史进程、客观现实和未来前景。其次,系统分析农业现代化研究的主要观点、主要理论和政策含义。其三,简要分析中国农业现代化的事实和前景,提出中国农业现代化的路线图。其四,完成 1960～2008 年世界 131 个国家的农业现代化评价。其五,完成 2009 年世界现代化评价,包括世界 131 个国家和中国 34 个地区的第一次现代化程度、第二次现代化指数和综合现代化指数的评价。

本《报告》和前 11 本《报告》一样,世界现代化评价注意了如下几个方面:

(1) 有限目标。现代化是动态的和综合的,涉及人类生活各个领域的深刻变化。本《报告》仅对经济、社会、文化和环境现代化进行评价,没有涉及政治领域的现代化。

(2) 评价方法的科学性。现代化评价是对一个非线性大系统的动态过程进行评价,评价方法包括定性评价、定量评价和综合评价等。基于目前的条件,本报告采用定量评价。

(3) 评价指标的合理性。选择评价指标有四个原则:其一,具有代表性的关键指标,避免指标相互重叠;其二,可以获得连续的官方统计数据,避免随机波动;其三,具有可比性,能够反映发展水平;其四,对评价指标进行相关性分析,保证指标的合适性。

(4) 评价数据的权威性和一致性。评价数据采用国际权威机构和官方统计机构公布的数据;其中,世界现代化评价以世界银行的《2011 年世界发展指标》的系列数据为基本数据来源,中国地区现代化评价以《2011 年中国统计年鉴》的系列数据为基本数据来源。

(5) 评价结果的相对性。世界现代化进程评价,不同国家统计方法和统计指标有一定差异;有些年份有些国家数据不全等,这些对评价结果有一定影响。故评价结果是相对的。

(6) 评价结果的客观性。本《报告》的数据来源是权威的,现代化评价方法没有采用"加权系数",减少人为因素的影响,计算全部由计算机完成,评价结果具有连续可比性。影响现代化的因素很多,评价结果更多反映一种趋势。在分析和引用结果时,要非常慎重。

本项研究得到中国科学院中国现代化研究中心理事会的大力支持。中国科学院文献情报中心和北京同响时代现代化管理咨询中心给予了许多的帮助。北京大学出版社在很短时间内完成了《报告》的编辑出版工作。特此,向有关领导、单位、学者及工作人员表示诚挚的谢意!

本《报告》是集体劳动的成果。《报告》综述、第一、第二和第三章由何传启执笔,第四章和附录由张凤执笔;课题组对《报告》内容进行了多次讨论和修改。

本《报告》包含 430 多张图表和大量数据,在处理过程中难免出现遗漏和错误;有些观点只是一家之言。敬请读者随时联系,不吝赐教。我们将不断改进工作和提高研究质量。

何传启
中国现代化战略研究课题组组长
中国科学院中国现代化研究中心主任
2012 年 1 月 12 日

目　　录

上篇　农业现代化研究

下篇　世界和中国现代化评价

附　录

图表目录

综述　现代农业的新机遇

农业是主要生产粮食的部门,粮食是人类生存的基础。在 2000~2100 年期间,世界人口预计将从 61 亿增加到 100 亿左右,粮食需求总量将从 21 亿吨增加到 50 亿吨左右,肉食需求总量将从 2.3 亿吨增加到 12 亿吨左右(表 1)。与此同时,世界的人均农业用地面积在减少,人均耕地面积在减少,世界农业面临新机遇和新挑战。

表 1　21 世纪世界农业的供求预测

项目	1960	2000	2050	2100	2050/2000	2100/2000
人口/亿(预测一)	30.2	60.8	88.4	98.4	1.5	1.6
(预测二)	30.2	60.8	95.6	119.6	1.6	2.0
谷物生产总量/亿吨(预测一)	8.8	20.6	37.4	47.9	1.8	2.3
(预测二)	8.8	20.6	40.5	58.2	2.0	2.8
肉食生产总量/亿吨(预测一)	0.7	2.3	5.8	11.1	2.5	4.8
(预测二)	0.7	2.3	6.3	13.5	2.7	5.8
人均谷物生产/千克*	285	339	423	486	1.3	1.4
人均肉食生产/千克*	23	38	66	113	1.7	2.9
人均农业用地面积/公顷*	1.45	0.81	0.42	0.22	0.5	0.3
人均可耕地面积/公顷*	0.37	0.23	0.14	0.09	0.6	0.4

注:1960 年和 2000 年数值为实际值,其他为预测值。预测一,人口增长率按 1990~2008 年期间的年均增长率测算,人口数每 10 年滚动预算一次。预测二,人口增长率按 1980~2008 年期间的年均增长率测算,人口数每 10 年滚动测算一次。* 按 1980~2008 年期间的年均增长率计算。谷物生产总量＝人均谷物生产×人口,肉食生产总量＝人均肉食生产×人口。除人口指标外,其他指标 1960 年数据为 1961 年值。

农业现代化是现代化的一个重要方面,是世界现代化的重要组成部分。在过去 300 年里,农业现代化提高了人类的食物供给,提高了农民的收入水平。本报告探讨世界农业现代化的事实、前景和原理,以及 21 世纪中国农业现代化的理性选择。

一、世界农业现代化的事实和前景

一般而言,农业是通过培育生物体(动物和植物等)生产食品、纤维和其他经济与生活用品的产业,农业现代化指农业系统的现代化。本报告对世界农业现代化进行时序分析、截面分析和过程分析,时间跨度为 400 年(1700~2100 年),分析内容包括农业生产、农业经济、农业要素、历史进程、客观现实和前景分析等。

1. 世界农业生产的事实和前景

首先,关于农业资源。农业资源总量变化较慢,但人均资源变化较快。人均资源与资源总量成正比,与人口成反比。20 世纪,世界人均农业资源总体下降,人均资源与农业劳动生产率之间没有显著关系;农业资源的国别差异非常大,人均耕地最大相差超过 1

万倍。21 世纪人均农业资源会继续下降。

其次,关于农业投入。18 世纪以来,农业劳动力总量从上升到下降;农业劳动力比例不断下降,目前发达国家农业劳动力比例在 1% 左右。19 世纪以来,农业土地集约化程度提高,但国别差异比较大;农业资本投入持续增加,包括机械、化肥、农药和能源等;农业科技投入在增加,农业良种应用扩大,作物单产持续提高等。20 世纪,农业劳动力比例与农业劳动生产率负相关,土地集约程度与农业劳动生产率正相关,农业资本投入与农业劳动生产率、土地生产率和谷物单产正相关。

21 世纪,农业劳动力总量和比例会继续下降;农业土地的集约化程度可能继续提高;农业资本投入继续增加,但结构发生变化,农药和化肥使用密度可能下降。

其三,关于农业生产效率和结构。18 世纪以来,农业相对规模缩小,目前世界农业增加值比例约为 3%,发达国家约为 1%;农业效率不断提高,农业劳动生产率的国际差距扩大;目前农业劳动生产率绝对差距 6 万多美元,相对差距 900 多倍。19 世纪以来,农场平均规模扩大,规模经营比较普遍。20 世纪以来,种植和畜牧业比例较大,林业和渔业以及农业服务业比例较小;发达国家牲畜产值比例约为 40%~80%,作物产值比例约为 20%~60%;农场多种经营,农民收入多元化等。

21 世纪,农业增加值比例会继续下降,部分国家农业增加值总量下降;发达国家农业的种植业与畜牧业的产值比例大致在 1:1 左右;农业效率继续提高,农业效率的国际差距继续扩大;农业相对规模与农业效率的关系,仍将是负相关。

2. 世界农业经济的事实和前景

首先,关于农业供给。18 世纪以来,农民人均供应人口缓慢上升,2008 年发达国家农民人均供应 61 人,世界平均 5 人。20 世纪以来,食物供应能力提高,但国家差别大,人均肉食供应最大相差约 40 倍,目前大约 30 多个国家粮食完全自给;粮食自给率与人均可耕地面积和人均作物面积正相关。

21 世纪,农民人均供应人口会继续上升,食物供应能力会继续提高,国别差异很大;粮食自给率的国家差别非常大,只有部分国家能够完全自给。

其次,关于农业流通。19 世纪以来,国际农业贸易不断增长,国际农业贸易存在很大国别差异和品种差异,农产品净出口国家比较少;农产品关税普遍下降,目前世界平均低于 10%;农产品国际贸易摩擦和冲突,时有发生;国际农业贸易摩擦与农业补贴紧密相关,不同国家农业补贴差别很大。

21 世纪,国际农业贸易会继续增长,国别差异会扩大;农产品关税可能会继续下降;国际农业贸易摩擦会继续存在。

其三,关于农业需求和消费。人均消费需求有极限。目前发达国家,每天人均的蛋白质需求约为 100 克,脂肪需求约为 150 克;每年人均谷物消费约为 110 千克,肉食消费约为 90 千克。

20 世纪以来,人均消费水平提高,人均营养供应有较大增长;发达国家的人均粮食消费和人均肉食消费数量逐步接近;发展中国家仍然以粮食消费为主,但肉食消费在增加;世界人均粮食消费下降,人均蔬菜、水果、肉食和奶类消费增加。

21 世纪,人均食物需求和消费会有极限,但食物需求和消费总量会不断增加;世界人均粮食消费将趋向合理水平,世界人均蔬菜、水果、肉食和奶类消费会增加;发展中国家的食物供应将面临重大挑战。

3. 世界农业要素的事实和前景

首先,关于农民。19 世纪以来,农民素质提高,农民识字率提高和受教育年数增长;农民收入增长。20 世纪农民收入多元化,收入来自农场的多种经营、对外务工和国家农业补贴等。21 世纪,农民素质会继续提高,发达国家农民将普及高等教育;农民收入会继续提高,农民收入仍将是多元的。

其次,关于农村。18 世纪以来,随着城市化、工业化和农业劳动力比例下降,农村人口比例下降。19 世纪以来,农村基础设施,如饮水、卫生、交通、电力、文化和通信设施等均有改善。20 世纪以来,农村农业人口比例下降,这是一个普遍现象,但也有一些例外;农村绝对贫困人口比例下降。21 世纪,世界农村人口比例和农村农业人口比例会继续下降;农村基础设施会继续发展和完善。

其三,关于农业环境。18 世纪以来,世界人口不断增长。19 世纪以来,农业人口比例下降。由于农业占国民经济比例的持续下降,农业经济的相对地位下降。虽然农业经济的相对地位下降,但绝对地位没有变化,它仍是国民经济的一个基石。

20 世纪以来,农业生态环境、水土流失和全球气候变化等受到普遍关注;农民人均补贴收入增加,国家农业补贴政策与 WTO 的农业政策需要协调一致。

21 世纪,世界农业总需求持续增长,农业补贴、农业贸易和生态环境问题仍将存在。随着世界人口增长,尽管人均消费需求有极限,但世界农业总需求仍然会持续增长。在世界农业自然资源基本稳定的条件下,如果世界人口继续增长,世界农业的需求压力会持续增长,爆发世界性农业危机的可能性是存在的。

其四,关于农业科技。农业科技发展可以大致分为三个阶段:传统农业科技(18 世纪以前)、现代农业科技(18 世纪至 20 世纪 70 年代)和后现代农业科技(20 世纪 70 年代以来),它们分别对应于农业经济时代、工业经济时代和知识经济时代。

其五,关于农业制度和农业观念。农业制度和农业观念的演变可以大致分为三大阶段:农业经济时代、工业经济时代和知识经济时代的农业制度和农业观念。

目前,在发达国家,农业日益成为一个政治和环境议题;在发展中国家,农业更多是一个经济和社会议题。发达国家和发展中国家的农业差异比较明显。

4. 世界农业现代化的历史进程

在 18~21 世纪期间,世界农业现代化的前沿过程包括两大阶段和六次浪潮。

第一次农业现代化是从传统农业向初级现代农业的转型,大致时间是 1763~1970 年,主要特点包括农业的市场化、工业化、机械化和化学化,农业比例下降等。

第二次农业现代化是从初级现代农业向高级现代农业的转型,大致时间是 1970~2100 年,主要特点包括农业的知识化、信息化、生态化、多样化和国际化等。

在 1960~2008 年期间,(1) 完成第一次农业现代化的国家数量从 7 个上升到 30 个,完成第一次农业现代化的国家比例从 6% 上升到 23%;(2) 农业发达国家的比例约为 15%~19%,农业发展中国家的比例约为 81%~89%;(3) 农业发达国家降级为发展中国家的概率为 10% 左右,农业发展中国家升级为发达国家的概率为 2% 左右;(4) 农业现代化国家分组的变化,7 个国家地位上升,30 个国家地位下降。

5. 世界农业现代化的客观现实

2008 年,世界农业现代化的前沿已进入第二次农业现代化的发展期;世界平均水平大约处于第一次农业现代化的成熟期;低收入国家平均处于第一次农业现代化的起步期;世界农业现代化处于两次农业现代化并存的阶段。

目前,欧洲农业现代化水平是比较高的;其次是美洲和亚洲;非洲水平仍然是比较低的。世界农业现代化的平均水平约为世界农业先进水平的三分之一。

2008 年,30 个国家已经完成第一次农业现代化,28 个国家进入第二次农业现代化;94 个国家处于第一次农业现代化,9 个国家属于传统农业国家;美国等 20 个国家是农业发达国家,葡萄牙等 28 个国家是农业中等发达国家,中国等 28 个国家是农业初等发达国家,印度等 55 个国家是农业欠发达国家。

2008 年,农业发达国家包括英国、德国、挪威、瑞典、丹麦、芬兰、荷兰、比利时、法国、美国、瑞士、奥地利、意大利、日本、加拿大、澳大利亚、以色列、西班牙、爱尔兰等;传统农业国家包括塞拉利昂、马拉维、坦桑尼亚、尼日尔、中非、布基纳法索、埃塞俄比亚、布隆迪、卢旺达等。

6. 世界农业现代化的前景分析

首先,世界农业现代化的整体水平。大体而言,2050 年第二次农业现代化指数的世界先进水平会比 2008 年提高约 3 倍,2100 年会比 2050 年提高约 5 倍。目前农业发达国家:中等发达国家:初等发达国家:欠发达国家的比例大约为 16:22:22:40。如果没有发生重大改变,21 世纪国际农业体系将大致维持这种比例结构。

其次,世界农业三大方面现代化的水平。世界农业三大方面的世界先进水平会不断提高。农业生产的世界平均水平与世界先进水平相比,农业劳动生产率和农业劳动力比例指标水平大约落后 100 年,农业机械化程度大约落后 50 年。

21 世纪末,世界人口将达到 90 至 120 亿,世界农业将面临巨大需求和压力。

其三,世界农业现代化的国家水平。2050 年完成第一次农业现代化和进入第二次农业现代化的国家将达到 80 个左右;2100 年完成第一次农业现代化和进入第二次农业现代化的国家将超过 100 个。

如果参照历史经验,21 世纪大约有 2~4 个农业发达国家有可能降级为农业发展中国家,大约有 2 个农业发展中国家有可能晋级农业发达国家。

7. 世界农业现代化的历史经验

首先,农业现代化是相对可以预期的。在一般情况下,20 世纪世界农业变化是相对连续的和有规律可循的,大约 67% 的农业指标与国家经济水平显著相关。例如,农业效率上升,资源使用效率上升,农民收入增加,农业产业比例和农业就业比例下降,农业从"赋税产业"向"补贴产业"的转变等。

其次,农业现代化是一个长期的过程。农业现代化包括从生存农业向商品农业、从工业化农业向知识型农业的转变;其中,第二个转变尚没有完成。

其三,农业现代化是一个复杂的过程。农业现代化不仅包括农业效率的提高,也包括农业结构、农业制度和农业观念的变化。其中,农业生产模式、农业结构、农业制度和农业形态的转变和更替,是农业现代化的关键。

其四,农业现代化是一个不平衡的过程。在过去 300 年里,农业现代化是不同步的,表现为农业效率增长的不同步、农业结构变化的不同步、农业制度和观念变化的不同步和农业形态转变的不同步等;农业现代化成就的空间分布不均衡。

其五,农业现代化是一个动态的过程。农业现代化不仅内涵是变化的,而且不同国家的表现也是变化的。农业现代化是一场国际竞争,犹如一场国际农业马拉松比赛,输家和赢家不是一成不变的。世界农业中心是可变的,世界农业前沿是变化的,国际农业差距是变化的,国家农业地位是可变的。

其六,农业现代化是一个可逆的过程,可以出现停滞、中断或倒退现象等。整个世界的农业现代化进程是连续的和不可逆的,但是,某个国家和地区的农业现代化进程就有多种表现形式,它可以是连续的,也可以是不连续的;可以出现停滞或中断,也可以出现暂时的倒退,甚至长期的倒退。

其七,农业现代化是一个全球的过程。在过去 300 年里,所有农业发达国家都是国际竞争的参与者,农业现代化逐步波及全球的绝大多数国家和地区。在未来 100 年里,所有国家或者参与农业国际化,或者受到农业国际化的影响。

其八,农业现代化是一个国际差距扩大的过程(农业效率趋异的过程)。在 1970~2008 年期间,高收入国家和低收入国家平均的农业劳动生产率(按 2000 年价格美元计算)的相对差距从 26 倍扩大到 92 倍,绝对差距从约 7000 美元扩大到 25 000 多美元。可以预计,21 世纪农业效率的国际差距还会扩大。

其九,农业现代化是一个进步的过程。过去 300 年的农业现代化过程,既是农业劳动生产率提高的过程,也是资源使用效率提高的过程,同时是农民福利和生活质量改善的过程。在未来 100 年里,没有理由怀疑这种趋势会中断或逆转。所以,农业现代化是进步的,尽管在进步过程中会发生种种问题,甚至是灾难性问题。

其十,农业现代化是一个充满风险的过程。农业现代化不是免费的,需要付出成本和代价。在农业现代化过程中,随着产业转型和技术更替,老技术将失去其原有的农业价值,有些人群将受到损失。另一个方面,科学和技术是一柄双刃剑,技术风险始终存在,而且有扩大的可能。农业现代化过程要求风险控制和危机管理。

其十一,政府在农业现代化过程中有不可替代的作用。农业现代化过程是从农业税收向农业补贴的转变过程。如果没有政府支持,农业现代化是难以实现的。

其十二,科技和教育在农业现代化过程中有不可替代的作用。农业科技进步和农业科技知识普及,是农业现代化的两个重要基础。

二、世界农业现代化的基本原理

农业现代化是一个客观现象和世界潮流。关于农业现代化的理论研究受到部分学者的关注。农业现代化理论包括经典农业现代化理论、两次农业现代化理论和广义农业现代化理论等。其中,广义农业现代化理论是第二次现代化理论在农业系统的应用。

1. 农业现代化的操作性定义

在现代化科学里,农业现代化没有统一定义,但有多种操作性定义。

定义一,农业现代化是 18 世纪以来世界农业的一种前沿变化和国际竞争,是现代农业的形成、发展、转型和国际互动的前沿过程,是农业要素的创新、选择、传播和退出交替进行的复合过程,是追赶、达到和保持世界农业先进水平的国际竞争和国际分化等;达到和保持世界农业先进水平的国家是农业发达国家,其他国家是农业发展中国家,两类国家之间可以转换,地位转移有一定概率。

定义二,农业现代化是现代农业的世界前沿,以及达到世界前沿的行为和过程。

定义三,农业现代化是 18 世纪以来农业发展、农业转型和国际农业互动的交集。

简而言之,农业现代化是现代农业的世界先进水平,以及追赶、达到和保持世界农业先进水平的行为和过程。它包括从传统农业(自给型农业)向初级现代农业(市场化农业)、从初级现代农业向高级现代农业(知识型农业)的两次转变、农业效率和农民收入的持续提高、农民福利和生活质量的持续改善、保持农产品供需平衡和国家粮食安全、国家农业地位和国际农业体系的变化等;在 18~21 世纪期间,农业现代化的前沿过程可以分为第一次和第二次农业现代化,两次农业现代化的协调发展是综合农业现代化,综合农业现代化主要适合于发展中国家。

从农业变迁和农业转型角度看,每一个国家的农业现代化都会进步和有可能成功,但国家农业进步有快慢,农业水平有高低,成功时间有先后。

从世界前沿和国际竞争角度看,只有部分国家的农业能够达到和保持世界先进水平,不同国家成功的概率有差异。在过去 50 年里,农业发达国家的比例不到 20%,农业发展中国家的比例超过 80%;农业发展中国家升级为发达国家的概率为 2% 左右,农业发达国家降级为农业发展中国家的概率为 10% 左右。

农业现代化的三个判断标准是:有利于农业生产力的解放和提高,有利于农民生活质量的提高和农民的全面发展,有利于农业生态系统平衡和国家食品安全。

2. 农业现代化的过程

一般而言,农业现代化过程大致分为两类:前沿过程和追赶过程。前沿过程是农业发达国家的农业现代化,追赶过程是农业发展中国家的农业现代化。在 18~21 世纪期间,农业现代化前沿过程可以分为两大阶段。22 世纪农业还会有新变化。

在 1763~1970 年期间,世界农业现代化的前沿过程是第一次农业现代化。

第一次农业现代化是从传统农业向初级现代农业、从自给型农业向市场化农业的转型。它的特点包括市场化、商业化、集约化、专业化、工业化、机械化、电气化、自动化、化学化、良种化、水利化、规模化、标准化、科学化、制度化和体系化等,包括农业劳动生产率、农业土地生产率和农民生活水平提高,农业劳动力比例和农业增加值比例下降等。它的结果是第一农业现代性、特色性和多样性的形成,副作用包括农业环境污染和水土流失等。

在1970~2100年期间,世界农业现代化的前沿过程是第二次农业现代化。

第二次农业现代化是从初级现代农业向高级现代农业、从工业化农业向知识化农业的转型。目前它的特点包括知识化、信息化、智能化、精准化、生态化、绿色化、自然化、多样化、订单化、立体化、工厂化、国际化和生物技术的普遍应用等,包括农业综合效益、农产品质量、国际竞争力和农民生活质量提高,农业劳动力比例和农业增加值比例继续下降等。它的结果是第二农业现代性、特色性和多样性的形成,副作用包括农业贸易冲突、食物风险等。

如果说,第一次农业现代化是初级农业现代化,是从传统农业向初级现代农业的转变;那么,第二次农业现代化是高级农业现代化,是从初级现代农业向高级现代农业的转变;两次农业现代化的协调发展是综合农业现代化。

综合农业现代化是农业现代化的一条基本路径,它包括两次农业转型(从自给型农业向市场化农业、从工业化农业向知识型农业的转型)的联动和持续向知识型农业转变,包括农业市场化、机械化、信息化、绿色化和国际化的协调发展,包括农业效率和农民收入的提高、农民福利与生活质量的改善、农业比例下降、国际农业竞争力和国际农业地位的提高等。

3. 农业现代化的结果

农业现代化的结果包括农业现代性、特色性、多样性和副作用的形成,包括农业生产率和农民生活质量提高、农业生态变化和农民全面发展,包括农业供求动态平衡、农业科技发展和农业比例下降,包括世界农业前沿、国际农业体系和国家农业状态的变化。不同国家农业现代化的结果既有共性又有差异。

第一次农业现代化的结果是第一农业现代性、特色性和多样性的形成,包括农业劳动生产率、农业土地生产率和农民生活水平提高,农业劳动力比例和农业增加值比例下降,副作用包括农业环境污染和水土流失等;完成第一次农业现代化的主要标志是完成农业的市场化、机械化和专业化,农业效率、农业比例和农民收入达到市场化农业的先进水平(20世纪60年代的世界先进水平)。

第二次农业现代化的结果是第二农业现代性、特色性和多样性的形成,包括农业综合效益、农产品品质、农业国际竞争力和农民生活质量提高,农业劳动力比例和农业增加值比例继续下降,副作用包括农业贸易冲突、食品风险等;完成第二次农业现代化的主要标志是完成知识化和生态化,农业综合效益和农民综合素质达到知识型农业的先进水平(未来某个时间)等。

国家农业现代化的目标包括:完成第一次农业现代化,实现从传统农业向初级现代农业的转型;完成第二次农业现代化,实现从初级现代农业向高级现代农业的转型;追赶、达到和保持世界农业的先进水平,成为农业发达国家或缩小国际农业差距;同时确保粮食安全。前两个目标的实现是一个"时间问题",所有国家都有可能先后完成;第三个目标的实现是一个"比例和概率问题",只有部分国家能够达到和保持世界先进水平。

从政策角度看,国家农业现代化的主要目标有两个:提高农业生产力和农民生活质量,保持农业生态系统的稳定和国家食品安全;发达国家的政策目标是保持世界农业先进水平,发展中国家的政策目标是追赶和达到世界农业先进水平。

一般而言,实现农业现代化的基本标准包括农业效率、农民收入、农业结构、农业制度和农业观念达到当时世界先进水平等。完成第一次农业现代化的标准是:农业增加值占 GDP 比例小于 15%,农业劳动力占总劳动力比例小于 30%,农业劳动生产率达到 20 世纪 60 年代世界先进水平(按 2000 年价格计算约 4000 美元);进入第二次农业现代化的标准是:农业增加值占 GDP 比例小于 5%,农业劳动力占总劳动力比例小于 10%,有机农业或生态农业已经起步等。

4. 农业现代化的动力

农业现代化的动力因素非常多,主要因素包括农业创新、农业竞争、农业适应、农业交流、国家利益和市场需求等。在农业发达国家,农业创新作用比较突出;在农业发展中国家,农业交流作用比较突出。

农业现代化的动力模型包括:创新驱动模型、三新驱动模型、双轮驱动模型、联合作用模型、四步超循环模型、创新扩散模型、创新溢出模型、竞争驱动模型、经济和社会驱动模型、农业生产力函数等。农业生产率与农业技术、农业劳动力人均资本和人均技能成正比。

5. 农业现代化的模式

农业现代化是一个历史过程,具有时间跨度和发展路径。发展路径指在农业现代化的起点与终点(目标)之间的道路,它具有方向性、阶段性和结构特征。农业现代化的模式是农业现代化的发展路径的一段历史截段,是农业现代化的关键要素的一种组合,具有时效性和针对性。农业现代化具有路径依赖性和资源依赖性。

农业现代化没有标准模式,也没有最佳模式,只有合适模式。依据要素组合和资源禀赋,农业现代化大约有 40 多种模式。第一次农业现代化的模式选择,更多受自身条件的影响。第二次农业现代化的模式选择,更多受科技水平和国际环境的影响。

6. 农业现代化的政策选择

农业现代化的政策分析,必须尊重农业现代化的客观规律,必须适合国家或地区的自然禀赋和现实条件。不同国家和地区农业现代化的政策选择,需专门研究。

在 21 世纪,农业发达国家可以采用第二次农业现代化路径;农业发展中国家可以有三种选择:追赶农业现代化路径、综合农业现代化路径和第二次农业现代化路径。三条路径有不同内涵和特点,可以和需要采取不同政策。

农业政策创新和措施选择,一般遵循五个原则:有利于农业生产力的解放和提高;有利于农业供求平衡和食品安全;有利于农民生活质量提高和农民全面发展;有利于农业生态系统的平衡和稳定;有利于农业科技进步和提高国际竞争力等。

三、中国农业现代化的理性选择

农业是人类文明的重要基石,中国是世界农业的发源地之一。在农业文明时代,中国创造了辉煌历史。19 世纪以来,中国一直是世界上最大的农业国家。20 世纪中国人口约占世界人口的五分之一,中国农业现代化的政策选择必然影响世界农业。21 世纪中国可以选择综合农业现代化路径,可以制定和实施农业现代化路线图。

1. 中国农业生产的事实和前景

首先,农业资源。1960 年以来,中国人均可耕地面积和人均谷物面积都下降了约一半;但人均园地面积提高了 2 倍多,1980 年以来人均森林面积提高了 33%。

2008 年,中国 8 种人均农业资源都低于世界平均值;人均森林面积、人均淡水资源、人均国土面积和人均可耕地面积约为世界平均值的 26%、33%、36% 和 40%。

21 世纪,中国人均农业资源继续下降,农业资源压力继续增加。

其次,农业投入。1960 年以来,中国农业劳动力比例下降了约 50%;谷物用地比例下降了约 37%,农业机械化程度和化肥使用密度上升;土地集约化程度变化不大。2000 年以来农业科技投入比例上升。

21 世纪,中国农业劳动力总量和比例会下降,土地集约化程度将会提高,农业资本投入继续增加,但结构发生变化,农药和化肥使用密度可能下降等。

其三,农业生产。1960 年以来,中国农业增加值提高了 30 多倍,农业增加值比例下降了约 50%;农业劳动生产率提高了 3 倍多,工业劳动生产率提高了约 10 倍,2008 年工业和农业的劳动生产率相差 11 倍。1961 年以来,中国牲畜增加值比例提高了 2 倍多,作物增加值比例下降了约 25%;谷物单产和小麦单产分别提高 3 倍和 7 倍多,农民人均产肉和人均产粮分别提高了 26 倍和 3 倍;农业化肥使用效率持续下降。

2008 年,中国谷物单产、水稻和小麦单产达到发达国家水平,玉米单产达到中等发达水平,农业增加值比例接近初等发达水平;中国农业劳动生产率约为世界平均值的 47%,约为高收入国家平均值的 2%,约为美国和日本的 1%。形象地说,中国农业发展"一条腿"长(谷物单产高),"一条腿"短(劳动生产率低)。

21 世纪,中国农业增加值比例会继续下降,种植业与畜牧业的产值比例大致会调整到 5:5 左右,农业劳动生产率的国际差距有可能先扩大后缩小等。

2. 中国农业经济的事实和前景

首先,农业供给。在 1961～2007 年期间,中国人均谷物供给提高了 1 倍,人均肉食供给提高了 12 倍,人均水果和人均植物油供给分别提高了 14 倍和 10 倍;人均奶类、人均蛋类和人均鱼类供给分别提高 9 倍、7 倍和 6 倍;粮食浪费比例下降了 36%。中国粮食自给率,1961 年约为 93%,2007 年约为 99%。

21 世纪,中国农民人均供应人口会增加;人均植物油和水果供应、人均奶类和肉食供应将有较大增长，粮食自给率应保持在 98％左右等。

其次，农业流通。1990 年以来，中国人均农业贸易和农民人均出口分别提高了 5 倍和 3 倍。2000 年以来，中国已经成为农业净进口国；2008 年中国是农业粗物质、食品、植物油、肉食、奶类等的净进口国，人均农业净进口为 39 美元。2000 年以来农产品平均关税下降了约 49％。2008 年中国农民人均出口约为世界平均值的 12％，约为美国的 0.2％，约为高收入国家平均值的 0.3％。

21 世纪，中国仍将可能是农业净进口国；中国农业国际贸易会继续增长，农产品关税可能会继续下降，国际农业贸易摩擦会继续存在等。

其三，农业需求和消费。在 1961～2007 年期间，中国人均营养水平提高了 1 倍，人均动物营养提高了 10 倍，动物营养比例提高了 4 倍多。2000 年以来，中国人均营养供应已经超过世界平均水平。中国人均谷物消费有极限，从 1961 年的 93 千克上升到 1984 年的 182 千克，然后逐步下降到 2007 年的 152 千克。

在 1961～2007 年期间，中国消费结构变化明显。例如，中国人均谷物消费先升后降，人均肉食消费提高了 12 倍多，人均水果、植物油和蔬菜消费分别提高了 13 倍、6 倍和 2 倍多；人均蛋类、奶类和鱼类消费分别提高了 10 倍、7 倍和 4 倍多；中国谷物食用比例从 64％下降到 53％，谷物饲料比例从 19％上升到 31％等。

21 世纪，中国人均粮食需求和消费会有极限；人均植物油和水果需求、人均动物性营养、人均奶类和肉食需求、饲料用谷物需求等将有较大增长等。

3. 中国农业要素的事实和前景

首先，农民和农村。1960 年以来，中国农民受教育水平提高，农民人均收入增长，农村人口比例下降，农村饮水、卫生、交通、电力、文化和通信设施改善等。

21 世纪，中国农民受教育年数会增长，人均纯收入会增长，农村人口比例和农村农业人口比例会下降，农村基础设施会继续改善等。

其次，关于农业环境。1961 年以来，中国人口自然增长率下降；农业经济的相对地位下降，但绝对地位不会改变。农业仍将是国民经济的重要基石，是社会稳定的基石，是食物安全的根本保证。农民人均补贴收入增加，农业补贴政策与 WTO 的农业政策需要协调一致。中国农业的生态环境问题，需要特别关注。

在 2008～2050 年期间，中国谷物生产总量需要达到 7.8 亿吨，新增谷物产量约 3 亿吨；肉食生产总量需要达到 1.2 亿吨，新增肉食产量约 0.5 亿吨；农业劳动力比例将从 40％下降到 4％左右，需要把大约 2.8 亿农业劳动力转移出去。

4. 中国农业现代化的过程分析

中国农业现代化的发端，可以追溯到 19 世纪中后期，大致时间为 1880 年。

19 世纪后期以来，中国农业现代化的前沿过程大致分为三个阶段：清朝末年的农业现代化起步、民国时期的局部农业现代化、新中国的全面农业现代化。2006 年全国废止"农业税"，农业补贴逐年上升。这是中国农业现代化的一座里程碑。

2008 年中国属于农业初等发达国家，中国农业现代化水平低于中国现代化水平。

2008 年中国第一次农业现代化指数为 76,排世界第 75 位;第二次农业现代化指数为 35,排世界第 62 位;中国综合农业现代化指数为 38,排世界第 65 位。

2008 年中国农业指标的水平大致是:12% 的指标达到农业发达水平,4% 的指标为中等发达水平,34% 的指标为初等发达水平,51% 指标为欠发达水平。

2008 年,农业劳动生产率,日本和法国是中国的 100 多倍,美国和加拿大是中国的 90 多倍,德国、英国、澳大利亚和意大利是中国的 50 多倍;农业劳动力比例,中国是美国和英国的 20 多倍,是德国、法国、澳大利亚和加拿大的 10 多倍。

按农业劳动生产率、农业增加值比例和农业劳动力比例的年代差的平均值计算,2008 年中国农业水平,比英国、美国和荷兰大约落后 100 多年,比瑞典和德国大约落后 80 多年,比丹麦和法国落后约 60 多年,比意大利和西班牙约落后 50 多年。

2008 年,中国农业经济水平比美国落后约 100 年,中国农业劳动生产率比工业劳动生产率低约 10 倍,中国农业现代化水平比中国现代化水平低约 10%。农业现代化已成为中国现代化的一块短板。

5. 中国农业现代化的前景分析

21 世纪中国农业现代化的路径,将是两次农业现代化的协调发展,并持续向第二次农业现代化转型。农业发达地区可以采用第二次农业现代化路径,其他农业地区可以分别采用第一次农业现代化路径或综合农业现代化路径等。

中国在 2030 年前后,有可能完成第一次农业现代化,达到 20 世纪 60 年代农业发达国家平均水平;在 2050 年前后,达到世界农业中等发达水平,基本实现农业现代化。

21 世纪中国农业现代化的机遇和挑战主要包括:人口、土地、水资源、农业劳动力转移、提高农业生产率、土地制度改革、户籍制度改革、生态移民、农业生态安全、粮食安全、普及农村义务教育、消灭农村绝对贫困、农村基础设施改善等。

6. 中国农业现代化的路线图

21 世纪中国农业现代化的战略目标,第一阶段目标是:在 2050 年左右达到农业现代化的世界中等发达水平,全面完成第一次农业现代化,第二次农业现代化超过世界平均水平;第二阶段目标是:在 2100 前达到农业现代化的世界先进水平,全面完成第二次农业现代化。

21 世纪中国农业现代化要上三个台阶。第一个台阶:完成第一次农业现代化,达到 1960 年农业发达国家的平均水平。第二个台阶:从初等发达水平升级为中等发达水平。第三个台阶:从中等发达水平升级为发达水平。

中国农业现代化路线图包括:中国农业现代化的运河路径、战略目标、基本任务、监测指标、农业效率监测、农业结构监测、农民生活质量监测和战略要点等。

在 21 世纪前 50 年,监测指标包括 36 个指标,战略要点包括提高农业效率、加快农业结构调整和提高农民生活质量,实现农业生产、农业结构和农民现代化等。

7. 中国农业现代化的政策重点

目前,关于中国农业现代化的政策重点,我们建议如下:

（1）深化农业科技改革，建设农业创新体系。

（2）深化农业金融改革，建设现代农业金融体系。

（3）深化农业水利改革，建设现代水利体系。

（4）根据科学规律，推进农村土地制度改革。

（5）实施优质粮食工程，确保国家粮食安全。

（6）改革户籍制度，促进农业劳动力转移。

（7）实施现代畜牧工程，提高营养供应水平。

（8）实施蓝色农业工程，提高农业供应能力。

（9）实施三高农业工程，促进农业生态转型。

（10）科学修订农业区划，三大农业协调发展。

（11）实施新农民培训计划，全面提高农民素质。

（12）实施农村小康工程，消灭农村绝对贫困。

（13）实施生态移民工程，提高全民生活水平。

（14）实施农村城镇化工程，提高农民生活质量。

（15）研制《中国人营养指南》，引导国民合理消费。

8. 中国人的营养标准和参考食谱

中国人均每天营养标准的参考值是：营养供应 3300 千卡，其中，植物性营养 2300 千卡、动物性营养 1000 千卡，动物性营养占 30％；蛋白质 100 克、脂肪 150 克；粮食 300 克、蔬菜 300 克、水果 250 克、植物油 50 克；肉食 200 克、奶类 500 克、鱼类 100 克、蛋类 50克。根据年龄和性别差异，不同人的营养标准可以有所调整。

中国人每天的参考食谱是：六两粮食四两肉，六两蔬菜一两油，一两鸡蛋二两鱼，半斤水果一斤奶。根据家庭结构特点，不同家庭的食谱可以有所调整。

四、世界和中国现代化评价

世界现代化指数反映世界 131 个国家、不同组国家和世界平均的现代化水平，包括世界第一次现代化实现程度、第二次现代化指数和综合现代化指数。它体现世界现代化在经济、社会、知识和生态等领域的综合水平。

1. 2009 年世界现代化水平

2009 年，美国等 29 个国家已经进入第二次现代化，约占国家样本数的 22％；波兰等 43 个国家全面完成第一次现代化，保加利亚等 27 个国家基本实现第一次现代化，全面完成和基本实现第一次现代化的国家约占国家样本的 53％。

2009 年，美国等 21 个国家属于发达国家，希腊等 33 个国家属于中等发达国家，中国等 32 个国家属于初等发达国家，印度等 45 个国家属于欠发达国家。

2009 年第二次现代化指数排世界前 10 名的国家是：美国、瑞典、丹麦、芬兰、德国、挪威、日本、新加坡、韩国、澳大利亚。

2. 2009 年中国现代化水平

2009 年中国属于初等发达国家,处于发展中国家中的中间水平。

2009 年中国第一次现代化程度为 90％,第二次现代化指数为 43,综合现代化指数为 43;分别在世界 131 个国家中排第 67 位、第 65 位和第 73 位。

2010 年中国第一次现代化程度大约为 93％。

3. 2009 年中国地区现代化水平

2009 年,中国 31 个内地地区中,北京进入第二次现代化,其他内地地区都处于第一次现代化;根据第二次现代化指数分组,北京等 9 个地区为发达地区或中等发达地区,黑龙江等 22 个地区为初等发达地区。

2009 年,中国内地地区现代化的前沿水平已经接近发达国家的底线,部分指标达到发达国家的底线。例如,北京和上海的部分指标接近或达到意大利和西班牙的水平。2009 年中国华东和华北沿海地区现代化水平已经达到或接近世界平均水平。

2009 年,中国香港、澳门、台湾都已经进入第二次现代化,第二次现代化指数都超过世界中等发达水平,其中,台湾第二次现代化指数的数值已经达到世界发达水平。中国的香港、澳门和台湾的现代化水平处在中国地区的前沿。

2010 年,中国内地 31 个地区中,有 16 个地区已经完成或基本实现第一次现代化,它们是北京、上海、天津(第一次现代化程度达到 100％)和浙江、江苏、广东、福建、辽宁、内蒙古、湖北、山东、重庆、宁夏、吉林、山西和黑龙江(第一次现代化程度达到或超过 90％)。

如果北京、天津、上海、香港、澳门和台湾不参加排名,2010 年第一次现代化程度排名前 10 位的地区为:浙江、江苏、广东、福建、辽宁、内蒙古、湖北、山东、重庆、宁夏。

21 世纪,中国农业现代化的机遇和挑战是前所未有的。没有农业现代化,中国现代化就是不完整的现代化。实现农业现代化,需要全社会的共同努力。

中国现代化战略研究课题组 中国科学院中国现代化研究中心
2012 年 1 月 12 日

上　篇

农业现代化研究

民以食为天,国以民为本。

食足则民安,民富则国强。

在过去的 6000 年里,人类文明的世界前沿从农业社会、工业社会过渡到知识社会,农业在人类文明中的作用和地位发生了很大变化。但是,不论发生多少变化,农业是人类文明的第一基石;因为如果没有粮食生产和食物供应,人类文明将不复存在。从这个意义上来说,农业是人类文明的永久支柱,是世界现代化的重要基础。农业现代化是 18 世纪以来农业变迁的一种形式,是世界现代化和经济现代化的一个重要组成部分。《中国现代化报告 2011:现代化科学概论》简要讨论了农业现代化,本报告专题研究农业现代化(图一)。

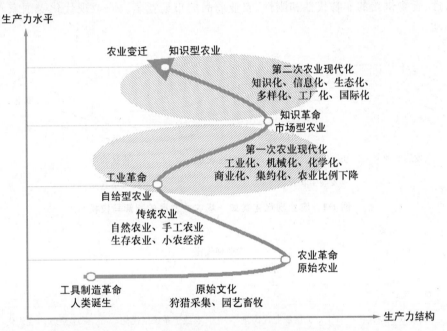

图一 农业变迁和农业现代化的路线图

注:人类文明诞生的主要标志包括农业、文字、城市和国家的发明等。人类文明曾经发生过四次革命,文明中轴发生了三次转换,形成四个时代和四种基本社会形态,每个时代和每种社会的生产力结构不同,坐标的刻度不同。结构刻度采用劳动力结构数值:原始社会为农业劳动与狩猎采集劳动之比,农业社会为狩猎采集劳动与农业劳动之比,工业社会为工业劳动与农业劳动之比,知识社会为工业劳动与知识劳动之比。

第一章　世界农业现代化的基本事实

农业既是一个古老产业,也是一个现代产业,更是一个伟大产业。因为,没有农业就没有人类文明的延续,就没有人类种族的繁盛。农业现代化是18世纪以来的一种农业变迁,是世界现代化的一种表现形式。迄今为止,关于农业现代化,没有统一定义。根据现代化科学的解释,农业现代化犹如一场农业发展的国际马拉松;跑在前面的国家的农业成为发达农业,跑在后面的国家的农业成为发展中农业,两类国家(农业)之间可以转换(图1-1)。在本报告里,农业现代化指农业系统的现代化,它包括分段农业现代化、分层农业现代化、农业子系统现代化和农业亚部门现代化等(图1-2)。一般而言,农业部门是国民经济的一个基础部门,农业现代化是国家现代化和经济现代化的一个组成部分。农业具有二重性:食物供给的非替代性和刚性、农业商品的市场竞争。农业现代化受国家利益和市场需求的双重驱动。

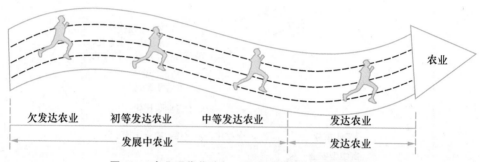

图1-1　农业现代化犹如一场农业发展的国际马拉松

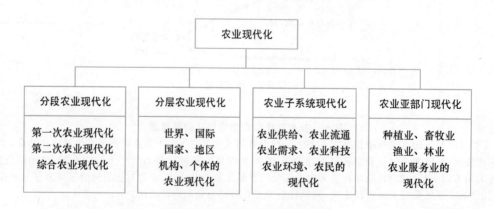

图1-2　农业现代化的研究对象

注:农业大致有三种解释。其一,农业是第一产业的简称,包括种植业、畜牧业、渔业、林业和农业服务业。其二,农业是种植业和畜牧业的统称。其三,农业指种植业。一般可根据前后文判别"农业"含义。农业现代化与农民和农村现代化相关;农民现代化属于人的现代化的范畴,农村现代化属于地区现代化的范畴,它们可以部分纳入农业现代化范畴。在发达国家,农村居民大部分不是农民;在发展中国家,农村居民大部分是农民。综合农业现代化是两次农业现代化的协调发展,是发展中国家农业现代化的一条基本路径。

第一节 农业现代化的研究方法

农业现代化是农业系统或农业部门现代化的一种简称,它与领域现代化、分段现代化和分层现代化有交叉。农业现代化研究以国家为基本研究单元,它可以合理延伸到世界和地区层面;农业现代化研究的地理范围,可以是世界、国家或地区等(表 1-1)。农业是国民经济的基础部门,它不仅提供和满足人类生存的食物和物质需要,而且食物需要对人类生存和社会稳定而言是不可替代的。一般而言,食物保存有一定期限。保证食物供需平衡是农业现代化的基本要求。农业现代化涉及国家利益和国际竞争,涉及农民利益和社会稳定,涉及近期和长期的食品安全等。农业现代化研究需要多角度、多层面和综合的系统研究。

表 1-1 农业现代化的研究范围与研究单元的研究矩阵

		研究范围		
		全球范围	国家范围	地区范围
研究单元	世界	世界层面的农业现代化	—	—
	国家	全球范围的国家农业现代化	某国的农业现代化	—
	地区	全球范围的地区农业现代化	某国的地区农业现代化	某地的农业现代化

一、农业现代化研究的基本概念

农业现代化是现代化的一个重要方面,农业现代化研究是现代化研究的一个重要分支。它可以以 18 世纪初为起点,可以从历史进程、客观现实和未来前景三个角度进行分析。

1. 农业现代化的词义分析

农业现代化包含两个单词:农业和现代化。

(1) 什么是农业

一般而言,农业是通过培育生物体(动物和植物等)生产食品、纤维和其他经济与生活用品的产业(图 1-3)。狭义农业指种植业,广义农业包括种植业、畜牧业、渔业和林业等。

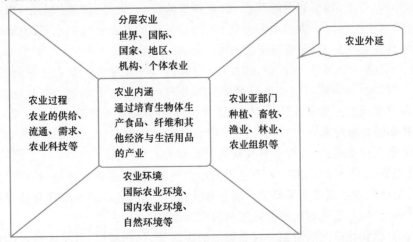

图 1-3 农业内涵和外延的操作性界定

农业的生产资料:劳动力、土地、生物种质、水、肥、农药、能源、农具和农机等。

农业的主要产品:食品、纤维、燃料、饮料、畜力、农业粗物质等。

专栏 1-1 农业的特殊性

与农业生产资料的生物学特征和农产品供需的经济与社会特性有关。

首先,农业生产讲季节:农作物和动物的生长,有些具有季节性,延误季节影响收成。

其次,作物生长分区域:农作物和动物的生长,需要一定的地理条件,不可能随地生长。

其三,农业就业有弹性:农业劳动力的季节性就业和失业现象(就业不充分),普遍存在。

其四,农业产品有时限:部分农业产品和食品的保鲜期有限,食品产销和消费时限性很强。

其五,农业需求有刚性:人类每天都需要消费一定农产品,农业需求具有时效性和不可替代性。

其六,农业消费有极限:农产品的人均消费(理性消费)有极限,不可能无限增长。

其七,农业的自然风险:自然条件和自然灾害对农业的影响比较大,农业的自然风险比较大。

其八,农业的社会风险:食品供应、食品质量和安全的社会影响比较大,农业的社会风险比较大。

其九,农业的经济风险:农产品的生产、销售和储存具有一定的经济风险,影响农业可持续性等。

---

(2)什么是现代化

现代化研究已经有 50 多年历史,但迄今为止,现代化没有统一定义。

现代化科学认为:现代化是 18 世纪工业革命以来的一种世界现象,是现代文明的一种前沿变化和国际竞争,它包括现代文明的形成、发展、转型和国际互动,文明要素的创新、选择、传播和退出,以及追赶、达到和保持世界先进水平的国际竞争和国际分化;达到和保持世界先进水平的国家是发达国家,其他国家是发展中国家,两类国家之间可以转换。

(3)什么是农业现代化

农业现代化研究已经有 50 多年历史,迄今为止,农业现代化也没有统一定义。

现代化科学认为:农业现代化是 18 世纪工业革命以来农业系统的一种前沿变化和国际竞争,它包括现代农业的形成、发展、转型和国际互动,农业要素的创新、选择、传播和退出,以及追赶、达到和保持世界农业先进水平的国际竞争和国际分化;达到和保持世界农业先进水平的国家是农业发达国家,其他国家是农业发展中国家,两类国家之间可以转换。

如果把农业看成是一个部门(国民经济的一个分部门),农业现代化是农业部门的现代化。如果把农业看成是一个领域(经济领域的一个分领域),农业现代化是农业领域的现代化。如果把农业看成是一个系统(经济系统的一个分系统),农业现代化是农业系统的现代化。

2. 农业现代化研究的对象

显而易见,农业现代化现象,是农业现代化研究的研究对象。

农业现代化现象是 18 世纪以来的一个客观的历史现象,包括农业变迁和农业国际竞争等;但是,并非所有的农业变迁和农业国际竞争都属于农业现代化。一般而言,农业现代化研究重点关注 18 世纪以来农业变迁的世界前沿、达到前沿的过程和国际竞争(图 1-4)。

具体而言,农业现代化研究的对象是农业系统的现代化,包括世界、国家和地区的农业现代化,包括农业子系统和农业亚部门的现代化、农业与现代化的互动等(图 1-2)。

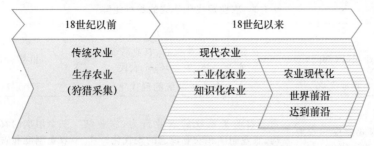

图 1-4　农业现代化的研究对象(示意图)

3. 农业现代化研究的内容

农业现代化现象是一种复杂的世界现象,可以和需要从不同角度进行研究。根据研究的目的和性质的不同,可以对农业现代化研究的内容进行分类(表 1-2)。

表 1-2　农业现代化研究的内容分类

分类的依据	研究内容的描述
概念研究	现代农业的世界前沿的形成、发展、转型、国际互动 现代农业要素的创新、选择、传播、退出等
过程和行为研究	四个方面:农业现代化的过程、结果、动力、模式 四个要素:农业行为、结构、制度、观念的现代化 相互作用:农业不同系统、不同要素的相互作用等
结果研究	四种结果:农业的现代性、特色性、多样性、副作用 四种分布:农业的地理结构、国际结构(水平结构和国家分层)、人口结构、系统结构等
研究问题	理论问题:农业的世界前沿、长期趋势、文明转型、国际分化等 应用问题:农业的国际竞争、国际经验、国际追赶、前沿创新等
研究性质	基础研究:农业的世界前沿和前沿变化的特征和规律,农业发达的科学原理等 应用研究:农业达到和保持世界前沿的方法和途径,农业发达的基本方法等 开发研究:农业现代化的战略、规划和政策等

4. 农业现代化研究的研究矩阵

首先,研究范围与研究单元的研究矩阵。一般而言,农业现代化的实证研究,需要明确研究范围和研究单元,它们可以组成一个研究矩阵(表 1-1)。研究范围可以是全球、国家或地区范围等,研究单元可以是世界、国家或地区等。国家是现代化研究的基本单元。

其次,研究对象与研究内容的研究矩阵。农业现代化研究的对象是农业部门和农业系统的现代化,包括农业供给、农业流通、农业需求、农业环境和农业科技的现代化等;研究内容包括农业行为、结构、制度和观念的现代化等。它们可以组成一个结构矩阵(表 1-3)。

其三,农业现代化与分领域和分层次现代化的交叉(表 1-4)。一般而言,现代化科学包括分领域现代化和分层次现代化研究,农业现代化研究包括农业部门、亚部门和农业子系统现代化研究等。它们可以组成一个研究矩阵,反映了农业现代化研究的交叉性。

表 1-3　农业现代化研究的结构矩阵

研究内容		研究对象		
		农业系统(部门)	农业供给、农业流通、农业需求、农业科技、农业环境、农民	世界、国家、地区农业
		农业现代化	六个农业子系统的现代化	三个层次的农业现代化
要素	行为 结构 制度 观念	农业行为、农业结构、农业制度和农业观念的现代化	六个农业子系统的农业行为、农业结构、农业制度和农业观念的现代化	三个层次的农业行为、农业结构、农业制度和农业观念的现代化
方面	过程 结果 动力 模式	农业现代化的过程、结果、动力和模式	六个农业子系统的现代化的过程、结果、动力和模式	三个层次的农业现代化的过程、结果、动力和模式

注:农业供给涉及农业资源、农业投入和农业生产等,涉及农业企业、农业效率、农业技术和制度等。农业流通涉及市场、贸易、物流和金融等。农业需求涉及消费、投资、服务和净出口等。农业科技涉及农学、林学、生物学、农业经济学和农业生态学等。农业环境涉及国内农业环境(经济、社会、政治、文化和生态环境)和国际农业环境,涉及自然环境和政策环境(农业政策)等。农业现代化的研究内容还有许多,例如,分段农业现代化、农业亚部门现代化、农业前沿分析、农业趋势分析、农业前沿过程分析、农业追赶过程分析、国际竞争分析、国际农业差距分析、农业现代化要素和不同领域之间的相互作用等。

表 1-4　农业现代化与分领域和分层次现代化的交叉

部门现代化	分领域现代化				分层次现代化		
	经济现代化	文化现代化	人的现代化	生态现代化	世界和国际现代化	国家和地区现代化	农村现代化
农业现代化	*	*	*	*	*	*	*
种植业	*			*			*
畜牧业	*			*			*
渔业	*			*			*
林业	*			*			*
农业服务	*			*			
农业供给	*						
农业流通					*		
农业需求	*						
农业科技		*		*	*		
农业环境		*		*	*		*
农民现代化	*		*		*		*

注:* 表示该部门现代化与主要的领域和层次现代化的交叉。农业环境包括自然环境和农业政策等。

二、农业现代化研究的一般方法

农业现代化研究是现代化研究的一个组成部分,可以沿用现代化研究的方法。

1. 农业现代化研究的方法论

农业现代化研究,大致有五种研究视角和方法论。

首先,从科学角度研究农业现代化,可以采用实证主义的研究方法,揭示农业现代化的客观事实和基本规律,建立客观的和没有偏见的因果模型。

其次,从人文角度研究农业现代化,可以采用阐释主义的研究方法,描述农业现代化的意义和关联,建构农业现代化现象的话语和理念。

其三,从政策角度研究农业现代化,可以采用现实主义的研究方法,归纳农业现代化现象的因果关系和价值导向,提出农业现代化的解释模型和政策建议。

在现代化科学里,实证研究、阐释研究和实用研究的区分是相对的,有些时候会交替采用三种方法论,有些时候会同时采用三种方法论。一般而言,实证研究提供现代化现象的事实和原理,阐释研究提供现代化现象的意义和关联,实用研究提供现代化现象的选择和建议。

其四,从未来学角度研究农业现代化,分析农业现代化的趋势,预测它的未来。

其五,从批判角度研究农业现代化,分析和批判农业现代化的现行理论、实践和失误,提出改进的对策和建议等。

2. 农业现代化研究的主要方法

农业现代化研究是一种交叉研究,自然科学和社会科学的诸多研究方法,都可以作为它的研究方法。例如,观察、调查、模拟、假设、心理分析、统计分析、定量分析、定性分析、模型方法、理论分析、比较分析、历史分析、文献分析、过程分析、情景分析和案例研究等。

农业现代化研究有许多研究类型,不同研究类型可以采用不同研究方法(表 1-5)。

表 1-5　农业现代化研究的主要类型

编号	类型	特点和方法
1	事后分析	在农业现代化现象发生后进行研究,是对现代化进程和结果的研究
2	事先分析	在农业现代化现象发生前进行研究,是对现代化前景和战略的研究
3	系统分析	从农业现代化的源头到末尾进行系统研究。农业现代化的源头是创新,农业现代化的末尾是农业现代化的结果。从创新到现代化的系统研究,是一种多学科的交叉研究
4	单维研究	对农业现代化进行单维度、单学科的研究
5	交叉研究	对农业现代化进行两维度或多维度、跨学科的交叉研究
6	综合研究	对农业现代化进行多维度、多学科的综合研究
7	历史研究	农业现代化的历史研究,时序、截面、过程、前沿、范式、文献、历史和案例研究等
8	现实研究	农业现代化的现状研究,层次、截面、统计、比较、前沿分析、社会调查、案例研究等
9	前景分析	农业现代化的前景分析,回归、趋势分析、线性和非线性外推、目标逼近和情景分析等

农业现代化现象的前沿分析。前沿分析包括农业现代化的世界前沿的识别、比较和变化分析等。通过分析世界前沿的特征、水平和变化等,研究农业前沿的变化规律和农业发达的基本原理。

农业现代化现象的过程分析。过程分析包括农业现代化过程的类型、阶段、特点、内容、原理、动力、路径和模式分析等(图 1-5)。农业现代化过程的阶段分析,旨在识别和描述它的主要阶段和阶段特征等,分析方法包括定性和定量分析等。它的阶段划分,应该与经济现代化过程的阶段划分相协调。

农业现代化过程的结果分析。过程的结果与它的时间跨度紧密相关,与起点截面和终点截面(或分析截面)紧密相关(图 1-6)。在不同历史截面,农业现代化的世界前沿、国际体系和国家状态有所不同,它的指标、水平和特征有所不同;通过两个截面的宏观和微观层次的比较,可以分析在两个截面之间的农业现代化的主要结果。截面比较包括定量和定性比较等。一般而言,农业现代化过程的结果是时间的函数,农业现代性是时间的函数。

在起点截面$_a$和终点截面$_b$之间,农业现代化进程的结果=截面$_b$－截面$_a$。

简化的数学表达式:$f_{b-a} = f_b - f_a$

其中,f 为农业现代化状态函数,f_{b-a} 为状态变化,f_b 为截面$_b$的状态,f_a 为截面$_a$的状态。

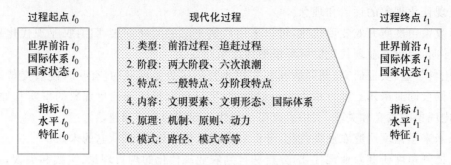

图 1-5　现代化现象的过程分析

注：文明要素包括文明的行为、结构、制度和观念等。

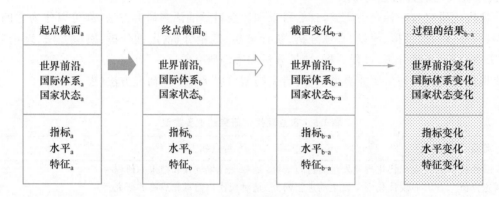

图 1-6　现代化过程的结果分析

注：从起点截面ₐ到终点截面ᵦ，现代化过程的主要结果包括：(1) 宏观变化，如世界前沿、国际体系和国家状态的变化等；(2) 微观变化，如指标变化（新增的指标、消失的指标）、水平变化（原有指标的水平变化、新增指标的水平变化）和特征变化（新增的特征、消失的特征）等，包括农业的现代性、特色性、多样性和副作用等。农业现代化过程的有些变化，有可能消失在过程中，在结果里没有体现。

三、农业现代化研究的坐标分析法

现代化研究的坐标分析方法是现代化科学的一种常用方法，它主要包括三个步骤和六个部分（表1-6）。其主要特点是：时序分析与截面分析相结合，定量分析与定性分析相结合，分析方法和结果表达的模型化、图形化、数量化、系统性、实证性和科学性等。三个步骤和六个部分相互关联和相互支持，形成现代化的、连续的、系列的时间坐标图和截面分布图，从而相对直观和系统地刻画现代化的进程和分布。这种方法可应用于农业现代化研究。

表 1-6　现代化研究的坐标分析方法

序号	主要步骤	六个部分	注释
1	建立坐标系	现代化的坐标体系	确定坐标系的横坐标和纵坐标
2	变量分析	范式分析、定量评价、时序分析和截面分析	分析现代化的各种变量
3	表达结果	现代化的坐标图和路径图	将分析结果标记到坐标系上

1. 建立农业现代化的坐标体系

农业现代化的坐标体系是坐标分析的核心内容，包括农业变迁和农业现代化的时间表、周期表、坐标系和路线图等。农业变迁和农业现代化的坐标系由横坐标和纵坐标组成。横坐标可以是历史时间、文明时间等,纵坐标可以是农业现代化水平、农业现代化指标水平等。文明时间是根据人类文明的"前沿轨迹"所标识的一种时间刻度(表 1-7)。

表 1-7　文明时间与历史时间的对照表

文明时间	历史时间(大致时间)	文明时间	历史时间(大致时间)
原始文化时代	250 万年前~公元前 3500 年	工业文明时代	1763~1970 年
起步期	250 万年前~20 万年前	起步期	1763~1870
发展期	20 万年前~4 万年前	发展期	1870~1913
成熟期	4 万年前~1 万年前	成熟期	1914~1945
过渡期	1 万年前~公元前 3500 年	过渡期	1946~1970
农业文明时代	公元前 3500 年~公元 1763 年	知识文明时代	1970~2100 年
起步期	公元前 3500 年~前 500 年	起步期	1970~1992
发展期	公元前 500 年~公元 618 年	发展期	1992~2020
成熟期	公元 618 年~1500 年	成熟期	2020~2050
过渡期	1500 年~1763 年	过渡期	2050~约 2100

注:历史时间指自然的物理时间,文明时间指根据人类文明的"前沿轨迹"所标识的一种时间刻度。

在世界上,不同国家都采用统一的历史时间;但是,在同一历史时间,不同国家可能处于不同的文明时间。历史时间好比人的生物年龄,文明时间好比人的生理年龄。对于走在人类文明前列的国家,文明时间可能与历史时间是一致的;对于后进国家,文明时间与历史时间是不一致的。例如,2000 年,美国处于知识文明时代,一些非洲国家处于农业文明时代。

如果将农业现代化进程评价、时序分析、截面分析、范式分析和一般过程分析的结果,标记在农业现代化的坐标系里,就可以构成农业现代化的坐标图、路线图等。农业现代化的坐标图和路线图,既有基本图,也有分阶段、分层次、分部门、分专题和分指标的分解图,它们组成一个农业现代化的坐标图和路线图的系统,全方位地表征农业现代化的进程和分布。

2. 农业现代化的坐标分析的四种方法

(1) 农业现代化研究的范式分析

一般而言,农业现代化研究不仅要有单要素分析,而且要有整体分析。不能只见树木,不见森林。农业现代化研究的整体分析,就是分析它的整体变化。那么,如何分析农业现代化的整体变化呢?目前没有通用方法。现代化研究,借鉴科学哲学的"范式"概念,分析现代化的"范式"变化,建立现代化研究的范式分析。农业现代化研究也可以采用范式分析。

美国科学哲学家库恩在《科学革命的结构》一书中提出了"范式"的概念,认为成熟科学的发展模式是"范式Ⅰ——科学革命——范式Ⅱ"。简单地说,范式指科学共同体公认的范例,包括定理、理论和应用等。在科学发展史上,一种范式代表一种常规科学(成熟的科学),从一种范式向另一种范式的转变就是科学革命。在科学哲学领域,尽管还存在争议,范式和科学革命被认为是解释科学进步的一种有力理论。

借鉴库恩的"范式"思想,可以把与经济、社会、政治、文化、环境管理和个人行为的典型特征紧密相关的"文明类型"理解为一种"文明范式"(表 1-8)。依据这种假设,文明发展可以表述为"文明范式Ⅰ——文明革命(文明转型)——文明范式Ⅱ",或者"文明类型Ⅰ——文明革命(文明转型)——文明类型Ⅱ"。这样,可以抽象地认为,文明发展表现为文明范式的演变和交替,现代化表现为现代文明范式的形成和转变。反过来说,可以用文明范式和范式转变为分析框架,讨论文明特征和现代化特征的定性变化。

表 1-8　人类历史上的文明范式及其代表性特征

项目	原始文化	农业文明	工业文明	知识文明
历史时间	人类诞生至 公元前 3500 年	公元前 3500 年至 公元 1763 年	公元 1763 年至 1970 年	1970 年至 约 2100 年
经济特征	狩猎采集	农业经济	工业经济	知识经济
社会特征	原始社会	农业社会	工业社会	知识社会
政治特征	原始民主	专制政治	民主政治	多元政治
文化特征	原始文化	农业文化	工业文化	网络文化
个人特征	部落生活方式	农村生活方式	城市生活方式	网络生活方式
环境特征	自然崇拜 部落互动	适应自然 国际关系等	征服自然 国际战争等	人与自然互利共生 国际依赖等

注:本表的四种文明范式分类,是文明范式分类的一种分类方式。

农业现代化研究的范式分析,可以参考现代化研究的文明范式分析。依据农业生产力水平和结构进行分类,人类农业主要有四种基本类型:原始农业、传统农业、初级现代农业和高级现代农业(表 1-9)。它们既是农业变迁的不同历史阶段的形态,又同时存在于当今世界。

表 1-9　人类历史上的农业范式及其代表性特征

项目	原始农业	传统农业	初级现代农业	高级现代农业
历史时间	人类诞生至 公元前 3500 年	公元前 3500 年至 公元 1763 年	公元 1763 年至 1970 年	1970 年至 约 2100 年
农业资源	天然动植物	土地、水利等	土地、良种、化肥等	土地、信息、投资等
农业生产	狩猎、采集	手工、分散生产	机械化、集约化	信息化、绿色化
农业流通	无	区域性贸易	全国性贸易	全球性贸易
农业需求	食物	食物和纤维等	食物和工业原料	食物和工业原料
农业经济	无	小农经济	商品经济	全球性商品经济
农业科技	狩猎采集技术	传统农业知识	现代农业科技	农学、生物学、生态学等
农业环境	自然环境	自然和社会环境	自然和国内环境	国内和国际环境
农民	部落民	传统农民	现代农民	知识型农民
农业特征	食物采集 平等平均	生存农业 自然农业	工业化农业 市场化农业	知识化农业 生态农业等
农业比例	几乎全部的生产活动	国民经济的 95%	国民经济的 10%	国民经济的 1%

注:本表的四种农业范式分类,是农业范式分类的一种分类方式。反映农业变迁的世界前沿的轨迹。

一般而言,农业变迁是不同步的,国家内部发展也是不平衡的。当某个国家进入某种基本农业形态时,它的内部可以存在一些生产力水平比基本农业形态的生产力水平更低或者更高的农业形态;它们的规模相对较小,可以统称为亚农业形态。国家的基本农业形态和亚农业形态是相对的,不是绝对的,可以相互转换。

(2) 农业现代化研究的定量评价

农业现代化是一种农业变化,包括定性变化和定量变化。其中,定量变化可以定量评价。例如,《中国现代化报告》提出了一批现代化过程的定量评价模型,包括第一次现代化、第二次现代化、综合现代化、地区现代化、经济现代化、社会现代化、文化生活现代化、生态现代化和国际现代化等的评价方法,并完成 1950 年以来 131 个国家的现代化定量评价。农业现代化的定量评价,已经有大量的研究文献。

（3）农业现代化研究的时序分析

农业现代化研究的时序分析是现代化坐标分析的重要内容。它旨在通过分析比较农业现代化的时间系列数据、特征、资料和变化，揭示农业现代化的长期趋势及其变化规律。时序分析主要用于农业现代化的历史进程研究，可以作为一种趋势分析。

首先，选择分析指标。一般选择关键指标进行分析。可以从三个方面选择：农业现代化的综合指标，农业行为、结构、制度和观念现代化，农业供给、流通、需求、科技、环境和农民现代化等。行为和结构指标，多数是定量指标；制度和观念指标，多数是定性指标。

其次，选择分析的国家样本。目前，世界上有190多个国家。如果条件许可，可以对每一个国家进行时序分析。如果条件不许可，或者根据研究目的，可以选择若干国家进行时序分析。《中国现代化报告》选择15个国家作为分析样本（表1-10）。包括8个发达国家和7个发展中国家，它们的国民收入（GNI）约占世界总收入的78%，人口约占世界总人口的62%。这些分析样本，与经济、社会、文化和生态现代化研究的时序分析的国家样本是一致的。

表 1-10　农业现代化的时序分析的国家样本（2001 年）

国家	人均收入/（美元）	国民收入占世界比例/（%）	人口占世界比例/（%）	国家	人均收入/（美元）	国民收入占世界比例/（%）	人口占世界比例/（%）
美国	34 280	32.44	4.65	墨西哥	5530	1.95	1.62
日本	35 610	13.58	2.07	巴西	3070	1.56	2.81
德国	23 560	5.93	1.34	俄罗斯	1750	0.97	2.36
英国	25 120	4.63	0.96	中国	890	3.68	20.75
法国	22 730	4.24	0.97	印度尼西亚	690	0.45	3.41
加拿大	21 930	2.19	0.51	印度	460	1.53	16.84
澳大利亚	19 900	1.16	0.32	尼日利亚	290	0.12	2.12
意大利	19 390	3.49	0.95	合计	—	77.92	61.68

数据来源：World Bank，2003.

其三，选择分析的时间范围。一般的时间跨度约为300年（1700年至今）。

其四，采集和建立分析指标的时序数据和资料。一般而言，定量指标采用权威部门的统计数据或著名学术机构的相关数据；定性指标应采用比较科学客观的研究资料。

其五，系统分析现代化的定量指标的变化和长期趋势等。

其六，系统分析现代化的定性指标的长期趋势和特征等。

（4）农业现代化研究的截面分析

农业现代化研究的截面分析是现代化坐标分析的重要内容。它旨在通过分析比较农业现代化的不同时间截面的数据、特征、资料和变化，揭示或阐释农业现代化的结构特征及其规律等。截面分析主要用于农业现代化的现状研究和历史进程研究。

首先，选择分析变量。同时序分析一样，从三个方面选择关键指标进行分析。

其次，选择分析国家和国家分组（表1-11）。世界范围的农业现代化研究的截面分析，可以包括全部国家（有数据的国家）。为便于表述截面特征，可以对国家进行分组，并计算每组国家的特征值。除按国家经济水平分组外（根据人均国民收入对国家分组），还可以按国家现代化水平和农业现代化水平分组。

表 1-11 2000 年截面分析的国家分组

分组号		1	2	3	4	5	6	7	8	9	合计
分组标准	人均国民收入/(美元)	小于301	301~500	501~1000	1001~3000	3001~5264	5265~10 000	10 001~20 000	20 001~30 000	大于30 000	—
分组结果	国家/(个)	24	15	19	23	18	6	7	13	5	130
	人均国民收入/(美元)	219	413	709	1693	4013	7297	14 106	24 480	35 400	—

注:数据来自世界银行《世界发展指标 2010 光盘》。2000 年人均国民收入的世界平均值为 5264 美元,高收入国家平均值为 25 918 美元,中等收入国家平均值为 1321 美元,低收入国家平均值为 290 美元。

其三,选择分析截面。可以根据研究目的和需要选择截面。

其四,采集和建立分析指标的截面数据和资料。一般而言,定量指标采用权威部门的统计数据或著名学术机构的相关数据;定性指标应采用比较科学客观的研究资料。

其五,定量分析需要计算每组国家某个变量的"特征值"。计算方法大致有三种:"中值法"、"平均值法"和"回归分析法"。《中国现代化报告》采用第二种方法——算术平均值法。

$$X_{ij} = \sum x_{ij} / n_{ij}$$

其中,X_{ij} 为第 i 组国家第 j 个变量的"特征值";$\sum x_{ij}$ 为第 i 组国家第 j 个变量的每个国家的数值的加和;n_{ij} 为国家个数,即第 i 组国家第 j 个变量的具有数据的国家个数。

其六,单个截面的系统分析。主要分析截面的结构特征、水平特征和性质特征,包括国家经济水平与现代化变量的截面"特征关系"和统计关系,制度和观念的截面特征等。关于截面特征的分析,可以是定性、定量或综合分析。

其七,多个截面的比较分析。两个或多个截面之间的比较,包括结构比较、水平比较、特征比较和性质比较等,还可以计算分析指标的变化速率等。

3. 农业现代化的坐标分析的分析变量

(1) 选择分析变量的原则

由于农业现代化的研究对象非常复杂,一项研究不可能对它的所有方面和全部过程进行分析。比较合理和有效的方法是选择有限的关键变量进行分析。分析变量的选择,需要考虑三个因素:具有学术或政策意义,便于国际比较和分析,可以获得连续数据或资料。

(2) 分析变量的性质

农业现代化研究的分析变量,包括定量和定性指标、共性和个性指标(表 1-12)。定量指标,多数可以通过统计资料获得数据;没有统计数据的定量指标(新现象),需要专题研究。一般而言,制度和观念变化是定性指标,可以定性分析,缺少统计数据。有些时候,定性指标可以通过社会调查,转换成相应的定量指标。共性指标是反映农业现代化的共性、普遍特征和要求的指标,如农业劳动生产率和农民收入等,多数为定量指标。个性指标是反映农业现代化的个性、特殊性和多样性的指标,多数为定性指标,如农业补贴制度等;部分为定量指标,如人均农业资源等。

一般而言,人均指标、结构指标、效率指标和共性指标,可以用于农业现代化的定量评价;总量指标、增长率指标、定性指标和个性指标,可以用于农业现代化的特征分析。

表 1-12　农业现代化研究的分析变量的主要类型

类型		解释	举例
定量指标	综合指标	若干个单项指标经过模型计算合成一个综合指标	农业现代化指数
	总量指标	指标数值反映总量	农业人口、农业增加值
	人均指标	指标数值反映人均量	人均可耕地
	结构指标	指标数值反映结构比例	农业劳动力比例
	效率指标	指标数值反映单位产出	农业劳动生产率
	增长率指标	指标数值反映年度变化率	农用化肥的年增长率
	前沿指标	指标数值反映世界先进水平	发达国家农业生产率
	平均指标	指标数值反映世界平均水平	世界平均农业生产率
	末尾指标	指标数值反映世界末尾水平	欠发达国家农业生产率
	差距指标	指标数值反映国际差距	农业生产率的最大差距
定性指标	制度指标	制度的特征和变化	农业补贴制度
	观念指标	观念的特征和变化	农业环境观念
两类指标	共性指标	反映农业现代化的共性、普遍特征和要求的指标	农业效率、农民收入
	个性指标	反映农业现代化的个性、特殊性和多样性的指标	农业资源、农业补贴

(3) 分析变量的类型

农业现代化研究的分析变量,根据长期趋势和变化特点的不同,可以大致分为八种类型。

① 上升变量:有些变量随时间而上升,其数值会发生短期波动。

② 下降变量:有些变量随时间而下降,其数值会发生短期波动。

③ 转折变量:有些变量经历上升和下降(或者下降和上升)两个阶段。

④ 波动变量:有些变量长期在一定范围内波动,运动没有明显的方向性,趋势很平缓。

⑤ 随机变量:有些变量的变化是随机的,趋势不明显。

⑥ 地域变量:有些变量的变化趋势存在明显的地域差异和多种形式,没有统一趋势。

⑦ 稳定变量:有些变量的变化幅度非常小,或几乎没有明显变化,如国土资源等。

⑧ 饱和变量:在上升或下降变量中,有些变量的数值已经饱和或接近饱和,数值不再发生变化或变化不大。例如,许多国家的小学普及率已经达到 100%。

一般而言,上升和下降变量可以用于现代化评价,转折变量和波动变量用于政策分析。

根据数据的可获得性和指标的重要性,本报告选择 12 类指标作为农业现代化研究的分析变量,其中,定量指标为 9 类 141 个,定性指标 3 类(表 1-13)。有些指标很重要,但没有统计数据,例如,有机农产品的消费和消费比例等。

表 1-13　农业现代化的分析指标和分析变量

指标和变量	解释和单位	来源	指标和变量	解释和单位	来源
(1) 农业资源	8 个指标		(5) 农业流通	13 个指标	
人均国土面积	公顷	WDI	农产品价格指数	指数	WDI
人均农业用地	公顷	WDI	农产品平均关税	初级产品简单平均关税,%	WDI
人均可耕地	公顷	WDI	农民人均出口	农业粗物质和食品出口/农民,美元	WDI
人均谷物面积	公顷	WDI	人均农业国际贸易	农业粗物质和食品进口/人口,美元	WDI
人均园地	多年生作物用地,公顷	WDI	人均农业出口	农业粗物质和食品出口/人口,美元	WDI
人均牧场面积	公顷	FAO	人均农业进口	农业粗物质和食品进口/人口,美元	WDI
人均森林面积	公顷	WDI	人均农业净出口	农业粗物质和食品净出口/人口,美元	WDI

（续表）

指标和变量	解释和单位	来源	指标和变量	解释和单位	来源
人均淡水资源	立方米	WDI	人均农业粗物质净出口	美元	WDI
(2) 农业投入	20 个指标		人均食品净出口	美元	WDI
农业就业指数	农业就业人数(以 2000 年数值为 100)	WDI	人均谷物净出口	千克,不包含啤酒	FAO
农业劳动力指数	农业劳动力/工业劳动力,指数	WDI	人均植物油净出口	千克	FAO
农业劳动力比例	农业劳动力/总劳动力,%	WDI	人均肉食净出口	千克	FAO
农业女劳动力比例	农业女劳动力/农业劳动力,%	WDI	人均奶类净出口	千克,不包含黄油	FAO
农业用地比例	农业用地/陆地面积,%	WDI	(6) 农业需求	16 个指标	
可耕地面积比例	可耕地/陆地面积,%	WDI	人均营养供应	千卡/天	FAO
谷物用地比例	谷物用地/农业用地,%	WDI	人均动物营养供应	千卡/天	FAO
灌溉面积比例	灌溉土地/农作物面积,%	WDI	人均植物营养供应	千卡/天	FAO
森林覆盖率	森林面积/陆地面积,%	WDI	动物营养比例	动物营养/总营养,%	FAO
牧场面积比例	牧场面积/陆地面积,%	FAO	人均蛋白质供应	克/天	FAO
农业用水比例	农业用水/全部用水,%	WDI	人均脂肪供应	克/天	FAO
农业用水密度	立方米/公顷可耕地	WDI	人均谷物消费	千克/年	FAO
化肥使用密度	千克/公顷可耕地	WDI	人均植物油消费	千克/年	FAO
农药使用密度	千克/公顷可耕地	WRI	人均蔬菜消费	千克/年	FAO
农业机械化	拖拉机/平方公里可耕地	WDI	人均水果消费	千克/年	FAO
农业能源投入	千克标准油/公顷可耕地	OECD	人均肉食消费	千克/年	FAO
农业科技投入	农业科技投入/农业增加值,%	WDI	人均蛋类消费	千克/年	FAO
农场平均规模	公顷	OECD	人均奶类消费	千克/年	FAO
农民人均可耕地	可耕地/农业劳动力,公顷	WDI	人均鱼类消费	千克/年	FAO
农民人均农业用地	农业用地/农业劳动力,公顷	WDI	肉食消费指数	肉食消费/谷物消费,指数	FAO
(3) 农业生产	30 个指标		谷物食用指数	谷物食用/谷物饲料,指数	FAO
农业生产指数	农业增加值(以 2000 年数值为 100)	WDI	谷物食用比例	谷物食用/谷物供应,%	FAO
食品生产指数	食品产值(以 1999~2001 年的平均值为 100)	WDI	谷物饲料比例	谷物饲料/谷物供应,%	FAO
作物生产指数	作物产值(以 1999~2001 年的平均值为 100)	WDI	(7) 农业环境	15 个指标	
牲畜生产指数	畜牧产值(以 1999~2001 年的平均值为 100)	WDI	人口	百万	WDI
农业年均增长率	农业增加值年均增长率,%	WDI	人口自然增长率	%	WDI
农业劳动生产率	2000 年价格美元	WDI	人口密度	人/平方公里	WDI
农业相对生产率	农业生产率/工业生产率	WDI	农业人口比例	农业人口/总人口,%	WDI
农业土地生产率	美元/公顷农业用地	WDI	农业甲烷排放	千克/公顷可耕地	WDI
农业化肥生产率	美元/千克化肥	WDI	农业氧化氮排放	千克/公顷可耕地	WDI
农业用水生产率	美元/立方米农业用水	WDI	土地严重退化比例	严重退化土地/土地,%	FAO
作物单产	千克/公顷	FAO	政府农业支出比例	政府农业支出/农业增加值,%	WDR
水稻单产	千克/公顷	FAO	农业支持占 GDP 比例	农业支持总额/GDP,%	OECD
小麦单产	千克/公顷	FAO	农业支持占农业 GDP 比例	农业支持总额/农业增加值,%	OECD
玉米单产	千克/公顷	FAO	农业的净增加值比例	(农业增加值－农业支持总额)/GDP,%	OECD
大豆单产	千克/公顷	FAO	生产性支持占收入比例	生产性支持/农场毛收入,%	OECD
农业良种使用效率	谷物产量/谷物种子用量,千克/千克	FAO	农民的人均生产性补贴	生产性支持/农民,美元	OECD
农业化肥使用效率	谷物产量/耕地化肥用量,千克/千克	WDI	生产性支持占总支持比例	生产性支持/农业支持,%	OECD
农民人均产粮	吨	FAO	服务性支持占总支持比例	服务性支持/农业支持,%	OECD
农民人均产肉	吨	FAO	(8) 农民	10 个指标	
人均生物燃料	生物燃料(乙醇)/人口,升	OECD	农民素质(高等教育)	高等学历农民/农民,%,*	WDI
农业增加值指数	农业增加值/工业增加值,指数	WDI	农民素质(中等教育)	中等学历农民/农民,%,*	WDI
农业增加值比例	农业增加值/GDP,%	WDI	农民素质(初等教育)	初等学历农民/农民,%,*	WDI
作物增加值比例	作物增加值/农业增加值,%	FAO	农民素质(识字率)	成人识字率,%	WDI
牲畜增加值比例	牲畜增加值/农业增加值,%	FAO	农民人力资本指数	农民人均受教育年数	WDI
作物增加值指数	作物增加值/畜牧增加值,指数	FAO	农场的人均农业收入	美元	OECD
谷物增加值比例	谷物增加值/农业增加值,%	FAO	农场的农业收入比例	农业收入/农场收入,%	OECD
有机农业用地比例	有机农业用地/农业用地,%	WRI	农场的非农业收入比例	非农业收入/农场收入,%	OECD
有机农场比例	有机农场/农场,%	WRI	农场非农业劳动收入比例	非农业劳动收入/农场收入,%	OECD
旅游农场比例	旅游农场/农场,%	OECD	农场的转移支付收入比例	转移支付收入/农场收入,%	OECD

(续表)

指标和变量	解释和单位	来源	指标和变量	解释和单位	来源
农业协调指数	农业增加值比例/农业劳动力比例	WDI	(9) 农村	11 个指标	
(4) 农业供给	16 个指标		农村人口年增长率	%	WDI
农民人均供应人口	人	FAO	农村人口密度	人/平方公里耕地	WDI
农民人均谷物出口	千克/年	FAO	农村人口比例	%	WDI
农民人均肉食出口	千克/年	FAO	农村农业人口比例	农业人口/农村人口,%	WDI
人均谷物生产	千克/年	FAO	农村人口贫困率	%	WDI
人均谷物供给	千克/年,不包含啤酒	FAO	农村卫生设施普及率	%	WDI
人均植物油供给	千克/年	FAO	农村清洁饮水普及率	%	WDI
人均蔬菜供给	千克/年	FAO	农村轿车普及率	%,每 100 人,*	WDI
人均水果供给	千克/年	FAO	农村电视普及率	%,每 100 户,*	WDI
人均肉食生产	千克/年	FAO	农村移动通讯普及率	%,每 100 人,*	WDI
人均肉食供给	千克/年	FAO	农村互联网普及率	%,每 100 人,*	WDI
人均蛋类供给	千克/年	FAO			
人均奶类供给	千克/年,不包含黄油	FAO			
人均水产供给	千克/年	FAO			
粮食自给率	100－谷物净进口比例,%	FAO	(10) 农业科技	定性指标	
粮食浪费比例	谷物浪费/国内谷物供给,%	FAO	(11) 农业制度	定性指标	
蛋类浪费比例	蛋类浪费/国内蛋类供给,%	FAO	(12) 农业观念	定性指标	

注:WDI 为世界银行的《世界发展指标》。WDR 为世界银行的《世界发展报告》。FAO 为联合国粮农组织。WRI 为世界资源研究所(美国)。OECD 为经济合作与发展组织。生产性支持(PSE)为消费者和纳税人对农业生产者的年度转移支付价值。农业支持总额(TSE)包括消费者、纳税人和政府对农业的年度支持价值。有些指标在某年没有数据,用其最近年的数据(或估计值)代替。* 没有统计数据,采用估算数据;估算方法为:发达国家农村的普及率＝城市的普及率,发达国家的农民素质＝其他劳动者的素质;发展中国家农村的普及率＝1/2(城市的普及率)＝全国普及率/(2×城市人口比例＋农村人口比例);发展中国家农民素质＝1/2(其他劳动者的素质)＝全国劳动力素质/(2×城市人口比例＋农村人口比例);这种估算有一定误差。有些指标没有统计数据,如科技对农业增长的贡献、有机农产品的消费等。

第二节　农业现代化的时序分析

　　农业现代化的时序分析,是对农业现代化的全过程的时间序列数据和资料进行分析,试图去发现和归纳农业现代化的客观事实和基本规律。在农业现代化过程中,在一定程度上,农业生产现代化是它的微观基础,农业经济现代化是它的宏观表现,农业的一些共性要素同时作用于农业生产和农业经济(图 1-7)。我们选择 15 个国家为分析样本,分析农业生产、农业经济和农业要素的变迁,时间跨度约为 300 年(1700～2008 年),分析内容包括长期趋势、世界前沿、国际差距或国别差异等。本节聚焦于农业内部的变迁,关于农业与其他现代化的相互关系,需要专门讨论。本章第一节介绍了农业现代化时序分析的分析方法,本节讨论它的分析结果。

　　一般而言,农业现代化的时序分析需要鉴别农业变量的趋势和特征。根据它们的变化趋势,农业变量可以分为上升变量、下降变量、转折变量、波动变量和地域变量等;根据它们与农业水平的关系,农业变量可以分为水平变量、特征变量和交叉变量等(表 1-14)。其中,水平变量,反映国家农业的"发展水平",具有很好的国际可比性和历史可比性;特征变量,反映国家农业的特点,不反映国家农业的发展水平,历史(纵向)可比性好,国际(横向)可比性差;交叉变量,同时与国家农业的发展水平和地理特点有关,历史可比性好,但国际可比性差。由于报告篇幅有限,我们选择少数指标为代表,用"图形"显示它们的变化趋势。

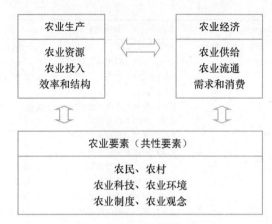

图 1-7　农业现代化的一种分析框架

注:关于农业生产、农业经济和农业要素的归类划分是相对的,它们既相互交叉,又相互影响。

表 1-14　农业变量的特点和分类

变量分类	变量的特点	变量的举例
水平变量	反映"发展水平",不反映国别特色。国际可比性好,历史可比性好	农业劳动生产率、农业增加值比例等
特征变量	不反映"发展水平",反映国别特色。历史可比性好,国际可比性差	人均可耕地面积、农业用地比例等
交叉变量	反映"发展水平",反映国别特色。历史可比性好,国际可比性差	土地生产率、农民人均产粮等
上升变量	指标数值长期上升,短期波动,反映农业的"发展水平"	农业劳动生产率、谷物单产等
下降变量	指标数值长期下降,短期波动,反映农业的"发展水平"	农业劳动力比例、农业增加值比例等
转折变量	指标数值发生转折,先升后降,或先降后生,与"发展阶段"有关	农业就业人数、森林覆盖率等
波动变量	指标数值不断波动,趋势不明显,与农业的"发展状态"有关	农业增长率等
地域变量	指标数值与农业的"地理特征"有关,与农业的"发展水平"没有关系	人均农业用地、可耕地面积比例等

一、世界农业生产的时序分析

农业生产涉及许多方面和要素,我们不可能对每一个方面和要素都进行分析,只能选择有代表性的方面和统计数据比较齐全的指标进行分析。这里重点讨论农业生产的自然资源、农业投入以及农业生产的规模、效率和结构(表 1-15)。尽管这种分析很不完备,但可以提供有用信息。

1. **农业资源的时序分析**

根据联合国粮农组织(FAO)的网上资料,农业资源涉及土地、淡水、肥料、种子、劳动、投资、机械、农药、农业科技知识和其他自然资源等。在这里,我们选择农业自然资源的 10 个变量进行分析(表 1-15);它们与国家的农业地理特征紧密相关,与国家的农业"发展水平"的相关性不显著,都属于特征变量。

(1) **农业资源的变化趋势**

一般而言,资源总量的变化,比较小和比较慢;人均资源的变化,比较大和比较快。

人均资源与人口成反比,与资源总量成正比。随着世界和许多国家的人口增长,人均资源的总体趋势是下降;有些国家人口出现负增长,人均资源上升。

根据它们的变化趋势,农业资源的 10 个指标可以分为两类:

下降变量:人均国土面积、人均陆地面积、人均淡水面积、人均农业用地、人均可耕地面积、人均谷物面积、人均牧场面积、人均园地面积、人均淡水资源等。

表 1-15　1700～2008 年农业生产的变迁

方面	农业变量				长期趋势和特点
	18 世纪	19 世纪	1900～1970 年	1970～2008 年	
农业资源	人均国土面积、人均陆地面积、人均淡水面积、人均淡水资源				下降,国别差异
			人均农业用地、人均可耕地、人均园地面积、人均牧场面积、人均谷物用地		下降,国别差异
				人均森林面积	先降后升,国别差异
农业投入		农业就业指数			先升后降,国别差异
		农业劳动力指数、农业劳动力比例、农业用水比例			下降,波动
			农业女劳动力比例、农业用地比例、可耕地面积比例、谷物用地比例、牧场面积比例、农业用水密度		国别差异
		灌溉面积比例			上升,国别差异
		森林覆盖率			先降后升,国别差异
		化肥使用密度、农药使用密度			先升后降,国别差异
	农业机械化、农业能源投入、农业科技投入、农民人均可耕地、农民人均农业用地				上升,国别差异
农业生产（效率和结构等）	农业生产指数、食品生产指数、作物生产指数、畜牧生产指数、畜牧增加值比例				先升后降,国别差异
	农业增加值指数、农业增加值比例				下降,波动
			作物增加值比例、作物增加值指数		先降后升,国别差异
			谷物增加值比例、食物增加值比例、农业化肥生产率、农业用水生产率、农业良种使用效率、农业化肥使用效率、农业协调指数		国别差异
		农业劳动生产率			上升,波动
			农业相对生产率、农业土地生产率、农场平均规模		上升,国别差异
	谷物单产、水稻单产、小麦单产、玉米单产、大豆单产、农民人均产粮、农民人均产肉				上升,国别差异
				人均生物燃料、有机农业用地比例、有机农场比例、旅游农场比例	上升,国别差异

转折变量:人均森林面积等。有些国家人均森林面积先降后升。

这里,不妨用人均可耕地面积(图 1-8)的变化为代表,反映人均农业资源的变化。

(2) 农业资源的世界前沿和国别差异

首先,农业资源的世界前沿。在统计学意义上,人均农业自然资源与农业劳动生产率之间没有显著关系(表 1-16),人均国土面积等 8 个指标与农业的"发展水平"之间没有显著关系。讨论农业资源的世界前沿,是没有意义的,因为在农业资源方面没有"世界前沿"。

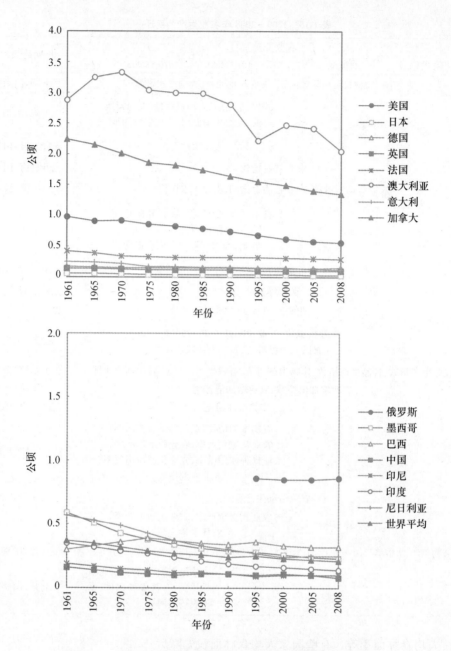

图 1-8　1961～2008 年人均可耕地面积的变化

数据来源：World Bank，2010.

表 1-16　农业自然资源与农业劳动生产率的相关系数

项目	人均国土面积	人均农业用地	人均可耕地	人均谷物面积	人均园地	人均牧场面积	人均森林面积	人均淡水资源
1970	−0.195	−0.164	−0.035	−0.049	−0.200	−0.164	—	—
2000	0.024	−0.039	0.183	0.155	−0.059	−0.039	0.112	0.139
2008	−0.007	−0.074	0.099	0.078	−0.068	−0.080	0.104	0.115

注：国家样本为 79～131 个。相关性都没达到显著程度，负值表示为负相关。指标单位见表 1-13，"—"表示没有数据，后同。

其次,农业资源的国别差异非常大。例如,2000 年人口超过 100 万的 131 个国家,它们的人均农业用地、人均可耕地面积和人均森林面积的最大相对差别超过 10 000 倍,人均国土面积、人均谷物面积和人均淡水资源的最大相对差别超过 1000 倍(表 1-17)。

表 1-17　2008 年农业资源的国别差异

项目	人均国土面积	人均农业用地	人均可耕地	人均谷物面积	人均园地	人均牧场面积	人均森林面积	人均淡水资源
最大值	59.22	43.90	2.05	0.98	0.21	43.58	9.31	121 791
最小值	0.01	0.00	0.00	0.00	0.00	0.00	0.00	22.08
平均值	4.25	1.81	0.26	0.13	0.03	1.52	0.99	11 225
绝对差别	59.21	43.90	2.05	0.98	0.21	43.58	9.31	121 769
相对差别	4094	304 813	19 882	1955	—	—	22 528	5516
国家数	131	131	131	130	131	131	131	130

注:绝对差别=最大值-最小值,相对差别=最大值÷最小值。后同。

2. 农业投入的时序分析

农业投入涉及劳动、土地、资本和技术等要素。我们选择 19 个农业投入指标为代表;其中,7 个指标为水平变量,6 个指标为交叉变量,6 个指标为特征变量。

(1) 农业投入的变化趋势

农业投入指标的变化趋势是:6 个指标属于上升变量,3 个指标属于下降变量,4 个指标属于转折变量,6 个指标属于地域变量(表 1-18)。其中,农业劳动力比例(图 1-9)的变化可以反映水平变量的特点,农民人均可耕地面积(图 1-10)的变化可以反映交叉变量的特点。

表 1-18　农业投入的分析变量和变化趋势

变化趋势	水平变量	交叉变量	特征变量
上升变量	农业机械化、农业能源投入、农业科技投入	作物灌溉面积比例、农民人均可耕地、农民人均农业用地	
下降变量	农业劳动力指数、农业劳动力比例	农业用水比例	
转折变量	化肥使用密度、农药使用密度	农业就业指数、森林覆盖率	
地域变量			农业女劳动力比例、农业用地比例、可耕地面积比例、谷物用地比例、牧场面积比例、农业用水密度

(2) 农业投入变化的主要特点

首先,农业劳动投入的变化。18 世纪以来,农业劳动力的投入总量从上升到下降,农业劳动力比例不断下降(图 1-9)。目前,发达国家农业劳动力比例在 1%左右。

其次,农业土地投入的变化。农业土地投入变化的国别差异比较大。20 世纪以来,农民人均可耕地面积(图 1-10)和农民人均农业用地面积在上升,农业土地集约化程度提高。

其三,农业资本投入的变化。19 世纪以来,农业的资本投入持续增加。例如,农业机械化、农业能源投入、农业化肥和农药投入等在增加;农业灌溉面积比例上升等。

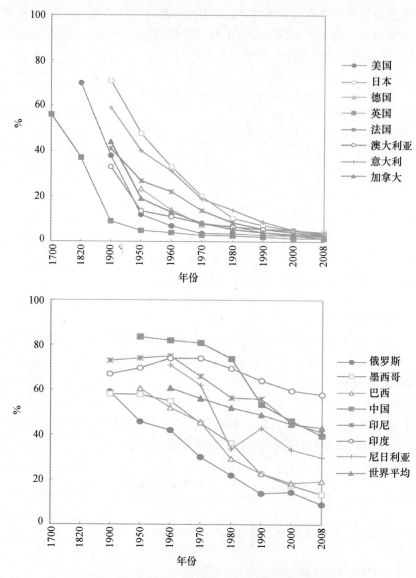

图 1-9　1700～2008 年农业劳动力比例的变化
数据来源：World Bank，2010.

其四，农业技术投入的变化。19 世纪以来，发达国家和部分发展中国家，农业科技投入在增加，农业良种应用扩大，作物单产持续提高等。

其五，农业投入与农业效率的关系。在 1970～2008 年期间，农业劳动力比例，与农业劳动生产率、农业土地生产率和谷物单产负相关；农民人均可耕地面积，与农业劳动生产率正相关，与农业土地生产率和谷物单产不相关；农业机械化程度、化肥使用密度和农药使用密度，与农业劳动生产率、农业土地生产率和谷物单产正相关（表 1-19）。

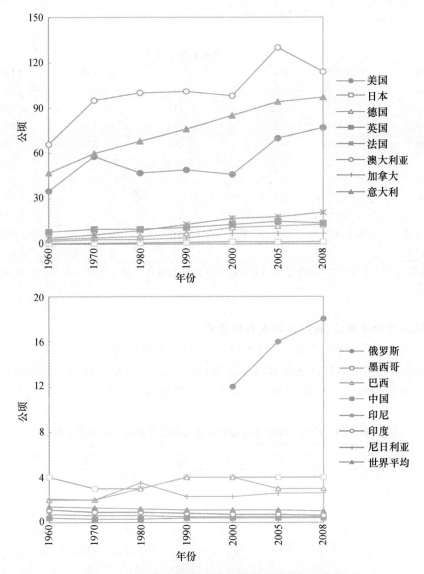

图 1-10　1960～2008 年农民人均可耕地面积的变化

数据来源：World Bank，2010.

表 1-19　1970～2008 年农业投入与农业效率的相关性

指标	1970	1980	1990	2000	2008	相关性
	农业劳动生产率					
农业劳动力比例	−0.771***	−0.749***	−0.675***	−0.613***	−0.565***	负相关
农民人均可耕地	0.610***	0.099	0.175	0.302***	0.309***	正相关
农业机械化	0.709***	0.736***	0.642***	0.548***	0.484***	正相关
农业化肥使用密度	0.654***	0.595***	0.563***	0.428***	0.180*	正相关
农业农药使用密度	—	—	0.372***	0.182	—	正相关

（续表）

指标	1970	1980	1990	2000	2008	相关性
	农业土地生产率					
农业劳动力比例	−0.248**	−0.270**	−0.215*	−0.174	−0.138	负相关
农民人均可耕地	−0.07	−0.03	−0.04	−0.04	−0.04	不相关
农业机械化	0.244**	0.656***	0.715***	0.716***	0.703***	正相关
农业化肥使用密度	0.464***	0.494***	0.579***	0.421***	0.197*	正相关
农业农药使用密度	—	—	0.687***	0.358***	—	正相关
	谷物单产					
农业劳动力比例	−0.565***	−0.636***	−0.622***	−0.563***	−0.593***	负相关
农民人均可耕地	0.13	0.00	0.03	0.12	0.15	不相关
农业机械化	0.637***	0.691***	0.610***	0.572***	0.504***	正相关
农业化肥使用密度	0.758***	0.850***	0.841***	0.698***	0.375***	正相关
农业农药使用密度	—	—	0.521***	0.344***	—	正相关

注：国家样本数为 72～131 个，不同指标不同年份的国家样本数有所不同。* 表示相关，** 表示显著相关，*** 表示非常显著相关。

（3）农业投入的世界前沿、国际差距或国别差异

农业投入的世界前沿、国际差距和国别差异，可以用几个指标来代表。

首先，农业劳动力比例的世界前沿和国际差距（表 1-20）。农业劳动力比例下降，是农业转型和"农业发展"的一种表现形式。目前，它的国际相对差距超过 100 倍。

表 1-20　1700～2008 年农业劳动力比例的世界前沿和国际差距

项目	1700	1820	1900	1950	1960	1970	1980	1990	2000	2008
前沿（最小值）	40	37	9.1	4.9	1.0	2.0	0.1	0.4	0.7	0.8
末尾（最大值）	—	—	—	—	95	94	94	92	93	93
平均值	—	—	—	—	59	52	45	39	36	33
绝对差距	—	—	—	—	94	92	94	92	92	92
相对差距	—	—	—	—	95	47	938	231	133	116
国家样本数	2	4	24	61	111	112	112	118	131	131

注：指标单位见表 1-13。绝对差距＝最大值－最小值，相对差距＝最大值÷最小值，后同。

其次，农民人均可耕地的国别差异（表 1-21）。农民人均可耕地面积的增加，是农业集约化程度提高的一种表现形式。目前，它的国家相对差别超过 1000 倍。

表 1-21　1960～2008 年农民人均可耕地面积的国别差异

项目	1960	1970	1980	1990	2000	2005	2008
最大值	66	95	226	486	246	152	210
最小值	0.1	0.1	0.2	0.1	0.1	0.1	0.1
平均值	3.7	4.5	6.8	9.8	7.2	7.2	7.8
绝对差别	65	95	226	486	246	152	210
相对差别	719	1000	1477	3262	1895	1185	1596
国家样本数	106	106	106	106	129	130	130

3. 农业生产(效率和结构等)的时序分析

农业生产涉及农业规模、农业效率、农业结构等诸多方面。我们选择 31 个农业生产指标为代表；其中,3 个指标为水平变量,16 个指标为交叉变量,12 个指标为特征变量。

(1) 农业生产的变化趋势

农业生产指标的变化趋势是:15 个指标属于上升变量,2 个指标属于下降变量,7 个指标属于转折变量,1 个指标属于波动变量,7 个指标属于地域变量(表 1-22)。其中,农业劳动生产率(图 1-11)和农业劳动力比例(图 1-12)的变化可以反映为水平变量的特点,谷物单产(图 1-13)可以反映交叉变量的特点。

表 1-22　农业生产的分析变量和变化趋势

变化趋势	水平变量	交叉变量	特征变量
上升变量	农业劳动生产率	农业相对生产率、农业土地生产率、谷物单产、水稻单产、小麦单产、玉米单产、大豆单产、农民人均产粮、农民人均产肉、人均生物燃料、有机农业用地比例、有机农场比例、旅游农场比例、农场平均规模	
下降变量	农业增加值指数、农业增加值比例		
转折变量		作物增加值比例、畜牧增加值比例、作物增加值指数	农业生产指数、食品生产指数、作物生产指数、畜牧生产指数
波动变量			农业年均增长率
地域变量			谷物增加值比例、食物增加值比例、农业化肥生产率、农业用水生产率、农业良种使用效率、农业化肥使用效率、农业协调指数

(2) 农业生产变化的主要特点

首先,农业生产规模的变化。18 世纪以来,农业相对规模逐步缩小;20 世纪后期以来,部分国家农业绝对规模出现缩小的趋势(专栏 1-2)。农业相对规模与农业劳动生产率显著负相关,农业增加值比例与农业劳动生产率显著负相关,农业劳动力比例与农业劳动生产率显著负相关(表 1-23)。2008年,农业劳动生产率超过 1 万美元的国家(除斯洛文尼亚和克罗地亚两个国家外),农业增加值比例和农业劳动力比例,都低于 10%(图 1-14)。

根据经验数据可以推出,农业劳动生产率与农业相对规模的函数关系如下:

$$y = ae^{(b/x)} \quad (a > 0, b > 0)$$
$$\lg y = \lg a + (b \lg e)/x$$

其中,y 代表农业劳动生产率,x 代表农业相对规模(农业劳动力比例或农业增加值比例),a 和 b 为常数,不同国家有不同的 a 和 b。需要注意的是,农业劳动生产率,不仅与农业相对规模有关,而且与农业劳动力素质、农业资本投入、农业技术和农业制度等相关。

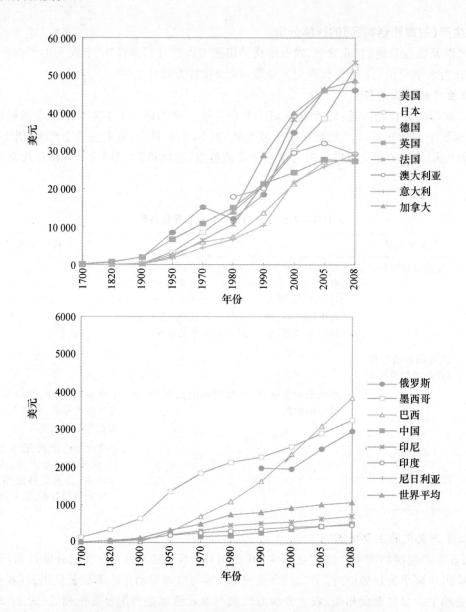

图 1-11　1700～2008 年农业劳动力生产率(2000 价格美元)

注:1700～1950 年的值为估计值。估算方法为:1900～1950 年的值,按 1970～2008 年的年均增长率计算;1700 ～1890 年的值,按 1970～2008 年的年均增长率的一半计算。

数据来源:World Bank,2010.

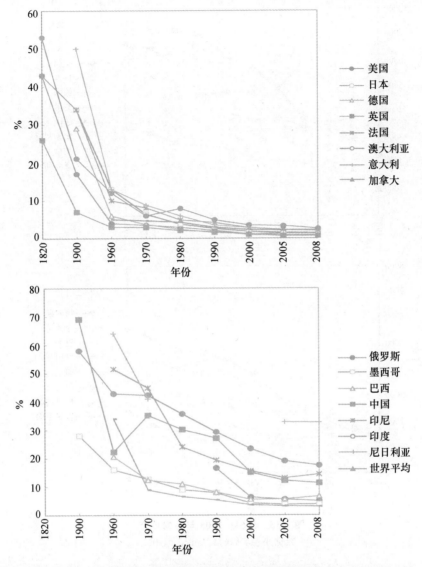

图 1-12 1820～2008 年农业增加值比例

数据来源：World Bank，2010.

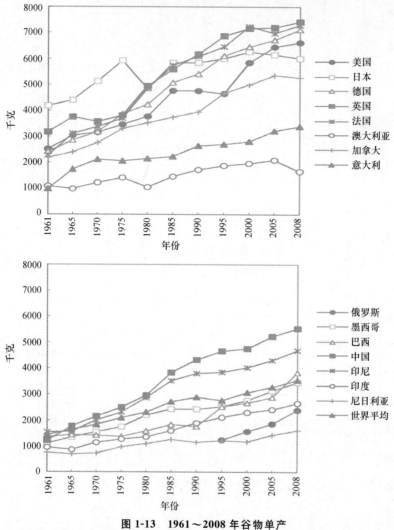

图 1-13　1961～2008 年谷物单产

数据来源：World Bank，2010.

表 1-23　农业相对规模与农业劳动生产率的相关系数

项目	农业增加值比例				农业劳动力比例			
年份	1980	1990	2000	2008	1980	1990	2000	2008
相关系数	−0.636	−0.632	−0.532	−0.509	−0.749	−0.675	−0.613	−0.565
显著性	＊＊＊	＊＊＊	＊＊＊	＊＊＊	＊＊＊	＊＊＊	＊＊＊	＊＊＊

注：＊＊＊ 表示非常显著相关。国家样本数为 85～131 个,不同指标不同年份的国家样本数有所不同。

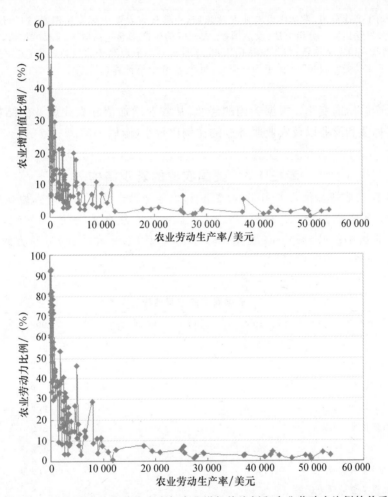

图 1-14　2008 年农业劳动生产率与农业增加值比例和农业劳动力比例的关系

其次,农业生产效率的变化。18 世纪以来,农业生产效率不断提高;但不同指标的变化有很大差异。例如,农业劳动生产率与自然资源没有关系(表 1-16),但是,许多农业效率指标,包括农业土地生产率、农业化肥生产率、农业用水生产率、农业良种使用效率、农业化肥使用效率、谷物单产、水稻单产、小麦单产、玉米单产、大豆单产、农民人均产粮、农民人均产肉等指标,都与农业的生产结构和自然条件有关。农业生产效率的国际比较,需要非常谨慎。

农业劳动生产率的国际地位的转移(表 1-24)。根据农业劳动生产率的高低,可以把国家分为农业发达、中等发达、初等发达和欠发达国家。在 20～30 年里,农业发达国家下降为中等发达国家的概率约为 13％,欠发达国家地位上升的概率约为 10％;国际体系的结构相对稳定。

表 1-24　农业劳动生产率的国家地位的转移概率（马尔可夫链分析）

分组	1980	1980~2008 年转移概率/（%）				1990	1990~2008 年转移概率/（%）			
	国家数	发达	中等	初等	欠发达	国家数	发达	中等	初等	欠发达
发达	15	87	13	0	0	15	87	13	0	0
中等	38	5	92	3	0	45	7	93	0	0
初等	13	0	0	62	38	14	0	0	79	21
欠发达	11	0	0	9	91	20	0	0	10	90

注：根据农业劳动生产率分组，发达代表农业发达国家，中等代表农业中等发达国家，初等代表农业初等发达国家，欠发达代表农业欠发达国家。分组方法：发达国家：农业劳动生产率超过高收入国家平均值；中等发达国家：超过世界平均值但低于高收入国家平均值；初等发达国家：低于世界平均值但高于欠发达国家；欠发达国家：1980 年低于300 美元，1990 年低于400 美元，2008 年低于500 美元，按2000 年价格计算。

其三，农业生产结构的变化。根据美国的经验，从农业增加值和农业就业的结构看，种植和畜牧业的比例比较大，林业和渔业以及农业服务业的比例比较小（专栏 1-3）。

专栏 1-3　美国农业的宏观结构

2008 年，美国农业增加值约占 GDP 的 1.1%，农业劳动力约占总劳动力的 0.9%。在农业增加值中，农场（农业和牧业）约占 82%，林业、渔业和农业服务业约占 18%（林业和渔业约占 13.5%，农业服务业约占 4.6%）。在农业劳动力中，农场（农业和牧业）劳动力约占 59%，林业、渔业和农业服务业劳动力约占 41%。

美国农业的宏观结构

美国农业结构	1950	1960	1970	1980	1990	2000	2008
农业增加值比例	6.8	3.8	2.6	2.2	1.7	1.0	1.1
农场（农业和牧业）增加值比例	—	—	—	82.8	79.2	77.0	81.9
林业、渔业和农业服务业增加值比例	—	—	—	17.2	20.8	23.0	18.1
林业和渔业增加值比例（估算）	—	—	—	12.0	16.8	17.9	13.5
农业服务业增加值比例（估算）	—	—	—	5.2	3.9	5.1	4.6
农业劳动力比例	4.8	3.3	1.8	1.7	1.2	1.0	0.9
农场（农业和牧业）劳动力比例	—	—	—	77.5	64.4	65.9	58.7
林业、渔业和农业服务业劳动力比例	—	—	—	22.5	35.6	34.1	41.3
农业增加值比例/农业劳动力比例	1.4	1.1	1.4	1.3	1.4	1.0	1.3

资料来源：BEA，2011.

根据 FAO 资料，在 1961~2008 年期间，世界农业的产业结构相对稳定；按 1999~2001 年购买力平价美元计算，作物（Crops）增加值占农业增加值比例为 63% 左右，牲畜（Livestock）增加值占农业增加值比例为 37% 左右；欧洲、美洲和非洲的农业经济结构比较稳定，作物产值比例分别为 54%、56%和 74% 左右，牲畜产值比例分别为 46%、44% 和 26% 左右；亚洲和大洋洲农业经济转型比较明显，亚洲作物产值比例从 82% 下降到 70%，牲畜产值比例从 18% 上升到 30%；大洋洲作物产值比例从 24%上升到 36%，牲畜产值比例从 76% 下降到 64%（表 1-25）。世界、非洲和美洲，谷物产值比例比较稳定,亚洲的谷物产值比例下降,欧洲和大洋洲的谷物产值比例上升。目前,谷物产值比例,世界、美洲和亚洲皆为 20% 左右,约占作物产值的 1/3。

表 1-25　1961~2008 年世界农业的产业结构(按 1999~2001 年购买力平价美元计算)

地区	项目	1961	1970	1980	1990	2000	2005	2008
世界	作物产值比例/(%)	63	63	62	63	63	63	64
	牲畜产值比例/(%)	37	37	38	37	37	37	36
	谷物产值比例/(%)	21	23	24	25	22	21	22
	作物/牲畜	1.7	1.7	1.7	1.7	1.7	1.7	1.7
非洲	作物产值比例/(%)	74	75	72	73	74	75	74
	牲畜产值比例/(%)	26	25	28	27	26	25	26
	谷物产值比例/(%)	16	16	16	16	14	15	16
	作物/牲畜	2.8	3.1	2.6	2.7	2.8	3.0	2.9
美洲	作物产值比例/(%)	54	54	57	58	56	56	56
	牲畜产值比例/(%)	46	46	43	42	44	44	44
	谷物产值比例/(%)	19	20	22	22	19	18	19
	作物/牲畜	1.2	1.2	1.3	1.4	1.3	1.3	1.3
亚洲	作物产值比例/(%)	82	81	78	75	70	70	70
	牲畜产值比例/(%)	18	19	22	25	30	30	30
	谷物产值比例/(%)	34	37	36	33	26	24	24
	作物/牲畜	4.5	4.2	3.5	3.0	2.3	2.3	2.3
欧洲	作物产值比例/(%)	55	54	50	50	53	54	54
	牲畜产值比例/(%)	45	46	50	50	47	46	46
	谷物产值比例/(%)	15	16	17	18	18	19	22
	作物/牲畜	1.2	1.2	1.0	1.0	1.1	1.2	1.2
大洋洲	作物产值比例/(%)	24	26	29	34	39	40	36
	牲畜产值比例/(%)	76	74	71	66	61	60	64
	谷物产值比例/(%)	11	11	13	15	17	18	16
	作物/牲畜	0.3	0.3	0.4	0.5	0.6	0.7	0.6

资料来源:FAO,2011.

在 1961~2008 年期间,世界不同国家农业产业结构的变化比较复杂。部分国家,如种植业为主国家,作物产值比例先降后升,牲畜产值比例先升后降;部分国家,如畜牧业为主国家,作物产值比例上升,牲畜产值比例下降。2008 年,发展中国家作物产值比例一般在 20%~90% 之间,发达国家牲畜产值比例一般在 40%~80% 之间。例如,美国、日本、德国、英国和法国牲畜产值比例分别为:45%、53%、57%、60% 和 46%(图 1-15)。

其四,农业生产单位的变化。农场是农业生产的主要单位。19 世纪以来,农场规模的扩大是一个基本趋势(专栏 1-4),它是农业集约化程度提高的一种表现形式。

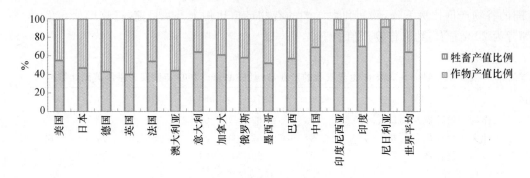

图 1-15　2008 年 15 个国家农业增加值的构成
数据来源：FAO，2011.

专栏 1-4　美国和日本农场规模的扩大

19 世纪以来，农场平均规模扩大，农业土地集约化程度提高。不同国家的土地资源相差很大，土地集约化程度和农场平均规模的差别也比较大。欧洲提出"经济规模农场"；农场达到一定规模，才是经济有效的。

美国和日本农场规模的扩大

年份	1920	1930	1940	1950	1960	1970	1980	1990	2000	2005	2008
美国农场数	6518	6546	6350	5648	3962	2949	2440	2146	2167	2099	2200
平均规模	147	151	167	213	297	374	424	460	436	442	418
年份	1880	1910	1920	1930	1940	1950	1960	1970	1980	1990	1995
日本农场数	5408	5417	5485	5511	5390	6176	6057	5342	4661	2835	3438
平均规模	1.0	1.0	1.1	1.1	1.2	1.0	1.0	1.1	1.2	1.4	1.5

注：农场数量的单位为个，农场平均规模的单位为公顷。
美国数据来源：美国统计局的《统计摘要》.日本数据来源：速水佑次郎，神门善久，2003.

欧盟的农场调查显示，许多农场不仅从事农业生产，而且开展多种经营或对外服务；21 世纪初，后者的数量和比例有所提高。2005 年，欧盟 15 国的农场，大约有 41％的农场从事食品加工，20％的农场提供对外劳务（外出务工），18％的农场提供旅游服务（表 1-26）。

表 1-26　2005 年欧盟国家农场从事多种经营的农场比例　　　　单位：%

国家	可再生能源生产	食品加工	对外务工	水产养殖	旅游服务	手工艺	木材加工	其他	合计
法国	0.2	36	16	0.1	13	1.4	3.1	72	142
德国	18	38	20	1.7	17	1.2	3.2	25	124
意大利	0.2	84	2.4	0.1	12	0.9	1.2	5.0	106
西班牙	0.8	43	10	0.2	13	1.0	0.4	35	104
瑞典	8.7	11	47	1.8	23	5.6	10	21	127
英国	0.9	5.0	34	0.6	47	1.5	2.3	37	128
欧盟 15 国	4.4	41	20	0.5	18	1.4	2.5	34	122

资料来源：OECD，2009a.

其五,农业生产变化的几个拐点。有些农业指标的变化会出现拐点,值得特别关注。

先升后降的指标:农业就业指数、农业生产指数、食品生产指数、作物生产指数、畜牧生产指数、畜牧增加值比例、农业化肥使用密度、农业农药使用密度等。

先降后升的指标:人均森林面积、森林覆盖率、作物增加值比例、作物增加值指数等。

国别差异比较大的指标:畜牧增加值比例、作物增加值比例等。

(3) 农业生产的世界前沿和国际差距

农业生产的世界前沿、国际差距和国别差异,可以用几个指标来代表。

首先,农业效率的世界前沿和国际差距,以农业劳动力生产率为代表。在1950～2008年期间,发达国家农业劳动生产率不断提高;农业劳动生产率的绝对差距从8千多美元扩大到6万多美元,相对差距从100多倍扩大到900多倍(表1-27)。

表1-27　1700～2008年农业劳动生产率的世界前沿和国际差距

项目	1700	1820	1900	1950	1970	1980	1990	2000	2005	2008
前沿(最大值)	834	957	1981	8485	15 210	17 898	28 898	40 121	48 232	62 901
末尾(最小值)	—	—	—	58	80	105	89	82	70	65
平均值				1208	2341	3656	4752	6500	8311	9728
绝对差距	—	—	—	8427	15 130	17 793	28 809	40 039	48 161	62 835
相对差距	—	—	—	145	190	171	326	490	685	962
国家样本数	56	70	74	74	78	85	103	127	119	115

注:1700～1950年为估算值。农业劳动生产率的单位为2000年价格美元。

其次,农业结构的世界前沿和国际差距,以农业增加值比例指标为代表。在1960～2008年期间,发达国家和发展中国家农业增加值比例不断下降;农业增加值比例的绝对差距从90%下降到53%,相对差距从30多倍扩大到700多倍(表1-28)。

表1-28　1820～2008年农业增加值比例的世界前沿和国际差距

项目	1820	1900	1960	1970	1980	1990	2000	2005	2008
前沿(最小值)	26	7.0	3.0	0.3	0.2	0.4	0.1	0.1	0.1
末尾(最大值)	—	—	93	71	72	61	58	54	53
平均值			32	24	21	20	17	15	14
绝对差距			90	70	72	61	58	54	53
相对差距			31	252	400	165	531	605	756
国家样本数	5	16	92	95	88	121	126	124	130

二、世界农业经济的时序分析

农业现代化不仅要求提高农业效率和改进农业结构,而且要求保证农业的供求平衡和粮食安全,它们都与农业经济紧密相关。农业经济现代化是农业现代化的重要内容。农业经济涉及许多方面和要素,这里我们重点讨论农业供给、农业流通、农业需求和消费(表1-29)。

表 1-29   1700～2008 年农业经济的变迁

方面	农业变量				长期趋势和特点
	18 世纪	19 世纪	1900～1970 年	1970～2008 年	
农业供给	农民人均供应人口				上升
	人均谷物生产、人均谷物供给、人均植物油供给、人均水果供给、人均肉食生产、人均肉食供给、人均蛋类供给、人均奶类供给、人均鱼类供给				上升，国别差异
			粮食浪费比例、蛋类浪费比例		下降，国别差异
			人均蔬菜供给、粮食自给率、农民人均谷物出口、农民人均肉食出口		国别差异
农业流通			农民人均出口、人均农业国际贸易、人均农业出口、人均农业进口		上升，国别差异
			农产品平均关税		下降，国别差异
			人均农业净出口、人均农业粗物质净出口、人均食品净出口、人均谷物净出口、人均植物油净出口、人均水果净出口、人均肉食净出口、人均奶类净出口、人均鱼类净出口		国别差异
			农产品价格指数		波动，国别差异
农业需求（消费）	人均营养供应、人均动物营养供应、人均植物营养供应、人均蛋白质供应、人均脂肪供应				上升，国别差异
			谷物食用比例*		下降，国别差异
			动物营养比例*、人均谷物消费、人均植物油消费、人均蔬菜消费、人均水果消费、人均肉食消费*、人均蛋类消费、人均奶类消费、人均鱼类消费、肉食消费指数*、谷物饲料比例*		先升后降，国别差异
			谷物食用指数*		先降后升，国别差异

注：农业供给和消费指标紧密相关，有些指标相互交叉。* 它们的情况比较复杂；有些国家的指标变化与本表一致，有些国家的指标变化与本表有所不同，有些国家（畜牧业主国家）的指标变化与本表相反。

1. 农业供给的时序分析

农业供给涉及食品供给、原料供给和国际农业贸易等要素。我们选择 16 个农业供给指标为代表；其中，1 个指标为水平变量，11 个指标为交叉变量，4 个指标为特征变量。

(1) 农业供给的变化趋势

农业供给指标的变化趋势是：10 个指标属于上升变量，2 个指标属于下降变量，4 个指标属于地域变量（表 1-30）。其中，农民人均供应人口（图 1-16）、人均谷物生产（图 1-17）和粮食自给率（图 1-18）的变化可以分别反映水平变量、交叉变量、地域变量的特点。

表 1-30   农业供给的分析变量和变化趋势

变化趋势	水平变量	交叉变量	特征变量
上升变量	农民人均供应人口	人均谷物生产、人均谷物供给、人均植物油供给、人均水果供给、人均肉食生产、人均肉食供给、人均蛋类供给、人均奶类供给、人均鱼类供给	

（续表）

变化趋势	水平变量	交叉变量	特征变量
下降变量		粮食浪费比例、蛋类浪费比例	
地域变量			人均蔬菜供给、粮食自给率、农民人均谷物出口、农民人均肉食出口

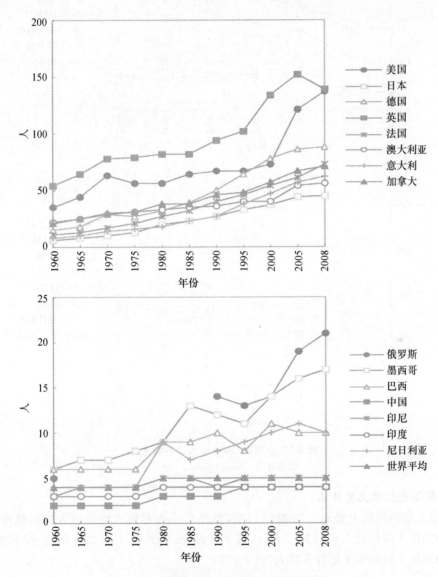

图 1-16 1960～2008 年农民人均供应人口

注：没有考虑粮食进出口的影响。

数据来源：FAO，2011.

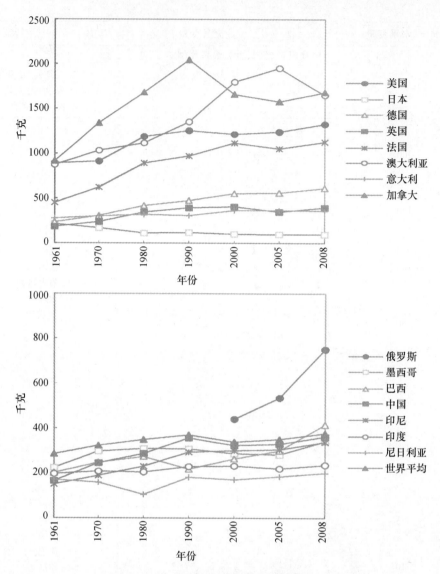

图 1-17 1961～2008 年人均谷物生产
数据来源：World Bank，2010.

（2）农业供给变化的主要特点

首先，农民人均供应能力提高。18 世纪以来，世界平均的农民人均供应人口在缓慢上升。2008 年世界平均的农民人均供应人口约为 5 人；从这个指标看，世界农业仍然具有"生存农业"的部分特点。农民人均供应人口的国家差异非常大（表 1-31）。

表 1-31 2005 年农民人均供应人口

项目	2～4 人	5～10 人	11～50 人	51～100 人	101 人及以上	国家/个
全部国家/个	37	34	41	11	8	131
粮食自给率在 90％以上的国家/个	16	11	15	6	3	51

其次，食物供给能力不断提升。20 世纪以来，粮食和肉食供应能力不断提高，但粮食自给率的国

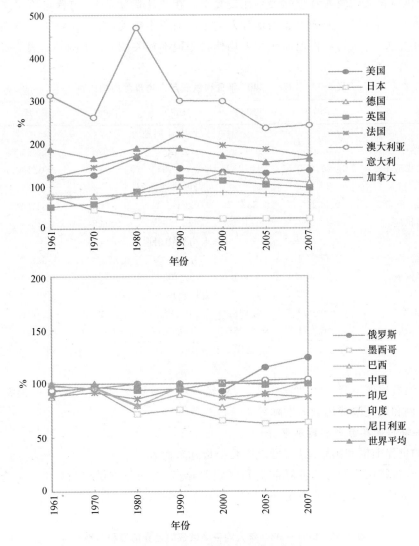

图 1-18　1961～2008 年粮食自给率

数据来源：FAO，2011.

家差别非常大。目前，在人口超过 100 万的国家中，大约有 30 多个国家能够实现粮食完全自给，大约有 30 多个国家 50％以上的粮食依赖进口（表 1-32）。

表 1-32　1961～2007 年粮食自给率的国家分布

自给率的分组	1961	1970	1980	1990	2000	2005	2007
＞100	22	23	17	23	28	32	32
80～99	50	45	36	34	33	33	27
50～79	22	24	34	29	37	30	35
10～49	10	10	14	19	24	31	31
＜10	2	4	5	1	7	3	4
国家合计/个	106	106	106	106	129	129	129

注：粮食自给率＝100－谷物净进口率（不含啤酒）。国家样本为 2000 年人口超过 100 万的国家。

其三,食物供应与人均农业资源的关系比较复杂。在统计学意义上,粮食自给率与人均可耕地面积和人均作物面积正相关,与人均农业用地和人均牧场面积不相关;人均营养供应与人均农业用地和人均牧场面积不相关,与人均可耕地面积和人均作物用地不相关(2007年例外)(表1-33)。

表1-33　1970～2007年食物供应与人均资源的相关性

指标	1970	1980	1990	2000	2007	相关性
	人均农业用地					
粮食自给率	0.015	0.179	0.148	0.074	0.069	不相关
人均营养供应	−0.080	−0.089	−0.091	−0.113	−0.080	不相关
	人均可耕地面积					
粮食自给率	0.592***	0.737***	0.647***	0.644***	0.657***	正相关
人均营养供应	0.136	0.107	0.140	0.128	0.209*	不相关
	人均作物用地					
粮食自给率	0.660***	0.776***	0.599***	0.677***	0.608***	正相关
人均营养供应	0.147	0.151	0.162	0.141	0.214*	不相关
	人均牧场面积					
粮食自给率	−0.006	0.138	0.121	0.029	0.021	不相关
人均营养供应	−0.084	−0.088	−0.094	−0.115	0.088	不相关

注:* 表示相关,*** 表示非常显著相关。国家样本数为106～131个。2008年粮食自给率为2007年数据。

其四,食物浪费比例下降。20世纪以来,农业经济和供应管理水平提高,农业浪费比例下降。例如,粮食浪费比例和蛋类浪费比例的下降等。

(3)农业供给的世界前沿和国别差异

农业供给的世界前沿和国别差异,可以用几个指标来代表。

首先,植物性食物供应能力的世界前沿和国别差异,以人均谷物供应为代表。目前,人均谷物供应,最大值超过1500千克,最小值不足50千克,相差30多倍(表1-34)。

表1-34　1961～2007年人均谷物供应的世界前沿和国别差异

项目	1961	1965	1970	1975	1980	1985	1990	1995	2000	2005	2007
最大值	1229	1409	1448	1311	1357	1242	1265	1291	1455	1610	1542
最小值	17	23	27	37	41	45	43	40	36	45	43
平均值	235	250	266	277	291	296	289	318	319	345	343
绝对差别	1212	1386	1421	1274	1316	1197	1223	1251	1419	1565	1499
相对差别	72	60	54	36	33	28	30	33	41	36	36
国家样本数	106	106	106	106	106	106	106	128	129	129	129

其次,动物性食物供应能力的世界前沿和国别差异,以人均肉食供应为代表。目前,人均肉食供应,最大值超过120千克,最小值约为3千克,相对差别约为40倍(表1-35)。

表 1-35 1961～2007 年人均肉食供应的世界前沿和国别差异

项目	1961	1965	1970	1975	1980	1985	1990	1995	2000	2005	2007
最大值	145	124	122	132	130	120	117	139	123	127	135
最小值	3	3	4	3	2	3	3	3	3	3	3
平均值	27	28	30	32	35	36	37	39	42	44	45
绝对差别	142	121	118	129	128	117	114	136	120	124	131
相对差别	48	37	34	44	56	48	44	48	40	37	40
国家样本数	106	106	106	106	106	106	106	128	129	129	129

其三,食物供应管理的世界前沿和国别差异,以粮食浪费比例为代表。目前,粮食浪费比例的最小值约为 0.1%,最大值超过 20%,相对差别超过 100 倍(表 1-36)。

表 1-36 1961～2007 年粮食浪费比例的世界前沿和国别差异

项目	1961	1965	1970	1975	1980	1985	1990	1995	2000	2005	2007
最小值	0.0	0.1	0.0	0.0	0.1	0.0	0.2	0.3	0.1	0.2	0.1
最大值	24	23	24	25	20	26	18	18	22	21	33
平均值	6	6	6	6	6	6	6	5	5	5	5
绝对差别	24	23	24	25	20	25	18	18	22	21	33
相对差别	1501	448	701	641	266	606	75	72	158	87	230
国家样本数	105	105	105	105	106	105	104	126	127	127	127

2. 农业流通的时序分析

农业流通涉及国内农产品流通和国际农业贸易等要素。这里重点讨论国际农业贸易,选择 15 个农业流通指标为代表;其中,5 个指标为交叉变量,10 个指标为特征变量。

(1) 农业流通的变化趋势

农业流通指标的变化趋势是:4 个指标属于上升变量,1 个指标属于下降变量,1 个指标属于波动变量,9 个指标属于地域变量(表 1-37)。这里,仅以农产品平均关税(图 1-19)为代表,反映交叉变量的特点:平均关税下降,但国别差异很大。

表 1-37 农业流通的分析变量和变化趋势

变化趋势	水平变量	交叉变量	特征变量
上升变量		农民人均出口、人均农业国际贸易、人均农业出口、人均农业进口	
下降变量		农产品平均关税	
波动变量			农产品价格指数
地域变量			人均农业净出口、人均农业粗物质净出口、人均食品净出口、人均谷物净出口、人均植物油净出口、人均水果净出口、人均肉食净出口、人均奶类净出口、人均鱼类净出口

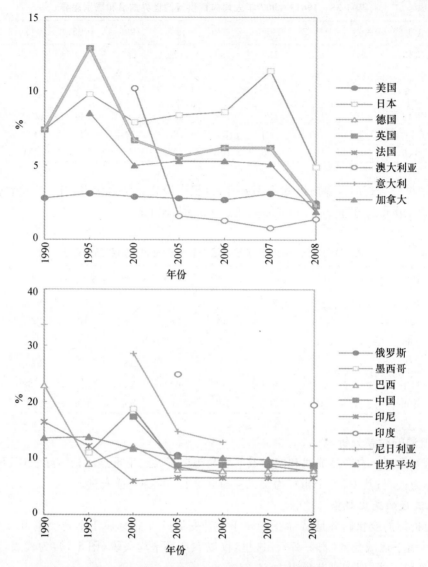

图 1-19　1990～2008 年农产品简单平均关税(初级产品的简单平均关税)

注:1995 年尼日利亚的关税约为 101%。

数据来源:World Bank, 2010.

(2) 农业流通变化的主要特点

首先,农业国际贸易的扩展。20 世纪以来,国际农业贸易发展很快,包括农民人均出口、人均国际农业贸易、人均农业出口和人均农业进口等,都有大幅上升。

其次,农业国际贸易存在很大国别差异(表 1-38)。目前,谷物、植物油、肉食和奶类的净出口国家都比较少,净进口国家比较多。农业粗物质(棉花、木材、天然橡胶和烟草)的净出口国家,不仅有发展中国家,发达国家也发挥重要作用,例如,2008 年人均农业粗物质净出口排世界前 5 位的国家分别是新西兰、加拿大、瑞典、荷兰和芬兰。

表 1-38 农业国际贸易的国家分布

项目	人均农业净出口*	人均农业粗物质净出口*	人均食品净出口*	人均谷物净出口**	人均植物油净出口**	人均肉食净出口**	人均奶类净出口**
净出口国家/个	50	50	56	31	21	27	31
净进口国家/个	58	60	62	97	104	68	88
国家合计/个	108	110	118	128	125	95	119

注:* 为 2008 年的数据,** 为 2007 年的数据。

其三,农产品关税的下降。20 世纪以来,农产品关税普遍下降,目前世界平均低于 10%。

其四,国际农业贸易摩擦。20 世纪以来,农产品国际贸易摩擦和冲突,时有发生。在很多时候,国际农业贸易摩擦与农业补贴紧密相关。不同国家的农业补贴差别很大,不同农场产品的政策补贴差别很大(表 1-39)。有些发展中国家不仅农业补贴很少,而且农业税收负担比较重。在国际农业贸易中,发展中国家处于非常不利的地位,甚至是不平等的地位。

表 1-39 1986～2008 年 OECD 国家农产品的平均补贴率

农业产品	1986	1990	1995	2000	2005	2008
水稻	81	77	81	81	72	52
小麦	46	33	12	15	9	4
玉米	40	24	11	18	16	3
大豆	10	9	3	23	3	6
糖	55	39	38	52	49	37
猪肉	2	9	12	12	12	13
蛋	20	19	18	8	7	5
牛奶	60	47	41	44	27	9

注:农产品的补贴率(Percentage SCT)为单个农业产品的生产性补贴占该产品毛收入的百分比。
资料来源:OECD,2011.

(3) 农业流通的世界前沿和国别差异

农业流通的世界前沿和国别差异,仅以农民人均出口为代表(表 1-40)。目前,农民人均出口的最大值超过 50 万美元,最小值约 10 美元,相对差别超过 5 万倍。

表 1-40 1962～2008 年农民人均出口的世界前沿和国别差异

项目	1961	1970	1980	1990	2000	2005	2008
最大值(美元)	13 404	23 903	498 150	659 344	235 924	334 936	546 410
最小值(美元)	0.3	2.1	10	2.6	2.4	15	10
平均值	631	1237	15 101	19 620	12 229	19 201	34 446
绝对差别	13 404	23 901	498 140	659 341	235 921	334 921	546 399
相对差别	50 723	11 186	48 645	250 168	98 006	22 769	54 297
国家样本数	60	81	77	75	119	112	101

3. 农业需求(消费)的时序分析

农业需求(消费)涉及食物需求和消费、农用物资和工业原料需求、国际农业贸易等要素。这里重点讨论食物需求和消费,选择 18 个需求指标为代表;其中,5 个指标为水平变量,13 个指标为交叉变量;6 个指标的情况比较复杂,与国家农业地理特征紧密相关。

(1) 农业需求的变化趋势

农业需求(消费)指标的变化趋势是:5个指标属于上升变量,1个指标属于下降变量,10个指标属于转折变量,2个指标属于地域变量(表1-41)。其中,人均肉食消费、肉食消费指数、谷物食用指数、谷物食用比例和谷物饲料比例等指标,具有很大的国家差异。

表1-41 农业需求(消费)的分析变量和变化趋势

变化趋势	水平变量	交叉变量	特征变量
上升变量	人均营养供应、人均动物营养供应、人均植物营养供应、人均蛋白质消费、人均脂肪消费		
下降变量		谷物食用指数*	
转折变量		动物营养比例*、人均谷物消费、人均植物油消费、人均蔬菜消费、人均水果消费、人均蛋类消费、人均奶类消费、人均鱼类消费、人均肉食消费*、肉食消费指数*	
地域变量		谷物食用比例*、谷物饲料比例*	

注:*情况比较复杂;有些国家的变化与本表一致或有所差异,有些国家的变化与本表是相反的。

这里,可以用人均营养供应(图1-20)和动物营养比例(图1-21)的变化,分别反映水平变量和交叉变量的变化特点。

(2) 农业需求(消费)变化的主要特点

首先,人均消费水平的提高。20世纪以来,人均营养供应、人均动物营养供应、人均植物营养供应、人均蛋白质消费、人均脂肪消费等指标,都有较大提高。

其次,人均消费需求有极限。20世纪60年代以来,主要发达国家的人均营养、人均动物营养、人均植物营养、人均蛋白质、人均脂肪、人均谷物、人均植物油、人均蔬菜、人均水果、人均肉食、人均蛋类、人均奶类和人均鱼类需求,在达到一定数值后,就开始上下波动,甚至下降。例如,目前发达国家,每天人均的蛋白质需求约为100克,脂肪需求约为150克;每年人均谷物消费约为110千克,肉食消费约为90千克(图1-22)。20世纪后期以来,发达国家肥胖现象比较普遍,营养过剩是一个主要原因。

其三,消费结构的变化。发达国家的人均粮食消费和肉食消费数量逐步接近(图1-22)。发展中国家粮食消费为主,但肉食消费在增加。世界平均的人均粮食消费已经开始下降,人均蔬菜、人均水果、人均肉食和人均奶类消费在增加(表1-42)。有些国家粮食消费比例下降,肉食消费比例上升;有些国家(畜牧业国家)粮食消费比例上升,肉食消费比例下降。

表1-42 1961～2007年世界平均的人均消费

项目	1961	1965	1970	1975	1980	1985	1990	1995	2000	2005	2007
人均谷物消费	127	133	137	137	142	149	149	150	147	146	146
人均植物油消费	5	5	6	6	7	8	9	9	10	11	11
人均蔬菜消费	63	60	59	62	64	72	77	87	107	116	119
人均水果消费	38	41	44	45	47	48	50	55	60	66	69
人均肉食消费	23	25	27	28	30	31	33	35	38	39	40
人均蛋类消费	5	5	5	5	6	6	6	7	8	8	9
人均奶类消费	75	73	75	74	76	78	76	76	77	82	84
人均鱼类消费	9	10	11	12	11	12	13	15	16	16	17

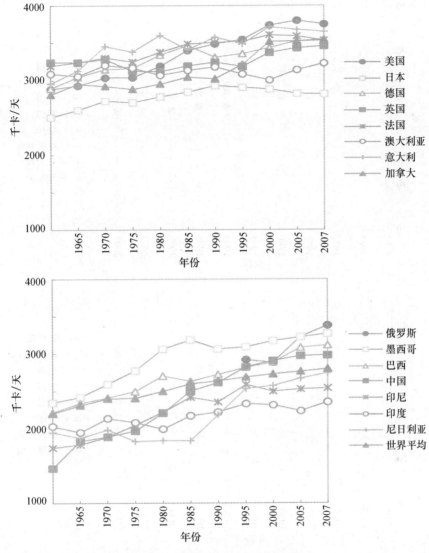

图 1-20　1961～2007 年人均营养供应
数据来源：FAO，2011.

其四，需求结构的变化。需求结构变化比较复杂，国家差别很大。例如，有些国家谷物食用比例持续下降，谷物饲料比例持续上升；有些国家谷物食用比例先降后升，谷物饲料用比例先升后降；有些国家（畜牧业国家）谷物食用比例上升，谷物饲料比例下降。

（3）农业需求（消费）的世界前沿和国家差别

农业需求（消费）的世界前沿、国际差距和国家差异，选用 3 个指标为代表。

首先，人均蛋白质消费的世界前沿和国际差距。目前，人均蛋白质消费的最大值约为 126 克/天，最小值约 24 克/天，相对差距约为 5 倍（表 1-43）。

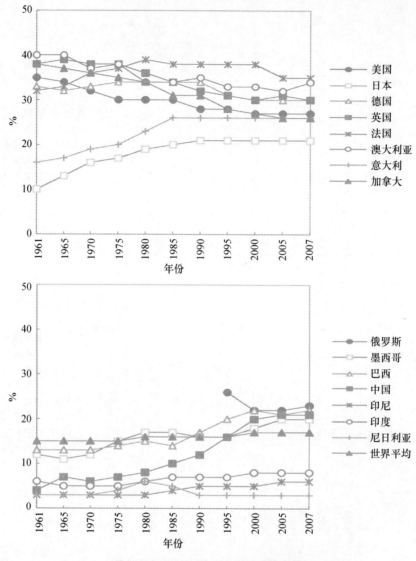

图 1-21 1961～2007 年动物营养比例
数据来源：FAO，2011.

表 1-43 1961～2007 年人均蛋白质消费的世界前沿和国际差距

项目	1961	1970	1980	1990	2000	2005	2007
最大值（克/天）	105	107	113	116	118	127	126
最小值（克/天）	33	33	32	32	24	25	24
平均值	62	66	69	69	74	76	77
绝对差别	73	74	81	84	94	101	101
相对差别	3	3	3	4	5	5	5
国家样本数	106	106	106	106	129	129	129

其次，人均肉食消费的世界前沿和国别差异。目前，人均肉食消费的最大值为 120 多千克/年，最小值约 3 千克/年，相对差别超过 30 倍（表 1-44）。

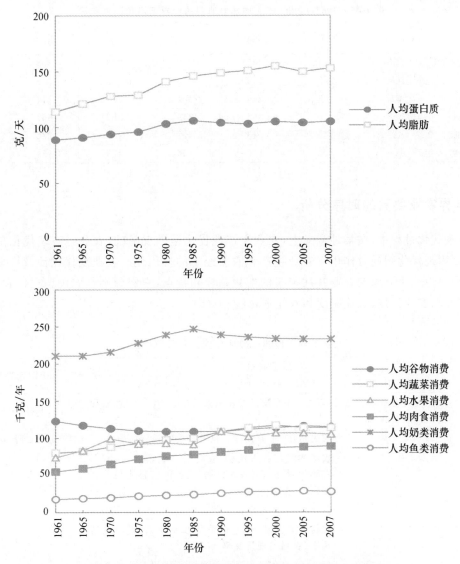

图 1-22　1961～2007 年发达国家平均的营养需求和人均消费
数据来源：FAO，2011.

表 1-44　1961～2007 年人均肉食消费的世界前沿和国别差异

项目	1961	1970	1980	1990	2000	2005	2007
最大值(千克/年)	145	122	114	113	120	124	123
最小值(千克/年)	3.1	3.6	2.3	2.7	3.1	3.3	3.3
平均值	27	30	35	36	41	43	44
绝对差别	142	118	112	110	117	120	120
相对差别	47	34	50	42	39	37	38
国家样本数	106	106	106	106	129	129	129

　　其三,人均奶类消费的世界前沿和国别差异。目前,人均奶类消费的最大值约为 360 千克/年,最小值约 1 千克/年,相对差别超过 280 多倍(表 1-45)。

表 1-45 1961～2007 年人均奶类消费的世界前沿和国别差异

项目	1961	1970	1980	1990	2000	2005	2007
最大值(千克/年)	358	321	386	350	353	368	361
最小值(千克/年)	0.6	2.3	1.6	0.9	0.9	1.3	1.3
平均值	81	86	97	94	108	111	113
绝对差别	358	319	385	349	352	367	360
相对差别	629	143	243	407	405	286	282
国家样本数	106	106	106	106	129	129	129

三、世界农业要素的时序分析

在农业现代化过程中,在某种意义上,农业生产现代化是微观基础,农业经济现代化是宏观表现形式,农业要素现代化则同时作用于农业生产和农业经济的现代化。农业现代化涉及许多要素。这里,我们简要讨论六个方面的农业共性要素的变化趋势和特点,它们分别是农民、农村、农业环境(生态和社会环境)、农业科技、农业制度和农业观念(表 1-46)。

表 1-46 1700～2008 年农业要素的变迁

方面	农业变量				长期趋势和特点
	18 世纪	19 世纪	1900～1970 年	1970～2008 年	
农民	农民人力资本指数、农民素质(高等教育)、农民素质(识字率)、农场农民的人均经营收入				上升,国别差异
			农民素质(中等教育)、农民素质(初等教育)		先升后降,国别差异
		,	农场的经营收入比例、农场的非经营收入比例、农场的对外务工收入比例、农场的转移支付收入比例		国别差异
农村			农村卫生设施普及率、农村清洁饮水普及率、农村公路普及率		上升
			农村电力普及率、农村轿车普及率、农村电话普及率、农村电视普及率		上升
				农村移动通讯普及率、农村互联网普及率	上升
			农村人口比例、农村农业人口比例、农村人口贫困比例		下降,国家差异
			农村人口年增长率		负增长,波动
			农村人口密度		国别差异

（续表）

方面	农业变量				长期趋势和特点
	18 世纪	19 世纪	1900～1970 年	1970～2008 年	
农业环境	人口密度				上升,国家差异
	农民的人均补贴收入、服务性支持占总支持比例				上升,国家差异
	人口自然增长率				下降,波动
	农业人口比例、农业的净增加值比例				下降,国家差异
				生产性支持占总支持比例	下降,国家差异
				农业支持占 GDP 比例、农业支持占农业增加值比例、生产性支持占收入比例	先升后降,国别差异
			政府农业支出比例、农业甲烷排放密度、农业氧化氮排放密度、土地严重退化比例		国别差异
农业科技	定性分析				国别和时代差异
农业制度	定性分析				国别和时代差异
农业观念	定性分析				国别和时代差异

1. 农民的时序分析

农民是农业生产的执行者,是农业现代化的行为主体。这里重点讨论农民素质和农场的农民收入,选择 10 个指标为代表;其中,4 个指标为水平变量,2 个指标为交叉变量,4 个指标为特征变量,与国家农业政策紧密相关。

(1) 农民的变化趋势

农民指标的变化趋势是:4 个指标属于上升变量,2 个指标属于转折变量,4 个指标属于地域变量(表 1-47)。在发达国家和部分发展中国家,农民收入与农业补贴紧密相关(表 1-48)。

表 1-47　农民的分析变量和变化趋势

变化趋势	水平变量	交叉变量	特征变量
上升变量	农民人力资本指数、农民素质(高等教育)、农民素质(识字率)、农场农民的人均经营收入		
转折变量		农民素质(中等教育)、农民素质(初等教育)	
地域变量			农场的经营收入比例、农场的非经营收入比例、农场的对外务工收入比例、农场的转移支付收入比例

表 1-48 1986~2008 年不同国家农业的生产性补贴率

地区	国家	1986	1990	1995	2000	2005	2008
非洲	南非	—	—	15	5	6	3
美洲	美国	24	17	10	23	15	8
	加拿大	38	33	20	20	22	13
	巴西	—	—	−8	6	6	5
	墨西哥	4	16	−5	23	13	12
	智利	—	9	8	10	5	4
亚洲	日本	65	52	62	60	54	48
	韩国	63	70	72	66	61	46
	土耳其	17	25	23	24	32	36
	以色列	—	—	24	29	17	21
	中国	—	—	6	3	8	9
欧洲	欧盟 27 国	39	33	35	33	30	22
	挪威	69	71	64	66	66	60
	瑞士	75	71	64	70	66	57
	俄罗斯	83	71	13	5	13	11
大洋洲	澳大利亚	13	8	6	3	4	4
	新西兰	20	2.1	1.3	0.3	1.3	0.6
	经济合作与发展组织	37	32	31	32	28	21

注:生产性补贴率(Percentage PSE)为生产性补贴占农场毛收入的百分比。

资料来源:OCED,2011.

(2) 农民变化的特点

首先,农民素质的提高。主要表现是农民识字率的提高和受教育年数的增长。

其次,农民收入的提高。随着农业劳动力生产率提高,农民收入提高是必然的。

其三,农民收入的多元化。主要表现是农场的多种经营、对外务工和国家的农业补贴等。

2. 农村的时序分析

农村是农业的主要场所,是农民生活的主要地点,是农业现代化的主要发生地。这里重点讨论农村的人口和基础设施,选择 14 个指标为代表;其中,11 个指标为水平变量,2 个指标为交叉变量,1 个指标为特征变量,与国家人口地理特征紧密相关。

(1) 农村的变化趋势

农村指标的变化趋势是:9 个指标属于上升变量,4 个指标属于下降变量,1 个指标属于地域变量(表 1-49)。这里以农村农业人口比例的变化为例(图 1-23)。

(2) 农村变化的特点

首先,农村人口比例的下降。随着城市化和农业劳动力比例下降,农村人口比例下降。

其次,农村农业人口比例下降。这是一个普选现象(图 1-23),但也有一些例外。

其三,农村贫困人口比例下降。随着农民收入提高,农村人口贫困率下降。

其四,农村基础设施改善。例如,饮水、卫生、交通、电力、文化和通信设施改善等。

表 1-49　农村的分析变量和变化趋势

变化趋势	水平变量	交叉变量	特征变量
上升变量	农村卫生设施普及率、农村清洁饮水普及率、农村公路普及率、农村电力普及率、农村轿车普及率、农村电话普及率、农村电视普及率、农村移动通讯普及率、农村互联网普及率		
下降变量	农村人口比例、农村人口贫困比例	农村人口年增长率、农村农业人口比例	
地域变量			农村人口密度

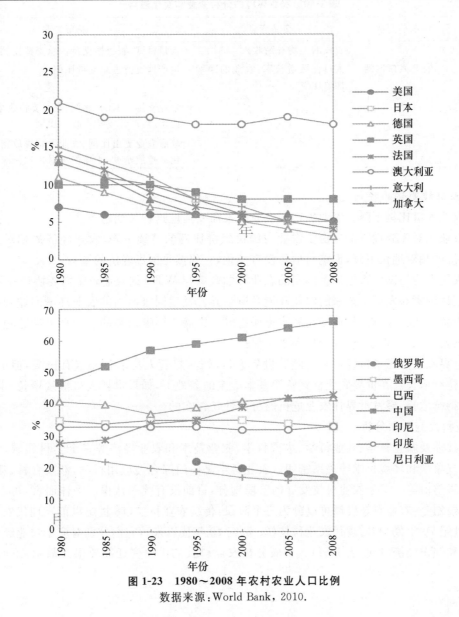

图 1-23　1980～2008 年农村农业人口比例

数据来源：World Bank，2010.

3. 农业环境的时序分析

农业环境涉及农业的生态环境、社会环境和国际环境等要素。这里重点讨论农业的生态环境和社会环境，选择 14 个指标为代表；其中，1 个指标为水平变量，3 个指标为交叉变量；10 个指标为特征变量，与国家农业地理特征紧密相关。

(1) 农业环境的变化趋势

农业环境指标的变化趋势是：3 个指标属于上升变量，4 个指标属于下降变量，3 个指标属于转折变量，4 个指标属于地域变量（表 1-50）。

表 1-50　农业环境的分析变量和变化趋势

变化趋势	水平变量	交叉变量	特征变量
上升变量		农民的人均补贴收入	人口密度、服务性支持占总支持比例
下降变量	农业人口比例	人口自然增长率、农业的净增加值比例	生产性支持占总支持比例
转折变量			农业支持占 GDP 比例、农业支持占农业增加值比例、生产性支持占收入比例
地域变量			政府农业支出比例、农业甲烷排放密度、农业氧化氮排放密度、土地严重退化比例

(2) 农业环境变化的特点

首先，农业人口比例下降。农业生产和农业政策需要适应这种长期趋势。

其次，农业相对重要性下降。由于农业占国民经济比例的持续下降，农业经济的相对地位下降。虽然农业经济的相对地位下降，但绝对地位没有变化，它仍然是国民经济的基石。

其三，农民人均补贴收入增加。国家的农业补贴政策与 WTO 的农业政策需要协调一致。

其四，发达国家和发展中国家的农业环境有所差异。发达国家面临的农业环境问题包括：农业补贴、国际农业贸易、农业生态、气候变化和水土保持等。发展中国家面临的农业环境问题包括：食物供应能力、食物安全、农业生态、气候变化和水土保持等。

其五，世界农业总需求持续增长。随着世界人口增长，尽管人均消费需求有极限，但世界农业总需求仍然会持续增长。在世界农业自然资源基本稳定的条件下，如果世界人口继续增长，世界农业的需求压力会持续增长，爆发世界性农业危机的可能性是存在的。

4. 农业科技的时序分析

农业科技涉及农业科学、林业科学、水产科学、农业技术和农业经济等多个学科领域，与生物学、地学、化学、气象学和环境科学等关系密切。农业科学是一门综合性应用科学，涉及育种、栽培、园艺、畜牧和病虫害防治等。关于农业科技发展的阶段划分，目前没有统一认识。大体而言，可以参考世界现代化的阶段划分，农业科技发展可以分为三个阶段：传统农业科技（18 世纪以前）、现代农业科技（18 世纪至 20 世纪 70 年代）和后现代农业科技（20 世纪 70 年代以来），它们分别对应于农业经济时代、工业经济时代和知识经济时代（表 1-51）。全面分析农业科技的历史变迁需要很大篇幅，下面简要讨论它的特点。

表 1-51　农业科技发展的主要阶段

项目	原始经济时代	农业经济时代	工业经济时代	知识经济时代
大致时间	人类诞生至 公元前 4000 年	公元前 4000 年至 公元 1763 年	1763 年至 1970 年	1970 年至 2100 年
农学	动植物知识	中国《农书》等	现代农业科学	可持续农业科学
林业学	—	—	现代林业学	可持续林业学
水产学	—	—	现代水产学	可持续水产学
农业技术	园艺、饲养	耕作、灌溉、 育种、畜牧等	现代农业工程 机械化、电气化	综合性农业工程 信息化、生态化
农业经济	—	法国"重农学派"等	现代农业经济学	世界农业经济学
主要特点	原始知识 经验知识	传统农业科技 经验知识	现代农业科技 实验和应用科学	后现代农业科技 综合性应用科学

注：有资料显示，大约公元前 4000 年发明了木犁，大约公元前 3500 年发明了灌溉农业。

首先，传统农业科技。农业经济时代大约有 5000 多年历史。在这漫长的岁月里，随着传统农业的发展，传统农业科技的范围和内容在不断演化。在很大程度上，传统农业科技是传统农业经验知识的集合。一般而言，传统农业与地理和气候条件关系紧密，农业科技的发展也打上了地理烙印。例如，印度、阿拉伯、古希腊、古罗马的传统农业科技，欧洲中世纪和 18 世纪前的农业科技各有特色；中国自春秋战国时期以来，各种《农书》不断问世。

其次，现代农业科技。工业经济时代是一个知识进步的时代，现代科技全面发展，现代农业科技的发展同样全面开花。18 世纪出版了《德国农业原理》（Beckmann，1769）和《农业经济学》（Yang，1770）等。19 世纪上半叶，德国建立了一批农业高等院校，德国化学家李比希发表了《有机化学在农业和生理学上的应用》，德国农学家屠能出版了《孤立国与农业和国民经济的关系》等。19 世纪生物学、化学、土壤学和气象学等的发展和应用，奠定了现代农业科技的基础。20 世纪现代农业科技以"高效率"为导向，涉及众多的学科和领域。

其三，后现代农业科技。20 世纪 70 年代以来，后现代主义兴起，环境运动和信息革命的爆发，引发了科技发展模式和农业科技的转型，有些学者称其为后现代科技转型。这种后现代农业科技，不再把"高效率"作为主要目标，而是把"高质量"和"可持续"作为主导方向，追求农业发展与环境保护的双赢、高质量和高效率的协同，涉及多学科的交叉和互动，例如，农业科学、生命科学、信息科学、环境科学和地球科学等。

5. 农业制度的时序分析

根据制度经济学家的观点（诺思，1999），制度是规范人类行为的规章、程序、伦理道德和习俗的集合。农业制度有两种理解，其一是狭义农业制度，指农业部门建立的制度，包括农业生产、农业经济和农业科技等的有关制度；其二是广义农业制度，指与农业相关的制度，涉及狭义农业制度，以及农业投资、农业贸易、农业税收、农业补贴、农村和农业教育等制度。

一般而言，农业制度的变迁是复杂的和有序的，存在很大的国别差异和时代差异（表 1-52）。全面分析农业制度的历史变迁需要很大篇幅，下面简要讨论它的一些特点。

表 1-52　人类历史上的农业制度 (举例)

项目	原始经济时代	农业经济时代	工业经济时代	知识经济时代
大致时间	人类诞生至公元前 4000 年	公元前 4000 年至公元 1763 年	1763 年至1970 年	1970 年至2100 年
土地制度	公有制	私有制、皇室和教会所有	私有制、国有制、集体所有	私有制、国有制、集体所有
生产制度	集体劳动	庄园、种植园、游牧等	农场、公司、合作社、农会	农场、公司、合作社、农会
流通制度	实物交换	地区性贸易、高关税	全国性贸易、GATT、高关税	市场全球化、WTO、低关税
分配制度	平均分配	按权力和地权分配	按资本、地权或劳动分配	按贡献分配、按需要调节
消费制度	实时消费	自行消费	赋税消费、高消费	绿色消费、合理消费
税收制度	无	土地税、人头税、农业税	所得税、农业补贴	所得税、农业补贴
科教制度	无	无	公共农业科技和职业教育	农业科技服务、多元教育
环境制度	无	水利制度、森林保护等	保护区、国家公园等	有机农业、保护区等

首先,农业时代的农业制度。土地制度:私有制,皇室和教会控制大量土地。生产制度:庄园、雇工、佃农、自耕农、游牧或种植园制度等。贸易制度:地区性贸易、高关税等。分配制度:按权力和地权分配等。消费制度:自行消费。税收制度:土地税、人头税、各种农业交易税等。环境制度:水利制度、森林保护制度等。

其次,工业时代的农业制度。土地制度:私有制、国有制、集体所有等。生产制度:家庭农场、农业公司、农业合作社、农会制度、粮食储备、农业金融和投资制度等。贸易制度:全国性贸易,高关税,联合国关贸总协定关于农业贸易的协议等。分配制度:按资本、按地权或按劳动分配等。消费制度:消费税、高消费等。税收制度:所得税、农业补贴等。科技和教育制度:公共农业科技和技术推广体系、农业职业教育等。环境制度:国家保护区、国家公园等。

其三,知识时代的农业制度。知识时代的农业制度还在形成过程中,这里讨论它目前的一些特点。土地制度:私有制、国有制、集体所有等。生产制度:家庭农场、农业公司、农业合作社、农会制度、粮食储备制度、农业金融和投资制度等。贸易制度:全球性农业贸易,低关税,世界贸易组织(WTO)的农业贸易协议等。分配制度:按贡献分配,按需要调节等。消费制度:绿色消费、合理消费等。税收制度:所得税、农业补贴。农业科技和教育制度:公共农业科技和技术推广体系、农业高等和职业教育等。环境制度:有机农业、国家保护区等。

6. 农业观念的时序分析

农业观念有两种理解,其一是狭义农业观念,指农业部门内部的观念,涉及农业生产和农业经济等的观念;其二是广义农业观念,指全社会关于农业的观念,涉及狭义农业观念和与农业有关的观念。农业观念的变化体现在三个层面,其一是学术思想层面——农业思想的变迁,其二是农业规范层面——农业伦理的变化,其三是农业政策层面——农业制度的变化。上面讨论了农业制度,农业伦理需要专门研究,这里主要讨论农业思想观念的演变。

一般而言,农业观念的变迁是复杂的和不同步的,存在很大的国别差异和时代差异(表 1-53)。全面分析农业观念的历史变迁需要很大篇幅,下面简要讨论它的一些特点。

表 1-53　农业思想观念的时序变迁(特征举例)

项目	原始经济时代	农业经济时代	工业经济时代	知识经济时代
大致时间	人类诞生至公元前 4000 年	公元前 4000 年至公元 1763 年	1763 年至1970 年	1970 年至2100 年
土地观念	公有	私有、皇室占有、公有	私有、国有	私有、国有
生产观念	采集食物	以粮为纲、自给、人工	高效率、机械化、商业化	高质量、可持续、信息化
流通观念	实物交易	剩余产品的商品交易	全国性贸易、高关税	全球性贸易、低关税
分配观念	平均分配	按权力和地权分配	按资本(地权)或劳动分配	按贡献分配、按需要调节
消费观念	—	生理消费	按需消费、高消费	绿色消费、合理消费
税收观念	—	土地税、人头税	所得税、农业补贴	所得税、农业补贴
科教观念	—	传统农学、水利	现代农业科技和职业教育	后现代农业科技、多元教育
环境观念	自然崇拜	气候论、自然论	征服自然、改造自然	农业生态学、环境保护

首先,农业时代的农业观念。土地观念:私有的,皇室的,教会的,公有的等。生产观念:以粮为纲,自给的、人工的等。贸易观念:剩余产品的地区性贸易等。分配观念:按权力和地权分配等。消费观念:生理消费。税收观念:土地税、人头税等。科技观念:传统农学、气象学、精耕细作、水利设施等。环境观念:气候论、自然论、"天人合一"等。

其次,工业时代的农业观念。土地观念:私有的、国有的、集体所有的等。生产观念:高效率、高利润、专业化、商业化、企业化、机械化、投资风险和粮食储备等。贸易观念:全国性贸易、高关税等。分配观念:按资本、按地权或按劳动分配等。消费观念:按需消费、高消费。税收观念:所得税、农业补贴等。科教观念:现代农业科技、农业职业教育和农业知识普及。环境观念:改造自然、国家保护区等。

其三,知识时代的农业观念。知识时代的农业观念还会继续演化,新思想还会不断出现。这里讨论它当前的一些特点。土地观念:私有的、国有的、集体所有的等。生产观念:高质量、高利润、信息化、生态化、粮食储备、可持续性和风险管理等。贸易观念:全球性贸易、低关税等。分配观念:按贡献分配,按需要调节等。消费观念:绿色消费、合理消费等。税收观念:所得税、农业补贴等。科教观念:后现代农业科技、农业教育多元化、科技风险等。环境观念:农业生态学、农业环境保护等。目前,在发达国家,农业日益成为一个政治和环境议题;在发展中国家,农业更多是一个经济和社会议题。

第三节　农业现代化的截面分析

农业现代化的截面分析,是对农业现代化的历史过程的关键时期的截面数据和资料进行分析,试图去发现和归纳农业现代化的客观事实和基本规律。截面分析的结果需要谨慎对待,并与时序分析结果进行交叉检验和对照,以确认结果的真实性。在本报告里,我们选择人口超过 100 万和统计数据相对完整的 131 个国家作为分析样本,分析变量涉及农业生产、农业经济和农业要素三个方面,分析内容包括基本特征、世界前沿、国际差距或国别差异等,时间跨度约为 300 年(1700~2008 年),分析对象包括 6 个历史截面(1700、1820、1900、1970、2000 和 2008 年),并以 2008 年截面为重点。需要特别注意的是,具有 18~19 世纪的农业数据的国家非常少,而且数据是不系统的和不完整的,这对分析结果的客观性有一定影响。

一般而言,农业变量与国家经济水平的截面特征关系,可以大致分为三种类型:正相关、负相关和没有显著关系;农业变量与国家经济水平的相关程度可以大致分为四个等级:相关性没有达到显著程度(没有显著关系)、相关(正或负相关)、显著相关(正或负相关)和非常显著相关(正或负相关);截面分析的结果和时序分析的结果相比,可能出现三种情况:完全一致、不一致和相互矛盾(表1-54)。如果截面分析与时序分析的结果完全一致,表示该指标的变化有很强规律性。如果截面分析与时序分析的结果不一致,表示该指标的变化,具有多样性。如果截面分析与时序分析的结果相互矛盾,表示该指标的变化,需要个案分析。由于报告篇幅有限,我们选择少数指标为代表,用"图形"显示它们与国家经济水平的特征关系。

表 1-54 农业变量的截面特征及其与时序特征的关系

类型	农业变量与国家经济水平的截面关系			农业变量截面特征与时序特征的关系		
	正相关	负相关	没有显著关系	完全一致	不完全一致	相互矛盾
特点	农业指标的数值越大,国家经济水平越高	农业指标的数值越大,国家经济水平越低	农业指标的数值变化,与国家经济水平的变化无显著关系	截面分析和时序分析的结果是一致的	截面分析和时序分析的结果不完全一致	截面分析和时序分析的结果是相互矛盾的
举例	农业劳动生产率越高,国家经济水平越高	农业劳动力比例越高,国家经济水平越低	农业年增长率是波动的,与国家经济水平没有显著关系	农业生产率:时序特征是上升变量,截面特征是正相关变量	农业年增长率:时序特征是波动变量,截面特征是负相关变量	某个指标:时序特征是上升变量,截面特征是负相关变量

注:没有显著关系的农业变量,可以分为两类:① 部分相关,但相关性没有达到统计分析的显著水平;② 完全没有关系。它们需要个案分析,区别对待。时序特征与截面特征的关系:① 完全一致:时序分析的上升变量(下降变量)——截面分析的正相关(负相关),时序分析的其他变量——截面分析的不相关;② 不完全一致:时序分析的上升变量(下降变量)——截面分析的不相关,时序分析的其他变量——截面分析的正相关(负相关);③ 相互矛盾:时序分析的上升变量(下降变量)——截面分析的负相关(正相关)。

一、世界农业生产的截面分析

农业生产的截面分析选择 6 个截面为对象,重点是 2008 年截面。

1. 农业生产的 2008 年截面分析

(1) 2008 年农业生产的截面特征

农业生产涉及农业资源、农业投入、农业生产的效率和结构等方面。我们选择 60 个变量进行比较。很显然,不同变量的"变化过程"以及与国家经济水平的特征关系是不同的(表1-55 和表1-56),许多指标的变化是波动的,而不是平滑的。

表 1-55 2008 年农业生产 60 个变量与国家经济水平的特征关系

国家经济水平	经济欠发达			经济初等发达		经济中等发达		经济发达		相关系数	显著性
国家分组	1	2	3	4	5	6	7	8	9		
人均国民收入	351	774	1809	4087	7061	11 245	20 324	37 800	53 914		
(1) 农业资源											
人均国土面积	2.9	4.6	5.5	3.8	7.0	3.1	1.7	6.5	2.6	−0.150	
人均农业用地	1.0	1.7	3.1	1.6	3.8	0.7	1.2	2.2	0.5	−0.359	
人均可耕地面积	0.3	0.2	0.2	0.2	0.4	0.4	0.1	0.4	0.3	0.162	
人均谷物面积	0.1	0.1	0.1	0.1	0.2	0.2	0.1	0.2	0.1	0.092	
人均园地面积	0.0	0.0	0.0	0.0	0.0	0.0	0.0	0.0	0.0	−0.434	

（续表）

国家经济水平	经济欠发达			经济初等发达		经济中等发达		经济发达		相关系数	显著性
国家分组	1	2	3	4	5	6	7	8	9		
人均国民收入	351	774	1809	4087	7061	11 245	20 324	37 800	53 914		
人均牧场面积	0.7	1.5	2.9	1.3	3.4	0.4	1.1	1.8	0.2	−0.378	
人均森林面积	0.8	0.7	1.3	0.7	1.3	1.2	0.2	1.6	1.1	0.303	
人均淡水资源	7760	4739	16 111	8743	15 172	13 434	2563	18 595	15 508	0.418	
(2) 农业投入											
农业就业指数	125	117	107	99	108	77	87	94	87	−0.585	*
农业劳动力指数	11.8	5.0	3.4	1.1	0.9	0.4	0.2	0.2	0.1	−0.523	
农业劳动力比例	77	55	39	23	17	11	6	4	3	−0.685	**
农业女劳动力比例	52	38	33	30	24	31	31	30	26	−0.485	
农业用地比例	51	43	47	46	50	36	41	34	39	−0.640	*
可耕地面积比例	19	14	16	16	11	20	17	16	19	0.292	
谷物用地比例	20	26	22	14	10	30	26	21	26	0.306	
灌溉面积比例	6	26	22	21	13	14	29	26	13	0.079	
牧场面积比例	29	26	28	25	35	14	21	16	20	−0.564	
森林覆盖率	26	24	28	25	30	36	35	28	33	0.453	
农业用水比例	77	83	68	64	61	35	55	47	15	−0.843	***
农业用水密度	955	4457	3370	2447	2302	1235	4580	2497	502	−0.348	
化肥使用密度	8	68	114	249	281	160	271	275	314	0.686	**
农药使用密度	—	—	—	—	—	1.6	1.8	5.5	2.7	0.490	
农业机械化	0.3	0.7	1.3	2.7	0.9	4.8	8.3	11.3	11.4	0.941	***
农业能源投入	—	—	—	—	—	182	405	365	621	0.886	
农业科技投入比例	—	—	0.1	3.2	0.1	1.7	0.3	1.4	2.0	0.213	
农民人均可耕地	0.9	0.9	1.5	3.4	24	10	6.9	24	20	0.676	**
农民人均农业用地	3.1	8.2	17	26	117	18	68	119	38	0.411	
(3) 农业生产											
农业生产指数	236	231	203	278	450	259	168	141	146	−0.547	
食品生产指数	120	124	117	121	119	114	97	95	99	−0.867	***
作物生产指数	119	120	117	124	121	112	102	96	99	−0.898	***
牲畜生产指数	117	126	118	117	117	109	94	97	98	−0.823	***
农业年均增长率	5.1	3.4	3.6	3.8	3.6	2.1	0.8	−0.7	2.3	−0.672	**
农业劳动生产率	209	658	1694	3092	8819	5791	20 202	35 191	35 084	0.965	***
农业相对生产率	0.2	0.5	0.5	0.5	0.5	0.6	0.7	0.7	0.5	0.428	
农业土地生产率	156	354	752	402	424	463	2940	15 355	1868	0.549	
农业化肥生产率	119	21	24	36	18	9	19	15	14	−0.394	
农业用水生产率	4.3	1.0	74	1.5	1.2	8.2	8.6	2.6	46	0.189	
作物单产	1204	2216	2597	2716	2821	3879	4971	5214	6128	0.923	***
水稻单产	2080	3282	3617	3733	4747	5257	4375	6982	7673	0.918	***
小麦单产	1668	2614	2173	2469	2201	3671	4110	4832	6327	0.964	***
玉米单产	1213	3339	2706	4435	3636	5977	8374	9854	10 460	0.926	***
大豆单产	1022	1022	1800	1693	1657	2221	2208	2374	2839	0.859	***
农业良种使用效率	35	37	44	36	46	34	40	45	37	0.126	
农业化肥使用效率	3326	33	31	21	31	18	11	12	12	−0.302	
农民人均产粮	0.4	1.0	1.5	4.4	28	20	15	41	51	0.909	***
农民人均产肉	0.0	0.1	0.2	0.7	4.6	1.6	3.5	7.1	8.9	0.936	***
人均生物燃料(乙醇)	—	1.9	2.5	4.4	37	0.8	2.6	17	118	0.774	**
农业增加值指数	1.8	1.0	0.5	0.3	0.2	0.1	0.1	0.1	0.1	−0.559	
农业增加值比例	35	24	16	9	7	5	3	2	2	−0.653	**
作物增加值比例	78	69	66	59	54	55	49	47	34	−0.888	***
牲畜增加值比例	22	31	34	41	46	45	51	53	66	0.888	***
作物增加值指数	5.4	4.5	3.0	1.7	1.5	1.4	1.0	1.1	0.6	−0.667	**

（续表）

国家经济水平	经济欠发达			经济初等发达		经济中等发达		经济发达		相关系数	显著性
国家分组	1	2	3	4	5	6	7	8	9		
人均国民收入	351	774	1809	4087	7061	11 245	20 324	37 800	53 914		
谷物增加值比例	20	24	16	13	13	23	16	15	17	−0.226	
食物增加值比例	93	92	94	97	97	99	100	98	100	0.684	**
有机农业用地比例	0.3	0.1	0.3	0.6	1.2	2.8	4.6	3.0	5.7	0.877	***
有机农场的比例	—	—	—	—	—	1.0	0.8	1.8	4.7	0.909	
旅游农场的比例	—	—	—	—	—	0.3	0.4	1.5	4.4	0.943	
农场平均规模	—	—	—	—	—	14	31	410	47	0.310	
农业协调指数	47	46	42	51	60	50	47	53	52	0.345	
农业综合生产率	169	497	1261	1733	4621	3127	11 571	25 273	18 476	0.912	***

注：指标单位见表 1-13。农业综合生产率为农业劳动生产率和土地生产率的平均值。* 表示相关，** 表现显著相关，*** 表示非常显著相关，其他为不相关。"—"表示没有数据，后同。

表 1-56　2008 年农业生产变量与国家经济水平的特征关系的分类

方面	正相关变量	负相关变量	相关性不显著变量	其他变量	合计/个
农业资源 （图 1-24）			人均国土面积、人均农业用地、人均可耕地面积、人均谷物面积、人均园地、人均牧场面积、人均森林面积、人均淡水资源		8
农业投入 （图 1-25）	农民人均可耕地、化肥使用密度、农业机械化	农业就业指数、农业劳动力比例、农业用地比例、农业用水比例	农业劳动力指数、农业女劳动力比例、可耕地面积比例、谷物用地比例、灌溉面积比例、牧场面积比例、森林覆盖率、农业用水密度、农民人均农业用地、农业科技投入比例	农业能源投入、农药使用密度	19
农业生产 （图 1-26）	农业劳动生产率、综合生产率、谷物单产、水稻单产、小麦单产、玉米单产、大豆单产、农民人均产粮、农民人均产肉、人均生物燃料（乙醇）、牲畜增加值比例、食物增加值比例、有机农业用地比例	作物生产指数、牲畜生产指数、食品生产指数、农业年均增长率、农业增加值比例、作物增加值比例、作物增加值指数	农业生产指数、农业增加值指数、农业相对生产率、农业土地生产率、农业化肥生产率、农业化肥使用效率、农业良种使用效率、农业用水生产率、谷物增加值比例、农业协调指数	有机农场的比例、旅游农场的比例、农场平均规模	33
合计/个	16	11	28	5	60

注：其他变量：国家样本数太少的指标，暂时不能判断它们与国家经济水平的相关程度。后同。

（2）2008 年截面农业生产的世界前沿和国际差距

农业变量的世界前沿和国际差距的判断和分析非常复杂，因农业变量而异。如果农业变量与国家经济水平显著相关，那么，可以根据截面分析 9 组国家农业变量的特征值，大致分辨世界前沿和国际差距。当然这只是一种简化处理。一般而言，第 9 组国家的农业变量的水平代表了前沿水平，国际差距可进行统计学分析。从统计角度看，正相关指标的最大值或负相关指标的最小值代表前沿水平，正相关指标的最小值或负相关变量的最大值代表末尾水平（表 1-57）。

表 1-57　2008 年截面农业生产变量的世界前沿和国际差距(9 组国家特征值之间的比较)

变量	最大值	最小值	绝对差距	相对差距	平均值	标准差	相关系数	相关性
(1) 农业资源								
人均可耕地面积	0.4	0.1	0.3	2.9	0.3	0.1	0.162	不相关
人均农业用地	3.8	0.5	3.3	8.0	1.8	1.1	−0.359	不相关
(2) 农业投入								
农业机械化	11	0.3	11	37	5	4.6	0.941	正相关
化肥使用密度	314	8	306	38	193	109.2	0.686	正相关
农民人均可耕地	24	1	23	28	10	9.8	0.676	正相关
农业就业指数	125	77	48	1.6	100	15.4	−0.585	负相关
农业用地比例	51	34	17	1.5	43	6.0	−0.640	负相关
农业劳动力比例	77	3	74	24	26	25.9	−0.685	负相关
农业用水比例	83	15	69	6	56	21.4	−0.843	负相关
(3) 农业生产								
农业劳动生产率	35 191	209	34 982	168	12 304	14 313.6	0.965	正相关
小麦单产	6327	1668	4659	4	3341	1524.3	0.964	正相关
农民人均产肉	9	0.0	9	254	3	3.3	0.936	正相关
玉米单产	10 460	1213	9248	9	5555	3307.1	0.926	正相关
作物单产	6128	1204	4923	5	3527	1618.4	0.923	正相关
水稻单产	7673	2080	5593	4	4638	1782.3	0.918	正相关
综合生产率	25 273	169	25 104	150	7414	9050.1	0.912	正相关
农民人均产粮	51	0.4	50	119	18	18.6	0.909	正相关
牲畜增加值比例	66	22	44	3.0	43	13.2	0.888	正相关
大豆单产	2839	1022	1818	2.8	1871	607.4	0.859	正相关
人均生物燃料(乙醇)	118	0.8	117	152	23	40.2	0.774	正相关
食物增加值比例	100	92	7	1.1	97	2.8	0.684	正相关
农业增加值比例	35	2	34	23	11	11.6	−0.653	负相关
作物增加值指数	5	1	5	10	2	1.7	−0.667	负相关
农业年均增长率	5	−0.7	6	−7.5	3	1.8	−0.672	负相关
牲畜生产指数	126	94	31	1.3	110	11.3	−0.823	负相关
食品生产指数	124	95	29	1.3	112	11.5	−0.867	负相关
作物增加值比例	78	34	44	2.3	57	13.2	−0.888	负相关
作物生产指数	124	96	27	1.3	112	10.5	−0.898	负相关

　　注:变量的单位见表 1-13。绝对差距＝最大值－最小值,相对差距＝最大值÷最小值。有些指标的变化比较复杂,在 9 组国家的特征值中,第 9 组国家的特征值不等于它们的最大值(正相关变量)或最小值(负相关变量),第 1 组国家的特征值不等于它们的最小值(正相关变量)或最大值(负相关变量)。后同。

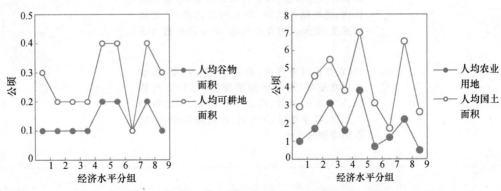

图 1-24　农业资源变量与国家经济水平的关系(举例)

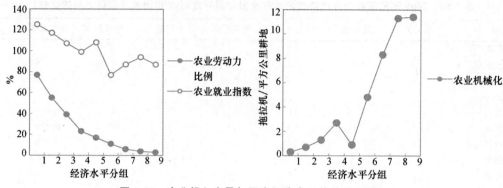

图 1-25　农业投入变量与国家经济水平的关系(举例)

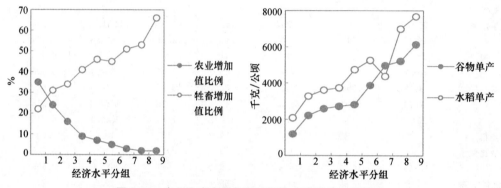

图 1-26　农业生产变量与国家经济水平的关系(举例)

(3)农业生产变量的截面特征和时序特征的比较

2008 年截面的 60 个农业生产变量中,有 36 个农业变量的截面特征与时序特征完全一致,有 19 个农业变量的截面特征与时序特征不完全一致,5 个指标数据不全,没有农业变量的截面特征与时序特征相互矛盾(表 1-58)。这说明农业生产指标的变化是非常复杂的。

表 1-58　2008 年农业生产变量的截面特征与时序特征的关系

方面	完全一致/个	不完全一致/个	相互矛盾/个	合计/个
农业资源	8	0	0	8
农业投入	9	8(农业就业指数、农业劳动力指数、农业用地比例、灌溉面积比例、农业用水比例、化肥使用密度、农民人均农业用地、农业科技投入比例)	0	17
农业生产	19	11(农业相对生产率、农业土地生产率、农业年均增长率、农业增加值指数、作物生产指数、牲畜生产指数、食品生产指数、作物增加值指数、牲畜增加值比例、食物增加值比例、作物增加值比例)	0	30
合计/个	36	19	0	55

2．农业生产的其他截面

(1) 2000 年农业生产的截面特征

2000 年农业截面分析，国家分组按 2000 年国家经济水平(人均国民收入)分组,分析变量仍然为 60 个变量。其中,20 个指标与国家经济水平正相关,9 个指标负相关,25 个指标相关性不显著,6 个指标数据不全(表 1-59);37 个农业变量的截面特征与时序特征完全一致,17 个农业变量的截面特征与时序特征不完全一致(表 1-60)。

表 1-59　2000 年截面农业生产变量与国家经济水平的特征关系的分类

方面	正相关变量/个	负相关变量/个	相关性不显著变量/个	其他变量/个	合计/个
农业资源	1	0	7	0	8
农业投入	4	5	9	1	19
农业生产	15	4	9	5	33
合计/个	20	9	25	6	60

表 1-60　2000 年农业生产变量的截面特征与时序特征的关系

方面	完全一致/个	不完全一致/个	相互矛盾/个	合计/个
农业资源	7	1	0	8
农业投入	10	8	0	18
农业生产	20	8	0	28
合计/个	37	17	0	54

(2) 1970 年农业生产的截面特征

1970 年农业截面分析,国家分组按 1970 年国家经济水平(人均国民收入)分组,分析变量仍然为 60 个变量。其中,19 个指标与国家经济水平正相关,7 个指标负相关,20 个指标相关性不显著,14 个指标数据不全(表 1-61);35 个农业变量的截面特征与时序特征完全一致,11 个农业变量的截面特征与时序特征不完全一致(表 1-62)。

表 1-61　1970 年截面农业生产变量与国家经济水平的特征关系的分类

方面	正相关变量/个	负相关变量/个	相关性不显著变量/个	其他变量/个	合计/个
农业资源	1	0	5	2	8
农业投入	4	2	7	6	19
农业生产	14	5	8	6	33
合计/个	19	7	20	14	60

表 1-62　1970 年农业生产变量的截面特征与时序特征的关系

方面	完全一致/个	不完全一致/个	相互矛盾/个	合计/个
农业资源	5	1	0	6
农业投入	11	2	0	13
农业生产	19	8	0	27
合计/个	35	11	0	46

(3) 1900 年农业生产的截面特征

1900 年数据非常少。其中,农业劳动力和增加值比例与国家经济水平负相关(表 1-63)。

表 1-63　1900 年截面农业生产变量与国家经济水平的特征关系的分类

方面	正相关变量	负相关变量	相关性不显著变量	合计/个
农业资源	—	—	—	
农业投入	—	农业劳动力比例	—	1
农业生产	—	农业增加值比例	—	1
合计/个		2		2

20 世纪以来,农业生产的变化是巨大的,而且变化是复杂的和有逻辑的。在正常情况下,大约 54％的农业生产指标的变化,是相对连续的和可以预期的(表 1-64)。

表 1-64　农业生产变量与国家经济水平的关系分类

项目	2008 年	2000 年	1970 年	1900 年	合计/个	比例/(%)
正相关的变量/个	16	20	19	0	55	35.0
负相关的变量/个	11	9	7	2	29	18.5
没有显著关系的变量/个	28	25	20	0	73	46.5
合计/个	55	54	46	2	157	100

(4) 1820 年农业生产的截面特征

1820 年数据非常少。其中,农业劳动力和增加值比例与国家经济水平负相关(表 1-65)。

表 1-65　1820 年截面农业生产变量与国家经济水平的特征关系的分类

方面	正相关变量	负相关变量	相关性不显著变量	合计/个
农业资源	—	—	—	
农业投入	—	农业劳动力比例	—	1
农业生产	—	农业增加值比例	—	1
合计/个		2		2

(5) 1700 年农业生产的截面特征

1700 年截面数据非常少。其中,农业劳动力比例与国家经济水平如表 1-66 所示。

表 1-66　1700 年截面农业生产变量与国家经济水平的特征关系

国家经济水平	经济欠发达			初等发达		中等发达		经济发达		相关系数	显著性
国家分组	1	2	3	4	5	6	7	8	9		
人均 GDP	—	—	400	531	565	774	929	1341	1680		
农业劳动力比例	—	—	—	—	—	—	—	56	40	—	

注:劳动力结构数据,第 9 组国家数据为荷兰的数据,第 8 组国家数据为英国的数据。

二、世界农业经济的截面分析

农业经济的截面分析选择 3 个截面为对象,重点是 2008 年截面。

1. 农业经济的 2008 年截面分析

(1) 2008 年农业经济的截面特征

一般而言,农业经济涉及农业供给、农业流通、农业需求和消费等方面。我们选择 47 个变量进行比较。很显然,不同变量的"变化过程"以及与国家经济水平的特征关系是不同的(表 1-67 和表 1-68),许多指标的变化是波动的,而不是平滑的。

表 1-67　2008 年农业经济 47 个变量与国家经济水平的特征关系

国家经济水平	经济欠发达			经济初等发达		经济中等发达		经济发达		相关系数	显著性
国家分组	1	2	3	4	5	6	7	8	9		
人均国民收入	351	774	1809	4087	7061	11 245	20 324	37 800	53 914		
(1) 农业供给											
农民人均供应人口	3	5	7	17	46	25	54	79	72	0.891	***
农民人均谷物出口		172	370	537	1657	5208	2984	21 684	11 741	0.810	***
农民人均肉食出口		1	30	22	35	284	304	3666	4254	0.954	***
人均谷物生产	146	230	226	277	450	682	322	640	651	0.735	**
人均谷物供给	156	219	251	320	363	538	468	531	629	0.853	***
人均植物油供给	8	10	14	21	22	24	29	44	46	0.955	***
人均蔬菜供给	29	66	88	124	90	129	142	157	102	0.495	
人均水果供给	82	45	77	107	120	106	123	161	133	0.747	***
人均肉食生产	11	17	31	37	79	58	59	118	129	0.918	***
人均肉食供给	11	19	27	41	60	66	77	94	88	0.845	***
人均蛋类供给	1	2	6	9	10	13	11	14	14	0.738	**
人均奶类供给	19	66	77	153	181	228	183	286	375	0.910	***
人均鱼类供给	5	14	12	17	17	25	27	37	71	0.960	***
粮食自给率	83	75	78	57	95	103	55	93	86	0.195	
粮食浪费比例	8.0	6.3	6.8	5.3	5.0	4.4	3.8	2.1	1.9	−0.909	***
蛋类浪费比例	10.6	8.7	4.6	5.5	5.9	2.4	3.2	2.1	2.3	−0.691	**
(2) 农业贸易											
农产品价格指数	—	—	—	—	—	—	—	—	—		
农产品平均关税	14	13	12	10	6	5	5	2	4	−0.787	***
农民人均出口	63	401	967	4265	34 552	18 624	21 468	125 745	133 382	0.952	***
人均农业国际贸易	46	149	256	430	801	1191	1378	2733	3980	0.995	***
人均农业出口	26	80	152	195	511	603	477	1481	2130	0.979	***
人均农业进口	21	69	104	241	290	588	901	1252	1850	0.991	***
人均农业净出口	5	12	48	−45	222	16	−425	229	279	0.364	
人均粗物质净出口	3	11	5	−4	16	55	−55	69	107	0.678	**
人均食品净出口	1.4	0.9	42	−41	206	−39	−369	160	172	0.257	
人均谷物净出口	−21	−49	−49	−119	65	62	−207	42	−42	0.038	
人均植物油净出口	−3	−5	4	−11	79	−11	−14	−13	−18	−0.325	
人均肉食净出口	−0.2	−2.0	−0.3	−6.3	1.8	−7.5	−18	23	41	0.798	***
人均奶类净出口	−1.2	−5.1	−4.5	0.8	5.8	24	−0.9	238	150	0.843	***
(3) 农业需求											
人均营养供应	2119	2394	2609	2761	2945	3195	3244	3383	3459	0.815	***
人均动物营养供应	116	252	347	479	640	758	758	950	1100	0.892	***
人均植物营养供应	2002	2142	2262	2282	2304	2437	2486	2433	2359	0.561	
动物营养比例	5	10	13	17	21	24	23	28	32	0.857	***
人均蛋白质	52	62	69	75	85	93	98	104	107	0.861	***
人均脂肪	40	52	62	78	91	105	118	140	143	0.851	***
人均谷物消费	119	156	157	142	139	145	139	119	112	−0.714	**
人均植物油消费	6	8	8	12	13	14	17	21	17	0.825	***
人均蔬菜消费	26	59	78	103	82	107	129	136	93	0.538	
人均水果消费	54	40	63	85	77	81	100	105	122	0.879	***
人均肉食消费	11	18	28	40	58	64	76	91	86	0.849	***
人均蛋类消费	1	2	5	7	8	12	9	12	12	0.762	**
人均奶类消费	17	55	65	108	150	175	157	202	289	0.903	***
人均鱼类消费	6	12	11	11	11	23	24	28	25	0.824	***
肉食消费指数	0.1	0.1	0.2	0.3	0.4	0.5	0.6	0.8	0.8	0.913	***
谷物食用指数	85	48	42	2.6	8.7	16	15	0.5	0.4	−0.492	
谷物食用比例	78	76	67	49	44	31	30	27	22	−0.789	***
谷物饲料比例	6	10	19	34	41	50	55	59	62	0.805	***

注:指标单位见表 1-13。* 表示相关,** 表现显著相关,*** 表示非常显著相关,其他为不相关。"—"表示没有数据。净出口指标,负值表示为净进口。后同。

表 1-68　2008 年农业经济变量与国家经济水平的特征关系的分类

方面	正相关变量	负相关变量	相关性不显著变量	合计/个
农业供给 (图 1-27)	农民人均供应人口、农民人均谷物出口、农民人均肉食出口、人均谷物生产、人均谷物供给、人均植物油供给、人均水果供给、人均肉食生产、人均肉食供给、人均蛋类供给、人均奶类供给、人均鱼类供给	粮食浪费比例、蛋类浪费比例	人均蔬菜供给、粮食自给率	16
农业流通 (图 1-28)	人均农业国际贸易、人均农业进口、人均农业出口、农民人均出口、人均农业粗物质净出口、人均肉食净出口、人均奶类净出口	农产品平均关税	人均农业净出口、人均食品净出口、人均谷物净出口、人均植物油净出口	12
农业需求 (图 1-29)	人均营养供应、人均动物营养供应、动物营养比例、人均蛋白质、人均脂肪、人均植物油消费、人均水果消费、人均肉食消费、肉食消费指数、人均奶类消费、人均蛋类消费、人均鱼类消费、谷物饲料比例	人均谷物消费、谷物食用比例	人均植物营养供应、人均蔬菜消费、谷物食用指数	18
合计/个	32	5	9	46

注:农产品价格指数没有单个国家的数据。

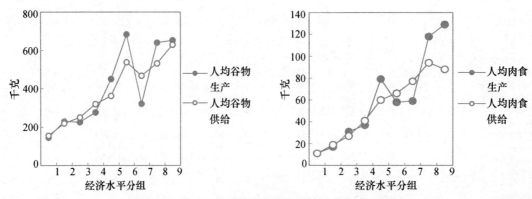

图 1-27　农业供给变量与国家经济水平的关系(举例)

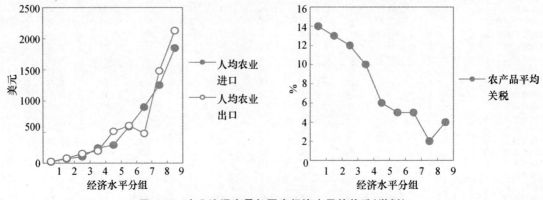

图 1-28　农业流通变量与国家经济水平的关系(举例)

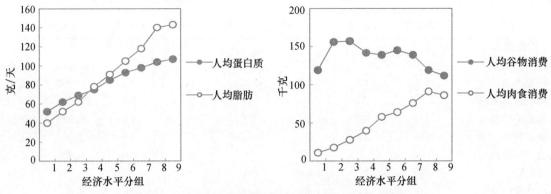

图 1-29　农业需求变量与国家经济水平的关系(举例)

(2) 2008 年农业经济的世界前沿和国际差距

关于农业变量的世界前沿和国际差距的分析方法,在农业生产的世界前沿和国际差距分析时已有介绍。这里,介绍 2008 年农业经济的世界前沿和国际差距(表 1-69)。

表 1-69　2008 年截面农业经济变量的世界前沿和国际差距(9 组国家特征值之间的比较)

变量	最大值	最小值	绝对差距	相对差距	平均值	标准差	相关系数	相关性
(1) 农业供给								
人均鱼类供给	71	5	66	14	25	20	0.960	正相关
人均植物油供给	46	8	38	6	24	14	0.955	正相关
农民人均肉食出口	4254	1	4253	6552	1074	1792	0.954	正相关
人均肉食生产	129	11	118	11	60	42	0.918	正相关
人均奶类供给	375	19	357	20	174	113	0.910	正相关
农民人均供应人口	79	3	76	26	34	29	0.891	正相关
人均谷物供给	629	156	474	4	386	164	0.853	正相关
人均肉食供给	94	11	83	8	54	30	0.845	正相关
农民人均谷物出口	21 684	172	21 512	126	5544	7572	0.810	正相关
人均水果供给	161	45	116	4	106	34	0.747	正相关
人均蛋类供给	14	1	13	12	9	5	0.738	正相关
人均谷物生产	682	146	536	5	403	208	0.735	正相关
蛋类浪费比例	11	2	9	5	5	3	−0.691	负相关
粮食浪费比例	8	2	6	4	5	2	−0.909	负相关
人均鱼类供给	71	5	66	14	25	20	0.960	负相关
(2) 农业流通								
人均农业国际贸易	3980	46	3934	86	1218	1332	0.995	正相关
人均农业进口	1850	21	1830	89	591	629	0.991	正相关
人均农业出口	2130	26	2104	83	628	716	0.979	正相关
农民人均出口	133 382	63	133 319	2109	37 719	53 408	0.952	正相关
人均奶类净出口	238	−5	243	−47	45	88	0.843	正相关
人均肉食净出口	41	−18	59	−2	4	18	0.798	正相关
人均粗物质净出口	107	−55	162	−2	23	47	0.678	正相关
农产品平均关税	14	2	12	6	8	4	−0.787	负相关

（续表）

变量	最大值	最小值	绝对差距	相对差距	平均值	标准差	相关系数	相关性
(3) 农业需求								
肉食消费指数	0.82	0.11	0.70	7	0.42	0.26	0.913	正相关
人均奶类消费	289	17	272	17	135	84	0.903	正相关
人均动物营养供应	1100	116	984	9	600	327	0.892	正相关
人均水果消费	122	40	82	3	81	26	0.879	正相关
人均蛋白质	107	52	54	2	83	19	0.861	正相关
动物营养比例	32	5	27	6	19	9	0.857	正相关
人均脂肪	143	40	103	4	92	37	0.851	正相关
人均肉食消费	91	11	80	8	53	30	0.849	正相关
人均植物油消费	21	6	14	3	13	5	0.825	正相关
人均鱼类消费	28	6	22	5	17	8	0.824	正相关
人均营养供应	3459	2119	1340	2	2901	464	0.815	正相关
谷物饲料比例	62	6	56	10	37	21	0.805	正相关
人均蛋类消费	12	1	12	16	8	4	0.762	正相关
人均谷物消费	157	112	45	1	136	16	−0.714	负相关
谷物食用比例	78	22	56	3	47	22	−0.789	负相关

注：变量的单位见表 1-13。一般而言，正相关变量：最大值为世界前沿；负相关变量：最小值为世界前沿。

（3）农业经济变量的截面特征和时序特征的比较

2008 年截面的 47 个农业经济变量中，1 个指标没有数据，有 28 个农业变量的截面特征与时序特征完全一致，有 18 个农业变量的截面特征与时序特征不完全一致，没有农业变量的截面特征与时序特征相互矛盾（表 1-70）。这说明农业经济指标的变化同样是复杂的。

表 1-70　2008 年农业经济变量的截面特征与时序特征的关系

方面	完全一致/个	不完全一致/个	相互矛盾/个	合计/个
农业供给	14	2（农民人均肉食出口、农民人均谷物出口）	0	16
农业流通	9	3（人均奶类净出口、人均肉食净出口、人均农业粗物质净出口）	0	12
农业需求	5	13（人均植物营养供应、动物营养比例、人均谷物消费、人均植物油消费、人均水果消费、人均肉食消费、人均蛋类消费、人均奶类消费、人均鱼类消费、肉食消费指数、谷物食用指数、谷物食用比例、谷物饲料比例）	0	18
合计/个	28	18	0	46

注：农产品价格指数没有数据。

2. 2000 年农业经济的截面特征

2000 年农业截面分析，国家分组按 2000 年国家经济水平（人均国民收入）分组，分析变量仍然为 47 个变量。其中，31 个指标与国家经济水平正相关，5 个指标负相关，10 个指标相关不显著，1 个指标没有数据（表 1-71）；29 个指标的截面特征与时序特征完全一致，17 个指标的截面特征与时序特征不完全一致，没有指标的截面特征与时序特征相互矛盾（表 1-72）。

表 1-71　2000 年截面农业经济变量与国家经济水平的特征关系的分类

方面	正相关变量/个	负相关变量/个	相关性不显著变量/个	合计/个
农业供给	10	2	4	16
农业流通	8	1	3	12
农业需求	13	2	3	18
合计/个	31	5	10	46

表 1-72　2000 年农业经济变量的截面特征与时序特征的关系

方面	完全一致/个	不完全一致/个	相互矛盾/个	合计/个
农业供给	14	2	0	16
农业流通	8	4	0	12
农业需求	7	11	0	18
合计/个	29	17	0	46

3. 1970 年农业经济的截面特征

1970 年农业截面分析,国家分组按 1970 年国家经济水平(人均国民收入)分组,分析变量仍然为 47 个变量。其中,28 个指标与国家经济水平正相关,4 个指标负相关,13 个指标相关不显著,2 个指标没有数据(表 1-73);30 个指标的截面特征与时序特征完全一致,15 个指标的截面特征与时序特征不完全一致,没有指标的截面特征与时序特征相互矛盾(表 1-74)。

表 1-73　1970 年截面农业经济变量与国家经济水平的特征关系的分类

方面	正相关变量/个	负相关变量/个	相关性不显著变量/个	合计/个
农业供给	11	2	3	16
农业流通	5	0	6	11
农业需求	12	2	4	18
合计/个	28	4	13	45

表 1-74　1970 年农业经济变量的截面特征与时序特征的关系

方面	完全一致/个	不完全一致/个	相互矛盾/个	合计/个
农业供给	13	3	0	16
农业流通	10	1	0	11
农业需求	7	11	0	18
合计/个	30	15	0	45

20 世纪以来,农业经济的变化是巨大的,而且变化是有逻辑的。在正常情况下,大约 77% 的农业经济指标的变化,是相对连续的和可以预期的(表 1-75)。

表 1-75　农业经济变量与国家经济水平的关系分类

项目	2008 年	2000 年	1970 年	合计/个	比例/(%)
正相关的变量/个	32	31	28	91	66.4
负相关的变量/个	5	5	4	14	10.2
没有显著关系的变量/个	9	10	13	32	23.4
合计/个	46	46	45	137	100

三、世界农业要素的截面分析

农业要素的截面分析选择 6 个截面为对象,重点是 2008 年截面。

1. 农业要素的 2008 年截面分析

(1) 2008 年农业要素的截面特征

一般而言,农业要素涉及定量指标和定性指标,定量指标涉及农民、农村和农业环境等,定性指标涉及农业科技、农业制度和观念等。关于定量指标,我们选择 38 个变量进行比较(表 1-76 和表 1-77)。关于定性指标,我们进行定性讨论。

表 1-76 2008 年农业要素 38 个定量指标与国家经济水平的特征关系

国家经济水平	经济欠发达			初等发达		中等发达		经济发达		相关系数	显著性
国家分组	1	2	3	4	5	6	7	8	9		
人均国民收入	351	774	1809	4087	7061	11 245	20 324	37 800	53 914		
(1) 农民											
农民人力资本指数	—	5	6	7	6	7	9	11	12	0.977	***
农民素质(高等教育)	—	17	13	13	11	15	29	30	31	0.865	***
农民素质(中等教育)	—	8	21	27	24	30	31	41	46	0.891	***
农民素质(初等教育)	—	12	32	18	22	13	15	31	22	0.263	
农民素质(识字率)	58	66	83	90	94	97	97	98	100	0.634	*
农场农民的人均经营收入	—	—	—	—	—	10 883	—	26 846	36 557	1.000	
农场的经营收入比例	—	—	—	—	—	48	39	47	43	−0.177	
农场的非经营收入比例	—	—	—	—	—	—	61	53	57	−0.488	
农场的对外务工收入比例	—	—	—	—	—	24	32	43	39	0.847	
农场的转移支付收入比例	—	—	—	—	—	21	29	18	11	−0.791	
(2) 农村											
农村人口比例	74	66	53	38	26	28	29	19	23	−0.683	**
农村人口密度	4.2	4.8	5.0	2.8	2.4	1.0	3.1	2.0	1.6	−0.616	*
农村人口年增长率	2.0	1.4	0.5	−0.1	−0.8	−0.8	0.5	0.1	−0.2	−0.350	
农村农业人口比例	45	34	29	25	30	23	10	14	8	−0.830	***
农村人口贫困比例	—	—	—	—	—	—	—	—	—		
农村卫生设施普及率	21	38	50	71	72	78	98	99	100	0.783	***
农村清洁饮水普及率	52	64	69	84	87	92	100	100	99	0.734	**
农村公路普及率	—	—	—	—	—	—	—	—	—		
农村电力普及率	—	—	—	—	—	—	—	—	—		
农村轿车普及率	1	1	3	6	8	16	25	42	46	0.981	***
农村电话普及率	1	3	7	10	12	16	26	42	48	0.983	***
农村电视普及率	9	31	40	50	49	57	70	91	96	0.909	***
农村移动通讯普及率	13	32	37	55	51	69	85	101	119	0.933	***
农村互联网普及率	2	5	8	15	17	26	40	60	78	0.992	***
(3) 农业环境											
人口自然增长率	2.6	2.1	1.4	1.0	1.0	0.3	0.8	1.3	0.8	−0.408	
人口密度	102	135	104	88	79	60	188	146	132	0.436	
农业人口比例	33	22	15	10	6.4	5.4	2.7	1.8	1.7	−0.666	**
农业甲烷排放密度	1240	1472	1148	753	579	520	1618	1132	1308	−0.488	
农业氧化氮排放密度	826	1140	1097	799	740	905	2108	2064	2001	0.818	***
土地严重退化比例	—	—	—	—	—	—	—	—	—		
政府农业支出比例	—	—	—	—	—	—	—	—	—		
农业支持占 GDP 比例	—	—	—	—	—	2.2	1.5	0.5	0.9	−0.809	
农业支持占农业增加值比例	—	—	18	18	10	22	99	44	61	0.553	
农业的净增加值比例	—	—	—	—	—	4.0	0.4	1.3	0.3	−0.679	
农民的人均补贴收入	—	—	—	—	—	2418	19 660	7762	31 848	0.720	
生产性支持占毛收入比例	—	—	—	—	—	24	34	16	37	0.266	
生产性支持占总支持比例	—	—	—	—	—	88	87	61	73	−0.723	
服务性支持占总支持比例	—	—	—	—	—	8	13	41	21	0.571	

注:有些指标 2008 年没有数据,但 2000 年有数据。指标单位见表 1-13。* 表示相关,** 表现显著相关,*** 表示非常显著相关,其他为不相关。"—"表示没有数据,后同。

表 1-77　2008 年农业要素定量指标与国家经济水平的特征关系的分类

方面	正相关变量	负相关变量	相关性不显著变量	其他变量	合计
农民 (图 1-30)	农民人力资本指数、农民素质(高等教育)、农民素质(中等教育)、农民素质(识字率)		农民素质(初等教育)	农场农民的人均经营收入、农场的经营收入比例、农场的非经营收入比例、农场的对外务工收入比例、农场的转移支付收入比例	10
农村 (图 1-31)	农村卫生设施普及率、农村清洁饮水普及率、农村轿车普及率、农村电话普及率、农村电视普及率、农村移动通讯普及率、农村互联网普及率	农村人口比例、农村人口密度、农村农业人口比例	农村人口年增长率	农村人口贫困比例*、农村公路普及率*、农村电力普及率*	14
农业环境 (图 1-32)	农业氧化氮排放密度	农业人口比例	人口自然增长率、人口密度、农业甲烷排放密度、农业支持占农业增加值比例	农业支持占 GDP 比例、农业的净增加值比例、生产性支持占收入比例、农民的人均补贴收入、生产性支持占总支持比例、服务性支持占总支持比例、政府农业支出比例*、土地严重退化比例*	14
合计/个	12	4	6	16	38

注：* 没有数据的指标。

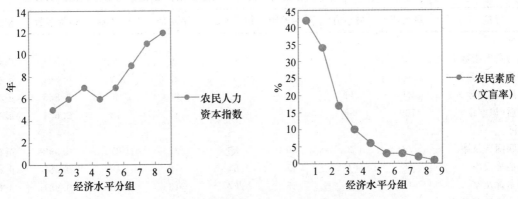

图 1-30　农民变量与国家经济水平的关系

(2) 2008 年截面农业要素定量指标的世界前沿和国际差距

关于农业变量的世界前沿和国际差距的分析方法，在农业生产的世界前沿和国际差距分析时已有介绍。这里，介绍 2008 年农业要素定量指标的世界前沿和国际差距(表 1-78)。

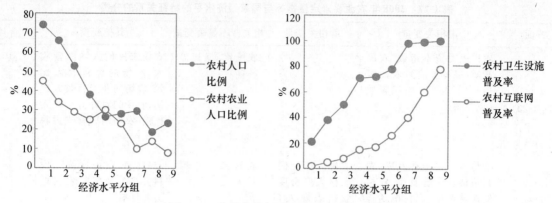

图 1-31　农村变量与国家经济水平的关系

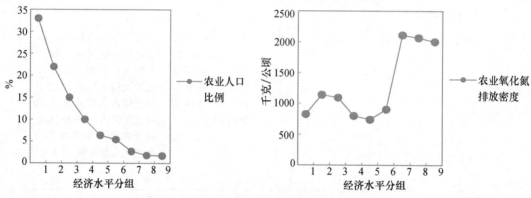

图 1-32　农业环境变量与国家经济水平的关系

表 1-78　2008 年截面农业要素定量指标的世界前沿和国际差距(9 组国家特征值之间的比较)

变量	最大值	最小值	绝对差距	相对差距	平均值	标准差	相关系数	相关性
(1) 农民								
农民人力资本指数	12	5	7	2	8	3	0.977	正相关
农民素质(中等教育)	46	8	38	6	29	12	0.891	正相关
农民素质(高等教育)	31	11	20	3	20	9	0.865	正相关
农民素质(识字率)	100	58	41	2	87	15	0.634	正相关
(2) 农村								
农村互联网普及率	78	2	76	38	28	27	0.992	正相关
农村电话普及率	48	1	47	64	18	17	0.983	正相关
农村轿车普及率	46	1	45	67	16	18	0.981	正相关
农村移动通讯普及率	119	13	106	9	62	34	0.933	正相关
农村电视普及率	96	9	87	11	55	28	0.909	正相关
农村卫生设施普及率	100	21	79	5	70	28	0.783	正相关
农村清洁饮水普及率	100	52	48	2	83	18	0.734	正相关
农村人口密度	5	1	4	5	3	1	−0.616	负相关
农村人口比例	74	19	55	4	40	20	−0.683	负相关
农村农业人口比例	45	8	37	6	24	12	−0.830	负相关

（续表）

变量	最大值	最小值	绝对差距	相对差距	平均值	标准差	相关系数	相关性
(3) 农业环境								
农业氧化氮排放密度	2108	740	1368	3	1298	585	0.818	正相关
农业人口比例	33	2	32	20	11	11	−0.666	负相关

注：变量的单位见表1-13。绝对差距＝最大值－最小值，相对差距＝最大值÷最小值。

（3）农业要素定量指标的截面特征和时序特征的比较

2008年截面的38个农业要素定量指标中，有18个农业变量的截面特征与时序特征完全一致，有4个农业变量的截面特征与时序特征不完全一致，16个指标数据不全，没有农业变量的截面特征与时序特征相互矛盾（表1-79）。这说明农业经济指标的变化同样是复杂的。

表1-79 2008年农业要素定量指标的截面特征与时序特征的关系

方面	完全一致/个	不完全一致/个	相互矛盾/个	合计/个
农民	4	1(农民素质(中等教育))	0	5
农村	11	0	0	11
农业环境	3	3(人口自然增长率、人口密度、农业氧化氮排放密度)	0	6
合计/个	18	4	0	22

（4）农业要素定性指标的截面特征

农业要素的定性指标包括农业科技、农业制度和农业观念。关于它们2008年的截面特点，需要大量篇幅进行讨论；可以参考本章第二节时序分析的知识经济时代的农业科技（表1-51）、农业制度（表1-52）和农业观念（表1-53）。这里不再重复。

2. 农业要素的2000年截面

2000年农业要素截面分析，国家分组按2000年国家经济水平（人均国民收入）分组，分析变量为38个。其中，13个指标与国家经济水平正相关，5个指标负相关，5个指标相关不显著，15个指标数据不全（表1-80）；17个指标的截面特征与时序特征完全一致，5个指标的截面特征与时序特征不完全一致，没有指标的截面特征与时序特征相互矛盾（表1-81）。

表1-80 2000年截面农业要素定量指标与国家经济水平的特征关系的分类

方面	正相关变量/个	负相关变量/个	相关性不显著变量/个	其他变量/个	合计/个
农民	4	0	1	5	10
农村	7	2	2	3	14
农业环境	2	3	2	7	14
合计/个	13	5	5	15	38

表1-81 2000年农业要素定量指标的截面特征与时序特征的关系

方面	完全一致/个	不完全一致/个	相互矛盾/个	合计/个
农民	4	1	0	5
农村	10	1	0	11
农业环境	3	3	0	6
合计/个	17	5	0	22

农业要素的定性指标的 2000 年截面特点,可以参考本章第二节时序分析的知识经济时代的农业科技(表 1-51)、农业制度(表 1-52)和农业思想观念(表 1-53)。

3. 农业要素的 1970 年截面

1970 年农业要素截面分析,国家分组按 1970 年国家经济水平(人均国民收入)分组,分析变量为 38 个。其中,13 个指标与国家经济水平正相关,5 个指标负相关,4 个指标相关不显著,16 个指标数据不全(表 1-82);16 个指标的截面特征与时序特征完全一致,6 个指标的截面特征与时序特征不完全一致,没有指标的截面特征与时序特征相互矛盾(表 1-83)。

表 1-82 1970 年截面农业要素定量指标与国家经济水平的特征关系的分类

方面	正相关变量/个	负相关变量/个	相关性不显著变量/个	其他变量/个	合计/个
农民	5	0	1	4	10
农村	7	3	1	3	14
农业环境	1	2	2	9	14
合计/个	13	5	4	16	38

表 1-83 1970 年农业要素定量指标的截面特征与时序特征的关系

方面	完全一致/个	不完全一致/个	相互矛盾/个	合计/个
农民	4	2	0	6
农村	9	2	0	11
农业环境	3	2	0	5
合计/个	16	6	0	22

20 世纪以来,农业要素定量指标的变化是巨大的,而且变化是复杂的和有逻辑的。在正常情况下,大约 77% 的农业要素定量指标的变化,是相对连续的和可以预期的(表 1-84)。

表 1-84 农业要素定量指标与国家经济水平的关系分类

项目	2008 年	2000 年	1970 年	合计/个	比例/(%)
正相关的变量/个	12	13	13	38	56.7
负相关的变量/个	4	5	5	14	20.9
没有显著关系的变量/个	6	5	4	15	22.4
合计/个	22	23	22	67	100

农业要素的定性指标 1970 年的截面特点,可以参考本章第二节时序分析的工业经济时代的农业科技(表 1-51)、农业制度(表 1-52)和农业思想观念(表 1-53)。

4. 农业要素的 1900 年和 1820 年截面

1900 年数据非常少。其中,农民识字率、小学入学率、中学入学率、大学入学率和电话普及率等指标与国家经济水平正相关,农村人口比例与国家经济水平负相关(表 1-85)。

表 1-85 1900 年截面农业要素定量指标与国家经济水平的特征关系的分类

方面	正相关变量/个	负相关变量/个	相关性不显著变量/个	合计/个
农民	农民识字率、小学入学率、中学入学率、大学入学率	—	—	4
农村	—	农村人口比例	—	1
农业环境	电话普及率	0	—	1
合计/个	5	1	0	6

1820 年数据非常少。其中,小学入学率指标与国家经济水平正相关,农村人口比例与国家经济水平负相关,中学入学率和大学入学率与国家经济水平的相关性不显著(表 1-86)。

表 1-86 1820 年截面农业要素定量指标与国家经济水平的特征关系的分类

方面	正相关变量/个	负相关变量/个	相关性不显著变量/个	合计/个
农民	小学入学率	—	中学入学率、大学入学率	3
农村	—	农村人口比例	—	1
农业环境	—	—	—	0
合计/个	1	1	2	4

农业要素的定性指标 1900 年和 1820 年的截面特点,可以参考本章第二节时序分析的工业经济时代的农业科技(表 1-51)、农业制度(表 1-52)和农业思想观念(表 1-53)。

5. 农业要素的 1700 年截面

1700 年截面数据非常少。农业要素的定性指标 1700 年的截面特点,可以参考本章第二节时序分析的农业经济时代的农业科技(表 1-51)、农业制度(表 1-52)和农业思想观念(表 1-53)。

第四节 农业现代化的过程分析

世界农业现代化的过程分析,时间跨度约为 400 年(1700~2100 年),分析内容可以根据需要有所选择(图 1-5)。由于篇幅有限,我们简要讨论世界农业现代化的历史进程(1700~2005 年)、客观现实(2008 年)和未来前景(2008~2100 年)。

根据系统论的观点,整体不等于局部之和。前面关于农业现代化的时序分析和截面分析,揭示了世界农业三大方面现代化的大量事实。但是,它们尚不能构成农业现代化的完整概念。全面和系统地认识农业现代化,不仅要有农业三大方面的现代化研究,还要有农业现代化的整体研究,包括世界整体的农业现代化、国家和地区的农业现代化研究(图 1-33)等。

一、世界农业现代化的历史进程

世界农业现代化的历史进程,指从它的起步到目前的历史过程。世界农业现代化的进程研究,时间跨度约为 300 年;分析内容包括世界整体的农业现代化、世界农业三大方面的现代化、世界范围的国家和地区农业现代化等。关于世界农业三大方面现代化,前面已有专门分析。关于国家和地区农业现代化,需要专题研究。这里重点讨论世界整体的农业现代化。

世界整体的农业现代化是一个多维度的历史过程,需要从多个角度进行分析,分析内容可以根据需要进行选择。下面简要讨论它的阶段、内容、特点、结果、动力和模式。

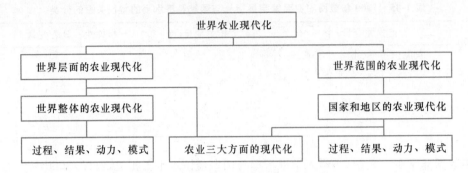

图 1-33　世界农业现代化的过程分析

注:农业三大方面指农业生产(农业资源、农业投入、农业生产效率和结构)、农业经济(农业供给、农业流通、农业需求和消费)和农业要素(农民、农村、农业环境、农业科技、农业制度和农业观念),包括十二个小方面。世界、国家和地区的农业现代化,都涉及农业三大方面的现代化。关于世界农业三大方面的现代化,前面两节已有专门分析(时序分析和截面分析)。

1. 世界农业现代化的主要阶段

世界农业现代化的阶段划分,应该与世界和经济现代化的阶段划分相协调,因为农业现代化是世界和经济现代化的组成部分。当然,它们并非完全同步,而且存在国家差异。

首先,关于世界现代化的阶段划分没有统一认识(图 1-34,专栏 1-5)。一般而言,阶段划分可以依据它的前沿轨迹和特征进行。事实上,人类文明的历史阶段和社会阶段的划分,都是依据人类文明进程的前沿轨迹和特征进行的。当然研究角度不同,认识会有所差别。

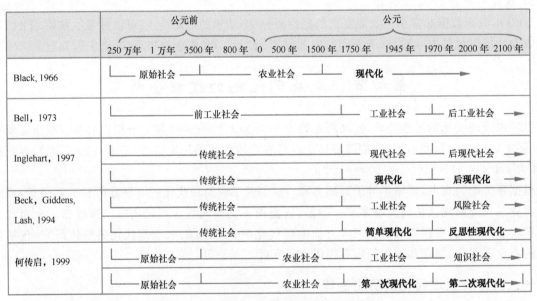

图 1-34　世界现代化和人类文明的主要阶段

专栏 1-5 世界现代化的起点和阶段

关于世界现代化的起点大致有三种主要观点。(1) 16～17 世纪的科学革命是世界现代化的起点;(2) 17～18 世纪的启蒙运动是世界现代化的起点;(3) 18 世纪的英国工业革命和法国大革命是世界现代化的起点。其中,第三种观点得到较多支持。《中国现代化报告》认为,18 世纪的工业革命可以作为世界现代化的起点。

关于世界现代化的阶段划分大致有七种观点。根据现代化进程的前沿特征和水平划分,在 18～21 世纪期间,现代化进程可以分为第一次现代化和第二次现代化两大阶段,两个阶段的分界点大约是 1970 年前后(知识和信息革命);每个大阶段又分为起步、发展、成熟和过渡四个小阶段。

世界现代化进程的阶段划分

阶段划分	内容	备注
三次浪潮	第一次浪潮(1780～1860 年)、第二次浪潮(19 世纪下半叶至 20 世纪初)和第三次浪潮(20 世纪下半叶)(罗荣渠,1993)	经典现代化的内部阶段
四个阶段	现代性的挑战、现代化领导集团的巩固、社会和经济转型、社会整合(Black,1966)	
五个阶段	经济成长的五个阶段:传统社会、为起飞创造前提条件阶段、起飞阶段、向成熟推进阶段和大众消费阶段(Rostow,1960);后来增加了第六个阶段:生活质量阶段	
四个时期	准备时期、转变时期、高级现代化时期和国际一体化时期(Black,1976)	
两大阶段	经典现代化和后现代化(现代社会和后现代社会)(Crook, Pakulski, Waters, 1992; Inglehart, 1997) 简单现代化和反思性现代化(工业社会和风险社会)(Beck, 1986; Beck, Giddens, Lash, 1994) 第一次现代化和第二次现代化(工业社会和知识社会)(何传启,1998a, b, 1999, 2003)	两次现代化

第二次现代化理论认为,在 18～21 世纪期间,根据它的前沿内涵和特征,世界现代化过程可以分为两大阶段和六次浪潮(表 1-87);其中,第五次和第六次浪潮是一种预测。

表 1-87 世界现代化的两大阶段和六次浪潮

浪潮	大致时间	六次浪潮的内容	两大阶段
第一次	1763～1870	第一次工业革命、机械化、城市化、社会分化流动	第一次现代化
第二次	1870～1945	第二次工业革命、电气化、电器化、普及义务教育	工业化、城市化、民主化
第三次	1946～1970	第三次产业革命、自动化、福利化、普及中等教育	理性化、福利化、流动性
第四次	1970～2020	知识和信息革命、信息化、网络化、普及高等教育	第二次现代化
第五次	2020～2050	新生物学革命、生物经济、仿生化、生物经济社会	知识化、信息化、生态化
第六次	2050～2100	新物理学革命、文化经济、体验化、文化经济社会	全球化、个性化、多元化

注:依据现代化前沿轨迹的内涵和特征进行划分。第五和第六次浪潮是一种预测。不同国家的现代化进程是不同步的,不同国家的现代化阶段划分可以有所差别。对于先行国家,六次浪潮是先后发生的。对于后发国家,可以两次或多次浪潮的内容同时发生,可以把几次浪潮的内容压缩在同一个时期进行。

其次,世界经济现代化的主要阶段。《中国现代化报告 2005》提出经济现代化的两大阶段和六次浪潮(表 1-88)。虽然农业现代化与经济现代化并非完全同步,而且存在国家差异,但是,经济现代化的两大阶段和六次浪潮,可以为农业现代化研究提供一个分析框架。

表 1-88 世界经济现代化的两大阶段和六次浪潮

浪潮	大致时间	核心内容	主要特点	两大阶段
第一次	1763~1870	第一次产业革命	机械化、蒸汽机、殖民效应	第一次经济现代化
第二次	1870~1945	第二次产业革命	电气化、内燃机、贸易效应	(工业化、非农业化)
第三次	1946~1970	第三次产业革命	自动化、计算机、冷战效应	(全国性市场)
第四次	1970~2020	第四次产业革命	信息化、绿色化、知识效应	第二次经济现代化
第五次	2020~2050	新生物学革命	生命工程、生物经济、新生效应	(知识化、非工业化)
第六次	2050~2100	新物理学革命	超级运输、体验经济、新物效应	(市场全球化)

注:第二次浪潮的时间包括 1914~1945 年期间的经济危机和调整,知识效应包括高技术革命等。

其三,世界农业现代化的主要阶段。参照经济现代化的阶段划分,在 18~21 世纪期间,世界农业现代化的前沿过程大致包括两大阶段和六次浪潮,它们有不同特点(表 1-89)。

表 1-89 世界农业现代化的两大阶段和六次浪潮

浪潮	大致时间	六次浪潮的内容	两大阶段
第一次	1763~1870	商品化、市场化、机械化、科学化、组织化	第一次农业现代化
第二次	1870~1945	化学化、水利化、电气化、专业化、工业化	市场化、机械化、化学化、
第三次	1946~1970	集约化、体系化、良种化、标准化、自动化	工业化、农业比例下降
第四次	1970~2020	生态化、信息化、知识化、国际化、多样化	第二次农业现代化
第五次	2020~2050	精准化、智能化、优质化、工程化、多样化	知识化、信息化、生态化、
第六次	2050~2100	工厂化、订单化、自然化、多样化	多样化、工厂化、国际化

注:六次浪潮的划分和内容是相对的,有些内容在几次浪潮中都出现,但重点可能有所不同。第五次和第六次浪潮是一种预测,浪潮的内容将受到未来科技和人口数量的影响。

2. 世界农业现代化的主要内容

世界农业现代化的内容非常丰富,可以和需要从不同角度进行分析。这里按照历史时间,按农业现代化的两大阶段和六次浪潮的顺序,简要介绍它的主要内容。

(1) 世界第一次农业现代化的三次浪潮

其一,农业现代化的第一次浪潮(约 1763~1870 年)。主要指第一次工业革命时期欧洲发生的农业革命,内容包括农业生产科学化(引进新品种和"科学种田"等)、农业产品商品化、农业经济市场化、农业技术机械化、农业用地集中化、农业劳动专业化、农业合作社和公司型农场等现代农业组织形式兴起、农民识字率提高、农业劳动力和增加值比例下降等。

其二,农业现代化的第二次浪潮(约 1870~1945 年)。主要指第二次工业革命和两次世界大战期间世界农业的前沿变化,内容包括农业技术机械化和电气化、农业经济商品化和市场化、农业生产专业化和规模化、农业经营制度化和企业化、化学肥料和农药的使用、农业水利的发展、优良品种和农业科技的发展、农民素质提高、农业劳动力和增加值比例继续下降等。同时,水土流失加剧,农业污染出现,农业经济周期性危机发生,农业受自然灾害影响仍然严重等。

其三,农业现代化的第三次浪潮(约 1946~1970 年)。它包括第三次产业革命对世界农业的影响和农业国家的绿色革命等。世界农业的前沿变化包括农业技术的机械化、电气化和自动化,农业生产的专业化、标准化和规模化、农业服务的市场化和专业化、农业的集约化、良种化、水利化和化学化继续发展、国家农业政策和农业经济系统化、现代农业科技继续发展、农民素质大幅度提高、农业劳动力和增加值比例继续下降、国际农业贸易增加、化肥和农药污染引起世界关注等。在此期间,发达国家先后完成以市场化、机械化、化学化和系统化为主要特征的第一次农业现代化,形成高效的、科学的现代农业的经济、技术和政策体系。

绿色革命是 20 世纪 60 年代发生在发展中国家的一场技术革命,以大规模采用农作物优良品种和现代农业技术、粮食产量大幅度提高为特征。国际农业科研机构培养成功矮秆、半矮秆和高产的小麦和水稻新品种,并在发展中国家推广,11 个发展中国家水稻亩产提高约 60%。

(2)世界第二次农业现代化的三次浪潮

其一,农业现代化的第四次浪潮(约 1970~2020 年)。受高技术、信息革命和生态革命的影响,世界农业前沿发生深刻变化。首先,信息革命引发农业的信息化浪潮。其次,生态革命引发生态农业、持续农业、有机农业和绿色农业等的兴起。其三,高技术(包括生物技术等)的发展,丰富了农业的技术选择,扩展了农业的发展前景。其四,知识经济和知识社会的兴起,带动农业经济的知识和生态转型,知识型农业快速发展。知识型农业目前的特点包括知识化、信息化、生态化、自然化、多样化、智能化、精准化和工厂化,农业比例继续下降等。

其二,农业现代化的第五次浪潮预计发生在 2020~2050 年期间。它以新生物学革命为基础,包括生物工程、纳米工程、信息工程和新能源技术等在农业部门的应用和变化等。农业比例下降的趋势有可能发生逆转,知识型农业劳动力和增加值比例有可能上升。

其三,农业现代化的第六次浪潮预计发生在 2050~2100 年期间。它以新物理学革命为基础,包括太空技术、生物工程、新型能源、超级制造和超级运输在农业部门的应用和变化等。知识型农业高度发达,工厂化、自然化和订单化农业等成为基本特征。

3. 世界农业现代化的主要特点

关于世界农业现代化的特点,可以和需要从不同角度进行分析。

首先,农业现代化是相对可以预期的。在一般情况下,20 世纪世界农业变化是相对连续的和有规律可循的,大约 67% 的农业指标与国家经济水平显著相关(表 1-90)。例如,农业效率上升,资源使用效率上升,农民收入增加,农业产业比例和农业就业比例下降,农业从"赋税产业"向"补贴产业"的转变等。

表 1-90　20 世纪农业指标与国家经济水平的相关性

项目	2008 年	2000 年	1970 年	1900 年	合计/个	比例/(%)
正相关变量/个	60	64	60	5	189	51
负相关变量/个	20	19	16	3	58	16
没有显著关系变量/个	43	40	37	0	120	33
合计/个	123	123	113	8	367	100

其次,农业现代化是一个长期的过程。在过去的 300 年里,农业现代化包括从生存农业向市场化农业、从市场化农业向知识型农业的转变;其中,第二个转变尚没有完成。

其三,农业现代化是一个复杂的过程。农业现代化不仅包括农业效率的提高,也包括农业结构、农业制度和农业观念的变化。其中,农业生产模式、农业结构、农业制度和农业形态的转变和更替,是农业现代化的关键。

其四,农业现代化是一个不平衡的过程。在过去 300 年里,农业现代化是不同步的,表现为农业效率增长的不同步、农业结构变化的不同步、农业制度和观念变化的不同步和农业形态转变的不同步等;农业现代化成就的空间分布不均衡。

其五,农业现代化是一个动态的过程。农业现代化不仅内涵是变化的,而且不同国家的表现也是变化的。农业现代化是一场国际竞争,既然是竞争就会有输赢。输家和赢家不是一成不变的,而是有一定的转移概率。所以,世界农业中心是可变的,世界农业前沿是变化的,国际农业差距是变化的,国家农业地位是可变的。

其六,农业现代化是一个可逆的过程,可以出现停滞、中断或倒退现象等。整个世界的农业现代化进程是连续的和不可逆的,但是,某个国家和地区的农业现代化进程就有多种表现形式,它可以是连续的,也可以是不连续的;可以出现停滞或中断,也可以出现暂时的倒退,甚至长期的倒退。在过去 300 年,有些国家出现一个时期的负增长,农业结构、制度和观念出现倒退;在未来 100 年,有些国家同样可能出现一个时期的负增长、停滞或倒退。

其七,农业现代化是一个全球的过程。在过去 300 年里,所有发达国家都是参与国际竞争的国家;农业现代化波及全球的绝大多数国家和地区。在未来 100 年里,发达国家将全面参与农业国际化,其他国家或者参与农业国际化,或者受到国际化的影响。

其八,农业现代化是一个国际差距扩大的过程(农业效率趋异的过程)。在过去 30 多年里(1970~2008 年),高收入国家和低收入国家平均的农业劳动生产率(按 2000 年价格美元计算)的相对差距从 26 倍扩大到 92 倍,绝对差距从约 7000 美元扩大到 25 000 多美元。可以预计,21 世纪农业效率的国际差距还会扩大。

其九,农业现代化是一个进步的过程。过去 300 年的农业现代化过程,既是农业劳动生产率提高的过程,也是资源使用效率提高的过程,同时是农民福利和农业公平增加的过程。在未来 100 年里,没有理由怀疑这种趋势会中断或逆转。所以,农业现代化是进步的,尽管在进步的过程中会发生种种问题,甚至是灾难性的问题。

其十,农业现代化是一个充满风险的过程。农业现代化不是免费的,需要付出成本和代价。在农业现代化过程中,随着产业转型和技术更替,老的技术和旧的产业将失去其原有的农业价值和地位,有些行业和人群将受到损失。在某些方面,科学和技术是一柄双刃剑,技术风险始终存在,而且有扩大的可能。农业现代化过程要求风险控制和危机管理。

其十一,政府在农业现代化过程中有不可替代的作用。农业现代化过程是从农业税收向农业补贴的转变过程。如果没有政府的农业支持,农业现代化是难以实现的。

其十二,科技和教育在农业现代化过程中有不可替代的作用。农业科技进步和农业科技知识普及,是农业现代化的两个重要基础。

4. 世界农业现代化的主要结果

世界农业现代化的结果,包括一般结果和分段结果,需要截面比较(图 1-6)。

(1) 世界农业现代化的一般结果

世界农业现代化的一般结果包括农业生产、农业经济、农业要素、农业形态和国际农业体系的变化,包括世界农业前沿、国际农业体系结构和国家农业状态的变化等。世界农业前沿的特征可以简称为农业现代性,农业的多样性和副作用也是世界农业现代化的重要结果。

（2）世界农业现代化的分段结果

首先,1760～1970 年世界农业现代化的主要结果。如果把世界农业 1760 年和 1970 年截面进行比较,可以发现它们的差别,显示了世界农业现代化 210 年的主要结果(表 1-91)。结果包括:世界农业分化程度提高,农业效率的国际差距扩大,国际农业体系复杂化;现代农业占主导地位,农业生产率和农民生活水平提高,农业经济占国民经济比例下降等。现代农业的特征包括工业化、市场化、商品化、集约化、机械化、科学化、电气化和化学化等。

表 1-91　1760～1970 年世界农业现代化的结果分析(举例说明)

1760 年截面	1970 年截面	1760～1970 年农业现代化的结果
世界农业是传统农业,包括生存农业和原始农业。世界农业分化程度不高,农业效率国际差距比较小,国际农业体系比较简单;传统农业占主导地位,部分地区仍然是原始农业,集约化、科学化和良种化出现在欧洲,农业经济是世界经济的基本形态和主体部分等	世界农业是混合农业。世界农业分化程度很高,农业效率国际差距非常大,国际农业体系比较复杂;现代农业占主导地位,传统农业国家是多数,部分地区仍然是原始农业;农业比例明显下降,农业生产率和农民生活水平明显高于 1760 年,农业环境污染和水土流失比较严重等	世界农业分化程度提高,农业效率国际差距扩大,国际农业体系复杂化;现代农业占主导地位,农业生产率和农民生活水平提高,农业比例下降,现代农业科技发达等。现代农业的主要特征包括工业化、市场化、商品化、集约化、机械化、科学化、电气化和化学化等

其次,1970～2005 年农业现代化的主要结果。如果把世界农业 1970 年和 2005 年截面进行比较,可以发现它们的主要差别,这个差别显示了世界农业现代化 35 年的主要结果(表 1-92)。主要结果包括:世界农业分化程度提高,农业效率国际差距扩大,国际农业体系变化;现代农业占主导地位,但生态农业、有机农业和信息化农业快速发展,知识型农业的特征已经呈现,农业比例继续下降,世界农业生产率和农民生活质量提高等。知识型农业的主要特征包括知识密集、信息密集、国际化、生态化、自然化、多样化和优质化等。

表 1-92　1970～2005 年世界整体现代化的结果分析(举例说明)

1970 年截面	2005 年截面	1970～2005 年农业现代化的结果
世界农业是混合农业。世界农业分化程度很高,农业效率国际差距非常大,国际农业体系比较复杂;现代农业占主导地位,传统农业国家是多数,部分地区仍然是原始农业;农业比例明显下降,农业生产率和农民生活水平明显高于 1760 年,农业环境污染和水土流失比较严重等	世界农业是混合农业。世界农业分化程度很高,农业效率国际差距非常大,国际农业体系更加复杂;现代农业仍然占主导地位,但生态农业、有机农业和农业信息化快速发展,传统农业仍然存在;农业比例继续下降,世界农业生产率和农民生活质量高于 1970 年,转基因作物和食品安全引起关注,国际农业贸易冲突时有发生等	世界农业分化程度提高,农业效率国际差距扩大,国际农业体系变化;世界农业三元并存:传统农业、现代农业和知识型农业;农业比例继续下降,农业补贴作用明显,世界农业生产率、农业生活质量和农民素质提高等。知识型农业的主要特征包括知识化、信息化、国际化、生态化、自然化、智能化、多样化和优质化等

其三,2005～2100 年世界农业现代化的主要结果。需要等到 2100 年才能进行研究。

（3）世界农业现代化的国际体系变化

首先,世界农业现代化的国际体系的水平结构(表 1-93)。在 1960～2008 年期间,农业发达国家的比例约为 15%～19%,农业发展中国家的比例约为 81%～89%。

表 1-93 1960～2008 年世界农业现代化的国际体系的结构(根据现代化指数分组)

项目	1960	1970	1980	1990	2000	2005	2008	合计
发达国家	20	19	19	23	20	19	20	140
中等发达国家	25	25	29	27	23	26	28	183
初等发达国家	31	33	32	12	23	21	28	180
欠发达国家	35	33	30	60	65	65	55	343
国家数量/个	111	110	110	122	131	131	131	846
发达国家	18	17	17	19	15	15	15	17
中等发达国家	23	23	26	22	18	20	21	22
初等发达国家	28	30	29	10	18	16	21	21
欠发达国家	32	30	27	49	50	50	42	41
国家比例/(%)	100	100	100	100	100	100	100	100

注:1960～1980 年根据第一次农业现代化指数分组。1990～2008 年根据第二次农业现代化指数分组。

其次,世界农业现代化的国际体系的地理结构(表 1-94)。在 1960～2008 年期间,农业现代化水平从高到低的排序大致是:欧洲、美洲、亚洲和非洲;大洋洲国家较少。

表 1-94 1960～2008 年世界农业现代化的地理结构(国家个数)

地区	农业现代化水平分组	1960	1970	1980	1990	2000	2005	2008
非洲	发达国家	0	0	0	0	0	0	0
	中等发达国家	2	1	2	2	0	1	1
	初等发达国家	11	10	12	2	3	2	3
	欠发达国家	24	25	22	32	35	35	34
美洲	发达国家	2	2	1	4	2	2	2
	中等发达国家	10	9	12	8	4	4	4
	初等发达国家	9	10	8	4	11	9	12
	欠发达国家	1	1	1	6	5	7	4
亚洲	发达国家	3	3	3	4	4	3	3
	中等发达国家	5	5	7	4	5	6	5
	初等发达国家	9	13	11	5	6	5	11
	欠发达国家	10	6	6	17	20	21	16
欧洲	发达国家	13	13	14	13	12	13	14
	中等发达国家	8	9	7	13	14	14	17
	初等发达国家	1	0	1	1	3	5	2
	欠发达国家	0	0	0	4	4	1	0
大洋洲	发达国家	2	1	1	2	2	1	1
	中等发达国家	0	1	1	0	0	0	1
	初等发达国家	1	0	0	0	0	0	0
	欠发达国家	0	1	1	1	1	1	1
	国家样本数/个	111	111	110	122	131	131	131

其三,世界农业现代化的国际体系的水平变化。在 1960～1980 年期间,完成第一次农业现代化的国家数量和国家比例在增长(图 1-35)。完成第一次农业现代化的国家数量从 7 个上升到 30 个,完

成第一次农业现代化的国家比例从 6% 上升到 23%。

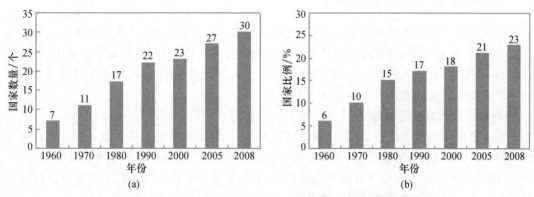

图 1-35 1960~2008 年完成第一次农业现代化的国家数量和国家比例

(4) 世界农业现代化的国家地位变化

在 1960~2008 年期间,农业发达国家降级为农业发展中国家的概率约为 10%~17%,农业欠发达国家升级的概率约为 9%~17%,农业中等发达国家和初等发达国家的转移概率比较大(表 1-95);农业发展中国家升级为农业发达国家的概率约为 1%~2%。

表 1-95 农业现代化水平的国家地位的转移概率(马尔可夫链分析)

分组	1960	1960~2008 年转移概率/(%)				1990	1990~2008 年转移概率/(%)			
	国家数	发达	中等	初等	欠发达	国家数	发达	中等	初等	欠发达
发达	20	90	10	0	0	23	83	13	4	0
中等	25	8	56	28	8	27	4	74	22	0
初等	31	0	6	32	61	12	0	8	75	17
欠发达	35	0	3	6	91	60	0	7	10	83

注:根据农业现代化水平分组,发达代表农业发达国家,中等代表农业中等发达国家,初等代表农业初等发达国家,欠发达代表农业欠发达国家。1960~1980 年根据第一次农业现代化指数分组。1990~2008 年根据第二次农业现代化指数分组。

5. 世界农业现代化的主要动力

世界农业现代化的动力分析,需要专题进行。一般而言,农业科技创新和制度创新是农业现代化的根本源泉,创新扩散(学习)、市场竞争、国际竞争和农业投资都对世界农业现代化有重大影响。关于农业现代化的动力原理,还将在第二章的理论分析中深入讨论。

一般而言,在发达国家,政治和环境因素对农业影响比较大;在发展中国家,经济和社会因素对农业影响比较大。在一些发达国家,农业日益成为一个政治议题。

6. 世界农业现代化的路径和模式

世界农业现代化的模式和路径需要专题研究。一般而言,在 1760~1970 年期间,世界农业现代化的基本路径是第一次农业现代化路径,包括工业化、市场化和专业化的联合推进等。在 1970~2100 年期间,世界农业现代化的基本路径是多样的,包括发达国家的第二次农业现代化路径(包括知识化、信息化和生态化的联合推进)、发展中国家的第一次农业现代化、第二次农业现代化和综合农业现代化路径等。农业现代化的模式,与国家的农业资源禀赋和政策选择紧密相关。我们将在第二章进行深入讨论。

二、世界农业现代化的客观现实

关于世界农业现代化的客观现实,不可能有标准答案。在本报告里,世界农业现代化的现实分析以 2008 年截面为分析对象,分析内容包括世界农业现代化的整体水平、世界农业三大方面的水平、国家和地区水平(图 1-33)。关于 2008 年截面世界农业三大方面的水平,请参考本章第三节的分析。这里讨论世界农业现代化的整体水平和国家水平。

1. 世界农业现代化的整体水平

世界农业现代化的整体水平是以"世界为核算单位"的农业现代化水平。世界农业现代化的整体水平分析,分析内容包括它的阶段、水平和结构等,分析指标包括世界的平均水平、前沿水平和末尾水平等;世界前沿水平可以用高收入国家平均值代表,世界末尾水平可以用低收入国家平均值代表。

(1) 2008 年世界农业现代化的整体阶段

世界农业现代化的整体进程包括两次现代化和六次浪潮(表 1-89)。2008 年世界农业现代化的前沿已经进入第二次农业现代化,处于第二次农业现代化的发展期。世界整体的农业现代化大约处于第一次农业现代化的成熟期,世界现代化的末尾处于第一次农业现代化的起步期;世界农业现代化处于两次农业现代化并存的阶段(表 1-96)。

表 1-96　2008 年世界整体的农业现代化的阶段分析

世界平均、世界前沿和世界末尾		阶段	备注
世界平均	(世界平均)	第一次农业现代化的成熟期	
世界前沿	(高收入国家的平均)	第二次农业现代化的发展期	两次农业现代化并存
世界末尾	(低收入国家的平均)	第一次农业现代化的发展期	

注:农业现代化的阶段判断方法,沿用国家现代化的阶段判断方法,详见技术注释。

(2) 2008 年世界农业现代化的整体水平和速度

世界农业现代化的整体水平和速度可以采用 2 个指数来显示:第一次农业现代化指数和第二次农业现代化指数(表 1-97)。世界农业整体水平约为世界农业先进水平的三分之一。

表 1-97　2000～2008 年世界农业现代化的整体水平和速度分析

指标	2000～2008 年		2008 年				2000 年			
	变化	年增长率	平均	前沿	末尾	差距	平均	前沿	末尾	差距
第一次农业现代化指数	2	0.37%	74	100	53	47	72	100	52	48
第二次农业现代化指数	10	3.58%	38	100	16	84	28	76	10	66

注:第一次农业现代化指数,以 1960 年高收入国家平均值为标准值(100)计算,指数达到 100 即为完成第一次农业现代化。第二次农业现代化指数,以 2008 年高收入国家平均值为基准值(100)计算。前沿用高收入国家平均值代表。末尾用低收入国家平均值代表。平均为世界平均值。差距＝前沿－末尾。变化＝2008 年的世界平均值－2000 年的世界平均值。年增长率为 2000～2008 年期间的年均增长率。

2008 年世界平均水平大约为:第一次农业现代化指数约为 72,比 2000 年提高约 2(注意四舍五入的影响);第二次农业现代化指数约为 38,比 2000 年提高 10。

在 2000～2008 年期间,世界第一次农业现代化指数年增长率约为 0.38%,第二次农业现代化指数年增长率约为 3.58%。

(3) 2008 年世界农业现代化的宏观结构

首先,2008 年世界农业现代化的地理结构。欧洲水平是比较高的;其次是美洲和亚洲;非洲水平仍然是比较低的;大洋洲只有 3 个国家参与评价(表 1-98)。

表 1-98　2008 年世界农业现代化的地理结构

农业现代化的阶段和水平		国家个数					国家比例/(%)				
		非洲	美洲	亚洲	欧洲	大洋洲	非洲	美洲	亚洲	欧洲	大洋洲
阶段	第二次现代化	0	2	4	20	2	0	9	11	61	67
	第一次现代化	29	20	31	13	1	76	91	89	39	33
	传统农业社会	9	0	0	0	0	24	0	0	0	0
	合计	38	22	35	33	3	100	100	100	100	100
水平	发达国家	0	2	3	14	1	0	9	9	42	33
	中等发达国家	1	4	5	17	1	3	18	14	52	33
	初等发达国家	3	12	11	2	0	8	55	31	6	0
	欠发达国家	34	4	16	0	1	89	18	46	0	33
	合计	38	22	35	33	3	100	100	100	100	100

① 非洲的水平。非洲有 38 个国家参与评价。其中,29 个国家处于第一次农业现代化,9 个国家属于传统农业社会;1 个国家达到中等发达水平,3 个为初等发达水平,34 个属于欠发达国家;大约 24%的国家属于传统农业社会,大约 89%的国家属于农业欠发达国家。

② 美洲的水平。美洲有 22 个国家参加评价。其中,2 个国家进入第二次农业现代化,20 个国家处于第一次农业现代化;2 个国家属于农业发达国家,4 个属于中等发达国家,4 个属于欠发达国家;大约 9%的国家进入第二次农业现代化,大约 9%的国家属于发达国家。

③ 亚洲的水平。亚洲有 35 个国家参与评价。其中,4 个国家进入第二次农业现代化,有 31 个国家处于第一次现代化;3 个国家属于农业发达国家,5 个属于中等发达国家,16 个属于欠发达国家;约 11%的国家进入第二次农业现代化,约 9%的国家属于发达国家。

④ 欧洲的水平。欧洲有 33 个国家参与评价。其中,20 个国家进入第二次农业现代化,13 个国家处于第一次农业现代化;14 个国家属于农业发达国家,17 个属于中等发达国家;大约 61%的国家进入第二次农业现代化,大约 42%的国家属于发达国家。

⑤ 大洋洲的水平。大洋洲有 3 个国家参与评价。其中,2 个国家进入第二次农业现代化,1 个国家处于第一次农业现代化;1 个国家为农业发达国家,1 个国家为欠发达国家。

其次,2008 年世界农业现代化的国际结构(国际体系)。在 131 个参加评价国家中,28 个国家进入第二次农业现代化,94 个国家处于第一次农业现代化,9 个国家属于传统农业社会;20 个国家是农业发达国家,28 个国家是农业中等发达国家,28 个国家是农业初等发达国家,55 个国家是农业欠发达国家(表 1-99)。2008 年的国际体系与 2000 年的相比,完成第一次农业现代化的国家的数量和比例略有增加,进入第二次农业现代化的国家的数量和比例有所增加,农业欠发达国家的数量和比例有所下降。

表 1-99　2000～2008 年世界农业现代化的国际体系

农业现代化的阶段和水平		2008 年		2000 年		备注
		国家个数	国家比例/(%)	国家个数	国家比例/(%)	
阶段	第二次农业现代化	28	21	23	17	—
	第一次农业现代化	94	72	92	71	—
	传统农业社会	9	7	14	11	—
	合计	131	100	131	100	—
水平	发达国家	20	15	20	15	农业发达国家
	中等发达国家	28	21	23	18	农业发展中国家
	初等发达国家	28	21	23	18	
	欠发达国家	55	42	65	50	
	合计	131	100	131	100	—

　　根据第二次农业现代化指数的国家分组,2008 年的农业发达国家包括英国、德国、挪威、瑞典、丹麦、芬兰、荷兰、比利时、法国、美国、瑞士、奥地利、意大利、日本、加拿大、澳大利亚、以色列、西班牙、爱尔兰、新加坡等。一般而言,根据农业现代化指数的国家分组,农业发达国家是农业现代化国家,农业中等发达国家、初等发达国家和欠发达国家是非农业现代化国家,也是农业发展中国家。

　　如果某个国家要成为农业现代化国家,或者要保持农业现代化国家的国际地位,那么,它的农业现代化指数的世界排名需要进入并保持在世界前 20 名内(表 1-100);要成为农业中等发达国家,它的农业现代化指数的世界排名要进入并保持在世界前 50 名内。如果考虑到农业中等发达国家的地位变迁概率比较大,某个国家要保持中等发达国家的国际地位,那么,它的农业现代化指数的世界排名需要进入世界前 40 名,否则降级可能性比较大。

表 1-100　1960～2008 年农业现代化指数排前 20 名的国家

排名	1960 年	1970 年	1980 年	1990 年	2000 年	2005 年	2008 年
1	瑞士	瑞典	瑞典	新加坡	新加坡	新加坡	新加坡
2	德国	美国	美国	加拿大	瑞典	英国	英国
3	荷兰	瑞士	芬兰	美国	美国	瑞典	德国
4	英国	挪威	瑞士	英国	挪威	德国	挪威
5	比利时	德国	挪威	科威特	荷兰	丹麦	瑞典
6	新西兰	荷兰	丹麦	以色列	英国	挪威	丹麦
7	瑞典	英国	德国	德国	瑞士	荷兰	芬兰
8	挪威	法国	荷兰	荷兰	德国	美国	荷兰
9	丹麦	比利时	新加坡	瑞士	加拿大	比利时	比利时
10	美国	奥地利	英国	日本	比利时	芬兰	法国
11	法国	新西兰	法国	瑞典	以色列	瑞士	美国
12	奥地利	意大利	比利时	法国	芬兰	法国	瑞士
13	新加坡	丹麦	奥地利	新西兰	法国	奥地利	奥地利
14	芬兰	芬兰	新西兰	澳大利亚	奥地利	加拿大	意大利
15	以色列	新加坡	以色列	丹麦	丹麦	意大利	日本
16	意大利	爱尔兰	意大利	挪威	日本	日本	加拿大
17	爱尔兰	日本	爱尔兰	比利时	意大利	澳大利亚	澳大利亚
18	日本	捷克	日本	芬兰	新西兰	科威特	以色列
19	澳大利亚	以色列	西班牙	奥地利	澳大利亚	爱尔兰	西班牙
20	阿根廷	加拿大	科威特	意大利	科威特	以色列	爱尔兰

　　注:1960～1980 年为第一次农业现代化指数的排名,1990～2008 年为第二次农业现代化指数的排名。新加坡的农业规模很小,评价结果仅有参考意义。

2. 世界农业现代化的国家水平

世界农业现代化的国家水平是以"国家为核算单位"的农业现代化水平。世界范围的国家农业现代化水平分析的对象包括国家农业现代化的阶段、水平和三大方面水平等。关于国家农业三大方面的水平,请参考本章第三节的 2008 年截面分析。

(1) 2008 年世界范围的国家农业现代化的阶段

首先,在国家层面,2008 年国家农业现代化的阶段具有差异性。有些国家已经进入第二次农业现代化,有些国家处于第一次农业现代化,有些国家处于传统农业社会。

其次,在国际体系层面,2008 年国家现代化的阶段具有多样性。美国等 28 国已经进入第二次农业现代化,中国等 94 国处于第一次现代化,中非等 9 国处于传统农业社会(图 1-36)。

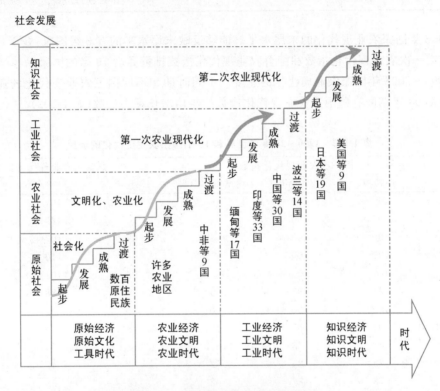

图 1-36　2008 年国家现代化的阶段

资料来源:中国现代化战略研究课题组等,2011.

(2) 2008 年世界范围的国家农业现代化的水平和速度

首先,在国家层面,2008 年国家农业现代化的水平具有差异性,不同国家水平不同。在参加评价的 131 个国家中,大约 20 个国家全面完成第一次农业现代化,大约 28 个国家已经进入第二次农业现代化;8 个国家没有完成第一次农业现代化就进入了第二次农业现代化。

其次,在国际体系层面,2008 年国家农业现代化的水平具有多样性。根据国家的第二次农业现代化指数分组,美国等 20 个国家是农业发达国家,韩国等 28 个国家是农业中等发达国家,中国等 28 个国家是农业初等发达国家,印度等 55 个国家是农业欠发达国家。农业中等发达、初等发达和欠发达国家都属于农业发展中国家。

其三,2008 年国家农业现代化的前沿水平。能够反映前沿水平的有 3 组国家:处于第二次现代化发展期的 9 个国家、第二次农业现代化指数和综合农业现代化指数排世界前 10 名的国家(表 1-101)。

表 1-101　2008 年反映国家农业现代化的前沿水平和末尾水平的代表国家

处于第二次现代化发展期的国家	第二次农业现代化指数前 10 名的国家	综合农业现代化指数前 10 名的国家	处于传统农业社会的国家	第一次农业现代化程度后 10 名的国家	综合农业现代化指数后 10 名的国家
英国、瑞典、瑞士、丹麦、荷兰、比利时、法国、美国、新加坡	英国、德国、挪威、瑞典、丹麦、芬兰、荷兰、比利时、法国、美国	英国、丹麦、德国、瑞典、荷兰、挪威、瑞士、比利时、奥地利、芬兰	塞拉利昂、马拉维、坦桑尼亚、尼日尔、中非、布基纳法索、埃塞俄比亚、布隆迪、卢旺达	安哥拉、几内亚、坦桑尼亚、布基纳法索、马里、厄立特里亚、刚果民主共和国、莫桑比克、埃塞俄比亚、尼日尔	厄立特里亚、尼日利亚、布基纳法索、马里、马达加斯加、贝宁、坦桑尼亚、莫桑比克、多哥、塞拉利昂

其四,2008 年国家农业现代化的末尾水平。能够反映末尾水平的有 3 组国家:处于传统农业社会的 9 个国家、第一次农业现代化指数和综合农业现代化指数排世界后 10 名的国家。

其五,1990～2008 年国家农业现代化的速度。不同时期和不同国家农业现代化的速度有很大差别,在 1990～2008 年期间有些国家农业现代化指数的年均增长率为负数(表 1-102)。

表 1-102　1990～2008 年世界和 15 个国家农业现代化的速度

区域	第一次农业现代化指数			第二次农业现代化指数		
	1990 年	2008 年	年均增长率/(%)	1990 年	2008 年	年均增长率/(%)
美国	100	100	—	71	101	1.98
日本	100	100	—	60	89	2.19
德国	100	100	—	62	107	3.13
英国	100	100	—	67	110	2.82
法国	100	100	—	57	101	3.17
澳大利亚	91	93	0.14	55	88	2.63
意大利	100	100	0.00	46	90	3.83
加拿大	94	97	0.19	73	89	1.09
俄罗斯	88	78	−0.67	11	53	8.93
墨西哥	78	85	0.52	21	42	3.82
巴西	73	87	1.02	18	33	3.51
中国	57	76	1.56	18	35	3.62
印度尼西亚	59	72	1.14	15	26	2.97
印度	49	63	1.48	12	20	2.81
尼日利亚	45	57	1.32	14	19	1.73
高收入国家	100	100	0.00	54	100	3.49
中等收入国家	60	71	1.00	11	25	4.87
低收入国家	39	53	1.62	8	16	3.84
世界	70	74	0.35	23	38	2.82

注:第二次农业现代化指数是以 2008 年高收入国家平均值为基准值的评价结果。

其六,2008 年国家农业现代化的国际差距比较大。从第一次农业现代化指数(表 1-103)和第二次农业现代化指数(表 1-104)看,国家农业现代化的国际差距仍然比较大。

表 1-103　1960～2008 年世界范围的国家农业现代化的水平分析(第一次农业现代化指数)

项目	1960	1970	1980	1990	2000	2005	2008
最大值	100	100	100	100	100	100	100
最小值	22	20	23	20	24	26	29
平均值	52	58	65	65	69	72	74
绝对差距	78	80	77	80	76	74	71
相对差距	5	5	4	5	4	4	3
国家样本数	111	110	110	126	131	131	131

注:绝对差距＝最大值－最小值,相对差距＝最大值÷最小值。

表 1-104　1990～2008 年世界范围的国家农业现代化的水平分析(第二次农业现代化指数)

项目	1960	1970	1980	1990	2000	2005	2008
最大值	—	—	—	78	103	106	111
最小值	—	—	—	3	7	6	11
平均值	—	—	—	25	32	38	43
绝对差距	—	—	—	75	96	100	101
相对差距	—	—	—	30	15	17	11
国家样本数	—	—	—	122	131	131	131

其七,世界范围的国家农业现代化的国际追赶。在 1960～2008 年期间,第一次农业现代化指数的绝对差距和相对差距都在缩小(表 1-103)。在 1990～2008 年期间,第二次农业现代化指数的绝对差距扩大,相对差距缩小(表 1-104)。在 1960～2008 年期间,37 个国家的农业现代化水平分组发生了变化(表 1-105)。地位上升的国家有 7 个:加拿大、西班牙、多米尼加、阿尔巴尼亚、沙特阿拉伯、中国和博茨瓦纳;地位下降的国家有 30 个。

表 1-105　1960～2008 年世界范围的国家农业现代化的国际地位变化

升级的国家			降级的国家		
国家	1960 年分组	2008 年分组	国家	1960 年分组	2008 年分组
加拿大	中等发达国家	发达国家	新西兰	发达国家	中等发达国家
西班牙	中等发达国家	发达国家	阿根廷	发达国家	中等发达国家
多米尼加	初等发达国家	中等发达国家	巴拿马	中等发达国家	初等发达国家
阿尔巴尼亚	初等发达国家	中等发达国家	哥伦比亚	中等发达国家	初等发达国家
博茨瓦纳	欠发达国家	中等发达国家	委内瑞拉	中等发达国家	初等发达国家
中国	欠发达国家	初等发达国家	哥斯达黎加	中等发达国家	初等发达国家
沙特阿拉伯	欠发达国家	中等发达国家	墨西哥	中等发达国家	初等发达国家
			秘鲁	中等发达国家	初等发达国家
			牙买加	中等发达国家	初等发达国家
			埃及	中等发达国家	欠发达国家
			斯里兰卡	中等发达国家	欠发达国家
			泰国等 19 国*	初等发达国家	欠发达国家

注:* 19 个国家包括:巴拉圭、土耳其、突尼斯、玻利维亚、缅甸、泰国、津巴布韦、尼加拉瓜、越南、赞比亚、科特迪瓦、莱索托、叙利亚、巴布亚新几内亚、刚果民主共和国、老挝、马拉维、马达加斯加、安哥拉。1960 年根据第一次农业现代化指数分组,2008 年根据第二次农业现代化指数分组。

其八,世界范围的国家农业现代化的国际地位变化。在 1960～2008 年期间,大约 83%～95% 的农业发达国家一直是农业发达国家,大约 83%～91% 的农业欠发达国家一直是农业欠发达国家;农业中等发达国家升级为发达国家的概率约为 4%～8%;农业初等发达国家升级为中等发达国家的概率约为 6%～8%;农业欠发达国家升级为初等发达国家的概率约为 6%～10%,升级为中等发达国家的概率约为 3%～7%(表 1-95)。

(3)2008 年国家农业现代化的宏观结构

在世界层面,农业现代化的地理分布和水平分布是不均衡的。在国家层面,农业现代化的地理分布和水平分布同样是不均衡的。一般而言,农业生产受地理条件的影响很大,不同国家的土地分布是不同的(表 1-106),不同国家的农业用地分布是不同的(表 1-107)。

表 1-106 2005 年部分国家土地、劳动力和 GDP 的地区分布

项目	国家土地的地区分布/(%)			国家劳动力的地区分布/(%)			国家 GDP 的地区分布/(%)		
	农村地区	中间地区	城市地区	农村地区	中间地区	城市地区	农村地区	中间地区	城市地区
美国	77.8	9.5	12.8	37	21.2	41.8	31.3	22.5	46.2
英国	24.2	54.2	21.6	1.8	26.4	71.8	1.4	24.4	74.3
德国	5.6	64.3	30.1	2.8	38.7	58.5	2.8	35.4	61.8
法国	40.9	54.6	4.5	16.1	52	31.9	13.4	48	38.6
意大利	27.5	47.2	25.2	8.5	34	57.5	7.8	32.5	59.7
西班牙	44.7	41.6	13.7	11.5	40.3	48.2	10.4	39.4	50.3
日本	31.6	53	15.4	12.5	31.1	56.3	11	29.2	59.8
韩国	63.9	31.8	4.3	18.5	33.8	47.8	23.6	35.5	40.9
土耳其	51.1	27.9	21	31.1	26.3	42.6	20.9	19.1	60
墨西哥	68.9	26.4	4.7	35.2	35.9	28.9	29.8	30.1	40.1
OECD	63.1	31	5.9	23.3	31.6	45.1	18.9	29.8	51.2

资料来源:OECD,2009a,b。

表 1-107 2005 年部分国家农业用地、农业劳动力和农业 GDP 的地区分布

项目	农业用地的地区分布/(%)			农业劳动力的地区分布/(%)			农业 GDP 的地区分/(%)		
	农村地区	中间地区	城市地区	农村地区	中间地区	城市地区	农村地区	中间地区	城市地区
美国	73.4	11.8	14.8	58.2	18.5	23.3	58.7	22.9	18.4
英国	22.9	59.5	17.6	11.2	58.1	30.8	9.7	63.7	26.6
德国	5.5	67.8	26.8	6.3	54.3	39.4	5.9	56.6	37.5
法国	41.5	55.1	3.5	35.5	58	6.4	31.5	63.2	5.3
意大利	27.8	48.3	23.9	16.8	53.8	29.4	16	48.9	35.1
西班牙	49.6	37.7	12.7	31.6	49.6	18.8	32.5	49.3	18.2
日本	25	58.7	16.3	28.7	47.6	23.7	25	53.7	21.3
韩国	60.4	36.1	3.5	57.7	36.9	5.4	—	—	—
土耳其	52.1	27.7	20.2	45.6	35.2	19.2	—	—	—
墨西哥	—	—	—	61.2	37.7	1.1	—	—	—
OECD	40.9	51.9	7.3	45.7	39.6	14.7	35.5	43.9	20.5

资料来源:OECD,2009b。

三、世界农业现代化的前景分析

关于世界农业现代化的前景分析,带有科学猜想的性质。在本报告里,世界农业现代化的前景分

析,时间跨度为 2008～2100 年(约 92 年),分析对象包括世界农业现代化的整体前景、世界农业三大方面的前景和国家前景等,分析方法包括路径分析、情景分析和外推分析等。这种前景分析,只是讨论一种可能性,而不是精确预见,有一定参考意义。

1. 世界农业现代化的整体前景

世界农业现代化的整体前景分析需要专题研究。这里主要讨论三个问题:21 世纪世界农业现代化的路径、水平和宏观结构。显然这种讨论是非常初步的。

(1) 21 世纪世界农业现代化的路径分析

21 世纪世界农业现代化的路径选择,主要的决定因素包括:人类文明发展的历史逻辑和农业需求、农业科技的重大突破和国际互动的战略需要等。根据过去 300 年的历史经验,结合 21 世纪农业科技发展的趋势和前景,可以对 21 世纪世界农业现代化的路径进行展望。

根据第二次现代化理论(何传启,1999),从人类诞生到 21 世纪末,人类文明发生了四次意义深远的革命,相应产生了四个时代,每一个时代的文明挑战和成就是不同的,文明发展具有内在逻辑(表 1-108)。从农业文明向工业文明转变是第一次现代化,从工业文明向知识文明转变是第二次现代化。2008 年世界现代化的状况是两次现代化并存,世界前沿已经进入第二次现代化的发展期,世界平均处于第一次现代化。在 21 世纪里,如果人类文明的历史逻辑没有本质改变,那么,人类文明将继续推进知识文明,世界现代化将继续是两次现代化并存,世界前沿将逐步达到第二次现代化的光辉彼岸。

表 1-108　人类文明发展的历史逻辑的举例说明

项目	原始文化时代	农业文明时代	工业文明时代	知识文明时代
大致时间	250 万年前至公元前 3500 年	公元前 3500 年至 1763 年	1763 年至 1970 年	1970 年至 2100 年
竞争和挑战	人与自然的竞争 采集食物的困难	生存的竞争 生产食物的困难	财富的竞争 物质生活的需要	发展的竞争 精神生活的需要
主要的成就	发明工具和文化 人类的社会化	发明农业和国家 基本解决食物问题	现代工业和国际体系 基本满足物质生活需要	信息、生物和空间技术 主要满足精神生活需要
存在的问题	食物的自然依赖	土地资源的有限	环境破坏、资源不足	新知识不足、健康问题
文明的迁移	人类发源于非洲	农业文明主要发源于亚洲	工业文明发源于欧洲	知识文明主要发源于北美

注:本表是举例说明。关于四个时代的竞争特点有不同观点。例如,原始文化是人与动物竞争,农业文明是人与自然环境竞争(食物竞争或土地竞争),工业文明是人与机器竞争(市场竞争或资源竞争),知识文明是人与人竞争(信息竞争或知识竞争);原始文化是人与动物的生存竞争,农业文明是人与人的生存竞争等。

如果没有发生世界性的重大危机,21 世纪世界现代化的路径将是 20 世纪的延续。

21 世纪世界现代化路径将是混合路径,或者说是几种路径的集合。主要路径包括:发达国家的第二次现代化路径、发展中国家的第一次现代化路径、第二次现代化路径和综合现代化路径等。在第二章我们还将专门讨论现代化路径。

21 世纪世界农业现代化的路径将是世界现代化路径在农业领域的体现,将是几种路径的集合。主要路径包括:农业发达国家的第二次农业现代化路径,农业发展中国家的第一次农业现代化路径、第二次农业现代化路径和综合农业现代化路径等。

(2) 21 世纪世界农业现代化的整体水平

21 世纪世界农业现代化的整体水平,主要的决定因素包括:农业科技的重大突破、重大创新的扩散速度、世界文化的趋向、国际竞争的合理程度等。如果 21 世纪农业科技突破的频率、创新扩散的速率、世界文化和国际竞争的合理程度不低于 20 世纪后 50 年,如果 21 世纪不发生改变人类命运的重大危机(如核危机、能源和宇宙危机等),那么,可以根据 20 世纪后期世界农业现代化水平和速度,外推 21 世纪世界农业现代化水平。当然,21 世纪有很多不确定因素,外推分析只能提供一种可能性,而不是必然性。

首先,世界农业现代化的先进水平的情景分析(表 1-109)。一般而言,世界农业现代化的先进水平可以用农业发达国家(高收入国家)平均值代表。大体而言,2050 年第二次农业现代化指数的世界先进水平会比 2008 年提高 3 倍,2100 年会比 2050 年提高约 5 倍。

表 1-109　21 世纪世界农业现代化的先进水平的情景分析

年均增长率	2008	2010	2020	2030	2040	2050	2060	2070	2080	2090	2100
3.49[a]	100	107	151	213	300	423	597	841	1185	1671	2355
3.52[b]	100	107	152	214	303	428	605	855	1209	1708	2414

注:第二次农业现代化指数的年均增长率分别为 1990～2008 年(a)和 2000～2008 年(b)的年均增长率。

其次,世界农业现代化的平均水平的情景分析(表 1-110)。一般而言,世界农业现代化的平均水平可以用世界平均值代表。大体而言,2050 年第一次农业现代化指数的世界平均值将达到 100,世界平均完成第一次农业现代化(当然还有很多国家没有完成第一次农业现代化)的时间比农业发达国家大约晚 90 年;2050 年第二次农业现代化指数的世界平均值将达到 121～165,大体相当于 2020 年的农业发达国家水平;2100 年第二次农业现代化指数的世界平均值将达到 487～960,大体相当于 2070 年的农业发达国家水平,按第二次农业现代化指数估算,世界农业现代化的平均水平大致比世界先进水平落后约 30 年。

表 1-110　21 世纪世界农业现代化的平均水平的情景分析

指数	增长率	2008	2010	2020	2030	2040	2050	2060	2070	2080	2090	2100
FAMI	0.78[a]	74	75	82	88	95	100	—	—	—	—	—
	0.59[b]	74	75	80	85	90	95	100	—	—	—	—
SAMI	2.82[c]	38	40	53	69	92	121	160	211	279	369	487
	3.58[d]	38	40	57	82	116	165	235	334	475	675	960

注:FAMI 为第一次农业现代化指数,FAMI 的最大值为 100,增长率分别为 1960～2008 年(a)和 1970～2008 年(b)的年均增长率。SAMI 为第二次农业现代化指数,增长率分别为 1990～2008 年(c)和 2000～2008 年(d)的年均增长率。

(3) 21 世纪世界农业现代化的宏观结构

首先,世界农业现代化的地理结构。世界农业现代化的地理结构的突出特征包括进程不平衡和分布不均衡。世界农业现代化从欧洲起步,然后扩散到美洲和亚洲,最后波及非洲。2008 年,欧洲农业现代化水平相对较高,美洲和亚洲水平次之,非洲现代化相对较低。

根据过去 50 年经验,农业发达国家和欠发达国家的国际地位相对稳定,地位转变的概率一般低于 20％。如果这种情况继续,那么,21 世纪世界农业现代化的地理结构很难发生根本性的改变。在 21 世纪,欧洲、美洲和亚洲的农业现代化水平,预计仍然会高于非洲。

其次,世界农业现代化的国际体系。在过去 50 年,世界农业现代化的国际体系的水平结构相对稳定。但国家水平的国际地位会发生改变。131 个国家大致维持下列比例关系:农业发达国家:中等发达国家：初等发达国家：欠发达国家的比例大约为 16：22：22：40。如果没有发生重大改变和重大危机,21 世纪国际体系将大致维持这种比例结构。

21 世纪进入第二次农业现代化的国家会增加,处于第一次农业现代化的国家会减少,处于传统农业社会的国家将趋向于零。国际体系中,处于第二次农业现代化阶段的国家和比例会提高,处于第一次农业现代化阶段的国家和比例会下降。

2. 世界农业三大方面现代化的前景分析

世界农业三大方面现代化的前景分析需要专题研究。这里采用举例分析。

(1) 世界农业生产现代化的前景分析

世界农业生产现代化的前景分析,选择 10 个指标,分析世界前沿和世界平均水平。其中,关于人均农业用地、人均可耕地、农民人均农业用地和农民人均可耕地的数据,分别反映农业发达国家和世界的平均值,不代表世界前沿或世界平均水平。

首先,农业生产的世界前沿水平(用高收入国家平均值代表)。农业劳动生产率、谷物单产、农业机械化程度和化肥使用密度提高,农业劳动力比例和农业增加值比例下降,农业土地集约化程度提高(表 1-111)。

表 1-111　21 世纪世界农业生产现代化的世界前沿水平的情景分析

项目	增长率		2008	2010	2020	2030	2040	2050	2080	2100
参考 1980~2008 年增长率估算	实际值	预测值								
人均农业用地/公顷	−0.80	−0.80	1.16	1.1	1.1	1.0	0.9	0.8	0.6	0.6
人均可耕地/公顷	−1.08	−1.08	0.3	0.3	0.3	0.3	0.2	0.2	0.2	0.1
农业劳动力比例/(%)	−3.30	−3.30	3.5	3.3	2.3	1.7	1.2	0.9	0.3	0.2
化肥使用密度/千克·公顷⁻¹	0.58	0.50	158	160	168	176	186	195	226	250
农业机械化/台·平方公里⁻¹	3.32	1.50	5.0	5	6	7	8	9	15	20
农民人均可耕地/公顷	2.13	2.13	21	21	27	33	41	50	94	144
农民人均农业用地/公顷	2.42	2.42	70	74	94	119	151	192	392	632
农业增加值比例/(%)	−3.47	−1.00	1.5	1.5	1.3	1.2	1.1	1.0	0.7	0.6
农业劳动生产率/美元	3.97	2.00	25 774	26 816	32 688	39 847	48 573	59 210	107 251	159 370
谷物单产/千克·公顷⁻¹	1.67	0.80	5348	5433	5884	6372	6091	7473	9491	11 131
参考 1990~2008 年增长率估算	实际值	预测值								
人均农业用地/公顷	−0.91	−0.91	1.2	1.1	1.0	0.9	0.9	0.8	0.6	0.5
人均可耕地/公顷	−1.30	−1.30	0.3	0.3	0.3	0.3	0.2	0.2	0.1	0.1
农业劳动力比例/(%)	−3.34	−3.34	3.5	3.3	2.3	1.7	1.2	0.8	0.3	0.2
化肥使用密度/千克·公顷⁻¹	1.41	1.00	158	161	178	197	217	240	324	395
农业机械化/台·平方公里⁻¹	4.57	2.00	5	5	6	8	9	11	21	31
农民人均可耕地/公顷	2.14	2.14	21	21	27	33	41	50	95	144
农民人均农业用地/公顷	2.55	2.55	70	74	95	122	157	202	429	710
农业增加值比例/(%)	−3.52	−2.00	1.5	1.4	1.2	1.0	0.8	0.6	0.3	0.2
农业劳动生产率/美元	3.40	1.50	25 774	26 554	30 816	35 764	41 505	48 169	75 291	101 406
谷物单产/千克·公顷⁻¹	1.37	0.50	5348	5401	5677	5968	6273	6594	7658	8461

其次,农业生产的世界平均水平。世界平均水平与世界先进水平相比,农业劳动生产率和农业劳

动力比例指标水平大约落后 100 年,农业机械化程度大约落后 50 年,谷物单产和农业增加值比例大约落后 40 年,化肥使用密度大约落后 20 年(表 1-112)。

表 1-112 21 世纪世界农业生产现代化的世界平均水平的情景分析

项目	增长率		2008	2010	2020	2030	2040	2050	2080	2100
参考 1980~2008 年增长率估算	实际值	预测值								
人均农业用地/公顷	−1.30	−1.30	0.7	0.7	0.6	0.5	0.5	0.4	0.3	0.2
人均可耕地/公顷	−0.94	−0.94	0.2	0.2	0.2	0.2	0.2	0.1	0.1	0.1
农业劳动力比例/(%)	−0.67	−0.67	43	43	40	37	35	33	27	23
化肥使用密度/千克·公顷⁻¹	1.43	1.00	129	132	146	161	178	196	265	323
农业机械化/台·平方公里⁻¹	2.61	2.00	3	4	4	5	6	8	14	21
农民人均可耕地/公顷	−0.58	−0.58	1.0	1.0	1.0	0.9	0.9	0.8	0.7	0.6
农民人均农业用地/公顷	−0.94	−0.94	3.6	3.6	3.2	3.0	2.7	2.4	1.8	1.5
农业增加值比例/(%)	−2.76	−2.76	3.0	2.8	2.1	1.6	1.2	0.9	0.4	0.2
农业劳动生产率/美元	1.31	1.31	1072	1100	1253	1427	1625	1850	2733	3545
谷物单产/千克·公顷⁻¹	1.54	1.00	3539	3611	3988	4405	4866	5376	7245	8841
参考 1990~2008 年增长率估算	实际值	预测值								
人均农业用地/公顷	−1.29	−1.29	0.7	0.7	0.6	0.5	0.5	0.4	0.3	0.2
人均可耕地/公顷	−0.81	−0.81	0.2	0.2	0.2	0.2	0.2	0.1	0.1	0.1
农业劳动力比例/(%)	−0.70	−0.70	43	42	40	37	34	32	26	23
化肥使用密度/千克·公顷⁻¹	1.49	1.20	129	132	149	168	189	213	305	388
农业机械化/台·平方公里⁻¹	3.47	2.20	3	4	4	6	7	9	16	25
农民人均可耕地/公顷	−0.35	−0.35	1.0	1.0	1.0	1.0	0.9	0.9	0.8	0.7
农民人均农业用地/公顷	−0.84	−0.84	3.6	3.6	3.3	3.0	2.8	2.6	2.0	1.7
农业增加值比例/(%)	−3.24	−3.24	3.0	2.8	2.0	1.5	1.0	0.8	0.3	0.1
农业劳动生产率/美元	1.62	1.62	1072	1107	1300	1526	1793	2105	3409	4702
谷物单产/千克·公顷⁻¹	1.15	0.80	3539	3596	3894	4218	4567	4946	6282	7367

(2) 世界农业经济现代化的前景分析

世界农业经济现代化的前景分析,选择 14 个指标,分析世界前沿和世界平均水平。

首先,农业经济的世界前沿水平(用高收入国家平均值代表)。农民人均供应人口增加,人均肉食生产增加,人均农业贸易增加,农产品关税下降。人均谷物生产、人均谷物消费、人均肉食消费、人均营养供应、人均植物营养供应、人均蛋白质和脂肪供应等,都增加有限(它们有极限值);其中,人均谷物生产和人均动物营养有可能下降(营养过剩)(表 1-113)。

表 1-113 21 世纪世界农业经济现代化的世界前沿水平的情景分析

项目	增长率		2008	2010	2020	2030	2040	2050	2080	2100
参考 1980~2008 年增长率估算	实际值	预测值								
农民人均供应人口/人	3.25	1.00	61	62	68	76	83	92	124	152
人均谷物生产/千克	0.33	0.33	631	636	657	679	701	725	799	854
人均谷物供给/千克	0.23	0.23	580	582	596	609	624	638	683	715
人均肉食生产/千克	0.55	0.55	126	128	135	143	151	160	188	210
人均肉食供给/千克	0.55	0.55	91	92	97	102	108	114	135	151

（续表）

项目	增长率		2008	2010	2020	2030	2040	2050	2080	2100
农产品平均关税/(%)		−0.10	5.4	5.4	5.3	5.3	5.2	5.2	5	4.9
人均农业国际贸易/美元	4.28	3.00	1708	1812	2436	3273	4399	5912	14 350	25 918
人均营养供应/千卡·天⁻¹	0.20	0.10	3536	3543	3578	3614	3651	3687	3800	3876
人均动物营养供应/千卡·天⁻¹	−0.21	−0.10	1138	1136	1125	1114	1103	1092	1059	1038
人均植物营养供应/千卡·天⁻¹	0.42	0.20	2397	2407	2456	2505	2556	2607	2768	2881
人均蛋白质供应/克·天⁻¹	0.08	0.05	105	105	106	106	107	107	109	110
人均脂肪供应/克·天⁻¹	0.29	0.05	153	153	154	155	155	156	159	160
人均谷物消费/千克·年⁻¹	0.19	0.05	115	115	116	116	117	118	119	121
人均肉食消费/千克·年⁻¹	0.55	0.05	89	89	89	90	90	91	92	93
参考1990~2008年增长率估算	实际值	预测值								
农民人均供应人口/人	3.49	1.00	61	62	68	76	83	92	124	152
人均谷物生产/千克·年⁻¹	−0.29	−0.29	631	628	610	593	576	560	514	485
人均谷物供给/千克·年⁻¹	0.71	0.30	580	583	601	619	638	657	719	764
人均肉食生产/千克·年⁻¹	0.48	0.48	126	128	134	141	147	155	179	196
人均肉食供给/千克·年⁻¹	0.55	0.55	91	92	97	102	108	114	134	150
农产品平均关税/%	−3.09	−3.09	5.4	5.1	3.7	2.7	2.0	1.4	0.6	0.3
人均农业国际贸易/美元	4.94	4.00	1708	1848	2735	4049	5993	8871	28 772	63 044
人均营养供应/千卡·天⁻¹	0.23	0.10	3536	3543	3578	3614	3651	3687	3800	3876
人均动物营养供应/千卡·天⁻¹	−0.31	−0.15	1138	1135	1118	1101	1085	1069	1022	992
人均植物营养供应/千卡·天⁻¹	0.50	0.25	2397	2409	2470	2533	2597	2662	2870	3016
人均蛋白质供应/克·天⁻¹	0.05	0.05	105	105	106	106	107	107	109	110
人均脂肪供应/克·天⁻¹	0.13	0.05	153	153	154	155	155	156	159	160
人均谷物消费/千克·年⁻¹	0.31	0.10	115	115	117	118	119	120	124	126
人均肉食消费/千克·年⁻¹	0.52	0.10	89	89	90	91	92	93	95	97

其次,农业经济的世界平均水平。世界平均水平与世界先进水平相比,农民人均供应人口、人均谷物生产、人均谷物供给、人均肉食生产、人均肉食供给和人均动物营养等指标水平大约落后100年,人均营养、人均蛋白质、人均脂肪供应和人均肉食消费大约落后80年,人均农业贸易大约落后40年,人均植物营养供应和人均谷物消费大致相当(表1-114)。

表1-114　21世纪世界农业经济现代化的世界平均水平的情景分析

项目	增长率		2008	2010	2020	2030	2040	2050	2080	2100
参考1980~2008年增长率估算	实际值	预测值								
农民人均供应人口/人	0.36	0.36	5	5	5	5	6	6	6	7
人均谷物生产/千克·年⁻¹	0.28	0.28	377	379	390	401	412	423	460	486
人均谷物供给/千克·年⁻¹	−0.09	0.10	312	313	316	319	322	325	335	342
人均肉食生产/千克·年⁻¹	1.09	1.09	42	43	47	53	59	66	91	113
人均肉食供给/千克·年⁻¹	0.99	0.99	40	41	45	50	55	61	82	100
农产品平均关税/(%)		−1.00	8.7	8.5	7.7	7.0	6.3	5.7	4.2	3.5
人均农业国际贸易/美元	3.82	3.82	415	448	652	948	1380	2009	6191	13 114
人均营养供应/千卡·天⁻¹	0.41	0.41	2798	2820	2937	3058	3185	3316	3745	4061
人均动物营养供应/千卡·天⁻¹	0.76	0.76	481	489	527	569	614	662	831	968
人均植物营养供应/千卡·天⁻¹	0.34	0.34	2316	2332	2412	2494	2579	2667	2950	3154

（续表）

项目	增长率		2008	2010	2020	2030	2040	2050	2080	2100
人均蛋白质供应/克·天$^{-1}$	0.51	0.30	77	78	80	82	85	87	96	102
人均脂肪供应/克·天$^{-1}$	1.03	0.60	80	80	85	91	96	102	122	138
人均谷物消费/千克·年$^{-1}$	0.10	0.05	146	146	147	147	148	149	151	153
人均肉食消费/千克·年$^{-1}$	1.00	1.00	40	41	45	50	55	60	81	99
参考 1990~2008 年增长率估算	实际值	预测值								
农民人均供应人口/人	0.46	0.46	5	5	5	6	6	6	7	8
人均谷物生产/千克·年$^{-1}$	0.10	0.10	377	378	382	386	390	394	406	415
人均谷物供给/千克·年$^{-1}$	−0.16	0.20	312	313	320	326	333	339	360	375
人均肉食生产/千克·年$^{-1}$	1.12	1.12	42	43	48	53	60	67	93	116
人均肉食供给/千克·年$^{-1}$	0.98	0.98	40	41	45	50	55	61	81	99
农产品平均关税/（%）	−2.45	−2.45	9	8.3	6.5	5.0	3.9	3.1	1.5	0.9
人均农业国际贸易/美元	5.18	5.18	415	459	761	1261	2089	3461	15 736	43 188
人均营养供应/千卡·天$^{-1}$	0.33	0.33	2798	2816	2911	3009	3110	3215	3551	3794
人均动物营养供应/千卡·天$^{-1}$	0.83	0.83	481	489	531	577	627	681	872	1028
人均植物营养供应/千卡/天$^{-1}$	0.23	0.23	2316	2327	2382	2439	2496	2555	2741	2872
人均蛋白质供应/克·天$^{-1}$	0.49	0.20	77	77	79	81	82	84	89	93
人均脂肪供应/克·天$^{-1}$	0.90	0.50	80	80	84	89	93	98	114	126
人均谷物消费/千克·年$^{-1}$	−0.13	−0.13	146	145	144	142	140	138	133	130
人均肉食消费/千克·年$^{-1}$	1.01	1.00	40	41	45	50	55	61	82	100

在 21 世纪末,世界前沿和世界平均的人均营养、人均动物营养、人均植物营养、人均蛋白质、人均脂肪供应及人均谷物消费等指标水平将大致相当,都达到合理值。

（3）世界农业要素现代化的前景分析

世界农业要素现代化的前景分析,包括定量指标和定性指标的分析。这里,简要讨论 10 个定量指标的世界前沿和世界平均水平。其中,关于人口、人口增长率、人口密度的数据,分别反映农业发达国家和世界的平均值(或总数),不代表世界前沿或世界平均水平。

首先,农业要素定量指标的世界前沿水平(用高收入国家平均值代表)。农业人口比例、农村人口比例、农村农业人口比例和人口自然增长率下降。人口总数和人口密度增加,农民素质提高,农村基础设施改善等(表 1-115)。

表 1-115　21 世纪世界农业要素现代化的世界前沿水平的情景分析

项目	增长率		2008	2010	2020	2030	2040	2050	2080	2100
参考 1980~2008 年增长率估算	实际值	预测值								
人口/百万	—	*	1069	1084	1156	1230	1303	1376	1592	1731
人口自然增长率/（%）	−0.48	−0.48	0.7	0.7	0.7	0.6	0.6	0.5	0.5	0.4
人口密度/人·平方公里$^{-1}$	0.71	0.71	32	32	35	37	40	43	53	61
农业人口比例/（%）	−3.88	−3.88	1.3	1.2	0.8	0.5	0.4	0.2	0.1	0.0
农民人力资本指数/年	—	0.50	13	13	13	14	15	16	18	20
农民素质(高等教育)/（%）	—	1.00	40	41	45	50	55	61	82	100
农民素质(识字率)/（%）	0.13	0.13	99.5	100	100	100	100	100	100	100
农村人口比例/（%）	−0.97	−0.97	22.3	22	20	18	16	15	11	9
农村农业人口比例/（%）	−2.95	−2.00	5.8	5.5	4.5	3.7	3.0	2.5	1.3	0.9
农村互联网普及率/（%）	—	1.00	69	70	78	86	95	100	100	100

（续表）

项目	增长率		2008	2010	2020	2030	2040	2050	2080	2100
参考1990～2008年增长率估算	实际值	预测值								
人口/百万	—	*	1069	1083	1153	1220	1284	1345	1510	1603
人口自然增长率/(%)	-0.74	-0.74	0.7	0.7	0.6	0.6	0.5	0.5	0.3	0.3
人口密度/人·平方公里$^{-1}$	0.71	0.50	32	32	34	36	37	39	46	50
农业人口比例/(%)	-4.16	-1.00	1.3	1.2	1.1	1.0	0.9	0.8	0.6	0.5
农民人力资本指数/年	—	0.50	13	13	13	14	15	16	18	20
农民素质(高等教育)/(%)	—	2.00	40	42	51	62	76	93	100	100
农民素质(识字率)/(%)	0.20	0.20	99.5	100	100	100	100	100	100	100
农村人口比例/(%)	-0.99	-0.99	22.3	22	20	18	16	15	11	9
农村农业人口比例/(%)	-3.20	-3.20	5.8	5.4	3.9	2.8	2.0	1.5	0.6	0.3
农村互联网普及率/(%)	35.28	2.00	69	72	88	100	100	100	100	100

注:* 人口按每10年的年均增长率测算。

其次,农业要素定量指标的世界平均水平。世界平均水平与世界先进水平相比,农民素质、农业人口比例、农村人口比例大约落后100年(表1-116)。21世纪末,世界人口将达到98至120亿,将对世界农业形成巨大市场需求和供给压力(表1-117)。

表 1-116 21世纪世界农业要素现代化的世界平均水平的情景分析

项目	增长率		2008	2010	2020	2030	2040	2050	2080	2100
参考1980～2008年增长率估算	实际值	预测值								
人口/百万	—	*	6697	6854	7583	8281	8941	9558	11 135	11 964
人口自然增长率/(%)	-1.44	-1.44	1.2	1.2	1.0	0.9	0.8	0.7	0.4	0.3
人口密度/人·平方公里$^{-1}$	1.47	1.47	52	53	62	71	83	96	148	199
农业人口比例/(%)	-0.20	-0.20	19	19	19	18	18	18	17	16
农民人力资本指数/年	—	—	—	—	—	—	—	—	—	—
农民素质(高等教育)/(%)	—	—	—	—	—	—	—	—	—	—
农民素质(识字率)/(%)	0.90	0.90	81.6	83	91	99	100	100	100	100
农村人口比例/(%)	-0.70	-0.70	50.1	49	46	43	40	37	30	26
农村农业人口比例/(%)	0.50	-0.50	39	38	36	35	33	31	27	24
农村互联网普及率/(%)	—	3.00	16	17	23	31	41	55	100	100
参考1990～2008年增长率估算	实际值	预测值								
人口/百万	—	*	6697	6851	7487	8026	8473	8840	9569	9842
人口自然增长率/(%)	-1.92	-1.92	1.2	1.1	0.9	0.7	0.5	0.4	0.2	0.1
人口密度/人·平方公里$^{-1}$	1.33	1.33	52	53	61	69	79	90	134	174
农业人口比例/(%)	-0.37	-0.37	19	19	18	18	17	17	15	14
农民人力资本指数/年	—	—	—	—	—	—	—	—	—	—
农民素质(高等教育)/(%)	—	—	—	—	—	—	—	—	—	—
农民素质(识字率)/(%)	0.79	0.79	81.6	83	90	97	100	100	100	100
农村人口比例/(%)	-0.72	-0.72	50.1	49	46	43	40	37	30	26
农村农业人口比例/(%)	0.35	-1.00	39	38	34	31	28	25	19	15
农村互联网普及率/(%)	35.20	5.00	16	18	29	47	76	100	100	100

注:* 人口按每10年的年均增长率测算。

表 1-117   21 世纪世界农业的供求预测

指标	1960	2000	2010	2020	2030	2040	2050	2100
人口/亿(预测一)	3022	6077	6851	7487	8026	8473	8840	9842
(预测二)	3022	6077	6854	7583	8281	8941	9558	11 964
谷物生产总量/亿吨(预测一)	8.8	20.6	26.0	29.2	32.1	34.9	37.4	47.9
(预测二)	8.8	20.6	26.0	29.5	33.2	36.8	40.5	58.2
肉食生产总量/亿吨(预测一)	0.7	2.3	2.9	3.6	4.2	5.0	5.8	11.1
(预测二)	0.7	2.3	2.9	3.6	4.4	5.3	6.3	13.5
人均谷物生产/千克·年$^{-1}$*	285	339	379	390	401	412	423	486
人均肉食生产/千克·年$^{-1}$*	23	38	43	47	53	59	66	113
人均农业用地面积/公顷*	1.45	0.81	0.71	0.62	0.55	0.48	0.42	0.22
人均可耕地面积/公顷*	0.37	0.23	0.20	0.18	0.17	0.15	0.14	0.09

注:1960 年和 2000 年数值为实际值,其他为预测值。预测一,人口增长率按 1990~2008 年期间的年均增长率测算,人口数每 10 年滚动测算一次。预测二,人口增长率按 1980~2008 年期间的年均增长率测算,人口数每 10 年滚动测算一次。* 按 1980~2008 年期间的年均增长率计算。谷物生产总量=人均谷物生产×人口,肉食生产总量=人均肉食生产×人口。除人口外,其他指标 1960 年数据为 1961 年值。

3. 世界范围的国家农业现代化的前景分析

世界范围的国家农业现代化的前景分析,可以在国家层面和国际体系层面进行。它的分析对象包括国家农业现代化的路径和水平等。

(1) 21 世纪世界范围的国家农业现代化的路径分析

国家农业现代化具有路径依赖性,路径选择受历史传统、起点水平和国际环境的影响。

一般而言,国家农业现代化的路径选择与国家农业现代化的阶段紧密相关。已经完成第一次农业现代化和已经进入第二次农业现代化的国家,会选择第二次农业现代化路径。没有完成第一次农业现代化的国家,可以有三种选择:追赶农业现代化路径、综合农业现代化路径和第二次农业现代化路径。没有完成第一次农业现代化的国家,一般不宜采用第二次农业现代化路径。传统农业社会的国家,一般会选择追赶农业现代化路径。

(2) 21 世纪世界范围的国家农业现代化的时间和水平分析

首先,21 世纪国家农业现代化的时间进度。2008 年大约有 30 个国家完成第一次农业现代化,有 28 个国家进入第二次农业现代化。2050 年完成第一次农业现代化的国家将达到 80 个左右,进入第二次农业现代化的国家将超过 80 个;2100 年完成第一次现代化的国家将超过 100 个,进入第二次农业现代化的国家将超过 110 个(表 1-118)。

表 1-118   世界范围的国家农业现代化进程的一种估计

指标		2008	2010	2020	2030	2040	2050	2060	2070	2080	2090	2100
进入第二次农业现代化的国家个数	预测一	28	29	40	63	74	88	96	106	110	112	113
	预测二	28	31	43	71	91	111	117	120	125	125	126
完成第一次农业现代化的国家个数	预测一	30	34	53	67	77	83	87	90	93	100	104
	预测二	30	34	49	64	76	82	88	95	98	104	108

注:分析的国家样本为 131 个。进入第二次农业现代化国家的数量的预测方法:根据 1990~2008 年和 2000~2008 年第二次农业现代化指数的年均增长率测算,第二次农业现代化指数达到或超过 70,表示进入第二次农业现代化。完成第一次农业现代化国家的数量的预测方法:根据 1960~2008 年和 1970~2008 年的年均增长率计算,第一次农业现代化指数达到 100,表示完成第一次农业现代化。根据历史推测未来,是预测方法的一种。未来有很大的不确定性,本表数据只有参考意义。

其次,21 世纪国家农业现代化的国家水平。

——农业发达国家的农业现代化的国家水平分析。分别从欧洲、美洲和亚洲各选择 1 个发达国家(德国、美国和日本)为代表,选择 1 个综合指标进行情景分析(表 1-119)。

表 1-119　21 世纪发达国家的农业现代化水平的情景分析(第二次农业现代化指数)

指数	增长率	2008	2010	2020	2030	2040	2050	2060	2070	2080	2090	2100
德国	3.13[a]	107	114	155	212	288	392	533	725	986	1342	1826
	3.00[b]	107	114	153	206	276	371	499	671	901	1211	1626
美国	1.98[a]	101	105	127	155	188	229	279	339	412	501	610
	1.56[b]	101	104	121	141	165	193	225	262	306	358	417
日本	2.19[a]	89	93	116	144	179	222	276	343	426	529	657
	2.60[b]	89	94	122	157	203	263	340	439	568	734	949

注:按 1990~2008 年(a)和 2000~2008 年(b)的年均增长率计算。

——农业发展中国家的农业现代化的国家水平分析。分别从美洲、亚洲和非洲各选择 1 个发展中国家(巴西、印度和尼日利亚)为代表,选择 2 个指标进行情景分析(表 1-120)。

表 1-120　21 世纪发展中国家的农业现代化水平的情景分析

指数	增长率	2005	2010	2020	2030	2040	2050	2060	2070	2080	2090	2100
巴西												
FAMI	1.08[a]	87	89	99	100	—	—	—	—	—	—	—
	1.07[b]	87	89	99	100	—	—	—	—	—	—	—
SAMI	3.51[c]	33	36	51	71	101	142	201	284	401	566	800
	2.75[d]	33	35	46	61	80	105	137	180	236	310	407
印度												
FAMI	1.53[a]	63	65	76	89	100	—	—	—	—	—	—
	1.60[b]	63	65	77	90	100	—	—	—	—	—	—
SAMI	2.81[c]	20	21	28	36	48	63	84	110	146	192	254
	3.25[d]	20	21	29	40	55	76	105	144	198	273	375
尼日利亚												
FAMI	1.52[a]	57	59	68	79	92	100	—	—	—	—	—
	1.64[b]	57	59	69	82	96	110	—	—	—	—	—
SAMI	1.73[c]	19	20	23	28	33	39	46	55	65	77	92
	4.03[d]	19	20	30	45	67	99	147	219	325	482	715

注:FAMI 为第一次农业现代化指数,FAMI 的最大值为 100,按 1960~2008 年(a)和 1970~2008 年(b)的年均增长率计算。SAMI 为第二次农业现代化指数,按 1990~2008 年(c)和 2000~2008 年(d)的年均增长率计算。

其三,21 世纪国家农业现代化的国际地位的变化。

在过去 50 年(1960~2008 年)里,农业发达国家降级为农业发展中国家的概率约为 5%~17%,农业发展中国家升级为农业发达国家的概率约为 1%~2%(表 1-95)。

如果参照历史经验,21 世纪大约有 2~4 个农业发达国家有可能降级为农业发展中国家,大约有 1~2 个农业发展中国家有可能晋级农业发达国家。当然,21 世纪具有很大不确定性,依据历史预测未来是不可能准确的;借鉴历史经验分析未来,只是一种预测方法。

本 章 小 结

农业现代化是一个系统过程。本章关于农业现代化的时序分析、截面分析和过程分析,加深了对农业现代化的历史进程和未来前景的认识,从中可以发现和归纳出农业现代化的长期趋势和基本事实,它们是分析农业现代化规律的历史基础。关于农业现代化的前景分析,可以为制定农业现代化政策提供国际背景。

1. 农业生产的事实和前景

关于农业生产,需要关注农业资源、农业投入、农业生产的结构和效率等。

首先,关于农业资源。

农业资源总量变化较慢,但人均资源变化较快。

人均资源与资源总量成正比,与人口成反比。

20世纪世界人均农业资源总体下降,有些国家人均资源上升。

20世纪人均资源与农业劳动生产率之间没有显著关系。

20世纪农业资源的国别差异非常大,人均耕地最大相差超过1万倍。

21世纪人均农业资源继续下降,农业资源压力持续增加。

其次,关于农业投入。

18世纪以来农业劳动力总量从上升到下降。

18世纪以来农业劳动力比例不断下降,目前发达国家农业劳动力比例在1%左右。

18世纪以来农业土地投入的国别差异较大,20世纪农业土地集约化程度提高。

19世纪以来农业资本投入持续增加,包括机械、化肥、农药和能源等。

19世纪以来农业科技投入在增加,农业良种应用扩大,作物单产持续提高等。

20世纪农业劳动力比例与农业劳动生产率、农业土地生产率和谷物单产负相关。

20世纪土地集约程度与农业劳动生产率正相关,与土地生产率和谷物单产不相关。

20世纪农业资本投入与农业劳动生产率、农业土地生产率和谷物单产正相关。

21世纪农业劳动力总量和比例会继续下降。

21世纪农业土地的集约化程度可能继续提高。

21世纪农业资本投入继续增加,但结构发生变化,农药和化肥使用密度可能下降。

21世纪农业劳动力比例与农业效率的关系,仍将是负相关。

其三,关于农业生产结构和效率。

18世纪以来农业相对规模缩小,世界农业增加值比例约为3%,发达国家1%左右。

20世纪后期部分,国家农业绝对规模缩小,包括农业增加值和劳动力总量下降等。

20世纪的农业,种植和畜牧业比例较大,林业和渔业以及农业服务业比例较小。

20世纪的农业,发达国家牲畜产值比例约为40%~80%,作物产值比例约为20%~60%。

18世纪以来农业效率不断提高,农业劳动生产率的国际差距扩大。

目前农业劳动生产率绝对差距6万多美元,相对差距900多倍。

20世纪农业相对规模与农业劳动生产率显著负相关。

20世纪有些农业效率指标,如土地生产率和谷物单产,与农业结构和自然条件有关。

在20~30年里,农业效率发达国家下降为中等发达国家的概率约为13%。

在20~30年里,农业效率欠发达国家地位上升的概率约为10%。

19 世纪以来,农场平均规模扩大,规模经营比较普遍。

20 世纪以来,农场多种经营,农民收入多元化。

20 世纪以来,农业生产有拐点,农业就业指数先升后降,作物增加值比例先降后升。

20 世纪以来,大约 54％的农业生产指标的变化,是相对连续的和可以预期的。

21 世纪农业增加值比例会继续下降,部分国家农业增加值总量下降。

21 世纪发达国家农业的种植业与畜牧业的产值比例大致在 1∶1 左右。

21 世纪农业效率继续提高,农业效率的国际差距继续扩大。

21 世纪农业相对规模与农业效率的关系,仍将是负相关。

2．农业经济的事实和前景

关于农业经济,需要关注农业供给、农业流通、农业需求和消费、农业供求平衡等。

首先,关于农业供给。

18 世纪以来农民人均供应人口缓慢上升,2008 年发达国家约为 61 人,世界平均 5 人。

20 世纪以来食物供应能力提高,但国家差别大,人均肉食供应最大相差约 40 倍。

20 世纪粮食自给率的国家差别非常大,大约 30 多个国家粮食完全自给。

20 世纪粮食自给率与人均可耕地面积和人均作物面积正相关。

20 世纪农业经济和供应管理水平提高,粮食浪费比例下降。

2008 年人均谷物供应,发达国家平均 580 千克,世界平均 312 千克。

2008 年人均肉食供应,发达国家平均 91 千克,世界平均 40 千克。

21 世纪农民人均供应人口会继续上升,国别差异很大。

21 世纪食物供应能力会继续提高,国别差异很大。

21 世纪粮食自给率的国家差别会非常大,只有部分国家能够完全自给。

其次,关于农业流通。

19 世纪以来农业贸易增加,20 世纪以来国际农业贸易发展很快。

20 世纪农业国际贸易存在很大国别差异和品种差异,净出口国家都比较少。

20 世纪农业粗物质的净出口国家,不仅有发展中国家,发达国家也发挥重要作用。2008 年人均农业粗物质净出口排世界前 5 位的国家分别是新西兰、加拿大、瑞典、荷兰和芬兰。

20 世纪以来农产品关税普遍下降,目前世界平均低于 10％。

20 世纪以来农产品国际贸易摩擦和冲突,时有发生。

20 世纪国际农业贸易摩擦与农业补贴紧密相关,不同国家农业补贴差别很大。

2008 年农民人均出口最大值超过 50 万美元,最小值约 10 美元,相差超过 5 万倍。

21 世纪国际农业贸易会继续增长,国别差异会扩大。

21 世纪农产品关税可能会继续下降。

21 世纪国际农业贸易摩擦会继续存在。

其三,关于农业需求和消费。

人均消费需求有极限。目前发达国家,每天人均的蛋白质需求约为 100 克,脂肪需求约为 150 克;每年人均谷物消费约为 110 千克,肉食消费约为 90 千克。

20 世纪以来人均消费水平提高,人均营养供应等都有较大增长。

20 世纪以来发达国家的人均粮食消费和人均肉食消费数量逐步接近。

20 世纪发展中国家仍然以粮食消费为主,但肉食消费在增加。

20 世纪世界人均粮食消费出现下降,人均蔬菜、水果、肉食和奶类消费增加。

20 世纪有些国家粮食消费比例下降,肉食消费比例上升。

20 世纪有些国家谷物食用比例持续下降,谷物饲料比例持续上升。

2007 年人均蛋白质消费最大值约 126 克/天,最小值约 24 克/天,相差约 5 倍。

2007 年人均肉食消费最大值约 120 多千克/年,最小值约 3 千克/年,相差超过 30 倍。

2007 年人均奶类消费最大值约为 360 千克/年,最小值约 1 千克/年,相差超过 280 多倍。

20 世纪以来,大约 77% 的农业经济指标的变化,是相对连续的和可以预期的。

21 世纪人均食物需求和消费会有极限,但食物需求和消费总量会不断增加。

21 世纪世界人均粮食消费将保持稳定,趋向合理水平。

21 世纪世界人均蔬菜、水果、肉食和奶类消费会增加。

21 世纪发展中国家的食物供应将面临重大挑战。

3. 农业要素的事实和前景

关于农业要素,既要关注定量因素,也要关心定性因素。定量因素包括农民、农村和农业环境等。定性因素包括农业科技、农业制度和农业观念等。

首先,关于农民。

19 世纪以来,农民素质提高。主要表现是农民识字率的提高和受教育年数的增长。

19 世纪以来,农民收入提高。随着农业劳动力生产率提高,农民收入提高是必然的。

20 世纪农民收入的多元化。主要表现是农场的多种经营、对外务工和国家的农业补贴等。

21 世纪农民素质会继续提高,发达国家农民将普及高等教育。

21 世纪农民收入会继续提高,农民收入仍将是多元的。

其次,关于农村。

18 世纪以来农村人口比例下降。随着城市化和农业劳动力比例下降,农村人口比例下降。

20 世纪农村农业人口比例下降。这是一个普遍现象,但也有一些例外。

20 世纪农村绝对贫困人口比例下降。随着农民收入提高,农村人口贫困率下降。

19 世纪以来农村基础设施改善。如饮水、卫生、交通、电力、文化和通信设施改善等。

21 世纪世界农村人口比例和农村农业人口比例会继续下降。

21 世纪农村基础设施会继续发展和完善。

其三,关于农业环境。

19 世纪以来农业人口比例下降。农业生产和农业政策需要适应这种长期趋势。

19 世纪以来农业相对重要性下降。由于农业占国民经济比例的持续下降,农业经济的相对地位下降。虽然相对地位下降,但绝对地位没有变化,它仍然是国民经济的基石。

20 世纪以来,农业生态环境、水土流失和全球气候变化等受到普遍关注。

20 世纪农民人均补贴收入增加。国家农业补贴政策与 WTO 的农业政策需要协调一致。

20 世纪发达国家和发展中国家的农业环境有所差异。发达国家面临的农业环境问题包括:农业补贴、国际农业贸易、农业生态、气候变化和水土保持等。发展中国家面临的农业环境问题包括:食物供应能力、食物安全、农业生态、气候变化和水土保持等。

20 世纪以来,大约 77% 的农业要素定量指标的变化,是相对连续的和可以预期的。

21 世纪世界农业总需求持续增长。在世界农业自然资源基本稳定的条件下,如果世界人口继续增长,世界农业的需求压力会持续增长,爆发世界性农业危机的可能性是存在的。

21 世纪农业补贴、农业贸易和生态环境问题仍将存在。

其四,关于农业科技。农业科技涉及农业科学、林业科学、水产科学、农业技术和农业经济等多个学科领域,与生物学、地学、化学、气象学和环境科学等关系密切。农业科学是一门综合性应用科学,涉及育种、栽培、园艺、畜牧和病虫害防治等。

农业科技发展可以大致分为三个阶段:传统农业科技(18 世纪以前)、现代农业科技(18 至 20 世纪 70 年代)和后现代农业科技(20 世纪 70 年代以来),它们分别对应于农业经济时代、工业经济时代和知识经济时代。本报告简要讨论了三个阶段的农业科技特点。

其五,关于农业制度。农业制度有两种理解,其一是狭义农业制度,指农业部门建立的制度;其二是广义农业制度,指与农业相关的制度,涉及狭义农业制度,以及各种与农业有关的制度。

农业制度的演变可以大致分为三大阶段:农业经济时代、工业经济时代和知识经济时代的农业制度。本报告主要讨论了土地制度、生产制度、贸易制度、分配制度、消费制度、税收制度、农业科技和教育制度、农业环境制度等。

其六,关于农业观念。农业观念有两种理解,其一是狭义农业观念,指农业部门内部的观念;其二是广义农业观念,指全社会关于农业的观念,涉及狭义农业观念和与农业有关的观念。农业观念的变化体现在三个层面,其一是学术思想层面——农业思想的变迁,其二是农业规范层面——农业伦理的变化,其三是农业政策层面——农业制度的变化。

农业观念的演变可以大致分为三大阶段:农业经济时代、工业经济时代和知识经济时代的农业观念。本报告主要讨论了土地观念、生产观念、贸易观念、分配观念、消费观念、税收观念、农业科技和教育观念、农业环境观念等。目前,在发达国家,农业日益成为一个政治和环境议题;在发展中国家,农业更多是一个经济和社会议题。

4. 世界农业现代化的历史进程

在 18~21 世纪期间,世界农业现代化的前沿过程大致包括两大阶段和六次浪潮。

第一次农业现代化是从传统农业向初级现代农业的转型,大致时间是 1763~1970 年,主要特点包括农业的市场化、工业化、机械化、化学化和农业比例下降等,包括三次浪潮。

第二次农业现代化是从初级现代农业向高级现代农业的转型,大致时间是 1970~2100 年,主要特点包括农业的知识化、信息化、生态化、多样化和国际化等,将包括三次浪潮。

世界农业现代化的历史进程,分析的时间跨度为 1700~2005 年(约 300 年)。

在 1960~2008 年期间,完成第一次农业现代化的国家数量从 7 个上升到 30 个,完成第一次农业现代化的国家比例从 6％上升到 23％。

在 1960~2008 年期间,农业发达国家的比例约为 15％~19％,农业发展中国家的比例约为 81％~89％;农业现代化水平从高到低的排序大致是:欧洲、美洲、亚洲和非洲。

在 1960~2008 年期间,第一次农业现代化指数的绝对差距和相对差距都在缩小。

在 1990~2008 年期间,第二次农业现代化指数的绝对差距扩大,相对差距缩小。

在 1960~2008 年期间,农业发达国家降级为农业发展中国家的概率约为 10％~17％,农业欠发达国家升级的概率约为 9％~17％,农业中等发达国家和初等发达国家的转移概率比较大;农业发展中国家升级为农业发达国家的概率约为 1％~2％。

在 1960~2008 年期间,37 个国家的农业现代化水平分组发生了变化。地位上升的国家有 7 个:加拿大、西班牙、多米尼加、阿尔巴尼亚、沙特阿拉伯、中国和博茨瓦纳;地位下降的国家有 30 个。

5. 世界农业现代化的客观现实

世界农业现代化的客观现实,以 2008 年截面特征为基础。

世界农业现代化的前沿已经进入第二次农业现代化,处于第二次农业现代化的发展期。

世界农业现代化的平均水平大约处于第一次农业现代化的成熟期。

世界农业现代化的末尾水平处于第一次农业现代化的起步期。

世界农业现代化处于两次农业现代化并存的阶段。

世界农业平均水平约为世界农业先进水平的三分之一。

欧洲水平是比较高的;其次是美洲和亚洲;非洲水平仍然是比较低的。

30 个国家完成第一次农业现代化,28 个国家进入第二次农业现代化。

94 个国家处于第一次农业现代化,9 个国家属于传统农业国家。

美国等 20 个国家是农业发达国家,葡萄牙等 28 个国家是农业中等发达国家,中国等 28 个国家是农业初等发达国家,印度等 55 个国家是农业欠发达国家。

农业发达国家包括英国、德国、挪威、瑞典、丹麦、芬兰、荷兰、比利时、法国、美国、瑞士、奥地利、意大利、日本、加拿大、澳大利亚、以色列、西班牙、爱尔兰、新加坡等。

传统农业国家包括塞拉利昂、马拉维、坦桑尼亚、尼日尔、中非、布基纳法索、埃塞俄比亚、布隆迪、卢旺达等。

6. 世界农业现代化的前景分析

世界农业现代化的前景分析,时间跨度为 2008~2100 年(约 92 年)。

首先,世界农业现代化的整体水平。

世界农业现代化的先进水平可以用农业发达国家平均值代表。世界农业现代化的平均水平可以用世界平均值代表。

大体而言,2050 年第二次农业现代化指数的世界先进水平会比 2008 年提高 3 倍,2100 年会比 2050 年提高约 5 倍。

2060 年第一次农业现代化指数的世界平均值将达到 100,世界平均完成第一次农业现代化(当然还有很多国家没有完成第一次农业现代化)的时间比农业发达国家大约晚 100 年。

2050 年第二次农业现代化指数的世界平均值将达到 121~165,大体相当于 2020 年的农业发达国家水平。

2100 年第二次农业现代化指数的世界平均值将达到 487~960,大体相当于 2070 年的农业发达国家水平,按第二次农业现代化指数估算,世界农业现代化的平均水平大致比世界先进水平落后约 30 年。

根据过去 50 年经验,农业发达国家和欠发达国家的国际地位相对稳定,地位转变的概率一般低于 20%。21 世纪世界农业现代化的地理结构很难发生根本性的改变。

在 21 世纪,欧洲、美洲和亚洲的农业现代化水平,预计仍然会高于非洲。

目前农业发达国家:中等发达国家:初等发达国家:欠发达国家的比例大约为 16:22:22:40。如果没有发生重大改变和重大危机,21 世纪国际农业体系将大致维持这种比例结构。

其次,世界农业三大方面现代化的水平。

世界农业三大方面的世界先进水平会不断提高。

农业生产的世界平均水平与世界先进水平相比,农业劳动生产率和农业劳动力比例指标水平大约落后 100 年,农业机械化程度大约落后 50 年,谷物单产和农业增加值比例大约落后 40 年,化肥使用密度大约落后 20 年。

农业经济的世界平均水平与世界先进水平相比,农民人均供应人口、人均谷物生产、人均谷物供给、人均肉食生产、人均肉食供给和人均动物营养等指标水平大约落后 100 年,人均营养、人均蛋白质、人均脂肪供应和人均肉食消费大约落后 80 年,人均农业贸易大约落后 40 年,人均植物营养供应和人均谷物消费大致相当。

农业要素定量指标的世界平均水平与世界先进水平相比,农民素质、农业人口比例、农村人口比例大约落后 100 年。

21 世纪末,世界人口将达到 98 至 120 亿,将对世界农业形成巨大市场需求和供给压力。

其三,世界农业现代化的国家水平。

2050 年完成第一次农业现代化的国家将达到 80 个左右,进入第二次农业现代化的国家将超过 80 个。

2100 年完成第一次农业现代化的国家将超过 100 个,进入第二次农业现代化的国家将超过 110 个。

如果参照历史经验,21 世纪大约有 2~4 个农业发达国家有可能降级为农业发展中国家,有 2 个左右的农业发展中国家有可能晋级农业发达国家。

第二章 世界农业现代化的基本原理

现代化是 18 世纪以来人类文明的一种前沿变化和国际竞争,发生在人类文明的所有部门。农业是人类文明和国民经济一个基础部门,农业现代化属于一种部门现代化,是经济现代化和国家现代化的一个重要组成部分。农业现代化研究既是现代化科学的一个组成部分(图 2-1),也与农业发展研究和现代农业科学有很多交叉。

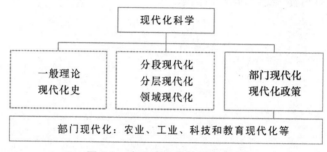

图 2-1 农业现代化的学科定位

第一节 农业现代化的相关研究

农业现代化的相关研究,主要涉及农业科技、农业经济学和农业发展研究等。

一、农业科技

农业是通过培育生物体生产食品、纤维和其他经济与生活用品的产业。生物体包括动物、植物和微生物等。农业科技包括众多学科,例如,农业生物学、农业生态学、农业工程学、农业经济学等,可以和需要分别讨论。这里简要讨论植物和动物科技。

1. 植物科技

植物是农业生产的一类常用生物,包括粮食作物、油类作物、水果、蔬菜、林木和其他经济作物等。植物科技涉及植物育种、栽培、植物病虫害防治、收获、储存、保鲜和运输,涉及气候、土壤、水利、肥料和农用机械等。在农业现代化过程中,植物科技发展主要有三个方向。

首先,植物育种。培育高产、优质和满足生产需要的植物新品种。

其次,植物种植。改进植物种植的方法和技术,提高植物生产效率。

其三,农用机械。开发植物种植和收获各个环节需要的农业机械,如播种、施肥、除草、打药、收获、储存、保鲜、运输、林木采伐相关的农用机械和农业信息管理等。

2. 动物科技

动物是农业生产的一类常用生物,包括牲畜、水生动物和其他经济动物等。动物科技涉及动物育种、繁殖、养殖、动物病虫害防治、捕捞、屠宰、储存、保鲜和运输,涉及气候、饲料和农用机械等。在农业现代化过程中,动物科技发展主要有三个方向。

首先,动物育种。培育高产、优质和满足生产需要的动物新品种。

其次,动物繁殖和养殖。改进动物繁殖和养殖的方法和技术,提高生产效率。

其三,农用机械。开发动物繁殖和养殖各个环节需要的农业机械,如繁殖、饲养、饲料、牧草、养殖、储存、保鲜相关的农用机械和农业信息管理等。

3. 农业科技与农业现代化

农业科技与农业现代化的关系,大致有三个方面。

首先,农业科技进步是农业现代化的重要基础和主要动力。

其次,农业科技现代化是农业现代化的重要组成部分。

其三,农业科技和农业现代化是相互促进的(图 2-2)。

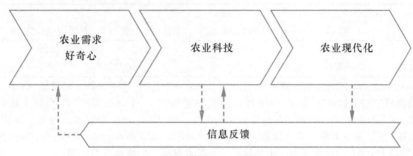

图 2-2　农业科技与农业现代化的互动

二、农业经济学

农业经济学既是经济学的一个分支,又是农业科学的一个分支。关于农业经济学没有统一定义。一般而言,农业经济学是一种部门经济学,它运用经济学原理,研究与农业相关的经济问题,如农产品的供给和需求、资源配置、流通和分配等。

1. 农业经济学的起源和演变

农业是一个古老产业。农业经济思想源远流长。但是,农业经济学的诞生发生在 18 世纪。在 18 至 20 世纪期间,农业经济学获得了巨大发展。20 世纪 70 年代以来,信息革命和环境革命引发了农业经济学的转变。大体而言,农业经济学的起源和发展可分为三个阶段(表 2-1)。

表 2-1　农业经济学的起源与演化

阶段	大致时间	代表性著作
农业时代的农业经济思想	1770 年以前	各国的"农书"、法国重农学派等
工业时代的农业经济学	1770～1970 年	古典农业经济学、现代农业经济学等
知识时代的农业经济学	1970 年以来	后现代农业经济学(农业信息化、有机农业、持续农业等)

注:1770 年英国经济学家阿瑟·杨的《农业经济学》问世。

2. 农业经济学与农业现代化

农业经济学与农业现代化的关系,大致有三个方面。

首先,农业经济现代化是农业现代化的重要组成部分和主要动力。

其次,农业经济学和农业经济现代化是相互促进的。

其三,农业经济学和农业现代化也是相互促进的。

三、农业发展研究

20 世纪以来,农业发展研究受到重视,学术文献非常多(表 2-2)。例如,以"农业发展"为书名的图书,美国国会图书馆收录了 1600 多种,中国国家图书馆收录了 400 多种。一般而言,农业发展研究有两种解释:发展中国家的农业发展研究、世界农业的发展研究。发展经济学中,关于农业发展的论述也有不少。农业发展研究与农业现代化研究有大量交叉。

表 2-2　农业发展研究的文献检索

检索方法	论文/篇			图书/种	
	WOS	CAJD(核心期刊)	维普(核心期刊)	美国国会图书馆	中国国家图书馆
篇名/书名检索	1243	3177	2442	1614	432
关键词/主题词检索	6889	11 766	3894	3361	151

注:WOS 为"web of sciences"网络数据库。它包括三个库:一个是 SCI,科学引文数据库,收录 1899 年以来的数据;一个是 SSCI,社会科学引文数据库,收录 1996 年以来的数据;还有一个就是 CPCI-S,会议文献引文数据库,收录 1990 年以来的数据。CAJD 为 CNKI 的中国学术期刊网络出版总库,收录 1915 年以来的数据。维普为维普中文科技期刊数据库,收录 1989 年以来的数据。英文检索词包括两个(agricultural development,development of agriculture),检索结果为两次检索的总和,没有扣除重复的。中文检索词为农业发展。检索没有时间期限。

检索时间:2011-11-11。

1. 农业发展与农业变迁

一般而言,农业变迁是常态,而农业发展则是有争议的。首先,农业科技是不断发展的,从低级到高级,从简单到复杂。其次,农业经济变迁是复杂的,不能简单用农业发展来概括。例如,18 世纪以来,世界农业经济占世界经济的比例下降,世界农业劳动力占世界总劳动力的比例下降,世界农业的相对规模持续缩小;20 世纪 80 年代以来,主要发达国家农业劳动力的总量持续减少,部分发达国家农业增加值总量减少。"农业发展"需要科学对待。

关于发展,目前没有统一定义。法国经济学家佩鲁在《新发展观》一书中提出了"整体的、综合的、内生的发展观"[①],产生了广泛的社会影响。佩鲁认为,发展不同于增长,也不同于进步。增长是规模的扩大,进步是收益的提高,发展涉及结构的优化;经济发展需要从三个层次来把握:整体内部各组成部分之间的联结、各部门之间的作用和相互作用、各种形式的人力资源都有机遇获得效力和能力。"一般而言,发展是与增长和进步紧密相关的。增长指系统在规模和数量等方面的扩大,进步是对系统在结构改善、手段改进等方面的总的阐述。增长和进步不等于发展,发展包含增长和进步,发展是增长和进步的协同效应(表 2-3)。"

表 2-3　经济发展、经济增长和经济进步的关系

		经济质量和效益的变化		
		上升	不变	下降
经济总量和规模的变化	扩大	增长×进步	增长	增长×负进步
	不变	进步	停滞	负进步
	缩小	进步×负增长	负增长	负增长×负进步

资料来源:何传启,1992.

---

①　佩鲁.1987.新发展观.张宁,丰子义译.北京:华夏出版社.1~22.

如果上述观点成立,那么有两种经济发展观。狭义的经济发展等于经济增长和经济进步的交集,广义的经济发展等于经济增长、经济进步和狭义的经济发展的总和。

假设(Ⅰ):经济增长指"经济总量和规模的扩大",
假设(Ⅱ):经济进步指"经济质量和效益的提高",
那么:经济发展 ＝ 经济增长 ＋ 经济进步 ＋ 经济增长×经济进步

农业是国民经济的一个部门,经济发展的观点可以适用于"农业发展"。

假设(Ⅰ):农业增长指"农业总量和规模的扩大",
假设(Ⅱ):农业进步指"农业质量和效益的提高",
那么:农业发展 ＝ 农业增长 ＋ 农业进步 ＋ 农业增长×农业进步

在世界、国家和地区层次上,"农业发展"有不同的特点,具有多样性(表2-4)。

表 2-4 "农业发展"的多样性

层次	18～20 世纪	21 世纪
世界农业	(1) 从绝对规模看:农业发展:农业增长,农业进步 (2) 从相对规模看:农业相对规模缩小,农业进步	同左 世界农业劳动力总量有可能减少
国家农业	(1) 部分国家:农业发展:农业增长,农业进步 (2) 部分国家:农业相对规模缩小,农业进步 (3) 部分国家:农业绝对规模缩小,农业进步	同左 部分国家有可能退出农业
地区农业	(1) 部分地区:农业发展:农业增长,农业进步 (2) 部分地区:农业相对规模缩小,农业进步 (3) 部分地区:农业绝对规模缩小,农业进步 (4) 部分地区:退出农业	同左

2. 农业发展与农业现代化

首先,农业发展与农业现代化有一个时间差。农业发展和农业现代化是农业变迁的不同表现形式。一般而言,农业发展是新石器时代(大约公元前1万年)以来的一种农业变迁,农业现代化则是18世纪以来的一种农业变迁。

其次,农业发展与农业现代化有大量交叉。18世纪以前的农业发展不属于农业现代化。18世纪以来,现代农业的形成和发展属于农业现代化,传统农业的自身发展不属于农业现代化。

其三,农业发展研究与农业现代化研究有一定交叉。农业发展研究是发展研究(发展经济学研究)的一个分支,有些发展理论可以适用于农业现代化研究,例如,二元经济理论的一些观点等。

第二节　农业现代化的专题研究

农业现代化的专题研究,是把农业现代化作为一个研究课题进行的学术研究。这种研究从何时开始,没有统一认识。目前的研究,大致分为三大类:农业现代化的概念研究(阐释性研究)、实证研究和应用研究。这些研究的主要目的可以分为两类:学术目的——探索农业现代化的特征、本质和原理;应用目的——寻求促进和实现农业现代化的政策工具。当然,上述分类是相对的,有些研究是综合性的,有些研究有所侧重但兼顾其他。

目前,农业现代化研究的中文文献相对比较多,外文文献相对比较少(表2-5);而且它们的数量远远少于农业发展研究的文献(表2-2)。有些学者常常采用"农业发展"概念,有些学者经常采用"农业现代化"或"现代农业"概念。下面简介国内外学者的有关工作。

表 2-5　农业现代化研究的文献检索

检索方法	论文/篇			图书/种	
	WOS	CAJD(核心期刊)	维普(核心期刊)	美国国会图书馆	中国国家图书馆
篇名/书名检索	114	1082	852	37	108
关键词/主题词检索	405	2709	1297	44	181

注:WOS 为"web of sciences"网络数据库,它包括三个库:一个是 SCI,科学引文数据库,收录 1899 年以来的数据;一个是 SSCI,社会科学引文数据库,收录 1996 年以来的数据;还有一个就是 CPCI-S,会议文献引文数据库,收录 1990 年以来的数据。CAJD 为 CNKI 的中国学术期刊网络出版总库,收录 1915 年以来的数据。维普为维普中文科技期刊数据库,收录 1989 年以来的数据。英文检索词包括四个(agricultural modernization,agricultural modernisation,modernization of agriculture,modernisation of agriculture),检索结果为四次检索的总和,没有扣除重复的。中文检索词为农业现代化。检索没有时间期限。

检索时间:2011-11-11。

一、农业现代化的概念研究

关于农业现代化的概念研究,大致有三种思路。其一,根据现代化过程农业变迁的事实,抽象出农业现代化的概念。其二,根据学术文献的有关内容,归纳或推导出农业现代化的概念。其三,根据社会理想或个人理想,阐释农业现代化的概念。当然,有些时候是综合研究。

1. 国外学者的概念研究

农业现代化的相关文献,在处理农业现代化的时候有三种做法。其一,直接用农业现代化概念,但不对农业现代化做解释或定义。其二,根据自己的理解,解释农业现代化的含义,但不规范。其三,根据相关文献或农业变迁的事实,给出农业现代化的定义。关于农业现代化的阐释,迄今没有统一认识,不同国家的学者观点有差异。这里介绍三种观点供讨论。

美国学者舒尔茨(Schultz, 1964)认为:农业现代化就是利用现代生产要素改造传统农业,提高农业劳动生产率(人均小时农业产量)。农业可以分为三类:传统型的、过渡型的、现代型的,农业现代化是从传统型农业向现代型农业的转变,过渡型农业则是这种转变的中间类型。传统农业的特点包括:生存性农业、劳动密集、依靠人力和畜力、劳动生产率低等。

联合国粮农组织(FAO, 2000)认为:农业现代化是一个渐进过程,它是工业化、育种技术、运输和通信技术的进步的结果,并伴随着农场规模的扩大,以及国际农业系统的两极分化等。现代农业革命包括机械化、生物技术、化学农业、灌溉、种质保护和专业化等。

荷兰学者喀拉尔(Karel, 2010)认为:农业现代化是一个过程,包括农业系统的现代化和农场的工业化等,农业系统现代化过程有三个特点:理性化、专业化和规模化;1970 年以来农业系统现代化的新特点是环境意识的影响。

2. 中国学者的概念研究

农业现代化研究是中国学者比较关注的一个研究课题。早在 20 世纪 30 年代,中国学者就开始讨论农业现代化。在 50 年代和 60 年代,中国政府提出的"四个现代化"包括农业现代化;农业现代化被概括为机械化、电气化、水利化和化学化。90 年代以来,农业现代化研究的文献开始增多;21 世纪初,农业现代化研究的文献大量涌现。目前,关于农业现代化的中文文献非常丰富(表 2-5)。这里简要介绍几种观点:

吴觉农(1933)认为:农业现代化就是农业的工业化、科学化、组织化和集团化。

张仲威(1994)认为:农业现代化不仅包括农业生产过程的现代化、流通过程的现代化,还包括消费过程的现代化;不仅包括农业的现代化、农村的现代化,还包括农民的现代化。

顾焕章和王培志(1997)认为:农业现代化是一个综合的、世界范畴的、历史的和发展的概念,它作为一个动态的、渐进的和阶段性的发展过程,在不同的时空条件下,随着人类认识程度的加深而不断被赋予新的内容。顾焕章(2009)认为:农业现代化是传统农业通过不断应用现代化先进科学技术,提高生产过程的物质技术装备水平,不断调整农业结构和农业的专业化、社会化分工,以实现农业总要素生产率水平的不断提高和农业持续发展的过程。

黄国桢(2000)认为:农业现代化包含农业产业现代化、农业环境现代化和农业主体现代化三大内容。农业产业现代化是农业本身的现代化。农业环境现代化是农业产业外部社会环境的现代化,实质上是农村的现代化。农业主体现代化是农业劳动者的现代化,即农民现代化。

张冬平和黄祖辉等(2002)认为:农业现代化是用现代工业装备农业,用现代科学技术改造农业,用现代管理方法管理农业,用现代社会化服务体系服务农业,用现代科学文化知识提高农民素质。黄祖辉等(2003)认为:农业现代化是通过科学技术的渗透、工业部门的介入、市场机制的引入和服务体系的建立,用现代工业装备农业,现代科技改造农业、现代管理方法管理农业、健全的社会化服务体系服务农业,使农业在形态上成为世界先进水平的现代农业。

何秀荣(2011)认为:农业现代化具有双重的内容:(1)将"基本上以农民世代使用的各种生产要素为基础"的传统农业改造为利用现代科学技术和物质装备的农业;(2)将利用现代科学技术和物质装备的农业进一步改造为达到世界先进水平的现代农业。

二、农业现代化的实证研究

农业现代化的实证研究,是对农业现代化过程或现象进行直接研究。这种研究以学术目的为主,旨在探索农业现代化的基本原理和客观规律,或者检验农业现代化理论的真实性。如果这种研究基于应用目的,那么,它就属于农业现代化的应用研究。

农业现代化的实证研究和概念研究的划分是相对的。如果实证研究归纳出农业现代化的概念,那么,这种实证研究具有概念研究的性质。如果概念研究是基于农业变迁的客观事实,那么,这种概念研究具有实证研究的性质,可能是一种间接的实证研究。

1. 外国学者的实证研究

外国学者的实证研究,大致可以分为三个层次:世界、国家和地区层次的研究。

首先,农业现代化的世界研究。在世界层次上研究农业现代化,包括农业现代化的国际比较研究、跨国研究和没有明确地理范围的研究等(表2-6)。20世纪60年代以来,亚洲国家、拉美国家、第三世界和发展中国家的农业现代化受到重视。

表2-6　农业现代化的世界研究

编号	研究范围	研究主题	著作/论文的作者
1	世界	改造传统农业	Schultz,1964
2	世界	农场现代化	ISUCAED,1965
3	发展中国家	农业现代化指南	Malone, Shastry, Francis,1970
4	世界	东西方的农业现代化	XI International Seminar,1976
5	亚洲四国	农业现代化与土地改革	Kennedy,1980

（续表）

编号	研究范围	研究主题	著作/论文的作者
6	第三世界	农业现代化与妇女	Agarwal, 1981
7	发展中国家	农业现代化的资源、潜力和困难	Arnon, 1981
8	拉美国家	农业现代化与农民	Chonchol, 1990
9	拉美国家	农业现代化与资源	Torres, 1996
10	世界	农业现代化 50 年	FAO, 2000
11	世界	农业现代化与信息技术	Wang, Zhang, 2002
12	世界	农业现代化与全球化	ILO, 2000
13	世界	农业现代化与有机农业	Obach, 2007
14	世界	农业现代化与增长	Yang, Zhu, 2009
15	世界	农业现代化指数	Zhou, et al, 2010

注：世界指世界范围或没有标明范围。

其次，农业现代化的国别研究。早在 20 世纪 40 年代，就有学者发表关于中国农业现代化的论文（Tsou，1946）。20 世纪 70 年代以来，学者们对大约 20 多个国家的农业现代化进行了研究（表 2-7 和表 2-8），包括发达国家和发展中国家。

表 2-7　农业现代化的国别研究

编号	国家	研究主题	著作/论文的作者
1	中国	农业现代化、技术选择、发展模式等	Tsou, 1946；Travers, 1980；Tam, 1985；Russell, 2010
2	哥伦比亚	农业现代化与城乡人口流动、影响因素、科学影响	Sandilands, 1971；Briceno, 1976；McCook, 2001
3	印度	农业现代化与收入分配、经济不平等、妇女角色、土地制度、经济发展	Harrison, 1972；Michie, 1978；Bagchi, 1982；Nicholson, 1984；Dholakia, Dholakia, 1992
4	塞内加尔	农业现代化，农场规模	Downing, 1978；Kleene, Bigot, 1977
5	以色列	农村现代化	Yalan, 1972
6	南非	农业现代化与就业	De Clercq, Gilbert, 1980
7	委内瑞拉	农业现代化的过程	Briceno, 1982
8	马来西亚	农业现代化与贫困、不平等	Gibbons, Koninck, Hasan, 1980
9	印度尼西亚	农业现代化与贫困、不平等	Gibbons, Koninck, Hasan, 1980
10	匈牙利	农业现代化与农村转型	Held, 1980
11	法国	农业现代化的动力、法国革命	Keeler, 1981；Jones, 1990
12	巴西	农业现代化的前沿和人口变迁、发展阶段	Martine, 1988；Martine G, 1993
13	美国	农业现代化与农村不平等、国际比较	Michie, 1982；Slaybaugh, 1996；Flitner, 2003
14	墨西哥	农业现代化与土地制度、收入集中	Ireson, 1987
15	奥地利	农业现代化	Penz, 1997
16	洪都拉斯	农业现代化	Thorpe, 2002
17	德国	农业现代化的国际比较	Flitner, 2003
18	苏联	农业现代化的国际比较	Flitner, 2003
19	日本	农业与现代化	Francks, 2008
20	荷兰	农业系统现代化	Karel, 2010

其三,农业现代化的地区研究。20世纪70年代以来,国家内部不同地区的农业现代化也受到学者的关注,印度学者的地区农业现代化研究的文献较多(表2-8)。

表 2-8　农业现代化的地区研究

编号	国家	研究主题	著作/论文的作者
1	印度	农业现代化的问题、成绩、困难、灌溉农业等	Sharma,1972;Singh,1976;Kahlon,1984;Gurjar,1987;Mohanty,1996;Behera,1998;Verma,Bhatt,2001
2	菲律宾	农业现代化、就业、城市化	Gibb,1974
3	德国	宗教与农业现代化	Golde,1975
4	美国	农业现代化与南太平洋	Orsi,1975
5	墨西哥	农业现代化与小农场	Edelman,1980
6	喀麦隆	农业现代化与棉花种植	Roupsard,1985
7	瑞典	农业的生态现代化	Archambault,2004
8	布基纳法索	农业现代化与棉花种植	Hauchart,2006

2. 中国学者的实证研究

中国学者的实证研究,大致可以分为三个层次:世界、国家和地区层次的研究(表2-9)。中国学者的研究重点是中国和地区农业现代化;比较关注美国、日本、法国和发达国家的农业现代化,同时对印度农业现代化也有较多的研究。

表 2-9　农业现代化研究的中文论文

篇名检索的检索词	CAJD/篇	维普/篇	篇名检索的检索词	CAJD/篇	维普/篇
农业现代化	4231	2733	美国农业现代化	20	16
世界农业现代化	7	6	日本农业现代化	54	27
国外农业现代化	16	11	法国农业现代化	14	10
发达国家农业现代化	16	14	德国农业现代化	2	1
发展中国家农业现代化	2	2	英国农业现代化	1	0
中国农业现代化	296	167	韩国农业现代化	3	2
地区农业现代化	63	29	印度农业现代化	7	6

注:检索没有时间期限。
检索时间:2011-11-23。

三、农业现代化的应用研究

农业现代化的应用研究,是把农业现代化作为一种客观事实,把农业现代化理论作为一种理论框架,并运用这种理论去研究或指导农业实践。它可以大致分为三个方面。其一,农业现代化的定量研究,包括农业现代化评价、农业发展评价和农业竞争力评价等。其二,农业现代化的政策研究,包括农业指标、现代农业、农业发展、农业政策分析和农业政策制定等。其三,农业现代化的跨领域应用,如把它作为其他领域研究的分析背景等。

1. 外国学者的应用研究

20 世纪 70 年代的研究工作。在福特基金会的支持下，Malone，Shastry 和 Francis(1970)在印度制定了一个《农业现代化指南》。Morrissy(1974)研究了墨西哥和中美洲的水果与蔬菜加工，提出通过生产合同促进农业现代化等。

20 世纪 80 年代的研究工作。Arnon(1981)研究了发展中国家农业现代化的资源、潜力和困难，提出了一系列政策建议。Stark(1981)研究了农业现代化与生育的关系等.。

20 世纪 90 年代的研究工作。Chonchol(1990)研究了拉丁美洲的农业现代化与农民战略。Bos(1992)研究了发展中国家农业现代化过程中出现的植物病毒传播问题。Pomareda(1992)研究了农业现代化与国际市场竞争的关系等。

21 世纪初的研究工作。国际劳工组织(ILO,2000)研究了全球经济中的可持续农业，讨论了农业现代化与就业的关系。Bahiigwa，Rigby 和 Woodhouse(2005)研究了乌干达的农业现代化与反贫困问题。Lohmar，Gale，Tuan 和 Hansen(2009)研究了中国改革 30 年的农业现代化，认为挑战仍然存在等。

2. 中国学者的应用研究

(1) 农业现代化的定量研究

农业现代化的定量评价研究受到中国学者的高度重视。中国学术期刊网络出版总库收录的"农业现代化评价"论文有 21 篇(截至 2011-11-24)。杨万里和徐明星(2001)的《农业现代化测评》评价了世界 34 个国家和中国各地区的农业现代化水平等。

(2) 农业现代化的政策研究

中国是一个发展中国家，农业现代化的政策研究非常活跃。这种政策研究大致有两种模式。其一，研究农业现代化的发展战略。其二，研究现代农业的发展途径。中国学术期刊网络出版总库收录的"现代农业"论文有 7486 篇(截至 2011-11-24)。黄祖辉、张冬平和潘伟光主编(2008)的《求索中国特色现代农业之路》汇集了我国学者关于现代农业的思考。蒋和平和辛岭(2009)的《建设中国现代农业的思路与实践》分析了现代农业的内涵、特征和类型等。

中国学者的农业现代化政策研究，既注意借鉴国外农业现代化和现代农业的经验，也关注中国特色和地区差异。不同地区的农业现代化政策不可一刀切，应该因地制宜。

第三节　农业现代化的基本原理

任何科学理论，必须以事实为前提，否则只是科学猜想。科学理论不仅能够解释现有事实，而且能够预测新的事实(可以重复检验)，理论表达既简明又优美。农业现代化是一种部门现代化，农业现代化理论是一种应用理论，要更加重视其事实基础和实践意义。关于农业现代化的理论解释，目前并没有统一认识。《现代化科学：国家发达的科学原理》(何传启，2010)认为，农业现代化理论主要包括三种理论：经典农业现代化理论、两次农业现代化理论和广义农业现代化理论。这里先简要介绍前两种理论，然后重点讨论广义农业现代化理论。

一、经典农业现代化理论

经典农业现代化理论是与经典现代化理论相平行的一种理论。迄今为止，这种理论并没有系统表述。在很大程度上，它只是关于农业现代化的学术思想的一个集合。

一般而言，经典农业现代化理论的历史，可以追溯到 20 世纪 60 年代。1964 年美国经济学家舒尔茨完成《改造传统农业》一书(Schultz,1964),提出从传统农业向现代农业的转变,农业劳动生产率是衡量农业现代化水平的关键指标等。在70~80年代出版了一批农业现代化论著,如《农业现代化指南》(Malone,Shastry,Francis,1970)、《农业现代化和收入分配》(Harrison,1972)和《发展中国家的农业现代化》(Arnon,1981)等。20世纪60年代以来,中国学者对农业现代化有大量研究和论著。《现代化科学:国家发达的科学原理》(何传启,2010)试图提出一种理论框架,集中表述经典农业现代化理论的主要观点(表2-10)。

表 2-10 经典农业现代化理论的主要观点

方面	基本内容
定义	农业现代化是从传统农业向现代农业的转型过程及其深刻变化,它包括农业的机械化、电气化、水利化、化学化、良种化、集约化、标准化、科学化、社会化、专业化、商业化和市场化等
过程	农业现代化过程是一个历史过程,它包括农业的商业化和市场化转型、现代农业技术进步、现代生产要素引入和要素优化配置、农业制度创新和完善、农民素质和收入提高等。农业现代化过程的阶段划分有多种方法,例如,传统农业、低资本技术农业和高资本技术农业三个阶段(梅尔,1998);自给农业和市场农业两个阶段,市场农业又分为多样型农业、专业化农业和自动化农业三个阶段(魏茨,1990);半机械化、机械化和自动化三个阶段等。不同国家农业现代化的阶段有所不同
结果	完成从传统农业向现代农业的转变,包括农业劳动生产率、土地生产率、农业科技进步贡献率和农民收入大幅度提高,现代农业经济体系、社会化服务体系和农业科技体系基本形成,完成农业的机械化、电气化、化学化、商业化和市场化,实现农业基础设施、生产技术和农民素质的现代化等
动力	关于农业现代化的动力有不同认识,例如,四要素说:农业市场、农业科技、以农业合作社为主要形式的农业社会化服务体系、政府对农业的宏观调控(宣杏云,王春法,1998);技术变革理论:技术变革是内生变量,自然资源禀赋、文化状况、技术变革和制度创新四个因素共同作用推动农业发展(Hayami,Ruttan,1985)等
模式	不同国家农业现代化的模式有所不同。人少地多的国家,采用规模化、机械化和劳动节约型,如美国模式等;人多地少的国家,采用资本密集、技术密集和土地节约型,如日本模式等;人均土地有限的国家,采用集约化、机械化和专业化模式,如法国模式等

资料来源:魏茨,1990;黄祖辉,林坚,张冬平,2003;刘振邦,2006;王学真,高峰,2007;万忠,郑业鲁,2008;蒋和平、辛岭,2009.

二、两次农业现代化理论

两次农业现代化理论是与两次现代化理论(第二次现代化理论)相并行的一种理论。目前,这种理论尚处于初级阶段,没有系统的理论表述。这里介绍几位学者的观点。

张冬平和黄祖辉(2002)认为,农业现代化可以分为两个层次,第一个层次的农业现代化是为了提高农业的土地生产率和劳动生产率,满足人们对农产品数量需求不断增长的需要;第二个层次的农业现代化是为了提高农业生产效益,维持农业持续高速发展,满足人们对产品质量和种类的需要。在我国,第一个层次农业现代化,是农业从自然生产向半商品生产的转变过程,是从自然经济走向物质经济的过程;第二个层次农业现代化,是半商品生产走向商品生产的过程,是从物质经济走向知识经济的过程。第一层次农业现代化追求农业科技的主要特征是农业机械化、农业电气化、农业化学化和农业水利化,这一过程称为第一次农业现代化;第二层次农业现代化追求农业科技的主要特征是农业标准化、农业信息化、农业生物化、农业设施化和与之配套的管理现代化等,这一过程称为第二次农业现代化进程。

黄祖辉和邓启明(2008)认为,农业发展可以分为三个阶段:传统农业、常规现代农业和现代持续农业;从传统农业向常规现代农业的转变是第一次农业现代化,主要特点包括机械化、化学化、电气化、水利化、商品化和社会化等;从常规现代农业向现代持续农业的转变是第二次农业现代化,主要特点包括标准化、信息化、知识化、专业化、生物化和设施化等,农业管理现代化,经济、社会与生态效益的协调发展。

三、广义农业现代化理论

在《现代化科学:国家发达的科学原理》一书中,何传启提出了广义农业现代化理论,它是关于 18～21 世纪期间的农业现代化现象的一种理论解释,是第二次现代化理论在农业系统的应用。广义农业现代化理论包括一般理论、分支理论和相关理论等(表 2-11)。这里重点讨论它的一般理论(表 2-12),包括农业现代化的定义、过程、结果、动力和模式五个方面内容。目前,关于第二次农业现代化和综合农业现代化的认识非常有限。

表 2-11　广义农业现代化理论的结构

分类	理论	主要内容
一般理论	元理论	农业现代化的定义、过程、结果、动力和模式等
分支理论	分阶段理论	第一次农业现代化、第二次农业现代化、综合农业现代化
	分层次理论	世界、国家、地区等的农业现代化
	亚领域研究	农业生产、农业经济、农业要素的现代化
	分部门研究	农业、牧业、渔业、林业、农业服务业的现代化
相关理论	其他现代化理论	经典农业现代化理论、两次农业现代化理论、第二次现代化理论等
	其他相关理论	农业发展理论、农业经济学、农学、林学、生物学、生态学等

注:农业生产涉及农业资源、农业投入、农业生产的结构和效率等。农业经济涉及农业供给、农业流通、农业需求和农业消费等。农业要素包括农民、农村、农业环境、农业科技、农业制度和农业观念等。

表 2-12　广义农业现代化的一般理论

方面	基本内容
定义	农业现代化是农业系统的现代化,是 18 世纪工业革命以来的一种农业变迁和国际竞争,是现代农业的形成、发展、转型和国际互动的前沿过程,是农业要素的创新、选择、传播和退出交替进行的复合过程,是追赶、达到和保持世界农业先进水平的国际竞争和国际分化等
过程	农业现代化是一个复杂过程,包括农业发展、农业转型、国际农业竞争、国际农业分化和国家农业分层,包括农业行为、农业结构、农业制度和观念的变化,包括农业发展的世界前沿和达到世界前沿的过程等。在 18～21 世纪期间,农业现代化过程的前沿轨迹可以分为两大阶段,其中,第一次农业现代化是从传统农业向初级现代农业、从自给型农业向市场化农业的转型过程和深刻变化,它的主要特点包括市场化、集约化、机械化、化学化、专业化和农业比例下降等;第二次农业现代化包括从初级现代农业向高级现代农业、从市场化农业向知识型农业的转型,目前特点包括知识化、信息化、生态化、工厂化、国际化、多样化和生物技术的普遍应用等;两次农业现代化的协调发展是综合农业现代化。22 世纪农业现代化还会有新变化。它遵循现代化的 10 个基本原则

（续表）

方面	基本内容
结果	农业现代性、特色性、多样性和副作用的形成，包括农业效率和农民收入的提高、农业供给和需求的动态平衡、农民福利与农业环境的改善、农业科技和农业制度的发展、农业比例下降以及国家农业水平、国际农业地位和国际农业体系的变化等。第一次农业现代化的结果是第一农业现代性、特色性和多样性的形成，副作用包括农业环境污染和水土流失等；完成第一次农业现代化的主要标志是完成农业的市场化、机械化和体系化，农业效率、农业比例和农民收入达到市场化农业的先进水平（20世纪60年代的世界先进水平）。第二次农业现代化的结果是第二农业现代性、特色性和多样性的形成，副作用包括农业贸易冲突、食物风险等；完成第二次农业现代化的主要标志是完成知识化和生态化，农业综合效益和农民综合素质达到知识型农业的先进水平（未来某个时间的）等。实现农业现代化的基本标准包括农业效率、农民收入、农业比例和制度达到当时世界先进水平等
动力	农业现代化的动力因素包括创新、交流、竞争、适应、国家利益和市场需求，包括经济增长、需求变化、工业化、信息化、全球化和合理预期，包括自然资源禀赋、技术进步、制度进步、农业结构变化、农业环境变化、农业政策变化和国际农业体系变化等。动力模型包括：创新驱动、三新驱动、双轮驱动、联合作用、四步超循环、创新扩散、创新溢出、竞争驱动、经济和社会驱动、农业生产力函数等。不同国家和不同阶段农业现代化的动力有所不同
模式	农业现代化的路径和模式是多样的，具有路径和资源依赖性，受农业资源禀赋、文化传统和国际环境的影响；在21世纪有三种基本路径：第一次农业现代化路径、第二次农业现代化路径和综合农业现代化路径；农业现代化的模式具有多样性和客观条件依赖性，不同客观条件的国家和地区可以创造或选择不同模式，不同发展阶段可以有不同模式

注：关于现代农业没有统一定义。一般而言，现代农业包括初级现代农业和高级现代农业。初级现代农业指机械化、市场化、专业化和工业化农业，以20世纪60年代工业化国家的市场化农业为代表。高级现代农业指知识化、生态化和国际化的知识型农业，目前以发达国家的知识型农业为代表，它还在发展过程中。

1. 农业现代化的定义

农业现代化是农业系统的现代化，是经济现代化的组成部分，是现代化的一种表现形式。第一章第一节和第二章第二节已经介绍了农业现代化的定义和内涵，这里继续讨论它的六个问题：操作性定义、范畴、标准、类型、要求和性质。

（1）农业现代化的操作性定义

农业现代化没有统一定义。一般而言，农业现代化既是一种状态，即现代农业的世界先进水平；又是一个过程，是达到和保持世界农业先进水平的过程。农业现代化大致有四层涵义（2-13），四层涵义进行组合，可以产生多种操作性定义（表2-14）；它们之间有交叉。

表2-13　农业现代化的基本涵义

一种变迁	农业现代化是现代化过程的一种农业变迁，是18世纪以来的一种现代农业变迁，它包括农业生活、农业内容、农业结构、农业知识、农业制度和农业观念的合理变化等
一个过程	农业现代化是一个系统过程，在18到21世纪的400年里，农业现代化可以分为第一次农业现代化和第二次农业现代化两大阶段；22世纪还有新变化
一种转型	农业现代化是一种农业转型，包括从传统农业向现代农业、从初级现代农业向高级现代农业的转型
一种竞争	农业现代化是一种国际竞争，包括国际的农业合作、农业交流和农业竞争。农业现代化既发生在现代化的先行国家，也发生在后进国家，国际农业互动发生在不同国家之间

表 2-14 农业现代化的多种操作性定义

序号	农业现代化的多种定义	特点
1	农业现代化是 18 世纪以来的一种现代农业变迁;它包括农业的专业化、商品化、市场化、工业化、机械化、科学化、化学化、社会化、信息化和生态化等,它发生在现代化的先行国家和后进国家里	强调变化
2	农业现代化是一个长期的和全球的过程,它包括农业行为、农业内容、农业结构、农业制度和农业观念等的两次转变,农业生产率和农业生活质量的提高以及追赶、达到和保持农业变迁的世界先进水平的国际互动	强调过程
3	农业现代化是现代化的一种农业转型,它包括从传统农业向现代农业的转向、从初级现代农业向高级现代农业的转向以及农业生产、农业经济和农业要素的深刻变化	强调转型
4	农业现代化是现代农业的世界先进水平以及追赶、达到和保持世界先进水平的行为和过程	政策分析
5	农业现代化是现代农业的形成、发展、转型和国际互动的前沿过程,是农业要素的创新、选择、传播和退出交互进行的复合过程,是追赶、达到和保持世界农业先进水平的国际竞争和国际分化	理论分析

定义一,农业现代化是 18 世纪以来世界农业的一种前沿变化和国际竞争,是现代农业的形成、发展、转型和国际互动的前沿过程,是农业要素的创新、选择、传播和退出交替进行的复合过程,是追赶、达到和保持世界农业先进水平的国际竞争和国际分化等;达到和保持世界农业先进水平的国家是农业发达国家,其他国家是农业发展中国家,两类国家之间可以流动。

定义二,农业现代化是现代农业的世界前沿,以及达到和保持世界前沿的行为和过程。

定义三,农业现代化是农业发展、农业转型、农业国际互动的交集。农业发展包括农业增长和农业进步(表 2-15)。

表 2-15 农业现代化的概念模型

项目	内容
假设一	农业增长指农业产量、农业产值和农民收入的增长
假设二	农业进步指农业效率和效益的提高、农业技术和制度进步、农民福利和生活质量的改善
假设三	农业转型指新旧农业形态的变化和交替(包括两次农业转型)
假设四	国际农业地位变化指农业经济水平和农业竞争力的国际地位变化
推论一	农业发展＝农业增长 ＋ 农业进步 ＋ 农业增长×农业进步
推论二	农业现代化＝农业发展 × 农业转型 × 国际农业竞争和国际农业地位变化

注:20 世纪后期以来,部分国家农业绝对规模缩小(专栏 1-2);农业增长可以调整为农民收入增长。

概括地说,农业现代化是农业系统的现代化,它包括从传统农业(自给型农业)向初级现代农业(市场化农业)、从初级现代农业向高级现代农业(知识型农业)的两次转变、农业效率和农民收入的持续提高、农民福利和生活质量的持续改善、保持农产品供需平衡和国家粮食安全、国家农业地位和国际农业体系的变化等;在 18～21 世纪期间,农业现代化的前沿过程可以分为第一次和第二次农业现代化,两次农业现代化的协调发展是综合农业现代化,综合农业现代化主要适合于农业发展中国家。22 世纪农业还会有新变化。

（2）农业现代化的基本范畴

首先，农业的内涵和外延。第一章第一节讨论了农业的内涵和外延（图1-3）。

农业的内涵：农业是通过培育生物体（动物和植物等）生产食品、纤维和其他经济与生活用品的产业。关于农业的外延有不同表述方式，例如，农业包括分层农业、农业亚部门、农业过程和农业环境等；农业包括农业生产、农业经济和农业要素等。

其次，农业变迁的内涵和外延。农业变迁是世界农业的一切变化；没有时间限制，没有性质限制。农业变迁的内涵是：农业知识、农业制度、农业观念、农业形态等的一切变化。农业变迁的外延是：农业生产、农业经济、农业要素等的一切变化。

其三，现代化的内涵和外延。现代化是18世纪以来人类文明的一种深刻变化，也是一个历史过程，有时间限制（18世纪以来）和性质限制（进步和正向适应等）。

现代化的内涵是：现代文明的形成、发展、转型和国际互动的复合过程，文明要素的创新、选择、传播和退出交互进行的复合过程，不同国家追赶、达到和保持世界先进水平的国际竞争。

现代化的外延是：政治、经济、社会、文化、环境和个人的现代化等。

其四，农业现代化的内涵和外延。农业现代化是现代化的一个重要方面，它同样有时间限制（18世纪以来）和性质限制（农业进步和正向适应等）。

农业现代化的内涵：农业现代化是18世纪工业革命以来农业系统的一种前沿变化和国际竞争，它包括现代农业的形成、发展、转型和国际互动，农业要素的创新、选择、传播和退出，以及追赶、达到和保持世界农业先进水平的国际竞争、国际分化和国家分层等。

农业现代化的外延：农业现代化包括世界、国家和地区的农业现代化，包括农业行为、农业结构、农业制度和观念的现代化，包括农业供给、农业流通、农业需求、农业环境、农业科技和农民的现代化，包括农业生产方式、经营方式、基础设施和农业管理的现代化；包括农业、牧业、渔业、林业和农业服务业的现代化，包括农业现代化的时空分布变化等。

（3）农业现代化的判断标准

农业现代化是农业变迁的一个组成部分，是现代化与农业变迁的一个交集（图2-3）。那么，如何识别这个交集，判断哪些农业变迁属于农业现代化呢？这就需要建立农业现代化的判断依据和判断标准。农业变迁没有时间和性质限制，现代化有时间和性质限制，显然，时间和性质可以作为判断依据的主要指标。时间是一个判断依据，18世纪是分界线。性质是一个判断依据，可以参考现代化的三个标准，同时保持农业特色。现代化的三个标准是：有利于生产力的解放和提高、有利于社会的公平和进步、有利于人类的自由解放和全面发展。

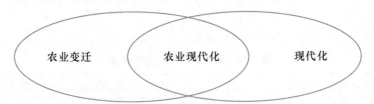

图2-3　农业现代化是农业变迁与现代化的交集

农业现代化的三个标准是：有利于农业生产力的解放和提高、有利于农民生活质量和农民竞争力的提高、有利于农业生态系统平衡和国家食品安全（表2-16）。

表 2-16　农业现代化的两个判据和三个标准

	属于农业现代化的农业变迁	不属于农业现代化的农业变迁
时间判据	18 世纪以来的农业变迁,同时满足性质判据的标准	18 世纪以前的农业变迁
性质判据	属于农业进步和正向适应的农业变迁,满足下列标准	属于农业倒退和反向适应的农业变迁,满足下列标准
判断标准	标准一:有利于农业生产力的解放和提高 标准二:有利于农民生活质量的提高和农民的全面发展 标准三:有利于农业生态系统平衡和国家食品安全	标准一:不利于农业生产力的解放和提高 标准二:不利于农民生活质量的提高和农民的全面发展 标准三:不利于农业生态系统平衡和国家食品安全

注:第三个标准仅适合于 1970 年以来的农业现代化,不适合于 1970 年前的农业现代化。

(4) 农业现代化的主要类型

农业现代化有不同类型(表 2-17)。不同类型的农业现代化具有不同特点。

表 2-17　农业现代化的基本类型

	分类依据	农业现代化的类型
1	分阶段	第一次农业现代化、第二次农业现代化、综合农业现代化等
2	分领域	农业生产现代化、农业经济现代化、农业要素现代化等 种植业、畜牧业、林业、渔业、农业服务业的现代化等
3	分内容	农业行为现代化、农业知识现代化、农业制度现代化、农业观念现代化等
4	分层次	世界、国家、地区的农业现代化等
5	启动先后 水平高低	先发型农业现代化、跟进型农业现代化、后发型农业现代化 发达国家的农业现代化、发展中国家的农业现代化
6	知识来源	创新型(内源的)、跟进型(混合的)、学习型(外源的)、被迫型(外源的)

(5) 农业现代化的基本要求

不同类型的农业现代化,不仅有不同特点,而且有不同要求。例如,第一次农业现代化和第二次农业现代化的要求就是不同的。概括地说,第一次农业现代化的基本要求是:农业机械化、商品化和提高农业效率等;第二次农业现代化的基本要求是:农业信息化、生态化、提高国际竞争力和农业综合效益等(表 2-18)。

表 2-18　农业现代化的基本要求

第一次农业现代化的要求	第二次农业现代化的要求
农业机械化:农业生产的机械化和电气化	农业信息化:农业生产和农业经济的信息化、知识化、精准化
农业商品化:农业经济的商品化和市场化	农业生态化:农业生产和农业经济的绿色化、生态化
农业专业化:农业经营的专业化和标准化	国际竞争力:农业生产和经营的国际化、高质量、高效益
提高农业效率:有利于农业生产力的解放和提高	提高农业综合效益:有利于保证食品安全和提高农民生活质量

(6) 农业现代化的基本性质

一般而言,农业现代化具有二重性。

其一,从农业变迁和农业转型角度看,每一个国家的农业现代化都会进步和有可能成功,但国家农业进步有快慢,农业水平有高低,成功时间有先后。国家农业现代化是不同步的。

其二,从世界前沿和国际竞争角度看,只有部分国家的农业能够达到和保持世界先进水平,不同国家成功的概率有差异。在过去50年里,农业发达国家的比例不到20%,农业发展中国家的比例超过80%;农业发展中国家升级为发达国家的概率为2%左右,农业发达国家降级为农业发展中国家的概率约为10%。

农业现代化既是一种农业变迁,也是一种农业竞争;既需要国内视角,也需要国际视角;既有农业进步,也有副作用;既有共性,也有多样性;既有国际农业趋同,也有国际农业分化;农业现代化不是一劳永逸的,而是不进则退。

2. 农业现代化的过程

农业现代化是一个历史过程。关于它的起点和终点,目前没有统一认识。一般而言,在18~21世纪期间,农业现代化过程可以分为两大阶段,不同阶段有不同特点,不同国家的阶段划分有所不同;农业现代化过程可以分为两种类型:农业现代化的前沿过程(路径$_{11}$和路径$_{12}$)和追赶过程(路径$_{13}$和路径$_{14}$);两类过程既有联系又有差别,而且相互影响(图2-4)。

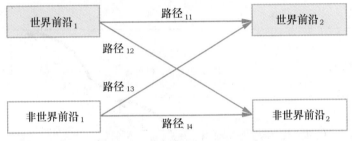

图 2-4 达到世界前沿的两条路径

这里简要讨论农业现代化过程的阶段、特点和原理,它的动力和模式将在后面讨论。

(1) 农业现代化过程的阶段

农业现代化是现代化的一种表现形式。第二次现代化理论提出的人类文明进程的周期表、坐标系和路线图,可以为分析农业现代化过程提供历史和理论背景。参照人类文明进程的周期表、坐标系和路线图,可以建立农业变迁和农业现代化的周期表(表2-19)、坐标系(图2-5)和路线图(图一),它们为分析农业现代化过程的阶段提供了工具。

表 2-19 农业变迁和农业现代化的周期表——农业形态的变化

文明时间(起始年)	文明进程	农业变迁和农业形态(要点举例)	农业现代化
工具时代(起步~公元前3500)	原始文化(原始社会)	原始社会的农业(原始农业)	
起步期(250万年前)	旧石器早期	狩猎和采集	(工具制造革命、原始文化)
发展期(20万年前)	旧石器中期	狩猎和采集	
成熟期(4万年前)	旧石器晚期	狩猎和采集	
过渡期(1万年前)	新石器时代	狩猎和采集、园艺和养殖	(原始农业革命、刀耕火种)
农业时代(公元前3500~1763)	农业文明(农业社会)	农业社会的农业(传统农业)	
起步期(公元前4000年)	古代文明	种植和畜牧、灌溉农业	(古代农业革命、自然农业)
发展期(公元前500年)	古典文明	种植和畜牧、生存农业	
成熟期(公元618年)	东方文明、欧洲中世纪	种植和畜牧、封建农业	
过渡期(1500年)	欧洲文艺复兴	种植和畜牧、资本主义兴起	

（续表）

文明时间（起始年）	文明进程	农业变迁和农业形态（要点举例）	农业现代化
工业时代（1763~1970）	工业文明（工业社会）	工业社会的农业（现代农业）	
起步期（1763 年）	第一次工业革命	机械化、商品化、科学化	第一次农业现代化
发展期（1870 年）	第二次工业革命	电气化、化学化、专业化	现代农业革命
成熟期（1914 年）	家庭机械电器化	工业化、组织化、系统化	专业化、机械化、市场化
过渡期（1946 年）	第三次产业革命	集约化、标准化、自动化	（绿色革命）
知识时代（1970~2100）	知识文明（知识社会）	知识社会的农业（知识农业）	
起步期（1970 年）	第一次信息革命	生态农业、有机农业、国际化	第二次农业现代化
发展期（1993 年）	第二次信息革命	精准农业、信息农业、多样化	农业生态和信息革命
成熟期（2020 年）	新生物学革命	智能化、优质化、工程化、多样化	生态化、信息化、全球化
过渡期（2050 年）	新物理学革命	工厂化、订单化、自然化、多样化	

注：文明时间、文明进程、农业变迁和农业形态，都是基于人类文明前沿的时间轨迹的描述。人类文明进程是不同步的，文明前沿与文明末尾的差距在扩大。不同阶段的特点是相对的，有许多交叉。

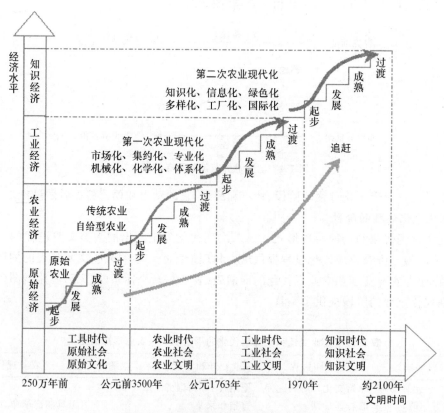

图 2-5　农业变迁和农业现代化的坐标

　　一般而言，农业现代化是一个长期的历史过程，而且不同国家的农业现代化是不同步的。在 18~21 世纪期间，世界农业现代化的前沿轨迹可以分为第一次和第二次农业现代化两大阶段；第一次和第二次农业现代化两大阶段都分别包括起步、发展、成熟和过渡四个小阶段（表 2-19 和图 2-5）。根据技术特点，第一次农业现代化过程包括三次浪潮，第二次农业现代化将包括三次浪潮。农业现代化过程包括两大阶段和六次浪潮（表 1-89）。

　　第一次农业现代化是从传统农业向初级现代农业、从自给型农业向市场化农业的转型，它包括从手工农业向机械化农业、自然农业向化学农业、分散性农业向集约化农业、个体农业向工业化农业、家庭农业向社会化农业、生存农业向专业化农业、季节性农业向人工性农业、小农经济向商品经济、农业税收向农业补贴、乡土文化向市场文化的转型等。它包括农业劳动生产率、土地生产率和农民生活水平提高,农业劳动力比例和农业增加值比例下降等。

第二次农业现代化是从初级现代农业向高级现代农业、从市场化农业向知识型农业的转型,它包括从效率农业向生态农业、化学农业向有机农业、机械化农业向信息化农业、露天农业向工厂化农业、供方农业向订单农业、标准农业向精准农业、高投入农业向节约型农业、全国性农业向国际化农业、专业化农业向多样化农业的转型等。它包括农业综合效益、农产品品质、国际竞争力和农民生活质量提高,农业劳动力比例和农业增加值比例继续下降等。

如果说,第一次农业现代化是初级农业现代化,是从传统农业向初级现代农业的转变;那么,第二次农业现代化是高级农业现代化,是从初级现代农业向高级现代农业的转变;两次农业现代化的协调发展是综合农业现代化。22 世纪农业现代化还会有新变化。

(2) 农业现代化过程的特点

农业现代化过程的特点,可以从不同角度和不同层次来讨论。

首先,农业现代化过程的整体特点。农业现代化过程的整体特点大致有 16 个(表 2-20)。它们是:部分可预期、资源依赖、不均衡性、不同步性、阶段性、多样性、系统性、复杂性、长期性、进步性、全球性、风险性、政府作用、农业效率分化、农业比例趋同和具有副作用等。

表 2-20　农业现代化过程的 16 个特点

编号	特点	现象举例或说明
1	部分可预期	世界农业前沿的变迁是有规律的,是可以部分预期的
2	资源依赖	农业现代化的路径选择与农业资源禀赋紧密相关
3	不均衡性	农业现代化的空间分布、时间分布等是不均衡的
4	不同步性	不同国家和不同领域的农业现代化是不同步的
5	阶段性	农业现代化是有阶段的过程,18～21 世纪农业现代化可以分为两大阶段
6	多样性	农业现代化的路径、模式和政策具有多样性
7	系统性	农业现代化是一个系统过程,包括农业生产、农业经济和农业要素变化
8	复杂性	农业现代化是一个复杂过程,包括农业行为、结构、制度和观念变化
9	长期性	农业现代化是一个长期过程,至少持续 400 年
10	进步性	农业现代化是一个进步过程,农业生产率和农民收入不断提高
11	全球性	农业现代化是全球的过程
12	风险性	农业现代化是有风险的,包括自然、社会和经济风险等
13	政府作用	政府在农业现代化过程中发挥了不可替代的重要作用
14	农业效率分化	农业效率的国际差距扩大,国际贫富分化
15	农业比例趋同	农业比例的国际趋同,农业比例下降
16	副作用	不同阶段的副作用有所差别,如水土流失、土地退化、环境污染、食品风险等

注:本表是许多学者的理论研究和实证研究的观点和结果的一种汇编。

其次,农业现代化过程的分阶段特点。在 18～21 世纪的 400 年里,农业现代化过程可以分为第一次农业现代化和第二次农业现代化两大阶段。两个阶段的特点有所不同(表 2-21)。

表 2-21　广义农业现代化的两个阶段

项目	第一次农业现代化	第二次农业现代化
时间	约 1763~1970 年	约 1970~2100 年
内容	从自给型农业向市场化农业转变	从市场化农业向知识型农业转变
技术	机械化、化学化、电气化、自动化等	知识化、信息化、智能化、绿色化、生物技术等
生产	专业化、标准化、科学化、规模化生产	精准化、绿色化、工厂化、订单化生产
经济	市场化、商业化、工业化、农业比例下降	知识化、生态化、国际化、高效益、高竞争力
制度	农业合作社、农技推广体系、政策扶持等	环境保护制度、农业补贴、低关税等
观念	效率、产量、收入、技术等	效益、质量、创新、环境意识等
农民	提高识字率、普及初等教育	提高竞争力、普及高等教育
动力	技术、制度、资本、人口、工业化等	知识、信息、创新、生态意识、国际竞争等
目标	农产品供需平衡、提高农业效率等	提高农业效益和国际竞争力，保证食品安全等
现代性	第一农业现代性：初级现代农业、市场化农业、机械化农业、高效率农业等	第二农业现代性：高级现代农业、知识型农业、生态农业、有机农业、信息化农业、高效益农业等
副作用	农业环境污染、水土流失等	农业贸易冲突、食品风险等

（3）农业现代化过程的原理

关于农业现代化过程的原理，可能会见仁见智。农业现代化是 18 世纪工业革命以来农业系统的一种前沿变化和国际竞争，包括农业内容、农业形态和农业国际体系的变化等。农业现代化过程的基本原理不仅包括农业内容、农业形态和农业国际体系变化的主要机理和基本原则，还包括它们的动力和模式等；它遵循现代化一般原理。关于动力和模式将在后面讨论。

首先，现代化原理在农业系统的应用。农业现代化是现代化在农业系统的反映，它必然遵循现代化的基本原理。第二次现代化理论认为，现代化遵循 10 个基本原理（表 2-22），分别涉及现代化的行为、路径、进程、分布、结构、结果、需求、效用、状态和中轴。它们同样适用于农业现代化，当然，不同原理的适应性可能有所差别。

表 2-22　第二次现代化理论的 10 个基本原则

原理	内容或解释	备注
进程不同步	现代化的进程是不同步的，不同国家、领域和要素的现代化进程都是不同步的	国际体系
分布不均衡	现代化的分布是不均衡的，现代化的空间、领域和要素的横向和纵向分布都不均衡	
结构稳定性	现代化的分布结构是相对稳定的，发达国家比例小于 20%，发展中国家比例大于 80%	
地位可变迁	现代化的国际地位是可以变化的，发达国家降级概率约 10%，发展中国家升级概率约 5%	
行为可预期	现代化的行为是可以部分预期的，行为决策具有有限的理性（有限理性原理）	文明内容
路径可选择	现代化的路径是可选择的，路径选择受自身历史和条件的制约（路径依赖性）	
需求递进	现代化的社会需求是递进的，需求 I—满足—需求 II（马斯洛的需求层次理论）	
效用递减	现代化的政策效用是递减的，创新 I—效用变化—创新 II，效用周期、效用固化	
状态不重复	现代化的状态是变化的，变化是不重复的，状态 I—变迁—状态 II	文明形态
中轴转变	现代化的中轴是变化的，不同领域有不同中轴（贝尔的中轴原理）	

资料来源：何传启，2010.

其次，农业内容现代化的主要机理。农业内容包括各种农业要素，如农业行为、知识、结构、制度和观念等。一般而言，农业内容现代化是农业要素的创新、选择、传播和退出交互进行的复合过程，它包括农业要素的创新、选择、传播的双向循环和农业要素的可逆退出过程,这些过程共同组成一个超循环(图 2-6)。这些过程的突出特征是多样性,同时有两重性。

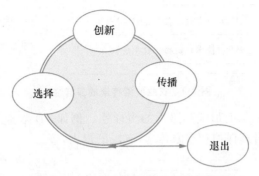

图 2-6 农业要素现代化的超循环模型

——农业要素创新具有多样性(图 2-7)。农业要素创新是农业要素现代化的一种形式和一种路径,是农业现代化的一种形式和一种路径,具有形式和路径的多样性。例如,农业行为创新、农业生活创新、农业技术创新、农业知识创新、农业结构创新、农业制度创新、农业观念创新和农业要素的组合创新等。每一种要素创新都是多路径的。

图 2-7 农业要素创新的主要路径

注:农业知识创新包括农业科学发现、农业技术发明、农业知识创造和农业新知识首次应用,农业技术创新指农业技术发明的首次成功商业应用,农业制度创新是创立一种新农业制度。

——农业要素选择具有多样性(图 2-8)。农业要素选择是农业要素现代化的一个重要环节,是农业现代化的重要内容,具有路径和标准的多样性。例如,① 社会选择,重视农业的国家利益和食品安全;② 市场选择,重视市场需求和商业利益;③ 个体选择,重视个人需求等。

图 2-8 农业要素选择的多样性

——农业要素传播具有多样性(图 2-9)。农业要素传播是农业要素现代化的一种形式和一种路径,是农业现代化的一种形式和一条路径,具有形式和路径的多样性。例如,① 农业科普和农业技术推广,② 农业交流和农业合作,③ 农业贸易(技术贸易)和农业竞争等。

——农业要素退出具有多样性(图 2-10)。农业要素退出是农业要素现代化的一种形式和一种路

图 2-9　农业要素传播的多样性

径,是农业现代化的一条路径,具有形式和路径的多样性。例如,① 农业要素的遗失和放弃,② 农业要素遗产化,③ 农业要素的合理保护和有限传递(有限的退出)等。

图 2-10　农业要素退出的多样性

　　——农业现代化的二重性(图 2-11):既要维护国家利益和食品安全,又要提高农业生产率和国际竞争力。农业现代化过程有两个导向:国家利益和市场需求。它们体现在农业要素的创新、选择、传播和退出的每一个决策过程中。

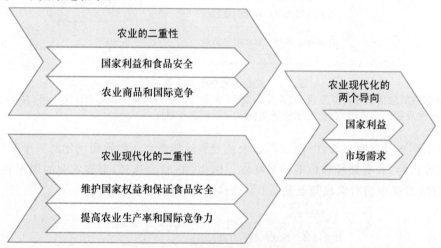

图 2-11　农业和农业现代化的二重性

　　其三,农业形态现代化的主要机理。一般而言,农业形态现代化是现代农业的形成、发展、转型和国际互动的前沿过程,每个方面都具有路径、内容或形式的多样性。

　　——现代农业形成有三条路径(图 2-12)。现代农业形成是农业形态现代化的重要内容。现代农业的形成与传统农业、农业要素创新、农业要素扩散和农业交流紧密相关。

　　——现代农业发展有三个标准(表 2-16)。现代农业发展是一种现代农业变迁,是农业现代化的一个重要组成部分。在 21 世纪,满足农业现代化的三个标准的农业变迁,才属于农业现代化,才属于现代农业发展。

图 2-12 现代农业的三个来源

——农业转型具有多样性(图 2-13)。农业转型是农业形态现代化过程的重要内容。农业转型是一个长期和渐进的过程。在这个过程中,不同农业形态所占的比例会发生变化;当新农业形态超过旧农业形态的时候,农业转型就基本完成。

图 2-13 农业转型的主要路径

——农业国际互动具有多样性(图 2-14)。农业国际互动是农业形态现代化过程的重要内容。如果国际互动是平等的,那么,国家之间可以相互促进。如果国际互动是不平等的,那么,从短期看,有些国家获利,有些国家受损;从长期看,国家之间可能相互抑制。

图 2-14 农业国际互动的主要路径

其四,农业国际体系变化的主要机理。农业国际体系变化是一个世界农业的国际分化、国家分层、国家流动和结构变迁的多元复合过程,发生在结构单元和国际体系两个层次上,前者是后者的基础。农业国际体系变化一般遵循四个基本原理,它们分别是:进程不同步、分布不均衡、结构稳定性和地位可变迁等。

农业国际分化一般指农业效率的国际差距和国际差别扩大、国际地位和国际分工的变化。农业国家分层主要指国家农业水平的分层,达到和保持世界农业先进水平的国家是农业发达国家,其他国家是农业发展中国家;农业发展中国家包括农业中等发达、初等发达和欠发达国家。农业国家流动主要指国家农业水平的国际地位变化,包括世界排名和国家分组的变化。

——结构单元层次的变化主要包括国家农业水平和国际农业地位的变化等。

国家农业水平变化:国家农业现代化水平是时间的函数,随时间而变化。

国家农业的世界排名变化:每年都有发生,变化比较大。

国家农业的国家分组变化:国家分组的变化是随机的,只能在几种状态之间变动,可以进行马尔科夫链分析(图 2-15)。国家分组的变化具有一定概率,与时间跨度有关。例如,在大约 50 年里,农业发达国家降级为发展中国家的概率约为 10%,农业发展中国家升级为发达国家的概率约为 2%等。

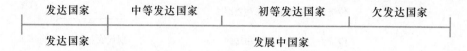

发达国家	中等发达国家	初等发达国家	欠发达国家
发达国家		发展中国家	

图 2-15   国家农业水平的国际地位的几种状态(马尔科夫链)
注:随机过程一:国家农业水平的国际地位的状态有两种(农业发达国家和农业发展中国家),某一国家某一时间只能处于其中的一种状态,国家可以随机地从一种状态进入另一种状态。随机过程二:国家农业水平的国际地位的状态有四种(农业发达国家、中等发达国家、初等发达国家和欠发达国家),某一国家某一时间只能处于其中的一种状态,国家可以随机地从一种状态进入另一种状态。

——国际体系层次的变化主要包括体系水平和体系结构变化等。

国际体系水平变化:国际体系水平与它的结构单元的现代化水平和阶段正相关。

国际体系结构变化:国际体系结构具有相对稳定性。一般而言,农业发达国家的比例不到 20%,农业发展中国家的比例超过 80%;在 50 年里,农业发达国家仍然为发达国家的概率约为 90%,农业发展中国家仍然为发展中国家的概率约为 98%。

上述农业现代化过程的主要原理,一般适用于前沿过程,基本适用于追赶过程;在不同领域和不同阶段的适用性可能有所差别,在不同层次的适用性可能有较大差别,需要专题研究。

3. 农业现代化的结果

根据农业现代化的理论含义和实证研究,农业现代化的结果包括农业现代性、特色性、多样性和副作用的形成,包括农业生产率和农民生活质量提高、农业生态变化和农民全面发展,包括农业供求的动态平衡、农业科技的发展和农业比例的下降,包括世界农业前沿、农业国际体系和国家农业状态的变化。不同国家农业现代化的结果既有共性又有差异;两次农业现代化的结果是不同的(表 2-12)。

一般而言,农业现代化过程的结果是时间的函数,随时间而变化,可以从世界农业前沿、国际农业体系和国家农业状态三个层次进行分析。农业现代化结果不仅与农业现代化过程的时间跨度紧密相关,与它的起点截面、终点截面(分析的终点)和地理范围紧密相关,还与农业现代化目标紧密相关。

(1)世界农业的前沿变化

在农业现代化过程中,世界农业前沿就是农业现代化的前沿,它与农业现代性紧密相关。关于农业现代性没有统一定义。1970 年以前,农业现代性(第一农业现代性)是完成第一次农业现代化的国家(工业化国家)的农业结构和特征的一种理论概括,可以简称为初级现代农业;1970 年以来,第二农业现代性是对世界农业前沿的结构和特征的一般理论概括,可以简称为高级现代农业(表 2-23)。农业现代性的研究方法大致有两种方法:思辨方法、实证方法。

表 2-23   农业现代性(内容和特征举例)

第一农业现代性	第二农业现代性
完成第一次农业现代化的国家(约 1970 年) 1970 年初级现代农业的特点	进入第二次农业现代化的国家(约 2008 年) 2008 年高级现代农业的特点
机械化、电气化、自动化、化学化、良种化、水利化、专业化、商业化、市场化、集约化、规模化、社会化、标准化、制度化、体系化和科学化等,农业劳动力比例和农业增加值比例都低于 10%	知识化、信息化、智能化、精准化、生态化、绿色化、自然化、多样化、订单化、工厂化和国际化等,农业劳动力比例和农业增加值比例都低于 5%

注:第二农业现代性是一幅没有完全展开的图画。两种现代性分别反映了两次现代化的部分内容和特点。

一般而言,世界农业的前沿变化主要是农业发达国家前沿变化的一个集合。通过比较农业发达国家的农业现代化过程的起点截面和终点截面(分析截面)的前沿差别,可以认识世界前沿的变化。这种变化主要表现在六个方面:一是两次农业转型的完成;二是农业效率和农民收入的提高;三是农民福利和生活质量的改善;四是农业比例的下降;五是农业科技和农业制度的发展;六是国际农业体系和国家农业地位的变化。

在1763~1970年期间,世界农业现代化的前沿过程是第一次农业现代化。第一次农业现代化的结果是第一农业现代性、特色性和多样性的形成,包括农业劳动生产率、土地生产率和农民生活水平提高,农业劳动力比例和农业增加值比例下降,副作用包括农业环境污染和水土流失等;完成第一次农业现代化的主要标志是完成农业的市场化、机械化和体系化,农业效率、农业比例和农民收入达到市场化农业的先进水平(20世纪60年代的世界先进水平)。

第一农业现代性的特点包括市场化、商业化、集约化、专业化、机械化、电气化、自动化、化学化、良种化、水利化、规模化、社会化、标准化、制度化、体系化和科学化等(表2-23)。

在1970~2100年期间,世界农业现代化的前沿过程是第二次农业现代化。第二次农业现代化的结果是第二农业现代性、特色性和多样性的形成,包括农业综合效益、国际竞争力和农民生活质量提高,农业劳动力比例和农业增加值比例继续下降,副作用包括农业贸易冲突、食物风险等;完成第二次农业现代化的主要标志是完成知识化和生态化,农业综合效益和农民综合素质达到知识型农业的先进水平(未来某个时间的)等。实现农业现代化的基本标准包括农业效率、农民收入、农业比例和制度达到当时世界先进水平等。

第二农业现代性的目前特点包括知识化、信息化、智能化、精准化、生态化、绿色化、自然化、多样化、订单化、工厂化和国际化等。

(2) 国际农业体系的变化

通过比较农业现代化过程的起点截面和终点截面(分析截面)的国际农业体系的差别,可以认识国际体系的变化。国际农业体系变化包括体系组成、结构、水平和特征的变化等。

在1763~1970年期间,在国际农业体系中,进入第一次农业现代化和完成第一次农业现代化的国家数量逐步增加(图1-35);第一农业现代性的比例提高,传统农业的比例下降。

1970年以来,在国际农业体系中,进入第二次农业现代化和完成第一次农业现代化的国家的数量和比例增加,处于传统农业的国家数量和比例减少;第二农业现代性的比例提高,第一农业现代性的比例先升后降,传统农业的比例很小。

国际农业体系的水平结构相对稳定(图2-16)。例如,在1700~2008年期间,农业发达国家比例小于20%,农业发展中国家比例大于80%;两类国家之间的转移概率小于20%。

国际农业体系的水平差距因指标而异。在1700~2008年期间,有些农业指标的国际差距扩大,如农业效率的国际差距持续扩大;有些农业指标的国际差距从扩大到缩小,如农业劳动力和农业增加值比例等。

(3) 国家农业状态的变化

在农业现代化过程中,国家农业状态是国家农业现代化状态的简称,包括它的阶段、前沿、水平和国际地位等。国家农业状态的变化可以定性和定量分析。通过比较国家农业现代化过程的起点和终点截面(分析截面)的国家农业状态的差别,可以分析它的变化。

从国家农业前沿变化角度分析,农业现代化过程的主要结果包括农业现代性、特色性和副作用的形成,同样反映在六个方面。一是两次农业转型的完成,二是农业效率和农民收入的提高,三是农民福利和生活质量的改善,四是农业比例的下降,五是农业科技和农业制度的发展,六是国际农业体系

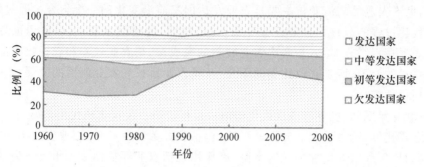

图 2-16　1960～2006 年农业现代化过程的国际农业体系的水平结构

和国家农业地位的变化。

国家第一次农业现代化过程的主要结果是第一农业现代性和特色性的形成,可能还有副作用,不同国家的副作用可能有所差别。国家第二次农业现代化过程的主要结果是第二农业现代性和特色性的形成,可能还有副作用,不同国家的副作用可能有所差别。发展中国家的综合农业现代化的主要结果包括第一农业现代性、第二农业现代性和特色性的形成;第一农业现代性的比例先升后降,第二农业现代性的比例不断增加;不同国家的副作用可能有所差别。

在农业现代化过程中,一部分国家达到和保持世界农业先进水平,成为农业发达国家,其他国家是农业发展中国家,两类国家之间可以流动。一般而言,农业发达国家大约占 20%,农业发展中国家大约占 80%;两类国家处于动态平衡中。

(4) 农业现代化的国家目标

国家农业现代化的目标包括:完成第一次农业现代化,实现从传统农业向初级现代市场农业的转型;完成第二次农业现代化,实现从初级现代农业向高级现代农业的转型;追赶、达到和保持世界农业的先进水平,成为农业发达国家或缩小国际农业差距,同时确保粮食安全。前两个目标的实现是一个"时间问题",所有国家都有可能先后完成;第三个目标的实现是一个"比例和概率问题",只有部分国家能够达到和保持世界先进水平。

从政策角度看,国家农业现代化的主要目标有两个:提高农业生产力和农民生活质量,保持农业生态系统的稳定和国家食品安全;发达国家的政策目标是保持世界农业先进水平,发展中国家的政策目标是追赶和达到世界农业先进水平。

一般而言,实现农业现代化的基本标准包括农业效率、农民收入、农业结构、农业制度和农业观念达到当时世界先进水平等。完成第一次农业现代化的标准:农业增加值占 GDP 比例小于 15%,农业劳动力占总劳动力比例小于 30%,农业劳动生产率达到 20 世纪 60 年代世界先进水平(按 2000 年价格计算约 4000 美元);进入第二次农业现代化的标准:农业增加值占 GDP 比例小于 5%,农业劳动力占总劳动力比例小于 10%,有机农业或生态农业已经起步等。

4.农业现代化的动力

农业现代化过程的动力分析,涉及动力因素和动力机制两个方面。

(1) 农业现代化的动力因素

农业现代化是一个复杂过程,影响因素很多,不同因素的作用不同。有些因素有促进作用,有些有抑制作用。促进作用比较大的影响因素,可以称为现代化过程的动力因素。

首先,微观层次的影响因素。一般而言,微观因素包括个人心理因素和社会因素等。例如,个人的事业心、荣誉感、成就感、责任感、民族感等,社会的知识、制度、观念、结构、历史、传统、家庭、组织、利益、稀缺、资本、资源、市场、创新、适应、交流、合作、冲突和竞争等。它们影响社会选择和社会行为,影响农业现代化。

其次,宏观层次的影响因素。一般而言,宏观因素包括国内因素和国际因素等。例如,经济增长、需求变化、工业化、城市化、信息化、全球化和合理预期,包括自然资源禀赋、技术进步、制度进步、农业结构、农业环境、农业政策和国际农业体系和农业贸易变化等。

在发达国家,农业日益成为一个政治议题,政治对农业的影响往往超过经济影响。在发展中国家,农业更多是一个经济议题,经济对农业的影响一般超过政治影响。这种差异反映在国际农业贸易中,国际农业贸易摩擦是难以回避的,至少在相当长的时期内是如此。

其三,农业现代化的主要动力因素。主要包括农业创新、农业竞争、农业适应、农业交流、国家利益和市场需求等。农业创新是农业现代化的根本来源,农业竞争是农业现代化的激励机制,农业适应是农业现代化的自调机制,农业交流是农业现代化的促进因素,国家利益是农业国际竞争的主导因子,市场需求是农业产品创新的主导因素。在农业发达国家,农业创新作用比较突出;在农业发展中国家,农业交流作用比较突出。

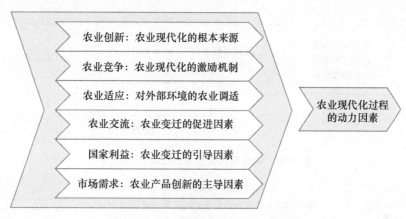

图 2-17　农业现代化过程的动力因素

(2) 农业现代化的动力模型

农业现代化是现代化的一种表现形式,农业现代化的动力模型可以借鉴现代化的动力模型。当然,农业现代化的动力模型会有一些新特点(表 2-24)。

表 2-24　农业现代化过程的动力模型

编号	动力模型	备注
1	创新驱动模型:创新产生新观念、新制度、新知识和新物品(图 2-18)	微观层次模型
2	三新驱动模型:农业知识创新、制度创新和技术创新的共同作用(图 2-19)	
3	双轮驱动模型:国家利益和市场需求的共同作用(图 2-20)	
4	联合作用模型:创新、竞争、适应、交流的联合作用(图 2-21)	
5	四步超循环模型:农业要素的创新—选择—传播—退出的超循环(图 2-6)	
6	创新扩散模型:重大农业创新的国内扩散和国际扩散(图 2-22)	宏观层次模型
7	创新溢出模型:其他领域重大创新对农业创新和农业发展的促进作用	
8	竞争驱动模型:国际竞争、市场竞争、民主竞选的作用(图 2-23)	
9	经济社会驱动模型:工业化和城市化的农业效应(图 2-24)	
10	农业生产力函数:农业生产力与技术进步、人均技能和人均资本成正比	定量模型

资料来源:何传启,2010.

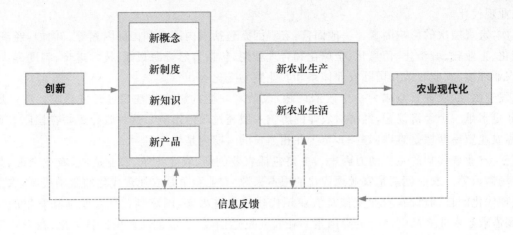

图 2-18 农业现代化过程的创新驱动模型

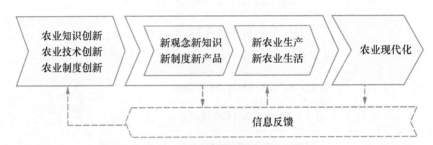

图 2-19 农业现代化过程的三新驱动模型

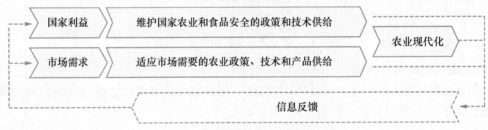

图 2-20 农业现代化过程的双轮驱动模型

首先,微观层次的动力模型。主要包括创新驱动模型、三新驱动模型、双轮驱动模型、联合作用模型、四步超循环模型等。

其次,宏观层次的动力模型。主要包括创新扩散模型、创新溢出模型、竞争驱动模型、经济和社会驱动模型等。

其三,农业现代化动力的定量模型。

农业生产率是农业现代化的一个关键指标。农业生产率函数包括农业现代化的动力因素,可以用来定量分析农业现代化的动力。

农业生产率函数:农业生产率与农业技术、农业劳动力人均资本和人均技能成正比。

$$P_a = A \times C^a \times S^{1-a}$$

其中,P_a 为农业生产率(农业劳动力的人均产出),A 为技术进步乘数,C 为农业劳动力的人均资本,S 为农业劳动力的人均技能;a 为农业资本产出份额,$(1-a)$ 为农业劳动产出份额。

技术进步乘数反映农业技术进步、资源优化配置和规模经济等的效果。

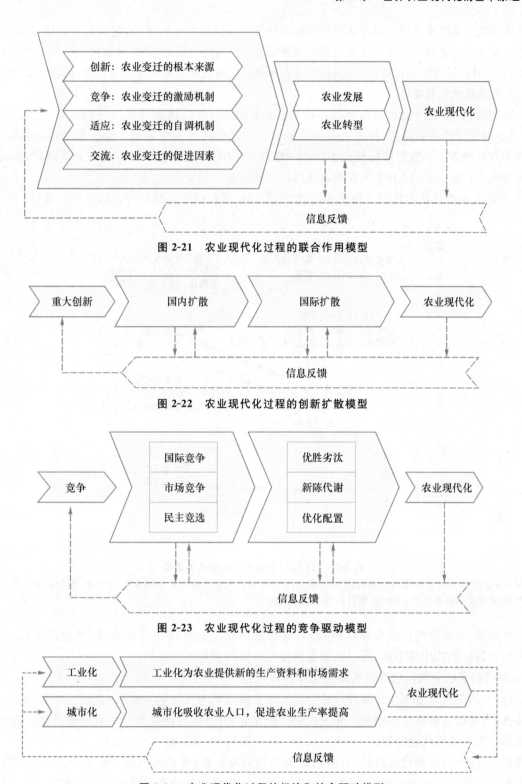

图 2-21　农业现代化过程的联合作用模型

图 2-22　农业现代化过程的创新扩散模型

图 2-23　农业现代化过程的竞争驱动模型

图 2-24　农业现代化过程的经济和社会驱动模型

5. 农业现代化的模式

农业现代化是一个历史过程,具有时间跨度和发展路径。不同国家的农业现代化,有自己的发展路径和阶段模式。发展路径指在农业现代化的起点与终点(目标)之间的道路,它具有方向性、阶段性和结构特征。农业现代化的模式是农业现代化的发展路径的一段历史截段,是农业现代化的关键要素的一种组合(配方),具有时效性和针对性。一般而言,农业现代化模式是农业现代化的实践经验的代名词。

(1) 农业现代化的路径

一般而言,农业现代化是多路径的。根据路径的性质,可以把路径分为三类。第一类是基本路径,指农业现代化的主要路径,每条主要路径的方向和结构特征是独特的。第二类是细分路径,指基本路径中存在的方向一致但结构特点不同的一组路径,又称为亚路径。第三类是分叉路径,指看似可以通向现代化目标,但实际上是不可能达到目标的路径。

21 世纪农业现代化大致有三条基本路径(图 2-25),不同国家和地区可以选择不同路径。

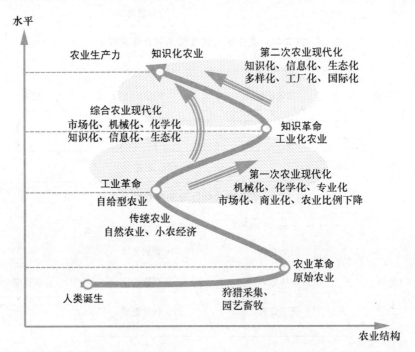

图 2-25　21 世纪农业现代化的三条路径

注:21 世纪第一次农业现代化路径将受到第二次农业现代化的影响,多少具有综合农业现代化的特点。综合农业现代化路径具有多样性,与起点和目标选择紧密相关。

一般而言,农业现代化没有最佳路径,只有合适路径。基本路径可以选择,细分路径可以选择。每一条细分路径的适用性不同,同一条细分路径对不同国家是不等价的。

21 世纪国家农业现代化有三种路径选择。

选择一,第二次农业现代化路径。适合于已经完成或基本完成第一次农业现代化的国家。

选择二,追赶农业现代化路径。先完成第一次农业现代化,后推进第二次农业现代化。适合于没有完成第一次农业现代化的国家,特别是农业现代化刚刚起步的国家。

选择三,综合农业现代化路径,两次农业现代化协调发展,并持续向第二次农业现代化转型。适合于没有完成第一次农业现代化的国家,特别是第一次农业现代化实现程度较高的国家。

(2) 农业现代化的模式

农业现代化模式是国家农业现代化过程中某一个历史截段的典型特征的一种抽象表述,或者说是国家农业现代化路径的一个历史截段的"名称"。农业现代化包括许多基本要素,如农业生产、农业经济、农业结构、农业制度和农业观念等。农业现代化模式就是这些基本要素的某种组合。不同国家的不同历史时期具有不同的条件和环境,需要不同的要素组合。如果国家农业现代化的某一个阶段取得明显的成功或失败,人们就会把这个阶段的路径及其特征归结为"一种模式"。先行国家农业现代化过程的一些成功模式,往往成为后发国家的参照。

首先,农业现代化具有模式多样性(表 2-25)。一般而言,不同国家和不同阶段可以选择不同模式,可以创造不同的模式。它们与资源禀赋、国际环境和政策选择紧密相关。

表 2-25　农业现代化的组合模式(举例)

编号	第一次农业现代化的组合模式		第二次农业现代化的组合模式		综合农业现代化的组合模式	
	要素组合/资源禀赋	模式	要素组合/资源禀赋	模式	要素组合/资源禀赋	模式
1	种植业与畜牧业	种植业优先	种植业与畜牧业	种植业优先	种植业与畜牧业	种植业优先
2		畜牧业优先		畜牧业优先		畜牧业优先
3		协调发展		协调发展		协调发展
4	劳动与土地	劳动节约型	劳动与土地	劳动节约型	劳动与土地	劳动节约型
5		土地节约型		土地节约型		土地节约型
6		综合型		综合型		综合型
7	土地类型	灌溉农业	地理条件	山区农业	地理条件	山区农业
8		旱地农业		丘陵农业		丘陵农业
9		混合农业		平原农业		平原农业
10	气候条件	热带农业	地理区位	乡村农业	地理区位	乡村农业
11		温带农业		郊区农业		郊区农业
12		寒带农业		都市农业		都市农业
13	地理条件	山区农业	农业贸易	出口型农业	农业贸易	出口型农业
14		丘陵农业		进口型农业		进口型农业
15		平原农业		综合型农业		综合型农业
16	地理区位	乡村农业	信息与有机农业	信息农业优先	农业与工业化	农业优先
17		郊区农业		有机农业优先		工业化优先
18		都市农业		协调发展		协调发展
19	农业贸易	出口型农业	专营与兼营农业	专营农业优先	综合/持续农业	综合农业优先
20		进口型农业		兼营农业优先		持续农业优先
21		综合型农业		协调发展		协调发展
22	农业与工业化	农业优先	综合/持续农业	综合农业优先	农业与信息化	农业优先
23		工业化优先		持续农业优先		信息化优先
24		协调发展		协调发展		协调发展
25	农业与城市化	农业优先	高效/自然农业	高效农业优先	农业与生态化	农业优先
26		城市化优先		自然农业优先		生态化优先
27		协调发展		协调发展		协调发展

注:模式是相对的,相关模式之间没有明显疆界,不同模式可以交叉进行。几个模式可以组合成一种复合模式。兼营农业包括旅游、观光和休闲农业等。其他模式包括淡水渔业、海水渔业、林业的现代化模式等。

其次,农业现代化没有标准模式,没有最佳模式,只有合适模式。例如,种植业与畜牧业的三种组合模式,没有高低之分。国家可以选择或创造模式。模式的创造和选择受客观条件和国际环境的影响,需要专题研究。

一般而言,第一次农业现代化的模式选择,更多受自身条件的影响。第二次农业现代化的模式选择,更多受科技水平和国际环境的影响。知识型农业具有多种模式(表2-26),如综合农业、信息农业、工厂化农业、现代持续农业和生态农业等。

表2-26　知识型农业的主要类型

类型	特征
综合农业	知识密集的高技术农业,基于生产、加工、仓储、运输、销售和服务有机结合的整合农业。可以有多种组织形式,如建立在自愿、平等、互利和民主管理基础上的股份制农业合作社,以销售公司或产品加工公司为龙头的合同制生产联合体,区域性的农场、加工业和农业服务公司一体化的大型现代化农业企业等
信息农业	信息化和智能化农业,"农业知识专家系统"为农户提供适时的信息服务和决策建议。该系统与全球定位系统和电子商务系统相连,实时监控全球农产品市场行情,又定位观察监测农田作物长势和病虫害。农户将掌握市场行情和作物长势,能够及时采取措施。如精准农业等
工厂化农业	采用无土栽培技术、农产品工厂化生产技术和人工合成食品技术等,实现食品和其他农产品的工厂化生产。根据市场需要设计和生产食物。如设施农业等
现代持续农业	现代持续农业的理论和实践都在发展中,其目的是采取某种使用和保护自然资源基础的方式,并实行技术革新和制度革新,以确保当代人类及其后代对农产品的需求不断得到满足,它要求应用新知识和高技术,农民知识化,实现经济、社会、生态、人类和自然协调和谐
生态农业	生态农业将建立在生态学、文化观念和生物技术突破基础上。生物技术设计适应各种生态类型的优质、高产、抗病、抗逆、特色化新品种,水肥利用率高,采用生态友好耕种技术,生产适应不同文化价值取向用户需要的农产品,新产品具有文化内涵和观赏价值。如有机农业、绿色农业、无公害农业等
自然农业	根据当地自然条件设计和种植农作物,采用自然耕作法、轮作法和生态休闲法等技术措施,减少或不用肥料、农药和人工制品,生产自然型产品。新型自然农业与传统自然农业有所不同
观光农业	风景秀丽的地区将发展兼顾旅游观光和食物生产的旅游型农业。作物结构、食品加工、村镇建设、道路建设、自然景观和旅游设施将总体规划,实现农业和旅游的互利结合,部分观光型农业将发展成传播文化、知识和传统的文化型农业
休闲农业	城镇周边地区农户将土地出租给城镇居民,供他们休闲时来此亲自种植作物,饲养动物,生产自己喜好的农产品,达到娱乐、休闲、自种、自享、拥抱大自然的无尘境界

注:关于知识型农业的分类没有统一认识。不同分类的重点不同,有些分类有一定交叉。
资料来源:何传启,1999.

6. 综合农业现代化

综合农业现代化是21世纪农业现代化的一条基本路径,它包括两次农业转型(从自给型农业向市场化农业、从市场化农业向知识型农业的转型)的联动和持续向知识型农业转变,包括农业市场化、机械化、信息化、绿色化和国际化的协调发展,包括农业效率和农民收入的提高、农民福利与生活质量的改善、农业比例下降、国际农业竞争力和国际农业地位的提高等。

综合农业现代化是两次农业现代化的协调发展并持续向第二农业现代化转型的历史过程,它包括生产模式、关键技术、农业结构、农业制度和观念的变化,包括追赶和达到世界农业先进水平的国际竞争。实现综合农业现代化的标志是农业效率、农业效益、农民福利和生活质量、农业制度和农业技术等达到当时的世界先进水平。

第四节　农业现代化的政策选择

农业现代化的政策研究是农业现代化研究的一个重要领域,已经有大量学术文献,包括国际的和国内的。农业现代化过程的政策研究,大致有两种方法。其一是历史分析。可以对过去300年的农业现代化进程进行研究,寻找农业现代化的成功经验和失败教训,从中归纳出一些农业政策。其二是理论分析。可以利用农业现代化理论,推导出一些农业政策。这里采用第二种思路。这种分析与农业发展的政策分析有所不同,前者更多是农业现代化理论导向的,后者更多是国家农业发展问题导向的;两者可以互补。从理论角度分析农业政策,大都属于政策观念,而不是具体政策。具体政策需要专题研究。

一、农业现代化的政策分析

农业现代化的政策分析,必须尊重农业现代化的客观规律,必须适合国家或地区的自然禀赋和现实条件。很显然,不同国家和地区农业现代化的自然禀赋和发展阶段是不同的,需要专门研究。这里简要讨论不同农业现代化理论的政策涵义。

1. 经典农业现代化理论的政策涵义

经典农业现代化理论认为:农业现代化是从传统农业向现代农业的转型过程及其深刻变化,它包括农业的商业化和市场化转型、现代农业技术进步、现代生产要素引入和要素优化配置、农业制度创新和完善、农民素质和收入提高等。它的政策解释如下。

农业技术:机械化、电气化、化学化、自动化等,加速农业技术推广等。

农业生产:专业化、标准化、良种化、集约化、科学化、社会化、规模化等。

农业经济:市场化、商业化、工业化、农业比例下降、保证农业供求平衡等。

农业环境:加快工业化和城市化进程,提供现代生产要素、市场需求和人口流动。

农业制度:农技推广体系、农业金融、农业合作社、农业补贴和政策扶持等。

农业观念:提倡高效率、高产量、高收入、先进技术、市场竞争等。

农民:提高农民识字率,普及初等教育,提高农民可支配收入等。

农村:改善农村基础设施,包括水利、电力、交通、通信、卫生和生活条件等。

2. 两次农业现代化理论的政策涵义

两次农业现代化理论认为:从传统农业向常规现代农业的转变是第一次农业现代化,主要特点包括机械化、化学化、电气化、水利化、商品化和社会化等;从常规现代农业向现代持续农业的转变是第二次农业现代化,主要特点包括标准化、信息化、知识化、专业化、生物化和设施化等,农业管理现代化,经济、社会与生态效益的协调发展。

第一次农业现代化的政策涵义,与经典农业现代化理论的政策涵义是基本一致的。

第二次农业现代化的政策涵义,主要是与知识经济和生态经济相适应的一些政策。

3. 广义农业现代化理论的政策涵义

广义农业现代化理论认为:农业现代化是18世纪以来世界农业的一种前沿变化和国际竞争,它既是现代农业的世界先进水平,又是达到和保持世界农业先进水平的过程,它包括现代农业的形成、发展、转型和国际互动,农业要素的创新、选择、传播和退出以及追赶、达到和保持世界农业先进水平的国际竞争和国际分化;在18~21世纪期间,农业现代化的前沿过程可以分为第一次和第二次农业现代化,两次农业现代化的协调发展是综合农业现代化,综合农业现代化主要适合于农业发展中国家。它的政策涵义比较丰富。

首先,21世纪农业现代化有三条路径:第二次农业现代化、追赶农业现代化和综合农业现代化路径(表2-27)。目前,前者适用于农业发达国家,后两者适用于农业发展中国家。

表 2-27　农业现代化的主要路径

国家	20 世纪 70 年代以前	20 世纪后 30 年	21 世纪前 50 年
农业发达国家	第一次农业现代化路径	第二次农业现代化路径	第二次农业现代化路径
农业发展中国家	第一次农业现代化路径	第一次农业现代化路径 对第二次农业现代化的响应	追赶农业现代化路径 综合农业现代化路径

注:追赶农业现代化路径是先推进第一次农业现代化,然后再推进第二次农业现代化。

其次,第一次农业现代化的政策涵义,与经典农业现代化理论的政策涵义基本一致。

其三,第二次农业现代化的政策涵义,涉及许多方面。例如:

农业技术:知识化、信息化、智能化、绿色化、生物技术等。

农业生产:精准化、绿色化、工厂化、订单化生产等。

农业经济:知识化、生态化、国际化、高效益、高竞争力、保证农业供求平衡等。

农业环境:改善国际贸易环境、提倡绿色消费、农业生态环境保护等。

农业制度:环境保护制度、农业补贴、低关税、农业技术推广体系等。

农业观念:提倡高效益、高质量、创新、环境意识等。

农民:提高农民竞争力、普及高等教育,提高农民生活质量等。

农村:改善农村基础设施,包括信息基础设施、知识基础设施等。

其四,综合农业现代化的政策涵义,包含第一次农业现代化和第二次农业现代化的政策选择和优势集成,形成组合优势和竞争优势。

4. 农业现代化理论的适应性

一般而言,科学理论都是有边界条件的,在一定范围内成立,超过范围就不成立。

(1) 农业现代化理论在世界和国家范围的适应性

农业现代化理论是对世界农业现代化的一般理论分析,它以国家为基本单元。农业现代化理论,重点是分析农业变迁的世界前沿。如果世界农业变迁是有逻辑和规律的,如果农业现代化理论体现了这种逻辑和规律,那么,它就适用于世界农业和国家农业。

农业现代化的先行国家和后进国家,或者发达国家和发展中国家,它们的做法会有所不同。农业现代化理论,很好地解释了先行国家和发达国家的特点,但对后进国家和发展中国家的情况重视不够,因为后者更多需要农业现代化的政策研究。

(2) 农业现代化理论在省级地区的适应性

农业现代化理论适用于国家农业分析,但在省级地区的适应性,会因国家不同和地区不同而异。根据《中国现代化报告 2004》的分析,在省级地区,地区现代化遵循国家现代化一般规律,但又不是国家现代化的简单"缩小"。省级地区的现代化会与国家现代化有所差别。农业现代化理论在应用于地区农业分析时,需要进一步的检验、校正和发展。

农业现代化理论,比较适用于解释先行国家和发达国家的先进地区的情况,而对后进国家和发展中国家的后进地区的适应性,就会有很大差别,需要专门研究。

(3) 农业现代化理论在县市级地区的适应性

农业现代化理论在县市级地区的适应性,会比在省级地区的适应性小一些。县市级地区的农业具有更大的多样性。根据《中国现代化报告 2004》的分析,在县市级地区,工业化、城市化和服务化等都不是绝对的,而是有很大的多样性和弹性,美国有些县的经济是以农业为主的,知识化、网络化和全球化则是必然的趋势。农业现代化理论,可能在许多县市级地区出现"水土不服",需要专门的研究和校正。

在不同层次的地区农业现代化过程中,农业生产率和农民收入提高都是必需的,农业基础设施改善和农民生活质量的提高也是必需的,农业制度和农业观念变化是必然的,但是农业内容和农业结构的转变就有多样性。地区农业现代化理论,需要专题研究。

二、农业现代化的战略分析

战略是实现目标的方法。农业现代化战略是实现农业现代化目标的方法。农业发达国家的目标是保持世界农业领先水平或世界农业先进水平,农业发展中国家的目标是追赶和达到世界农业先进水平,农业发达国家和发展中国家的农业现代化战略有很大差别。

一般而言,农业现代化战略是基于农业现代化理论的战略,农业发展战略是基于发展理论的战略。前者适合于所有国家,后者常见于发展中国家。农业现代化包括农业发展、农业转型、国际竞争和国际分化。农业现代化战略与农业发展战略既有联系又有区别(表 2-28)。

表 2-28 农业现代化战略与农业发展战略的比较

项目	农业现代化战略	农业发展战略
目标	客观目标:根据农业现代化水平设置目标 农业发达国家:世界农业最高水平、世界农业先进水平 农业发展中国家:世界农业先进水平、世界农业平均水平	主观目标:根据研究者预期设置目标 农业发达国家:根据国家需求设置目标 农业发展中国家:根据国家期望设置目标
路径	客观路径:农业现代化三条基本路径 农业发达国家:第二次农业现代化路径 农业发展中国家:追赶农业现代化或综合农业现代化路径	主观路径:研究者描述的路径 农业发达国家:没有统一认识 农业发展中国家:研究者提出的不同设想
重点	农业发达国家:规律导向、前沿创新、竞争分析 农业发展中国家:规律导向、模式创新、竞争分析	农业发达国家:问题导向、政策创新 农业发展中国家:问题导向、跟踪模仿、政策分析
特点	科学思维:规律—比较—对策 农业发达国家:农业现代化原理—保持发达水平—对策 农业发展中国家:农业现代化原理—现代化差距—对策	实用逻辑:趋势—现状—对策 农业发达国家:发展趋势—国家现状—对策 农业发展中国家:发展趋势—国家现状—对策
基础	农业现代化理论、战略学等	农业发展理论、战略学等

1. 农业现代化目标

农业现代化目标是未来一段时间农业现代化的目标。它有许多类型,例如,战略目标和计划目标、长期目标和近期目标、动态目标和固定目标、理论性目标和政策性目标、国家目标、地区目标、领域和部门目标等。农业现代化目标的制定,需要遵循农业现代化规律,把握世界农业发展趋势,认清自身水平和客观条件。这里讨论 21 世纪的农业现代化目标。

(1)目标分析

一般而言,农业现代化目标包含三类目标:共性目标、个性目标和减少副作用。共性目标包括完成两次农业现代化,追赶、达到或保持世界农业先进水平。个性目标包括形成、保持和扩展自己的特色,强化竞争优势等。不同国家和不同时期减少副作用的要求是不同的。

固定目标:完成第一次农业现代化,形成第一农业现代性,减少第一次农业现代化的副作用。农业发达国家在 20 世纪 60 年代完成第一次现代化,它们 60 年代的平均水平可以作为完成第一次农业现代化的参考标准。

动态目标:完成第二次农业现代化,追赶、达到和保持世界农业先进水平,减少副作用等。目前,没有国家完成了第二次农业现代化。预计 21 世纪后期,农业发达国家能够完成第二次农业现代化。那个时候,农业发达国家的第二次农业现代化水平,可以作为完成第二次农业现代化的参考标准。

(2) 目标制定

农业现代化目标有不同类型和特点,它们的制定方法有所不同(表 2-29)。一般而言,固定目标的参考标准是已知的,可以采用标杆法、农业现代化水平评价和农业现代化阶段评价等来制定相关的政策目标;动态目标的参考标准是世界农业先进水平,可以采用标杆法和目标预测评价等来制定相关的战略目标和政策目标。

表 2-29 农业现代化目标的制定方法

目标类型	内容和特点	制定方法
共性目标	第一农业现代性,第二农业现代性,追赶、达到或保持世界农业先进水平	标杆法、农业现代化水平评价、农业现代化阶段评价、实际进展评价、目标预测评价等
个性目标	形成、保持和扩展特色,强化竞争优势	国际比较分析、竞争优势分析等
避免副作用	减少两次农业现代化的副作用	个案分析
固定目标	完成第一次农业现代化	标杆法、水平评价、阶段评价
动态目标	完成第二次农业现代化,追赶、达到或保持世界农业先进水平	标杆法、目标预测评价等
长期目标	战略目标,时间跨度可以 10 年以上	标杆法、目标预测评价、竞争优势分析等
近期目标	政策目标,时间跨度一般 5 年以内	标杆法、目标预测评价、竞争优势分析等

一般而言,战略目标的制定大致包括三个内容:战略定位、战略分析和综合目标。战略定位是对现代化的水平、阶段和国际地位的精确判断。战略分析包括国际环境、客观条件和竞争优势分析等。综合目标包括三类目标(共性目标、个性目标和减少副作用)的综合集成。

首先,战略定位。包括现代化阶段和水平评价。确定现代化的阶段、水平和国际地位。

其次,战略分析。包括世界趋势、世界前沿、国际环境、客观条件和竞争优势分析等。

其三,选择共性目标。可以采用标杆法、实际进展评价和目标预测评价等方法。

其四,选择个性目标。可以采用国际比较分析和竞争优势分析等方法。

其五,减少副作用目标。需要个案分析。

其六,提出综合政策目标。包括共性目标、个性目标和减少副作用等。

(3) 注意事项

制定农业现代化目标,一般需要注意如下问题。

首先,尊重规律。政策目标应该符合农业现代化原理和世界农业发展趋势。

其次,符合国情。政策目标不能脱离实际,必须考虑国情和国际环境的制约。

其三,适度超前。战略目标的时间跨度可以长一些,政策目标的时间跨度不超过 5 年。

其四,可行性。通过努力能够实现,不努力实现不了。社会可以接受,国力可以支撑。

其五,特色性。不同地区的政策目标,可以相互借鉴,不宜相互攀比。

其六,开放性。关注新潮流、新生长点、新科技等的影响,保持目标的弹性。

一般而言,农业现代化目标的不同类型目标,需要分别制定和分类管理。第一次农业现代化、第二次农业现代化、综合农业现代化的政策目标,农业发达国家和发展中国家的政策目标,农业发达地区和发展中地区的政策目标,农业不同领域和行业的政策目标,都会有自己的特点和要求,需要区别对待。

2. 农业现代化规划

农业现代化规划是未来一段时期的农业现代化建设蓝图,是实现农业现代化目标的计划。它是一项系统工程,是农业现代化战略的具体化和操作化。农业现代化规划有多种类型,例如,战略规划和实施计划、国家规划、地区规划、领域规划、部门规划和专项规划等。农业现代化规划的制定,需要遵循现代化规律,需要考虑客观条件和国际环境,需要量力而行。

(1) 规划制定

农业现代化规划包括许多基本内容,如战略目标、基本任务、分段目标和任务、路径选择、模式选择、重点选择、政策和措施选择等(表 2-30)。一般而言,规划制定过程是一个目标导向的开放过程,目标分析、任务分析和各种选择是交互进行的。

表 2-30　农业现代化规划的制定方法

规划内容	内容和特点	制定方法
战略目标	长期目标	见表 2-29
基本任务	实现长期目标所需要完成的任务	任务分析
分段目标和任务	分段目标、年度目标和任务	目标和任务的分解
共性目标的实现	提高现代化水平的途径和方法	根据国家发达的原理和方法,提出对策
个性目标的实现	强化特色和竞争优势的途径和方法	专题研究,提出强化特色和竞争优势的对策
避免副作用	减少现代化的副作用的途径和方法	专题研究,提出解决或抑制副作用的对策
路径选择	三条基本路径的选择、路径的细化	路径分析,路径创新,提出具体指标
模式选择	不同路径的模式选择、模式的细化	模式分析,模式创新,模式选择
重点选择	明确实现战略目标的关键点	比较分析,主成分分析法等
政策选择	根据理论和目标,进行政策创新和选择	政策分析,政策创新,政策和措施选择
成本效益分析	预算投入,估算产出,绩效分析	绩效评价方法

注:战略目标和分段目标都包括共性目标、个性目标和避免副作用三个部分。基本任务和分段任务分别指实现战略目标和分段目标所需要完成的任务。

首先,目标分析。解析战略目标,明确基本任务,提出分段目标和年度目标等。

其次,路径选择。选择基本路径,选择实现三个目标的细分路径。

其三,模式选择。选择三个目标相关的合适的模式,或者进行模式创新。

其四,重点选择。选择三个目标相关的重点,明确重中之重,相应配置资源。

其五,政策选择。包括政策分析、政策创新、政策和措施选择等。

其六,形成完整规划。包括目标、路径、模式、重点、政策和绩效评价等。

农业现代化战略规划,一般包括战略目标、任务、原则、布局、重点和措施等。

农业现代化实施计划,应该包括年度目标、任务、要求、重点和措施等。

(2) 注意事项

首先,一个重点。共性目标的实现途径和方法,是现代化规划成败的关键环节。目标是提高现代化水平,追赶、达到或保持世界先进水平。发达和发展中国家有所差别。

其次,四个选择。路径选择、模式选择、政策选择和重点选择要慎重。

其三,分段规划。第一次、第二次和综合农业现代化的战略规划是不同的。

其四,分类规划。发达与发展中国家、国家与地区、领域与部门的战略规划等有所不同。

其五,国家规划。特别关注国家的农业区划、农业创新和农业国际竞争力等。

其六,地区规划。特别关注地区农业现代化水平、特色和竞争优势等。

一般而言,农业现代化规划,发达国家可以比较多地关注农业创新、农业生态和农业国际竞争力等;发展中国家可以比较多地关注农业投资、农业合作和农业技术等。

三、农业现代化的政策措施

农业现代化政策措施的突出特点是针对性和时效性等。不同国家可以根据自身条件,创新和选择合适的政策和措施。政策创新与措施选择,需要遵循现代化规律,需要适合基本国情和国际环境。两次农业现代化和综合农业现代化路径的政策和措施有所不同。

1. 农业创新与政策选择

农业现代化过程的政策创新和措施选择是农业现代化战略和规划的组成部分。

(1) 农业政策和措施的来源

一般而言,政策和措施主要有三个来源:理论来源、国际借鉴和政策创新。

首先,理论来源。农业现代化理论有多种,每一种理论都有政策含义。

其次,国际借鉴。过去300年的农业现代化实践,积累了丰富的成功经验。

其三,政策创新。政策创新是制度创新的一种表现形式。

(2) 农业政策创新和选择的周期

农业现代化包括农业制度现代化。农业政策的创新、选择、传播和退出是农业制度现代化的重要途径。农业政策从创新到退出有一个周期(图 2-26)。

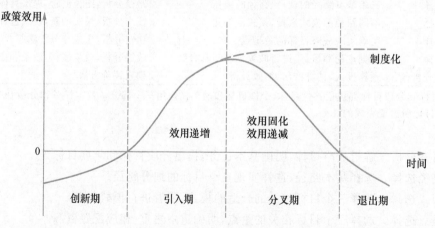

图 2-26　农业政策创新的生命周期

注:创新期,政策没有效用,负效用表示制度缺失的负面效果。引入期,政策效用递增。分叉期,政策效用已经饱和;有些政策转变为制度,长期发挥作用,效用被固化;有些政策出现效用递减。退出期,有些政策完成历史使命,失去效用,自动退出;有些政策如果不退出,可能产生负面作用。有些政策,出台时就发挥最大效用,然后效用递减;或者效用被固化。

一项农业政策的政策效用,从效用递增、效用饱和、效用固化(制度化)、效用递减、效用丧失到效用转负(负面效应),是一个自然的演变过程。

一般而言,在效用递减后期,需要考虑采取措施,让政策退出;避免出现负面效应。

(3) 农业政策创新和政策选择的原则

农业政策创新和措施选择,一般遵循五个原则:

首先,有利于农业生产力的解放和提高。

其次,有利于国家的农业供求平衡和食品安全。

其三,有利于农民生活质量提高和农民全面发展。

其四,有利于农业生态系统的平衡和稳定。

其五,有利于农业科技进步和提高国际竞争力等。

2.农业发达国家的政策选择

在 21 世纪,农业发达国家可以采用第二次农业现代化路径。农业现代化政策与它的路径和模式紧密相关。农业现代化模式是农业现代化路径的一个时段特征,是农业现代化要素的一种组合,具有时效性和地域性的特点。第二次农业现代化路径的政策重点需要适时调整。目前大致有 10 个要点(表 2-31)。

表 2-31　第二次农业现代化路径的政策选择(举例)

编号	主要内容
1	提高农业创新能力,建设农业创新网络,优化农业创新政策,培育农业创新文化,加强农业知识创新、农业技术创新、农业制度创新和农业观念创新等
2	加快生物技术的研究开发和农业应用,提高农业生产率和国际竞争力,发展综合高效农业
3	加快农业知识化,农民普及高等教育,建设农村知识基础设施,促进知识型农业的发展等
4	加快农业信息化,建设农村信息基础设施,建设农业经济信息平台,促进农业精准化和智能化等
5	加快农业生态化,发展生态农业、有机农业、自然农业、持续农业、理性农业等
6	都市地区,发展高效设施农业、优质高效的工厂化农业、订单农业和兼营农业等
7	城市郊区,发展专业化农业和兼营农业,同时保证农业生态系统的平衡和稳定等
8	农村地区,发展规模化和集约化的专营农业,加强国家保护区建设,提高森林覆盖率等
9	发展和完善农业制度,包括合理的农业补贴、降低农产品关税,农业生态环境保护制度等
10	农业风险管理,建立和完善农业风险的分担机制,加强农业风险的管理和保险等

3.农业发展中国家的政策选择

在 21 世纪,农业发展中国家可以有三种选择:追赶农业现代化路径、综合农业现代化路径和第二次农业现代化路径。三条路径有不同内涵和特点,可以和需要采取不同政策。这里重点讨论前两条路径。第三条路径可以参考农业发达国家的政策选择。

(1) 追赶农业现代化路径的政策选择

追赶农业现代化路径是跟踪农业发达国家的现代化路径,先完成第一次农业现代化,后进入第二次农业现代化。在追赶农业现代化路径的第一个阶段,可以依据经典农业现代化理论的政策涵义选择政策,同时有选择地采用一些第二次农业现代化的做法。追赶农业现代化路径的政策重点需要适时调整。目前大致有 10 个要点(表 2-32)。

表 2-32　追赶农业现代化路径的政策选择（举例）

编号	主要内容
1	加快农业工业化,包括农业生产的机械化和化学化,农业经济的市场化和商品化等
2	加强农业技术服务,完善农业技术推广体系,普及农业科技知识等
3	适量发展农业科技,提高农业自主创新能力,积极引进先进农业技术和优良农业种质等
4	提高农业市场竞争力,鼓励建立农业合作社和农民协会,提高农民市场意识和竞争意识等
5	完善农业扶持政策,包括农业补贴政策、生态补偿政策、农业金融政策、农业税收政策等
6	鼓励农业生态化,发展有机农业和生态农业,保护农业生态环境,提高森林覆盖率等
7	提高农民生活水平,提高农民识字率,普及初等教育,提高农民可支配收入等
8	完善农村治理制度,完善农村基础设施建设,建立农村治理的法制体系等
9	加强农业经济监管,建立农业经济的信息管理体系,保证农产品的供求平衡和食品安全等
10	加快工业化和城市化,为农业现代化提供现代技术、市场需求和人口流动等

（2）综合农业现代化路径的政策选择

综合农业现代化是两次农业现代化的协调发展并持续向第二次农业现代化的转型过程和深刻变化。综合农业现代化路径是 21 世纪农业发展中国家的一种战略选择。综合农业现代化路径的政策重点需要适时调整;目前大致有 10 个要点（表 2-33）。

表 2-33　综合农业现代化路径的政策选择（举例）

编号	主要内容
1	提高农业创新能力和市场竞争力,建设农业创新网络,优化农业创新政策,培育农业创新文化,积极引进先进农业技术和优良农业种质等
2	完善农业扶持政策,包括农业补贴政策、生态补偿政策、农业金融政策、农业税收政策等
3	都市地区,发展高效设施农业、优质高效的工厂化农业、订单农业和兼营农业等
4	城市郊区,发展专业化农业和兼营农业,同时保证农业生态系统的平衡和稳定等
5	农村地区,发展规模化和集约化的专营农业,加强国家保护区建设,提高森林覆盖率等
6	鼓励农业生态化,发展有机农业和生态农业,保护农业生态环境,提高森林覆盖率等
7	提高农民生活质量,鼓励多种经营,提高可支配收入,普及初等教育,丰富农村文化生活等
8	完善农村治理制度,完善农村基础设施建设,建立农村治理的法制体系等
9	加强农业经济监管,建立农业经济的信息管理体系,保证农产品的供求平衡和食品安全等
10	新型工业化和新型城市化,为高级农业发展创造良好的社会和经济环境等

综合农业现代化是一个持续转型的演变过程。在它的早期,第一次农业现代化的要素的比重会多一些,第二次农业现代化的要素的比重会少一些。在中期,两次农业现代化的要素的比例会大体平衡。在后期,第一次农业现代化的要素的比重会少一些,第二次农业现代化的要素的比重会多一些（图 2-27）。加强农业政策研究尤为重要。

本 章 小 结

本章集中讨论了农业现代化的相关研究、专题研究、基本原理和政策选择等。农业现代化的相关研究涉及农业科技、农业经济学和农业发展研究等。农业现代化的专题研究包括概念研究、实证研究和应用研究等。农业现代化理论包括经典农业现代化理论、两次农业现代化理论和广义农业现代化理论等。后者是第二次现代化理论在农业系统的应用。

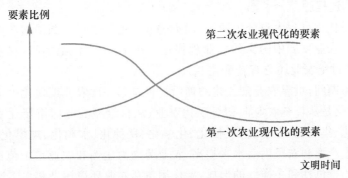

图 2-27　综合农业现代化的要素配方的变化(示意图)

一般而言,农业现代化是农业系统的现代化,是现代化的一种表现形式。国家是农业现代化的基本单元,农业现代化是国家现代化和经济现代化的组成部分。

1. **农业现代化的操作性定义**

在现代化科学里,农业现代化没有统一定义,但有多种操作性定义。

定义一,农业现代化是 18 世纪以来世界农业的一种前沿变化和国际竞争,是现代农业的形成、发展、转型和国际互动的前沿过程,是农业要素的创新、选择、传播和退出交替进行的复合过程,是追赶、达到和保持世界农业先进水平的国际竞争和国际分化等;达到和保持世界农业先进水平的国家是农业发达国家,其他国家是农业发展中国家,两类国家之间可以转换,地位转移有一定概率。

定义二,农业现代化是现代农业的世界前沿,以及达到世界前沿的行为和过程。

定义三,农业现代化是 18 世纪以来农业发展、农业转型和国际农业互动的交集。

根据上述定义可以推导出更多的定义。例如,根据定义二可以推导出:从政策角度看,农业现代化指世界农业先进水平以及达到和保持世界农业先进水平的过程。

一般而言,农业现代化既是一种状态,现代农业的世界先进水平,又是一个过程,达到和保持世界农业先进水平的过程。它包括从传统农业(自给型农业)向初级现代农业(市场化农业)、从初级现代农业向高级现代农业(知识型农业)的两次转变、农业效率和农民收入的持续提高、农民福利和生活质量的持续改善、保持农产品供需平衡和国家粮食安全、国家农业地位和国际农业体系的变化等;在 18 ～21 世纪期间,农业现代化的前沿过程可以分为第一次和第二次农业现代化,两次农业现代化的协调发展是综合农业现代化,综合农业现代化主要适合于农业发展中国家。

农业现代化既是一种农业变迁,也是一种农业竞争;既需要国内视角,也需要国际视角;既有农业进步,也有副作用;既有共性,也有多样性;既有国际趋同,也有国际分化;农业现代化不是一劳永逸的,而是不进则退。

从农业变迁和农业转型角度看,每一个国家的农业现代化都会进步和有可能成功,但国家农业进步有快慢,农业水平有高低,成功时间有先后。国家农业现代化是不同步的。

从世界前沿和国际竞争角度看,只有部分国家的农业能够达到和保持世界先进水平,不同国家成功的概率有差异。在过去 50 年里,农业发达国家的比例不到 20%,农业发展中国家的比例超过 80%;农业发展中国家升级为发达国家的概率为 2% 左右,农业发达国家降级为农业发展中国家的概率约为 10%。

农业现代化的三个判断标准是:有利于农业生产力的解放和提高,有利于农民生活质量的提高和农民的全面发展,有利于农业生态系统平衡和国家食品安全。

2. 农业现代化的过程

一般而言,农业现代化过程大致分为两类:前沿过程和追赶过程。前沿过程是农业发达国家的农业现代化,追赶过程是农业发展中国家的农业现代化。在18~21世纪期间,农业现代化前沿过程可以分为两大阶段。22世纪农业还会有新变化。

在1763~1970年期间,世界农业现代化的前沿过程是第一次农业现代化。

第一次农业现代化是从传统农业向初级现代农业、从自给型农业向市场化农业的转型。它的特点包括市场化、商业化、集约化、专业化、机械化、化学化、良种化、水利化、规模化和标准化等,包括农业劳动生产率、土地生产率和农民生活水平提高,农业劳动力比例和农业增加值比例下降等。它的结果是第一农业现代性、特色性和多样性的形成,副作用包括农业环境污染和水土流失等。

在1970~2100年期间,世界农业现代化的前沿过程是第二次农业现代化。

第二次农业现代化是从初级现代农业向高级现代农业、从市场化农业向知识型农业的转型。目前它的特点包括知识化、信息化、智能化、精准化、生态化、绿色化、自然化、多样化、订单化、工厂化、国际化和生物技术的普遍应用等,包括农业综合效益、国际竞争力和农民生活质量提高,农业劳动力比例和农业增加值比例继续下降等。它的结果是第二农业现代性、特色性和多样性的形成,副作用包括农业贸易冲突、食物风险等。

如果说,第一次农业现代化是初级农业现代化,是从传统农业向初级现代农业的转变;那么,第二次农业现代化是高级农业现代化,是从初级现代农业向高级现代农业的转变;两次农业现代化的协调发展是综合农业现代化。22世纪农业现代化还会有新变化。

综合农业现代化是农业现代化的一条基本路径,它包括两次农业转型(从自给型农业向市场化农业、从市场化农业向知识型农业的转型)的联动和持续向知识型农业转变,包括农业市场化、机械化、信息化、绿色化和国际化的协调发展,包括农业效率和农民收入的提高、农民福利与生活质量的改善、农业比例下降、国际农业竞争力和国际农业地位的提高等。

农业现代化过程的整体特点大致有16个。它们是:部分可预期、资源依赖、不均衡性、不同步性、有阶段性、多样性、系统性、复杂性、长期性、进步性、全球性、风险性、政府作用、农业效率分化、农业比例趋同和具有副作用等。

在农业现代化过程的不同阶段,它的内涵和特点有所不同。

农业现代化是现代化在农业系统的反映,它必然遵循现代化的基本原理。它们分别是:进程不同步、分布不均衡、结构稳定性、地位可变迁、行为可预期、路径可选择、需求递进、效用递减、状态不重复、中轴转变原则。

一般而言,农业现代化包括农业内容、农业形态和农业国际体系的变化(图2-28)。农业内容现代化是农业要素的创新、选择、传播和退出交互进行的复合过程,突出特征是路径和形式的多样性。农业形态现代化是现代农业的形成、发展、转型和国际互动的复合过程,每个方面都具有路径和形式的多样性。农业国际体系变化包括体系结构和水平的变化等。

3. 农业现代化的结果

农业现代化的结果包括农业现代性、特色性、多样性和副作用的形成,包括农业生产率和农民生活质量提高、农业生态变化和农民全面发展,包括农业供求的动态平衡、农业科技的发展和农业比例的下降,包括世界农业前沿、国际农业体系和国家农业状态的变化。不同国家农业现代化的结果既有共性又有差异;两次农业现代化的结果是不同的

农业现代化结果不仅与农业现代化过程的时间跨度紧密相关,与它的起点截面、终点截面(分析的终点)和地理范围紧密相关,还与农业现代化目标紧密相关。

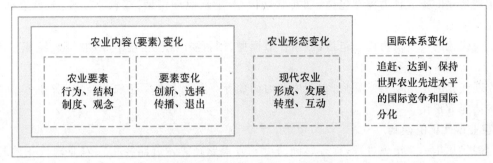

图 2-28　农业现代化过程的结构模型

第一次农业现代化的结果是第一农业现代性、特色性和多样性的形成,包括农业劳动生产率、土地生产率和农民生活水平提高,农业劳动力比例和农业增加值比例下降,副作用包括农业环境污染和水土流失等;完成第一次农业现代化的主要标志是完成农业的市场化、机械化和体系化,农业效率、农业比例和农民收入达到市场化农业的先进水平(20 世纪 60 年代的世界先进水平)。

第一农业现代性的特点包括市场化、商业化、集约化、专业化、机械化、电气化、自动化、化学化、良种化、水利化、规模化、社会化、标准化、制度化、体系化和科学化等。

第二次农业现代化的结果是第二农业现代性、特色性和多样性的形成,包括农业综合效益、国际竞争力和农民生活质量提高,农业劳动力比例和农业增加值比例继续下降,副作用包括农业贸易冲突、食物风险等;完成第二次农业现代化的主要标志是完成知识化和生态化,农业综合效益和农民综合素质达到知识型农业的先进水平(未来某个时间的)等。实现农业现代化的基本标准包括农业效率、农民收入、农业比例和制度达到当时世界先进水平等。

第二农业现代性的目前特点包括知识化、信息化、智能化、精准化、生态化、绿色化、自然化、多样化、订单化、工厂化和国际化等。

国家农业现代化的目标包括:完成第一次农业现代化,实现从传统农业向初级现代市场农业的转型;完成第二次农业现代化,实现从初级现代农业向高级现代农业的转型;追赶、达到和保持世界农业的先进水平,成为农业发达国家或缩小国际农业差距;同时确保粮食安全。前两个目标的实现是一个"时间问题",所有国家都有可能先后完成;第三个目标的实现是一个"比例和概率问题",只有部分国家能够达到和保持世界先进水平。

从政策角度看,国家农业现代化的主要目标有两个:提高农业生产力和农民生活质量,保持农业生态系统的稳定和国家食品安全;发达国家的政策目标是保持世界农业先进水平,发展中国家的政策目标是追赶和达到世界农业先进水平。

一般而言,实现农业现代化的基本标准包括农业效率、农民收入、农业结构、农业制度和农业观念达到当时世界先进水平等。完成第一次农业现代化的标准:农业增加值占 GDP 比例小于 15%,农业劳动力占总劳动力比例小于 30%,农业劳动生产率达到 20 世纪 60 年代世界先进水平(按 2000 年价格计算约 4000 美元);进入第二次农业现代化的标准:农业增加值占 GDP 比例小于 5%,农业劳动力占总劳动力比例小于 10%,有机农业或生态农业已经起步等。

4. 农业现代化的动力

农业现代化过程的动力分析,涉及动力因素和动力机制两个方面。

农业现代化的动力因素非常多,主要因素包括农业创新、农业竞争、农业适应、农业交流、国家利益和市场需求等。在农业发达国家,农业创新作用比较突出;在农业发展中国家,农业交流作用比较突出。

农业现代化的微观动力模型包括：创新驱动模型、三新驱动模型、双轮驱动模型、联合作用模型、四步超循环模型等。

农业现代化的宏观动力模型包括：创新扩散模型、创新溢出模型、竞争驱动模型、经济和社会驱动模型等。

农业现代化的定量动力模型为：农业生产力函数等。农业生产率与农业技术、农业劳动力人均资本和人均技能成正比。

5. 农业现代化的模式

农业现代化是一个历史过程，具有时间跨度和发展路径。发展路径指在农业现代化的起点与终点（目标）之间的道路，它具有方向性、阶段性和结构特征。农业现代化的模式是农业现代化的发展路径的一段历史截段，是农业现代化的关键要素的一种组合，具有时效性和针对性。一般而言，农业现代化具有路径依赖性和资源禀赋依赖性。

21 世纪农业现代化大致有三条基本路径：第一次农业现代化路径、第二次农业现代化路径和综合农业现代化路径。不同路径有不同模式，不同国家可以选择不同路径和不同模式。

农业现代化具有模式多样性。一般而言，不同国家和不同阶段可以选择不同模式，可以创造不同的模式。它们与资源禀赋、国际环境和政策选择紧密相关。

农业现代化没有标准模式，没有最佳模式，只有合适模式。一般而言，第一次农业现代化的模式选择，更多受自身条件的影响。第二次农业现代化的模式选择，更多受科技水平和国际环境的影响。依据要素组合和资源禀赋，农业现代化大约有 40 多种模式。

6. 农业现代化的政策选择

农业现代化的政策分析，必须尊重农业现代化的客观规律，必须适合国家或地区的自然禀赋和现实条件。不同国家和地区农业现代化的政策选择，需要专门研究。

经典农业现代化理论、两次农业现代化理论和广义农业现代化理论的政策涵义有所不同。它们在国家和省级地区层面的适应性较好，在县级地区的适应性比省级地区要低。

农业现代化的战略分析包括目标分析、目标制定和规划制定等。

在 21 世纪，农业发达国家可以采用第二次农业现代化路径；农业发展中国家可以有三种选择：追赶农业现代化路径、综合农业现代化路径和第二次农业现代化路径。三条路径有不同内涵和特点，可以和需要采取不同政策。

农业政策创新和措施选择，一般遵循五个原则：有利于农业生产力的解放和提高；有利于国家的农业供求平衡和食品安全；有利于农民生活质量提高和农民全面发展；有利于农业生态系统的平衡和稳定；有利于农业科技进步和提高国际竞争力等。

第三章　中国农业现代化的理性分析

农业是人类文明的重要基石,中国是世界农业的发源地之一。在农业文明时代,中国创造了辉煌历史。例如,中国曾经是四大古代文明之一,与古埃及、古巴比伦和古印度并列;曾经是四大古典文明之一,与古希腊、古罗马和古印度并列;在 18 世纪以前,中国曾处于世界前沿地位约千年(约公元 500 年至 1500 年)(何传启,1999)。中国对人类农业文明做出了重要贡献。

19 世纪以来,中国一直是世界上最大的农业国家(表 3-1)。20 世纪中国人口约占世界人口的五分之一,中国农业现代化的选择必然影响世界农业。所以,我们沿用世界农业现代化的分析逻辑,先开展时序分析、截面分析和过程分析,然后讨论中国的战略选择(图 3-1)。

表 3-1　1500～2100 年世界人口的地理分布(百万)

区域	1500	1600	1700	1820	1900	1950	2000	2050	2100
中国	103	160	138	381	400	547	1275	1395	1181
印度	110	135	165	209	236	359	1017	1531	1458
美国	2	2	1	10	76	152	285	409	437
西欧	57	74	81	133	223	305	389	380	339
世界	438	556	603	1041	1565	2525	6071	8919	9064

注:1500～1950 年数据来自麦迪森(Maddison,2001),2000～2100 年数据来自联合国(UN,2004).

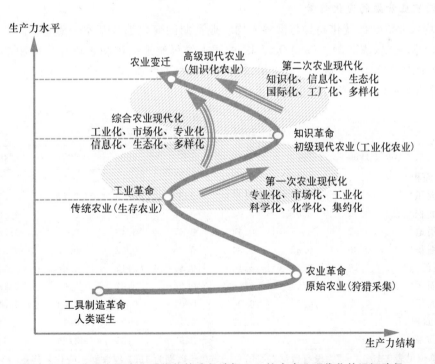

图 3-1　21 世纪中国农业现代化的路径选择——综合农业现代化的运河路径

注:关于中国农业现代化的路径选择,必然见仁见智。运河路径是一种理性选择。中国不同地区的现代化水平和农业现代化水平有所不同,他们可以选择适合自己的农业现代化路径。

第一节 中国农业现代化的时序分析

中国农业现代化的时序分析,是对中国农业现代化的全过程的时间序列数据和资料进行分析,试图去发现和归纳它的事实和特点。世界农业时序分析的国家样本为 15 个(表 1-10)。我们选择其中的 6 个国家、高收入国家、中等收入国家、低收入国家和世界平均值为参照,分析中国农业生产、农业经济和农业要素的变迁,时间跨度约为 50 年(表 3-2),分析内容包括长期趋势和国际比较等。关于中国农业现代化的地区差异和地区多样性,需要专题研究。

表 3-2　1960～2008 年中国农业指标的变化趋势

变化类型	农业生产指标/个	农业经济指标/个	农业要素定量指标/个	合计/个	比例/(%)
上升变量	25	34	12	71	60.2
下降变量	18	9	5	32	27.1
转折变量	2	3	—	5	4.2
波动变量	5	—	5	10	8.5
合计	50	46	22	118	100

一、中国农业生产的时序分析

农业生产涉及许多方面。这里重点讨论农业资源、农业投入、农业生产的结构和效率。

1. 中国农业资源的时序分析

(1) 中国农业资源的变化趋势

中国人均农业资源的变化趋势与世界人均农业资源的变化趋势基本一致;其中,2 个指标为上升变量,8 个为下降变量(表 3-3)。1960 年以来,中国人均可耕地面积和人均谷物面积都下降了大约一半;但人均园地面积提高了 2 倍多,1980 年以来人均森林面积提高了 33%。中国人均可耕地面积的下降,与可耕地面积和人口总数的变化有关(图 3-2)。

表 3-3　1960～2008 年中国人均农业资源的变化

项目	1960	1970	1980	1990	2000	2008	变化	类型
人均国土面积	1.44	1.17	0.98	0.85	0.76	0.72	0.50	下降
人均陆地面积*	1.41	1.14	0.95	0.82	0.74	0.70	0.50	下降
人均淡水面积*	0.04	0.03	0.03	0.02	0.02	0.02	0.50	下降
人均农业用地*	0.52	0.46	0.44	0.47	0.43	0.39	0.76	下降
人均牧场面积*	0.36	0.33	0.34	0.35	0.32	0.30	0.84	下降
人均可耕地面积*	0.16	0.12	0.10	0.11	0.11	0.08	0.51	下降
人均谷物面积*	0.14	0.11	0.10	0.08	0.07	0.07	0.48	下降
人均园地面积*	0.00	0.00	0.00	0.01	0.01	0.01	3.71	上升
人均森林面积	—	—	0.12	0.14	0.14	0.16	1.33	上升
人均淡水资源	—	—	2292	2131	2124	0.93	下降

注:指标单位见表 1-13。"—"为没有数据,后同。* 1960 年数据为 1961 年数据。变化=终点/起点。

下降变量:人均国土面积、人均陆地面积、人均农业用地、人均可耕地面积、人均谷物面积、人均牧

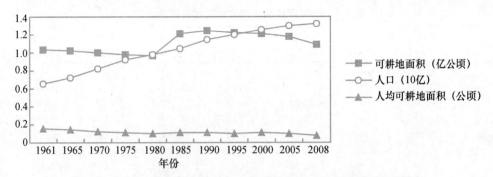

图 3-2　1961～2008 年中国人口、可耕地面积和人均可耕地面积的变化

场面积、人均淡水面积、人均淡水资源等。

　　上升变量：人均园地面积（1960 年以来）、人均森林面积（1980 年以来）。

（2）中国农业资源的国际比较

　　首先，过程比较，以人均可耕地面积为例（表 3-4）。中国人均可耕地面积，大致与英国相当，比日本多，比美国、巴西、墨西哥和印度少，比高收入国家、中等收入国家、低收入国家和世界平均都要少。中国人均可耕地面积大约为世界平均值的 40％。

表 3-4　1961～2008 年中国人均可耕地面积的国际比较　　　　　　　　　单位：公顷

区域	1961	1970	1980	1990	2000	2008	2008/1961
中国	0.16	0.12	0.10	0.11	0.11	0.08	0.51
美国	0.98	0.92	0.83	0.74	0.62	0.56	0.57
英国	0.14	0.13	0.12	0.12	0.10	0.10	0.70
日本	0.06	0.05	0.04	0.04	0.04	0.03	0.56
墨西哥	0.30	0.36	0.37	0.34	0.33	0.32	1.06
巴西	0.59	0.43	0.34	0.29	0.26	0.23	0.40
印度	0.35	0.29	0.24	0.19	0.16	0.14	0.40
高收入国家	0.53	0.50	0.46	0.43	0.37	0.34	0.64
中等收入国家	0.31	0.26	0.22	0.19	0.21	0.18	0.59
低收入国家	0.38	0.32	0.25	0.21	0.18	0.18	0.47
世界平均	0.37	0.32	0.27	0.24	0.23	0.21	0.56
中国/世界	0.43	0.38	0.37	0.46	0.48	0.40	0.92

　　注：时序分析样本包括 15 个国家（表 1-10）。这里选择其中的 6 个国家为中国国际比较的对照。后同。

　　其次，前沿比较，以 2008 年为例（表 3-5）。中国 8 种人均农业资源都低于世界平均值，其中，人均森林面积、人均淡水资源和人均国土面积约为世界平均值的 26％、33％和 36％。

表 3-5　2008 年中国人均农业资源的国际比较

区域	人均国土面积	人均农业用地	人均可耕地	人均谷物面积	人均园地	人均牧场面积	人均森林面积	人均淡水资源
中国	0.72	0.39	0.08	0.07	0.01	0.30	0.16	2124
美国	3.17	1.35	0.56	0.20	0.01	0.78	1.00	9209
英国	0.40	0.29	0.10	0.05	0.00	0.19	0.05	2361
日本	0.30	0.04	0.03	0.02	0.00	0.00	0.20	3367
墨西哥	4.44	1.38	0.32	0.11	0.04	1.02	2.71	28 223
巴西	1.85	0.96	0.23	0.10	0.03	0.71	0.61	3846
印度	0.29	0.16	0.14	0.09	0.01	0.01	0.06	1105
高收入国家	3.30	1.16	0.34	0.14	0.02	0.82	0.90	8634
中等收入国家	1.71	0.63	0.18	0.10	0.02	0.45	0.55	6277
低收入国家	1.98	0.72	0.18	0.11	0.02	0.54	0.50	4903
世界平均	2.00	0.73	0.21	0.11	0.02	0.52	0.60	6442
中国/世界	0.36	0.54	0.40	0.62	0.48	0.58	0.26	0.33

注:指标单位见表 1-13。

2. 中国农业投入的时序分析

(1) 中国农业投入的变化趋势

中国农业投入的变化趋势因指标而异;其中,7 个指标为上升变量,3 个指标为下降变量,4 个指标为转折变量或波动变量(表 3-6)。1960 年以来,化肥使用密度和农业机械化变化最大,可耕地面积比例变化不大。中国农业投入的变化趋势与世界趋势有所不同。例如,灌溉用地比例和农民人均可耕地面积,中国数值在波动,而世界趋势是上升。

表 3-6　1960~2008 年中国农业投入的变化

指标	1960	1970	1980	1990	2000	2005	2008	变化	趋势
农业就业指数*	86	101	111	102	100	101	92	1.07	转折
农业劳动力指数	9.11	7.92	4.06	2.81	2.68	1.88	1.46	0.16	下降
农业劳动力比例	82.0	80.8	73.9	53.4	46.3	44.8	39.6	0.48	下降
农业用地比例*	37	40	47	57	57	57	56	1.52	上升
可耕地面积比例*	11	11	10	13	13	13	12	1.05	波动
谷物用地比例*	26.4	25.0	21.9	17.6	15.7	15.0	16.6	0.63	下降
灌溉面积比例	—	37.2	45.4	36.5	36.6	35.7**	—	0.96	转折
牧场面积比例	—	29.3	35.8	42.9	42.9	42.9	42.9	1.47	上升
森林覆盖率	—	—	12	17	19	21	22	1.80	上升
化肥使用密度*	7	44	158	221	249	322	331***	47.03	上升
农业机械化*	0.05	0.13	0.77	0.67	0.82	1.19	2.77	54.41	上升
农业科技投入比例	—	—	—	—	0.07	0.08	0.08	1.25	上升
农民人均可耕地面积	0.37	0.29	0.26	0.36	0.41	0.38	0.35	0.96	波动
农民人均农业用地	1.19	1.10	1.17	1.55	1.62	1.61	1.70	1.42	上升

注:指标单位见表 1-13。* 1960 年数据为 1961 年数据。** 为 2002 年数据。*** 为 2007 年数据。变化=终点/起点。

上升变量:农业用地比例、牧场面积比例、森林覆盖率、化肥使用密度、农业机械化、农业科技投入比例、农民人均农业用地等。

下降变量:农业劳动力指数、农业劳动力比例、谷物用地比例等。

转折变量:农业就业指数、灌溉面积比例等。

波动变量:可耕地面积比例、农民人均可耕地面积等。

(2) 中国农业投入变化的主要特点

首先,农业劳动投入的变化。1960 年以来,农业劳动力比例下降了约 50％。

其次,农业土地投入的变化。1960 年以来,农业用地比例和牧场面积比例提高了约 50％,谷物用地比例下降了约 37％,可耕地面积比例在波动。1980 年以来森林覆盖率提高。

其三,农业资本投入的变化。1960 年以来,农业机械化和农业化肥投入增加;1980 年以来农业灌溉面积比例下降。

其四,农业技术投入的变化。2000 年以来农业科技投入比例上升。

其五,1960 年以来,农业土地集约化变化不大。

(3) 中国农业投入的国际比较

首先,过程比较,以农业劳动力比例和农民人均可耕地面积为例。2008 年,中国农业劳动力比例已经低于世界平均值,但与世界先进水平差距很大(表 3-7);中国农民人均可耕地面积约为世界平均值的 34％(表 3-8),中国农业的土地集约化程度比较低。

表 3-7　1960～2008 年中国农业劳动力比例的国际比较　　单位:%

区域	1960	1970	1980	1990	2000	2005	2008	2008/1960
中国	82.0	80.8	73.9	53.4	46.3	44.8	39.6	0.48
美国	7.0	3.7	3.6	2.9	2.6	1.6	1.4	0.20
英国	4.0	2.8	2.6	2.1	1.5	1.3	1.4	0.35
日本	33.0	20.0	10.4	7.2	5.1	4.4	4.2	0.13
墨西哥	52.0	45.6	29.3	22.8	18.5	20.5	19.3	0.37
巴西	55.0	45.2	36.3	22.6	17.6	14.9	13.5	0.25
印度	74.0	74.0	69.5	64	59.6	57.8	57.8	0.78
高收入国家	18.0	12.4	9	6.5	4.7	3.8	3.5	0.20
中等收入国家	62.0	67.2	61.3	57	47.3	44.9	44.9	0.72
低收入国家	77.0	75.4	71	65.7	60.7	58.5	58.5	0.76
世界平均	60.7	56.1	52	48.9	44.7	43.1	43.1	0.71
中国/世界	1.35	1.44	1.42	1.09	1.04	1.04	0.92	0.68

表 3-8　1960～2008 年中国农民人均可耕地面积的国际比较　　单位:公顷

区域	1960	1970	1980	1990	2000	2005	2008	2008/1960
中国	0.37	0.29	0.26	0.36	0.41	0.38	0.35	0.96
美国	34.99	58.41	46.61	49.32	45.50	70.01	76.90	2.20
英国	7.64	10.10	9.79	11.27	13.40	15.20	13.62	1.78
日本	0.39	0.49	0.80	1.07	1.47	1.31	1.53	3.97
墨西哥	1.73	2.23	3.32	3.56	3.73	3.07	3.16	1.83
巴西	3.69	3.22	3.00	3.57	3.66	3.84	3.93	1.07
印度	1.06	0.90	0.94	0.79	0.71	0.67	0.61	0.57
高收入国家	7.47	10.00	11.41	14.08	16.16	20.17	20.61	2.76
中等收入国家	1.58	1.24	0.86	0.76	0.99	0.97	0.87	0.55
低收入国家	0.35	0.31	0.85	0.75	0.68	0.69	0.68	1.95
世界平均	1.37	1.28	1.22	1.11	1.14	1.11	1.04	0.76
中国/世界	0.27	0.22	0.22	0.33	0.36	0.34	0.34	1.27

其次,前沿比较,以 2008 年为例(表 3-9)。2008 年,相对于世界平均水平,中国农业劳动力指数、农业劳动力比例、灌溉用地比例等指标表现相对较好。

表 3-9　2008 年中国农业投入的国际比较

区域	农业劳动力指数	农业劳动力比例	农业用地比例	灌溉面积比例	农业机械化	化肥使用密度	农业科技投入比例	农民人均可耕地
中国	1.46	39.6	56	35.7	2.77	331	0.1	0.35
美国	0.07	1.4	45	12.6	2.58	171	1.4	76.90
英国	0.07	1.4	73	2.9	—	255	—	13.62
日本	0.15	4.2	13	54.7	43.82	345	0.1	1.53
墨西哥	0.90	19.3	31	4.4	0.00	190	0.1	3.16
巴西	0.52	13.5	53	23.2	0.97	65	0.3	3.93
印度	4.45	57.8	60	33.6	—	142	—	0.61
高收入国家	0.14	3.5	37	12.3		158		20.61
中等收入国家	2.98	58.5	38	19.7		133		0.87
低收入国家	2.77	44.9	37	26.7		37		0.68
世界平均	1.55	43.1	38	19.8		129		1.04
中国/世界	0.94	0.92	1.49	1.81		2.56		0.34

注:指标单位见表 1-13。

3. 中国农业生产(效率和结构等)的时序分析

(1) 中国农业生产的变化趋势

中国农业生产的变化趋势因指标而异(表 3-10)。其中,16 个指标为上升变量,7 个指标为下降变量,3 个指标为波动变量。1960 年以来,变化比较大的指标包括农业生产指数、牲畜生产指数、农民人均肉类生产和化肥使用效率,然后是小麦单产、食品生产指数、作物生产指数和土地生产率等;食品增加值比例变化不大。

表 3-10　1960～2008 年中国农业生产的变化

指标	1960	1970	1980	1990	2000	2005	2008	变化	趋势
农业生产指数*	8	18	32	54	100	152	271	35.72	上升
食品生产指数*	18	25	34	59	100	120	125**	6.94	上升
作物生产指数*	23	33	44	68	100	118	123**	5.35	上升
牲畜生产指数*	5	11	21	45	100	119	122**	24.40	上升
农业年均增长率	—	3.47	3.87	4.27	2.67	5.50	4.73**	1.37	波动
农业增加值指数	0.50	0.87	0.63	0.66	0.33	0.26	0.23	0.47	下降
农业增加值比例	22.3	35.2	30.2	27.1	15.1	12.2	11.3	0.51	下降
作物增加值比例*	91	87	82	77	69	68	69	0.75	下降
牲畜增加值比例*	9	13	18	23	31	32	31	3.49	上升
谷物增加值比例*	32.9	41.7	41.6	36.2	22.1	19.2	19.6	0.60	下降
食物增加值比例*	96	94	94	93	96	95	95	0.99	波动
农业劳动生产率	110	164	183	263	364	439	504	4.56	上升
农业相对生产率	0.20	0.27	0.27	0.21	0.08	0.09	0.08	0.41	下降
农业土地生产率	93	149	157	234	332	400	481	5.20	上升
农业化肥生产率	44	13	4	5	5	5	—	0.11	下降

（续表）

指标	1960	1970	1980	1990	2000	2005	2008	变化	趋势
谷物单产*	1211	2143	2949	4323	4756	5226	5535	4.57	上升
水稻单产*	2079	3416	4143	5717	6264	6253	6556	3.15	上升
小麦单产*	559	1148	1891	3194	3738	4275	4762	8.52	上升
玉米单产*	1185	2089	3078	4525	4599	5288	5556	4.69	上升
大豆单产*	626	1094	1101	1455	1656	1704	1703	2.72	上升
农业良种使用效率*	9.0	14.4	20.7	29.1	29.3	34.2	39.1**	4.32	上升
农业化肥使用效率*	151	46	18	15	12	9	—	0.06	下降
农民人均产粮*	0.4	0.6	0.8	1.2	1.2	1.3	1.6	4.09	上升
农民人均产肉*	0.0	0.0	0.0	0.1	0.2	0.2	0.2	27.32	上升
农业协调指数	27	44	41	51	33	27	29	1.05	波动
农业综合生产率	101	156	170	248	348	419	492	4.85	上升

注：指标单位见表1-13。*1960年数据为1961年数据。**为2007年数据。变化＝终点/起点。

上升变量：农业生产指数、食品生产指数、作物生产指数、牲畜生产指数、牲畜增加值比例、农业劳动生产率、农业土地生产率、作物单产、水稻单产、小麦单产、玉米单产、大豆单产、农业良种使用效率、农民人均产粮、农民人均产肉、农业综合生产率等。

下降变量：农业增加值指数、农业增加值比例、作物增加值比例、谷物增加值比例、农业相对生产率、农业化肥生产率、农业化肥使用效率等。

波动变量：农业年均增长率（三年平均）、食物增加值比例、农业协调指数等。

（2）中国农业生产变化的主要特点

首先，农业生产规模的变化。农业相对规模缩小，绝对规模扩大。1960年以来，中国农业增加值提高了30多倍，农业增加值比例下降了约50%。

其次，农业生产效率的变化。农业劳动生产率提高，农业相对生产率下降。1960年以来，农业劳动生产率提高了3倍多，工业劳动生产率提高了约10倍，工农业剪刀差扩大（图3-3）。

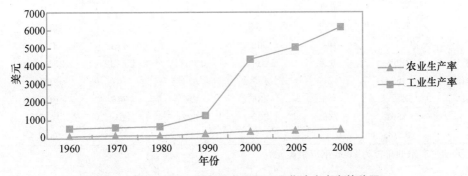

图3-3 1960～2008年中国农业和工业劳动生产率的差距

其三，农业生产结构的变化。作物增加值比例下降，牲畜增加值比例上升。1960年以来，牲畜增加值比例提高了2倍多，作物增加值比例下降了约25%。

其四，谷物单产提高幅度大。1960年以来，谷物单产和小麦单产分别提高3倍和7倍多。

其五，农民人均产能大幅度提高。农民人均产肉和人均产粮分别提高了26倍和3倍。

其六，农业化肥生产率和化肥使用效率持续下降。这是一个值得反思的现象。

（3）中国农业生产的国际比较

首先，过程比较，以农业增加值比例和农业劳动生产率为代表。2008 年，中国农业增加值比例仍然高于世界平均值（表 3-11）；中国农业劳动生产率约为世界平均值的 47%，约为高收入国家平均值的 2%，约为美国和日本的 1%（表 3-12），中国农业劳动生产率国际差距明显。

表 3-11　1960～2008 年中国农业增加值比例的国际比较　　　　　单位：%

区域	1960	1970	1980	1990	2000	2005	2008	2008/1960
中国	22.3	35.2	30.2	27.1	15.1	12.2	11.3	0.32
美国	4.0	3.5	2.9	2.1	1.2	1.3	1.3	0.38
英国	3.0	2.9	2.1	1.8	1.0	0.7	0.7	0.23
日本	13.0	6.4	3.8	2.6	1.8	1.5	1.4	0.23
墨西哥	20.6	12.4	11.0	8.1	5.6	5.7	6.7	0.54
巴西	16.0	12.7	9.0	7.9	4.2	3.7	3.8	0.30
印度	42.8	42.3	35.7	29.3	23.4	19.1	17.5	0.41
高收入国家	6.0	5.8	4.0	2.8	1.9	1.6	1.5	0.26
中等收入国家	24.0	25.2	20.3	17.2	10.9	9.9	9.5	0.38
低收入国家	48.3	43.3	—	36.7	32.0	27.7	25.0	0.58
世界平均	34.3	8.9	6.6	5.4	3.6	3.2	3.0	0.34
中国/世界	0.65	3.98	4.59	4.99	4.21	3.87	3.77	0.95

表 3-12　1970～2008 年中国农业劳动生产率的国际比较

区域	1970	1980	1990	2000	2005	2008	2008/1970
中国	164	183	263	364	439	504	3.07
美国	15 210	12 131	18 523	34 898	46 119	46 102	3.03
英国	10 873	15 089	21 400	24 404	27 818	27 403	2.52
日本	8542	14 129	20 934	30 193	38 695	52 062	6.10
墨西哥	697	1091	1625	2351	3089	3843	5.51
巴西	1835	2132	2275	2551	2902	3255	1.77
印度	263	304	362	415	443	471	1.79
高收入国家	7269	8658	14 116	18 684	23 182	25 774	3.55
中等收入国家	363	421	489	614	707	767	2.11
低收入国家	277	253	236	253	266	280	1.01
世界平均	496	745	803	922	1014	1072	2.16
中国/世界	0.33	0.25	0.33	0.40	0.43	0.47	1.42

注：农业劳动生产率的单位为 2000 年价格美元。

其次，前沿比较，以 2008 年为例（表 3-13）。2008 年，相对于世界平均水平，中国土地生产率、谷物单产、农民人均肉类生产等指标表现相对较好。

表 3-13 2008 年中国农业生产的国际比较

区域	农业增加值指数	农业增加值比例	农业劳动生产率	农业土地生产率	作物单产	农民人均产粮	农民人均产肉	农业综合生产率
中国	0.23	11.3	504	481	5535	1.6	0.2	492
美国	0.06	1.3	46 102	301	6624	182.2	19.3	23 202
英国	0.03	0.7	27 403	754	7419	55.1	7.6	14 078
日本	0.05	1.4	52 062	17 082	6017	4.3	1.1	34 572
墨西哥	0.24	6.7	3843	170	3829	4.1	1.2	2007
巴西	0.10	3.8	3255	256	3454	5.7	0.9	1755
印度	0.61	17.5	471	696	2647	1.0	0.0	584
高收入国家	0.06	1.5	25 774	365	5348	—	—	13 070
中等收入国家	0.26	9.5	767	275	3269	—	—	521
低收入国家	0.88	25.0	280	142	2194	—	—	211
世界平均	0.11	3.0	1072	283	3539	1.9	0.2	677
中国/世界	2.15	3.77	0.47	1.70	1.56	0.83	1.16	0.73

注:指标单位见表 1-13。农业增加值指数和农业增加值比例指标为逆指标。

二、中国农业经济的时序分析

农业经济涉及许多方面。这里重点讨论农业供给、农业流通、农业需求和消费。

1. 中国农业供给的时序分析

(1) 中国农业供给的变化趋势

中国农业供给的变化趋势的指标差异比较大(表 3-14)。其中,13 个指标为上升变量,3 个指标为转折变量。1960 年以来,中国人均谷物生产提高了 1 倍,人均肉食生产提高了 13 倍;1980 年以来粮食自给率在 98%以上。人均谷物生产大于人均谷物供给(图 3-4)。

表 3-14 1960～2008 年中国农业供给的变化

指标	1960	1970	1980	1990	2000	2005	2008	变化	趋势
农民人均供应人口	2	2	3	3	4	4	4	1.86	上升
农民人均谷物出口*	1.1	5.3	4.3	13.1	42.9	32.7	37.2	32.72	上升
农民人均肉食出口*	0	0	1	2	5	4	5	51.47	上升
人均谷物生产**	166	245	286	357	323	329	362	2.18	上升
人均谷物供给*	147	204	258	277	300	289	293	2.00	上升
人均植物油供给*	2	2	4	7	12	18	20	11.69	上升
人均蔬菜供给*	88	50	56	112	258	319	332	3.77	上升
人均水果供给*	5	6	8	19	52	68	75	15.90	上升
人均肉食生产**	4	9	15	27	49	55	56	14.56	上升
人均肉食供给*	4	9	15	27	50	55	54	13.96	上升
人均蛋类供给*	2	2	3	7	18	19	19	8.38	上升
人均奶类供给*	3	3	4	7	11	26	31	10.60	上升
人均鱼类供给*	5	5	6	15	34	37	36	7.40	上升
粮食自给率*	93	94	101	101	98	99	99	1.07	转折
粮食浪费比例*	6.07	6.35	6.39	7.12	6.17	4.06	3.92	0.64	转折
蛋类浪费比例*	5.13	5.26	5.32	5.16	5.10	5.09	5.10	0.99	转折

注:指标单位见表 1-13。* 1960 年数据为 1961 年数据,2008 年数据为 2007 年数值。** 1960 年数据为 1961 年数据。变化=终点/起点。

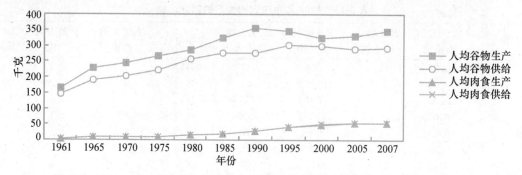

图 3-4   1961～2007 年中国人均的谷物生产、谷物供给、肉食生产和肉食供给的变化

上升变量:农民人均供应人口、农民人均谷物出口、农民人均肉食出口、人均谷物生产、人均谷物供给、人均植物油供给、人均蔬菜供给、人均水果供给、人均肉食生产、人均肉食供给、人均蛋类供给、人均奶类供给、人均鱼类供给等。

转折变量:粮食自给率、粮食浪费比例、蛋类浪费比例等先升后降。

（2）中国农业供给变化的主要特点

首先,供给结构发生明显变化。1960 年以来,人均谷物供给提高了 1 倍,人均肉食供给提高了 12 倍;在植物性食物供给方面,人均水果和人均植物油供给分别提高了 14 倍和 10 倍;在动物性食物供给方面,人均奶类、人均蛋类和人均鱼类供给分别提高 9 倍、7 倍和 6 倍。

其次,中国粮食自给率比较高。中国粮食自给率,1961 年为 93%,2007 年为 99%。

其三,中国粮食管理水平提高。2007 年相对于 1961 年粮食浪费比例下降了 36%。

（3）中国农业供给的国际比较

首先,过程比较,以人均谷物生产和人均肉食生产为例。2008 年,中国人均谷物生产已经接近世界平均值,但与高收入国家平均值差距较大(表 3-15);中国人均肉食生产比世界平均值高出 35%,与英国人均肉食生产相当,但比高收入国家平均值低很多(表 3-16)。

表 3-15   1961～2008 年中国人均谷物生产的国际比较   单位:千克

区域	1961	1970	1980	1990	2000	2005	2008	2008/1961
中国	166	245	286	357	323	329	362	2.18
美国	891	911	1188	1252	1214	1240	1327	1.49
英国	184	238	346	394	407	349	395	2.15
日本	214	169	113	117	101	97	95	0.44
墨西哥	201	247	273	217	263	299	415	2.07
巴西	224	297	309	307	286	282	340	1.52
印度	197	208	204	228	231	219	235	1.19
高收入国家	405	477	576	665	636	612	631	1.56
中等收入国家	—	—	—	—	—	—	—	—
低收入国家	—	—	—	—	—	—	—	—
世界平均	285	323	349	370	339	351	377	1.32
中国/世界	0.58	0.76	0.82	0.96	0.95	0.94	0.96	1.65

表 3-16　1961~2008 年中国人均肉食生产的国际比较　　　　　单位：千克

区域	1961	1970	1980	1990	2000	2005	2008	2008/1960
中国	4	9	15	27	49	55	56	14.56
美国	90	104	108	115	134	134	140	1.56
英国	42	48	55	58	60	56	55	1.31
日本	7	16	26	28	24	24	25	3.41
墨西哥	28	32	44	52	89	106	119	4.21
巴西	26	26	38	34	46	52	53	2.01
印度	4	4	4	4	4	4	4	1.00
高收入国家	74	90	108	116	129	129	126	1.71
中等收入国家	—	—	—	—	—	—	—	—
低收入国家	—	—	—	—	—	—	—	—
世界平均	23	27	31	34	38	40	42	1.79
中国/世界	0.17	0.34	0.49	0.79	1.28	1.36	1.35	8.12

其次，前沿比较，以 2008 年为例（表 3-17）。2008 年，相对于世界平均水平，中国人均肉食生产和人均肉食供给等指标表现相对较好，人均奶类供给仅为世界平均值的 31%。

表 3-17　2008 年中国农业供给的国际比较

区域	农民人均供应人口	人均谷物生产	人均谷物供给*	人均肉食生产	人均肉食供给*	人均奶类供给*	粮食自给率*	粮食浪费比例*
中国	4	362	293	56	54	31	101	3.92
美国	137	1327	911	140	126	282	135	0.14
英国	139	395	341	55	86	276	95	1.64
日本	45	95	267	25	47	79	23	1.25
墨西哥	10	415	337	119	79	141	102	10.58
巴西	17	340	477	53	65	126	64	9.13
印度	4	235	180	4	3	91	104	4.05
高收入国家	61	631	580	126	91	318	—	—
中等收入国家	4	—	—	—	—	—	—	—
低收入国家	5	—	—	—	—	—	—	—
世界平均	5	377	312	42	40	101	100	4.04
中国/世界	0.86	0.96	0.94	1.35	1.35	0.31	1.01	0.97

注：指标单位见表 1-13。＊2008 年数据为 2007 年数值。

2. 中国农业流通的时序分析

农业流通涉及国内农产品流通和国际农业贸易等要素。这里重点讨论国际农业贸易。

(1) 中国农业流通的变化趋势

中国农业流通的变化趋势因指标而异（表 3-18）。其中，4 个指标为上升变量，1 个指标为下降变量，7 个净出口指标为合成变量。1985 年以来，中国农业国际贸易量增加，农业进口增长超过农业出口增长（图 3-5），中国谷物从净进口转变为净出口。

表 3-18 1962～2008 年中国农业流通的变化

指标	1962	1970	1980	1990	2000	2005	2008	变化	趋势
农产品平均关税	—	—	—	—	17.4	8.8	8.8	0.51	下降
农民人均出口	—	—	—	29	48	84	137	4.68	上升
人均农业国际贸易	—	—	—	16	29	60	103	6.53	上升
人均农业出口	—	—	—	9	13	22	32	3.59	上升
人均农业进口	—	—	—	7	16	38	71	10.28	上升
人均农业净出口	—	—	—	2	−3	−16	−39	−20.70	下降
人均农业粗物质净出口	—	—	—	−1	−6	−17	−26	27.36	下降
人均食品净出口	—	—	—	3	3	1	−14	−4.79	下降
人均谷物净出口*	−11	−7	−17	−15	3	−2	2	−0.20	波动
人均植物油净出口*	−0.1	0.0	−0.3	−2.0	−2.3	−5.5	−7.5	145.91	下降
人均肉食净出口*	0.0	0.1	0.1	0.3	−0.8	−0.2	−0.8	30.24	下降
人均奶类净出口*	−0.1	−0.3	−0.7	−1.0	−1.2	−1.2	−1.0	6.46	下降

注:指标单位见表 1-13。* 2008 年数据为 2007 年数据。变化＝终点/起点。

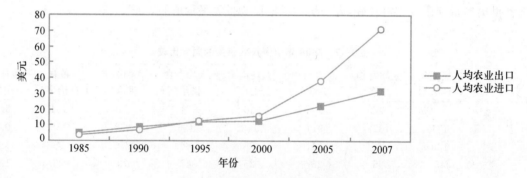

图 3-5 1985～2007 年中国人均农业进口和出口的变化

上升变量:农民人均出口、人均农业国际贸易、人均农业出口、人均农业进口。

下降变量:农产品平均关税等。

其他变量:人均农业净出口、人均食品净出口、人均肉食净出口、人均奶类净出口等从净出口转变为净进口,人均植物油和人均农业粗物质为净进口,人均谷物净出口在波动。

（2）中国农业流通变化的主要特点

首先,中国农业国际贸易扩展比较快。1990 年以来,中国人均农业贸易和农民人均出口分别提高了 5 倍和 3 倍。

其次,中国已经从农业净出口国转变为净进口国。2000 年以来中国成为农业净进口国,2008 年成为农业粗物质、食品、植物油、肉食、奶类等的净进口国,人均农业净进口为 39 美元。

其三,农产品关税的下降。2000 年以来农产品平均关税下降了约 49%。

（3）中国农业流通的国际比较

首先,过程比较,以农民人均出口为例。2008 年,中国农民人均出口约为世界平均值的 12%,约为美国的 0.2%,约为高收入国家平均值的 0.3%（表 3-19）。

表 3-19　1962~2008 年中国农民人均出口的国际比较　　　　单位:美元

区域	1962	1970	1980	1990	2000	2005	2008	2008/1962
中国	—	—	—	29	48	84	137	4.68
美国	1136	2798	13 035	16 383	19 809	36 821	69 285	60.98
英国	1029	2 398	13 048	24 454	37 863	55 786	65 741	63.88
日本	35	92	503	713	1265	2070	2980	84.97
墨西哥	82	133	745	685	1005	1811	3192	38.99
巴西	91	101	348	794	1289	1949	2735	30.17
印度	5	4	16	17	26	42	81	17.42
高收入国家	505	1071	6425	11 210	16 757	31 032	52 423	103.74
中等收入国家	—	—	—	110	133	250	451	4.09
低收入国家	—	—	—	—	90	142	185	2.06
世界平均	50	76	355	393	450	689	1098	22.14
中国/世界	—	—	—	0.07	0.11	0.12	0.12	1.68

　　其次,前沿比较,以 2008 年为例(表 3-20)。2008 年,中国农产品平均关税(初级产品平均关税)与世界平均值基本相当,人均农业贸易、人均农业进口和出口都低于世界平均值。

表 3-20　2008 年中国农业流通的国际比较

区域	农产品平均关税	农民人均出口	人均农业国际贸易	人均农业出口	人均农业进口	人均农业净出口	人均谷物净出口	人均肉食净出口
中国	8.8	137	103	32	71	−39	2	−1
美国	2.5	69 285	886	505	381	124	321	11
英国	2.3	65 741	1569	472	1097	−625	−17	−30
日本	4.9	2980	672	66	606	−541	−205	−22
墨西哥	7.9	3192	374	321	53	268	6	36
巴西	7.3	2735	417	162	255	−93	−170	−12
印度	19.5	81	29	18	10	8	6	0.4
高收入国家	5.4	52 423	1708	864	844	20	—	—
中等收入国家	10.5	451	210	122	87	35	—	—
低收入国家	13.5	185	70	37	33	5	—	—
世界平均	8.7	1098	415	219	196	23	—	—
中国/世界	1.01	0.12	0.25	0.14	0.36	−1.72		

注:指标单位见表 1-13。

3. 中国农业需求(消费)的时序分析

(1) 中国农业需求(消费)的变化趋势

　　中国农业需求的变化趋势的指标差异比较大;其中,16 个指标为上升变量,2 个指标为下降变量(表 3-21)。1961 年以来,中国人均动物营养、人均肉食和奶类消费、人均水果消费的提高非常大;人均谷物消费(不含啤酒)先升后降,1984 年为 182 千克,为最大值(图 3-6)。

表 3-21　1961～2007 年中国农业需求和消费的变化

指标	1961	1970	1980	1990	2000	2005	2007	变化	趋势
人均营养供应	1469	1887	2206	2612	2908	2974	2981	2.03	上升
人均动物营养供应	58	115	177	313	572	639	639	11.07	上升
人均植物营养供应	1411	1772	2029	2299	2335	2335	2342	1.66	上升
动物营养比例	4	6	8	12	20	21	21	5.46	上升
人均蛋白质供应	40.3	46.9	55.1	67.5	86.2	89.4	88.9	2.21	上升
人均脂肪供应	15.6	24.5	35.1	56.4	81.1	87.8	91.7	5.87	上升
人均谷物消费	93	131	157	178	165	156	152	1.64	上升
人均植物油消费	1	2	3	6	7	8	9	7.55	上升
人均蔬菜消费	80	45	50	100	224	271	280	3.49	上升
人均水果消费	4	5	7	17	43	58	64	14.78	上升
人均肉食消费	4	9	15	26	50	54	53	13.78	上升
人均蛋类消费	2	2	3	7	16	17	17	8.29	上升
人均奶类消费	3	2	3	6	10	24	29	11.43	上升
人均鱼类消费	5	5	5	12	25	26	26	5.41	上升
肉食消费指数	0.04	0.07	0.09	0.15	0.30	0.35	0.35	8.43	上升
谷物食用指数	3.40	2.96	2.28	2.82	1.81	1.78	1.70	0.50	下降
谷物食用比例	64	64	61	65	56	55	53	0.83	下降
谷物饲料比例	19	22	27	23	31	31	31	1.66	上升

注:指标单位见表 1-13。变化＝终点/起点。

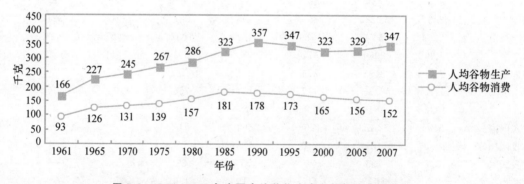

图 3-6　1961～2007 年中国人均谷物生产和谷物消费的变化

注:人均谷物消费不包括啤酒消费。1984 年人均谷物消费约为 182 千克,1985 年约为 181 千克。

上升变量:人均营养供应、人均动物营养供应、人均植物营养供应、动物营养比例、人均蛋白质供应、人均脂肪供应、人均谷物消费、人均植物油消费、人均蔬菜消费、人均水果消费、人均肉食消费、人均蛋类消费、人均奶类消费、人均鱼类消费、肉食消费指数、谷物饲料比例等。

下降变量:谷物食用指数、谷物食用比例等。

(2) 中国农业需求(消费)变化的主要特点

首先,中国人均消费水平提高。1961 年以来,中国人均营养水平提高了 1 倍,人均动物营养提高了 10 倍,动物营养比例提高了 4 倍多。

其次,中国人均谷物消费有极限。1961 年以来,中国人均谷物消费(不包括啤酒消费),从 93 千克上升到 1984 年的 182 千克,然后逐步下降到 2007 年的 152 千克。

其三,中国消费结构变化明显。在 1961～2007 年期间,中国人均谷物消费提高了 64％,人均肉食消费提高了 12 倍多,肉食消费指数提高了 7 倍多,脂肪消费提高了 4 倍多;在植物性食物消费方面,人均水果、人均植物油和人均蔬菜消费分别提高了 13 倍、6 倍和 2 倍多;在动物性食物消费方面,人均蛋类、人均奶类和人均鱼类消费分别提高了 10 倍、7 倍和 4 倍多。

其四,中国需求结构变化明显。在 1961～2007 年期间,中国谷物食用比例从 64% 下降到 53%,谷物饲料比例从 19% 上升到 31%。

(3)中国农业需求(消费)的国际比较

首先,过程比较,以人均营养供应为例。2000 年以来,中国人均营养供应已经超过世界平均水平,与日本水平大致相当(表 3-22)。

表 3-22 1961～2007 年中国人均营养供应的国际比较 单位:千卡

区域	1961	1970	1980	1990	2000	2005	2007	2007/1961
中国	1469	1887	2206	2612	2908	2974	2981	2.03
美国	2881	3035	3188	3486	3732	3796	3748	1.30
英国	3241	3278	3116	3242	3370	3431	3458	1.07
日本	2506	2723	2777	2926	2879	2821	2812	1.12
墨西哥	2215	2412	2702	2723	2885	3082	3113	1.41
巴西	2347	2592	3064	3066	3172	3223	3266	1.39
印度	2030	2134	1991	2220	2314	2235	2352	1.16
高收入国家	3033	3203	3339	3393	3502	3531	3536	1.17
中等收入国家	3033	3203	3339	3393	3502	3531	3536	1.17
低收入国家	—	—	—	—	—	—	—	—
世界平均	2201	2399	2498	2636	2727	2762	2798	1.27
中国/世界	0.67	0.79	0.88	0.99	1.07	1.08	1.07	1.60

其次,前沿比较,以 2007 年为例(表 3-23)。2007 年,中国人均营养供应、人均动物营养供应、人均植物营养供应、人均蛋白质、人均脂肪和人均肉食消费等,都已经超过世界平均水平,但与高收入国家平均值的差距仍然比较大。

表 3-23 2007 年中国农业需求(消费)的国际比较

区域	人均营养供应	人均动物营养供应	人均植物营养供应	人均蛋白质	人均脂肪	人均谷物消费	人均肉食消费	肉食消费指数
中国	2981	639	2342	89	92	152	53	0.35
美国	3748	1028	2721	114	160	112	123	1.10
英国	3458	1044	2414	105	146	113	86	0.75
日本	2812	584	2228	92	90	115	46	0.40
墨西哥	3113	695	2418	86	108	114	80	0.71
巴西	3266	649	2617	93	96	172	63	0.37
印度	2352	197	2155	57	48	153	3	0.02
高收入国家	3536	1138	2397	105	153	115	89	—
中等收入国家	—	—	—	—	—	—	—	—
低收入国家	—	—	—	—	—	—	—	—
世界平均	2798	481	2316	77	80	146	40	0.27
中国/世界	1.07	1.33	1.01	1.15	1.15	1.05	1.34	1.28

注:指标单位见表 1-13。

三、中国农业要素的时序分析

农业要素涉及许多方面。这里重点讨论农民、农村和农业环境。关于中国的农业科技、农业制度和农业观念的时序分析,需要专题研究。

1. 中国农民和农村的时序分析

(1) 中国农民和农村的变化趋势

中国农民和农村的变化趋势因指标而异(表 3-24)。其中,7 个指标为上升变量,2 个指标为下降变量,1 个指标为波动变量。1960 年以来,中国农村人口比例下降了 32%。

表 3-24   1960～2008 年中国农民和农村的变化

指标	1960	1970	1980	1990	2000	2005	2008	变化	趋势
农民识字率	43	53	67	78	91	91	94	2.18	上升
农村人口比例	84	83	80	73	64	60	57	0.68	下降
农村人口密度*	5.34	6.75	8.14	6.66	6.09	5.73	5.42	1.01	波动
农村人口年增长率	1.41	2.81	0.71	0.26	-0.57	-0.94	-1.06	-0.75	下降
农村卫生设施普及率**	—	—	—	43	53	—	59	1.37	上升
农村清洁饮水普及率**	—	—	—	55	71	—	81	1.47	上升
农村轿车普及率***	—	—	—	0.1	0.6	1.1	1.6	14.11	上升
农村电话普及率	—	—	0.2	0.5	8.5	19.2	18.0	107.40	上升
农村移动通讯普及率	—	—	—	—	5.0	21.5	33.8	6.75	上升
农村互联网普及率	—	—	—	—	1.3	6.1	15.7	11.86	上升

注:指标单位见表 1-13。农民识字率为成人识字率。* 1960 年数据为 1961 年数据,2008 年数据为 2007 年数据。** 2008 年数据为 2006 年数据。*** 2008 年数据为 2007 年数据。变化=终点/起点。

上升变量:农民识字率(成人识字率)、农村卫生设施普及率、农村清洁饮水普及率、农村轿车普及率、农村电话普及率、农村移动通讯普及率、农村互联网普及率等。

下降变量:农村人口比例、农村人口增长率等。

波动变量:农村人口密度等。

(2) 中国农民和农村变化的主要特点

首先,农民素质不断提高。主要表现是农民识字率的提高和受教育年数的增长。

其次,农村人口比例的下降。随着农业劳动力比例下降,农村人口比例下降。

其三,农村基础设施改善。例如,饮水、卫生、交通、文化和通信设施改善等。

(3) 中国农民和农村的国际比较

首先,过程比较,以农村人口比例为例。1960 年以来农村人口比例下降,2008 年中国农村人口比例仍然高于世界平均值(表 3-25)。

表 3-25　1960～2008 年中国农村人口比例的国际比较　　　　单位:%

区域	1960	1970	1980	1990	2000	2005	2008	2008/1960
中国	84	83	80	73	64	60	57	0.68
美国	30	26	26	25	21	19	18	0.61
英国	22	23	12	11	11	10	10	0.47
日本	57	47	40	37	35	34	34	0.59
墨西哥	55	44	33	25	19	16	14	0.26
巴西	49	41	34	29	25	24	23	0.46
印度	82	80	77	75	72	71	70	0.86
高收入国家	38	33	29	27	24	23	22	0.58
中等收入国家	74	71	67	61	56	53	52	0.70
低收入国家	88	84	80	77	74	73	71	0.81
世界平均	67	64	61	57	53	51	50	0.74
中国/世界	1.25	1.29	1.32	1.27	1.20	1.16	1.14	0.91

其次,前沿比较,以 2008 年为例(表 3-26)。2008 年,中国农民素质、农村卫生和饮水设施、电话普及率和互联网普及率已经达到世界平均水平,但轿车普及率低于世界平均水平。

表 3-26　2008 年中国农民和农村的国际比较

区域	农民识字率	农村人口比例	农村农业人口比例	农村卫生设施普及率	农村清洁饮水普及率	农村轿车普及率	农村电话普及率	农村互联网普及率
中国	94	57	66	59	81	1.6	18	16
美国	100	18	5	99	94	45	51	76
英国	100	10	8	—	100	46	54	76
日本	100	34	4	100	100	32	38	75
墨西哥	90	14	42	37	58	8.5	12	20
巴西	93	23	33	48	85	9.4	11	13
印度	63	70	33	18	86	—	3	3
高收入国家	100	22	—	99	98	24.5	47.0	69.1
中等收入国家	83	52	—	43	81	4.1	10	12
低收入国家	69	71	—	33	60	0.6	4	4
世界平均	82	50	—	44	77	8.8	13	16
中国/世界	1.15	1.14	—	1.33	1.05	0.18	1.42	0.99

注:指标单位见表 1-13。

2. 中国农业环境的时序分析

(1) 中国农业环境的变化趋势

中国农业环境的变化趋势因指标而异(表 3-27)。其中,5 个指标为上升变量,2 个指标为下降变量,5 个指标为波动变量。1995 年以来,中国农业补贴出现增长趋势。

表 3-27   1960～2008 年中国农业环境的变化

指标	1960	1970	1980	1990	1995	2000	2005	2008	变化	趋势
人口自然增长率	1.8	2.8	1.3	1.5	1.1	0.8	0.6	0.5	0.28	下降
人口密度	70.8	87.7	105.2	121.7	129.2	135.4	139.8	142.0	2.01	上升
农业人口比例	—	—	38.0	41.7	40.6	39.2	38.3	37.6	0.99	波动
农业甲烷排放密度	—	—	—	894	896	879	910	—	1.02	波动
农业氧化氮排放密度	—	—	—	797	953	951	960	—	1.20	上升
农业支持占 GDP 比例*	—	—	—	—	2.6	1.8	2.1	2.0	0.78	下降
农业支持占农业增加值比例*	—	—	—	—	13	12	17	18	1.41	上升
农业净增加值比例*	—	—	—	—	17.4	13.3	10.1	9.1	0.52	下降
生产性支持占收入比例*	—	—	—	—	6.2	3.4	7.8	8.6	1.40	上升
农民人均补贴收入*	—	—	—	—	42	27	97	158	3.81	上升
生产性支持占总支持比例*	—	—	—	—	74	43	70	73	0.99	波动
服务性支持占总支持比例*	—	—	—	—	25	56	30	27	1.10	波动

注:指标单位见表 1-13。* 2008 年数据为 2007 年数据。变化＝终点/起点。

上升变量:人口密度、农业氧化氮排放密度、农业支持占农业增加值比例、生产性支持占收入比例、农民人均补贴收入等。

下降变量:人口自然增长率、农业净增加值比例等。

波动变量:农业人口比例、农业甲烷排放密度、农业支持占 GDP 比例、生产性支持占总支持比例、服务性支持占总支持比例等。

(2) 中国农业环境变化的特点

首先,中国人口总数仍将增长一段时间。人口自然增长率下降,但未来 40 年人口总数仍会增加。中国农业新需求来自两个方面:其一,人口数量的增加;其二,人均需求的增加。

其次,中国农业相对重要性下降。农业经济的相对地位下降,但绝对地位不会改变。农业仍将是国民经济的重要基石,是社会稳定的基石,是食物安全的根本保证。

其三,农民人均补贴收入增加。中国农业补贴政策与 WTO 的农业政策需要协调一致。

其四,中国农业的生态环境问题,需要特别关注。包括农业排放和水土保持等。

(3) 中国农业环境的国际比较

首先,过程比较,以人口自然增长率为例。1980 年以来,中国人口自然增长率下降,并低于世界平均值(表 3-28)。尽管自然增长率下降,但未来数十年人口总数仍将增长(表 3-29)。

表 3-28   1961～2008 年中国人口自然增长率的国际比较   单位:%

	1961	1970	1980	1990	2000	2005	2008	2008/1961
中国	1.8	2.8	1.3	1.5	0.8	0.6	0.5	0.28
美国	1.7	1.2	1.0	1.1	1.1	0.9	0.9	0.53
英国	0.5	0.3	0.1	0.3	0.4	0.6	0.7	1.40
日本	0.9	1.1	0.8	0.3	0.2	0.0	−0.1	−0.11
墨西哥	2.9	2.5	2.3	1.7	1.4	1.2	1.0	0.34
巴西	3.1	3.2	2.5	1.9	1.4	1.0	1.0	0.32
印度	1.8	2.3	2.3	2.0	1.7	1.4	1.3	0.72

（续表）

	1961	1970	1980	1990	2000	2005	2008	2008/1961
高收入国家	4.0	1.0	0.8	0.8	0.7	0.7	0.7	0.18
中等收入国家	2.1	2.4	1.9	1.8	1.3	1.1	1.1	0.52
低收入国家	2.3	2.6	2.7	2.6	2.1	2.1	2.1	0.91
世界平均	2.5	2.1	1.8	1.7	1.3	1.2	1.2	0.48
中国/世界	0.72	1.33	0.72	0.88	0.62	0.50	0.42	0.58

表 3-29　1500～2100 年中国人口的国际比较

	1500	1600	1700	1820	1900	1950	2000	2050	2100
	人口数量/百万								
中国	103	160	138	381	400	547	1275	1395	1181
印度	110	135	165	209	236	359	1017	1531	1458
美国	2	2	1	10	76	152	285	409	437
西欧	57	74	81	133	223	305	389	380	339
世界	438	556	603	1041	1565	2525	6071	8919	9064
	人口比例/（%）								
中国	24	29	23	37	26	22	21	16	13
印度	25	24	27	20	15	14	17	17	16
美国	0.5	0.3	0.2	1.0	4.9	6.0	4.7	4.6	4.8
西欧	13	13	13	13	14	12	6.4	4.3	3.7
世界	100	100	100	100	100	100	100	100	100

注：1500～1950 年数据来自麦迪森（Maddison，2001），2000～2100 年数据来自联合国（UN，2004）.

其次，前沿比较，以 2008 年为例（表 3-30）。目前，中国农业甲烷和氧化氮排放密度高于世界平均水平，农民人均补贴收入低于发达国家、低于巴西和墨西哥。

表 3-30　2008 年中国农业环境的国际比较

	人口自然增长率	农业人口比例	农业甲烷排放密度	农业氧化氮排放密度	生产性支持占收入比例	农民的人均补贴收入	生产性支持占总支持比例	服务性支持占总支持比例
中国	0.5	37.6	910	960	8.6	158	73	27
美国	0.9	0.9	361	826	10	15 151	33	41
英国	0.7	0.8	1178	2016	—	—	—	—
日本	−0.1	1.3	1531	2481	46	12 804	78	22
墨西哥	1.0	6.1	1072	846	5	283	76	23
巴西	1.0	7.5	443	634	13	993	80	13
印度	1.3	23.0	2567	1554				
高收入国家	0.7	1.6	339	666	22	16 222	71	21
中等收入国家	1.1	—	705	666	—	—	—	—
低收入国家	2.1	—	473	440	—	—	—	—
世界平均	1.2	—	577	633	—	—	—	—
中国/世界	0.42	—	1.58	1.52	—	—	—	—

注：指标单位见表 1-13。农业排放指标为 2005 年数据，农业补贴为 2007 年数据。

第二节   中国农业现代化的截面分析

中国农业现代化的截面分析,是对中国农业现代化的历史过程的关键时期的截面数据和资料进行分析,试图去发现和归纳中国农业现代化的事实和特征。分析变量涉及农业生产、农业经济和农业要素三个方面,分析内容包括国际比较等,分析对象包括 3 个历史截面(表 3-31),并以 2008 年为重点。1700 年、1820 年和 1900 年截面数据少,需专题研究。

表 3-31   1970 年、2000 年和 2008 年截面中国农业指标的水平分布

指标水平	指标个数/个			指标比例/(%)		
	1970 年	2000 年	2008 年	1970 年	2000 年	2008 年
发达水平	—	5	9	—	6	12
中等发达水平	5	9	3	8	12	4
初等发达水平	11	25	26	18	32	34
欠发达水平	45	38	39	74	49	51
合计	61	77	77	100	100	100

一、中国农业生产的截面分析

1. 中国农业生产的 2008 年截面

2008 年世界农业生产的截面分析包括 60 个变量;其中,约 27 个变量与国家经济水平显著相关。将中国的 27 个指标与世界水平进行比较,可大致判断中国农业生产的水平(表 3-32)。

表 3-32   2008 年截面中国农业生产指标的相对水平

指标	经济欠发达			经济初等发达		经济中等发达		经济发达		合计
	1组	2组	3组	4组	5组	6组	7组	8组	9组	
农业资源	—	—	—	—	—	—	—	—	—	—
农业投入	2	—	2	2	—	—	—	—	1	7
农业生产	1	5	—	4	—	1	—	3	—	20
合计	3	5	8	6	—	1	—	3	1	27

注:人均农业资源指标与国家经济水平没有显著关系。"—"表示没有数据。后同。

2008 年截面,中国农业生产大约有 4 个指标达到经济发达国家组的水平,约有 1 个指标达到经济中等发达国家组的水平,约有 6 个指标达到经济初等发达国家组的水平,约有 16 个指标为经济欠发达国家组的水平(表 3-32、表 3-33)。

表 3-33　2008 年中国农业生产指标的国际比较

指标	中国数值	中国分组	国际对照（经济水平、国家分组、人均国民收入、指标特征值）								
			经济欠发达			经济初等发达		经济中等发达		经济发达	
			1	2	3	4	5	6	7	8	9
			351	774	1809	4087	7061	11 245	20 324	37 800	53 914
（1）农业资源											
人均农业用地	0.39	—	0.99	1.72	3.10	1.63	3.80	0.74	1.21	2.20	0.48
人均可耕地面积	0.08	—	0.27	0.19	0.22	0.23	0.39	0.37	0.14	0.39	0.25
（2）农业投入											
化肥使用密度	331	9	8	68	114	249	281	160	271	275	314
农业机械化	2.77	4	0.3	0.7	1.3	2.7	0.9	4.8	8.3	11.3	11.4
农业就业指数	92	4	125	117	107	99	108	77	87	94	87
农业劳动力比例	39.6	3	77	55	39	23	17	11	6	4	3
农业用水比例	67.7	3	77	83	68	64	61	35	55	47	15
农业科技投入比例	0.08	—	—	—	0.1	3.2	0.1	1.7	0.3	1.4	2.0
农民人均可耕地	0.35	1	0.9	0.9	1.5	3.4	24	10	6.9	24	20
农业用地比例	56	1	51	43	47	46	50	36	41	34	39
（3）农业生产											
谷物单产	5535	8	1204	2216	2597	2716	2821	3879	4971	5214	6128
水稻单产	6556	8	2080	3282	3617	3733	4747	5257	4375	6982	7673
小麦单产	4762	8	1668	2614	2173	2469	2201	3671	4110	4832	6327
玉米单产	5556	6	1213	3339	2706	4435	3636	5977	8374	9854	10 460
土地生产率	481	—	156	354	752	402	424	463	2940	15 355	1868
农业增加值比例	11.3	4	35	24	16	9	7	5	3	2	2
食品生产指数	125	4	120	124	117	121	119	114	97	95	99
作物生产指数	123	4	119	120	117	124	121	112	102	96	99
人均生物燃料	5	4	—	1.9	2.5	4.4	37	0.8	2.6	17	118
大豆单产	1703	3	1022	1022	1800	1693	1657	2221	2208	2374	2839
农民人均产肉	0.2	3	0.0	0.1	0.2	0.7	4.6	1.6	3.5	7.1	8.9
农民人均产粮	1.6	3	0.4	1.0	1.5	4.4	28	20	15	41	51
有机农业用地比例	0.28	3	0.3	0.1	0.3	0.6	1.2	2.8	4.6	3.0	5.7
作物增加值指数	2.2	3	5.4	4.5	3.0	1.7	1.5	1.4	1.0	1.1	0.6
食物增加值比例	95	3	93	92	94	97	97	99	100	98	100
农业劳动生产率	504	2	209	658	1694	3092	8819	5791	20 202	35 191	35 084
综合生产率	492	2	169	497	1261	1733	4621	3127	11 571	25 273	18 476
牲畜增加值比例	31	2	22	31	34	41	46	45	51	53	66
牲畜生产指数	122	2	117	126	118	117	117	109	94	97	98
作物增加值比例	69	2	78	69	66	59	54	55	49	47	34
农业年均增长率	4.73	1	5.1	3.4	3.6	3.8	3.6	2.1	0.8	−0.7	2.3

注：指标单位见表 1-13。农业科技投入比例和土地生产率指标与国家经济水平相关性不显著。

2. 中国农业生产的 2000 年截面

2000 年截面，中国农业生产大约有 1 个指标达到经济发达国家组的水平，约有 6 个指标达到经济中等发达国家组的水平，约有 5 个指标达到经济初等发达国家组的水平，约有 15 个指标为经济欠发达国家组的水平（表 3-34）。

表 3-34   2000 年截面中国农业生产指标的相对水平

指标	经济欠发达			经济初等发达		经济中等发达		经济发达		合计
	1组	2组	3组	4组	5组	6组	7组	8组	9组	
农业资源	1	—	—	—	—	—	—	—	—	1
农业投入	2	1	2	1	—	1	1	—	—	8
农业生产	2	3	4	1	3	2	2	1	—	18
合计	5	4	6	2	3	3	3	1	—	27

3. 中国农业生产的 1970 年截面

1970 年截面,中国农业生产大约有 5 个指标达到经济中等发达国家组的水平,约有 2 个指标达到经济初等发达国家组的水平,约有 18 个指标为经济欠发达国家组的水平(表 3-35)。

表 3-35   1970 年截面中国农业生产指标的相对水平

指标	经济欠发达			经济初等发达		经济中等发达		经济发达		合计
	1组	2组	3组	4组	5组	6组	7组	8组	9组	
农业资源	1	—	—	—	—	—	—	—	—	1
农业投入	2	2	2	—	—	—	—	—	—	6
农业生产	8	1	2	1	1	3	2	—	—	18
合计	11	3	4	1	1	3	2	—	—	25

二、中国农业经济的截面分析

1. 农业经济的 2008 年截面分析

(1) 2008 年农业经济的截面特征

2008 年世界农业经济的截面分析包括 47 个变量;其中,约 37 个变量与国家经济水平显著相关。将中国的 37 个指标与世界水平进行比较,可大致判断中国农业生产的水平(表 3-36)。

表 3-36   2008 年截面中国农业经济指标的相对水平

指标	经济欠发达			经济初等发达		经济中等发达		经济发达		合计
	1组	2组	3组	4组	5组	6组	7组	8组	9组	
农业供给	1	3	1	2	4	1	—	1	1	14
农业流通	2	4	—	1	—	—	—	—	—	7
农业需求	—	1	3	3	7	—	—	1	1	16
合计	3	8	4	6	11	1	—	2	2	37

2008 年截面,中国农业经济大约有 4 个指标达到经济发达国家组的水平,约有 1 个指标达到经济中等发达国家组的水平,约有 17 个指标达到经济初等发达国家组的水平,约有 15 个指标为经济欠发达国家组的水平(表 3-36、表 3-37)。

表 3-37　2008 年截面中国农业经济指标的国际比较

指标	中国数值	中国分组	国际对照（经济水平、国家分组、人均国民收入、指标特征值）								
			经济欠发达			经济初等发达		经济中等发达		经济发达	
			1	2	3	4	5	6	7	8	9
			351	774	1809	4087	7061	11 245	20 324	37 800	53 914
(1) 农业供给											
人均蛋类供给	19	9	1	2	6	9	10	13	11	14	14
人均鱼类供给	36	8	5	14	12	17	17	25	27	37	71
粮食浪费比例	3.9	6	8.0	6.3	6.8	5.3	5.0	4.4	3.8	2.1	1.9
人均肉食生产	56	5	11	17	31	37	79	58	59	118	129
人均肉食供给	54	5	11	19	27	41	60	66	77	94	88
人均谷物生产	362	5	146	230	226	277	450	682	322	640	651
蛋类浪费比例	5.1	5	10.6	8.7	4.6	5.5	5.9	2.4	3.2	2.1	2.3
人均植物油供给	20	4	8	10	14	21	22	24	29	44	46
人均谷物供给	293	4	156	219	251	320	363	538	468	531	629
人均水果供给	75	3	82	45	77	107	120	106	123	161	133
农民人均肉食出口	5	2	—	1	30	22	35	284	304	3666	4254
人均奶类供给	31	2	19	66	77	153	181	228	183	286	375
农民人均供应人口	4	2	3	5	7	17	46	25	54	79	72
农民人均谷物出口	37.2	1	—	172	370	537	1657	5208	2984	21 684	11 741
(2) 农业流通											
农产品平均关税	8.8	4	14	13	12	10	6	5	5	2	4
人均农业国际贸易	103	2	46	149	256	430	801	1191	1378	2733	3980
人均农业进口	71	2	21	69	104	241	290	588	901	1252	1850
人均农业出口	32	2	26	80	152	195	511	603	477	1481	2130
农民人均出口	137	2	63	401	967	4265	34 552	18 624	21 468	125 745	133 382
人均奶类净出口	−1	1	−1.2	−5.1	−4.5	0.8	5.8	24	−0.9	238	150
人均肉食净出口	−1	1	−0.2	−2.0	−0.3	−6.3	1.8	−7.5	−18	23	41
人均农业粗物质净出口	−26	—	3	11	5	−4	16	55	−55	69	107
(3) 农业需求											
人均蛋类消费	17	9	1	2	5	7	8	12	9	12	12
人均鱼类消费	26	8	6	12	11	11	11	23	24	28	25
肉食消费指数	0.35	5	0.1	0.1	0.2	0.3	0.4	0.5	0.6	0.8	0.8
人均动物营养供应	639	5	116	252	347	479	640	758	758	950	1100
人均蛋白质	88.9	5	52	62	69	75	85	93	98	104	107
动物营养比例	21	5	5	10	13	17	21	24	23	28	32
人均脂肪	91.7	5	40	52	62	78	91	105	118	140	143
人均肉食消费	53	5	11	18	28	40	58	64	76	91	86
人均营养供应	2981	5	2119	2394	2609	2761	2945	3195	3244	3383	3459
谷物饲料比例	31	4	6	10	19	34	41	50	55	59	62
谷物食用指数	1.70	4	85	48	11	2.6	8.7	0.8	0.6	0.5	0.4
谷物食用比例	53	4	78	76	67	49	44	31	30	27	22
人均水果消费	64	3	54	40	63	85	77	81	100	105	122
人均植物油消费	9	3	6	8	8	12	13	14	17	21	17
人均谷物消费	152	3	119	156	157	142	139	145	139	119	112
人均奶类消费	29	2	17	55	65	108	150	175	157	202	289

注：指标单位见表 1-13。净出口指标，负值表示为净进口。

2. 中国农业经济的 2000 年截面

2000 年截面,中国农业经济大约有 4 个指标达到经济发达国家组的水平,约有 2 个指标达到经济中等发达国家组的水平,约有 12 个指标达到经济初等发达国家组的水平,约有 18 个指标为经济欠发达国家组的水平(表 3-38)。

表 3-38   2000 年截面中国农业经济指标的相对水平

指标	经济欠发达			经济初等发达		经济中等发达		经济发达		合计
	1组	2组	3组	4组	5组	6组	7组	8组	9组	
农业供给	1	2	3	1	3	—	—	1	1	12
农业流通	6	2	1	—	—	—	—	—	—	9
农业需求	1	2	—	3	5	1	1	—	2	15
合计	8	6	4	4	8	1	1	1	3	36

3. 中国农业经济的 1970 年截面

1970 年截面,中国农业经济大约有 6 个指标达到经济初等发达国家组的水平,约有 24 个指标为经济欠发达国家组的水平(表 3-39)。

表 3-39   1970 年截面中国农业经济指标的相对水平

指标	经济欠发达			经济初等发达		经济中等发达		经济发达		合计
	1组	2组	3组	4组	5组	6组	7组	8组	9组	
农业供给	8	1	2	—	2	—	—	—	—	13
农业流通	1	—	—	—	—	—	—	—	—	1
农业需求	9	2	1	4	—	—	—	—	—	16
合计	18	3	3	4	2	—	—	—	—	30

三、中国农业要素的截面分析

1. 农业要素的 2008 年截面分析

2008 年世界农业要素定量指标的截面分析包括 38 个变量;其中,约 16 个变量与国家经济水平显著相关。将中国的 16 个指标与世界水平进行比较,可大致判断中国农业生产的水平(表 3-40)。2008 年中国农民素质的 3 个指标缺少数据。

表 3-40   2008 年截面中国农业要素定量指标的相对水平

指标	经济欠发达			经济初等发达		经济中等发达		经济发达		合计
	1组	2组	3组	4组	5组	6组	7组	8组	9组	
农民	—	—	—	—	1	—	—	—	—	1
农村	1	1	4	2	—	—	—	—	1	10
农业环境	1	—	—	—	—	1	—	—	—	2
合计	2	1	5	2	1	1	—	—	1	13

2008 年截面,中国农业要素定量指标大约有 1 个指标达到经济发达国家组的水平,约有 1 个指标达到经济中等发达国家组的水平,约有 3 个指标达到经济初等发达国家组的水平,约有 8 个指标为经

济欠发达国家组的水平（表3-40、表3-41）。

表3-41　2008年中国农业要素定量指标的国际比较

指标	中国数值	中国分组	国际对照（经济水平、国家分组、人均国民收入、指标特征值）								
			经济欠发达			经济初等发达		经济中等发达		经济发达	
			1	2	3	4	5	6	7	8	9
			351	774	1809	4087	7061	11 245	20 324	37 800	53 914
(1) 农民											
农民素质（高等教育）	—	—	—	17	13	13	11	15	29	30	31
农民素质（识字率）	94	5	58.0	65.9	82.9	89.7	93.8	97.4	96.8	98.2	99.5
(2) 农村											
农村电视普及率	100	9	9	31	40	50	49	57	70	91	96
农村电话普及率	18.0	6	1	3	7	10	12	16	26	42	48
农村互联网普及率	15.7	4	2	5	8	15	17	26	40	60	78
农村清洁饮水普及率	81	4	52	64	69	84	87	92	100	100	99
农村移动通讯普及率	33.8	3	13	32	37	55	51	69	85	101	119
农村卫生设施普及率	59	3	21	38	50	71	72	78	98	99	100
农村人口比例	57	3	74.0	65.9	52.7	38.0	26.5	28.1	29.5	18.7	23.3
农村人口密度	5.42	3	4.2	4.8	5.0	2.8	2.4	1.0	3.1	2.0	1.6
农村轿车普及率	1.6	2	0.7	1.1	2.6	5.5	7.7	16	25	42	46
农村农业人口比例	66	1	45	34	29	25	30	23	10	14	8
(3) 农业环境											
农业氧化氮排放密度	960	3	826	1140	1097	799	740	905	2108	2064	2001
农业人口比例	37.7	1	33	22	15	10	6.4	5.4	2.7	1.8	1.7
人口自然增长率	0.5	—	2.6	2.1	1.4	1.0	1.0	0.3	0.8	1.3	0.8
农业支持占农业增加值比例	18	—	—	—	18	18	10	22	99	44	61
生产性支持占收入比例	8.6	—	—	—	—	—	—	24	34	16	37
农民的人均补贴收入	158	—	—	—	—	—	—	2418	19 660	7762	31 848

注：指标单位见表1-13。

2. 中国农业要素的2000年截面

2000年截面，中国农业要素定量指标大约有1个指标达到经济中等发达国家组的水平，约有8个指标达到经济初等发达国家组的水平，约有5个指标为经济欠发达国家组的水平（表3-42）。

表3-42　2000年截面中国农业要素定量指标的相对水平

指标	经济欠发达			经济初等发达		经济中等发达		经济发达		合计
	1组	2组	3组	4组	5组	6组	7组	8组	9组	
农民	—	—	—	—	1	—	—	—	—	1
农村	2	1	1	4	—	1	—	—	—	9
农业环境	1	—	—	2	1	—	—	—	—	4
合计	3	1	1	6	2	1	—	—	—	14

3. 中国农业要素的1970年截面

1970年截面，中国农业要素定量指标大约有3个指标达到经济初等发达国家组的水平，约有3个指标为经济欠发达国家组的水平（表3-43）。

表 3-43　1970 年截面中国农业要素定量指标的相对水平

指标	经济欠发达			经济初等发达		经济中等发达		经济发达		合计
	1组	2组	3组	4组	5组	6组	7组	8组	9组	
农民	—	—	—	1	—	—	—	—	—	1
农村	1	2	—	—	—	—	—	—	—	3
农业环境	—	—	—	2	—	—	—	—	—	2
合计	1	2	—	3	—	—	—	—	—	6

第三节　中国农业现代化的过程分析

一般而言,中国农业现代化包括中国整体的农业现代化、中国农业三大方面的现代化、中国各地区的农业现代化(图 3-7)等。中国农业现代化的过程分析的分析对象可以分为三类:历史进程(1880～2005 年)、客观现实(2008 年)和未来前景(2008～2100 年)。

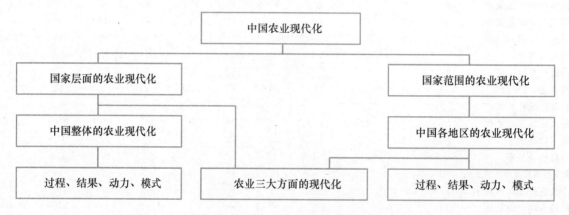

图 3-7　中国农业现代化的过程分析

注:农业三大方面指农业生产(农业资源、农业投入、农业生产效率和结构)、农业经济(农业供给、农业流通、农业需求和消费)和农业要素(农民、农村、农业环境、农业科技、农业制度和农业观念)。国家层面的农业现代化和地区的农业现代化,都涉及农业三大方面的现代化。地区农业现代化需要专题研究。

一、中国农业现代化的历史进程

中国农业现代化的历史进程,指从它的起步到目前的历史过程。中国农业现代化的进程研究,时间跨度约为 120 年;分析内容包括中国整体的农业现代化、中国农业三大方面的现代化、中国各地区的农业现代化等。关于中国农业三大方面现代化,前面已有专门分析。关于中国的地区农业现代化,需要专题研究。这里重点讨论中国整体的农业现代化。

中国整体的农业现代化是一个多维度的历史过程,需要从多个角度进行分析,分析内容可以根据需要进行选择。下面简要讨论它的阶段、内容、特点、结果、动力和模式。

1. 中国农业现代化的主要阶段

中国农业现代化是中国经济现代化的组成部分。中国农业现代化的阶段划分,应该与中国经济现代化的阶段划分相协调。当然,它们并非完全同步。

(1) 中国经济现代化的发展阶段

中国经济现代化的阶段与中国现代化的阶段有紧密关系。目前,我国学术界比较普遍的看法是,中国现代化可以分为三个阶段,它们是 1840/60~1911 年、1912~1949 年、1949 年至今。第一个阶段是清朝末年的现代化起步,第二个阶段是民国时期的局部现代化,第三个阶段是新中国的全面现代化。

《中国现代化报告 2005》认为,中国经济现代化的历史过程,同样分为三个阶段:清朝末年、民国时期和新中国时期;而且每一个阶段又可分为三个时期(表 3-44)。

表 3-44　中国经济现代化的发展阶段

阶段	时期	大致时间	历史阶段	经济发展的新特点	经济转型	经济地位
工业化起步 (清朝末年)	准备	1840~1860	鸦片战争	外资造船业和银行	无	下降
	起步	1860~1894	洋务运动	外资和官办工业	起步	下降
	调整	1895~1911	维新新政	民办轻工业	比较慢	下降
局部工业化 (民国时期)	探索	1912~1927	北洋政府时期	民办工业化	比较慢	下降
	探索	1928~1936	国民政府早期	官办工业化	比较快	下降
	调整	1937~1949	战争时期	战时工业化	慢	下降
全面工业化 (新中国)	探索	1949~1977	计划时期	工业化和计划经济	比较慢	下降
	市场化	1978~2001	改革时期	工业化和市场化	比较快	相对上升
	全球化	2002~至今	追赶时期	新工业化和全球化	比较快	相对上升

参考资料:罗荣渠,1993;许纪霖、陈达凯,1995;周积明,1996;虞和平,2002;赵德馨,2003。

资料来源:中国现代化战略研究课题组等,2005.

(2) 中国农业现代化的起步

关于中国农业现代化的起点没有统一认识。如果把农业的机械化、科学化、化学化和工业化理解为农业现代化的基本内涵,那么,可以从这四个方面来考察中国农业现代化的发端。

有资料显示,中国农业机械化的起步可以追溯到 19 世纪 80 年代(有人认为中国沿海地区的农业机械使用可以追溯到 19 世纪中期),农业科学化可以追溯到 19 世纪 90 年代,农业化学化可以追溯到 20 世纪 30 年代,农业工业化可以追溯到 20 世纪初(表 3-45)。由此可见,中国农业现代化的发端,可以追溯到 19 世纪中后期,大致可以以 1880 年为起点。

表 3-45　中国农业现代化的起步

方面	典型事件	发生时间、地点或人物
农业机械化	第一个使用农业机械耕种的记载——《益闻录》	1880,天津
农业科技和教育	第一个农业科技推广团体——农学会	1896,上海,罗振玉等
	第一种农业科技期刊——《农学报》	1897,上海,罗振玉等
	第一个全国农业试验场——农工商部农事试验场	1906,北京
	第一个水利学校——南京河海工程专门学校	1915,李仪祉
农业企业	第一家现代农业企业——通海垦牧公司	1901,江苏,张謇
	第一家现代渔业公司——江浙渔业公司	1904,张謇
	第一家化肥厂——永利硫酸铵厂	1937,江苏,范旭东

注:有资料显示 19 世纪中期沿海地区采用机器磨面和榨油等。1863 年上海碾米厂建立(张培刚,2009)。

资料来源:汪林茂,1998.

（3）中国农业现代化的发展阶段

参照中国经济现代化的阶段划分，19 世纪后期以来，中国农业现代化的前沿过程大致分为三个阶段：清朝末年的农业现代化起步、民国时期的局部农业现代化、新中国的全面农业现代化（表 3-46）。

表 3-46   中国农业现代化的发展阶段

阶段	大致时间	历史阶段	农业现代化的主要内容和特点（举例）
农业现代化起步 （清朝末年）	1840～1860	鸦片战争	—
	1860～1894	洋务运动	引进农业机械、农业知识等
	1895～1911	维新新政	农业科技、农技推广、农业教育、农业企业、农业管理等
局部农业现代化 （民国时期）	1912～1927	北洋政府时期	
	1928～1936	国民政府早期	农业的机械化、科学化、化学化、工业化、农业合作社等
	1937～1949	战争时期	
全面农业现代化 （新中国）	1949～1977	计划时期	农业的机械化、电气化、水利化、化学化、农业合作社、人民公社等
	1978～2001	改革时期	农业的市场化、商业化、机械化、科学化、化学化、水利化、承包制等
	2002～至今	全球化时期	农业的国际化、信息化、生态化、机械化、市场化、集约化、合作社等

注：本表内容只是一个提纲，不是全面阐述。2001 年中国成为 WTO 正式成员，参与经济全球化。

2．中国农业现代化的主要内容

中国农业现代化的主要内容，与世界农业现代化的主要内容，是基本一致的。在不同阶段，中国农业现代化的内涵和特点有所不同。

（1）清朝末年的农业现代化起步

清朝末年的农业现代化，可以从思想和实践两个方面来认识。

首先，农业现代化的思想启蒙和知识传播。在 19 世纪后期，一批中国有识之士关注农业振兴，提出了农业现代化的一些设想。例如有关资料显示：1894 年孙中山先生在《上李鸿章书》中提出，振兴农业需要三个要素：农业政府管理、农业科技教育、农业机械化等；1896 年罗振玉等在上海成立"农学会"，后发行《农学报》等；1898 年"维新变法"者主张：引进外国农业技术和农业知识，设立农工商总局，设立农务学堂，组织农会和刊发农报等。

其次，农业现代化的实践和推广。在 19 世纪中后期，沿海地区开始引进外国农业机械；有些地方设立农业试验场，如上海的育蚕试验场、哈尔滨的农事试验场等；清政府派留学生出国学习农学等。在 20 世纪初，清政府在北京设立了"农工商部农业试验场"；湖南设立了农务局，湖南、天津、江西、山东、沈阳、大连等地设立了农业或林业试验场，山西、天津、河北和上海等地分别设立了农学、林学、马医、水产学校等；一些现代农业企业成立，例如，江苏的通海垦牧公司、江浙渔业公司、黑龙江的兴东公司（机械化农场）等。与此同时，农用技术、机械和良种引进有所扩展，农业技术、农业教育和农技推广有了较大进展。

清朝末年，农业现代化主要是技术和知识层面，农业制度变化比较少。

（2）民国时期的局部农业现代化

如果说，清朝末年的农业现代化是星星点点，那么，民国时期的农业现代化就是条条块块。条条指沿海地区的农业现代化，块块指东北地区和其他地区的局部农业现代化。

首先,农业现代化的探索。在 20 世纪 30 年代,中国学术界就中国现代化道路进行了思考和辩论。1933 年上海《申报月刊》推出了"中国现代化问题号"特刊。吴觉农先生(1933)以"中国农业的现代化"为题,发表自己的看法。

其次,农业现代化的实践。主要内容包括农业的机械化、化学化、科学化、企业化、农业合作社等;农业科技、农业教育和农业经济有所发展,农业比例下降等(表 3-47)。化学化指化学产品在农业的广泛应用,化学产品包括化肥、农药、除草剂和饲料添加剂等。科学化指农业科技发展和知识普及、农业良种的育种和推广、农业生产和管理的合理化等。

表 3-47　1890~2008 年中国经济结构、就业结构和农业劳动生产率

项目		1890	1913	1936	1950	1960	1970	1980	1990	2000	2005	2008
增加值比例/(%)	农业	69	67	63	59	23	34	30	27	16	12	11
	工业	10	10	19	21	45	38	49	42	51	48	49
	服务业	22	23	18	20	32	28	21	31	33	40	40
劳动力比例/(%)	农业	—	90	—	84	82	80	69	54	50	45	40
	工业		3		7	9	10	18	19	23	24	27
	服务业		7		9	9	9	12	10	27	31	33
农业劳动生产率(2000 年美元)		—	—	—	—	110	164	183	263	364	439	504

注:1913 年劳动力比例数据为 20 世纪初华北 18 个县的调查数据;1936 年数据为 1931~1936 年期间的估计值(罗兹曼,1995,第 198 页,第 413 页)。

(3) 新中国的全面农业现代化

1949 年新中国成立后,农业现代化受到高度重视。新中国农业现代化的发展可以分为三个小阶段(表 3-46)。随着世界农业现代化的演变,中国对农业现代化的认识不断深化,农业现代化的实践发生很大变化。1960 年以来,中国农业现代化水平有较大提高。在 1960~2008 年期间,中国第一次农业现代化指数提高了 42 个百分点(表 3-48)。

表 3-48　1960~2008 年中国农业现代化水平的变化

项目	1960	1970	1980	1990	2000	2005	2008
第一次农业现代化指数	34	44	56	57	67	71	76
第一次农业现代化指数的排名	82	66	67	76	74	76	75
第一次农业现代化指数的水平分组	欠发达	初等发达	初等发达	—	—	—	—
国家样本数	111	111	110	126	131	131	131
第二次农业现代化指数			20	18	23	32	35
第二次农业现代化指数的排名			71	56	63	55	62
第二次农业现代化指数的水平分组			—	初等发达	初等发达	初等发达	初等发达
国家样本数			108	121	130	130	130
综合农业现代化指数	—	—	29	33	31	34	38
综合农业现代化指数的排名			60	63	73	68	65
综合农业现代化指数的水平分组			—	初等发达	初等发达	初等发达	初等发达
国家样本数			110	128	131	131	131

注:新加坡的农业规模很小,其第二次农业现代化指数没有参加排名。第二次农业现代化评价 1980 年有 6 个指标缺少数据,综合农业现代化评价 1980 年有 4 个指标缺少数据,它们的评价结果仅供参考。

首先,计划时期的农业现代化。在 20 世纪 50 年代,中国政府提出"现代化农业"的发展目标;60年代提出"农业现代化、工业现代化、国防现代化和科技现代化"的奋斗目标,并计划用 20 多年时间实现"四个现代化",后提出在 20 世纪末实现"四个现代化"。

当时中国农业现代化的发展思路,可以简称为"以粮为纲,四化一社"。"以粮为纲"是中国农业发展的主线,确保全国的粮食供给。"四化"分别是机械化、电气化、水利化和化学化。"一社"先后是"农业合作社"和"人民公社",实行城乡分割的户籍政策。

这个阶段发展重点是:提高粮食单产、农业生产现代化、发展农业集体经济等。

其次,改革开放时期的农业现代化。20 世纪 70 年代末以来,中国实行改革开放政策,农业改革实行"联产承包责任制",农业现代化的观念和重点也发生了改变。主要内容包括:农业生产现代化,包括科学化、机械化、信息化、水利化和化学化等;农业经济现代化,包括商品化、市场化、集约化、社会化、农业金融和现代农业企业发展等;农业观念现代化,包括生态农业、有机农业、可持续农业等的兴起等。

这个阶段发展重点是:提高土地生产率、农业生产现代化、农业经济现代化等。

其三,全球化时期的农业现代化。2001 年中国成为世界贸易组织(WTO)正式成员,全面参与经济全球化进程。中国农业现代化进入全面推进时期。主要内容包括:农业生产现代化,包括信息化、机械化、科学化、专业化、工业化、生态农业、有机农业、农业科技园等;农业经济现代化,包括市场化、商品化、国际化、集约化、社会化、农业金融和农业期货市场等;农业要素现代化,包括农民素质和农民收入提高、农村基础设施改善、农业政策环境(农业税收改革和农业补贴)、农业制度和农业观念的变化等。

这个阶段发展重点是:提高农民收入、农业三个方面现代化、农业信息化和生态化等。

2006 年全国废止"农业税",农业补贴逐年上升。这是中国农业现代化的一座里程碑。

3. 中国农业现代化的主要特点

关于中国农业现代化的特点,不同学者有不同认识,可以从不同角度进行分析。一般而言,世界农业现代化的主要特点在中国都有不同程度的反映,同时中国有自己的特色。

(1) 中国农业现代化是一种后发追赶型农业现代化

中国农业现代化起步比较晚。首先,中国农业现代化的起步比中国经济现代化的起步要晚约 40年。中国农业现代化起步大约是 19 世纪末(表 3-45),中国经济现代化起步大约是 19 世纪 40 年代(表 3-44)。其次,中国农业现代化比世界农业现代化的起步要晚 100 多年。英国农业现代化可以追溯到 18 世纪初;如果从 18 世纪中算起,中英相差 100 多年。

(2) 中国农业现代化相对滞后于中国国家现代化

新中国成立后,农业现代化被确定为国家目标。由于城乡分隔和农业税收等原因,1980 年以来中国农业现代化的速度比中国现代化慢,中国农业现代化水平比中国现代化低。1990 年以来中国第一次农业现代化指数低于第一次现代化指数,第二次农业现代化指数低于第二次现代化指数(图 3-8)。2008 年,中国农业现代化水平比中国现代化水平大约落后 8 年,大约低 10%。

(3) 中国农业现代化是一种资源约束型农业现代化

中国农业的人均自然资源,多数低于世界平均水平(表 3-5)。中国农业现代化的政策选择,受到自然条件的硬性约束。中国农业现代化的发展模式,不能脱离中国的基本国情,不可能照搬美国模式、欧洲模式或日本模式。中国只能探索适合自己的农业现代化道路。

(4) 中国农业现代化是一种工业优先型农业现代化

1960 年以来,中国现代化实际上采取了"以农养工"的非平衡产业发展战略,中国工业化快于中国

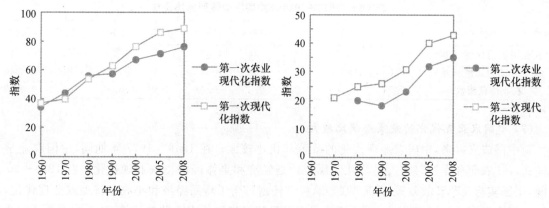

图 3-8　1960～2008 年中国农业现代化与中国现代化水平的比较

农业现代化,中国工农差距在扩大。例如,中国农业劳动生产率和工业劳动生产率的绝对差距,从 400 多美元扩大到 5600 多美元,相对差距从 5 倍扩大到 12 倍(表 3-49)。2008 年中国农业劳动力占总劳动力的 40%,这意味着中国 40% 的劳动的劳动生产率是比较低的。工业和农业劳动生产率的剪刀差,已经严重影响中国的劳动生产率水平。中国农业劳动生产率的相对低水平,已经成为提高中国劳动生产率和现代化水平的一个制约瓶颈。

表 3-49　1960～2008 年中国农业和工业劳动生产率的差距

项目	1960	1970	1980	1990	2000	2005	2008	2008/1960
农业劳动生产率(2000 年美元)	110	164	183	263	364	439	504	4.6
工业劳动生产率(2000 年美元)	547	609	681	1263	4382	5060	6142	11.2
绝对差距(工业-农业)	437	445	498	1000	4018	4621	5638	12.9
相对差距(工业/农业)	5	4	4	5	12	12	12	2.5

(5) 中国农业现代化是一种粮食主导型农业现代化

1960 年以来,中国坚持科技为农业服务的方针,农业科技水平不断提高,优良农作物品种不断涌现,良种推广取得明显成效。2008 年,中国谷物单产、水稻单产和小麦单产已经达到经济发达国家水平,玉米单产和土地生产率已经达到经济中等发达国家水平(表 3-33)。

在过去 50 年里,中国农业发展突出了"以粮为纲"的思想,农业土地生产率提高相对较快,农业劳动生产率提高相对较慢,农业土地生产率的相对水平高于农业劳动生产率。

农业现代化水平的基本标志是农业劳动生产率水平。中国农业现代化把提高土地生产率放在优先位置,适合中国人多地少的基本国情,但与农业现代化的基本原理有差别。

从某种意义上说,中国农业现代化是"一条腿"走路,走的是粮食主导型和土地节约型农业现代化之路,政策重点是提高粮食单产和土地生产率,相对忽视农业劳动生产率的提高。

(6) 中国农业现代化的农业转型的协调性比较低

农业现代化包括农业发展和农业转型。农业转型包括农业产业结构和就业结构转型,主要表现是农业增加值比例和农业劳动力比例下降。1960 年以来,中国农业劳动力的转型比较慢,农业产业的转型在波动,农业协调性在波动和下降(表 3-50)。在 1950～1970 年期间,中国农业现代化是一种劳动封闭型现代化,农业与工业之间的劳动力流动基本停止。

表 3-50   1913～2008 年中国农业转型的协调性

项目	1913	1950	1960	1970	1980	1990	2000	2005	2008
农业增加值比例/(%)	67	59	23	34	30	27	16	12	11
农业劳动力比例/(%)	90	84	82	80	69	54	50	45	40
农业协调指数	0.74	0.70	0.28	0.43	0.43	0.50	0.32	0.27	0.28

（7）中国农业现代化的政策起伏比较大

新中国成立以来,中国农业现代化的政策起伏比较大。在 1949～1977 年期间,中国农业学习苏联模式,从"农业合作社"到"人民公社",属于计划经济和集体经济型农业现代化。在 1978～2001 年期间,中国实行改革开放政策,采取"联产承包责任制",属于商品经济和小农经济型农业现代化,农业市场化程度提高。2002 年以来,中国逐步采取世界贸易组织的农业贸易政策,加入农业经济的全球化过程,取消农业税收,增加农业补贴,提高农业国际竞争力和农民收入水平,改善农村基础设施等。农业政策演变具有明显的阶段性。

（8）中国农业现代化具有地区多样性和不平衡性

中国农业现代化的地区差异是非常明显的。首先,自然地理的差异,例如,北方与南方的地理差别、东部与西部的地理差别等。其次,农业区位的差异,例如,不同地区的农业区划和农业定位的差别。其三,农业发展水平的地区差异等。

4．中国农业现代化的主要结果

（1）中国农业现代化的一般结果

中国农业现代化是世界农业现代化的组成部分,中国农业现代化的一般结果与世界农业现代化的一般结果是基本一致的,包括农业现代性、多样性和副作用的形成,包括中国农业状态和国际地位的变化等。2008 年,中国第一次农业现代化完成了 76%,第二次农业现代化水平约为农业发达国家的 35%,综合农业现代化水平约为农业发达国家的 38%。

迄今为止,从理论角度看,中国农业现代化的结果包括第一次农业现代化的推进和第二次农业现代化要素的引入、农业效率和农民收入的提高、农民福利和生活质量的改善、农业增加值比例和农业劳动力比例的下降、农业科技和农业制度的发展等;从政策角度看,中国农业现代化的结果包括农业生产、农业经济、农业要素和农业形态的深刻变化,包括从传统农业向现代农业、从小农经济向市场经济、从个体农业向机械化和信息化农业的转变等。

中国农业现代化的副作用主要是水土流失、农业资源和农业生态环境退化等。

（2）中国农业现代化的国际地位变化

在 1960～2008 年期间,中国已经从农业欠发达国家升级为农业初等发达国家,2008 年农业现代化指数世界排名为第 70 位左右（62～75 位）,中国国际地位有较大提高（表 3-48）。

（3）中国农业现代化的国际差距变化

首先,中国农业现代化水平的国际差距。1960 年以来,中国第一次农业现代化指数的国际差距逐步缩小;1980 年以来,中国综合农业现代化指数的国际差距逐步缩小（表 3-51）。

表 3-51　1960～2008 年中国农业现代化水平的国际差距

项目	1960	1970	1980	1990	2000	2005	2008
第一次农业现代化指数:中国值	34	44	56	57	67	71	76
第一次农业现代化指数:高收入国家平均值	100	100	100	100	100	100	100
第一次农业现代化指数:世界平均值	51	59	69	70	72	74	74
高收入国家平均值－中国值	66	56	44	43	33	29	24
世界平均值－中国值	17	15	13	13	5	3	－2
第二次农业现代化指数:中国值	—	—	20	18	23	32	35
第二次农业现代化指数:高收入国家平均值	—	—	69	54	76	92	100
第二次农业现代化指数:世界平均值	—	—	31	23	28	33	38
高收入国家平均值－中国值	—	—	49	36	53	60	65
世界平均值－中国值	—	—	11	5	5	1	3
综合农业现代化指数:中国值	—	—	29	33	31	34	38
综合农业现代化指数:高收入国家平均值	—	—	100	100	100	100	100
综合农业现代化指数:世界平均值	—	—	37	34	35	43	36
高收入国家平均值－中国值	—	—	71	67	69	66	62
世界平均值－中国值	—	—	8	1	4	9	－2

其次,中国农业现代化指标的国际差距(表 3-52)。1960 年以来,中国农业指标的国际差距的变化因指标而异。有些指标的国际差距扩大,如农业劳动生产率等;有些指标的国际差距缩小,如人均营养供应等,人均营养供应已经超过世界平均水平;有些指标已经达到世界先进水平,如谷物单产等,谷物单产已经超过高收入国家平均值(图 3-9)。

表 3-52　1961～2008 年中国农业指标的国际差距(举例)

项目	1961	1970	1980	1990	2000	2005	2008
农业劳动生产率:中国值	—	164	183	263	364	439	504
农业劳动生产率:高收入国家平均值	—	7269	8658	14 116	18 684	23 182	25 774
农业劳动生产率:世界平均值	—	496	745	803	922	1014	1072
高收入国家平均值－中国值	—	7105	8475	13 853	18 320	22 743	25 270
世界平均值－中国值	—	332	562	540	558	575	568
谷物单产:中国值	1211	2143	2949	4323	4756	5226	5535
谷物单产:高收入国家平均值	2186	2816	3365	4187	4850	5163	5348
谷物单产:世界平均值	1430	1829	2307	2882	3063	3278	3539
高收入国家平均值－中国值	975	673	416	－136	94	－63	－187
世界平均值－中国值	219	－314	－642	－1441	－1693	－1948	－1996
人均营养供给:中国值	1469	1887	2206	2612	2908	2974	2981
人均营养供给:高收入国家平均值	3033	3203	3339	3393	3502	3531	3536
人均营养供给:世界平均值	2201	2399	2498	2636	2727	2762	2798
高收入国家平均值－中国值	1564	1316	1133	781	594	557	555
世界平均值－中国值	732	512	292	24	－181	－212	－183

注:农业劳动生产率单位:2000 年价格美元。谷物单产单位:千克/公顷。人均营养供给单位:千卡/天,2008 年数据为 2007 年数据。

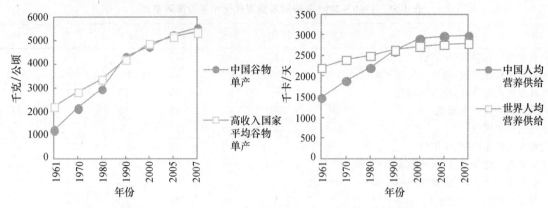

图 3-9 1961～2008 年中国谷物单产和人均营养供给的国际比较

5. 中国农业现代化的主要动力

中国农业现代化的动力分析,可以参考农业现代化理论的动力分析。

一般而言,人口增长和粮食需求拉动、农业科技进步(特别是优良品种培育和推广)、现代农业要素(机械、化肥和农药)的引入等,是中国农业现代化的内在动力因素。

6. 中国农业现代化的路径和模式

在 1880～1980 年期间,中国农业现代化的基本路径是第一次农业现代化路径,包括农业的机械化、科学化、化学化和水利化等的联合推进,采用计划经济、工业化优先和集体经济模式。20 世纪 80 年代以来,中国农业现代化的基本路径仍然是第一次农业现代化路径,但有两个明显转变。其一是从计划经济向市场经济、从集体经济向个体经济转变,采用"联产承包责任制",促进农业的商品化和市场化。其二是从传统农业向初级现代农业、从初级现代农业向高级现代农业转变,农业发展出现多种模式并存的局面,包括信息农业、高效农业、有机农业、生态农业等,农业的可持续性和农业生态环境保护受到普遍重视。

二、中国农业现代化的客观现实

在本报告里,中国农业现代化的现实分析以 2008 年截面为分析对象,分析内容包括中国农业现代化的整体水平、农业三大方面的现代化水平、中国农业现代化的地区水平。这里重点讨论前两者。

1. 中国农业现代化的整体水平

(1) 2008 年中国农业现代化的整体阶段

2008 年中国农业现代化大致处于第一次农业现代化的成熟期,在部分地区第二次农业现代化的要素已经得到较好发展。中国处于一种综合农业现代化的状态。

(2) 2008 年中国农业现代化的整体水平

2008 年中国农业现代化水平属于农业初等发达水平,低于中国现代化水平。

大体而言,2008 年中国第一次农业现代化完成了 76%,第二次农业现代化水平约为农业发达国家水平的 35%,综合农业现代化水平约为农业发达国家的 38%(表 3-53)。

表 3-53　2008 年中国农业现代化水平的国际比较

项目	第一次农业现代化	第二次农业现代化	综合农业现代化	第一次现代化	第二次现代化	综合现代化
中国指数	76	35	38	89	43	41
中国排名	75	62	65	69	60	69
高收入国家	100	100	100	100	100	100
中等收入国家	71	26	29	89	38	40
低收入国家	53	15	21	58	20	24
世界平均	74	38	36	94	50	54
国家样本数	131	130	131	131	131	131

首先,2008 年中国第一次农业现代化指数为 76,排名世界第 75 位。同年中国第一次现代化指数为 89,比农业高出 13;排名第 69 位,比农业高 6 位。

其次,2008 年中国第二次农业现代化指数为 35,排名世界第 62 位。同年中国第二次现代化指数为 43,比农业高出 8;排名第 60 位,比农业高 2 位。

其三,2008 年中国综合农业现代化指数为 38,排名世界第 65 位。同年中国综合现代化指数为 41,比农业高出 3;排名第 69 位,比农业低 4 位。

(3) 2000～2008 年中国农业现代化的发展速度

在 2000～2008 年期间,中国第一次农业现代化指数年增长率约为 1.59%,高于世界平均值;第二次农业现代化指数年增长率约为 5.18%,高于世界平均值(表 3-54)。

表 3-54　2000～2008 年中国农业现代化速度的国际比较

项目	第一次农业现代化指数			第二次农业现代化指数		
	2000 年	2008 年	年均增长率	2000 年	2008 年	年均增长率
中国	67	76	1.59	23	35	5.18
高收入国家	100	100	0.00	76	100	3.52
中等收入国家	65	71	1.08	14	26	7.48
低收入国家	52	53	0.26	10	15	5.92
世界平均	72	74	0.37	28	38	3.58

2. 中国农业三大方面的现代化水平

(1) 2008 年中国农业三大方面的指标水平

2008 年中国农业三大方面指标的现代化水平大致是:12% 的指标达到农业发达水平,4% 的指标为中等发达水平,34% 的指标为初等发达水平,51% 指标为欠发达水平(表 3-55)。

表 3-55　2008 年中国农业三大方面的现代化水平

项目	农业生产指标	农业经济指标	农业要素指标	合计	比例/(%)
发达水平	4	4	1	9	11.7
中等发达水平	1	1	1	3	3.9
初等发达水平	6	17	3	26	33.8
欠发达水平	16	15	8	39	50.6
合计	27	37	13	77	100

2008年,中国达到发达水平的农业指标包括化肥使用密度、谷物单产、水稻单产、小麦单产、人均蛋类供给、人均鱼类供给、人均蛋类消费、人均鱼类消费、农村电视普及率等;达到中等发达水平的指标包括玉米单产、粮食浪费比例、农村电话普及率等;达到初等发达水平的指标包括农业机械化程度等26个指标;处于欠发达水平的指标包括农业劳动生产率等39个指标(表3-56)。

表 3-56 2008 年中国农业指标的现代化水平

项目	表现很好的指标 (发达水平)	表现较好的指标 (中等发达水平)	表现一般的指标 (初等发达水平)	表现不佳的指标 (欠发达水平)
指标个数	9	3	26	39
指标举例	化肥使用密度 谷物单产 水稻单产 小麦单产 人均蛋类供给 人均蛋类消费 人均鱼类供给 人均鱼类消费 农村电视普及率	玉米单产 粮食浪费比例 农村电话普及率 (土地生产率)	农业机械化 农业增加值比例 人均谷物生产 人均肉食生产 农产品平均关税 人均营养供应 人均蛋白质 人均脂肪 人均肉食消费	农业劳动生产率 农业劳动力比例 农民人均产肉 农民人均产粮 有机农业用地比例 农业科技投入比例 人均农业国际贸易 人均奶类供给 农村人口比例

2008年,中国不同农业指标的世界排名有很大差别。例如,水稻单产排名世界第15位,谷物单产排第18位,小麦单产排第22位,农业劳动生产率排第91位(表3-57)。粮食单产和土地生产率的表现,明显好于农业劳动生产率的表现。

表 3-57 2008 年中国农业指标的世界排名和国际差距(举例)

项目	水稻 单产	谷物 单产	小麦 单产	玉米 单产	大豆 单产	土地 生产率	农业劳动 生产率	农业相对 生产率
中国值	6556	5535	4762	5556	1703	481	504	0.08
中国排名	15	18	22	34	40	47	91	92
国家数	90	130	104	119	.80	121	115	99
世界最大值	9731	8576	9063	18 833	3649	17 082	62 901	2.41
世界最大值/中国值	1.5	1.5	1.9	3.4	2.1	35.5	124.9	29.4

注:指标单位见表1-13。

(2) 2008 年中国农业三大方面的国际差距

首先,农业生产指标的国际差距(表3-58)。中国与高收入国家的相对差距超过50倍的指标有2个,超过10倍的指标有4个,超过2倍的指标有3个,超过1倍的指标有1个。

表 3-58 2008 年中国农业生产指标的国际差距

指标和单位	中国	高收入国家	绝对差	相对差	世界平均	绝对差	相对差
人均农业用地/公顷	0.39	1.16	0.76	2.94	0.73	0.33	1.84
人均可耕地/公顷	0.08	0.34	0.26	4.14	0.21	0.13	2.53
农业劳动力比例/(%)	39.6	3.5	−36.1	0.09	43.1	3.5	1.09
化肥使用密度/千克·公顷⁻¹	331	158	−173	0.48	129	−202	0.39
农业机械化/台·平方公里⁻¹	2.8	10.6	7.8	3.81	3.4	0.7	1.24

（续表）

指标和单位	中国	高收入国家	绝对差	相对差	世界平均	绝对差	相对差
农民人均可耕地/公顷	0.35	20.61	20.26	58.36	1.04	0.68	2.94
农民人均农业用地/公顷	1.70	70.26	68.56	41.36	3.64	1.94	2.14
农业增加值比例/(%)	11.3	1.5	−9.8	0.13	3.0	−8.3	0.27
农业劳动生产率/美元	504	25 774	25 271	51.17	1072	568	2.13
谷物单产/千克·公顷$^{-1}$	5535	5348	−188	0.97	3539	−1996	0.64
农民人均产粮/吨	1.6	45.6	44.0	29.23	1.9	0.3	1.21
农民人均产肉/吨	0.24	8.31	8.06	34.32	0.21	−0.03	0.86

注:绝对差＝高收入国家值(世界平均值)－中国值。相对差＝高收入国家值(世界平均值)÷中国值。化肥使用密度指标为 2007 年数据。

其次,农业经济指标的国际差距(表 3-59)。中国与高收入国家的相对差距超过 10 倍的指标有 2 个,超过 1 倍的指标有 1 个,超过 50% 的指标有 6 个。

表 3-59　2008 年中国农业经济指标的国际差距

指标和单位	中国	高收入国家	绝对差	相对差	世界平均	绝对差	相对差
农民人均供应人口/人	4	61	56	14.09	5	1	1.16
人均谷物生产/千克·年$^{-1}$	362	631	269	1.74	377	14	1.04
人均谷物供给/千克·年$^{-1}$	293	580	286	1.98	312	19	1.06
人均肉食生产/千克·年$^{-1}$	56	126	70	2.25	42	−15	0.74
人均肉食供给/千克·年$^{-1}$	54	91	36	1.67	40	−14	0.74
农产品平均关税/(%)	8.8	5.4	−3.4	0.61	8.7	−0.1	0.99
人均农业国际贸易/美元	103	1708	1605	16.61	415	312	4.04
人均营养供应/千卡·天$^{-1}$	2981	3536	555	1.19	2798	−183	0.94
人均动物营养供应/千卡·天$^{-1}$	639	1138	500	1.78	481	−157	0.75
人均植物营养供应/千卡·天$^{-1}$	2342	2397	55	1.02	2316	−26	0.99
人均蛋白质供应/克·天$^{-1}$	89	105	16	1.18	77	−12	0.87
人均脂肪供应/克·天$^{-1}$	92	153	61	1.67	80	−12	0.87
人均谷物消费/千克·年$^{-1}$	152	115	−37	0.76	146	−7	0.96
人均肉食消费/千克·年$^{-1}$	53	89	35	1.66	40	−14	0.75

注:绝对差＝高收入国家值(世界平均值)－中国值。相对差＝高收入国家值(世界平均值)÷中国值。

其三,农业要素定量指标的国际差距(表 3-60)。中国与高收入国家的相对差距超过 10 倍的指标有 2 个,超过 2 倍的指标有 2 个,超过 1 倍的指标有 1 个。

表 3-60　2008 年中国农业要素定量指标的国际差距

指标和单位	中国	高收入国家	绝对差	相对差	世界平均	绝对差	相对差
人口自然增长率/(%)	0.5	0.7	0.2	1.40	1.2	0.7	2.40
人口密度/人·平方公里$^{-1}$	142	32	−110	0.22	52	−90	0.36
农业人口比例/(%)	38	1.3	−36	0.03	19	−18	0.51
农民素质(识字率)/(%)	94	100	6	1.06	82	−12.1	0.87
农村人口比例/(%)	57	22	−35	0.39	50	−7	0.88
农村农业人口比例/(%)	66	5.8	−60.4	0.09	39	−27.4	0.59
农村互联网普及率/(%)	15.7	69.1	53.4	4.39	15.9	0.2	1.01

注:绝对差＝高收入国家值(世界平均值)－中国值。相对差＝高收入国家值(世界平均值)÷中国值。

3. 中国农业现代化与典型国家的比较

(1) 中国农业生产指标的国别差异

我们选择农业劳动生产率、谷物单产、农民人均产粮、化肥使用密度和农业劳动力比例指标进行分析(表3-61)。很显然,不同指标的国别差异是不同的。

表3-61   2008年中国农业生产指标的国别差异

国家	农业劳动生产率		谷物单产		农民人均产粮		化肥使用密度		农业劳动力比例	
	数值	指数	数值	指数	数值	指数	数值	指数	数值	指数
中国	504	100	5535	100	1.6	100	331	100	39.6	100
美国	46 102	9147	6624	120	182.2	11 679	171	52	1.4	2829
日本	52 062	10 330	6017	109	4.3	277	345	104	4.2	943
德国	27 855	5527	7119	129	53.7	3445	194	59	2.2	1800
英国	27 403	5437	7419	134	55.1	3530	255	77	1.4	2829
法国	53 497	10 615	7293	132	81.7	5236	208	63	3.0	1320
澳大利亚	29 257	5805	1650	30	92.0	5896	41	12	3.4	1165
意大利	29 199	5793	5275	95	22.6	1446	184	56	3.8	1042
加拿大	48 710	9665	3387	61	120.1	7699	105	32	2.5	1584
俄罗斯	2955	586	2388	43	15.5	997	14	4	9.0	440
墨西哥	3255	646	3454	62	5.7	367	65	20	13.5	293
巴西	3843	763	3829	69	4.1	265	190	57	19.3	205
印尼	706	140	4694	85	1.6	106	170	51	41.2	96
印度	471	94	2647	48	1.0	66	142	43	57.8	69
尼日利亚	—	—	1598	29	2.1	134	2	1	29.8	133
世界平均	1072	213	3539	64	1.9	121	129	39	43.1	92

注:指标单位见表1-13。化肥使用密度为2007年的数据。农业劳动力比例是逆指标。

2008年农业劳动生产率,日本和法国是中国的100多倍,美国和加拿大是中国的90多倍,德国、英国、澳大利亚和意大利是中国的50多倍。

2008年谷物单产,美国、日本、德国、英国和法国超过中国,意大利等国低于中国。

2008年农民人均生产粮食,美国是中国的100多倍,加拿大是中国的70多倍,法国和澳大利亚是中国的50多倍,德国和英国是中国的30多倍。

2007年化肥使用密度,日本比中国高,美国、德国、英国、法国和意大利等比中国低。

2008年农业劳动力比例,中国是美国和英国的20多倍,是德国、法国、澳大利亚和加拿大的10多倍。

(2) 中国农业经济指标的国别差异

我们选择农民人均供应人口、人均营养供给、人均谷物供给、人均肉食供给、人均牛奶消费指标进行分析(表3-62)。

表 3-62　2007 年中国农业经济指标的国别差异

国家	农民人均供应人口		人均营养供给		人均谷物供给		人均肉食供给		人均牛奶消费	
	数值	指数	数值	指数	数值	指数	数值	指数	数值	指数
中国	4	100	2981	100	293	100	54	100	29	100
美国	137	3192	3748	126	911	311	126	234	254	884
日本	45	1057	2812	94	267	91	47	87	76	266
德国	88	2048	3547	119	482	165	88	163	247	861
英国	139	3239	3458	116	341	116	86	160	241	841
法国	73	1687	3532	118	583	199	90	167	260	908
澳大利亚	56	1296	3227	108	593	202	123	228	231	805
意大利	62	1452	3646	122	453	155	92	170	256	892
加拿大	71	1661	3532	118	1018	347	103	192	207	721
俄罗斯	21	482	3376	113	453	155	61	113	172	601
墨西哥	17	392	3266	110	477	163	65	120	115	401
巴西	10	231	3113	104	337	115	79	146	125	434
印尼	5	114	2538	85	249	85	11	21	11	40
印度	4	102	2352	79	180	62	3	6	69	239
尼日利亚	10	243	2741	92	208	71	9	16	8	28
世界平均	5	116	2798	94	312	107	40	74	84	294

注：指标单位见表 1-13，后同。农民人均供应人口为 2008 年的数据。

2008 年农民人均供应人口，美国和英国是中国的 30 多倍，德国是中国的 20 多倍，法国、澳大利亚、意大利和加拿大是中国的 10 多倍。

2007 年人均营养供给，美国和意大利超过中国的 20%，德国、英国、法国和加拿大超过中国的 10%，中国超过世界平均值。

2007 年人均谷物供给，美国和加拿大是中国的 3 倍多，澳大利亚是中国的 2 倍多，德国、法国和意大利超过中国的 50%。

2007 年人均肉食供给，美国和澳大利亚是中国的 2 倍多，德国、英国、法国、意大利和加拿大超过中国的 50%。

2007 年人均牛奶消费，法国是中国的 9 倍，美国、德国、英国、澳大利亚和意大利是中国的 8 倍多。

（3）中国农业水平的国别年代差

如果按农业劳动生产率、农业增加值比例和农业劳动力比例指标的年代差的平均值计算，2008 年中国农业水平，比英国、美国和荷兰大约落后 100 多年，比瑞典和德国大约落后 80 多年，比丹麦和法国落后约 60 多年，比意大利和西班牙约落后 50 多年（表 3-63）。中国其他农业指标，如人均营养供给和人均肉食消费等，国别差距也比较大（表 3-64）。

表 3-63　2008 年中国农业水平的年代差

国家	农业增加值比例/（%）			农业劳动力比例/（%）			农业劳动生产率（2000 年美元）			平均年差
	数值	年代	年差	数值	年代	年差	数值	年代	年差	
中国	11	2008		40	2008	100	504	2008		
英国	11	1880	128	22	1841	167	587	1850	158	151
美国	10	1929	79	38	1900	108	822	1870	138	108
荷兰	11	1940	68	38	1859	149	519	1910	98	105
瑞典	11	1940	68	36	1930	78	643	1890	118	88
德国	10	1950	58	37	1907	101	524	1910	98	86

（续表）

国家	农业增加值比例/(%)			农业劳动力比例/(%)			农业劳动生产率(2000年美元)			平均年差
	数值	年代	年差	数值	年代	年差	数值	年代	年差	
挪威	11	1955	53	26	1950	58	528	1890	118	76
奥地利	10	1960	48	33	1951	57	601	1900	108	71
丹麦	11	1960	48	35	1921	87	838	1940	68	68
法国	10	1955	53	36	1946	62	694	1930	78	64
墨西哥	11	1970	38	36	1980	28	550	1890	118	61
日本	9	1965	43	33	1960	48	792	1920	88	60
意大利	11	1965	43	31	1960	48	629	1930	78	56
西班牙	10	1970	38	35	1965	43	662	1940	68	50
韩国	11	1985	23	34	1980	28	718	1950	58	36
巴西	11	1980	28	29	1980	28	729	1965	43	33

注：1700～1950 年期间的农业劳动生产率按 1970～2008 年年均增长率测算。年差＝2008－对比国年代。

表 3-64　中国三个农业指标的年代差

国家	谷物单产/千克·公顷$^{-1}$			人均营养供给/千卡·天$^{-1}$			人均肉食消费/千克·年$^{-1}$		
	数值	年代	年差	数值	年代	年差	数值	年代	年差
中国	5535	2008		2981	2007		53	2007	
美国	5854	2000	8	2926	1965	42	89	1961	46
澳大利亚	—	—	—	3087	1961	46	104	1961	46
瑞士	5721	1985	23	3545	1961	46	57	1961	46
日本	5933	1975	33	2926	1990	18	—	—	—
丹麦	6118	1990	18	3187	1961	47	56	1970	37
德国	6108	1995	13	3044	1965	43	64	1961	46
荷兰	5689	1980	28	2991	1965	43	60	1970	37
加拿大	—			2947	1965	43	79	1961	46
英国	5592	1985	23	3241	1985	23	69	1961	46
法国	5743	1985	23	3194	1985	23	77	1961	46
奥地利	5577	1990	18	3192	1961	47	66	1961	46
新西兰	6273	2000	8	2958	1970	38	108	1961	46
意大利				2956	1961	47	54	1970	37
爱尔兰	6577	1990	18	3353	1961	47	56	1961	46
西班牙	—	—	—	2988	1975	33	55	1975	32

三、中国农业现代化的前景分析

关于中国农业现代化的前景分析，属于一种预测研究。在本报告里，中国农业现代化的前景分析，时间跨度为 2008～2100 年（约 92 年），分析对象包括中国农业现代化的整体前景和农业三大方面的前景等。这种前景分析，只是提出一种可能性，而不是精确预见。

1. 中国农业现代化的整体前景

（1）21 世纪中国农业现代化的路径分析

《中国现代化报告 2003》建议，21 世纪中国现代化路径将是综合现代化路径，不同地区可以选择合适的路径：比较发达的地区选择第二次现代化路径，其他地区选择第一次现代化路径或综合现代化路径,全国将是两次现代化的协调发展,并持续向第二次现代化转型。《中国现代化报告 2005》建议,21 世纪中国经济现代化可以选择综合经济现代化路径。

21 世纪中国农业现代化的路径,将是中国现代化路径和中国经济现代化路径在农业领域的体现,将是综合农业现代化路径,将是两次农业现代化的协调发展,并持续向第二次农业现代化转型。农业发达地区可以采用第二次农业现代化路径,其他农业地区可以分别采用第一次农业现代化路径或综合农业现代化路径等。

(2) 21 世纪中国农业现代化的预期水平

假设:21 世纪农业科技突破的频率、创新扩散的速率和国际竞争的合理程度不低于 20 世纪后 50 年,21 世纪不发生改变人类命运的重大危机(如核危机、能源、粮食和宇宙危机等)。那么,可以根据 20 世纪后期世界和中国农业现代化水平和速度,外推 21 世纪世界和中国农业现代化水平。21 世纪有很多不确定因素,基于外推分析的预测只是提供一种可能性。

首先,中国第一次农业现代化水平的情景分析。大体而言,中国有可能在 2030 年前后完成第一次农业现代化,达到 20 世纪 60 年代的农业发达国家的平均水平(表 3-65)。

表 3-65　21 世纪中国第一次农业现代化指数的几种估算

项目	增长率	2008 年	2010 年	2020 年	2030 年	2040 年	2050 年	第一次农业现代化指数达到 100 所需的年数
按 1960~2008 年增长率	1.71	76	78	93	110	—	—	16
按 1970~2008 年增长率	1.43	76	78	90	103	—	—	20
按 1980~2008 年增长率	1.09	76	77	86	96	107		26
按 1990~2008 年增长率	1.56	76	78	91	106			18

其次,中国第二次农业现代化水平的情景分析。大体而言,中国有可能在 2050 年前后超过世界平均水平,成为农业中等发达国家(表 3-66)。按照三种测算,21 世纪中国第二次农业现代化指数都没有达到农业发达国家水平。如果按世界经验估算,在 21 世纪农业初等发达水平升级为发达水平的概率约为 0.5%(表 1-95)。这意味着,简单沿用过去的农业现代化政策,中国很难在 21 世纪达到世界农业的发达水平。对于中国农业而言,这是一个巨大挑战。

表 3-66　21 世纪中国第二次农业现代化指数的几种估算

项目	增长率	2008	2010	2020	2030	2040	2050	2060	2070	2080	2090	2100
按 1980~2008 年增长率	2.07	35	36	45	55	67	82	101	124	152	187	229
按 1990~2008 年增长率	3.62	35	37	53	76	109	155	221	316	450	643	917
按 2000~2008 年增长率	4.01	35	38	56	83	123	182	270	400	593	878	1302
高收入国家	3.49	100	107	151	213	300	423	597	841	1185	1671	2355
中等收入国家	4.01	25	27	41	60	89	132	196	290	429	636	942
世界平均值	2.82	38	40	53	69	92	121	160	211	279	369	487
中等水平下限		38	41	57	81	114	161	227	320	450	635	895

注:高收入国家、中等收入国家和世界平均值都按 1990~2008 年年均增长率计算。中等水平下限为按高收入国家平均水平的 38% 计算。

其三,中国综合农业现代化水平的情景分析。按 1980~2008 年、1990~2008 年综合农业现代化指数的年均增长率计算,21 世纪中国综合农业现代化指数没有达到发达水平;按 2000~2008 年综合农业现代化指数的年均增长率计算,21 世纪中国综合农业现代化指数有可能达到发达水平(表 3-67)。由此可见,中国综合农业现代化的前景也是不容乐观的。

表 3-67　21 世纪中国综合农业现代化指数的三种估算

项目	增长率	2008	2010	2020	2030	2040	2050	2060	2070	2080	2090	2100
按 1980~2008 年增长率	0.98	38	39	43	47	52	57	63	69	76	84	93
按 1990~2008 年增长率	0.70	38	38	41	44	47	51	54	58	63	67	72
按 2000~2008 年增长率	2.67	38	40	52	68	88	115	149	194	252	328	427
中等收入国家	1.32	29	30	34	39	44	51	58	66	75	85	97
世界平均值	0.49	36	37	38	40	42	44	47	49	51	54	56

注释:中等收入国家和世界平均值按 2000~2008 年年均增长率计算。2008 年评价,中等收入国家有 4 个指标没有数据,世界平均值有 3 个指标没有数据,对评价结果有一定影响。

(3) 中国农业现代化水平与典型国家的比较

如果采用第二次农业现代化指数进行比较,可以分析未来 100 年世界农业大国的走势。前面采用了 1980~2008 年、1990~2008 年和 2000~2008 年三种年均增长率估算。其中,以 1980~2008 年年均增长率估算,是一种保守估算。这里,以 1980~2008 年年均增长率估算为例,分析中国农业现代化与典型国家的比较(表 3-68)。

表 3-68　21 世纪中国第二次农业现代化指数的一种国际比较

	增长率	2008	2010	2020	2030	2040	2050	2060	2070	2080	2090	2100
中国	2.07	35	36	45	55	67	82	101	124	152	187	229
美国	0.70	101	102	109	117	126	135	144	155	166	178	190
日本	1.34	89	92	105	120	137	156	178	204	233	266	303
德国	1.32	107	110	126	144	164	187	213	243	277	316	361
英国	0.39	110	111	116	120	125	130	135	141	146	152	158
法国	0.82	101	102	111	120	131	142	154	167	181	197	213
澳大利亚	1.17	88	90	101	114	128	143	161	181	204	229	257
意大利	1.69	90	93	110	130	153	181	214	253	299	354	418
加拿大	0.58	89	90	96	101	107	114	120	127	135	143	152
俄罗斯	0.50	53	53	56	59	62	65	69	72	76	80	84
墨西哥	1.21	42	43	48	54	61	69	78	88	99	111	126
巴西	0.91	33	34	37	41	45	49	53	58	64	70	77
印度尼西亚	1.87	26	26	32	38	46	56	67	81	97	117	140
印度	0.63	20	20	21	23	24	26	28	29	31	33	35
尼日利亚	0.47	19	19	20	21	22	23	24	25	26	28	29

注:根据 1980~2008 年第二次农业现代化指数年均增长率计算。俄罗斯增长率为估计数。

如果这种估算成立,那么,在 21 世纪前 50 年内,中国第二次农业现代化指数仍将低于发达国家。在 21 世纪后半叶,中国有可能先后赶上加拿大、英国和美国的水平。当然,这仅仅是按 1980~2008 年年均增长率的一种估算,是一种可能性。

2. 中国农业三大方面现代化的前景分析

中国农业三大方面的前景分析,主要选择与国家经济水平有显著相关性的指标进行分析,采用线性外推分析方法。分别参考 1980～2008 年和 1990～2008 年的年均增长率,预测未来的发展水平。未来水平的预测值,与所采用的年均增长率紧密相关。这种分析只供参考。

（1）中国农业生产现代化的前景分析

中国农业生产现代化的前景分析,选择 10 个指标(表 3-69)。

表 3-69　21 世纪中国农业生产现代化的情景分析

项目	增长率		2008	2010	2020	2030	2040	2050	2080	2100
参考 1980～2008 年增长率估算	实际值	预测值								
人均农业用地/公顷	−0.41	−0.41	0.39	0.39	0.38	0.36	0.35	0.33	0.29	0.27
人均可耕地/公顷	−0.71	−0.71	0.08	0.08	0.08	0.07	0.07	0.06	0.05	0.04
农业劳动力比例/(%)	−2.20	−4.00	39.6	36.5	24.3	16.1	10.7	7.1	2.1	0.9
化肥使用密度/千克·公顷⁻¹	2.67	0.20	331	332	339	346	353	360	382	398
农业机械化/台·平方公里⁻¹	4.67	2.00	2.8	3	4	4	5	6	12	17
农民人均可耕地/公顷	1.05	1.05	0.35	0.36	0.40	0.44	0.49	0.55	0.75	0.92
农民人均农业用地/公顷	1.35	1.35	1.70	1.7	2.0	2.3	2.6	3.0	4.5	5.8
农业增加值比例/(%)	−3.44	−3.44	11.3	10.5	7.4	5.2	3.7	2.6	0.9	0.5
农业劳动生产率/美元	3.68	5.00	504	555	905	1473	2400	3909	16 896	44 831
谷物单产/千克·公顷⁻¹	2.27	0.80	5535	5624	6091	6596	7143	7735	9824	11 522
参考 1990～2008 年增长率估算	实际值	预测值								
人均农业用地/公顷	−0.95	−0.95	0.39	0.4	0.4	0.3	0.3	0.3	0.2	0.2
人均可耕地/公顷	−1.62	−1.62	0.08	0.1	0.1	0.1	0.0	0.0	0.0	0.0
农业劳动力比例/(%)	−1.65	−3.00	39.6	37.3	27.5	20.3	14.9	11.0	4.4	2.4
化肥使用密度/公顷	2.28	0.10	331	332	335	338	342	345	356	363
农业机械化/台·平方公里⁻¹	8.24	2.50	2.77	3	4	5	6	8	16	27
农民人均可耕地/公顷	−0.16	−0.16	0.35	0.35	0.35	0.34	0.34	0.33	0.32	0.31
农民人均农业用地/公顷	0.53	0.53	1.70	1.7	1.8	1.9	2.0	2.1	2.5	2.8
农业增加值比例/(%)	−4.74	−4.74	11.3	10.3	6.3	3.9	2.4	1.5	0.3	0.1
农业劳动生产率/美元	3.68	6.50	504	571	1072	2013	3779	7093	46 918	165 321
谷物单产/千克·公顷⁻¹	1.38	0.50	5535	5591	5877	6177	6493	6825	7927	8758

（2）中国农业经济现代化的前景分析

中国农业经济现代化的前景分析,选择 14 个指标(表 3-70)。

表 3-70　21 世纪中国农业经济现代化的情景分析

项目	增长率		2008	2010	2020	2030	2040	2050	2080	2100
参考 1980～2008 年增长率估算	实际值	预测值								
农民人均供应人口/人	1.76	3.00	4	5	6	8	11	15	36	65
人均谷物生产/千克	0.85	0.85	362	369	401	437	476	518	668	792
人均谷物供给/千克	0.46	1.00	293	299	330	365	403	445	600	732
人均肉食生产/千克	4.81	1.00	56	57	63	70	77	85	115	140
人均肉食供给/千克	4.70	1.00	54	55	61	68	75	82	111	135

（续表）

项目	增长率		2008	2010	2020	2030	2040	2050	2080	2100
农产品平均关税/(%)	—	−1.00	8.8	9	8	7	6	6	4	3
人均农业国际贸易/美元	—	5.00	103	113	185	301	490	798	3451	9156
人均营养供应/千卡·天⁻¹	1.08	0.20	2981	2992	3053	3114	3177	3241	3442	3582
人均动物营养供应/千卡·天⁻¹	4.68	0.50	639	645	678	713	749	788	915	1011
人均植物营养供应/千卡·天⁻¹	0.51	0.10	2342	2347	2370	2394	2418	2442	2517	2567
人均蛋白质供应/克·天⁻¹	1.72	0.20	89	89	91	93	95	97	103	107
人均脂肪供应/克·天⁻¹	3.49	0.60	92	93	99	105	111	118	141	159
人均谷物消费/千克	−0.11	−0.11	152	152	151	149	147	146	141	138
人均肉食消费/千克	4.67	1.00	53	55	60	67	73	81	100	100
参考 1990~2008 年增长率估算	实际值	预测值								
农民人均供应人口/人	1.49	2.50	4	5	6	7	9	12	25	42
人均谷物生产/千克	0.09	1.00	362	370	408	451	498	550	742	905
人均谷物供给/千克	0.31	1.00	293	299	330	365	403	445	600	732
人均肉食生产/千克	4.20	0.50	56	57	60	63	66	69	80	89
人均肉食供给/千克	4.06	0.50	54	55	58	61	64	67	78	86
农产品平均关税/(%)	—	−2.00	8.8	8	7	6	5	4	2	1
人均农业国际贸易/美元	10.99	7.00	103	118	232	456	897	1764	13 425	51 951
人均营养供应/千卡·天⁻¹	0.74	0.20	2981	2992	3053	3114	3177	3241	3442	3582
人均动物营养供应/千卡·天⁻¹	4.04	0.50	639	645	678	713	749	788	915	1011
人均植物营养供应/千卡·天⁻¹	0.10	0.10	2342	2347	2371	2396	2420	2446	2522	2575
人均蛋白质供应/克·天⁻¹	1.54	0.10	89	89	90	91	92	93	96	97
人均脂肪供应/克·天⁻¹	2.74	0.50	91.7	93	97	102	108	113	131	145
人均谷物消费/千克	−0.85	−0.30	152	152	147	143	138	134	123	116
人均肉食消费/千克	4.04	0.60	53	54	57	61	65	69	82	93

（3）中国农业要素现代化的前景分析

中国农业要素现代化的前景分析，简要讨论 8 个定量指标的前景（表 3-71）。

表 3-71　21 世纪中国农业要素现代化的情景分析

项目	增长率		2008	2010	2020	2030	2040	2050	2080	2100
参考 1980~2008 年增长率估算	实际值	预测值								
人口/百万	—	*	1325	1340	1398	1445	1481	1510	1563	1581
人口自然增长率/(%)	−3.35	−3.35	0.5	0.47	0.33	0.24	0.17	0.12	0.04	0.02
人口密度/人·平方公里⁻¹	1.08	0.10	142	142	144	145	147	148	153	156
农业人口比例/(%)	−0.03	−2.00	38	36	30	24	20	16	9	6
农民素质(识字率)/(%)	1.20	0.50	94	95	99	100	100	100	100	100
农村人口比例/(%)	−1.23	−1.23	57	56	49	43	38	34	23	18
农村农业人口比例/(%)	—	−2.00	66	64	52	42	35	28	15	10
农村互联网普及率/(%)	—	4.00	15.7	17	25	37	55	82	100	100

（续表）

项目	增长率		2008	2010	2020	2030	2040	2050	2080	2100
参考 1990~2008 年增长率估算	实际值	预测值								
人口/百万	—	*	1325	1338	1376	1398	1411	1419	1427	1428
人口自然增长率/(%)	−5.92	−2.00	0.50	0.48	0.39	0.32	0.26	0.21	0.12	0.08
人口密度/人·平方公里$^{-1}$	0.86	0.20	142	143	145	148	151	154	164	171
农业人口比例/(%)	−0.56	−4.00	38	35	23	15	10	7	2.0	0.9
农民素质(识字率)/(%)	1.00	0.20	94	94	96	98	100	100	100	100
农村人口比例/(%)	−1.34	−1.34	57	55	48	42	37	32	21	16
农村农业人口比例/(%)	0.80	−2.00	66	64	52	42	35	28	15	10
农村互联网普及率/(%)	—	3.00	15.7	17	22	30	40	54	100	100

注：* 人口按每 10 年的年均增长率测算。

3. 中国农业现代化的机遇和挑战

中国是世界上人口最多的农业国家，中国农业影响世界农业格局。

在 21 世纪前 50 年，中国农业现代化将面临什么样的机遇和挑战呢？我们认为，中国农业现代化的机遇和挑战，不仅来源于内部，也来源于世界农业现代化本身和国际环境。

首先，人口。2050 年我国人口有可能达到 15 亿左右，超过当时发达国家人口总和。如果 2050 年中国谷物生产和肉食生产总量分别达到 7.8 亿吨和 1.2 亿吨左右，相比 2008 年 4.8 亿吨和 0.74 亿吨，中国需要新增谷物总量 3 亿吨和肉食总量 0.5 亿吨左右（表 3-72）。

表 3-72　21 世纪中国农业的供求预测

指标	1960	2000	2008	2010	2020	2030	2040	2050	2100
人口/亿(预测一)	6.67	12.63	13.25	13.38	13.76	13.98	14.11	14.19	14.28
（预测二）	6.67	12.63	13.25	13.40	13.98	14.45	14.81	15.10	15.81
谷物生产总量/亿吨(预测一)	1.1	4.1	4.8	4.9	5.5	6.1	6.7	7.3	11.3
（预测二）	1.1	4.1	4.8	4.9	5.6	6.3	7.0	7.8	12.5
肉食生产总量/亿吨(预测一)	0.03	0.62	0.74	0.76	0.87	0.98	1.09	1.21	2.00
（预测二）	0.03	0.62	0.74	0.76	0.88	1.01	1.14	1.28	2.21
人均谷物生产/千克*	166	323	362	369	401	437	476	518	792
人均肉食生产/千克*	4	38	56	57	63	70	77	85	140

注：1960 年、2000 年和 2008 年数值为实际值，其他为预测值。预测一，人口增长率按 1990~2008 年期间的年均增长率测算，人口数每 10 年滚动预算一次。预测二，人口增长率按 1980~2008 年期间的年均增长率测算，人口数每 10 年滚动测算一次。* 按 1980~2008 年期间的年均增长率计算。谷物生产总量＝人均谷物生产×人口，肉食生产总量＝人均肉食生产×人口。除人口外，其他指标 1960 年数据为 1961 年值。

其次，土地。2008 年，中国人均可耕地面积仅为世界平均值的 40%，人均农业用地面积仅为世界平均值的 54%（表 3-5）。2008 年中国谷物单产已经超过高收入国家平均值（表 3-58），但比世界最高值约低 50%（表 3-57）。虽然提高谷物单产仍有空间，但是，中国要使谷物总产从 2008 年的 4.8 亿吨提高到 2050 年的 7.8 亿吨，仍然是非常困难的。

其三，水资源。2008 年，中国人均淡水资源仅为世界平均值的 33%（表 3-5）。随着人口增长、农业用水和生活用水的增加,中国水资源的供需矛盾日益突出。

其四,农业劳动力转移。2008 年,中国农业劳动力比例约为 40％,高收入国家平均约为 3.5％(表 3-58)。如果中国在 2050 年农业劳动力比例下降到 3.5％左右,需要把 36％的农业劳动力转变为非农业劳动力;按 2008 年劳动力总数计算,大约是 2.8 亿劳动力需要转移。

其五,提高农业生产率。中国农业劳动生产率存在两大差距。一是与世界最高水平的相对差距超过 100 倍(表 3-57),一是与中国工业劳动生产率的相对差距超过 10 倍(表 3-49)。提高农业劳动生产率,将成为中国农业现代化的根本任务和重中之重。

其六,土地改革。土地制度是农业的根本制度,土地资源是农业的第一资源。在市场经济条件下,土地资源的配置效率,直接影响农业效率。目前,中国农村的土地所有权不明晰,没有按市场经济规律进行配置,需要继续进行改革。

其七,户籍改革。人口流动是农业现代化的动力因素,户籍制度制约农业现代化。户籍制度对中国社会稳定曾经发生了重要作用。随着经济市场化和全球化,改革户籍制度势在必行。《中国现代化报告 2006》建议建立"信用管理制度",以取代户籍管理制度。

其八,生态移民。部分地区不适合人类居住,可以发展生态旅游,需要进行生态移民。

其九,生态安全。化肥和农药的过量使用,已经危及中国农村的生态环境和生态安全。

其十,粮食安全。食品质量问题,不仅影响当代人的生活,而且影响子孙后代的幸福。

其十一,农村义务教育。在农村普及 9 年和 12 年免费义务教育,是农业现代化的基础。

其十二,消除农村绝对贫困现象。中国现代化必须消灭绝对贫困,农村绝对贫困是重点。根据《中国统计年鉴 2011》,2010 年中国家庭年人均纯收入低于 1500 元的农村家庭,约占农村家庭的 5％,他们每天人均纯收入低于 4.1 元人民币。他们的生活是很贫困的。

其十三,农村基础设施。改善农村基础设施和文化设施,是需要巨大投入的社会工程。

中国现代化的基本目标可以包括:消灭工农收入差距、消灭城乡收入差距、消除城乡信息鸿沟、消除城乡教育鸿沟、消除文盲现象、消除童工现象、消灭绝对贫困、消灭假冒农产品、消灭劣质农产品等。这些既是农业现代化的挑战,更是农业现代化的机遇,因为它们需要各级政府和社会各界的积极投入和大力支持。有投入和支持,农业现代化就大有希望。

第四节　中国农业现代化的战略分析

农业是国民经济的基础部门,农业现代化是国家现代化的重要内涵。中国农业现代化是世界最大规模的农业现代化。它不仅影响中国现代化,而且影响世界现代化。关于中国农业现代化的战略分析,必然见仁见智。下面简介我们的初步认识,当作抛砖引玉。

根据邓小平同志"三步走"发展战略,我国现代化的国家目标是,在 2050 年前后,达到世界中等发达水平,基本实现现代化。我们预计在 21 世纪末,中国将达到世界发达水平,全面实现现代化。中国农业现代化的国家目标,需要与中国现代化的国家目标相协调。据此可以推论,中国农业现代化的目标包括:在 2050 年前后达到世界农业中等发达水平,基本实现农业现代化;在 21 世纪末达到世界农业发达水平,全面实现农业现代化。要实现这个目标,既要充分发挥农业部门的作用,也需要群策群力。这里根据现代化科学和农业现代化规律,谈谈对中国农业现代化的目标、路径和重点的认识,供大家指正。

一、中国农业现代化的目标分析

中国农业现代化的目标分析,可以从理论和政策两个角度展开。第二章第四节讨论了农业现代化的目标和规划,以及制定方法(表 2-29 和表 2-30)。农业现代化目标的制定,需要遵循农业现代化的规律,需要重视农业现代化的多样性,需要符合中国的基本国情。农业是以动植物为生产资料的产业,动植物生长需要特定的地理和气候条件。不同国家的地理和气候条件不同,农业现代化的政策选择必然有所差别。

1. 21 世纪中国农业现代化的理论目标

根据广义农业现代化理论,在 21 世纪,中国农业现代化的理论目标有三个。目前,第一个目标是固定目标,第二个和第三个目标是动态目标。

第一个目标:完成第一次农业现代化,实现农业的市场化、专业化和机械化等,农业现代化的主要指标达到 20 世纪 60 年代农业发达国家的平均水平。2008 年中国第一次农业现代化完成了 76％;约有 7 个指标已经达标,5 个指标没有达标(包括农业劳动生产率、农业综合生产率、农民人均供应人口、农村卫生设施普及率、农业劳动力比例)(表 3-73)。

表 3-73　2008 年中国第一次农业现代化指标的国际差距

评价指标	评价指标和单位	标准值	中国值	达标程度	绝对差距
农业效率	农业劳动生产率(2000 年美元)	4000	504	13	3496
	农业综合生产率(2000 年美元)	3200	492	15	2708
	谷物单产/千克·公顷$^{-1}$	2200	5535	100	已达标
	农民人均供应人口/人	14	4	31	10
农民生活水平	农民素质(成人识字率)/(％)	80	94	100	已达标
	人均营养供应/千卡·天$^{-1}$	2900	2981	100	已达标
	农村清洁饮水普及率/(％)	80	81	100	已达标
	农村卫生设施普及率/(％)	80	59	74	21
农业转型	农业劳动力比例/(％)	30	40	76	−10
	农业增加值比例/(％)	15	11	100	已达标
	农业机械化/拖拉机·平方公里可耕地$^{-1}$	2.4	2.8	100	已达标
	化肥使用密度/千克·公顷可耕地$^{-1}$	75	331	100	已达标
第一次农业现代化指数		—	—	76	24

注:标准值为 20 世纪 60 年代农业发达国家的平均值。农民素质为估计值。绝对差距＝标准值−中国值。

第二个目标:完成第二次农业现代化,实现农业的信息化、生态化和高效益等。2008 年大约有 28 个国家进入第二次农业现代化,预计它们要到 21 世纪后期才能完成第二次农业现代化。2008 年中国第二次农业现代化指数为 35％,与世界先进水平相差较大;谷物单产已经超过高收入国家平均值,农民素质和旅游农场比例指标没有数据(表 3-74)。

表 3-74　2008 年中国第二次农业现代化指标的国际差距

评价指标	评价指标和单位	参考值*	中国值	中国指数	绝对差距	相对差距
农业效率	农业劳动生产率(2000 年美元)	25 774	504	2	25 270	51.1
	农产品平均关税/(%)	5.4	8.8	61	−3.4	0.6
	谷物单产/千克·公顷⁻¹	5348	5535	104	−187	1.0
	粮食浪费比例/(%)	2.0	3.9	51	−2	0.5
农民生活质量	农民素质(高等教育)/(%)	40	—	—		
	动物营养比例/(%)	32	21	67	11	1.5
	农村移动通讯普及率/(%)**	106	34	32	72	3.1
	农村互联网普及率/(%)**	69	16	23	53	4.3
农业转型	农业劳动力比例/(%)	3.5	39.6	9	−36	0.1
	农业增加值比例/(%)	1.5	11.3	13	−10	0.1
	有机农业用地比例/(%)	4.0	0.3	7	3.7	13.3
	旅游农场的比例/(%)	2.0	—	—		
第二次农业现代化指数		—	—	35	65	2.9

注:* 为 2008 年高收入国家平均值。** 为估计值。绝对差距=参考值-中国值。相对差距=参考值÷中国值。

第三个目标:迎头赶上世界农业先进水平,成为农业现代化的国家。如果用综合农业现代化指数来衡量,2008 年中国综合农业现代化指数约为 38%,与世界先进水平相差较大;农民人力资本指数(农民平均受教育年数)没有数据(表 3-75)。

表 3-75　2008 年中国综合农业现代化指标的国际差距

评价指标	评价指标和单位	参考值*	中国值	中国指数	绝对差距	相对差距
农业效率	农业劳动生产率(2000 年美元)	25 774	504	2	25 270	51.1
	农业相对生产率/农业·工业生产率⁻¹	0.40	0.08	21	0.32	5.0
	谷物单产/千克·公顷⁻¹	5348	5535	100	−187	1.0
	农民人均供应人口/人	61	4	7	57	15.3
农民生活质量	农民人力资本指数/年	12.7	—	—		
	动物营养比例/(%)	32	21	67	11	1.5
	农村清洁饮水普及率/(%)	100	81	81	19	1.2
	农村互联网普及率/(%)**	69	16	23	53	4.3
农业转型	农业劳动力指数/农业·工业劳动力⁻¹	0.14	1.46	10	−1.32	0.1
	农业增加值指数/农业·工业增加值⁻¹	0.06	0.23	26	−0.17	0.3
	农业机械化/拖拉机·平方公里可耕地⁻¹	5.0	2.8	55	2.2	1.8
	有机农业用地比例/(%)	4.0	0.3	7	3.7	13.3
综合农业现代化指数		—	—	38	62	2.6

注:* 为 2008 年高收入国家平均值。** 为估计值。绝对差距=参考值-中国值。相对差距=参考值÷中国值。

2. 21 世纪中国农业现代化的政策目标

一般而言,农业现代化的政策目标包含三类目标:共性目标、个性目标和减少副作用,它们可以是定量目标,也可以是定性目标。在 21 世纪,共性目标包括完成两次农业现代化,追赶、达到或保持世界农业先进水平;个性目标包括形成、保持和扩展自己的特色,强化竞争优势等;不同国家和不同时期的副作用有所差别,相应的目标可以不同。农业现代化的政策研究,可以将共性目标作为农业现代化的评价指标,将个性目标和减少副作用作为农业现代化的监测指标;有些指标很重要但缺少系统统计数据,可以作为观察指标。

21 世纪中国农业现代化的政策目标可以分为两大阶段目标。第一阶段目标是:在 21 世纪前 50 年,在 2050 年左右达到农业现代化的世界中等水平,全面完成第一次农业现代化,第二次农业现代化超过世界平均水平。第二大阶段目标是:在 21 世纪后 50 年,在 2100 前达到农业现代化的世界先进水平,全面完成第二次农业现代化(表 3-76)。

表 3-76　21 世纪中国农业现代化的政策目标的时间分解(一种可选的方案)

两大阶段	时间分期	共性目标	个性目标	减少副作用
第一大阶段 2010~2050	2010~2020 2020~2030 2030~2050	完成第一次农业现代化。第二次农业现代化指数超过当年世界平均值,达到 2008 年世界农业先进水平	营养指标超过 2050 年世界平均水平,达到 2008 年发达国家的合理水平等	减少水土流失、减少农业环境污染、加强农业生态保护等
第二大阶段 2050~2100	2050~2060 2060~2080 2080~2100	完成第二次农业现代化,第二次农业现代化指数和综合农业现代化指数达到当年世界农业先进水平	农业国际竞争力达到世界先进水平,营养指标达到理想水平	减少食品风险、国际贸易风险等

3. 21 世纪前 50 年中国农业现代化的政策目标

(1) 21 世纪前 50 年中国农业现代化的共性目标

21 世纪前 50 年是中国农业现代化的共性目标,涉及第一次农业现代化、第二次农业现代化和综合农业现代化等方面,它们的评价指标共有 36 个,需要分别讨论。

首先,在 2030 年前后完成第一次农业现代化。第一次农业现代化的评价指标有 12 个,2008 年已经有 7 个指标达到标准。如果要在 2030 年全面完成第一次农业现代化,还有 5 个指标需要达到标准,它们达标的时间可能有先后之分(表 3-77)。

表 3-77　21 世纪中国第一次农业现代化的共性目标

评价指标和单位	标准值	2008	2010	2020	2030	年均增长率 /(%)
农业劳动生产率(2000 年美元)	4000	504	609	1581	4100	10
农业综合生产率(2000 年美元)	3200	492	585	1385	3279	10
农民人均供应人口/人	14	4	5	9	16	6.0
农村卫生设施普及率/(%)	80	59	61	73	87	1.8
农业劳动力比例/(%)	30	40	38	31	25	−2.0

注:年均增长率为达标所需要的增长率,参考 1980~2008 年期间的年均增长率。

其次,在 2050 年前后达到世界农业中等发达水平。它要求 2050 年中国第二次农业现代化指数和综合农业现代化指数都超过当年的世界平均水平,达到世界中等发达水平,大约相当于 2008 年世界农业的发达水平。第二次农业现代化评价(表 3-74)和综合农业现代化评价(表 3-75)涉及 24 个指标,其中,有 5

个指标是重复的,谷物单产指标已经达到 2008 年世界农业的发达水平。如果要在 2050 年达到世界农业中等发达水平,其他 18 个指标也要达到中等发达水平,它们的难度大小因指标而异(表 3-78)。

表 3-78　2050 年中国第二次农业现代化和综合农业现代化的共性目标

评价指标和单位	目标值	2008	2010	2020	2030	2040	2050	年均增长率 /(%)
农业劳动生产率(2000 年美元)	25 774	504	609	1581	4100	10 635	27 584	10.0
农产品平均关税/(%)	5.4	8.8	8.5	7.3	6.3	5.4	4.7	−1.50
粮食浪费比例/(%)	2.0	3.9	3.8	3.2	2.7	2.2	1.9	−1.73
农民素质(高等教育)/(%)*	40	1.0	1	3	8	21	55	10.00
动物营养比例/(%)	32	21	22	24	26	28	30	0.90
农村移动通讯普及率/(%)*	106	34	36	48	65	88	118	3.00
农村互联网普及率/(%)*	69	16	17	25	37	55	82	4.00
农业劳动力比例/(%)	3.5	39.6	35.3	19.8	11.1	6.3	3.5	−5.60
农业增加值比例/(%)	1.5	11.3	10.4	6.9	4.6	3.1	2.0	−4.00
有机农业用地比例/(%)	4.0	0.3	0.3	0.9	2.3	5.9	15.3	10.00
旅游农场的比例/(%)*	2.0	0.2	0.2	0.4	0.7	1.3	2.3	6.00
农业相对生产率/农业·工业生产率$^{-1}$	0.40	0.08	0.1	0.1	0.2	0.4	0.6	5.00
农民人均供应人口/人	61	4	5	9	16	28	50	6.00
农民人力资本指数/年*	12.7	8.0	8.2	9.2	10.4	11.7	13.2	1.20
农村清洁饮水普及率/(%)*	100	81	83	91	100	—	—	1.00
农业劳动力指数/农业·工业劳动力$^{-1}$	0.14	1.46	1.29	0.69	0.37	0.20	0.11	−6.00
农业增加值指数/农业·工业增加值$^{-1}$	0.06	0.23	0.21	0.15	0.11	0.07	0.05	−3.50
农业机械化/拖拉机·平方公里可耕地$^{-1}$	5.0	2.8	2.9	3.5	4.3	5.2	6.4	2.00

注:* 为估计值。年均增长率为达标所需要的增长率,参考 1980～2008 年期间的年均增长率。

(2) 21 世纪前 50 年中国农业现代化的个性目标

中国农业现代化的个性目标与中国国情紧密相关,不同人可以有不同认识。

我们认为,中国农业现代化的个性目标,应该包括保证全国人民生活水平达到 2050 年世界中等发达水平(2008 年世界先进水平)的营养需要。考虑到 2008 年发达国家"营养过剩"比较普遍,我们需要分析 2050 年合理的营养需要标准。

根据发达国家的经验,可以假设,营养水平与生活质量(平均预期寿命)之间的关系存在一个临界值(转折点);当营养水平低于临界值时,营养水平与生活质量正相关;当营养水平超过一个临界值时,营养水平与生活质量负相关;不同营养指标的临界值不同(表 3-79)。根据营养指标的临界值,可以设定中国农业现代化的营养个性目标(表 3-80)。

表 3-79　营养指标与平均预期寿命之间的相关系数

指标	A 2007	B 2007	A 2000	B 2000	A 1990	B 1990	A 1980	B 1980	A 1970	B 1970	标准年
人均植物营养	0.388	−0.163	0.467	−0.201	0.421	−0.251	0.390	−0.505	0.322	−0.509	1970
人均谷物消费	0.025	−0.058	0.118	−0.108	0.073	−0.347	0.013	−0.573	−0.005	−0.712	1970
人均蔬菜消费	0.545	−0.047	0.567	−0.063	0.534	−0.134	0.486	−0.440	0.519	−0.129	1970

（续表）

指标	A 2007	B 2007	A 2000	B 2000	A 1990	B 1990	A 1980	B 1980	A 1970	B 1970	标准年
人均营养供应	0.731	−0.334	0.756	−0.272	0.748	−0.058	0.794	−0.024	0.767	0.189	1980
人均动物营养	0.773	−0.231	0.750	−0.107	0.737	0.200	0.759	0.426	0.756	0.559	2000
动物营养比例	0.767	−0.131	0.737	−0.007	0.731	0.251	0.735	0.479	0.721	0.593	2000
人均肉食消费	0.736	−0.246	0.689	−0.174	0.696	0.136	0.707	0.305	0.667	0.348	2000
人均蛋白质供应	0.735	−0.126	0.742	0.007	0.736	0.262	0.760	0.338	0.728	0.369	2007
人均脂肪供应	0.747	−0.051	0.731	0.038	0.758	0.331	0.773	0.530	0.760	0.699	2007
人均水果消费	0.518	−0.167	0.457	0.102	0.351	0.258	0.339	0.390	0.351	0.411	2007
人均奶类消费	0.686	−0.116	0.694	0.023	0.706	0.281	0.739	0.516	0.747	0.609	2007
人均植物油	0.565	0.206	0.562	0.225	0.590	0.377	0.548	0.493	0.483	0.513	—
人均蛋类消费	0.711	0.019	0.747	0.289	0.769	0.353	0.811	0.309	0.817	0.398	—
人均鱼类消费	0.389	0.232	0.363	0.276	0.347	0.110	0.367	0.017	0.371	0.199	—

注:指标单位见表 1-13 和表 3-80。A 代表 131 个国家。B 代表 22 个发达国家。标准年为发达国家营养指标与生活质量(平均预期寿命)出现负相关的年份。

表 3-80　2050 年中国农业现代化的营养目标

指标	目标值	2007	2010	2020	2030	2040	2050	年均增长率/(%)
人均营养供应/千卡・天$^{-1}$	3339	2981	3004	3083	3164	3247	3333	0.26
人均动物营养/千卡・天$^{-1}$	1176	639	659	732	812	902	1001	1.05
人均植物营养/千卡・天$^{-1}$	2107	2342	2341	2339	2336	2334	2332	−0.01
动物营养比例/(%)*	34	21	22	24	26	28	30	(0.90)
人均蛋白质供应/克・天$^{-1}$	105	89	90	94	97	101	106	0.40
人均脂肪供应/克・天$^{-1}$	153	92	95	107	121	136	153	1.20
人均谷物消费/千克・年$^{-1}$	113	152	149	139	130	121	113	−0.70
人均植物油消费/千克・年$^{-1}$	19	9	10	12	14	17	20	1.80
人均蔬菜消费/千克・年$^{-1}$	88	280	263	215	176	144	117	−2.00
人均水果消费/千克・年$^{-1}$	105	64	67	74	83	92	103	1.10
人均肉食消费/千克・年$^{-1}$	87	53	55	62	69	77	86	1.10
人均蛋类消费/千克・年$^{-1}$	12	17	17	18	18	18	18	0.10
人均奶类消费/千克・年$^{-1}$	233	29	33	53	84	135	215	4.80
人均鱼类消费/千克・年$^{-1}$	28	26	27	29	30	32	34	0.60
人均谷物生产/千克・年$^{-1}$**	516	362	369	401	437	476	518	0.85
人均肉食生产/千克・年$^{-1}$**	89	56	57	63	70	77	85	1.00

注:2007 年数据和目标值数据来自联合国粮农组织(FAO,2011),它与《中国统计年鉴》的数据有所差别。目标值为 22 个发达国家营养指标与生活质量(平均预期寿命)出现负相关的年份或 2007 年的平均值。* 动物营养比例= 100×人均动物营养÷人均营养供应。** 2007 年数据为 2008 数值。

　　根据中国农业现代化的营养个性目标(营养需求水平和结构),可以反推中国农业现代化的营养供应结构,以及农业生产和农业经济的宏观结构等。本报告关于 21 世纪中国农业现代化的目标分析和路线图设计,都综合考虑了相关指标与营养个性目标的协调性。

　　中国农业现代化的个性指标,可以包括营养指标,可以包括农业生产、农业经济和农业要素的有关指标等。它们需要专题研究。

（3）21 世纪前 50 年中国农业现代化的副作用

如何减少农业现代化的副作用，包括水土流失、农业资源破坏、农业环境污染、农业生态退化、食品风险等，都可以作为中国农业现代化的主要目标。它们需要专题研究。

二、中国农业现代化的路线图

中国农业现代化的路线图是中国农业现代化的战略目标和基本路径的一种系统集成。它的基本思路是：根据综合农业现代化原理，协调推进两次农业现代化，加速从传统农业向初级现代农业和高级现代农业的转型，迎头赶上发达国家第二次农业现代化的先进水平；在 2050 年前，达到世界农业中等发达水平，基本实现农业现代化；在 21 世纪末，达到世界农业先进水平，全面实现农业现代化，全国人民享受世界先进水平的营养供应和生活质量。

中国农业现代化路线图的主要内容包括：中国农业现代化的运河路径、战略目标、基本任务、监测指标、农业效率监测、农业结构监测、农民生活质量监测和战略要点等八个部分。关于战略要点，将在后面专题讨论。

1. 中国农业现代化路线图之一：运河路径

根据广义农业现代化理论（表 2-12），21 世纪农业现代化有三条基本路径：第一次农业现代化路径、第二次农业现代化路径和综合农业现代化路径。2008 年中国农业实际上已经是两次农业现代化并存，农业水平地区差异比较大。从理论和实际角度考虑，综合农业现代化路径是中国的合理选择，这种路径可以简称为农业现代化的运河路径（图 3-1）。

中国农业现代化的运河路径是：协调推进两次农业现代化并持续向第二农业现代化转型，协调推进农业市场化、机械化、信息化、绿色化和国际化，加快农业产业结构调整和产业升级，大幅度提高农业效率和农民收入，大幅度改善农民福利与生活质量，大幅度降低农业增加值和农业劳动力比例，提高农业国际竞争力和农业国际地位，迎头赶上发达国家第二次农业现代化水平；在 2050 年达到农业现代化的世界中等发达水平，在 21 世纪末达到农业现代化的世界先进水平，包括农业效率、农业效益、农民福利和生活质量、农业制度和农业技术等达到当时的世界先进水平，全面实现农业现代化（图 3-10）。

2. 中国农业现代化路线图之二：战略目标

前面已经分析了中国农业现代化的理论目标和政策目标。政策目标包括共性目标、个性目标和减少副作用等。由于篇幅有限，下面讨论它的共性目标，以及相关的基本任务。

简要地说，21 世纪中国农业现代化的政策目标是：在 2030 年前后完成第一次农业现代化；在 2050 年前后达到世界农业中等发达水平，基本实现农业现代化；在 21 世纪末达到世界农业先进水平，全面实现农业现代化（图 3-11）。政策目标可以有时间细分（表 3-81）。

3. 中国农业现代化路线图之三：基本任务

（1）中国农业现代化的两大基本任务

第一项基本任务：中国农业现代化要上三个台阶。第一个台阶：完成第一次农业现代化，达到 1960 年农业发达国家的平均水平。第二个台阶：从初等发达水平升级为中等发达水平。第三个台阶：从中等发达水平升级为发达水平（图 3-11）。

第二项基本任务：中国农业现代化水平的世界排名提高 50 位左右，中国农业与主要发达国家的综合年代差要逐步缩小并最终消失。中国农业与主要发达国家的年代差，在 2030 年缩小到 80 年左右，在 2050 年缩小到 50 年左右，在 21 世纪末缩小到 20 年左右。

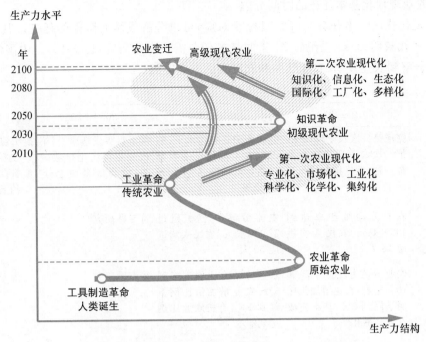

图 3-10　中国农业现代化的路线图之一——运河路径

项目	2008	2030	2050	2080	2100
目标	世界农业初等发达水平，世界前70名左右	完成第一次农业现代化；达到世界前50名左右	世界农业中等发达水平，达到世界前40名左右等	接近世界农业发达水平，达到世界前30名左右等	完成第二次农业现代化，达到世界农业发达水平，达到世界前20名左右等
农业现代化水平	初等发达	初等发达	中等发达	接近发达	发达
中国指数（Ⅰ）	35	55	82	152	229
中国排名（Ⅰ）	62	44	35	20	16
中国指数（Ⅱ）	35	76	155	450	917
中国排名（Ⅱ）	62	55	54	46	44

图 3-11　中国农业现代化路线图之二——战略目标

注：（Ⅰ）根据 131 个国家 1980～2008 年第二次农业现代化指数的年均增长率进行估算和排名，（Ⅱ）根据 131 个国家 1990～2008 年第二次农业现代化指数的年均增长率进行估算和排名。

表 3-81　中国农业现代化路线图的时间阶段

两大阶段	时间	阶段目标
2010～2050	2010～2020	中国农业现代化水平：世界初等发达水平，世界前 60 名左右
	2020～2030	中国农业现代化水平：世界初等发达水平，世界前 50 名左右
	2030～2050	中国农业现代化水平：世界中等发达水平，世界前 40 名左右
2050～2100	2050～2060	中国农业现代化水平：世界中等发达水平，世界前 40 名左右
	2060～2080	中国农业现代化水平：接近世界发达水平，世界前 30 名左右
	2080～2100	中国农业现代化水平：世界发达水平，世界前 20 名左右

注：根据 131 个国家 1980～2008 年第二次农业现代化指数的年均增长率进行估算和排名。

（2）中国农业现代化基本任务的时间分解

中国农业现代化的基本任务与战略目标相对应，可以分解成两大阶段的任务。其中，21 世纪前 50 年的基本任务比较明确，21 世纪后 50 年的基本任务需要专题研究（图 3-12）。中国农业现代化的基本任务可以分解到农业效率、农业结构和农民生活三个方面。

项目	2010～2030	2030～2050	2050～2080	2080～2100
基本任务	完成第一次农业现代化，第二次农业现代化指数翻一番，世界排名约上升 10 位等	升级为中等发达水平，第二次农业现代化指数翻一番，世界排名约上升 10 位等	接近世界发达水平，第二次农业现代化指数翻一番，世界排名约上升 10 位等	升级到发达水平，第二次农业现代化指数翻一番，世界排名约上升 10 位等
农业效率	农业劳动生产率达到 4000 美元，农民人均供应 16 人	农业劳动生产率超过 27 000 美元，农民人均供应 50 人	待专题研究	待专题研究
农业结构	农业劳动力比例下降到 10% 左右，农业增加值比例下降到 5%，基本完成农业机械化	农业劳动力比例下降到 5%，农业增加值比例下降到 1%，有机农业比例达到 5%	待专题研究	待专题研究
农民生活	普及 12 年免费义务教育，农村安全饮水和卫生设施普及率达到 100%，消灭绝对贫困	农民人均受教育年数达到 15 年，普及信息化，生活水平超过世界平均水平	待专题研究	待专题研究
中国排名	提高 10 位	提高 10 位	提高 10 位	提高 10 位
中国指数（Ⅰ）	提高 20 左右	提高 30 左右	提高 70 左右	提高 70 左右
中国指数（Ⅱ）	提高 40 左右	提高 70 左右	提高 300 左右	提高 500 左右

图 3-12　中国农业现代化路线图之三——基本任务

注：（Ⅰ）根据 1980～2008 年第二次农业现代化指数的年均增长率进行估算，（Ⅱ）根据 1990～2008 年第二次农业现代化指数的年均增长率进行估算。

4. 中国农业现代化路线图之四：监测指标

中国农业现代化的监测指标，可以包括三类指标。其一，共性目标的相关指标；它们可以用作评价指标，衡量国家农业现代化的相对水平。其二，个性目标的相关指标；它们一般用作监测指标，不用作评价指标。其三，减少副作用的相关指标，它们一般用作监测指标。

农业现代化的评价指标包括三个方面的指标：农业效率指标、农民生活指标、农业结构指标。第一次、第二次和综合农业现代化评价共包括 24 个指标（扣除 12 个重复指标）。

中国农业现代化的监测指标体系，可以农业效率、农业结构和农民生活为基础，包括 24 个评价指标和 12 个监测指标（图 3-13）。

| 中国农业现代化路线图 |
| 监测指标体系 |

农业效率监测指标		农业结构监测指标		农民生活质量监测指标	
农业生产效率	农业经济效率	农业生产转型	农业经济转型	农民生活水平	农民生活条件
农业劳动生产率	农民人均供应人口	农业劳动力比例	有机农业用地比例	农民素质(识字率)	农村清洁饮水普及率
农业综合生产率	农产品平均关税	农业增加值比例	旅游农场的比例	农民素质(高等教育)	农村卫生设施普及率
农业相对生产率	粮食浪费比例	农业劳动力指数	牲畜增加值比例*	农民人力资本指数	农村移动通讯普及率
谷物单产	人均谷物生产*	农业增加值指数	谷物饲料比例*	动物营养比例	农村互联网普及率
农民人均可耕地*	人均肉食生产*	农业机械化	森林覆盖率*	人均营养供应	农村电话普及率*
农业科技投入比例*	农业协调指数*	化肥使用密度	农村农业人口比例*	农村恩格尔系数*	农村人均纯收入*

图 3-13 中国农业现代化路线图之四——监测指标体系

注:指标单位见表 1-13。36 个监测指标中,有 24 个指标为农业现代化的评价指标,12 个指标为监测指标(*)。农业生产和农业经济的区分是相对的,它们是相互交叉的。

5. 中国农业现代化路线图之五:农业效率监测

农业效率监测可以分为两组:农业生产效率和农业经济效率监测(表 3-82)。

表 3-82 中国农业现代化的农业效率监测

项目	增长率	2008	2010	2020	2030	2040	2050	A	B	C
农业生产效率										
农业劳动生产率	10.0	504	609	1581	4100	10 635	27 584	8.1	6.7	54.8
农业综合生产率	9.0	492	585	1385	3279	7763	18 377	6.7	5.6	37.3
农业相对生产率	5.00	0.1	0.1	0.1	0.2	0.4	0.6	2.9	2.7	7.8
谷物单产	1.00	5535	5647	6237	6890	7611	8407	1.2	1.2	1.5
农民人均可耕地	6.00	0.35	0.40	0.71	1.27	2.28	4.08	3.6	3.2	11.6
农业科技投入比例	8.00	0.08	0.10	0.21	0.44	0.96	2.07	5.4	4.7	25.3
农业经济效率										
农民人均供应人口	6.00	4	5	9	16	28	50	3.6	3.2	11.6
农产品平均关税	−1.50	8.8	8.5	7.3	6.3	5.4	4.7	0.7	0.7	0.5
粮食浪费比例	−1.73	3.9	3.8	3.2	2.7	2.2	1.9	0.7	0.7	0.5
人均谷物生产	0.85	362	369	401	437	476	518	1.2	1.2	1.4
人均肉食生产	1.00	56	57	63	70	77	85	1.2	1.2	1.5
农业协调指数	1.70	29	30	35	41	49	58	1.4	1.4	2.0

注:指标单位见表 1-13。A=2030 年值/2008 年值。B=2050 年值/2030 年值。C=2050 年值/2008 年值。

中国农业现代化的农业生产效率的目标和任务是:农业劳动生产率、农业综合生产率、农业科技投入比例、农民人均可耕地面积、农业相对生产率分别提高 50 多倍、30 多倍、20 多倍、10 倍多和 6 倍多,谷物单产提高 50%。农业劳动生产率、农业科技投入比例、农民人均可耕地面积的年均增长率分别达到 10%、8% 和 6% 等。

中国农业现代化的农业经济效率的目标和任务是:农民人均供应人口提高 10 多倍,农业协调指数提高 90%,人均谷物生产和人均肉食生产分别提高 40% 和 50%,农产品平均关税和粮食浪费比例下降 50%。农民人均供应人口和农业协调指数的年均增长率分别达到 6% 和 1.7%,人均谷物生产和人均肉食生产的年均增长率分别达到 0.85% 和 1% 等。

6．中国农业现代化路线图之六：农业结构监测

农业结构监测可以分为两组：农业生产结构和农业经济结构（表 3-83）。

表 3-83　中国农业现代化的农业结构监测

项目	增长率	2008	2010	2020	2030	2040	2050	A	B	C
农业生产结构										
农业劳动力比例	−5.60	39.6	35.3	19.8	11.1	6.3	3.5	0.3	0.3	0.1
农业增加值比例	−4.00	11.3	10.4	6.9	4.6	3.1	2.0	0.4	0.4	0.2
农业劳动力指数	−6.00	1.46	1.29	0.69	0.37	0.20	0.11	0.3	0.3	0.1
农业增加值指数	−3.50	0.23	0.21	0.15	0.11	0.07	0.05	0.5	0.5	0.2
农业机械化	2.00	2.8	2.9	3.5	4.3	5.2	6.4	1.5	1.5	2.3
化肥使用密度	0.20	331	332	339	346	353	360	1.0	1.0	1.1
农业经济结构										
有机农业用地比例	10.00	0.3	0.3	0.9	2.3	5.9	15.3	8.1	6.7	54.8
旅游农场的比例	6.00	0.2	0.2	0.4	0.7	1.3	2.3	3.6	3.2	11.6
牲畜增加值比例	1.00	31	32	35	39	43	48	1.2	1.2	1.5
饲料用谷物比例	1.50	31	32	37	43	50	58	1.4	1.3	1.9
森林覆盖率	1.00	22	23	25	28	30	34	1.2	1.2	1.5
农村农业人口比例	−5.00	66	60	36	21	13	8	0.3	0.4	0.1

注：指标单位见表 1-13。A＝2030 年值/2008 年值。B＝2050 年值/2030 年值。C＝2050 年值/2008 年值。

中国农业现代化的农业生产结构转型的目标和任务是：农业劳动力比例和农业增加值比例分别下降到 3% 和 2% 左右，农业机械化水平提高 1 倍多。农业劳动力比例和农业增加值比例的年均下降率分别约为 6% 和 4%，农业机械化的年均增长率约为 2% 等。在提高谷物单产的同时，提高农业化肥使用效率，适度控制农业化肥使用密度，保护农业生态环境。

中国农业现代化的农业经济转型的目标和任务是：有机农业比例达到 15% 左右，旅游农场比例达到 2% 左右，畜牧增加值占农业增加值比例达到 50% 左右，饲料用谷物比例达到 60% 左右，森林覆盖率达到 30% 左右，农村农业人口比例降到 10% 左右。有机农业和旅游农场比例的年均增长率分别达到 10% 和 6% 等。

7．中国农业现代化路线图之七：农民生活质量监测

农民生活质量监测可以分为两组：农民生活水平和生活条件（表 3-84）。

表 3-84　中国农业现代化的农民生活质量监测

项目	增长率	2008	2010	2020	2030	2040	2050	A	B	C
农民生活水平										
农民素质(成人识字率)*	0.50	94	95	99	100	—	—	1.1	0.0	0.0
农民素质(高等教育)*	10.00	1	1	3	8	21	55	8.1	6.7	54.8
农民人力资本指数*	1.20	8.0	8.2	9.2	10.4	11.7	13.2	1.3	1.3	1.7
动物营养比例	0.90	21	22	24	26	28	30	1.2	1.2	1.4
人均营养供应	0.26	2988	3004	3083	3164	3247	3333	1.1	1.1	1.1
农村居民恩格尔系数	−3.50	44	41	28	20	14	10	0.5	0.5	0.2

（续表）

项目	增长率	2008	2010	2020	2030	2040	2050	A	B	C
农民生活水平										
农村清洁饮水普及率	1.00	81	83	91	100	—	—	1.2	—	—
农村卫生设施普及率	1.80	59	61	73	87	100	—	1.5	—	—
农村移动通讯普及率*	3.00	34	36	48	65	88	118	1.9	1.8	3.5
农村互联网普及率*	4.00	16	17	25	37	55	82	2.4	2.2	5.2
农村电话普及率*	3.00	18	19	26	34	46	62	1.9	1.8	3.5
农村居民人均纯收入	9.00	685	814	1926	4560	10 796	25 559	6.7	5.6	37.3

注：* 为估计值。指标单位见表 1-13。A＝2030 年值/2008 年值。B＝2050 年值/2030 年值。C＝2050 年值/2008 年值。

中国农业现代化的农民生活水平的目标和任务是：农民接受高等教育比例超过 50%，农民人均受教育年数超过 13 年，动物营养约占总营养 30%，农村居民恩格尔系数下降到 10% 左右，人均营养供应达到每天 3300 千卡左右（发达国家的理性水平）等。

中国农业现代化的农民生活条件的目标和任务是：农村清洁饮水和卫生设施普及率达到 100%，农村互联网普及率超过 80%，农村居民人均纯收入超过 25 000 美元。农村居民人均纯收入、农村互联网普及率和移动通讯普及率的年均增长率为 9%、4% 和 3% 等。

三、中国农业现代化的战略要点

关于我国农业现代化的战略要点，专家学者见仁见智。下面是我们的初步思考。

中国农业现代化是一种后发追赶型农业现代化，选择战略重点时，可以充分利用四个原理。它们是"后发效应"原理：借鉴和利用先行国家的知识和经验可加快发展；"木桶原理"：加高农业现代化的最短木板可快速提高水平；"竞争优势"原理：创造和发挥自己的竞争优势可赢得局部主动权；"创新原理"：通过持续创新等可开辟农业现代化的运河路径。

根据广义农业现代化理论，农业现代化大致有 6 个内涵：① 从传统农业向现代农业的转型，② 农业效率和农民收入的持续提高，③ 农民福利和生活质量的改善，④ 农业增加值比例和农业劳动力比例的下降，⑤ 农业科技和农业制度的发展，⑥ 国际农业体系和国家农业地位的变化等。如果不考虑第 6 个内涵，其他 5 个内涵可以归纳为三个重点。第一个重点是农业效率，包括农业劳动生产率、土地生产率和综合生产率等。第二个重点是农业转型，包括农业比例下降、农业制度和农业观念的深刻变化等。第三个重点是农民生活质量，包括农民素质、农民收入和生活条件等。由此可见，在 21 世纪前 50 年，中国农业现代化至少有三大重点。其一是提高农业效率，其二是加快农业转型，其三是提高农民生活质量（图 3-14）。简单地说，三个重点分别是农业效率现代化、农业结构现代化和农民现代化。

1. 提高农业劳动生产率是重中之重

2008 年在 131 个国家中，中国农业效率指标的世界排名是：水稻单产排第 15 位，谷物单产排第 18 位，小麦单产排第 22 位，玉米单产排第 34 位，大豆单产排第 40 位，土地生产率排第 47 位，农业劳动生产率排第 91 位（表 3-57）；中国农业劳动生产率与发达国家的相对差距超过 50 倍，绝对差距超过 25 000 美元（表 3-74）。很显然，农业劳动生产率是中国农业现代化的最短木板，提高农业劳动生产率应该成为中国农业现代化的重中之重。

提高农业劳动生产率，既要遵循农业规律，又要符合中国国情。

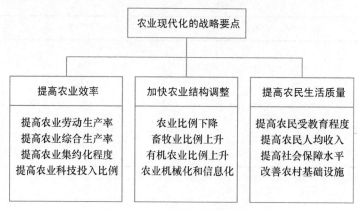

图 3-14　中国农业现代化路线图的战略要点

根据广义农业现代化理论,农业生产率函数是:$P_a = A \times C^a \times S^{1-a}$

其中,P_a 为农业生产率(农业劳动力的人均产出),A 为技术进步乘数,C 为农业劳动力的人均资本,S 为农业劳动力的人均技能;a 为农业资本产出份额,$1-a$ 为农业劳动产出份额。技术进步乘数反映农业技术进步、农业资源优化配置和农业规模经济等的效果。

农业劳动生产率与农业技术水平、农业劳动力人均资本和人均技能成正比。

根据农业现代化规律,提高农业劳动生产率主要有五条路径(表 3-85)。这些路径与农业结构转型和农民生活水平有交叉。结合中国国情,提五条政策建议供讨论(表 3-86)。

表 3-85　提高农业劳动生产率的主要途径

主要途径	主要内容
1. 提高农民人均资本	农民人均土地、机械、化肥、农药、水利、能源、良种、运输、信息、资金等
2. 提高农民人均技能	农民人均受教育程度、农业科技知识的普及、农业政策和市场信息获取等
3. 农业技术进步	农业科技投入比例、农民人均农业科技投入、农业技术推广和技术服务等
4. 资源优化配置	农业劳动力、土地、淡水、资金等市场化配置等
5. 规模经济效益	土地集约、劳动集约、资本集约、技术集约等

表 3-86　提高中国农业劳动生产率的政策建议

政策建议	主要内容
1. 农业科技改革	建设农业创新体系,提高农业科技投入比例、提高农业创新和农技服务能力
2. 农业金融改革	建设现代农村金融体系,鼓励多种形式的、灵活有效的农业金融服务
3. 农业水利改革	建设现代农业水利体系,形成投资多元、管理科学和经营"非赢利"的水利服务
4. 农村土地改革	实现"耕者有其田",实现土地资源的市场化配置,提高土地利用的科学性
5. 优质粮食工程	根据粮食需求预测,制定优质粮食生产指南,确保优质粮食的种植面积和土地

1960 年以来,中国农业效率的多数指标在不断提高,但有些指标在下降,例如,中国农业相对生产率、农业化肥生产率、农业化肥使用效率持续下降(表 3-10)。2000 年以来,中国已经成为农业净进口国(表 3-18)。这些现象值得我们关注,并采取应对措施。

(1) 深化农业科技改革,建设农业创新体系

农业具有很大的地域差异。中国的农业现代化,可以学习和引进世界农业先进技术,但主要是依靠自己的农业创新,包括科技创新和制度创新。深化农业科技体制改革,建设中国农业创新体系,大幅度提高农业创新能力和创新效率,大幅度提高农业劳动生产率,就是可以理解的战略选择。关于农业创新体系,已经有不少研究。这里谈谈我们的建议。

中国农业创新体系,可以按下述思路建设:

> 以省市为单位,以高校为枢纽,以农企为骨干,以网络为平台,
> 以技术为支撑,以信息为纽带,以服务为抓手,以市场为导向,
> 促进合作创新,促进技术转移,提高创新能力,提高农业效率。

首先,在农业部和科技部等的指导和协调下,在继续发挥国家农业科研机构作用的同时,以省市农业为基本单位(区域子系统),组建中国农业创新体系。

其次,推动农业科研机构和农业高校的重组,形成区域性农业科技中心和推广中心;建立农业高校技术责任制度,负责所在省市的农业科技服务和人员培训。

其三,重点发挥骨干现代农业企业和农业合作社的作用,带动全体农民的技能提高。

其四,以农业专业网站为平台,建立虚拟和柔性的创新服务网络。

其五,以农业先进和实用技术的研究、开发、示范和推广为技术支撑。

其六,以农业科技信息、市场信息、政策信息等的收集、整理、研究和传播为纽带。

其七,以农业技术服务、政策服务、市场服务、培训服务、中介服务等为抓手。

其八,以市场需求为导向,提高农业的响应能力、适应能力和风险管理能力。

其九,促进合作创新和技术转移,提高创新能力和农业效率。

(2) 深化农业金融改革,建设现代农业金融体系

农业是高风险的产业,包括自然风险、市场风险、技术风险和管理风险等。其中,自然风险是非人为风险,有些时候是不可抗风险。农业金融具有明显的行业特色。

关于农业和农村金融改革,很难有统一认识。大体而言,有几点可以考虑。

首先,建立农业金融的低息监管制度。坚决杜绝农业和农村的"高利贷"。

其次,制定农业金融税收优惠政策。合理弥补农业金融企业的"低息"减收。

其三,鼓励民间资本进入农业金融领域,制定科学的市场准入规则。

其四,准许有条件的农业合作社提供相应的金融服务。

其五,鼓励金融企业发放农业和农民小额贷款。

其六,建立农业贷款的担保机制和农业保险制度,分担农业风险。

其七,支持现代农业企业上市,通过股市融资。

其八,在条件具备的地区,准许外资或合资金融企业进入农业金融市场等。

(3) 深化农业水利改革,建设现代水利体系

水利是农业的基础设施。大型水利设施,往往具有多种功能,如航运、发电、防洪、城市供水、工业供水、农业供水和生态供水等。水利设施的建设、运行和管理,具有很大的多样性和复杂性,需要多部门的协作和配合。中国是一个洪涝和干旱灾害频发的国家。深化水利改革,建立市场经济条件下的现代水利体系,是非常有必要的。

关于水利改革和现代水利体系建设,可以集思广益。下面是我们的几点考虑。

首先,明晰现有水利设施的产权,理清和建立合理的产权结构。

其次,产权明晰的水利设施,建立现代企业制度,实行科学管理。

其三,鼓励水利企业和水利用户联合出资,建立合资企业,民主管理水利设施。

其四,鼓励农业企业、农业合作社和农民联合出资、联合建设和联合管理水利设施。

其五,准许民间资本和有条件的外资,投资农业水利设施,但应事先取得水利设施的"农业用户"和相关部门的同意和支持。

其六,继续发挥国家骨干大型水利设施的综合作用,提高运行效率。

其七,定期开展水利设施普查和维护,避免和减少突发灾害的损失。

其八,大中型水利设施和关键水利设施,要建立社会保险机制。

其九,定期修订水利规划,继续推进水利设施建设等。

(4) 根据科学规律,推进农村土地制度改革

马克思在《资本论》中赞成威廉·配第的观点:劳动是财富之父,土地是财富之母。

农业生产有两大基本要素,那就是农民和土地。农民和土地的结合,创造了农业财富。农业生产率主要是由土地利用效率、农民的劳动效率和技术水平共同决定的。

新中国成立之初,实行了"耕者有其田"的农业改革,农业生产率有较大提高。后来建立农业合作社,土地和农民是结合的。人民公社的建立,土地收归集体所有,实际上农民与土地分离,农民积极性不高,农业生产率不高。改革开放以后,实行"联产承包责任制",农民与土地(使用权)的部分结合,促进了农业生产率提高。随着市场经济的发展,"小农经济"的局限性成为中国农业现代化的一个障碍;农业合作社重新发展起来。目前,中国农村土地产权归"集体所有",但"农村集体"是变化的,土地产权是不清晰的。

深化农村土地制度改革,推动农业土地合理流转,实现土地资源的市场化、集约化和合理化配置,已经成为中国农业现代化必须面对的课题,值得进行专题研究。

(5) 实施优质粮食工程,确保国家粮食安全

中国是世界第一人口大国,保证粮食自给具有世界性意义。根据世界农业现代化的历史经验,随着经济发展,消费结构会发生变化。中国情况也是如此。1961年以来,中国谷物食用比例下降,谷物饲料用比例上升(表3-87);1990年以来,全国人均谷物消费(不包括啤酒)下降,从1990年的人均178千克下降到2007年的152千克(表3-21)。

表 3-87　1961~2007 年中国谷物的生产、供应和用途

项目	1961	1970	1980	1990	2000	2005	2007	世界
谷物生产量(全部)/亿吨	1.1	2.0	2.8	4.0	4.1	4.3	4.6	23.5
谷物生产量(不包括啤酒)/亿吨	0.9	1.6	2.3	3.4	3.4	3.7	4.0	21.2
谷物供应量(不包括啤酒)/亿吨	1.0	1.7	2.5	3.1	3.8	3.8	3.9	20.7
谷物食用比例/(%)	63.6	64.3	61.2	64.8	55.5	54.5	52.7	46.7
谷物饲用比例/(%)	18.7	21.7	26.8	23.0	30.7	30.6	31.1	36.1
谷物种子比例/(%)	10.4	6.8	4.4	3.7	3.1	2.9	2.6	3.3
谷物浪费比例/(%)	6.1	6.4	6.4	7.1	6.2	4.1	3.9	4.1
谷物加工比例/(%)	0.1	0.1	0.1	0.5	1.2	1.7	2.0	5.9
谷物其他用比例/(%)	1.2	0.9	1.1	0.8	3.3	6.3	7.7	3.8
合计	100.0	100.0	100.0	100.0	100.0	100.0	100.0	100.0

注:谷物供应量(不包括啤酒)=谷物生产量(不包括啤酒) + 谷物净进口量 + 谷物库存量变化。谷物食用比例 = 100×谷物食用量÷谷物供应量(不包括啤酒)。其他类推。

资料来源:FAO,2011.

前面预测 2050 年,中国谷物生产将达到 7.8 亿吨(表3-72),人均谷物消费将下降到 114 千克(大约相当于 2008 年发达国家的平均值)(表3-80)。参照谷物单产的预测,2050 年中国谷物种植面积需

要达到 14 亿亩左右,食用谷物种植面积需要保持在 4 亿亩左右;在 2010~2050 年期间,中国食用谷物种植面积将在 5 亿亩左右(表 3-88)。

表 3-88 2008~2050 年中国食用谷物生产的预测

项目	2008	2010	2020	2030	2040	2050
人口/百万	1325	1340	1398	1445	1481	1510
谷物生产总量/亿吨	4.8	4.9	5.6	6.3	7.0	7.8
人均谷物生产/千克	362	369	401	437	476	518
谷物食用总量/亿吨	2.02	2.01	1.96	1.89	1.80	1.71
人均谷物食用/千克	152	150	140	131	122	114
谷物单产/千克·公顷$^{-1}$	5535	5647	6237	6890	7611	8407
谷物种植面积/亿公顷	0.87	0.87	0.90	0.92	0.93	0.93
/亿亩	13.01	13.12	13.49	13.74	13.88	13.95
食用谷物单产/千克·公顷$^{-1}$	5535	5602	5947	6314	6703	7116
食用谷物面积/亿公顷	0.36	0.36	0.33	0.30	0.27	0.24
/亿亩	5.47	5.39	4.94	4.48	4.04	3.61

注:食用谷物将追求优质高量,它的单产可能略低于平均的谷物单产。谷物包括水稻、小麦和玉米等。粮食作物包括谷物、豆类和薯类等。农作物包括粮食作物和经济作物等。园地包括茶园和果园等。

为保证全国人民的优质粮食供应,可以实施优质粮食工程。

首先,明确划分出 5 亿亩左右的优良农田,作为国家优质食品粮的"永久生产基地",简称"国家食品粮生产基地";挂牌生产,责任到人,定期检查,大力扶持。

其次,研究和制定特殊政策,包括税收支持、科技支持和农业补贴政策等,确保承担优质粮食工程的农民和农业企业的合理收入,保证他们的收入水平不低于全国平均值。

2. 加快农业结构调整是关键所在

农业转型是农业现代化的基本内涵。农业转型包括农业生产、农业经济、农业要素转型和农业生态转型等。目前,中国农业结构距离发达国家的差距较大。2008 年,中国农业劳动力比例约为 40%,大约相当于英国 1841 年和美国 1900 年的水平;中国农业增加值比例约为 11%,大约相当于英国 1880 年和美国 1929 年的水平(表 3-63);在 131 个国家中,中国农业劳动力比例排世界第 85 位,农业增加值比例排第 71 位。加快农业结构调整,促进农业转型和升级,是提高中国农业现代化水平的一个重要方面。关于现代农业的产业结构和农业结构转型已经有大量研究。一般而言,农业转型大致有五条路径(表 3-89)。这里结合中国国情,我们提五条政策建议供讨论(表 3-90)。

表 3-89 农业转型的主要途径

编号	主要途径	主要内容
1	农业劳动力转移	实行国民待遇,平等对待农民,加强就业培训,降低农业劳动力比例
2	农业生产转型	加快农业生产的机械化、信息化、集约化和专业化,降低农业增加值比例
3	农业经济转型	增加畜牧业和养殖业比例,降低种植业比例,增加饲料作物比例等
4	农业要素转型	农民、农村、农业环境、农业科技、农业制度和农业观念的现代化转型等
5	农业生态转型	发展有机农业、生态农业、休闲和旅游农业等,减低化肥和农药使用密度等

表 3-90　加快中国农业结构调整的政策建议

编号	政策建议	主要内容
1	户籍制度改革	建立现代人力资源管理制度,取消传统的户籍制度,建立现代"信用管理"制度
2	现代畜牧工程	规划和建设现代畜牧和优质养殖发展区域、生产基地和饲料粮生产基地等
3	蓝色农业工程	科学规划中国海域面积,建设现代海洋农业、海洋养殖业和海洋捕捞业等
4	三高农业工程	发展"高品质、高效益和高环保"的高级现代农业,如有机农业、生态农业、观光农业和旅游农业等
5	修订农业区划	定期修订农业区划,按自然地理、人文和经济地理、生态地理原则,合理区划

(1) 改革户籍制度,促进农业劳动力转移

农业转型的关键是农业劳动力转移,农业劳动力转移是中国农业转型的最大挑战。前面预测,在 2008~2050 年期间,中国农业劳动力比例将从 40% 下降到 3% 左右,农业劳动力总数将从 3.1 亿下降到 0.31 亿左右,大约有 2.8 亿农业劳动力需要转移(表 3-91)。

表 3-91　2008~2050 年中国农业劳动力的预测

项目	2008	2010	2020	2030	2040	2050
人口/百万	1325	1340	1398	1445	1481	1510
劳动力占人口比例/(%)	58.6	58.6	58.6	58.6	58.6	58.6
农业劳动力比例/(%)	39.6	35.3	19.8	11.1	6.3	3.5
劳动力总数/百万	776.5	785.2	819.2	846.8	867.9	884.9
农业劳动力总数/百万	307.5	277.1	162.5	94.4	54.4	31.1
农业劳动力转移数/百万	—	30.4	114.6	68.1	40.0	23.2

一般而言,农业劳动力转移的关键是按市场规律引导农业劳动力合理流动。目前,制约中国农业劳动力合理流动的影响因素很多,其中,户籍管理制度是一个不容忽视的因素,有些时候甚至是决定性因素。新中国成立以来,实行户籍管理制度。这种制度对于中国社会稳定发挥了重要作用。随着市场化和全球化的推进和劳动力流动,这种制度已经不能适应今天的发展需要。改革户籍制度,已经成为中国现代化的一种理性选择。

《中国现代化报告 2006》建议,逐步取消户籍制度,建立信用管理制度。采用现代信息技术,建立数字化的全民信用管理制度;以身份证为基础和纽带,为全民建立"数字化户口",以代替传统的"居住地户口",允许公民自由选择居住地,享受平等的居民待遇。

建立现代人力资源管理制度,促进农业劳动力转移和人口合理流动。

(2) 实施现代畜牧工程,提高营养供应水平

根据世界农业现代化的经验,种植业为主国家向种植和畜牧并重转型是一个必然过程。它适应了提高农业生产率和提高营养供应水平的需要。这种转型是中国农业经济结构调整和升级的重要内容。前面预测 2050 年,中国谷物生产将达到 7.8 亿吨(表 3-72),人均奶类消费将达到 220 多千克(表 3-80),人均肉食生产将达到 85 千克(表 3-82),饲料用谷物比例将上升到 58%,畜牧增加值占农业增加值比例达到 50% 左右(表 3-83)。在 2010~2050 年期间,中国饲料用谷物种植面积将在 6 亿亩左右(表 3-92)。

表 3-92　2008～2050 年中国饲料用谷物生产的预测

项目	2008	2010	2020	2030	2040	2050
谷物生产总量/亿吨	4.8	4.9	5.6	6.3	7.0	7.8
谷物单产/千克·公顷$^{-1}$	5535	5647	6237	6890	7611	8407
谷物种植面积/亿公顷	0.87	0.87	0.90	0.92	0.93	0.93
/亿亩	13.01	13.12	13.49	13.74	13.88	13.95
饲料用谷物比例/(%)	31	32	37	43	50	58
饲料用谷物总量/(亿吨)	1.49	1.58	2.09	2.73	3.53	4.55
饲料谷物单产/千克·公顷$^{-1}$	5535	5691	6540	7516	8637	9925
饲料谷物面积/亿公顷	0.27	0.28	0.32	0.36	0.41	0.46
/亿亩	4.05	4.17	4.79	5.44	6.13	6.87

注:饲料用谷物将追求高产量,它的单产可能略高于平均的谷物单产。

为保证全国人民的营养供应水平,促进农业经济结构转型,可以实施现代畜牧工程。

首先,明确划分出 6 亿亩左右的农业用地,作为"国家饲料粮生产基地",挂牌运营。

其次,研究和制定现代畜牧和养殖发展规划,在适宜地区推广现代畜牧和养殖业。

其三,研究和制定相关政策,包括税收支持、科技支持和农业补贴政策等,确保承担饲料粮生产基地的农民和农业企业的合理收入,保证他们的收入水平不低于全国平均值。

(3) 实施蓝色农业工程,提高农业供应能力

中国是一个海洋大国,拥有漫长的海岸线和海域面积。沿海地区包括辽宁、河北、天津、山东、江苏、上海、浙江、福建、广东、广西、海南和港澳台等。目前,海洋经济已经列入国家"十二五"规划,国务院已经批复十一个沿海省市的沿海开发规划。

"蓝色农业工程"的目标是:建设现代海洋农业、海洋养殖业和海洋捕捞业,保证"海洋三业"的可持续性和科学性,避免过度开发、过度捕捞和海域环境退化等。

(4) 实施三高农业工程,促进农业生态转型

农业现代化包括两次转型。第一次转型是从传统农业向初级现代农业的转型,通过机械化、化学化和专业化等,追求高产量、高效率和高收入,副作用是资源破坏和生态退化。第二次转型是从初级现代农业向高级现代农业的转型,通过信息化、生态化和生物技术等,追求高品质、高效益和高环保。第二次转型代表了农业现代化的世界前沿。

"三高农业工程"的目标是:发展"高品质、高效益和高环保"的高级现代农业,如有机农业、生态农业、观光农业和旅游农业等,促进农业生产和农业经济的生态转型。

(5) 科学修订农业区划,三大农业协调发展

1985 年,《中国综合农业区划》获得国家科技进步奖一等奖。它将全国划分为 10 个一级综合农业区和 38 个二级农业区;第十区为海洋水产区,其他九区称为九大综合农业区(表 3-93)。随着中国工业化、城市化、市场化、信息化和全球化的推进和高速运输网络的形成,中国人营养结构和营养需求也发生了很大变化,原有的农业区划需要进行科学修订。

表 3-93　中国的综合农业区划

区划类型	主要区划
综合区划	东北农林区、内蒙及长城沿线牧农林区、黄淮海农业区、黄土高原农林牧区、长江中下游农林养殖区、华南农林热作区、西南农林区、甘新农牧林区、青藏高原牧农林区、海洋水产区
地理区划	南方水田农业区、北方旱地农业区、西北牧业和灌溉农业区、青藏高寒牧业和农业区

建议按"自然地理、人文和经济地理、生态地理"(或农学、地理学和生态学)的三维标准和原则,修订中国农业区划,然后每十年修订一次。这种新的农业区划,可以简称为"三维农业区划"(表 3-94)。

表 3-94　中国"三维农业区划"的一般原则

维度	名称	内容
第一维度	自然地理	依据自然地理和农学原则,根据动植物生产的自然生长条件,提出农业区划
第二维度	人文和经济地理	依据人文和经济地理原则,按"都市农业、郊区农业和乡村农业"进行区划
第三维度	生态地理	依据生态学原理,根据农业的生态足迹和国家环保政策,提出农业区划

注:OECD(2009b)认为,在发达国家,环境和景观价值是现代农业的一种主要价值。

从人文地理(人文和经济)角度考量,中国农业可以按"都市农业、郊区农业和乡村农业"进行区划(表 3-95)。不同区域有不同特点,农业发展重点有所不同。

表 3-95　中国农业人文和经济地理的三大区域类型

区域类型	特点	可以重点发展的农业类型(举例)
都市农业	地租高、人口密、靠近市场	资本密集农业、设施农业、工厂化农业、订单农业等
郊区农业	地租较高、人口较密、靠近市场	有机农业、生态农业、休闲农业、兼营农业等
乡村农业	地租低、人口稀、运输成本高	规模化农业、专业化农业、精准农业、旅游农业等

注:三种区域的发展重点是相对的,可以有交叉。

3. 提升农民生活质量是必然选择

农民是农业现代化的行为主体。农民现代化是农业现代化的必然要求。农民现代化涉及众多因素。从农业现代化角度考虑,农民现代化应该包括农民素质、农民收入、农民生活、农村生活条件和农村社会保障的现代化等。这里我们重点关注农民生活质量的提高,它们涉及五个方面(表 3-96)。结合中国国情,我们提出五点建议供大家讨论(表 3-97)。

表 3-96　提高农民生活质量的主要途径

编号	主要途径	主要内容
1	提高农民素质	提高农民受教育年数,普及农业科技知识,普及电话、电视、电脑和互联网等
2	提高农民收入	鼓励农民多种经营,平等对待"务工农民",增加农业政策性支持和转移支付等
3	消灭绝对贫困	继续实施各项"扶贫"工程,实施农村小康工程,消灭农村绝对贫困现象等
4	提高社保水平	普及农村基本养老保险、医疗保险等,提高社会贫困救助水平等
5	改善生活条件	改善农村饮水、卫生、电力、交通、通讯、知识、文化和环保基础设施

表 3-97　提高中国农民生活质量的政策建议

编号	政策建议	主要内容
1	新农民培训计划	普及 12 年免费义务教育,对 40 岁及以下农民进行免费分类技能培训等
2	农村小康工程	对人均纯收入低于全国平均的 10% 的农村家庭,给予"爱心帮助"等
3	生态移民工程	科学界定"不适合人类居住"地区,对其原居民实行生态移民和教育移民
4	农村城镇化工程	在具备条件的农村集镇,实施农村城镇化工程,按现代城市标准规划和建设
5	国民营养指南	研究和制定适合中国人的营养标准,定期修订和公布"国民营养指南"

(1) 实施新农民培训计划,全面提高农民素质

新农民培训计划,就是要培养适应市场化、专业化、信息化和生态化的新一代农民。

首先,在农村地区全面普及免费义务教育。条件比较好的地区,普及 12 年免费义务教育;条件比较差的地区,先普及 9 年免费义务教育,然后普及 12 年免费义务教育。

其二,农民全员培训。2010 年 12 月年龄未满 40 周岁的农民,都可参加培训。有条件的地区,可以采取强制性的"免费培训"或"非赢利性培训"。不具备条件的地区,可以采取半自愿参加的"非赢利性培训"。

其三,农民分类培训。把农民分为三类,把农民培训分为两类,实行分类管理。

根据劳动时间结构,把农民分为三类:专职农民、主业农民、兼职农民。专职农民是主要从事农业生产的农民,每年从事农业劳动时间超过 10 个月。主业农民是以农业生产为主要经济活动的农民,每年从事农业劳动少于 10 个月但超过 4 个月。兼职农民是以非农业劳动为主要经济活动的农民,每年从事农业劳动少于 4 个月。

根据培训内容和目的,把农民培训分为两类:农业培训和劳务培训。农业培训是农业实用知识和技术培训,一般采用"免费培训"或"非赢利性培训"。劳务培训是非农业(工业和服务业)实用知识和技能培训,一般采用"非赢利性培训"。

专职农民一般参加农业培训。主业农民和兼职农民可参加农业培训和劳务培训。

其四,培训费用来源。农村免费义务教育和农民培训的费用采用分摊制,由中央财政和省级财政统筹和分摊。大致的分摊比例为:沿海地区,中央财政：地方财政＝3：7;中部地区,中央财政：地方财政＝5：5;西部地区,中央财政：地方财政＝7：3。

其五,培训老师来源。农业大专院校的教师、农业科研机构和推广机构的研究人员。

(2) 实施农村小康工程,消灭农村绝对贫困

消灭绝对贫困现象,是实现现代化的必然要求。继续推进"国家反贫困战略",帮助全体国民摆脱绝对贫困。《中国现代化报告 2011》建议,实施"小康工程",在 2020 年前消灭绝对贫困。农村是绝对贫困现象的多发区。在农村地区实施"农村小康工程",消灭农村绝对贫困现象,建设全面小康社会,是中国农业现代化的重要前提。

首先,科学界定农村绝对贫困的标准。可以参考世界银行的国际贫困标准。考虑到中国的国情,我们建议把"人均纯收入低于全国平均水平的 10%"作为相对贫困标准,把"人均纯收入低于全国平均水平的 5%"作为绝对贫困标准。根据《中国统计年鉴 2011》,2010 年全国人均国民收入约 30 070 元;农村家庭人均纯收入低于 3000 元的家庭约为 21.8%,人均纯收入低于 1500 元的家庭约为 5.2%。由此可见,中国农村反贫困的任务非常艰巨。

其次,实施农村小康工程,对农村贫困家庭提供三项爱心帮扶。一是发放年度小康券;二是提供教育帮助,包括免费义务教育,高中和大学助学金;三是提供免费大病医疗保险,避免因病致贫的现象。简单地说,一是生活帮助,二是教育扶持,三是社会保险。

其三,制定科学的管理方法。年度小康券的使用,有效期为一年,一次性使用;它的适用范围是:仅限于购买生活用品和农用品。

其四,经费来源采用分摊制。分摊比例是:中央财政 80%,省财政 20%。

(3) 实施生态移民工程,提高农民生活水平

有些地区,地理和气候条件不适合人类居住和发展,简称"非宜居地区"。

如果现代化要惠及全体国民,就必须把"非宜居地区"的居民迁移出来,使他们有机会全面参与现代化。这种移民可简称为"生态移民"。有些地区,直接进行"生态移民"有困难,可采取"间接移民"办法。根据国家义务教育法规,把"非宜居地区"居民的未成年子女,迁移到县镇中学,接受 9 年或 12 年免费义务教育。接受完义务教育的子女,鼓励他们不返回父母所在的"非宜居地区",可以在城镇或乡村就业安家;鼓励他们动员和吸引他们的长辈,离开"非宜居地区",与他们同住。这种"间接移民"可简称为"教育移民"。

首先,建立联合专家组,对全国的"非宜居地区"进行普查,获取完整数据和资料。

其次,研究制定"非宜居地区"的生态移民和教育移民的政策纲要。

其三,研究制定"非宜居地区"的"生态移民工程"的行动计划。

其四,以省市为单位,执行和落实"生态移民工程"的行动计划。

其五,研究和制定"非宜居地区"的生态保护和合理开发政策等。

(4) 实施农村城镇化工程,提高农民生活质量

在未来 40 年里,中国将有 2.8 亿农业劳动力需要转移(表 3-91),农村人口比例将下降到 20%左右,农村农业人口比例将下降到 8%左右(表 3-83)。虽然大中城市是农业人口迁移的重要目的地,但是,农业人口的迁移不可能都集中到大中城市,发展农村小城镇是一种合理选择。一般而言,大中小城市需要有合适的结构和比例,这个问题需要专题研究。

首先,建立联合专家组,科学评估农村现有的集镇和人口集聚地的发展潜力和城建需求。评估时要综合考虑多种因素,包括国家和省级地区的城市和经济的空间布局等。

其次,对于具有城市发展潜力和需求的农村集镇和人口集聚地,按照现代城市的规划标准,制定未来 10 至 20 年的农村城镇发展规划。

其三,公开评议和征求专家意见,完善农村城镇发展规划。

其四,按照现代城市建设的标准,推进农村小城镇建设。

(5) 研制《中国人营养指南》,引导国民合理消费

根据世界农业现代化的历史经验,人均营养供应与国民生活质量(人均预期寿命)的关系是非线性关系。人均营养超过某个临界值,就会出现"营养过剩",人均预期寿命不升反降(表 3-79)。前面分析了 2050 年中国农业现代化的营养目标(表 3-80)。

首先,借鉴国际经验,研究制定和传播《中国人营养指南》,每五年修订一次。

其次,《中国人营养指南》的具体指标和指标水平,可以参考三类研究结果。① 世界营养学研究的最新成果。② 世界人均营养供应与生活质量(平均预期寿命)的相关性分析的研究结果。③ 世界上平均寿命最长国家的经验值。当然,《中国人营养指南》还要参考《中国居民膳食指南》的相关内容。

其三,《中国人营养指南 2050》可以包括 14 个营养指标和它们的参考标准(表 3-98)。这些指标和标准主要有三个考量因素:① 世界 131 个国家过去 40 年(1970~2007)的人均营养供应与生活质量的统计分析结果(表 3-79 和表 3-80)。② 2007 年世界上平均寿命最长的 10 个国家的经验值,包括它们的营养结构和营养水平,它们的平均值、最大值和最小值等。③ 适度考虑中国人和东方人的生活习惯和特点。

表 3-98　2050 年中国人营养指南的参考标准

指标	中国值		2007 年最长寿 10 国的值			2007 年最长寿 5 国的值				
	2007	2050	平均值	最大值	最小值	日本	瑞士	澳大利亚	意大利	法国
人均营养供应/千卡·天$^{-1}$	2981	3330	3359	3646	2812	2812	3465	3227	3646	3532
人均动物营养供应/千卡·天$^{-1}$	639	1000	967	1236	584	584	1143	1081	941	1236
人均植物营养供应/千卡·天$^{-1}$	2342	2330	2392	2782	2072	2228	2322	2146	2705	2296
动物营养比例/(%)	21	30	29	35	21	21	33	34	26	35
人均蛋白质供应/克·天$^{-1}$	89	106	108	126	92	92	94	110	111	113
人均脂肪供应/克·天$^{-1}$	92	150	142	165	90	90	155	143	159	165
人均谷物消费/千克·年$^{-1}$	152	110	118	157	88	115	108	88	157	119
人均植物油消费/千克·年$^{-1}$	9	20	21	28	15	16	18	20	28	20
人均蔬菜消费/千克·年$^{-1}$	280	120	117	178	78	106	91	97	152	98
人均水果消费/千克·年$^{-1}$	64	100	114	144	58	58	80	107	144	117
人均肉食消费/千克·年$^{-1}$	53	85	88	123	46	46	74	123	92	89
人均蛋类消费/千克·年$^{-1}$	17	18	12	20	6	20	11	6	12	15
人均奶类消费/千克·年$^{-1}$	29	210	232	356	76	76	316	231	256	260
人均鱼类消费/千克·年$^{-1}$	26	35	32	61	15	61	15	24	24	35
平均预期寿命/岁	73	81	—	—	—	83	82	81	81	81

注:指标数据来自联合国粮农组织(FAO,2011)。中国数值参考表 3-80。2007 年平均预期寿命最长国家是:日本、瑞士、澳大利亚、意大利、法国、瑞典、西班牙、加拿大、以色列、新加坡和挪威。2007 年新加坡没有营养数据,用挪威代替新加坡。2008 年挪威和新加坡的寿命都为 80.7 岁。

其四,中国人均每天营养标准的推荐值是:营养供应 3300 千卡,其中,植物营养 2300 千卡、动物营养 1000 千卡,动物营养占 30%;蛋白质 100 克、脂肪 150 克;粮食 300 克、蔬菜 300 克、水果 250 克、植物油 50 克;肉食 200 克、牛奶 500 克、蛋类 50 克、鱼类 100 克(表 3-99)。根据年龄和性别差异,不同人的营养标准可以有所调整。

表 3-99　中国人每天营养标准的推荐值

综合营养指标	推荐标准	植物性营养指标	推荐标准	动物性营养指标	推荐标准
人均营养供应/千卡·天$^{-1}$	3300	人均植物营养/千卡·天$^{-1}$	2300	人均动物营养/千卡·天$^{-1}$	1000
动物营养比例/(%)	30	人均谷物消费/千克·天$^{-1}$	0.30	人均肉食消费/千克·天$^{-1}$	0.20
人均蛋白质供应/克·天$^{-1}$	100	人均蔬菜消费/千克·天$^{-1}$	0.30	人均奶类消费/千克·天$^{-1}$	0.50
人均脂肪供应/克·天$^{-1}$	150	人均水果消费/千克·天$^{-1}$	0.25	人均蛋类消费/千克·天$^{-1}$	0.05
		人均植物油消费/千克·天$^{-1}$	0.05	人均鱼类消费/千克·天$^{-1}$	0.10

简单地说,中国人每天的推荐食谱是:六两粮食六两菜,半斤水果一两油;四两肉食一斤奶,一两鸡蛋二两鱼。根据家庭结构特点,不同家庭的食谱可以有所调整。

本 章 小 结

中国农业现代化是一种后发追赶型农业现代化,也是世界上最大规模的农业现代化。本章关于中国农业现代化的时序分析、截面分析和过程分析,加深了对中国农业现代化的理性认识。关于中国农业现代化的战略分析,可以为制定中国农业现代化政策提供参考。

1. 中国农业生产的事实和前景

首先,关于中国农业资源。1960 年以来,中国人均可耕地面积和人均谷物面积都下降了大约一半;但人均园地面积提高了2倍多,1980年以来人均森林面积提高了33%。

2008年,中国8种人均农业资源都低于世界平均值,其中,人均森林面积、人均淡水资源、人均国土面积和人均可耕地面积分别约为世界平均值的26%、33%、36%和40%。

21世纪,中国人均农业资源继续下降,农业资源压力继续增加。

其次,关于中国农业投入。1960年以来,中国农业劳动力比例下降了约50%;谷物用地比例下降了约37%,农业机械化程度和化肥使用密度上升;土地集约化程度变化不大。2000年以来农业科技投入比例上升。

2008年,中国农业化肥使用密度达到发达水平,农业机械化程度达到初等发达水平。

21世纪,中国农业劳动力总量和比例会下降,土地集约化程度将会提高,农业资本投入继续增加,但结构发生变化,农药和化肥使用密度可能下降等。

其三,关于中国农业生产。1960年以来,中国农业增加值提高了30多倍,农业增加值比例下降了约50%;农业劳动生产率提高了3倍多,工业劳动生产率提高了约10倍,2008年工农业劳动生产率相差11倍。1961年以来,中国牲畜增加值比例提高了2倍多,作物增加值比例下降了约25%;谷物单产和小麦单产分别提高3倍和7倍多,农民人均产肉和人均产粮分别提高了26倍和3倍;农业化肥生产率和化肥使用效率持续下降。

2008年,中国谷物单产、水稻和小麦单产达到发达国家水平,玉米单产达到中等发达水平,农业增加值比例接近初等发达水平;中国农业劳动生产率约为世界平均值的47%,约为高收入国家平均值的2%,约为美国和日本的1%。中国农业发展,"一条腿"长(谷物单产高),"一条腿"短(劳动生产率低)。

21世纪,中国农业增加值比例会继续下降,种植业与畜牧业的产值比例大致会调整到5∶5左右,农业劳动生产率的国际差距有可能先扩大后缩小等。

2. 中国农业经济的事实和前景

首先,关于中国农业供给。在1961~2007年期间,中国人均谷物供给提高了1倍,人均肉食供给提高了12倍,人均水果和人均植物油供给分别提高了14倍和10倍;人均奶类、人均蛋类和人均鱼类供给分别提高9倍、7倍和6倍;粮食浪费比例下降了36%。中国粮食自给率,1961年约为93%,2007年约为99%。

2007年,中国人均蛋类和鱼类供给达到发达国家水平,粮食浪费比例达到中等发达水平,人均肉食生产、人均肉食供给、人均谷物生产、人均谷物供给、人均植物油供给、蛋类浪费比例等指标达到初等发达水平。

21世纪,中国农民人均供应人口会增加;人均植物油和水果供应、人均奶类和肉食供应将有较大增长,粮食自给率应保持在98%左右等。

其次,关于中国农业流通。1990年以来,中国人均农业贸易和农民人均出口分别提高了5倍和3倍。2000年以来,中国已经成为农业净进口国;2008年中国是农业粗物质、食品、植物油、肉食、奶类等的净进口国,人均农业净进口为39美元。2000年以来农产品平均关税下降了约49%。2008年中国农民人均出口约为世界平均值的12%,约为美国的0.2%,约为高收入国家平均值的0.3%。

21世纪,中国仍将是农业净进口国;中国农业国际贸易会继续增长,农产品关税可能会继续下降,国际农业贸易摩擦会继续存在等。

其三,关于农业需求和消费。在1961~2007年期间,中国人均营养水平提高了1倍,人均动物营养提高了10倍,动物营养比例提高了4倍多。2000年以来,中国人均营养供应已经超过世界平均水平。中国人均谷物消费有极限,从1961年的93千克上升到1984年的182千克,然后逐步下降到2007年的152千克。

在 1961~2007 年期间,中国消费结构变化明显。其中,中国人均谷物消费先升后降,人均肉食消费提高了 12 倍多,人均水果、人均植物油和人均蔬菜消费分别提高了 13 倍、6 倍和 2 倍多;人均蛋类、人均奶类和人均鱼类消费分别提高了 10 倍、7 倍和 4 倍多;中国谷物食用比例从 64% 下降到 53%,谷物饲料比例从 19% 上升到 31%。

2007 年,中国人均蛋类和鱼类消费达到发达国家水平,人均营养供应、人均动物营养供应、人均植物营养供应、人均蛋白质、人均脂肪和人均肉食消费等,都已经超过世界平均水平。

21 世纪,中国人均粮食需求和消费会有极限;人均植物油和水果需求、人均动物性营养、人均奶类和肉食需求、饲料用谷物需求等将有较大增长等。

3. 中国农业要素的事实和前景

首先,关于中国农民和农村。1960 年以来,中国农民识字率提高和受教育年数增长,农民人均收入增长,农村人口比例下降,农村饮水、卫生、交通、文化和通信设施改善等。

2008 年,中国农村电视普及率达到发达国家水平,农村人口比例高于世界平均值。

21 世纪,中国农民受教育年数增长,人均纯收入会增长,农村人口比例和农村农业人口比例会下降,农村基础设施会继续改善等。

其次,关于农业环境。1961 年以来,中国人口自然增长率下降;农业经济的相对地位下降,但绝对地位不会改变。农业仍将是国民经济的重要基石,是社会稳定的基石,是食物安全的根本保证。农民人均补贴收入增加,农业补贴政策与 WTO 的农业政策需要协调一致。中国农业的生态环境问题,需要特别关注,包括农业排放和水土保持等。

21 世纪,中国农业补贴会增加,农业生态环境有可能改善。

21 世纪,中国谷物生产总量 2050 年需要达到 7.8 亿吨,2100 年达到 12 亿吨;肉食生产总量 2050 年需要达到 1.2 亿吨,2100 年达到 2 亿吨。在 2008~2050 年期间,中国需要新增加谷物产量约 3 亿吨,肉食产量约 0.5 亿吨,需要把 2.8 亿农业劳动力转移出去。

4. 中国农业现代化的基本事实

中国农业现代化的发端,可以追溯到 19 世纪中后期,大致可以 1880 年为起点。

19 世纪后期以来,中国农业现代化的前沿过程大致分为三个阶段:清朝末年的农业现代化起步、民国时期的局部农业现代化、新中国的全面农业现代化。

2006 年全国废止"农业税",农业补贴逐年上升。这是中国农业现代化的一个里程碑。

2008 年,中国属于农业初等发达国家,中国农业现代化水平低于中国现代化水平。

2008 年中国第一次农业现代化指数为 76,排名世界第 75 位;第二次农业现代化指数为 35,排名世界第 62 位;中国综合农业现代化指数为 38,排名世界第 65 位。

2008 年中国农业三大方面指标的现代化水平大致是:12% 的指标达到农业发达水平,4% 的指标为中等发达水平,34% 的指标为初等发达水平,51% 指标为欠发达水平。

2008 年中国农业生产指标,与高收入国家的相对差距超过 50 倍的指标有 2 个,超过 10 倍的指标有 4 个,超过 2 倍的指标有 3 个,超过 1 倍的指标有 1 个。

2008 年中国农业经济指标,与高收入国家的相对差距超过 10 倍的指标有 2 个,超过 1 倍的指标有 1 个,超过 50% 的指标有 6 个。

2008 年中国农业要素定量指标,与高收入国家的相对差距超过 10 倍的指标有 2 个,超过 2 倍的指标有 2 个,超过 1 倍的指标有 1 个。

2008 年农业劳动生产率,日本和法国是中国的 100 多倍,美国和加拿大是中国的 90 多倍,德国、英国、澳大利亚和意大利是中国的 50 多倍。

2008 年农业劳动力比例,中国是美国和英国的 20 多倍,是德国、法国、澳大利亚和加拿大的 10 多倍。

2008 年农民人均供应人口,美国和英国是中国的 30 多倍,德国是中国的 20 多倍,法国、澳大利亚、意大利和加拿大是中国的 10 多倍。

2007 年人均谷物供给,美国和加拿大是中国的 3 倍多,澳大利亚是中国的 2 倍多,德国、法国和意大利超过中国的 50%。

2007 年人均肉食供给,美国和澳大利亚是中国的 2 倍多,德国、英国、法国、意大利和加拿大超过中国的 50%。

如果按农业劳动生产率、农业增加值比例和农业劳动力比例指标的年代差的平均值计算,2008 年,中国农业水平比英国、美国和荷兰大约落后 100 多年,比瑞典和德国大约落后 80 多年,比丹麦和法国落后约 60 多年,比意大利和西班牙约落后 50 多年。

2008 年,中国农业经济水平比美国落后约 100 年,中国农业劳动生产率比工业劳动生产率低约 10 倍,中国农业现代化水平比中国现代化水平低约 10%。农业已成为中国现代化的一块短板。

5. 中国农业现代化的前景分析

21 世纪中国农业现代化的路径,将是综合农业现代化路径,将是两次农业现代化的协调发展,并持续向第二次农业现代化转型。农业发达地区可以采用第二次农业现代化路径,其他农业地区可以分别采用第一次农业现代化路径或综合农业现代化路径等。

在 2030 年前后,中国有可能完成第一次农业现代化,达到 20 世纪 60 年代的农业发达国家的平均水平;在 2050 年前后,达到世界农业中等发达水平,基本实现农业现代化。

2008 年中国农业为初等发达水平。根据世界经验估算,在 21 世纪农业初等发达水平升级为农业发达水平的概率约为 0.5%。这意味着,简单沿用过去的农业现代化政策,中国很难在 21 世纪达到世界农业的发达水平。对于中国和世界农业而言,这是一个巨大挑战。

21 世纪中国农业现代化的机遇和挑战主要包括:人口、土地、水资源、农业劳动力转移、提高农业生产率、土地改革、户籍改革、生态移民、生态安全、粮食安全、普及农村义务教育、消灭农村绝对贫困、农村基础设施改善等。

6. 中国农业现代化的战略分析

21 世纪中国农业现代化的政策目标可以分为两大阶段目标。第一阶段目标是:在 21 世纪前 50 年,在 2050 年左右达到农业现代化的世界中等水平,全面完成第一次农业现代化,第二次农业现代化超过世界平均水平。第二大阶段目标是:在 21 世纪后 50 年,在 2100 前达到农业现代化的世界先进水平,全面完成第二次农业现代化。

21 世纪中国农业现代化的国际水平要上三个台阶。第一个台阶:完成第一次农业现代化,达到 20 世纪 60 年代农业发达国家的平均水平。第二个台阶:从初等发达水平升级为中等发达水平。第三个台阶:从中等发达水平升级为发达水平。

中国农业现代化的路线图是中国农业现代化的战略目标和基本路径的一种系统集成。它的基本思路是:根据综合农业现代化原理,协调推进两次农业现代化,加速从传统农业向初级现代农业和高级现代农业的转型,迎头赶上发达国家第二次农业现代化的先进水平;在 2050 年前,达到世界农业中等发达水平,基本实现农业现代化;在 21 世纪末,达到世界农业先进水平,全面实现农业现代化,全国人民享受世界先进水平的营养供应和生活质量。

中国农业现代化路线图的主要内容包括:中国农业现代化的运河路径、战略目标、基本任务、监测指标、农业效率监测、农业结构监测、农民生活质量监测和战略要点等。

在 21 世纪前 50 年,监测指标包括 36 个指标,三大重点分别是提高农业效率,加快农业结构调整,提高农民生活质量,实现农业生产、农业结构和农民现代化等。

目前,关于中国农业现代化的政策重点,我们建议如下:

(1) 深化农业科技改革,建设农业创新体系。

(2) 深化农业金融改革,建设现代农业金融体系。

(3) 深化农业水利改革,建设现代水利体系。

(4) 根据科学规律,推进农村土地制度改革。

(5) 实施优质粮食工程,确保国家粮食安全。

(6) 改革户籍制度,促进农业劳动力转移。

(7) 实施现代畜牧工程,提高营养供应水平。

(8) 实施蓝色农业工程,提高农业供应能力。

(9) 实施三高农业工程,促进农业生态转型。

(10) 科学修订农业区划,三大农业协调发展。

(11) 实施新农民培训计划,全面提高农民素质。

(12) 实施农村小康工程,消灭农村绝对贫困。

(13) 实施生态移民工程,提高农民生活水平。

(14) 实施农村城镇化工程,提高农民生活质量。

(15) 研制《中国人营养指南》,引导国民合理消费。

中国人均每天营养标准的推荐值是:营养供应 3300 千卡,其中,植物营养 2300 千卡、动物营养 1000 千卡,动物营养占 30%;蛋白质 100 克、脂肪 150 克;粮食 300 克、蔬菜 300 克、水果 250 克、植物油 50 克;肉食 200 克、牛奶 500 克、鱼类 100 克、蛋类 50 克。根据年龄和性别差异,不同人的营养标准可以有所调整。

中国人每天的推荐食谱是:六两粮食四两肉,六两蔬菜二两鱼,一两鸡蛋一两油,半斤水果一斤奶。根据家庭结构特点,不同家庭的食谱可以有所调整。

根据中国人的营养标准,可以反推中国农业的生产结构和经济结构。

21 世纪,中国农业现代化的机遇和挑战是空前的和不可避免的。没有农业现代化,中国现代化就是不完整的现代化。实现农业现代化,需要全社会的共同努力。

解放思想,实事求是,集思广益,开拓创新,是走向农业现代化的重要基点。

下　篇

世界和中国现代化评价

"人不能两次踏入同一条河"。变化是永恒的存在。通过对世界现代化进程的客观评价,可以动态监测世界和中国现代化进程。在《中国现代化报告》中,我们提出了国家、地区、经济、社会、文化、生态和国际现代化的评价方法,建立了现代化指数等(图二)。

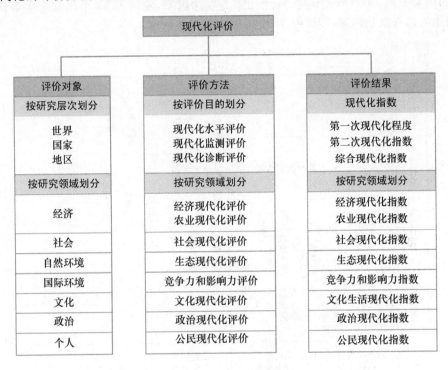

图二　现代化评价的结构

注释:现代化水平评价主要反映国家现代化的实际进展和国际相对水平,现代化监测评价主要反映国家现代化的政策目标的实际进展,现代化诊断评价反映国家现代化过程中的优劣和得失;第一次现代化实现程度主要反映工业化和城市化的实际水平,第二次现代化指数主要反映知识化和信息化的实际水平,综合现代化水平指数主要反映现代化水平的国际相对差距;各领域的现代化评价,反映该领域现代化的实际进展和国际相对水平;本报告不包含政治和国防等的现代化,这些内容需要专门研究。

《中国现代化报告》是一个年度系列报告,它将连续评价和动态监测世界现代化进程和趋势,为那些希望成为赢家和希望保持优势的国家提供一面数字化"镜子"。虽然目前这面镜子还不够明亮,但可以大致照出她们的"现代化倩影"。而且我们将不断改进和完善这面镜子的功能。

世界现代化指数主要反映现代化在经济、社会和知识等领域的综合成就和相对水平。事实上,现代化不仅包括经济、社会和知识领域的变化,也包括政治和文化等各个领域的变化。所以,现代化指数,只是反映了现代化的部分内容,而不是全部内容。目前的现代化指数,没有包含政治等领域的指标,在引用时需要谨慎对待。此外,官方统计机构有时会对历史数据进行调整,这些对评价结果的历史可比性可能产生一些影响。

第四章　2009 年世界和中国现代化指数

　　2009 年,美国等 29 个国家已经进入第二次现代化,中国等 92 个国家处于第一次现代化,中非共和国等 10 个国家仍然处于传统农业社会,有些原住民族仍然生活在原始社会(图 4-1)。根据第二次现代化指数的国家分组,2009 年美国等 21 个国家为发达国家,希腊等 33 个国家为中等发达国家,中国等 32 个国家为初等发达国家,印度等 45 个国家为欠发达国家。

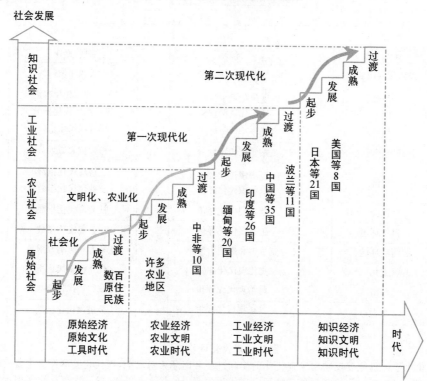

图 4-1　2009 年世界现代化水平的坐标图

　　2009 年中国属于初等发达国家,处于发展中国家的中间水平,与发达国家的差距仍然较大。2009 年中国第一次现代化程度达到 90%,排名世界 131 个国家中的第 67 位;第二次现代化指数和综合现代化指数分别为 43 和 43,分别排名第 65 位和第 73 位。

第一节　2009 年世界现代化指数

　　世界现代化指数反映世界 131 个国家、不同组国家和世界平均的现代化水平,包括世界第一次现代化程度(实现程度)、第二次现代化指数和综合现代化指数(表 4-1)。它体现世界现代化在经济、社会和知识等领域的综合水平,它没有包括政治等领域的现代化水平。关于现代化指数的评价方法,请阅读技术注释。关于现代化指数的评价数据,请阅读附录二。

表 4-1 世界现代化指数的组成

项目	第一次现代化程度	第二次现代化指数	综合现代化指数
用途	反映不同国家和地区完成第一次现代化的进展(第一次现代化是以工业化、城市化和民主化为典型特征的经典现代化)	反映不同国家和地区第二次现代化的进展(第二次现代化是以知识化、信息化和绿色化为典型特征的新现代化)	反映不同国家和地区现代化水平与世界先进水平的相对差距(综合现代化是以两次现代化协调发展为主要特征的新型现代化)
特点	(1)比较好地表征发展中国家的实际水平 (2)不能完全反映发达国家的实际水平 (3)随着越来越多国家完成第一次现代化,其适用对象减少 (4)指标和标准值是固定的	(1)比较好地表征发达国家的实际水平 (2)不能完全反映发展中国家的实际水平 (3)随着越来越多国家进入第二次现代化,其适用对象增多 (4)指标和基准值是可变的	(1)同时表征发达国家和发展中国家的相对水平 (2)适用范围比较广 (3)与前两者有一些重复 (4)与前两者有所衔接 (5)指标和参考值是可变的 (6)可称为相对现代化指数
性质	主要反映"绝对水平"	主要反映"绝对水平"	主要反映"相对水平"

一、2009 年世界现代化的总体水平

2009 年参加评价的 131 个国家中(表 4-2),进入第二次现代化的国家有 29 个,约占国家样本数的 22%;第一次现代化程度达到 100 的国家有 43 个,第一次现代化程度大于 90 小于 100 的国家有 27 个,已经完成和基本实现第一次现代化的国家有 70 个,约占国家样本数的 53%。

表 4-2 2000~2009 年的世界现代化进程 单位:国家个数

项目	2000	2005	2006	2007	2008	2009
已经完成第一次现代化的国家	27	34	35	38	40	43
其中:进入第二次现代化的国家	24	28	29	29	28	29
没有完成第一次现代化的国家	104	97	96	93	91	89
其中:基本实现第一次现代化的国家	31	27	28	27	26	27
处于传统农业社会的国家	13	13	12	12	9	10

注:第一次现代化程度达到 100,表示达到 1960 年工业化国家平均水平,完成第一次现代化。第一次现代化程度超过 90 但低于 100,表示基本实现第一次现代化。2001~2008 年的《中国现代化报告》认为,第一次现代化评价的 10 个指标中,如果有 6 个及以上的指标达到评价标准,表示基本实现第一次现代化。

2009 年根据第二次现代化指数分组,美国等 21 个国家为发达国家,希腊等 33 个国家为中等发达国家,中国等 32 个国家为初等发达国家,印度等 45 个国家为欠发达国家;发达国家、中等发达国家、初等发达和欠发达国家分别占国家样本数的 16%、25%、24% 和 34%(表 4-3)。

2009 年,发达国家全部进入第二次现代化,有 13 个处于起步期,有 8 个处于发展期;中等发达国家有 8 个进入第二次现代化,有 25 个处于第一次现代化;初等发达国家全部处于第一次现代化;欠发达国家有 35 个处于第一次现代化,有 10 个处于传统农业社会(表 4-4)。

表 4-3　2000～2009 年根据第二次现代化水平的国家分组

项目	2000	2001	2002	2003	2004	2005	2006	2007	2008	2009
发达国家/个	17	18	18	18	20	20	20	21	21	21
中等发达国家/个	30	27	27	27	25	25	25	25	28	33
初等发达国家/个	33	36	38	37	40	39	37	36	33	32
欠发达国家/个	51	50	48	49	46	47	49	49	49	45
发达国家/(%)	13	14	14	14	15	15	15	16	16	16
中等发达国家/(%)	23	21	21	21	19	19	19	19	21	25
初等发达国家/(%)	25	27	29	28	31	30	28	27	25	24
欠发达国家/(%)	39	38	37	37	35	36	37	37	37	34

表 4-4　2008 年国家现代化的水平与阶段的关系

国家现代化水平	国家现代化阶段							合计
	传统社会	F 起步期	F 发展期	F 成熟期	F 过渡期	S 起步期	S 发展期	
发达国家/个	—	—				13	8	21
中等发达国家/个	—	—	1	15	9	8	—	33
初等发达国家/个	—	—	10	20	2			32
欠发达国家/个	10	20	13	2	—			45
第一次现代化程度	40～55	43～69	55～91	80～100	91～100	100	100	
第二次现代化指数	15～24	16～29	19～49	32～71	48～80	64～103	92～110	
综合现代化指数	18～26	15～35	23～49	28～70	45～76	69～98	88～98	

注:国家现代化的阶段是根据产业结构和就业结构的划分。其中,传统社会指传统农业社会,F 代表第一次现代化,S 代表第二次现代化。国家水平分组是根据第二次现代化指数的国家分组。

2009 年,进入第二次现代化的国家,第一次现代化程度都达到 100,第二次现代化指数约为 64～110,综合现代化指数为 69～98;处于第一次现代化的国家,第一次现代化程度约为 43～100,第二次现代化指数约为 16～80,综合现代化指数为 15～76;处于传统农业社会的国家,第一次现代化程度约为 40～55,第二次现代化指数约为 15～24,综合现代化指数为 18～26。处于相同现代化阶段的国家,它们的现代化水平有一定的变化幅度(表 4-4)。

1. 2009 年发达国家水平

根据 2009 年第二次现代化水平分组,美国等 21 个发达国家的第二次现代化指数在 82 至 110 之间,排名顺序与 2008 年排名顺序略有不同,但都是排在前 21 名。21 个发达国家均已全面完成第一次现代化。21 个发达国家的综合现代化指数均在 83 至 98 之间,2009 年排名顺序与 2008 年排名顺序有所不同(表 4-5)。

表 4-5　21 个发达国家的现代化指数

国家	第二次现代化指数	2009 年排名	2008 年排名	第一次现代化程度	2009 年排名	2008 年排名	综合现代化指数	2009 年排名	2008 年排名
美国	110	1	1	100	1	1	98	1	1
瑞典	105	2	2	100	1	1	95	3	3
丹麦	104	3	3	100	1	1	95	4	2
芬兰	103	4	4	100	1	1	93	6	6
德国	102	5	9	100	1	1	98	2	4

（续表）

国家	第二次现代化指数	2009 年排名	2008 年排名	第一次现代化程度	2009 年排名	2008 年排名	综合现代化指数	2009 年排名	2008 年排名
挪威	100	6	6	100	1	1	91	10	13
日本	99	7	5	100	1	1	93	5	5
新加坡	99	8	15	100	1	1	88	15	18
韩国	98	9	7	100	1	1	85	16	15
澳大利亚	98	10	8	100	1	1	90	14	8
奥地利	97	11	16	100	1	1	92	7	9
英国	97	12	17	100	1	1	92	8	12
瑞士	95	13	11	100	1	1	91	9	7
荷兰	95	14	10	100	1	1	91	11	11
比利时	95	15	12	100	1	1	90	12	14
加拿大	92	16	14	100	1	1	85	17	16
法国	92	17	13	100	1	1	90	13	10
新西兰	90	18	18	100	1	1	83	21	19
以色列	88	19	20	100	1	1	84	19	20
爱尔兰	84	20	19	100	1	1	85	18	17
西班牙	82	21	21	100	1	1	84	20	21

注:第一次现代化程度达到 100 时,排名都为 1,不分先后。后同。本表、表 4-5 和表 4-6 的排名都是 131 个国家的排名。2001~2008 年的《中国现代化报告》中的排名为 108 个国家的排名。

2. 2009 年中等发达国家水平

希腊等 33 个中等发达国家的第二次现代化指数在 49 至 80 之间(第二次现代化指数世界平均值为 48),排名顺序与 2008 年排名顺序略有不同。33 个中等发达国家中有 21 个国家全面完成了第一次现代化,12 个国家已基本实现了第一次现代化。33 个中等发达国家的综合现代化指数在 46 至 82 之间,排名顺序与 2008 年排名顺序有所不同(表 4-6)。

表 4-6　33 个中等发达国家的现代化指数

国家	第二次现代化指数	2009 年排名	2008 年排名	第一次现代化程度	2009 年排名	2008 年排名	综合现代化指数	2009 年排名	2008 年排名
斯洛文尼亚	80	22	22	100	1	39	76	25	23
葡萄牙	80	23	27	100	1	1	77	24	25
意大利	79	24	23	100	1	1	82	22	22
希腊	78	25	24	100	1	1	78	23	24
捷克	75	26	26	100	1	1	71	28	26
爱沙尼亚	75	27	25	100	1	1	71	27	29
沙特阿拉伯	73	28	42	98	48	50	54	51	53
立陶宛	72	29	29	100	1	1	69	31	32
俄罗斯	71	30	30	100	1	40	65	38	36
匈牙利	68	31	28	100	1	1	70	30	27

（续表）

国家	第二次现代化指数	2009年排名	2008年排名	第一次现代化程度	2009年排名	2008年排名	综合现代化指数	2009年排名	2008年排名
拉脱维亚	68	32	32	100	1	1	74	26	28
波兰	66	33	35	100	1	1	65	37	37
斯洛伐克	66	34	33	100	1	1	67	35	35
克罗地亚	64	35	34	100	1	1	68	34	33
科威特	64	36	31	100	1	1	68	33	30
阿根廷	64	37	37	100	1	42	69	32	38
黎巴嫩	64	38	47	100	1	43	66	36	34
白俄罗斯	63	39	36	97	51	48	58	45	44
乌拉圭	61	40	39	100	1	1	70	29	31
乌克兰	59	41	40	93	62	61	57	48	51
保加利亚	59	42	38	98	50	47	58	42	45
智利	55	43	41	100	1	1	58	44	41
多米尼加	55	44	66	96	54	53	58	43	50
罗马尼亚	55	45	45	100	1	1	58	46	47
马来西亚	53	46	49	99	44	52	53	54	57
巴西	52	47	44	100	1	41	60	39	40
委内瑞拉	52	48	46	98	45	45	57	49	46
萨尔瓦多	51	49	73	94	61	59	46	66	65
土耳其	50	50	51	100	1	1	59	41	43
巴拿马	49	51	54	98	47	44	59	40	39
阿尔巴尼亚	49	52	74	87	78	74	49	58	67
约旦	49	53	43	95	59	58	52	55	49
哈萨克斯坦	49	54	53	98	46	49	49	59	62

3. 2009 年初等发达国家水平

中国等 32 个初等发达国家的第二次现代化指数在 32 至 48 之间,排名顺序与 2008 年排名顺序略有不同。32 个初等发达国家中有 1 个国家全面完成了第一次现代化,有 16 国家已基本实现了第一次现代化。它们的综合现代化指数在 28 至 57 之间,排名顺序与 2008 年排名顺序有所不同(表 4-7)。

表 4-7   32 个初等发达国家的现代化指数

国家	第二次现代化指数	2009年排名	2008年排名	第一次现代化程度	2009年排名	2008年排名	综合现代化指数	2009年排名	2008年排名
马其顿	48	55	52	96	55	54	53	53	54
墨西哥	48	56	48	100	1	1	57	47	42
南非	48	57	67	91	64	68	45	68	71
摩尔多瓦	48	58	57	90	70	67	49	57	61
突尼斯	46	59	56	95	60	60	47	62	58
伊朗	46	60	62	96	56	62	47	64	64
牙买加	45	61	63	96	53	55	48	60	60
哥斯达黎加	44	62	55	98	49	46	54	50	52
哥伦比亚	44	63	59	96	52	51	54	52	48
博茨瓦纳	44	64	87	83	80	78	44	71	78

（续表）

国家	第二次现代化指数	2009 年排名	2008 年排名	第一次现代化程度	2009 年排名	2008 年排名	综合现代化指数	2009 年排名	2008 年排名
中国	43	65	60	90	67	69	43	73	69
亚美尼亚	42	66	61	88	75	72	46	65	63
阿塞拜疆	42	67	58	88	74	73	45	67	68
秘鲁	42	68	69	95	57	56	52	56	55
乌兹别克斯坦	42	69	76	78	88	85	33	87	84
格鲁吉亚	42	70	50	89	73	70	48	61	59
蒙古	41	71	65	88	76	77	44	70	66
厄瓜多尔	40	72	64	95	58	57	47	63	56
吉尔吉斯	39	73	70	81	84	83	42	74	73
泰国	38	74	71	82	82	81	36	83	81
纳米比亚	37	75	93	80	85	84	37	81	82
埃及	37	76	68	89	72	71	42	75	72
阿尔及利亚	37	77	75	92	63	66	41	77	77
叙利亚	36	78	81	89	71	86	39	79	86
巴拉圭	36	79	77	91	65	65	44	69	75
摩洛哥	36	80	78	85	79	82	43	72	74
玻利维亚	34	81	79	87	77	76	41	76	70
菲律宾	33	82	80	91	66	63	39	78	76
土库曼斯坦	33	83	72	81	83	79	28	100	85
危地马拉	32	84	85	90	68	64	39	80	80
洪都拉斯	32	85	83	90	69	75	36	82	83
斯里兰卡	32	86	89	78	86	89	31	91	91

4. 2009 年欠发达国家水平

印度等 45 个欠发达国家的第二次现代化指数在 15 至 29 之间,排名顺序与 2008 年排名顺序略有不同。45 个欠发达国家中没有一个国家全面完成或基本实现第一次现代化。它们的综合现代化指数均在 15 至 35 之间,排名顺序与 2008 年排名顺序有所不同(表 4-8)。

表 4-8　45 个欠发达国家的现代化指数

国家	第二次现代化指数	2009 年排名	2008 年排名	第一次现代化程度	2009 年排名	2008 年排名	综合现代化指数	2009 年排名	2008 年排名
越南	29	87	84	75	89	90	29	94	97
尼日利亚	29	88	97	57	104	105	29	97	98
塔吉克斯坦	29	89	82	73	90	88	31	89	88
加纳	29	90	102	62	99	104	27	101	106
印度尼西亚	29	91	88	78	87	87	31	90	92
刚果共和国	29	92	111	60	101	102	33	86	100
老挝	28	93	99	63	97	99	27	103	104
肯尼亚	28	94	96	54	114	108	24	114	101
尼加拉瓜	28	95	86	83	81	80	33	85	87
贝宁	28	96	110	53	116	112	27	102	107

（续表）

国家	第二次现代化指数	2009 年排名	2008 年排名	第一次现代化程度	2009 年排名	2008 年排名	综合现代化指数	2009 年排名	2008 年排名
印度	27	97	90	73	91	91	31	93	93
喀麦隆	27	98	103	62	98	96	28	99	95
巴基斯坦	27	99	92	66	93	93	32	88	89
毛里塔尼亚	25	100	115	55	107	106	23	116	111
缅甸	25	101	104	69	92	95	35	84	102
孟加拉国	24	102	95	63	95	98	29	95	94
塞拉利昂	24	103	120	41	129	130	25	107	121
安哥拉	24	104	116	58	103	109	29	96	103
马拉维	24	105	124	55	109	123	25	109	131
坦桑尼亚	24	106	129	54	113	122	22	120	126
柬埔寨	24	107	105	55	108	107	21	122	119
几内亚	23	108	117	50	118	117	20	124	116
塞内加尔	23	109	94	65	94	94	31	92	90
马里	23	110	109	43	127	118	22	119	109
也门共和国	23	111	98	61	100	92	25	110	99
赞比亚	21	112	113	56	106	116	20	125	123
多哥	21	113	108	49	119	113	24	111	112
尼泊尔	21	114	101	53	115	110	24	113	108
乍得	21	115	130	49	121	124	23	117	125
尼日尔	21	116	131	43	126	131	24	112	129
津巴布韦	21	117	100	63	96	97	26	104	96
厄立特里亚	20	118	119	55	110	114	22	118	115
科特迪瓦	20	119	107	57	105	103	25	106	105
莫桑比克	20	120	121	49	120	119	25	108	117
马达加斯加	20	121	106	54	111	111	24	115	110
海地	19	122	91	54	112	100	20	126	79
莱索托	19	123	112	59	102	101	28	98	114
乌干达	18	124	114	48	122	115	21	123	113
卢旺达	18	125	126	52	117	120	26	105	122
刚果民主共和国	18	126	118	45	123	121	18	129	118
巴布亚新几内亚	16	127	122	45	125	125	15	131	128
布隆迪	16	128	127	45	124	127	22	121	127
中非	16	129	128	40	131	126	18	130	124
埃塞俄比亚	15	130	123	42	128	129	19	127	130
布基纳法索	15	131	125	40	130	128	18	128	120

二、2009 年世界现代化的国际差距

1. 2009 年世界现代化的前沿水平

世界现代化的前沿水平可以从两个方面来反映，一是现代化阶段，一是现代化指数。

2009 年世界现代化前沿已经到达第二次现代化的发展期。2009 年处于第二次现代化发展期的国家大约有 8 个，它们的现代化水平是世界前沿水平的一种反映（表 4-9）。

表 4-9　2009 年处于第二次现代化发展期的国家

国家	知识 创新指数	知识 传播指数	生活 质量指数	经济 质量指数	第二次 现代化指数	排名
美国	116	102	102	119	110	1
瑞典	94	106	110	111	105	2
丹麦	93	107	100	116	104	3
新加坡	87	101	97	109	99	8
英国	76	100	101	112	97	12
荷兰	61	102	109	109	95	14
比利时	59	100	109	112	95	15
法国	67	89	101	109	92	17

　　2009 年,第二次现代化指数和综合现代化指数排世界前 10 名的国家水平,可以反映世界现代化的先进水平(表 4-10)。

表 4-10　2009 年世界现代化的前沿国家

项目	第二次现代化的发展期	第二次现代化指数的前 10 名	综合现代化指数的前 10 名
国家	美国、瑞典、丹麦、新加坡、英国、荷兰、比利时、法国	美国、瑞典、丹麦、芬兰、德国、挪威、日本、新加坡、韩国、澳大利亚	美国、德国、瑞典、丹麦、日本、芬兰、奥地利、英国、瑞士、挪威

2. 2009 年世界现代化的末尾水平

世界现代化的末尾水平可以从两个方面来反映,一是现代化阶段,一是现代化指数。

2009 年有 10 个国家仍然是传统农业社会,没有进入现代化行列(表 4-11)。

表 4-11　2009 年世界现代化的后进国家

项目	传统农业社会	第一次现代化 程度的后 10 名	第二次现代化 指数的后 10 名	综合现代化 指数的后 10 名
国家	中非、布基纳法索、塞拉利昂、埃塞俄比亚、布隆迪、乍得、莫桑比克、几内亚、卢旺达、马拉维	中非、布基纳法索、塞拉利昂、埃塞俄比亚、马里、尼日尔、巴布亚新几内亚、布隆迪、刚果民主共和国、乌干达	布基纳法索、埃塞俄比亚、中非、布隆迪、巴布亚新几内亚、刚果民主共和国、卢旺达、乌干达、莱索托、海地	巴布亚新几内亚、中非、刚果民主共和国、布基纳法索、埃塞俄比亚、海地、赞比亚、几内亚、乌干达、柬埔寨

　　2009 年第一次现代化程度、第二次现代化指数和综合现代化指数排世界后 10 名的国家,它们的水平,反映了世界现代化的最低水平(表 4-11)。

3. 2009 年世界现代化的国际差距

　　2009 年世界现代化水平的国际差距比 2000 年略有缩小,比 1990 年有所扩大。两次现代化和综合现代化水平所反映的差距变化情况不一样。

　　第一次现代化水平,2009 年的绝对差距比 1990 年和 2000 年有所减小,相对差距基本没有变化;第二次现代化水平,2009 年的绝对差距和相对差距比 2000 年有所减小,比 1990 年有所加大;综合现代化水平,2009 年的绝对差距与 2000 年相同,但比 1990 增加,相对差距比 2000 年有所减小,但比 1990 年有所增加(表 4-12)。

表 4-12　世界现代化水平的国际差距

	第一次现代化程度			第二次现代化指数			综合现代化指数		
	2009	2000	1990	2009	2000	1990	2008	2000	1990
最大值	100	100	100	110	109	98	100	98	98
最小值	40	31	32	15	9	16	15	14	20
平均值	82	77	72	49	42	42	50	44	48
绝对差距	60	69	68	95	100	82	84	84	78
标准差	20	22	23	27	26	23	24	23	22
相对差距	3	3	3	7	12	6	6	7	5
变异系数	0.25	0.29	0.32	0.54	0.62	0.55	0.48	0.53	0.46

4．2009 年世界现代化的地理分布

2009 年世界现代化的地理分布不平衡,世界五大洲的平均现代化水平是不同的。欧洲和北美水平比较高,南美和亚洲相当,非洲比较落后。

三、2009 年世界现代化的国际追赶

1．2009 年世界现代化的国际体系变化

在 2000～2009 年期间,根据第二次现代化水平分组,在 131 个参加评价的国家中,有 24 个国家的分组发生了变化,其中,组别上升的国家有 20 个,组别下降的国家有 4 个。

首先,国家水平升级的国家。中等发达国家升级为发达国家的国家是新加坡、新西兰、爱尔兰、西班牙。初等发达国家升级为中等发达国家的国家是哈萨克斯坦、罗马尼亚、委内瑞拉、多米尼加、巴西、约旦、土耳其、马来西亚、萨尔瓦多。欠发达国家升级为初等发达国家的国家是玻利维亚、纳米比亚、洪都拉斯、斯里兰卡、危地马拉、叙利亚。欠发达国家升级为中等发达国家的国家是阿尔巴尼亚。

其次,国家水平降级的国家。中等发达国家降级为初等发达国家的国家是哥伦比亚、牙买加、格鲁吉亚。初等发达国家降级为欠发达国家的国家是塔吉克斯坦。

在 1960～2009 年期间,有 28 个国家的分组发生了变化(4-13)。地位上升的国家有 19 个,它们是新加坡、爱尔兰、西班牙、芬兰、日本、奥地利、韩国、多米尼加、巴西、约旦、土耳其、马来西亚、萨尔瓦多、阿尔巴尼亚、葡萄牙、沙特阿拉伯、洪都拉斯、博茨瓦纳、中国。地位下降的国家有 9 个,它们是俄罗斯、牙买加、墨西哥、南非、蒙古、津巴布韦、尼加拉瓜、刚果共和国、赞比亚。

表 4-13　1960～2009 年世界现代化的国际地位发生变化的国家

升级的国家			降级的国家		
国家	1960 年分组	2009 年分组	国家	1960 年分组	2009 年分组
新加坡	中等发达	发达	俄罗斯	发达	中等发达
爱尔兰	中等发达	发达	牙买加	中等发达	初等发达
西班牙	中等发达	发达	墨西哥	中等发达	初等发达
芬兰	中等发达	发达	南非	中等发达	初等发达
日本	中等发达	发达	蒙古	中等发达	初等发达
奥地利	中等发达	发达	津巴布韦	初等发达	欠发达
韩国	初等发达	发达	尼加拉瓜	初等发达	欠发达
多米尼加	初等发达	中等发达	刚果共和国	初等发达	欠发达
巴西	初等发达	中等发达	赞比亚	初等发达	欠发达
约旦	初等发达	中等发达			

（续表）

升级的国家			降级的国家		
国家	1960 年分组	2009 年分组	国家	1960 年分组	2009 年分组
土耳其	初等发达	中等发达			
马来西亚	初等发达	中等发达			
萨尔瓦多	初等发达	中等发达			
阿尔巴尼亚	初等发达	中等发达			
葡萄牙	初等发达	中等发达			
沙特阿拉伯	欠发达	中等发达			
洪都拉斯	欠发达	初等发达			
博茨瓦纳	欠发达	初等发达			
中国	欠发达	初等发达			

注：1960 年根据第一次现代化实现程度分组，2009 年根据第二次现代化指数分组。

2. 2009 年世界现代化的世界排名变化

根据综合现代化指数的变化，从 2000 年到 2009 年，在参加评价的 131 个国家中，综合现代化水平上升的国家有 59 个（指数上升在 2 以上的），下降的国家有 51 个（指数下降在 2 以上的），变化不大的国家约有 21 个（指数变化在正负 2 之内的）。在综合现代化水平上升的 59 个国家中，有 50 个国家是发展中国家；这些发展中国家与世界先进水平的差距缩小了。

3. 2009 年世界现代化的国际转移概率

在 1960～2009 年期间，大约 80%～94% 的发达国家一直是发达国家，大约 79%～94% 的欠发达国家一直是欠发达国家；中等发达国家升级为发达国家的概率约为 26%～44%；初等发达国家升级为中等发达国家的概率约为 24%～32%，升级为发达国家的概率为 0～8%；欠发达国家升级为初等发达国家的概率约为 6%～17%，升级为中等发达国家的概率约为 0～4%（表 4-14）。

表 4-14　世界现代化的国家地位的转移概率（马尔科夫链分析）

分组	国家数	发达	中等	初等	欠发达	国家数	发达	中等	初等	欠发达
	1960	1960～2009 年转移概率/（%）				1970	1970～2009 年转移概率/（%）			
发达	15	93	7	0	0	15	80	20	0	0
中等	23	26	57	17	0	16	44	50	6	0
初等	29	3	28	55	14	26	8	31	50	12
欠发达	40	0	3	8	90	47	0	4	17	79
	1980	1980～2009 年转移概率/（%）				1990	1990～2009 年转移概率/（%）			
发达	17	88	12	0	0	16	94	6	0	0
中等	13	31	62	8	0	18	33	61	6	0
初等	41	5	32	46	17	37	0	24	57	19
欠发达	39	0	0	8	92	35	0	0	6	94

注：发达代表发达国家，中等代表中等发达国家，初等代表初等发达国家，欠发达代表欠发达国家。1960 年根据第一次现代化程度分组的分组标准：发达国家＞90%，中等发达 60%～90%，初等发达 40%～60%，欠发达＜40%。1970～2006 年根据第二次现代化指数分组的分组标准：发达国家的指数大于高收入平均值的 80%，中等发达国家的指数高于世界平均值但低于发达国家，初等发达的指数低于世界平均值但高于欠发达国家，欠发达国家的指数低于高收入国家平均值的 30%；高收入国家平均值为 100。数值差异是因为四舍五入的原因。

第二节　2009 年中国现代化指数

中国现代化指数包括中国第一次现代化程度、第二次现代化指数和综合现代化指数,它反映了中国现代化在经济、社会、文化和环境等领域的综合水平。关于中国政治等领域的现代化水平,需要专门研究。中国现代化指数的评价方法和评价数据来源,与世界现代化指数相同,请阅读技术注释和附录二。

一、2009 年中国现代化的总体水平

2009 年中国属于初等发达国家,大约处于发展中国家的中间水平;中国现代化水平与世界中等发达国家和发达国家的差距仍然较大。

2009 年,中国第一次现代化程度为 90%,在世界 131 个国家中排第 67 位,比 2008 年提高 2 位;中国第二次现代化指数为 43,世界排名第 65 位,比 2008 年下降 5 位;综合现代化指数为 43,世界排名第 73 位,比 2008 年下降 4 位(表 4-15)。

表 4-15　2000~2010 年中国现代化指数

年份	第一次现代化程度/(%)	排名	第二次现代化指数	排名	综合现代化指数	排名
2010	93					
2009	90	67	43	65	43	73
2008	89	69	43	60	41	69
2007	87	70	42	63	40	72
2006	87	68	40	70	38	75
2005	86	69	40	71	38	72
2004	86	66	39	69	35	77
2003	82	73	33	75	33	80
2002	81	75	32	76	33	79
2001	78	75	31	79	32	78
2000	76	80	31	78	31	79

注:本表为 131 个国家(2000 年人口超过 100 万和统计数据比较齐全的国家)的排名。《中国现代化报告》前九期报告中的国家排名为 108 个国家的排名(东欧事变后的新国家和统计数据不稳定的国家不参加排名)。2008 年第一次现代化评价采用《中国统计年鉴 2010》的数据,为估计值;其他评价采用世界银行的数据。中国评价数据的数值不包括中国香港、澳门和台湾地区的数值,港澳台地区专门评价,后同。

1. 2009 年和 2010 年中国第一次现代化程度

2009 年中国第一次现代化程度见表 4-15。

2010 年中国进入第一次现代化的成熟期,第一次现代化程度为 93%,比 2009 年提高 3 个百分点。2009 年中国第一次现代化程度在 131 个国家中排名第 67 位。

2010 年中国第一次现代化 10 个指标发展不平衡。6 个指标已经达标,分别是医生比例、平均预期寿命、婴儿存活率、成人识字率、大学普及率和农业增加值比例。4 个指标没有达到标准,分别是人均国民收入、农业劳动力比例、服务业增加值比例和城市人口比例(图 4-2)。

中国第一次现代化程度达到 100 所需要的时间,与第一次现代化程度的年均增长率正相关。如果按照 1960~2000 年速度估算,中国第一次现代化程度达到 100% 约需 15 年(从 2000 年算起)。如

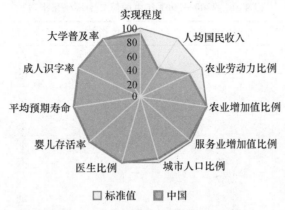

图 4-2　2010 年中国第一次现代化的特点

果按 1980～2010 年速度估算,中国第一次现代化程度达到 100% 约需 4 年(从 2010 年算起)。中国有可能在 2015 年前后完成第一次现代化,达到 1960 年发达国家水平。

2. 2009 年中国第二次现代化指数

2009 年中国尚没有完成第一次现代化,也没有进入第二次现代化。由于中国参与全球化进程,第二次现代化的许多要素已经传入中国。如果按第二次现代化评价模型进行评价,可以大概了解中国第二次现代化的进展。这种评价,仅有参考意义。

2009 年中国第二次现代化指数为 43,在 131 个国家中排第 65 位。中国第二次现代化 4 类指标发展不平衡,生活质量指数和知识传播达到或接近世界平均水平(图 4-3)。以 2009 年高收入国家平均值 100 为对照,2009 年中国知识创新指数为 38(世界平均 45),知识传播指数为 51(世界平均 52),生活质量指数为 53(世界平均 47),经济质量指数为 29(世界平均 48)。2009 年中国经济质量水平与发达国家的差距最大。

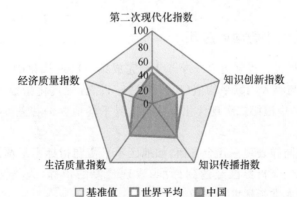

图 4-3　2009 年中国第二次现代化的特点

在 2000～2009 年期间,中国知识创新指数提高了 17,知识传播指数提高了 19,生活质量指数提高了 7,经济质量指数提高了 2(表 4-16);中国经济质量的国际地位变化不明显。改革开放以来,中国经济的年增长率比较大,但年增长量比较小,经济结构转变仍然比较慢。中国经济建设仍然需要快马加鞭。

3. 2009 年中国综合现代化评价

综合现代化指数反映国家水平与世界先进水平的相对差距。2009 年中国综合现代化指数为 43,比 2000 年提高了 12,比 1990 年提高 15,比 1980 年提高 22。2009 年中国综合现代化指数在世界 131 个国家中排名第 73 位,比 2000 年提高了 6 位,比 1980 年上升 30 位,但比 2008 年下降了 4 位(表 4-17)。

表 4-16　2000～2009 年中国第二次现代化指数

年份	知识创新指数	知识传播指数	生活质量指数	经济质量指数	第二次现代化指数
2009	38	51	53	29	43
2008	36	57	53	28	43
2007	32	57	53	25	42
2006	28	54	51	27	40
2005	28	52	50	28	40
2004	25	50	50	30	39
2003	24	38	43	26	33
2002	21	37	45	26	32
2001	19	32	45	26	31
2000	21	32	46	27	31

注:各年评价的基准值为当年高收入国家平均值,高收入国家平均值的指数为 100。2009 年知识传播评价,用移动通讯普及率代替电视普及率,后者没有统计数据。

表 4-17　1980～2008 年中国综合现代化指数

项目	2009	2008	2007	2006	2005	2000	1990	1980
中国指数	43	41	40	38	38	31	28	21
中国排名	73	69	72	75	72	79	103	103
高收入国家平均值	100	100	100	100	100	100	100	100
中等收入国家平均值	40	40	40	42	41	42	44	52
低收入国家平均值	24	24	24	26	26	24	32	28
世界平均值	53	54	54	53	53	50	53	60

注:统计数据比较齐全的国家,2000～2009 年为 131 个,1980 年为 114 个,1990 年为 124 个。

二、2009 年中国现代化的国际差距

2009 年,中国第一次现代化程度为 90%,与已经完成第一次现代化的国家相差 10 个百分点;第二次现代化指数为 43,与高收入国家平均值(100)相差 57;综合现代化指数为 43,与高收入国家平均值(100)相差 57。2009 年,中国第二次现代化指数与世界平均值(48)相差 5,中国综合现代化指数与世界平均值(53)相差 10。

中国现代化的不平衡同样表现在几个方面,如地区不平衡和指标不平衡。第一次现代化 10 个指标发展不平衡,2009 年有 6 个指标已经达到标准,表现最差的指标(人均国民收入)达标程度仅为 46%。第二次现代化的四大类指标也不平衡。

三、2009 年中国现代化的国际追赶

2009 年和 2000 年,中国都属于初等发达国家。2009 年第一次现代化程度比 2000 年提高了 14 个百分点,综合现代化指数比 2000 年提高了 12。2002 年与 2000 年相比,中国现代化水平有较大提高(表 4-15)。2009 年中国现代化的国际差距小于 2000 年。

2009 年,中国第二次现代化指数为 43,在 131 个国家中排名第 65 位。在未来 100 年里,如果 131 个国家能够按照它们的 1990～2009 年第二次现代化指数的年均增长率估算它们的现代化水平,那么,中国在 2020 年为 50 名左右,2040 年进入世界前 40 名,2080 年为前 20 名左右,2100 年前进入前

10 名左右。如果实现这个目标,届时中国就是一个现代化国家。

2009 年,中国为初等发达国家。根据 1960～2009 年的世界经验(表 4-14),在 49 年里,初等发达国家升级的概率约为 24%～32%,中等发达国家升级的概率约为 26%～44%。如果沿用世界历史经验,那么,2050 年中国成为中等发达国家的概率为 30%左右。如果 2050 年中国成为中等发达国家,那么,2100 年中国成为发达国家的概率为 30%左右。

第三节 2009 年中国地区现代化指数

中国地区现代化指数包括中国 34 个省级地区的第一次现代化程度、第二次现代化指数和综合现代化指数,它反映了 34 个省级地区现代化在经济、社会、文化和环境等领域的综合水平。关于评价方法,请阅读技术注释;关于评价数据,请阅读附录三。

一、2009 年中国地区现代化的总体水平

2009 年,中国北京、香港、澳门和台湾进入第二次现代化,其他地区处于第一次现代化;根据第二次现代化指数分组,北京等 12 个地区为发达地区或中等发达地区,黑龙江等 22 个地区为初等发达地区(表 4-18)。2009 年中国多数内地地区属于发展中地区。

表 4-18　2009 年中国地区现代化指数

分组	地区	SMI	FMI	IMI	人均GDP	分组	地区	SMI	FMI	IMI	人均GDP
发达地区	北京	99	100	85	10 314		宁夏	43	90	37	3188
	上海	94	100	81	11 563		河北	41	89	37	3598
	台湾	89	100	81	16 895		四川	40	85	38	2538
中等发达地区	天津	79	100	71	9160		湖南	39	88	38	2990
	香港	75	100	77	29 881		海南	38	85	39	2819
	澳门	72	100	79	39 141	初等发达地区	新疆	38	84	37	2919
	浙江	64	98	56	6535		青海	38	85	35	2848
	江苏	62	97	54	6550		河南	37	84	34	3015
	广东	60	98	55	6026		安徽	37	87	36	2402
	辽宁	57	95	50	5159		甘肃	36	84	34	1884
	山东	49	91	45	5255		江西	35	86	36	2538
	陕西	49	88	46	3175		广西	33	82	33	2349
	世界平均	48	96	53	8737		西藏	31	79	31	2239
初等发达地区	福建	48	95	45	4954		云南	30	81	31	1982
	黑龙江	48	89	43	3286		贵州	30	81	31	1509
	吉林	47	90	44	3893		中国	43	90	43	3650
	湖北	47	91	43	3320		高收入国家	100	100	100	37 719
	山西	46	89	42	3151	对照	中等收入国家	37	90	41	3390
	内蒙古	46	92	42	5897		低收入国家	19	57	21	488
	重庆	43	91	42	3355						

注:FMI 为第一次现代化程度,SMI 为第二次现代化指数,IMI 为综合现代化指数。中国 34 个地区的"人均 GDP"为各地区的人均居民生产总值(美元)。

1. 2009 年和 2010 年中国内地地区第一次现代化水平

2009 年中国内地地区第一次现代化评价,在《中国现代化报告 2011:现代化科学概论》中已经完成。这里我们进行 2010 年中国内地地区第一次现代化的水平评价。

2010 年中国内地 31 个地区中,有 16 个地区已经完成或基本实现第一次现代化,它们是北京、上海、天津(第一次现代化程度达到 100%)和浙江、江苏、广东、福建、辽宁、内蒙古、湖北、山东、重庆、宁夏、吉林、山西和黑龙江(第一次现代化程度达到或超过 90%)。

如果北京、天津、上海、香港、澳门和台湾不参加排名,2010 年第一次现代化程度排名前 10 位的地区为:浙江、江苏、广东、福建、辽宁、内蒙古、湖北、山东、重庆、宁夏(图 4-4)。

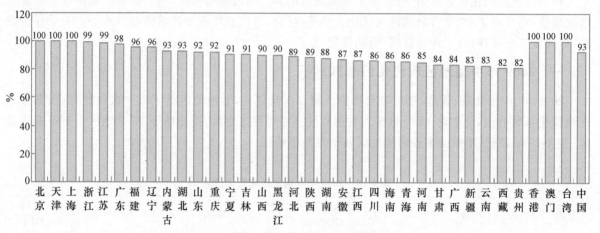

图 4-4　2010 年中国地区第一次现代化程度

如果按照 1990~2010 年年均增长率估算,全国多数地区有可能用 10 年左右的时间完成第一次现代化(表 4-19)。完成第一次现代化,表示大约达到 1960 年工业化国家的平均水平。

表 4-19　中国内地地区完成第一次现代化的时间估算

地区	第一次现代化程度/(%)			程度达到 100%		程度达到 100%	
	1980 年	1990 年	2010 年	1990~2010 年均增长率	所需年	1980~2010 年均增长率	需要年
北京	82.9	90.5	100.0	0.50		0.63	
天津	77.7	84.2	100.0	0.86		0.84	
河北	56.4	62.9	89.4	1.77	6	1.54	7
山西	62.5	69.0	90.1	1.35	8	1.23	9
内蒙古	58.8	65.3	93.0	1.78	4	1.54	5
辽宁	69.5	79.2	95.7	0.95	5	1.07	4
吉林	64.7	68.6	91.0	1.42	7	1.14	8
黑龙江	63.7	72.0	90.0	1.12	9	1.16	9
上海	82.3	89.4	100.0	0.56		0.65	
江苏	56.3	64.2	99.0	2.19	0	1.90	1

（续表）

地区	第一次现代化程度/（%）			程度达到 100%		程度达到 100%	
	1980 年	1990 年	2010 年	1990~2010 年均增长率	所需年	1980~2010 年均增长率	需要年
浙江	52.7	66.3	99.2	2.04	0	2.13	0
安徽	51.5	56.7	87.3	2.18	6	1.77	8
福建	54.8	65.0	96.2	1.98	2	1.89	2
江西	51.6	56.2	86.8	2.19	7	1.75	8
山东	51.2	63.4	92.3	1.90	4	1.99	4
河南	50.5	59.1	85.1	1.84	9	1.75	9
湖北	53.8	62.7	92.8	1.98	4	1.83	4
湖南	50.8	57.5	88.5	2.17	6	1.87	6
广东	59.2	69.2	98.3	1.77	1	1.70	1
广西	53.4	56.4	83.6	1.99	9	1.51	12
海南	31.3	61.7	86.0	1.67	9	3.43	4
重庆	—	—	92.3	—	—	—	—
四川	48.8	57.0	86.5	2.10	7	1.93	8
贵州	45.4	51.3	81.6	2.35	9	1.97	10
云南	44.1	49.8	82.8	2.57	7	2.12	9
西藏	38.4	44.3	81.8	3.11	7	2.55	8
陕西	53.5	64.3	88.6	1.62	8	1.70	7
甘肃	46.0	59.9	83.7	1.68	11	2.01	9
青海	53.1	57.0	85.9	2.07	7	1.62	10
宁夏	54.2	61.7	91.1	1.97	5	1.75	5
新疆	50.6	60.2	83.3	1.64	11	1.68	11
中国	54.0	63.0	92.6	1.95	4	1.82	4

注:完成第一次现代化表示达到 1960 年发达工业化国家平均水平。

2. 2009 年中国内地地区第二次现代化水平

根据第二次现代化指数分组,2009 年,北京和上海第二次现代化指数的数值已经达到发达国家组的水平,天津、浙江、江苏、广东、辽宁、山东和陕西 7 个地区已经达到中等发达国家组的水平,黑龙江等 22 个地区达到初等发达国家组的水平(图 4-5)。

3. 2009 中国内地地区综合现代化水平

根据综合现代化指数分组,2009 年,北京和上海综合现代化指数的数值已经达到发达国家组的水平,天津、浙江、广东、江苏 4 个地区已经达到中等发达国家组的水平,陕西等 25 个地区达到初等发达国家组的水平(图 4-6)。

4. 中国内地不同区域的现代化水平

关于中国区域划分有多种方案。这里采用"三带、三片和八区"的划分(表 4-20)。

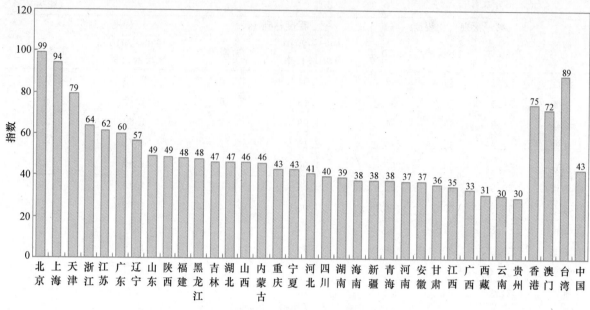

图 4-5　2009 年中国地区第二次现代化水平

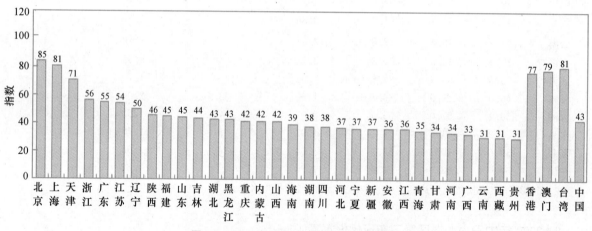

图 4-6　2009 年中国地区综合现代化指数

表 4-20　中国不同区域的现代化水平的比较

地区	2010 年第一次 现代化程度	2010 年 人均 GDP	2009 年第一次 现代化程度	2009 年第二次 现代化指数	2009 年综合 现代化指数
东部	93	6423	92	58	52
中部	92	4987	91	47	44
西部	86	3070	85	37	35
北方片	92	5984	92	54	49
南方片	93	5436	91	51	47
西部片	85	3075	84	36	35
东北地区	92	4982	91	50	46
华北沿海	95	8088	95	67	59
黄河中游	89	4631	88	45	41

（续表）

地区	2010 年第一次 现代化程度	2010 年 人均 GDP	2009 年第一次 现代化程度	2009 年第二次 现代化指数	2009 年综合 现代化指数
华东沿海	99	8907	98	73	64
华南沿海	91	4764	90	45	43
长江中游	89	3505	88	39	39
西南地区	85	2810	83	35	34
西北地区	86	3407	86	39	36
中国	93	4437	90	43	43

注:三大带、三大片和八大区的数值为该区有关地区数值的简单算术平均值。人均 GDP 单位为美元。中国指标的数据来自《中国统计年鉴》,它的评价结果与采用《世界发展指标》数据的评价结果略有不同。

首先,2010 年中国内地,东部现代化水平高于中部,中部现代化水平高于西部。

其次,2010 年中国内地,北方片和南方片现代化水平大体相当,都高于西部片。2010 年北方片第一次现代化程度平均值为 92%,南方片平均为 93%,西部片平均为 85%。如果把港澳台计算在南方片内,2010 年南方片第一次现代化程度平均为 94%。

其三,2010 年中国内地八大地区中,华东沿海和华北沿海是现代化水平较高的地区,东北地区和华南沿海是现代化水平的第二集团,长江中游、黄河中游、西北地区和西南地区是现代化水平较低的地区。华东和华北地区高于全国平均水平,其他地区低于全国平均水平。

其四,2009 年中国华东现代化水平超过世界平均水平,是中国内地现代化水平最高的地区;华北沿海第二次现代化指数和综合现代化指数超过世界平均水平。

5. 中国港澳台地区的现代化水平

中国香港、澳门和台湾地区的现代化水平处于中国地区水平的前列。

2009 年中国香港、澳门和台湾都已经进入第二次现代化,其中,香港和澳门进入第二次现代化的发展期,台湾进入第二次现代化的起步期。2009 年,台湾第二次现代化指数和综合现代化指数超过80,香港和澳门第二次现代化指数和综合现代化指数都低于 80,但高于世界平均值。

2009 年中国香港、澳门和台湾的第一次现代化程度都早已达到 100%。

二、2009 年中国地区现代化的国际差距

1. 2009 年中国内地地区现代化的前沿水平

2009 年,中国内地地区现代化的前沿已经进入第二次现代化的发展期,地区现代化的前沿水平接近发达国家的底线,部分指标达到发达国家的底线。例如,2009 年北京处于第二次现代化的发展期,北京和上海的部分指标接近或达到意大利和西班牙的水平(表 4-21)。

表 4-21　2009 年中国内地地区现代化的前沿水平和国际比较

指标	北京	上海	天津	浙江	江苏	广东	西班牙	意大利	希腊	葡萄牙	匈牙利	俄罗斯
第一次现代化程度	100	100	100	98	97	98	100	100	100	100	100	100
第二次现代化指数	99	94	79	64	62	60	79	82	78	80	68	71
综合现代化指数	85	81	71	56	54	55	82	84	78	77	70	65
人均 GDP	10 314	11 563	9160	6535	6550	6026	35 130	32 060	28 760	21 830	13 080	9290
人均 GDP(PPP)	18 535	20 781	16 463	11 745	11 772	10 830	31 930	31 520	28 500	24 050	19 260	18 260
城市化水平	85	89	78	58	56	63	68	77	61	60	68	73
平均预期寿命	80	81	79	77	75	75	81	81	80	79	74	69
大学普及率	93	76	72	34	33	22	67	73	91	61	62	77
互联网普及率	63	61	46	47	36	50	49	61	44	49	62	42

注:意大利等 6 个国家人均 GDP(PPP)的数据为人均 GNI(PPP)的数值。

2．2009 年中国内地地区现代化的地区差距

在 2000～2009 年期间,中国内地地区现代化的地区差距有所扩大。其中,第一次现代化程度的地区差距缩小;第二次现代化指数的绝对差距扩大,相对差距缩小;综合现代化指数的绝对差距和相对差距都扩大了(表 4-22)。

表 4-22　1990～2009 年中国内地地区现代化的地区差距

项目	第一次现代化程度			第二次现代化指数			综合现代化指数		
	2009	2000	1990	2009	2000	1990	2009	2000	1990
最大值	100	97	91	99	74	55	85	65	52
最小值	79	59	44	30	22	19	31	24	23
平均值	89	75	64	48	33	28	44	33	31
绝对差距	21	37	46	69	53	36	54	42	29
标准差	6	9	10	17	12	8	13	9	7
相对差距	1.3	1.6	2.0	3.3	3.4	2.9	2.8	2.8	2.3
变异系数	0.07	0.12	0.16	0.35	0.35	0.29	0.30	0.28	0.21

注:绝对差距＝最大值－最小值。数值差异是因为四舍五入的原因。

3．2009 年中国内地地区现代化的国际差距

中国内地省级 31 个地区中,地区第一次现代化水平与已经完成第一次现代化的国家的最大差距约为 21 个百分点,平均差距为 11 个百分点;地区第二次现代化水平与世界先进水平的最大差距是 70,最小差距是 1,平均差距是 52;地区综合现代化水平与世界先进水平的最大差距是 69,最小差距 16,平均差距 56(表 4-23)。

表 4-23　1990～2009 年中国内地地区现代化的国际差距

项目		第一次现代化			第二次现代化			综合现代化		
		2009	2000	1990	2009	2000	1990	2009	2000	1990
与发达国家的差距	最小差距	0	6	10	1	26	34	16	35	48
	最大差距	21	41	56	70	78	70	69	76	77
	平均差距	11	24	40	52	69	63	56	68	72
与世界平均值的差距	最小差距	—	—		—	—		—	—	
	最大差距	15	30	37	20	24	28	23	26	30
	平均差距	5	23	21	2	15	21	10	18	25

4．中国地区现代化的不平衡性

中国地区现代化的不平衡性是非常突出的,包括地区现代化进程的不同步(表 4-18)、地区现代化速度有快有慢、地区现代化水平差距比较大、地区现代化指标的表现差别比较大、地区现代化水平的地理分布不均衡等。2010 年北京等 4 个地区已经进入第二次现代化,上海等 2 个地区已经达到第一次现代化的过渡期,浙江等 17 个地区已经进入第一次现代化的成熟期,湖北等 11 个地区处于第一次现代化的发展期(表 4-24)。

表 4-24　2010 年中国 34 个地区现代化的阶段和不平衡性

第二次现代化的发展阶段				过渡期	
				成熟期	
			发展期	香港、澳门、北京	
		起步期	台湾		
第一次现代化的发展阶段		过渡期	上海、天津		
	成熟期	浙江、江苏、广东、辽宁、山东、福建、河北、山西、内蒙古、安徽、江西、河南、湖北、重庆、陕西、青海、宁夏			
	发展期	吉林、黑龙江、湖南、广西、新疆、甘肃、四川、海南、西藏、云南、贵州			
起步期	无				
传统农业社会	无				

三、2009 年中国地区现代化的国际追赶

如果根据第二次现代化水平分组,2009 年与 2008 年相比,中国内地省级地区分组的变化是:陕西从初等发达地区升级为中等发达地区。2009 年北京和上海第二次现代化指数分别为 99 和 94,比 2004 年都有所提高,与世界先进水平的差距缩小。

如果根据综合现代化水平分组,2009 年与 2008 年相比,中国内地省级地区分组的变化是:上海从中等发达地区升级为发达地区,江苏和广东从初等发达地区升级为中等发达地区,贵州从欠发达地区升级为初等发达地区。

本 章 小 结

本章完成了 2009 年世界 131 个国家和中国 34 个地区的现代化评价。

2009 年,美国等 29 个国家已经进入第二次现代化,约占国家样本数的 22%;波兰等 43 个国家全面完成第一次现代化,保加利亚等 27 个国家基本实现第一次现代化,全面完成和基本实现第一次现代化的国家约占国家样本的 53%。

2009 年,美国等 21 个国家属于发达国家,希腊等 33 个国家属于中等发达国家,中国等 32 个国家属于初等发达国家,印度等 45 个国家属于欠发达国家。

2009 年第二次现代化指数排世界前 10 名的国家是:美国、瑞典、丹麦、芬兰、德国、挪威、日本、新加坡、韩国、澳大利亚。

2009 年中国属于初等发达国家,处于发展中国家中的中间水平。

2009 年中国第一次现代化程度为 90%,第二次现代化指数为 43,综合现代化指数为 43;分别在世界 131 个国家中排第 67 位、第 65 位和第 73 位。

2009 年与 2008 年相比,中国第一次现代化程度的排名提高了 2 位,第二次现代化指数和综合现代化指数的时间排名分别下降了 5 位和 4 位。

2009 年,中国 31 个内地地区中,北京进入第二次现代化,其他内地地区都处于第一次现代化;根据第二次现代化指数分组,北京等 9 个地区为发达地区或中等发达地区,黑龙江等 22 个地区为初等发达地区。

2009 年,中国内地地区现代化的前沿水平已经接近发达国家的底线,部分指标达到发达国家的底

线。例如,北京和上海的部分指标接近或达到意大利和西班牙的水平。

2009 年,中国华东和华北沿海地区现代化水平已经达到或接近世界平均水平。

2009 年,中国香港、澳门、台湾都已经进入第二次现代化,第二次现代化指数都超过世界中等发达水平,其中,台湾第二次现代化指数的数值已经达到世界发达水平。

2010 年,中国第一次现代化程度估计为 93%。2010 年中国内地 31 个地区中,有 16 个地区已经完成或基本实现第一次现代化,它们是北京、上海、天津(第一次现代化程度达到 100%)和浙江、江苏、广东、福建、辽宁、内蒙古、湖北、山东、重庆、宁夏、吉林、山西和黑龙江(第一次现代化程度达到或超过 90%)。

如果北京、天津、上海、香港、澳门和台湾不参加排名,2010 年第一次现代化程度排名前 10 位的地区为:浙江、江苏、广东、福建、辽宁、内蒙古、湖北、山东、重庆、宁夏。

技 术 注 释

《中国现代化报告 2012》包括世界农业现代化的基础数据和评价数据、世界 131 个国家和中国 34 个地区 2009 年的发展数据和评价数据。由于世界不同国家的统计方法不完全相同,统计方法在不断发展,统计数据的可比性和一致性问题需要特别关注。《中国现代化报告 2012》采用国际机构、有关国家官方统计机构公布的数据。

一、资料来源

世界现代化和农业现代化的 300 年的历史数据主要来自米切尔的《帕尔格雷夫世界历史统计》、麦迪森的《世界经济千年史》、库兹涅茨的《各国的经济增长》、世界银行的《世界发展指标》、联合国统计年鉴、联合国贸易与发展会议(UNCTAD)统计数据、世界贸易组织(WTO)、经济合作与发展组织(OECD)、联合国粮农组织(FAO)的数据等。

现代化进程评价所用数据,除少数年份的几个指标的中国数据(世界银行数据集中缺少的数据)来自《中国统计年鉴》外,其他全部采用世界银行出版的 2011 年《世界发展指标》、联合国出版的《统计年鉴》、联合国粮农组织的网络数据库、联合国贸易与发展会议的《世界投资报告》、世界贸易组织的《国际贸易统计》等。

中国地区现代化评价所用数据,主要来自《中国统计年鉴 2011》。

二、数据一致性和可靠性

世界现代化进程评价,以世界银行出版的《世界发展指标》的系列数据为基本数据来源;部分年份的数据来自联合国贸易与发展会议的《世界投资报告》、世界贸易组织的《国际贸易统计》、联合国《统计年鉴》、联合国教科文组织《统计年鉴》、国际劳工组织《劳动力统计年鉴》;部分 OECD 国家的数据来自 OECD 出版物;少数几个中国数据来自《中国统计年鉴》。

许多发展中国家的统计制度还很薄弱,统计方法在不断发展,统计指标的概念存在差异,统计方法在国与国之间差别较大,它们会影响数据的一致性和可靠性。许多国家的统计机构常常修改其历史统计数据。世界银行在历年《世界发展指标》中对数据来源、数据一致性和可靠性进行了说明。世界银行有时根据一些国家提供的新数据,对过去年份的数据进行调整。在不同年份出版的《世界发展指标》中,关于某年的数据不完全一致。如果出现这种情况,一般采用最近年份《世界发展指标》中公布的数据。2009 年世界现代化评价统一采用 2011 年《世界发展指标》的数据(网络版数据)。数据汇总方法在《世界发展指标》中有专门说明。

中国地区现代化进程评价,以 2011 年《中国统计年鉴》的系列数据为基本数据来源;《中国统计年鉴》中没有的数据,采用《中国科技统计年鉴》、《中国能源统计年鉴》和中国 31 个省级行政地区统计机构出版的地方《统计年鉴》的数据等。

在世界银行和联合国有关机构出版的统计资料中,中国数据的数值一般为中国大陆内地 31 个省级行政地区统计数据的加总;在《中国统计年鉴》中,香港特区、澳门特区和台湾地区的统计数据单列,全国的加总数在数值上为大陆内地 31 个省级行政地区统计数据的加和。

苏联和东欧国家(捷克斯洛伐克等),1990 年前后发生变化。1990 年前采用原国家数据。1990 年后,分别为俄罗斯、捷克和斯洛伐克的数据。1990 年前德国数据采用联邦德国的值。

三、国家分组

关于国家分组的方法有很多。《中国现代化报告 2003》对此进行了专门分析。例如,世界银行根据人均收入大小分组、联合国开发计划署根据人类发展指数分组、联合国工作分组、联合国地区分组、《中国现代化报告》根据第二次现代化指数分组等。一般而言,国家分组是相对的,更多是为了分析和操作的方便。本报告沿用《中国现代化报告 2003》国家分组方法。

《中国现代化报告 2003》采用四种国家分组方法,(1) 工业化国家和发展中国家,(2) 发达国家和发展中国家,(3) 高收入国家、中等收入国家和低收入国家,(4) 发达国家、中等发达国家、初等发达国家和欠发达国家。四种方法具有一定可比性(表 a)。

表 a　《中国现代化报告 2003》的国家分组

国家分组	类别	分组方法或标准
按地区分组	发达国家[a] OECD 国家 比较发达国家 比较不发达国家(发展中国家) 最不发达国家(发展中国家)	高收入国家(不含石油输出国) OECD 国家 按联合国统计署的划分 按联合国统计署的划分 按联合国统计署的划分
按人均国民收入分组 (2000 年)	高收入国家 中等收入国家(中高、中低收入国家) 低收入国家	人均 GNI 大于 9266 美元 人均 GNI 为 756～9265 美元 人均 GNI 小于 755 美元
按第一次现代化实现程度分组 (2000 年)	工业化国家 发展中国家	完成第一次现代化的国家 没有完成第一次现代化的国家
按第二次现代化指数分组 (2000 年)	发达国家[a](高现代化水平) 中等发达国家(中等现代化水平) 初等发达国家(初等现代化水平) 欠发达国家(低现代化水平)	第二次现代化指数大于 80 第二次现代化指数 46～79.9 第二次现代化指数 30～45.9 第二次现代化指数小于 30

a. "发达国家"有两种划分方法:按第二次现代化指数划分的发达国家、按人均收入划分(习惯分法)的发达国家(一般指不包含石油输出国家的高收入国家),它们(划分的结果)是基本一致的。

四、第一次现代化程度的评价方法和评价指标

第一次现代化进展评价方法主要有三种:定性评价、定量评价和综合评价(定性和定量相结合)。本报告主要进行经济和社会第一次现代化的实现程度的定量评价。

1. 评估模型

参考 20 世纪 80 年代美国学者英克尔斯教授提出的评价指标(孙立平,1988),参考 1960 年 19 个工业化国家发展指标的平均值,设计"第一次现代化评价模型",包括 10 个社会和经济指标,以及评价标准和评价方法。

$$
\begin{cases}
\text{FMI} = \sum S_i / n \quad (i = 1, 2, \cdots, n) \\
S_i = 100 \times i_{\text{实际值}} / i_{\text{标准值}} \quad (\text{正指标}, S_i \leqslant 100) \\
S_i = 100 \times i_{\text{标准值}} / i_{\text{实际值}} \quad (\text{逆指标}, S_i \leqslant 100)
\end{cases}
$$

其中,FMI 为第一次现代化程度,n 为参加评价的指标总个数,S_i 为第 i 项指标的达标程度($S_i \leqslant 100$);

i 为评价指标的编号；$i_{实际值}$ 为 i 号指标的实际值，$i_{标准值}$ 为 i 号指标的标准值（具体数值见表 b）。

表 b　第一次现代化评价指标的标准值（1960 年工业化国家指标平均值）

项目	指标、单位和指标编号	标准	备注[b]
经济指标	1. 人均国民收入（人均 GNI），美元	逐年计算[a]	正指标
	2. 农业劳动力比例（农业劳动力占总劳动力比例），%	30%以下	逆指标
	3. 农业增加值比例（农业增加值占国内生产总值比例），%	15%以下	逆指标
	4. 服务业增加值比例（服务业增加值占国内生产总值比例），%	45%以上	正指标
社会指标	5. 城市人口比例（城市人口占总人口比例），%	50%以上	正指标
	6. 医生比例（每千人口中的医生人数），‰	1%以上	正指标
	7. 婴儿存活率[c]，‰	970‰以上	正指标
	（婴儿死亡率），‰	（30‰以下）	（逆指标）
	8. 预期寿命（出生时平均预期寿命），岁	70 岁以上	正指标
知识指标	9. 成人识字率，%	80%以上	正指标
	10. 大学普及率（在校大学生占 20～24 岁人口比例），%	15%以上	正指标

注：参考英克尔斯教授的评价指标（孙立平，1988）。a. 以 1960 年 19 个市场化工业国家人均国民收入平均值 1280 美元为基准值，以后逐年根据美元通货膨胀率计算标准值。例如，1960 年标准值为 1280 美元，1970 年为 1702 美元，1980 年为 3411 美元，1990 年为 5147 美元，2000 年为 6399 美元，2008 年为 7814 美元，2009 年为 7871 美元，2010 年为 8000 美元。b. 正指标，评价对象数值等于或大于标准值时，表示它达到或超过经典现代化标准；逆指标，评价对象数值等于或小于标准值时，表示它达到或超过经典现代化标准。c.“婴儿死亡率”用作评价指标不符合中国文化，用“婴儿存活率”代替它；婴儿存活率＝1－婴儿死亡率；实际评价时，仍然用婴儿死亡率数据进行评价，按逆指标计算方法进行评价。

2. 评估过程和方法

首先，检验评价指标的相关性。在地区现代化评价时，可以调整部分评价指标。其次，计算人均 GNI 的标准值。其三，采用“比值法”计算单个指标达标程度。单个指标达标程度最大值为 100%（如果超过 100%，取值 100%），达到 100%表明该指标已经达到第一次现代化水平。其四，采用“简单算术平均值”法，计算第一次现代化实现程度。

评价的有效性。如果参加评价的有效指标个数占指标总数的比例低于 60%（即指标个数少于 6 个），则视为无效样本，不进行评价。

计算方法。所有评价由计算机自动完成。计算机计算数据时，计算机内部保留小数点后 12 位小数；显示数据结果时，一般保留整数或 1～2 位小数。在阅读和利用评价数据和结果时，需要特别注意小数“四舍五入”带来的影响。第二次现代化和综合现代化评价也是如此。

3. 第一次现代化的阶段评价

$$\begin{cases} P_{\text{FM}} = (P_{\text{农业增加值比例}} + P_{\text{农业/工业增加值}} + P_{\text{农业劳动力比例}} + P_{\text{农业/工业劳动力}})/4 \\ P_{\text{农业增加值比例}} = (4,3,2,1,0)，根据实际值与标准值的比较判断阶段并赋值 \\ P_{\text{农业/工业增加值}} = (4,3,2,1,0)，根据实际值与标准值的比较判断阶段并赋值 \\ P_{\text{农业劳动力比例}} = (4,3,2,1,0)，根据实际值与标准值的比较判断阶段并赋值 \\ P_{\text{农业/工业劳动力}} = (4,3,2,1,0)，根据实际值与标准值的比较判断阶段并赋值 \end{cases}$$

其中，P_{FM} 代表第一次现代化的阶段，$P_{\text{农业增加值比例}}$ 代表根据农业增加值比例判断的阶段和赋值，$P_{\text{农业/工业增加值}}$ 代表根据农业增加值比例与工业增加值比例的比值判断的阶段和赋值，$P_{\text{农业劳动力比例}}$ 代表根据农业劳动力比例判断的阶段和赋值，$P_{\text{农业/工业劳动力}}$ 代表根据农业劳动力比例与工业劳动力比例的比值判断的阶段和赋值。

首先,根据信号指标实际值与标准值的比较判断阶段并赋值。其次,计算赋值的平均值。其三,综合判断第一次现代化的阶段。第一次现代化阶段评价的 4 个信号指标的标准值和赋值见表 c。第一次现代化阶段评价的信号指标的变化如图 a 所示。

表 c   第一次现代化信号指标的划分标准和赋值

	农业增加值占 GDP 比例	农业增加值/工业增加值	赋值	说　　明
过渡期	＜5％	＜0.2	4	农业增加值占 GDP 比例低于 15％为完成第一次现代化的标准,结合工业化国家 200 年经济史制定
成熟期	＜15％,≥5％	＜0.8,≥0.2	3	
发展期	＜30％,≥15％	＜2.0,≥0.8	2	
起步期	＜50％,≥30％	＜5.0,≥2.0	1	
传统社会	≥50％	≥5.0	0	
	农业劳动力占总劳动力比例	农业劳动力/工业劳动力	赋值	
过渡期	＜10％	＜0.2	4	农业劳动力占总劳动力比例低于 30％为完成第一次现代化的标准,结合工业化国家 200 年经济史制定
成熟期	＜30％,≥10％	＜0.8,≥0.2	3	
发展期	＜50％,≥30％	＜2.0,≥0.8	2	
起步期	＜80％,≥50％	＜5.0,≥2.0	1	
传统社会	≥80％	≥5.0	0	

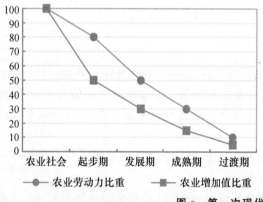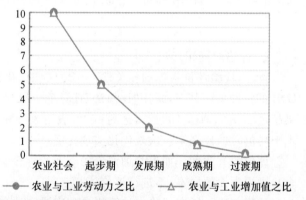

图 a   第一次现代化阶段评价的信号指标变化

有些时候,可能是统计数据或者国家差异的原因,产业结构和就业结构的分析结果与现代化总体水平不协调,需要根据第一次现代化实现程度对发展阶段进行调整。

五、第二次现代化指数的评价方法和评价指标

第二次现代化进展评价同样有定性评价、定量评价和综合评价等三种方法。第二次现代化启动不过 30 多年,它的特点和规律正在形成过程中。随着第二次现代化的发展,第二次现代化评价指标和评价方法应该作相应的调整。

1. 评估模型

第二次现代化理论认为,知识的创新、传播和应用是第二次现代化的动力,知识创新、知识传播和知识应用的水平反映了第二次现代化的水平。第二次现代化评价包括知识创新、知识传播、知识应用 Ⅰ 和 Ⅱ(生活质量和经济质量)四大类指标和 16 个具体指标。

$$\begin{cases} \text{SMI} = (\text{KII} + \text{KTI} + \text{LQI} + \text{EQI})/4 \\ \text{KII} = \sum D_i/3 \quad (i = 1,2,3) \\ \text{KTI} = \sum D_i/4 \quad (i = 4,5,6,7) \\ \text{LQI} = \sum D_i/5 \quad (i = 8,9,10,11,12) \\ \text{EQI} = \sum D_i/4 \quad (i = 13,14,15,16) \\ D_i = 100 \times i_{\text{实际值}}/i_{\text{基准值}} \quad (\text{正指标}, D_i \leqslant 120) \\ D_i = 100 \times i_{\text{基准值}}/i_{\text{实际值}} \quad (\text{逆指标}, D_i \leqslant 120) \\ (i = 1,2,3,4,5,6,7,8,9,10,11,12,13,14,15,16) \end{cases}$$

其中,SMI 是第二次现代化指数,KII 是知识创新指数,KTI 是知识传播指数,LQI 是生活质量指数,EQI 是经济质量指数,D_i 是第 i 号评价指标的发展指数($D_i \leqslant 120$,避免单个指标数值过高影响总评价结果);i 为 16 个评价指标的编号,从 1 到 16;$i_{\text{实际值}}$ 为 i 号指标的实际值,$i_{\text{基准值}}$ 为 i 号指标的基准值。16 个评价指标的基准值为最新年度发达国家指标的平均值。

2. 评估过程

首先,检验评价指标的相关性。在地区现代化评价时,可以调整部分评价指标。

其次,确定评价的基准值,为最新年度发达国家平均值。

其三,采用"比值法"计算单个指标的发展指数。单个指标的发展指数的最高值为 120 点(如果超过 120 点,取值 120 点),避免单个指标过高造成评价"失真"。中学普及率和移动通讯普及率指标的基准值为 100,它们的发展指数的最高值设为 100。

其四,采用"简单算术平均值"法,分别计算知识创新指数、知识传播指数、生活质量指数和经济质量指数。

其五,采用"简单算术平均值"法计算第二次现代化指数。

评价的有效性。如果参加评估的有效指标个数占指标总数的比例低于 60%,则视为无效样本,不进行评价。

由于评价基准值不同,《中国现代化报告 2010》与前面的九份报告关于第二次现代化进程的评价结果,只具有相对可比性。

3. 第二次现代化的阶段评价

$$\begin{cases} P_{\text{SM}} = (P_{\text{物质产业增加值比例}} + P_{\text{物质产业劳动力比例}})/2 \\ P_{\text{物质产业增加值比例}} = (3,2,1),\text{根据实际值与标准值的比较判断阶段并赋值} \\ P_{\text{物质产业劳动力比例}} = (3,2,1),\text{根据实际值与标准值的比较判断阶段并赋值} \end{cases}$$

其中,P_{SM} 代表第二次现代化的阶段,$P_{\text{物质产业增加值比例}}$ 代表根据物质产业增加值比例判断的阶段的赋值,$P_{\text{物质产业劳动力比例}}$ 代表根据物质产业劳动力比例判断的阶段的赋值。

首先,筛选出处于第一次现代化的过渡期的国家。其次,根据这些国家信号指标实际值与标准值的比较,判断这些国家的阶段并赋值。其三,计算赋值的平均值,判断第二次现代化的阶段。第二次现代化阶段的信号指标的标准值和赋值见表 d。

有些时候,可能是统计数据或者国家差异的原因,产业结构和就业结构的分析结果与现代化总体水平不协调,需要根据第二次现代化总体水平对发展阶段进行调整。

表 d   第二次现代化信号指标的划分标准和赋值

阶段	物质产业增加值比例	物质产业劳动力比例	赋值	备注（前提条件）
成熟期	＜20％	＜20％	3	
发展期	＜30％，≥20％	＜30％，≥20％	2	处于第一次现代化过渡期
起步期	＜40％，≥30％	＜40％，≥30％	1	处于第一次现代化过渡期
准备阶段	＜50％，≥40％	＜50％，≥40％	0	

注：进入第一次现代化过渡期的国家，才进一步判断它第二次现代化的阶段。

4．评价指标

第二次现代化进程评价包括知识创新、知识传播、生活质量（知识应用改进生活质量）、经济质量（知识应用改进经济质量）四大类指标和16个具体指标（表 e），还有物质产业增加值比例、物质产业劳动力比例等2个信号指标。知识创新指在世界上首次发现、发明、创造或应用某种新知识，包括科学发现、技术发明、知识创造和新知识首次应用。

表 e   第二次现代化评价指标

二级指标	三级指标和指标编号	指标解释和单位
知识创新	1．知识创新经费投入	研究与发展经费占国内生产总值的比例（R&D/GDP），％
	2．知识创新人员投入	从事研究与发展活动的研究人员/万人，人/万人
	3．知识创新专利产出	居民申请国内发明专利数/万人，项/万人
知识传播	4．中学普及率	在校中学生人数占适龄人口（一般为12～17岁）比例，％
	5．大学普及率	在校大学生人数占适龄人口（一般为20～24岁）比例，％
	6．电视普及率	家庭电视普及率，％
	7．互联网普及率	互联网用户/百人口，％
生活质量	8．城镇人口比例	城市人口占总人口比例，％
	9．医生比例	每千人口中的医生数，‰
	10．婴儿死亡率	每千例活产婴儿在1岁内的死亡率，‰
	11．预期寿命	新生儿平均预期寿命，岁
	12．人均能源消费	人均商业能源消费，千克石油当量
经济质量	13．人均国民收入	人均国民收入（人均GNI），美元
	14．人均购买力	按购买力平价PPP计算的人均国民收入（人均PPP），国际美元
	15．物质产业增加值比例	农业和工业增加值占国内生产总值的比例，％
	16．物质产业劳动力比例	农业和工业劳动力占总劳动力比例，％

注：电视普及率指标用移动通讯普及率代替，前者数据很难获取。中国地区大学普及率为大学在校学生人数占18～21岁人口比例。

六、综合现代化指数的评价方法和评价指标

综合现代化指数，主要反映被评价对象的现代化水平与世界先进水平的相对差距。世界第一次现代化是经典的，第二次现代化是新的。随着第二次现代化的发展，综合现代化水平的评价指标和评价方法应该作相应的调整。

1．评估模型

第二次现代化理论认为，综合现代化是两次现代化的协调发展。综合现代化指数评价，要选择两

次现代化的典型特征指标和两次现代化都适用的指标作为评价指标。综合现代化评价包括经济、社会和知识等三大类指标和 12 个具体指标。

$$
\begin{cases}
\mathrm{IMI} = (\mathrm{EI} + \mathrm{SI} + \mathrm{KI})/3 \\
\mathrm{EI} = \sum D_i/4 \quad (i = 1,2,3,4) \\
\mathrm{SI} = \sum D_i/4 \quad (i = 5,6,7,8) \\
\mathrm{KI} = \sum D_i/4 \quad (i = 9,10,11,12) \\
D_i = 100 \times i_{\text{实际值}}/i_{\text{参考值}} \quad (\text{正指标}, D_i \leqslant 100) \\
D_i = 100 \times i_{\text{参考值}}/i_{\text{实际值}} \quad (\text{逆指标}, D_i \leqslant 100) \\
(i = 1,2,3,4,5,6,7,8,9,10,11,12)
\end{cases}
$$

其中，IMI 是综合现代化指数，EI 是综合现代化经济指数，SI 是综合现代化社会指数，KI 是综合现代化知识指数，D_i 是第 i 号评价指标的相对发展水平（$D_i \leqslant 100$）；i 为 12 个评价指标的编号，从 1 到 12；$i_{\text{实际值}}$ 为 i 号指标的实际值，$i_{\text{参考值}}$ 为 i 号指标的参考值。12 个评价指标的参考值为当年发达国家指标的平均值。

2. 评估过程

首先，检验评价指标的相关性。在地区现代化评价时，可以调整部分评价指标。

其次，确定评价的参考值，为当年发达国家的平均值。

其三，采用"比值法"计算单个指标的发展水平。单个指标的发展水平的最高值为 100 点（如果超过 100 点，取值 100 点），达到 100 点表明该指标已经达到世界前沿水平。

其四，采用"简单算术平均值"法，分别计算经济发展、社会发展和知识发展指数。

其五，采用"简单算术平均值"法计算综合现代化水平。

评价的有效性。如果参加评估的有效指标个数占指标总数的比例低于 60%，则视为无效样本，不进行评价。

3. 评价指标

综合现代化水平评价包括经济、社会和知识三大类指标和 12 个具体指标（表 f）。

表 f　综合现代化评价指标

二级指标	三级指标和指标编号	指标解释和单位
经济 指标	1. 人均国民收入	人均国民收入（人均 GNI），美元
	2. 人均购买力	按购买力平价 PPP 计算的人均国民收入（人均 PPP），国际美元
	3. 服务业增加值比例	服务业增加值占国内生产总值的比例，%
	4. 服务业劳动力比例	服务业劳动力占总劳动力比例，%
社会 指标	5. 城镇人口比例	城市人口占总人口比例，%
	6. 医生比例	每千人口中的医生数，‰
	7. 预期寿命	新生儿平均预期寿命，岁
	8. 生态效益	能源效率，人均 GDP/人均能源消费，美元/千克标准油

（续表）

二级指标	三级指标和指标编号	指标解释和单位
知识 指标	9.　知识创新经费投入 10.　知识创新专利产出 11.　大学普及率 12.　互联网普及率	研究与发展经费占国内生产总值的比例（R&D/GDP），% 居民申请国内发明专利数/万人，项/万人 在校大学生人数占适龄人口（一般为 20～24 岁）比例，% 互联网用户/百人，%

注：中国地区大学普及率为大学在校学生人数占 18～21 岁人口比例。

七、农业现代化指数的评价方法

农业现代化指数评价，包括第一次农业现代化指数、第二次农业现代化指数和综合农业现代化指数三个部分。它们的评价指标、评价标准和评价方法如下表（表 g，h，i）。

表 g　第一次农业现代化程度的评价方法

评价指标	评价指标和单位	标准值*	指标性质	评价方法
农业效率	农业劳动生产率（2000 年美元）	4000	正指标	农业效率指数：$AEI = \sum S_i / 4$
	农业综合生产率（2000 年美元）	3200	正指标	正指标评价：$S_i \leqslant 100$
	谷物单产（千克/公顷）	2200	正指标	$S_i = 100 \times i_{实际值} / i_{标准值}$
	农民人均供应人口（人）	14	正指标	标准值为 1960 年发达国家平均值
农民生活水平	农民素质（成人识字率）/（%）**	80	正指标	农民生活水平指数：
	人均营养供应（千卡/天）	2900	正指标	$PLI = \sum S_i / 4$
	农村清洁饮水普及率（%）	80	正指标	正指标评价：同上
	农村卫生设施普及率（%）	80	正指标	
农业转型	农业劳动力比例（%）	30	逆指标	农业转型指数：$ATI = \sum S_i / 4$
	农业增加值比例（%）	15	逆指标	正指标评价：同上
	农业机械化（拖拉机/平方公里可耕地）	2.4	正指标	逆指标评价：$S_i \leqslant 100$
	化肥使用密度（千克/公顷可耕地）	75	正指标	$S_i = 100 \times i_{标准值} / i_{实际值}$
第一次农业现代化指数（FAMI）		—		$FAMI = (AEI + PLI + ATI) / 3$

注：* 标准值为 1960 年代农业发达国家的平均值。** 为估计值。

表 h　2008 年第二次农业现代化指数的评价方法

评价指标	评价指标和单位	基准值*	指标性质	评价方法
农业效益	农业劳动生产率（2000 年美元）	25 774	正指标	农业效益指数：$AEI = \sum D_i / 4$
	农产品平均关税（%）	5.4	正指标	正指标评价：$D_i \leqslant 120$
	谷物单产（千克/公顷）	5348	正指标	$S_i = 100 \times i_{实际值} / i_{基准值}$
	粮食浪费比例（%）	2.0	正指标	基准值为评价当年发达国家平均值

（续表）

评价指标	评价指标和单位	基准值*	指标性质	评价方法
农民生活质量	农民素质（高等教育）（%）	40	正指标	农民生活质量指数：PLI＝$\sum D_i/4$
	动物营养比例（%）	32	正指标	
	农村移动通讯普及率（%）**	106	正指标	正指标评价：同上
	农村互联网普及率（%）**	69	正指标	
农业转型	农业劳动力比例（%）	3.5	逆指标	农业转型指数：ATI＝$\sum D_i/4$
	农业增加值比例（%）	1.5	逆指标	正指标评价：同上
	有机农业用地比例（%）	4.0	正指标	逆指标评价：$S_i \leqslant 120$
	旅游农场的比例（%）	2.0	正指标	$D_i＝120 \times i_{基准值}/i_{实际值}$
第二次农业现代化指数（SAMI）		—		SAMI＝（AEI＋PLI＋ATI）/3

注：＊为 2008 年高收入国家平均值。＊＊为估计值。

表 i　2008 年综合农业现代化指数的评价方法

评价指标	评价指标和单位	参考值*	指标性质	评价方法
农业效益	农业劳动生产率（2000 年美元）	25 774	正指标	农业效率指数：AEI＝$\sum D_i/4$
	农业相对生产率（农业/工业生产率）	0.40	正指标	正指标评价：$D_i \leqslant 100$
	谷物单产（千克/公顷）	5348	正指标	$D_i＝100 \times i_{实际值}/i_{参考值}$
	农民人均供应人口（人）	61	正指标	参考值为评价当年发达国家平均值
农民生活质量	农民人力资本指数（年）	12.7	正指标	农民生活质量指数：
	动物营养比例（%）	32	正指标	PLI＝$\sum D_i/4$
	农村清洁饮水普及率（%）	100	正指标	正指标评价：同上
	农村互联网普及率（%）**	69	正指标	
农业转型	农业劳动力指数（农业/工业劳动力）	0.14	逆指标	农业转型指数：ATI＝$\sum D_i/4$
	农业增加值指数（农业/工业增加值）	0.06	逆指标	正指标评价：同上
	农业机械化（拖拉机/平方公里可耕地）	5.0	正指标	逆指标评价：$D_i \leqslant 100$
	有机农业用地比例（%）	4.0	正指标	$D_i＝100 \times i_{参考值}/i_{实际值}$
综合农业现代化指数（IAMI）		—		IAMI＝（AEI＋PLI＋ATI）/3

注：＊为 2008 年高收入国家平均值。＊＊为估计值。

参 考 文 献

艾利思. 2006. 农民经济学:农民家庭农业和农业发展(第二版). 胡景北,译. 上海:上海人民出版社.

巴比. 2002. 社会研究方法基础(第八版). 邱泽奇,译. 北京:华夏出版社.

白跃世. 2004. 中国农业现代化路径选择分析. 北京:中国社会科学出版社.

包宗顺. 2008. 国外农业现代化借鉴研究. 世界经济与政治论坛,5:112—117.

包宗顺,章寿荣,徐元明. 2002. 农业现代化进程评估与推进战略——兼评江苏农业现代化进程. 江海学刊,3:
　　66—72.

宝贡敏,黄祖辉,徐旭. 1996. 论我国农业现代化的指标、途径与关键. 农业现代化研究,17(6):311—314.

贝尔. 1997. 后工业社会的来临——对社会预测的一项探索. 高铦,王宏周,魏章玲,译. 北京:新华出版社.

贝克,吉登斯,拉什. 2001. 自反性现代化:现代社会秩序中的政治、传统与美学. 赵文书,译. 北京:商务印书馆.

布莱克编. 1996. 比较现代化. 杨豫,陈祖洲,译. 上海:上海译文出版社.

布莱克. 1989. 现代化的动力:一个比较史的研究. 景跃进,张静,译. 杭州:浙江人民出版社.

簿云. 1998. 从美国农业现代化存在的问题看世界农业的未来. 中国农村经济,5:74—80.

查普夫. 2000. 现代化与社会转型(第二版). 陈黎,陆成宏,译. 北京:社会科学文献出版社.

陈春霞. 2010. 农业现代化的内涵及其拓展. 生产力研究,1:54—56.

陈丽丽. 2009. 中国农业现代化制度创新与发展路径研究. 北京:经济科学出版社.

陈声明,陆国权. 2006. 有机农业与食品安全. 北京:化学工业出版社.

陈文强. 2010. 台湾现代农业发展的模式、道路与思考. 成都:西南交通大学出版社.

陈锡文. 2010. "十二五":加快新农村建设的基本方向与任务. 农村工作通讯,22:6—9.

单玉丽,刘克辉. 2009. 台湾工业化过程中的现代农业发展. 北京:知识产权出版社.

邓启明,黄祖辉,胡剑锋. 2009. 以色列农业现代化的历程、成效及启示. 社会科学战线,7:74—78.

邓小平. 1993. 邓小平文选(第三卷). 北京:人民出版社.

董向荣. 2008. 韩国新村运动的局限性与启示. 国际经济评论,1—2:60—62.

杜鹰. 2001. 农业现代化与可持续发展. 北京:中国农业出版社.

樊凯. 2009. 生态农业——农业发展的路色之路. 北京:中国社会出版社.

范明. 1999. 发达国家农业现代化的经验与启示. 农场经济管理,4:30—31.

费德里科. 2011. 养活世界——农业经济史 1800—2000. 何秀荣,田维明,译. 北京:中国农业大学出版社.

冯开文,李军. 2008. 中国农业经济史纲要. 北京:中国农业大学出版社.

高尚全. 1982. 走我国自己农业现代化的道路. 北京:农业出版社.

高照军,崔成镇,郝运鹏. 2008. 国外农业现代化模式对我国农业现代化道路的启示. 现代农业科学,15(9):80—81.

顾焕章. 1980. 农业现代化问题. 南京:江苏人民出版社.

顾焕章. 1997. 论面向 21 世纪我国农业现代化进程中的十大关系. 中国科技论坛,5:28—31.

顾焕章. 2009. 农业现代化进进程中的技术选择. 江苏农村经济,9:20—21.

顾焕章,王培志. 1997. 论农业现代化的涵义及其发展. 江苏社会科学,1:30—35.

顾焕章,张超超. 1998. 中国农业现代化研究. 北京:中国农业科技出版社.

郭剑雄,袁晓莉,蔡苏文. 2004. 国际化进程中的农业转型:农业国际化对农业现代化进程影响的研究. 西安:陕西人
　　民出版社.

郝宏桂. 2006. 东亚农业现代化模式研究. 北京:九州出版社.

郝宏桂. 2008. 韩国农业现代化的历史经验. 安徽农业科学,36(34):15272—15274.

何传启. 1992. 效益管理. 北京：中国科技出版社.

何传启. 1999. 第二次现代化——人类文明进程的启示. 北京：高等教育出版社.

何传启. 2003. 东方复兴：现代化的三条道路. 北京：商务印书馆.

何传启. 2010. 现代化科学：国家发达的科学原理. 北京：科学出版社.

何传启. 2010. 中国现代化报告概要：2001—2010. 北京：北京大学出版社.

何秀荣. 2011. 农业现代化的兴起、演进和国际经验. 科学与现代化，46：17—29.

洪银兴，刘志彪. 2009. 三农现代化的现代途径. 北京：经济科学出版社.

侯学煜. 1980. 生态平衡与农业现代化. 北京：农业出版社.

黄国桢. 2000. 迈向新世纪：中国农业现代化内涵拓展. 上海农学院学报，18(2)：158—163.

黄国桢. 2001. "农业现代化"再界定. 农业现代化研究，22(1)：48—51.

黄正多，李燕. 2006. 印度农业现代化的现状、特点及其原因分析. 南亚研究季刊，3：26—30 (35).

黄柱邦. 1995. 我国农业现代化探讨. 北京：中国农业出版社.

黄祖辉，邓启明. 2008. 从一次现代化到二次现代化：高效现代生态农业的理论、农户影响与政策//黄祖辉，张冬平，潘伟光. 求索中国特色现代农业之路. 杭州：浙江大学出版社. 18—29.

黄祖辉，林坚，张冬平. 2003. 农业现代化：理论、进程与途径. 北京：农业出版社.

黄祖辉，张冬平，潘伟光. 2008. 求索中国特色现代农业之路. 杭州：浙江大学出版社.

蒋和平，黄德林. 2006. 中国农业现代化发展水平的定量综合评价. 农业现代化研究，27(2)：87—91.

蒋和平，宋莉莉. 2007. 巴西现代农业建设模式及其借鉴和启示. 科技与经济，4：40—43.

蒋和平，辛岭. 2009. 建设中国现代农业的思路与实践. 北京：中国农业出版社.

蒋和平，辛岭，黄德林. 2006. 中国农业现代化发展阶段的评价. 科技与经济，19(4)：56—60.

焦必方，孙彬彬. 2009. 日本现代农村建设研究. 上海：复旦大学出版社.

康芸，李晓鸣. 2000. 试论农业现代化的内涵和政策选择. 中国农村经济，9：9—14.

克里斯藤森. 1992. 丹麦农业现代化历程：1750～1980 年. 田晓文，译. 天津：天津大学出版社.

库恩. 2004. 科学革命的结构. 金吾伦，胡新，译. 北京：北京大学出版社.

拉尔夫，等. 1998/1999. 世界文明史. 赵丰，译，北京：商务印书馆.

李保全，乔鹏程，张宇松. 2008. 河南农业现代化研究. 郑州：中原农民出版社.

李秉龙，薛兴利. 2009. 农业经济学. 2 版. 北京：中国农业大学出版社.

李根蟠. 1998. 中国古代农业. 北京：商务印书馆.

李晓玲. 2010. 知识产权与农业现代化. 兰州：甘肃文化出版社.

利奥塔尔. 1997. 后现代状态：关于知识的报告. 车槿山，译. 北京：三联书店.

林毅夫. 2008. 制度、技术与中国农业发展. 上海：格致出版社，上海人民出版社.

刘坚. 2001. 探索有中国特色的农业现代化道路：发达地区加快实现农业现代化. 北京：中国农业出版社.

刘景章. 2002. 农业现代化的"日本模式"与中国的农业发展. 经济纵横，9：40—44.

刘敏华，田永明，马永耀. 2009. 发达国家农业现代化规律与启示. 农业经济，6：69—71.

刘晓越. 2004. 中国农业现代化进程研究与实证分析. 统计研究，2：10—16.

刘易斯. 1990. 经济增长理论. 梁小民，译. 上海：三联书店上海分店.

刘振邦. 2000. 从传统农业走向现代农业. 福建经济，3：5—6.

刘振邦. 2006. 发达国家农业现代化给我们的启示. 科学决策，3：46—48.

刘振邦. 2006. 农业现代化之路. 北京：中国农业出版社.

刘振邦. 1980. 法国的农业现代化. 北京：农业出版社.

刘振邦，李成林. 1980. 主要资本主义国家的农业现代化. 北京：农业出版社.

娄成后. 1989. 我国北方旱区农业现代化. 北京：气象出版社.

卢良恕. 2006. 中国农业发展理论与实践. 南京：江苏科学技术出版社.

卢荣善. 2007. 经济学视角：日本农业现代化经验及其对中国的适用性研究. 农业经济问题，2：95—100.

陆世宏. 2006. 中国农业现代化道路的探索. 北京：社会科学文献出版社.

吕青芹，张林，韩星. 2006. 国外的农业合作社. 北京：中国社会出版社.

吕晓燕. 2002. 农业现代化与信息化. 北京：中国农业科技出版社.

吕新. 2010. 农业信息化与农业现代化. 乌鲁木齐：新疆大学出版社.

罗荣渠. 1993. 现代化新论. 北京：北京大学出版社.

罗荣渠，董正华. 1997. 东亚现代化：新模式与新经验. 北京：北京大学出版社.

罗斯托. 2001. 经济增长的阶段：非共产党宣言. 郭熙保，王松茂，译. 北京：中国社会科学出版社.

骆世明. 2009. 生态农业的模式与技术. 北京：化学工业出版社.

马克思. 1975. 资本论（第一卷）. 北京：人民出版社.

马述忠，冯冠胜. 2010. 健全农业补贴制度——规则、模式与方案. 北京：人民出版社.

麦迪森. 1997. 世界经济二百年回顾. 李德伟，盖建玲，译. 北京：改革出版社.

麦迪森. 2003. 世界经济千年史. 伍晓鹰，等，译. 北京：北京大学出版社.

毛霞. 2007. 美国农业现代化发展的历程对中国的启示. 浙江万里学院学报，20(6)：114—116.

梅尔. 1990. 农业经济发展学. 何宝玉，等，译. 北京：农村读物出版社.

米切尔. 2002. 帕尔格雷夫世界历史统计. 贺力平，译. 北京：经济科学出版社.

诺思. 1992. 经济史上的结构和变革. 厉以平，译. 北京：商务印书馆.

帕特尔. 2008. 粮食战争：市场权力和世界食物体系的隐形战争. 郭国玺，程剑峰，译. 北京：东方出版社.

佩鲁. 1987. 新发展观. 张宁，丰子义译. 北京：华夏出版社.

邱剑锋，等. 2004. 走新型农业现代化的道路. 中国农业科技导报，6：20—25.

裘元伦. 1980. 西德的农业现代化. 北京：农业出版社.

屈小娥. 2005. 日本农业现代化进程中的政府干预及其借鉴. 生产力研究，9：139—140 (221).

任天志. 1995. 从世界农业思潮看中国农业的现代化与自然化选择. 沈阳农业走学学报，27(1)：11—15.

尚启君. 1999. 发达国家传统农业向现代农业转变的三个阶段. 世界农业，11：6—8.

邵玉辉. 1960. 谈加速农业现代化进程. 济南：山东人民出版社.

史美兰. 2006. 农业现代化：发展的国际比较. 北京：民族出版社.

世界银行. 2008. 2008 年世界发展报告：以农业促发展. 胡光宇，赵冰，译. 北京：清华大学出版社.

世界银行. 2003. 全球化、增长与贫困：建设一个包容性的世界经济. 北京：中国财政经济出版社.

舒尔茨. 1999. 改造传统农业. 梁小民，译. 北京：商务印书馆.

斯塔夫里阿诺斯. 1992. 全球通史：1500 年以后的世界. 吴象婴，梁赤民，译. 上海：上海社会科学院出版社.

宋登卯. 2006. 印度农业现代化中存在的问题. 湖北经济学院学报（人文社会科学版），3(2)：49—50.

宋士云，公维才. 2006. 中国农业现代化与农村发展. 长春：吉林大学出版社.

速水佑次郎，神门善久. 2003. 农业经济论（新版）. 沈金虎，等，译. 北京：中国农业出版社.

孙鸿志. 2008. 美国农业现代化进程中的政策分析. 山东社会科学，2：72—75.

谭崇台. 2001. 发展经济学. 太原：山西经济出版社.

谭田刚. 1989. 试论世界农业现代化的道路问题. 农业班代化研究，10(1)：4—7.

汤因比. 1997. 历史研究. 曹未凤，等，译. 上海：上海人民出版社.

田魁祥，毕绪岱，王智平. 1998. 对实现我国农业现代化的思路与途径的认识. 农业现代化研究，19(5)：324—327.

瓦罗. 2006. 论农业. 王家绶，译. 北京：商务印书馆.

万忠，郑业鲁. 2008；广东农业现代化建设理论与实践. 北京：中国农业科学技术出版社.

汪茂林. 1998. 中国走向近代化的里程碑. 重庆：重庆出版社.

王立胜. 2009. 中国农村现代化社会基础研究. 北京：人民出版社.

王晓方. 2005. 世界农业科技发展概览. 北京：中国农业科学技术出版社.

王学真，高峰. 2007. 农业国际化和农业现代化的互动发展道路：基于胶东发展模式的实证分析. 北京：人民出版社.

韦伯. 1987. 新教伦理与资本主义精神. 于晓，等，译. 北京：三联书店.

魏茨. 1990. 从贫苦农民到现代化农民一套革命的农村发展战略及以色列的乡村综合发展. 杨林军,何大明,等,译. 北京:中国展望出版社.

吴大付,胡国安. 2007. 有机农业. 北京:中国农业科学技术出版社.

吴方卫,等. 2007. 都市农业经济分析. 上海:上海财经大学出版社.

吴国庆. 2006. 农业现代化建设与农村可持续发展研究.杭州:西泠印社出版社

吴觉农. 1933. 中国农业的现代化. 申报月刊,2(7):74—77.

西蒙. 1989. 现代决策理论的基石. 杨砾、徐立译. 北京:北京经济学院出版社.

熊彼特. 1990. 经济发展理论:对于利润、资本、信贷、利息和经济周期的考察. 何畏,等,译. 北京:商务印书馆.

徐更生. 2006. 美国农业政策. 北京:经济管理出版社.

徐冠仁. 1982. 现代科学技术与农业现代化. 北京:知识出版社.

徐星明,杨万江. 2000. 我国农业现代化进程评价. 农业现代化研究,21(5):276—282.

许纪霖,陈达凯. 1995. 中国现代化史. 上海:上海三联书店.

宣杏云,王春法. 1998. 西方国家农业现代化透视. 上海:上海远东出版社.

宣杏云. 2006. 国外农业现代化的模式及其借鉴. 江苏农村经济,5:16—17.

亚农. 1986. 发展中国家的农业现代化. 太原:山西人民出版社.

杨纪柯. 1983. 农业现代化的起步策略. 合肥:安徽科学技术出版社.

杨杰. 2009. 从下往上看——英国农业革命. 北京:中国社会科学出版社.

杨万江,徐星明. 2001. 农业现代化测评. 北京:社会科学文献出版社.

姚洋. 2004. 土地、制度和农业发展. 北京:北京大学出版社.

易军,张春花. 2005. 北方沿海地区农业现代化进程的定量评价. 中国软科学,1:134—139.

殷晓岚. 2003. 中日农业现代化进程比较及其启示. 南京农业大学学报(社会科学版),3(2):82—91.

游泳,朱君丽,黄琳. 2003. 发达国家农业现代化的体制支持及启示. 湖北社会科学,10:49—50.

虞和平主编. 2002. 中国现代化历程. 南京:江苏人民出版社.

袁金辉. 2007. 乡村治理与农村现代化. 郑州:郑州大学出版社.

詹玲,蒋和平,冯献. 2009. 国外休闲农业的发展概况和经验启示. 世界农业,10:47—51.

张冬平,黄祖辉. 2002. 农业现代化进程与农业科技关系透视. 中国农村经济,11:48—53.

张珂垒,蒋和平,相一华. 2009. 美国构建发展现代农业的政策体系及其对中国的启示. 世界农业,8:29—33.

张培刚,2009. 农业与工业化. 武汉:华中科技大学出版社.

张孝岳. 2011. 湖南省农业现代化战略研究. 长沙:湖南科学技术出版社.

张佑新. 1979. 浅谈农业现代化. 太原:山西人民出版社.

张忠根. 2001. 二十世纪世界农业发展模式的演变. 农业经济,1:1—3.

张忠根,田万获. 2002. 中日韩农业现代化比较研究. 北京:中国农业出版社.

张仲威. 1994. 中国农业现代化若干问题的探讨. 农业现代化研究,12(3):129—133.

章开沅,罗福惠. 1993. 比较中的审视:中国早期现代化研究. 北京:人民出版社.

赵德馨. 2003. 中国近现代经济史. 郑州:河南人民出版社.

赵景阳,郭艳红,米庆华. 2007. 广义农业现代化的内涵与评价研究——以山东省为例. 农业现代化研究,28(1):28—31(46).

支树平. 2005. 农业现代化建设理论与实践. 北京:研究出版社.

中国科学院农业领域战略研究课题组.2009.中国至2050年农业科技发展农业路线图.北京:科学出版社.

中国科学院农业现代化研究委员会. 1982. 论农业现代化. 北京:中国学术出版社.

中国现代化报告课题组. 2001. 中国现代化报告2001. 北京:北京大学出版社.

中国现代化战略研究课题组. 2002. 中国现代化报告2002. 北京:北京大学出版社.

中国现代化战略研究课题组等. 2003—2011. 中国现代化报告2003—2011. 北京:北京大学出版社.

中国营养学会.2010.中国居民膳食指南.拉萨:西藏人民出版社.

周积明. 1996. 最初的纪元:中国早期现代化研究. 北京:高等教育出版社.

周洁红,黄祖辉. 2002. 农业现代化评论综述——内涵、标准与特性. 农业经济,11:1—3.

朱道华. 1999. 战后世界农业经济发展的十大基本趋势. 沈阳农业大学学报(社会科学版),1(1):1—6.

朱道华. 2002. 略论农业现代化、农村现代化和农民现代化. 沈阳农业大学学报(社会科学版),4(3):178—181.

朱庆芳,吴寒光. 2001. 社会指标体系. 北京:中国社会科学出版社.

朱颂华. 1998. 农业现代化理论与实践. 上海:上海财经大学出版社.

朱有志. 2008. 湖南农业现代化研究. 长沙:湖南人民出版社.

庄荣盛. 2008. 日本农业现代化经验对我国的启示. 中共中央党校学报,12(6):98—102.

Abdullah M. 1988. Modernization of agriculture and seasonality in food-intake. Nutrition Reports International, 37
(6): 1147—1159.

Acemoglu D, et al. 2009. Reevaluating the modernization hypothesis. Journal of Monetary Economics, 56:
1043—1058.

Adelman I. 2000. Fifty years of economic development: what have we learned? World Bank Working Paper Number
28737. Washington D C: World Bank.

Agarwal B. 1981. Agricultural modernization and third world women: pointers from the literature and an empirical
analysis. Geneva: International Labour Organization.

Anand S, Sen A, 2000. Human development and economic sustainability. World Development, 28 (12): 2029—2049.

Archambault S. 2004. Ecological modernization of the agriculture industry in southern Sweden: reducing emissions to
the Baltic Sea. 7th Roundtable Meeting on Cleaner Production, May, 2001 Lund, Sweden. Journal of Cleaner Pro-
duction, 12(5): 491—503.

Arnon I. 1981. Modernization of agriculture in developing countries: resources, potentials, and problems. Chichester
[West Sussex], New York: Wiley.

Axinn G H, Thorat S. 1972. Modernizing world agriculture: a comparative study of agricultural extension education.
New York: Praeger.

Bagchi D. 1982. Female roles in agricultural modernization: an Indian case study. East Lansing, MI : Office of Women
in International Development, Michigan State University.

Bahiigwa G, Rigby D, Woodhouse P. 2005. Right target, wrong mechanism? Agricultural modernization and poverty
reduction in Uganda. World Development, 33(3): 481—496.

Baum R. 1980. China's four modernizations: the new technological revolution. Boulder, Colo. : Westview Press.

BEA. 2011. National economic accounts. http://www.bea.gov/national/index.htm#gdp. 2011-11-12.

Beck N, Katz J N. 1995. What to do (and not to do) with time-series cross-section data. American Political Science
Review, 89 (September): 634—647.

Beck U, Giddens A, Lash S. 1994. Reflexive modernization: politics, tradition and aesthetics in the modern social or-
der. Stanford, California: Stanford University Press.

Beck U. 1992 [1986]. Risk society: toward a new modernity. London: Sage.

Behera M C. 1998. Agricultural modernisation in eastern Himalayas: problems and prospects: an interdisciplinary work
on Arunachal Pradesh. New Delhi: Commonwealth Publishers.

Bell D. 1973. The coming of postindustrial society. New York: Penguin.

Benjaminsen T A, Svarstad H. 2008. Understanding traditionalist opposition to modernization: narrative production in
a Norwegian mountain conflict. Geogr Ann B, 90 (1): 49—62.

Black C E. 1976. Comparative modernization: a reader. New York: The Free Press.

Black C E. 1966. The dynamics of modernization: a study in comparative history. New York, Evanston, and London:
Harper & Row, Publishers.

Bos L. 1992. New plant-virus problems in developing-countries—a corollary of agricultural modernization. Advances in Virus Research, Vol. 41, 349—407.

Briceno R G. 1982. The process of agricultural modernization in Venezuela. Cornell University,

Briceno, O. D. C. 1976. Factors affecting agricultural modernization among Colombian "Campesinos." Ann Arbor, Mich. UMI. (Ph. D. Thesis).

Buck G. 1969. A quantitative analysis of modernization. El Paso: Texas University at El Paso.

Chenery H, Syrquin M. 1975. Patterns of development, 1950—1970. Oxford: Oxford University Press.

Chonchol J. 1990. Agricultural modernization and peasant strategies in Latin America. International Social Science Journal, Vol. 42, No. 2 pp. 135—151.

Coughenour C M, Stephenson J B. 1972. Measures of individual modernity: review and commentary. International Journal of Comparative Sociology, 13(2): 81—98.

Crook S, Pakulski J, Waters M. 1992. Post-modernization: change in advanced society. London: Sage.

Cutright P. 1963. National political development: measurement and analysis. American Sociological Review, 28(2): 253—264.

De Clercq J L W, Gilbert A J. 1980. Agricultural modernisation and employment. KwaDlangezwa, South Africa: University of Zululand.

Deininger K, Binswanger H. 1999. The evolution of the World Bank's land policy: principles, experience, and future challenges. The World Bank Research Observer, 14 (2): 247—76.

Dholakia B H, Dholakia R H. 1992. Modernization of agriculture and economic development: the India experience. farm and business, The Journal of The Caribbean Agro-Economic Society. Vol. 1, No. 1. http://purl. umn. edu/44549.

Downing T J. 1978. Agricultural modernization in El Salvador Central America. Cambridge: University of Cambridge.

Edelman M. 1980. Agricultural modernization in smallholding areas of Mexico: a case study in the Sierra Norte de Puebla. Latin American Perspectives, Vol. 7, No. 4, 29—49.

Engerman D C, Gilman N, Haefele M H. 2003. Staging growth: modernization, development, and the global cold war. Amherst and Boston: University of Massachusetts Press.

FAO. 2000. The state of food and agriculture 2000. Rome: FAO.

FAO. 2011. FAOSTAT-Agriculture. http://faostat. fao. org/site/339/default. aspx. 2011-10-8.

Flitner M. 2003. Genetic geographies. A historical comparison of agrarian modernization and eugenic thought in Germany, the Soviet Union, and the United States. Geoforum, 34: 175—185.

Francks P. 2008. Agriculture in the modernization of Japan (1850—2000). Social Science Japan Journal, Vol. 11, No. 2, 309—312.

Gibb A. 1974. Agricultural modernization, non-farm employment and low level urbanization: a case study of a central Luzon sub-Region of the Philippines. PhD dissertation, University of Michigan.

Gibbons D S, Koninck R, Hasan I. 1980. Agricultural modernization, poverty and inequality. The distributional impact of the Green Revolution in regions of Malaysia and Indonesia. Farnborough: Saxon House, Teakfield Ltd.

Golde G. 1975. Catholics and protestants: agricultural modernization in two German villages. New York: Academic Press.

Gurjar R K. 1987. Irrigation for agricultural modernization: a study of the India Gandhi Canal Command Area, stage-I. Jodhpur: Scientific Publishers.

Harbison F H, Maruhnic J, Resnick J R. 1970. Quantitative analysis of modernization and development. Princeton, NJ: Princeton University.

Harrison D. 1988. The sociology of modernization and development. London: Unwin Hyman.

Harrison J G. 1972. Agricultural modernization and income distribution: an economic analysis of the impact of new seed varieties on the crop production of large and small farms in India. A Ph. D Thesis submitted to the Princenton University.

Hart G P, Turton A, White B. eds. 1989. Agrarian Transformations: Local Processes and the State in Southeast Asia. Berkeley: University of California Press.

Hauchart V. 2006. Cotton cultivation in Mouhoun (Burkina Faso) and agricultural modernization. Perspectives for development? Cahiers Agricutures, Vol. 15, No. 3, 285—291.

Hayami Y, Ruttan V W. 1985. Agricultural development: an international perspective. Baltimore: The John Hopkins University Press.

Hayami Y, Ruttan V W. 1971. Agricultural development: an international perspective. Baltimore: Johns Hopkins Press.

He C. 2010. China modernization report outlook: 2001—2010. Beijing: Peking University Press.

He C. 2012. Modernization science: the principles and methods of national advancement. Heidelberg: Springer.

Held J. 1980. The modernization of agriculture: rural transformation in Hungary, 1848—1975. New York: Columbia University Press.

Huber J. 2000. Towards industrial ecology: sustainable development as a concept of ecological modernization. Journal of Environmental Policy & Planning, 2, 269—285.

ILO. 2000. Sustainable agriculture in a globalized economy: report for discussion at the tripartite meeting on moving to sustainable agricultural development through the modernization of agriculture and employment in a globalized economy, Geneva 2000. Geneva: International Labour Office.

Inglehart R, Welzel C. 2005. Modernization, cultural change, and democracy: the human development sequence. New York: Cambridge University Press.

Inglehart R. 1997. Modernization and postmodernization: cultural, economic and political change in 43 societies. Princeton: Princeton University Press.

Inkeles A, Smith D H. 1974. Becoming modern: individual change in six developing countries. Cambridge: Harvard University Press.

Ireson W R. 1987. Landholding, agricultural modernization, and income concentration: a mexican example. Economic Development and Cultural Change, 35 (2): 351—66.

ISUCAED (Iowa State University Center for Agricultural and Economic Development). 1965. Economic development of agriculture: the modernization of farming. Ames: Iowa State University Press.

Jones P M. 1990. Agricultural modernization and the French Revolution. Journal of Historical Geography, Vol. 16, Issue 1, 38—50.

Kahl L A. 1968. The measurement of modernism: a study of values in brazil and mexico. Austin: University of Texas Press.

Kahlon A S. 1984. Modernization of Punjab agriculture. New Delhi : Allied Publishers.

Karel E H. 2010. Modernization of the Dutch agriculture system 1950—2010. Paper for the International Rural History Conference 2010, University of Sussex, Brighton (UK) 13—16 September 2010. Dutch Historical Agriculture. Institute. University of Groningen/Wageningen University, The Netherlands.

Keeler J T S. 1981. The corporatist dynamic of agricultural modernization in the Fifth Republic. In W. G. Andrews and S. Hoffman. The Fifth Republic at twenty. Albany: State University of New York Press.

Kennedy C R. 1980. The politics of agricultural modernization: a comparative study of land reform in Parkistan, India, Japan and Iran. University of Texas at Austin.

Kleene P, Bigot Y. 1977. Farm size and agricultural modernization in Wolof-Saloum environment (Senegal). Agronomie Tropicale, Vol. 32, No. 2, 163—173.

Korovkin T. 1997. Indigenous peasant struggles and the capitalist modernization of agriculture—Chimborazo, 1964—

1991. Latin American Perspectives, Vol. 24, No. 3, 25—49.

Kuznets S. 1955. Economic growth and income inequality. American Economic Review, 45(1): 1—28.

Kuznets S. 1971. Economic growth of nations. Combridge, MA: Harvard University Press.

Lerner D. 1958. The passing of traditional society: modernizing the middle east. New York: Free Press.

Lewis W A. 1955. The theory of economic growth. Homewood, N. J.: Richard D. Irvin.

Lohmar B., et al. 2009. China's ongoing agricultural modernization: challenges remain after 30 years of reform. Economic Information Bulletin No. 51, U. S. Department of Agriculture, Economic Research Service.

Lyotard Jean-Francois. 1984. The postmodern condition: a report on knowledge. Minneapolis: University of Minnesota.

Maddison A. 2001: The world economy: a millennial perspective. OECD Development Centre Studies. Paris: OECD.

Malone C C, Shastry B D, Francis T S. 1970. A guide to agricultural modernization. New Delhi, Ford Foundation.

Mansell R, When U. 1998. Knowledge societies: information technology for sustainable development. New York: United States, Oxford University Press.

Martine G. 1988. Frontier expansion, agricultural modernization, and population trends in Brazil. Oxford: Clarendon Press.

Martine G. 1993. The phases of agricultural modernization in Brazil. //Ness G D, Drake W D, Brechin S R. Population-environment dynamics: ideas and observations. Ann Arbor, Michigan, University of Michigan Press. 167—86.

Martinelli A. 2005. Global modernization: rethinking the project of modernity. London, Thousand Oaks, New Delhi: Sage Publications.

Marx K. 1954 [1867]. Capital, Volume I. London: Lawrence and Wishart.

Mazoyer M, Roudart L. 2000. The socio-economic impact of agricultural modernization. In FAO. The State of food and agriculture 2000. Rome: FAO. 171—196.

McCook S. 2001. Promoting the "practical": science and agricultural modernization in Puerto Rico and Colombia, 1920—1940. Agricultural History, Vol. 75, No. 1, 52—82.

Meadows DH et al. 1972. The limits to growth. New York: New American Library.

Mehari A, Van Steenbergen F, Schultz B. 2011. Modernization of spate irrigated agriculture: a new approach. Irrigation and Drainage, Vol. 60, No. 2, 163—173.

Michie A. N. 1978. Agricultural modernization and economic Inequality: the Indian experience. Social Science Quarterly, 59 (2): 311—23.

Michie A N. 1982. Agricultural modernization and rural inequality in the United States and India. Boulder, Colo.: Westview Press.

Mohanty B B. 1996. Agricultural modernization in rural Orissa: prosperity and destitution. Man in India, Vol. 76, No. 1, 81—90.

Mohanty B B. 2000. Agricultural modernization and the trend of social inequality in rural Maharashtra. Pune: Agro-Economic Researh Centre, Gokhale Institute of Politics and Economics.

Mol A P J, Sonnenfeld D A, Spaargaren G. 2009. The Ecological modernisation reader: environmental reform in theory and practice. London: Routledge

Mol A P J, Sonnenfeld D A. 2000. Ecological modernization around the world: perspectives and critical debates. London: Frank Cass.

Mol A P J. 2001. Globalization and environmental reform: the ccological modernization of the global economy. Cambridge: MIT Press.

Morrissy I D. 1974. Agricultural modernization through production contracting, The Role of the Fruit and Vegetable Processor in Mexico and Central America. New York: Praeger Publishers.

Nicholson N. 1984. Landholding, Agricultural modernization, and local institutions in India. Economic Development and Cultural Change, 32(3): 569—592.

North D C. 1981. Structure and change in economic history. New York: W. W. Norton.

Obach BK. 2007. Theoretical interpretations of the growth in organic agriculture: agricultural modernization or an organic treadmill? Society & Natural Resources: An International Journal, 20(3): 229—244.

OECD. 2003. OECD environmental indicators, development, measurement and use, reference paper. Paris: OECD.

OECD. 2009a. The role of agriculture and farm household diversification in the rural economy: evidence and initial policy implications. Paris: OECD.

OECD. 2009b. Farmland conversion: the spatial dimension of agricultural and land-use policies. Paris: OECD.

OECD. 2011. Producer and consumer support estimates database.
http://www.oecd.org/document/59/0,3746,en_2649_37401_39551355_1_1_1_37401,00.html. 2011-9-12.

OECD. 2011. Database—OECD-FAO agricultural outlook 2011—2020.
http://www.oecd.org/document/15/0,3746,en_36774715_36775671_48172367_1_1_1_1,00.html. 2011-9-18.

OECD. 2011. OECD-FAO agricultural outlook 2011—2020. Paris: OECD.

Oqionwo W. 1969. Agricultural modernization: the adoption of agricultural innovations among cocoa, Oilpalm [sic], Rice and Rubber Farmers in Southern Nigeria. Sociologiska Institutionen.

Orsi RJ. 1975. "The Octopus" Reconsidered: the southern pacific and agricultural modernization in California, 1865—1915. California Historical Quarterly, 54: 197—220.

Parsons T. 1951. The social system. Glencoe, Ill. : Free Press.

Penz H. 1997. Modernization in agriculture: developments in Austria after World War II. Findings of research into "agriculture" within the research focus of the FWF on "Austria—Space and society". Mitteilungen Der Osterreichischen Geographischen Gesellschaft, Vol.139, 77—100.

Pomareda C. 1992. The modernization of agriculture: the challenge for effective participation in international markets. Coronado, Costa Rica: Program I: Agricultural Policy Analysis and Planning, IICA.

Porat M U. 1977. The information economy. Washington, D. C. : DOC. GPO.

Porter M E. 1990. Competitive advantage of nations. New York: The Free Press.

Przeworski A. , Limongi F. 1997. Modernization: theory and facts. World Politics, 49: 155—183.

Ralph P L. 1991. World civilizations: their history and their culture. New York: W. W. Norton & Company Inc.

Roberts J T, Hite A, 2000. From modernization to globalization. Malden, Mass. : Blackwell Publishers.

Rostow W W. 1960. The stages of economic growth: a non-communist manifesto. Cambridge: Cambridge University Press.

Roupsard M. 1985. Cotton growing in north cameroon—agricultural modernization and regional development. Coton Et Fibres Tropicales, 40(1): 39—59.

Russell H J. 2010. China's agricultural modernization. New York: Nova Science Publishers.

Sabah M A A. 1978. The experience of the Nuba Mountain Agricultural Corporation and the agricultural modernization in Abyei Region. Khartoum: Development Studies and Research Centre, Faculty of Economic & Social Studies, University of Khartoum.

Sandilands R J. 1971. The modernization of the agricultural sector and rural-urban migration in Colombia. Glasgow, University of Glasgow (Institute of Latin-American Studies).

Schultz T W. 1964. Transforming traditional agriculture. New Haven: Yale University Press.

Schultz T W. 1968. Economic growth and agriculture. New York: McGraw-Hill.

Sharma R R. 1972. Agricultural modernization-issues and achievements: a study in rural Delhi. Indian Journal of Industrial Relations, 7(3): 433—464.

Singh S. 1976. Modernisation of agriculture: a case study in eastern Uttar Pradesh. New Delhi: Heritage Publishers.

Slaybaugh D. 1996. William I. Myers and the modernization of American agriculture. Ames: Iowa State University Press.

So A Y. 1990. Social change and development. Newbury Park: Sage Publications.

Stark O. 1981. The asset demand for children during agricultural modernization. Population and Development Review, 7(4): 671—675.

Stavrianos L S. 1982. The world since 1500: a global history. Englewood Cliffs, N. J. : Prentice-Hall.

Stefanescu B. 2010. Urbanization, modernization, and the rural response: developments in the agriculture of Bihor in the Second Half of the 19(th) Century and in the Early 20(th) Century. Transylvanian Review, 19(1): 60—72.

Tam OK. 1985. China's agricultural modernization: the socialist mechanization scheme. London: Croom Helm.

Tauger M B. 2010. Agriculture in world history. New York, NY: Routledge.

Taylor J G. 1979. From modernization to modes of production: a critique of the sociologies of development and under-development. Atlantic Highlands, NJ: Humanities Press.

Thorpe A. 2002. Agrarian modernisation in Honduras. Lewiston N Y: E. Mellen Press.

Tiryakian E. 1991. Modernization: exhumetur in Pace (rethinking macrosociology in the 1990s'). International Sociology, 6(2): 165—80.

Toffler A. 1980. The third wave. New York, NY: Bantam Books.

Torres J. 1996. Agricultural modernization and resource deterioration in Latin America. //Munasinghe M. (ed.) Environmental impacts of macroeconomic and sectoral policies. International Society for Ecological Economics, World Bank, United Nations Environment Programme. Washington DC: World Bank. 257—287.

Travers S L. Jr. 1980. Choice of technique and agricultural modernization in China. Ann Arbor, Mich. UMI. (Ph. D. Thesis).

Tsou P W. 1946. Modernization of Chinese agriculture. Journal of Farm Economics, 28(3): 773—790.

Twomey M J, Helwege A. 1991. Modernization and stagnation: Latin American agriculture into the 1990s. New York: Greenwood Press.

Umarani R, Subramaniyan K. 2000. Modernization of agriculture—a boon or bane? Current Science, 79 (11): 1515—1515.

UN (United Nations), 2009. World population prospects: The 2008 Revision. New York: United Nations.

UN (United Nations). 2004. World population to 2300. New York: United Nations.

UN (United Nations). 2008. World urbanization prospects, The 2007 Revision. New York: United Nations.

UNDP(United Nations Development Programme). (various years). Human development report. New York: Oxford University Press.

UNESCO. 2005. Towards knowledge societies. Paris: UNESCO.

USCB (U. S. Census Bureau). 2000—2011. Statistics Abstract. http://www. census. gov.

Verma ND,Bhatt BP. 2001. (eds). Steps towards modernization of agriculture in NEH Region. Umiam: ICAR Research Complex for NEH Region.

Wang M H, Zhang N Q. 2002. Information technology alters the roadmap to agricultural modernization. Computers and Electronics in Agriculture, Vol. 36, No. 2—3, 91—92.

WCED (World Commission on Environment and Development). 1987. Our common future: the world commission on environment and development. Oxford: Oxford University Press.

World Bank. (various years). World Development Report. (1978—2011). Washington D. C. : World Bank. New York: Oxford University Press.

World Bank. 2002—2011. World Development Indicators. CD-ROM. (2002—2011). Washington D. C. : World Bank.

Worsley P. , Allen A. 1971. Two blades of grass: rural cooperatives in agricultural modernization. Manchester, Eng. : Manchester University Press.

XI International Seminar. 1976. International seminar on the modernization of agriculture, East and Wes Urbino 1975. Modernization of agriculture, east and west. (XI International Seminar, Urbino, July 3—5, 1975). Milano: CES-ES.

Yalan E. 1972. The modernization of traditional agricultural villages: minority villages in Israel. Rehovot, Settlement Study Center.

Yang D T, Zhu X. 2009. Modernization of agriculture and long—term growth. Working Paper 376. University of Toronto, Department of Economics.

Young S. 2000. The emergence of ecological modernization: integrating the environment and the economy? New York: Routledge.

Zapf W. 1991. Die Modernisierung Moderner Gesellschaften. Verhandlungen des 25. Deutschen Soziologentages, Frankfurt, New York: Campus.

Zeller T. 2004. Modernization of agriculture and its impact on the ecology—Westphalia from the 18th to the 20th century. Technology and Culture, Vol. 45, No. 1, 197—199.

Zhou Q Y, et al. 2010. Agricultural modernization index system and evaluation method research. Key Engineering Materials, 439—440, 842.

数据资料来源

本报告的统计数据和资料主要来自世界组织、有关国家和地区的官方统计出版物。如果没有相关世界组织、国家和地区的统计专家和工作人员通过长期的、艰苦的、系统的努力而积累的高质量的统计数据，本报告是无法完成的。特此向他们表示最诚挚的感谢！

本报告的数据资料来源主要包括：

1. International Labor Office. Yearbook of Labor Statistics，1945～2004. http://www.ilo.org/

2. OECD. 2000. OECD Historical Statistics 1970—1999. Paris：OECD.

3. UNCTAD. World Investment Report，1997～2008. New York and Geneva：United Nations.

4. UNCTAD. 2008. Creative Economy Report 2008. New York and Geneva：United Nations.

5. UNDP. Human Development Report，1990—2011. http://www.undp.org/

6. UNESCO. Statistics Yearbook，1974—1999. http://www.unesco.org/

7. UNESCO Institute for Statistics. 2005. International Flows of Selected Cultural Goods and Services，1994—2003. Montreal，Quebec (Canada)：UNESCO Institute for Statistics.

8. United Nations. Statistics Yearbook，1951—2005. New York：United Nations.

9. World Bank. World Development Indicators，1997—2011. Washington D. C. ：World Bank

10. World Bank. World Development Report，1978—2011. Washington D. C. ：World Bank.

11. World Resources Institute, et al. World Resources 1986—2005. http://www.wri.org/

12. World Trade Organization. International Trade Statistics，2003～2005. Geneva：WTO.

13. 国家统计局. 中国统计年鉴，1982～2011. 北京：中国统计出版社.

14. 国家统计局,国家科技部. 中国科技统计年鉴，1991～2010. 北京：中国统计出版社.

15. 国家统计局. 中国能源统计年鉴，1991～2005. 北京：中国统计出版社.

16. 国家统计局国民经济综合统计司. 新中国五十年统计资料汇编，1999. 北京：中国统计出版社.

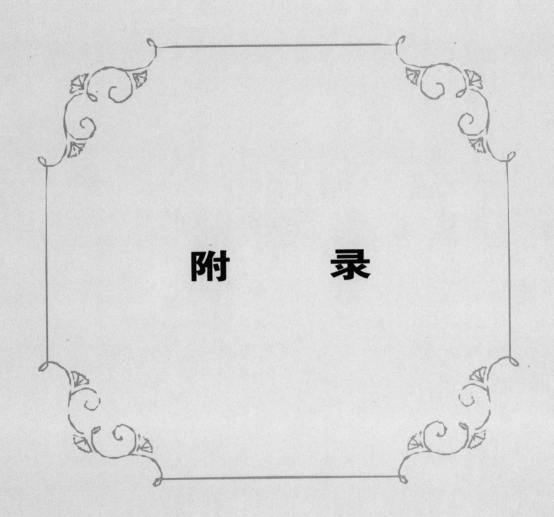

附　　　录

附录一　农业现代化水平评价的数据集

附表 1-1-1　2008 年世界农业现代化水平

国家	编号	第一次农业 现代化指数	排名[a]	第二次农业 现代化指数	排名	综合农业 现代化指数	排名
瑞典	1	100	1	106	4	99	3
美国	2	100	1	101	10	87	14
芬兰	3	100	1	102	6	90	12
澳大利亚	4	93	46	88	16	84	17
瑞士	5	100	1	96	11	95	8
挪威	6	100	1	107	3	96	6
日本	7	100	29	89	14	85	16
丹麦	8	100	1	104	5	100	1
德国	9	100	1	107	2	99	2
荷兰	10	100	1	102	7	95	7
加拿大	11	97	35	89	15	79	20
新加坡	12	100	1	111	—	98	5
英国	13	100	1	110	1	98	4
法国	14	100	1	101	9	91	11
比利时	15	100	1	101	8	94	9
奥地利	16	100	1	95	12	92	10
新西兰	17	100	1	76	23	70	27
韩国	18	100	1	63	31	74	24
以色列	19	100	1	84	17	79	18
意大利	20	100	1	90	13	89	13
爱尔兰	21	100	1	80	19	74	25
西班牙	22	100	1	83	18	86	15
爱沙尼亚	23	95	41	76	21	73	26
斯洛文尼亚	24	100	1	75	24	77	21
乌拉圭	25	99	31	52	38	55	35
俄罗斯	26	78	70	53	36	47	45
斯洛伐克	27	97	37	65	28	76	22
希腊	28	100	1	56	34	60	34
匈牙利	29	100	1	65	29	74	23
捷克	30	100	30	76	22	79	19
葡萄牙	31	100	1	67	27	66	32
白俄罗斯	32	93	43	43	46	52	42
拉脱维亚	33	93	44	67	26	67	28
立陶宛	34	99	32	65	30	66	30
格鲁吉亚	35	74	77	34	66	41	57
乌克兰	36	81	67	43	45	42	56
保加利亚	37	97	39	47	42	54	38
黎巴嫩	38	100	27	53	37	51	43
哈萨克斯坦	39	68	82	35	63	33	76
波兰	40	93	45	49	40	51	44
阿根廷	41	97	36	57	33	66	29
巴拿马	42	89	52	40	51	38	66
克罗地亚	43	100	1	58	32	54	36
沙特阿拉伯	44	100	1	69	25	66	31
哥伦比亚	45	90	51	42	48	38	63
科威特	46	93	42	79	20	61	33
智利	47	99	33	53	35	54	37
马其顿	48	97	38	39	55	52	41
阿塞拜疆	49	66	86	34	69	32	80
摩尔多瓦	50	76	74	35	65	40	59
罗马尼亚	51	88	53	50	39	45	49
委内瑞拉	52	98	34	36	60	45	50
乌兹别克斯坦	53	83	62	34	67	36	68
多米尼加	54	95	40	48	41	52	40
亚美尼亚	55	80	68	32	72	41	58
巴拉圭	56	72	78	27	81	30	84
哥斯达黎加	57	100	28	35	64	43	52
巴西	58	87	56	33	70	39	62
墨西哥	59	85	60	42	49	45	48
博茨瓦纳	60	62	93	39	54	32	77
秘鲁	61	81	65	40	53	43	54
牙买加	62	80	69	36	61	36	69
约旦	63	87	57	39	56	53	39
南非	64	88	55	43	47	45	47
土耳其	65	93	47	26	83	39	61
厄瓜多尔	66	88	54	40	52	46	46
伊朗	67	86	59	26	85	35	71
蒙古	68	52	100	41	50	32	78
摩洛哥	69	67	85	18	102	25	94
马来西亚	70	100	1	44	44	43	53

附表 1-1-1 2008 年世界农业现代化水平 （续表）

国家	编号	第一次农业现代化程度	排名 [a]	第二次农业现代化指数	排名	综合农业现代化指数	排名
萨尔瓦多	71	92	49	36	59	34	73
埃及	72	91	50	27	82	43	55
中国	73	76	75	35	62	38	65
阿尔及利亚	74	75	76	25	90	34	74
土库曼斯坦	75	86	58	24	91	28	89
突尼斯	76	81	64	27	80	38	64
阿尔巴尼亚	77	76	73	45	43	39	60
吉尔吉斯斯坦	78	68	83	37	58	35	70
塔吉克斯坦	79	64	89	33	71	29	87
玻利维亚	80	56	97	27	79	25	95
缅甸	81	60	95	25	88	26	91
菲律宾	82	81	66	37	57	29	86
泰国	83	77	72	27	78	29	88
纳米比亚	84	64	90	31	74	28	90
津巴布韦	85	49	106	13	121	16	109
洪都拉斯	86	78	71	31	73	31	81
尼加拉瓜	87	70	80	25	89	31	82
越南	88	68	84	30	76	32	79
肯尼亚	89	47	111	23	93	23	98
斯里兰卡	90	82	63	26	86	33	75
刚果共和国	91	65	88	30	75	44	51
印度尼西亚	92	72	79	26	87	26	92
赞比亚	93	51	103	20	98	13	120
危地马拉	94	85	61	34	68	30	83
毛里塔尼亚	95	46	113	23	92	19	102
科特迪瓦	96	52	101	16	107	16	108
印度	97	63	91	20	99	24	96
巴基斯坦	98	69	81	28	77	35	72
莱索托	99	63	92	18	103	23	99
柬埔寨	100	45	114	17	106	17	105
喀麦隆	101	52	102	14	114	13	121
厄立特里亚	102	33	127	13	120	12	127
叙利亚	103	92	48	22	95	36	67
加纳	104	48	109	16	111	16	107
乍得	105	48	108	13	123	17	104
莫桑比克	106	32	129	13	119	8	131
几内亚	107	38	124	13	124	16	110
也门共和国	108	61	94	22	94	16	106
巴布亚新几内亚	109	53	98	16	108	15	116
海地	110	47	112	26	84	14	119
尼泊尔	111	48	110	14	115	25	93
塞内加尔	112	49	107	17	105	18	103
塞拉利昂	113	39	122	11	130	10	129
刚果民主共和国	114	33	128	15	112	9	130
老挝	115	50	105	22	96	20	101
马拉维	116	50	104	11	129	15	113
多哥	117	41	118	13	122	11	128
马达加斯加	118	41	119	15	113	13	122
马里	119	34	126	14	116	13	124
尼日利亚	120	57	96	19	100	15	112
孟加拉国	121	65	87	18	104	24	97
坦桑尼亚	122	38	123	13	127	13	126
贝宁	123	52	99	14	117	14	118
尼日尔	124	30	131	13	118	14	117
安哥拉	125	40	121	19	101	30	85
乌干达	126	44	116	21	97	22	100
中非	127	41	120	13	125	13	123
布基纳法索	128	35	125	13	126	13	125
埃塞俄比亚	129	30	130	12	128	15	114
布隆迪	130	44	115	16	109	15	115
卢旺达	131	42	117	16	110	16	111
高收入国家	132	100		100		100	
中等收入国家	133	71		26		29	
低收入国家	134	53		15		21	
世界平均	135	74		38		36	

注：a. 第一次现代化程度达到 100% 时，排名不分先后。空格表示没有数据，后同。

附表 1-1-2　2008 年根据第二次农业现代化指数的国家分组

分组	国家	编号	2008	2005	2000	1990	1980	国家	编号	2008	2005	2000	1990	1980
发达国家 20个	新加坡	12	111	106	103	78	81	美国	2	101	99	89	71	83
	英国	13	110	106	87	67	99	瑞士	5	96	93	86	62	90
	德国	9	107	104	85	62	74	奥地利	16	95	89	78	47	66
	挪威	6	107	101	88	53	70	意大利	20	90	84	71	46	56
	瑞典	1	106	105	92	60	71	日本	7	89	83	73	60	62
	丹麦	8	104	101	74	53	72	加拿大	11	89	85	85	73	76
	芬兰	3	102	95	80	48	71	澳大利亚	4	88	83	65	55	63
	荷兰	10	102	100	87	62	89	以色列	19	84	73	82	63	65
	比利时	15	101	95	83	52	71	西班牙	22	83	71	57	40	52
	法国	14	101	92	79	57	80	爱尔兰	21	80	74	58	43	64
中等发达国家 28个	科威特	46	79	77	63	66	81	希腊	28	56	49	37	31	41
	爱沙尼亚	23	76	67	49	32		智利	47	53	51	40	32	38
	捷克	30	76	69	49	25		俄罗斯	26	53	45	33	11	—
	新西兰	17	76	66	66	57	68	黎巴嫩	38	53	51	46	41	44
	斯洛文尼亚	24	75	72	53	29		乌拉圭	25	52	48	37	29	56
	沙特阿拉伯	44	69	61	40	36	49	罗马尼亚	51	50	41	29	30	37
	拉脱维亚	33	67	59	39	27	—	波兰	40	49	41	33	35	53
	葡萄牙	31	67	58	45	34	40	多米尼加	54	48	42	28	27	32
	斯洛伐克	27	65	57	35	38	—	保加利亚	37	47	38	30	28	36
	匈牙利	29	65	63	44	42	65	阿尔巴尼亚	77	45	31	21	16	24
	立陶宛	34	65	52	38	26	—	马来西亚	70	44	44	32	26	34
	韩国	18	63	61	50	34	30	乌克兰	36	43	31	22	6	—
	克罗地亚	43	58	48	34	7	—	白俄罗斯	32	43	37	28	3	—
	阿根廷	41	57	53	51	45	69	南非	64	43	41	31	31	32
初等发达国家 28个	哥伦比亚	45	42	35	31	30	37	中国	73	35	32	23	18	20
	墨西哥	59	42	32	28	21	30	哈萨克斯坦	39	35	22	19	—	—
	蒙古	68	41	36	28	21	51	哥斯达黎加	57	35	30	30	24	34
	巴拿马	42	40	36	33	23	36	摩尔多瓦	50	35	23	20	—	—
	厄瓜多尔	66	40	33	31	33	31	格鲁吉亚	35	34	23	18	—	—
	秘鲁	61	40	30	32	44	28	乌兹别克斯坦	53	34	33	27	—	—
	博茨瓦纳	60	39	36	24	18	23	危地马拉	94	34	26	25	14	20
	马其顿	48	39	29	21	—	—	阿塞拜疆	49	34	26	23	4	—
	约旦	63	39	43	36	18	31	巴西	58	33	30	27	18	26
	菲律宾	82	37	32	29	22	27	塔吉克斯坦	79	33	24	22	3	—
	吉尔吉斯斯坦	78	37	29	29	3	—	亚美尼亚	55	32	18	15	—	—
	萨尔瓦多	71	36	26	23	17	25	洪都拉斯	86	31	21	18	13	21
	委内瑞拉	52	36	31	31	24	35	纳米比亚	84	31	26	16	14	26
	牙买加	62	36	33	25	20	29	刚果共和国	91	30	28	21	24	24
欠发达国家 55个	越南	88	30	21	17	13	18	孟加拉国	121	18	15	13	12	13
	巴基斯坦	98	28	23	21	19	26	塞内加尔	112	17	14	10	9	13
	泰国	83	27	23	17	14	18	柬埔寨	100	17	14	11	12	12
	玻利维亚	80	27	23	20	15	33	科特迪瓦	96	16	13	10	8	13
	突尼斯	76	27	23	16	14	18	巴布亚新几内亚	109	16	14	10	9	9
	巴拉圭	56	27	24	21	16	28	布隆迪	130	16	10	10	10	12
	埃及	72	27	23	24	21	22	卢旺达	131	16	12	9	8	11
	土耳其	65	26	22	17	13	22	加纳	104	16	11	9	7	11
	海地	110	26	17	15	14	17	刚果民主共和国	114	15	16	13	12	13
	伊朗	67	26	22	17	15	22	马达加斯加	118	15	12	11	11	18
	斯里兰卡	90	26	21	19	14	21	喀麦隆	101	14	12	12	12	14
	印度尼西亚	92	26	22	21	15	15	尼泊尔	111	14	12	12	10	16
	缅甸	81	25	23	17	15	21	马里	119	14	12	10	9	21
	尼加拉瓜	87	25	19	21	15	24	贝宁	123	14	9	7	6	10
	阿尔及利亚	74	25	21	15	14	22	尼日尔	124	13	12	8	7	16
	土库曼斯坦	75	24	21	18	—	—	莫桑比克	106	13	12	11	8	14
	毛里塔尼亚	95	23	17	15	15	35	厄立特里亚	102	13	11	9	—	—
	肯尼亚	89	23	21	20	16	20	津巴布韦	85	13	17	13	12	19
	也门共和国	108	22	20	17	15	27	多哥	117	13	10	7	6	8
	叙利亚	103	22	19	14	14	29	乍得	105	13	11	7	8	14
	老挝	115	22	18	14	12	18	几内亚	107	13	9	8	7	11
	乌干达	126	21	15	12	9	17	中非	127	13	12	11	11	13
	赞比亚	93	20	15	14	14	18	布基纳法索	128	13	11	8	7	11
	印度	97	20	15	15	12	17	坦桑尼亚	122	13	10	11	10	15
	尼日利亚	120	19	14	11	14	17	埃塞俄比亚	129	12	10	—	—	—
	安哥拉	125	19	15	13	11	17	马拉维	116	11	6	8	8	11
	摩洛哥	69	18	15	10	12	15	塞拉利昂	113	11	11	9	10	14
	莱索托	99	18	17	9	10	15							
	高收入国家	132	100	92	76	54	69							
	中等收入国家	133	26	20	14	11	13							
	低收入国家	134	15	12	10									
	世界平均	135	38	33	28	23	31							

附表 1-1-3　2008 年根据综合农业现代化指数的国家分组

组别	国家	编号	2008	2005	2000	1990	1980	国家	编号	2008	2005	2000	1990	1980
发达国家 17 个	丹麦	8	100	100	92	94	96	奥地利	16	92	92	97	92	96
	德国	9	99	99	98	90	96	法国	14	91	89	84	83	97
	瑞典	1	99	99	99	98	97	芬兰	3	90	90	91	86	85
	英国	13	98	99	87	87	100	意大利	20	89	88	90	77	78
	新加坡	12	98	96	98	94	100	美国	2	87	87	86	87	90
	挪威	6	96	95	93	93	99	西班牙	22	86	79	75	64	67
	荷兰	10	95	93	90	95	100	日本	7	85	86	87	89	82
	瑞士	5	95	96	99	99	100	澳大利亚	4	84	83	82	85	84
	比利时	15	94	92	91	78	100							
中等发达国家 34 个	以色列	19	79	68	85	87	79	乌拉圭	25	55	56	58	58	67
	捷克	30	79	76	67	60	—	克罗地亚	43	54	50	48	41	—
	加拿大	11	79	79	87	89	87	智利	47	54	52	50	44	47
	斯洛文尼亚	24	77	78	73	60	—	保加利亚	37	54	49	47	52	55
	斯洛伐克	27	76	73	63	65	—	约旦	63	53	50	61	52	46
	匈牙利	29	74	74	62	52	67	多米尼加	54	52	52	40	36	33
	韩国	18	74	70	67	53	34	马其顿	48	52	49	48	—	—
	爱尔兰	21	74	74	74	64	81	白俄罗斯	32	52	42	37	59	—
	爱沙尼亚	23	73	72	68	50	—	黎巴嫩	38	51	53	53	52	57
	新西兰	17	70	69	71	75	86	波兰	40	51	49	49	56	69
	拉脱维亚	33	67	62	56	57	—	俄罗斯	26	47	45	42	34	—
	阿根廷	41	66	66	63	61	77	厄瓜多尔	66	46	42	45	56	30
	立陶宛	34	66	57	47	38	—	南非	64	46	47	41	45	51
	沙特阿拉伯	44	66	72	55	54	37	墨西哥	59	45	45	39	37	38
	葡萄牙	31	66	62	59	55	49	罗马尼亚	51	45	43	37	42	53
	科威特	46	61	46	54	67	84	委内瑞拉	52	45	40	48	53	60
	希腊	28	60	61	54	56	59	刚果共和国	91	44	43	44	21	21
初等发达国家 32 个	哥斯达黎加	57	43	40	42	41	44	乌兹别克斯坦	53	36	29	29	47	—
	马来西亚	70	43	47	49	44	40	牙买加	62	36	36	33	33	37
	秘鲁	61	43	41	42	50	27	吉尔吉斯斯坦	78	35	37	36	14	—
	埃及	72	43	43	43	47	35	伊朗	67	35	34	29	34	25
	乌克兰	36	42	40	38	17	—	巴基斯坦	90	35	36	42	40	31
	格鲁吉亚	35	41	41	33	34	—	萨尔瓦多	71	34	31	31	33	33
	亚美尼亚	55	41	39	32	14	—	阿尔及利亚	74	34	32	31	36	32
	摩尔多瓦	50	40	37	35	14	19	斯里兰卡	90	33	32	26	32	23
	阿尔巴尼亚	77	39	40	34	36	32	哈萨克斯坦	39	33	28	30	—	—
	土耳其	65	39	36	38	33	35	博茨瓦纳	60	32	32	34	42	24
	巴西	58	39	37	35	32	35	蒙古	68	32	31	28	33	46
	哥伦比亚	45	38	35	38	39	39	越南	88	32	30	30	23	20
	突尼斯	76	38	30	26	30	31	阿塞拜疆	49	32	26	26	32	—
	中国	73	38	34	31	33	29	洪都拉斯	86	31	29	23	29	25
	巴拿马	42	38	36	39	27	40	尼加拉瓜	87	31	29	26	24	27
	叙利亚	103	36	30	35	32	36	危地马拉	94	30	24	30	33	21
欠发达国家 48 个	巴拉圭	56	30	23	30	34	31	科特迪瓦	96	16	17	16	20	14
	安哥拉	125	30	28	39	21	20	津巴布韦	85	16	17	18	27	19
	菲律宾	82	29	29	31	33	25	几内亚	107	16	15	14	16	16
	塔吉克斯坦	79	29	25	29	10	—	卢旺达	131	16	13	11	17	9
	泰国	83	29	28	33	25	19	尼日利亚	120	15	14	13	21	19
	土库曼斯坦	75	28	24	21	4	—	马拉维	116	15	12	13	13	11
	纳米比亚	84	28	24	25	27	32	埃塞俄比亚	129	15	13	9	3	—
	缅甸	81	26	25	27	23	20	布隆迪	130	15	13	13	18	8
	印度尼西亚	92	26	24	23	27	20	巴布亚新几内亚	109	15	17	16	22	22
	尼泊尔	111	25	21	21	23	16	尼日尔	124	14	14	18	18	20
	摩洛哥	69	25	24	17	30	18	贝宁	123	14	12	13	16	10
	玻利维亚	80	25	23	25	27	36	海地	110	14	20	19	17	14
	印度	97	24	21	24	28	14	赞比亚	93	13	13	13	21	17
	孟加拉国	121	24	23	22	28	13	喀麦隆	101	13	15	16	15	12
	肯尼亚	89	23	15	14	26	24	马达加斯加	118	13	15	14	17	18
	莱索托	99	23	21	19	15	18	中非	127	13	13	13	17	11
	乌干达	126	22	20	14	15	16	马里	119	13	13	12	14	19
	老挝	115	20	19	16	13	14	布基纳法索	128	13	14	12	11	9
	毛里塔尼亚	95	19	17	16	23	30	坦桑尼亚	122	13	11	11	16	13
	塞内加尔	112	18	16	14	17	12	厄立特里亚	102	12	12	12	—	—
	乍得	105	17	20	11	11	12	多哥	117	11	10	10	13	9
	柬埔寨	100	17	17	20	13	10	塞拉利昂	113	10	10	11	11	15
	也门共和国	108	16	16	21	16	21	刚果民主共和国	114	9	9	10	12	10
	加纳	104	16	16	13	14	11	莫桑比克	106	8	9	10	9	11
	高收入国家	132	100	100	100	100	100							
	中等收入国家	133	29	30	26	36	23							
	低收入国家	134	21	18	17	23	18							
	世界平均	135	36	43	35	34	37							

附表 1-2-1　2008 年第一次农业现代化指数

国家	编号	农业效率指数	农民生活水平指数	农业转型指数	第一次农业现代化指数	排名
瑞典	1	100	100	100	100	1
美国	2	100	100	100	100	1
芬兰	3	100	100	100	100	1
澳大利亚	4	94	100	85	93	46
瑞士	5	100	100	100	100	1
挪威	6	100	100	100	100	1
日本	7	100	99	100	100	29
丹麦	8	100	100	100	100	1
德国	9	100	100	100	100	1
荷兰	10	100	100	100	100	1
加拿大	11	100	100	92	97	35
新加坡	12	100	100	100	100	1
英国	13	100	100	100	100	1
法国	14	100	100	100	100	1
比利时	15	100	100	100	100	1
奥地利	16	100	100	100	100	1
新西兰	17	100	100	100	100	1
韩国	18	100	100	100	100	1
以色列	19	100	100	100	100	1
意大利	20	100	100	100	100	1
爱尔兰	21	100	100	100	100	1
西班牙	22	100	100	100	100	1
爱沙尼亚	23	84	100	100	95	41
斯洛文尼亚	24	100	100	100	100	1
乌拉圭	25	100	99	98	99	31
俄罗斯	26	80	97	58	78	70
斯洛伐克	27	100	100	91	97	37
希腊	28	100	100	100	100	1
匈牙利	29	100	100	100	100	1
捷克	30	99	100	100	100	30
葡萄牙	31	100	100	100	100	1
白俄罗斯	32	95	100	84	93	43
拉脱维亚	33	86	97	96	93	44
立陶宛	34	97	100	100	99	32
格鲁吉亚	35	52	100	71	74	77
乌克兰	36	71	100	72	81	67
保加利亚	37	100	99	91	97	39
黎巴嫩	38	100	100	100	100	27
哈萨克斯坦	39	39	100	66	68	82
波兰	40	79	100	100	93	45
阿根廷	41	100	100	91	97	36
巴拿马	42	94	91	81	89	52
克罗地亚	43	100	100	100	100	1
沙特阿拉伯	44	100	100	100	100	1
哥伦比亚	45	79	90	100	90	51
科威特	46	100	100	80	93	42
智利	47	100	96	100	99	33
马其顿	48	94	100	97	97	38
阿塞拜疆	49	49	90	60	66	86
摩尔多瓦	50	55	97	75	76	74
罗马尼亚	51	88	91	86	88	53
委内瑞拉	52	100	95	100	98	34
乌兹别克斯坦	53	67	97	85	83	62
多米尼加	54	94	93	100	95	40
亚美尼亚	55	79	95	68	80	68
巴拉圭	56	64	77	75	72	78
哥斯达黎加	57	100	99	100	100	28
巴西	58	82	80	100	87	56
墨西哥	59	84	90	82	85	60
博茨瓦纳	60	22	79	85	62	93
秘鲁	61	67	77	100	81	65
牙买加	62	64	100	76	80	69
约旦	63	63	97	100	87	57
南非	64	87	90	86	88	55
土耳其	65	81	98	100	93	47
厄瓜多尔	66	72	92	100	88	54
伊朗	67	64	100	94	86	59
蒙古	68	43	69	44	52	100
摩洛哥	69	50	78	72	67	85
马来西亚	70	100	100	100	100	1

附表 1-2-1 2008 年第一次农业现代化指数 （续表）

国家	编号	农业效率指数	农民生活水平指数	农业转型指数	第一次农业现代化指数	排名
萨尔瓦多	71	81	94	100	92	49
埃及	72	86	87	99	91	50
中国	73	40	93	94	76	75
阿尔及利亚	74	57	98	70	75	76
土库曼斯坦	75	64	97	97	86	58
突尼斯	76	74	94	76	81	64
阿尔巴尼亚	77	64	100	65	76	73
吉尔吉斯斯坦	78	46	98	61	68	83
塔吉克斯坦	79	38	86	67	64	89
玻利维亚	80	38	71	59	56	97
缅甸	81	60	96	24	60	95
菲律宾	82	54	95	94	81	66
泰国	83	42	97	91	77	72
纳米比亚	84	47	76	68	64	90
津巴布韦	85	12	78	58	49	106
洪都拉斯	86	52	88	92	78	71
尼加拉瓜	87	62	75	72	70	80
越南	88	38	92	73	68	84
肯尼亚	89	25	73	44	47	111
斯里兰卡	90	53	95	99	82	63
刚果共和国	91	40	64	90	65	88
印度尼西亚	92	44	81	91	72	79
赞比亚	93	34	67	51	51	103
危地马拉	94	66	91	97	85	61
毛里塔尼亚	95	21	62	54	46	113
科特迪瓦	96	39	63	53	52	101
印度	97	40	71	79	63	91
巴基斯坦	98	50	74	82	69	81
莱索托	99	20	80	89	63	92
柬埔寨	100	35	69	31	45	114
喀麦隆	101	38	71	47	52	102
厄立特里亚	102	12	53	35	33	127
叙利亚	103	83	100	93	92	48
加纳	104	44	70	30	48	109
乍得	105	31	42	71	48	108
莫桑比克	106	16	49	31	32	129
几内亚	107	27	54	33	38	124
也门共和国	108	51	67	64	61	94
巴布亚新几内亚	109	42	55	62	53	98
海地	110	34	55	52	47	112
尼泊尔	111	34	71	38	48	110
塞内加尔	112	27	56	62	49	107
塞拉利昂	113	36	43	37	39	122
刚果民主共和国	114	19	52	29	33	128
老挝	115	37	70	41	50	105
马拉维	116	25	83	42	50	104
多哥	117	40	52	32	41	118
马达加斯加	118	32	55	35	41	119
马里	119	25	58	20	34	126
尼日利亚	120	74	60	38	57	96
孟加拉国	121	43	71	80	65	87
坦桑尼亚	122	22	65	27	38	123
贝宁	123	48	56	53	52	99
尼日尔	124	25	40	24	30	131
安哥拉	125	14	56	49	40	121
乌干达	126	25	72	35	44	116
中非	127	28	58	36	41	120
布基纳法索	128	23	55	28	35	125
埃塞俄比亚	129	24	40	27	30	130
布隆迪	130	37	70	26	44	115
卢旺达	131	34	65	28	42	117
高收入国家	132	100	100	100	100	
中等收入国家	133	40	85	89	71	
低收入国家	134	37	68	53	53	
世界平均	135	46	87	90	74	

注：空格表示没有数据，后同.

附表 1-2-2　2008 年第一次农业现代化指标指数

国家	编号	农业劳动生产率	农业综合生产率	谷物单产	农民人均供应人口	农民素质(识字率)	人均营养供应	农村清洁饮水普及率	农村卫生设施普及率	农业劳动力比例	农业增加值比例	农业机械化	化肥使用密度
瑞典	1	100	100	100	100	100	100	100	100	100	100	100	100
美国	2	100	100	100	100	100	100	100	100	100	100	100	100
芬兰	3	100	100	100	100	100	100	100	100	100	100	100	100
澳大利亚	4	100	100	75	100	100	100	100	100	100	100	—	55
瑞士	5	100	100	100	100	100	100	100	100	100	100	100	100
挪威	6	100	100	100	100	100	100	100	—	100	100	100	100
日本	7	100	100	100	100	100	97	100	100	100	100	100	100
丹麦	8	100	100	100	100	100	100	100	100	100	100	100	100
德国	9	100	100	100	100	100	100	100	100	100	100	100	100
荷兰	10	100	100	100	100	100	100	100	100	100	100	100	100
加拿大	11	100	100	100	100	100	100	100	100	100	100	68	100
新加坡	12	100	100	—	100	100	—	—	—	100	100	—	—
英国	13	100	100	100	100	100	100	100	100	100	100	—	100
法国	14	100	100	100	100	100	100	100	100	100	100	—	100
比利时	15	100	100	100	100	100	100	—	100	100	100	—	100
奥地利	16	100	100	100	100	100	100	100	100	100	100	—	100
新西兰	17	100	100	100	100	100	100	—	100	100	100	—	100
韩国	18	100	100	100	100	100	100	100	100	100	100	100	100
以色列	19	—	—	100	100	100	100	100	100	100	—	100	100
意大利	20	100	100	100	100	100	100	100	100	100	100	—	100
爱尔兰	21	100	100	100	100	100	100	100	100	100	100	—	100
西班牙	22	100	100	100	100	100	100	100	100	100	100	—	100
爱沙尼亚	23	80	54	100	100	100	100	100	100	100	100	—	100
斯洛文尼亚	24	100	100	100	100	100	100	—	—	100	100	—	100
乌拉圭	25	100	100	100	100	100	98	—	100	100	100	93	100
俄罗斯	26	74	48	100	100	100	100	100	88	100	100	12	19
斯洛伐克	27	100	100	100	100	100	100	100	100	100	100	64	100
希腊	28	100	100	100	100	100	100	100	100	100	100	—	100
匈牙利	29	100	100	100	100	100	100	100	100	100	100	—	100
捷克	30	100	96	100	100	100	100	100	100	100	100	—	100
葡萄牙	31	100	100	100	100	100	100	100	100	100	100	—	100
白俄罗斯	32	100	81	100	100	100	100	100	100	100	100	37	100
拉脱维亚	33	87	58	100	100	100	100	100	89	100	100	—	83
立陶宛	34	100	88	100	100	100	100	—	—	100	100	100	100
格鲁吉亚	35	48	35	99	25	100	99	100	100	56	100	—	56
乌克兰	36	60	40	100	86	100	100	100	100	100	100	43	44
保加利亚	37	100	100	100	100	100	95	100	100	100	100	72	92
黎巴嫩	38	100	100	99	100	100	100	100	—	100	100	—	100
哈萨克斯坦	39	44	28	46	39	100	100	100	100	90	100	—	7
波兰	40	66	50	100	100	100	100	100	—	100	100	100	100
阿根廷	41	100	100	100	100	100	100	100	100	100	100	—	74
巴拿马	42	100	77	100	100	100	86	100	79	100	100	—	44
克罗地亚	43	100	100	100	100	100	100	100	100	100	100	—	100
沙特阿拉伯	44	100	100	100	100	100	100	—	—	100	100	—	100
哥伦比亚	45	72	49	100	94	100	93	96	73	100	100	—	100
科威特	46	—	—	100	100	100	100	—	—	100	100	40	—
智利	47	100	100	100	100	100	100	90	93	100	100	100	100
马其顿	48	100	86	100	89	100	100	100	100	100	100	100	88
阿塞拜疆	49	32	24	100	39	100	100	74	88	78	100	48	14
摩尔多瓦	50	41	27	100	54	100	96	100	91	91	100	82	26
罗马尼亚	51	100	100	100	54	100	100	95	68	100	100	84	60
委内瑞拉	52	100	100	100	100	100	91	—	—	100	100	—	100
乌兹别克斯坦	53	61	42	100	64	100	89	100	100	100	70	—	—
多米尼加	54	100	96	100	100	100	79	100	93	100	100	—	100
亚美尼亚	55	100	85	100	30	100	79	100	100	65	84	100	22
巴拉圭	56	62	41	100	51	100	91	65	53	100	74	26	100
哥斯达黎加	57	100	100	100	100	100	98	100	100	100	100	—	100
巴西	58	96	63	100	71	100	100	73	46	100	100	—	100
墨西哥	59	81	55	100	100	100	100	100	60	100	100	40	87
博茨瓦纳	60	12	7	21	47	100	78	100	38	100	100	56	—
秘鲁	61	38	28	100	100	100	85	79	45	100	100	—	100
牙买加	62	59	54	57	86	100	98	100	100	100	100	—	29
约旦	63	64	45	42	100	100	100	100	89	100	100	100	100
南非	64	92	58	100	100	100	100	100	61	100	100	—	59
土耳其	65	83	63	100	78	100	100	100	90	100	100	100	100
厄瓜多尔	66	52	37	100	100	100	79	100	90	100	100	—	100
伊朗	67	77	0	100	81	100	100	—	—	100	100	76	100
蒙古	68	46	29	63	36	100	79	60	39	80	71	16	9
摩洛哥	69	63	44	46	47	71	100	73	68	73	100	—	43
马来西亚	70	100	100	100	100	100	100	100	100	100	100	—	100

附表 1-2-2 2008 年第一次农业现代化指标指数 (续表)

国家	编号	农业劳动生产率	农业综合生产率	谷物单产	农民人均供应人口	农民素质(识字率)	人均营养供应	农村清洁饮水普及率	农村卫生设施普及率	农业劳动力比例	农业增加值比例	农业机械化	化肥使用密度
萨尔瓦多	71	70	61	100	93	100	89	85	100	100	100	—	100
埃及	72	73	100	100	71	83	100	100	65	96	100	100	100
中国	73	13	15	100	31	100	100	100	74	76	100	100	100
阿尔及利亚	74	54	36	57	82	91	100	100	100	100	100	58	20
土库曼斯坦	75	67	42	100	48	100	94	—	—	94	100		
突尼斯	76	87	59	64	84	98	100	100	80	100	100	59	45
阿尔巴尼亚	77	—	—	100	27	100	99	100	100	52	72	51	84
吉尔吉斯斯坦	78	26	17	100	41	100	91	100	100	83	50	80	30
塔吉克斯坦	79	13	10	97	31	100	73	73	100	54	83	90	42
玻利维亚	80	18	12	84	36	100	71	86	28	70	100		6
缅甸	81	—	—	100	19	100	85	100	100	44	31	5	15
菲律宾	82	30	40	100	47	100	88	100	90	83	100	—	100
泰国	83	18	22	100	30	100	88	100	100	72	100	—	100
纳米比亚	84	43	27	19	100	100	82	100	23	100	100		3
津巴布韦	85	3	3	14	30	100	77	90	46	50	78		45
洪都拉斯	86	50	38	75	47	100	90	93	69	77	100	—	100
尼加拉瓜	87	62	41	85	61	98	83	79	43	100	77	—	39
越南	88	9	22	100	23	100	97	100	70	52	68	—	100
肯尼亚	89	9	8	64	21	100	72	61	60	41	56	—	35
斯里兰卡	90	23	34	100	55	100	81	99	100	96	100	—	100
刚果共和国	91	—	—	35	45	100	87	44	26	80	100		—
印度尼西亚	92	18	22	100	35	100	88	89	46	73	100		100
赞比亚	93	6	4	98	29	88	65	51	64	45	71		37
危地马拉	94	70	64	74	56	92	74	100	99	90	100		100
毛里塔尼亚	95	10	7	36	33	71	98	68	13	58	100	4	—
科特迪瓦	96	22	16	78	40	68	87	83	15	67	60	—	33
印度	97	12	18	100	31	79	81	100	23	52	86	—	100
巴基斯坦	98	22	27	100	49	67	79	100	50	69	74	85	100
莱索托	99	5	4	28	41	100	85	93	43	78	100		—
柬埔寨	100	10	12	100	20	96	78	76	24	44	43	5	—
喀麦隆	101	18	—	61	33	95	78	59	53	55	77	—	8
厄立特里亚	102	2	1	21	22	82	55	71	4	39	62	—	5
叙利亚	103	100	78	74	81	100	100	100	100	100	75	97	100
加纳	104	—	—	60	28	82	100	89	8	54	45	2	21
乍得	105	—	—	37	26	41	71	50	5	42	100	—	—
莫桑比克	106	5	4	37	19	68	71	33	24	37	52	—	4
几内亚	107	8	6	74	18	37	89	74	15	36	61	—	2
也门共和国	108	—	—	43	59	76	71	81	38	65	100	—	28
巴布亚新几内亚	109	17	29	100	23	75	—	40	51	42	45	—	100
海地	110	—	—	41	27	76	64	64	15	50	54		—
尼泊尔	111	6	14	100	17	72	81	100	30	32	45	51	23
塞内加尔	112	6	5	49	49	52	81	81	11	89	96	—	3
塞拉利昂	113	—	—	45	28	50	75	40	6	44	30		—
刚果民主共和国	114	4	4	35	31	83	55	36	31	49	37		0
老挝	115	13	16	100	19	91	77	66	48	40	43		—
马拉维	116	4	4	73	21	91	75	90	78	37	44	—	46
多哥	117	—	—	52	28	81	75	50	4	52	34	—	8
马达加斯加	118	5	3	100	20	88	74	45	13	41	60	—	4
马里	119	13	1	53	31	33	90	60	49	38	41	1	0
尼日利亚	120	—	—	73	75	75	95	38	31	100	46	3	3
孟加拉国	121	10	31	100	31	69	79	98	40	62	79	—	100
坦桑尼亚	122	7	7	56	20	91	70	58	43	40	33	—	7
贝宁	123	—	—	60	35	51	87	71	14	60	47		—
尼日尔	124	—	—	23	26	36	82	40	4	35	38	—	1
安哥拉	125	6	4	22	23	87	68	49	20	42	100	—	5
乌干达	126	5	6	70	21	93	76	75	43	38	66	—	2
中非	127	10	—	52	22	68	68	64	31	43	28		—
布基纳法索	128	5	—	47	17	36	92	83	8	33	45	—	7
埃塞俄比亚	129	5	6	65	19	45	68	39	10	37	34	—	10
布隆迪	130	—	—	60	15	82	58	88	51	33	43	—	2
卢旺达	131	—	—	51	16	88	72	76	25	33	40	—	10
高收入国家	132	100	100	100	100	100	100	100	100	100	100	—	100
中等收入国家	133	19	16	100	26	100	—	100	54	67	100		100
低收入国家	134	7	7	100	35	87	—	75	42	51	60		49
世界平均	135	27	21	100	36	100	96	97	55	70	100		100

附表 1-2-3　2008 年第一次农业现代化指标数值

国家	编号	农业劳动生产率	农业综合生产率	谷物单产	农民人均供应人口	农民素质(识字率)	人均营养供应	农村清洁饮水普及率	农村卫生设施普及率	农业劳动力比例	农业增加值比例	农业机械化	化肥使用密度
瑞典	1	49 548	25 710	4899	84	100	3110	100	100	2.2	1.6	5.92	89
美国	2	46 102	23 202	6624	137	100	3748	94	99	1.4	1.3	2.58	171
芬兰	3	42 398	22 063	3542	43	100	3221	100	100	4.5	2.7	7.85	155
澳大利亚	4	29 257	14 644	1650	56	100	3227	100	100	3.4	2.6	—	41
瑞士	5	25 618	13 924	6510	45	100	3465	100	100	3.9	1.2	25.97	214
挪威	6	41 932	22 960	3545	65	100	3464	100	—	2.8	1.2	15.39	250
日本	7	52 062	34 572	6017	45	100	2812	100	—	4.2	1.4	43.82	345
丹麦	8	36 907	19 031	6020	69	100	3416	100	100	2.7	1.3	4.86	134
德国	9	27 855	14 590	7119	88	100	3547	100	100	2.2	0.9	6.46	194
荷兰	10	43 572	24 246	8308	68	100	3278	100	100	2.7	1.7	13.02	1227
加拿大	11	48 710	24 473	3387	71	100	3532	99	99	2.5	2.2	1.63	105
新加坡	12	49 867	96 479	—	168	95	—	—	—	1.1	0.1	—	—
英国	13	27 403	14 078	7419	139	100	3458	100	—	1.4	0.7	0.00	255
法国	14	53 497	27 316	7293	73	100	3532	100	—	3.0	2.0	6.35	208
比利时	15	40 858	21 273	8576	124	100	3694	—	—	1.8	0.8	11.27	—
奥地利	16	24 998	13 075	6812	35	100	3819	100	100	5.6	1.9	23.90	114
新西兰	17	25 446	12 916	7380	26	100	3159	—	—	7.2	6.4	—	1147
韩国	18	17 728	15 931	7064	27	100	3074	—	—	7.4	2.6	16.33	454
以色列	19	—	—	3044	145	100	3527	100	—	1.6	—	7.05	525
意大利	20	29 199	15 603	5275	62	99	3646	—	—	3.8	2.0	—	184
爱尔兰	21	12 361	6469	7597	36	100	3612	—	—	5.6	1.7	14.76	531
西班牙	22	20 824	10 792	3584	47	98	3272	100	100	4.3	2.8	8.24	156
爱沙尼亚	23	3207	1729	2693	52	100	3154	99	94	3.7	2.9	6.05	76
斯洛文尼亚	24	62 901	31 942	5473	19	100	3223	—	—	10.2	2.4	—	321
乌拉圭	25	8835	4479	3944	18	98	2829	100	99	11.0	10.8	2.22	183
俄罗斯	26	2955	1528	2388	21	100	3376	88	70	9.0	5.0	0.30	14
斯洛伐克	27	8919	4929	5175	50	100	2893	100	99	4.0	3.1	1.55	120
希腊	28	9524	5341	4389	19	97	3725	99	97	11.4	3.3	11.97	92
匈牙利	29	10 948	5802	5802	52	99	3465	100	100	4.5	4.3	2.62	118
捷克	30	5687	3074	5353	60	100	3260	100	98	3.3	2.5	2.76	163
葡萄牙	31	6625	3843	3635	16	95	3584	100	98	11.5	2.4	13.98	197
白俄罗斯	32	4911	2587	3556	17	100	3146	99	97	11.3	9.8	0.90	218
拉脱维亚	33	3482	1851	3104	24	100	2962	96	71	7.7	3.1	5.01	62
立陶宛	34	5369	2820	3348	27	100	3436	—	—	7.7	4.4	6.32	292
格鲁吉亚	35	1925	1126	2171	4	100	2859	97	92	53.4	10.0	0.00	42
乌克兰	36	2394	1271	3486	12	100	3224	97	83	16.7	8.3	1.03	33
保加利亚	37	9855	5051	4094	28	98	2766	97	96	7.5	7.3	1.73	69
黎巴嫩	38	37 171	19 394	2186	107	90	3107	100	—	2.8	5.3	0.00	417
哈萨克斯坦	39	1775	893	1011	6	100	3490	91	98	33.5	5.7	0.00	5
波兰	40	2647	1588	3217	15	100	3421	—	—	14.7	4.5	12.46	213
阿根廷	41	11 793	5960	3918	261	98	2941	80	83	0.8	9.8	—	55
巴拿马	42	4458	2478	2246	14	94	2484	81	63	14.7	6.4	—	33
克罗地亚	43	13 909	7652	6627	17	99	2990	98	98	12.8	6.4	—	155
沙特阿拉伯	44	19 352	9706	5049	58	86	3144	—	—	4.7	2.3	—	120
哥伦比亚	45	2861	1564	4154	13	93	2685	77	58	18.4	8.7	—	364
科威特	46	—	—	2690	174	95	3064	—	—	1.1	0.5	0.96	—
智利	47	6569	3484	5842	18	99	2920	72	74	12.3	3.9	4.26	465
马其顿	48	5165	2762	3537	12	97	3105	99	81	18.2	10.9	12.44	66
阿塞拜疆	49	1274	777	2741	5	100	2961	59	70	38.7	6.3	1.16	11
摩尔多瓦	50	1627	878	3203	7	98	2771	85	73	32.3	10.9	1.97	20
罗马尼亚	51	7991	4280	3247	8	98	3455	76	54	28.7	7.1	2.00	45
委内瑞拉	52	8036	4158	3592	25	95	2632	—	—	8.7	4.0	—	193
乌兹别克斯坦	53	2445	1348	4350	9	99	2581	82	95	25.0	21.4	—	—
多米尼加	54	3989	2386	4246	16	88	2295	92	79	14.5	6.5	—	—
亚美尼亚	55	5000	2721	2405	4	100	2280	96	81	46.2	17.8	3.28	17
巴拉圭	56	2497	1298	2323	7	95	2634	52	42	29.5	20.5	0.61	80
哥斯达黎加	57	5457	3221	3803	16	96	2840	96	95	13.2	7.3	—	790
巴西	58	3843	2007	3829	10	90	3113	58	48	13.5	3.8	0.00	190
墨西哥	59	3255	1755	3454	17	93	3266	85	48	13.5	3.8	0.97	65
博茨瓦纳	60	467	236	465	7	83	2264	90	30	29.9	1.9	1.35	—
秘鲁	61	1530	897	3816	23	90	2457	63	36	9.3	7.2	—	109
牙买加	62	2367	1713	1253	12	86	2852	88	84	18.0	5.3	—	22
约旦	63	2560	1440	928	86	92	3015	91	71	3.6	2.9	3.67	1008
南非	64	3663	1856	3807	30	89	2999	82	49	8.8	3.3	—	44
土耳其	65	3326	2028	2601	11	89	3517	95	72	26.2	8.7	4.89	100
厄瓜多尔	66	2092	1195	2991	28	84	2301	91	72	8.3	6.7	—	2576
伊朗	67	3061	—	2479	11	82	3044	—	—	22.8	10.2	1.83	85
蒙古	68	1821	912	1383	5	97	2285	48	31	37.7	21.1	0.38	7
摩洛哥	69	2523	1392	1003	7	56	3236	58	54	40.9	14.6	—	33
马来西亚	70	6399	3264	3557	16	92	2923	96	93	14.8	10.2	—	811

附表 1-2-3 2008 年第一次农业现代化指标数值 （续表）

国家	编号	农业劳动生产率	农业综合生产率	谷物单产	农民人均供应人口	农民素质（识字率）	人均营养供应	农村清洁饮水普及率	农村卫生设施普及率	农业劳动力比例	农业增加值比例	农业机械化	化肥使用密度
萨尔瓦多	71	2807	1956	3142	13	84	2590	68	80	18.9	13.2	—	130
埃及	72	2931	4323	7506	10	66	3195	98	52	31.2	13.2	3.72	527
中国	73	504	492	5535	4	94	2981	81	59	39.6	11.3	2.77	331
阿尔及利亚	74	2159	1161	1257	11	73	3153	81	87	20.7	6.9	1.40	15
土库曼斯坦	75	2677	1342	2974	7	100	2731	—	—	31.8	12.3	—	—
突尼斯	76	3498	1889	1399	12	78	3326	84	64	23.1	9.9	1.43	34
阿尔巴尼亚	77	—	—	3818	12	99	2880	97	97	58.0	20.8	1.22	63
吉尔吉斯斯坦	78	1041	546	2380	6	99	2644	83	93	36.3	29.8	1.91	23
塔吉克斯坦	79	525	306	2140	4	100	2118	58	91	55.5	18.1	2.16	31
玻利维亚	80	723	380	1849	5	91	2064	69	22	43.1	13.5	—	5
缅甸	81	—	—	3585	3	92	2465	80	81	68.9	48.4	0.11	11
菲律宾	82	1211	1289	3334	7	94	2565	88	72	36.1	14.9	—	141
泰国	83	705	701	3014	4	94	2539	97	96	41.7	11.6	—	117
纳米比亚	84	1704	857	417	17	88	2383	90	18	16.3	9.1	—	2
津巴布韦	85	116	82	309	4	91	2238	72	37	60.2	19.1	—	33
洪都拉斯	86	1984	1208	1655	7	84	2623	74	55	39.2	13.6	—	175
尼加拉瓜	87	2461	1315	1872	9	78	2403	63	34	29.1	19.4	—	29
越南	88	354	691	5064	3	93	2816	90	56	57.9	22.1	—	425
肯尼亚	89	349	256	1417	3	87	2089	49	48	73.6	27.0	—	26
斯里兰卡	90	903	1099	3660	8	91	2361	79	86	31.3	13.4	—	299
刚果共和国	91	—	—	776	6	85	2512	35	21	37.3	4.1	—	0
印度尼西亚	92	706	704	4694	5	92	2538	71	37	41.2	14.4	—	170
赞比亚	93	220	126	2146	4	71	1873	41	51	67.0	21.2	—	28
危地马拉	94	2783	2055	1624	8	74	2159	94	79	33.2	11.6	—	123
毛里塔尼亚	95	411	209	791	5	57	2841	54	10	51.8	12.5	0.10	—
科特迪瓦	96	892	513	1724	6	55	2528	66	12	44.8	25.0	—	25
印度	97	471	584	2647	4	63	2352	86	18	57.8	17.5	—	142
巴基斯坦	98	892	870	2674	7	54	2293	87	40	43.6	20.4	2.05	166
莱索托	99	199	114	625	6	90	2476	74	34	38.4	7.2	—	—
柬埔寨	100	388	371	2805	3	77	2268	61	19	68.5	34.6	0.12	6
喀麦隆	101	730	—	1346	5	76	2269	47	42	54.8	19.5	0.00	6
厄立特里亚	102	65	44	466	3	65	1605	57	3	76.3	24.3	0.00	4
叙利亚	103	4543	2504	1622	11	84	3034	83	88	27.0	20.0	2.34	81
加纳	104	—	—	1328	4	66	2907	71	6	55.9	33.5	0.05	15
乍得	105	—	—	812	4	33	2056	40	4	71.4	13.6	—	—
莫桑比克	106	202	118	822	3	54	2067	26	19	80.3	28.6	—	3
几内亚	107	321	205	1631	3	30	2568	59	12	82.3	24.8	—	1
也门共和国	108	—	—	939	8	61	2068	65	30	46.4	14.3	—	21
巴布亚新几内亚	109	663	938	3727	3	60	—		32	41	72.0	33.6	—	76
海地	110	—	—	897	4	61	1870	51	12	60.2	27.9	—	—
尼泊尔	111	240	444	2361	2	58	2360	88	24	92.8	33.7	1.23	17
塞内加尔	112	235	166	1075	7	42	2348	65	9	33.7	15.7	—	2
塞拉利昂	113	—	—	989	4	40	2170	32	5	68.5	50.2	—	—
刚果民主共和国	114	166	135	772	4	67	1605	29	25	61.3	40.2	—	—
老挝	115	516	527	3778	3	73	2240	53	38	75.8	34.7	—	—
马拉维	116	145	133	1599	3	73	2172	72	62	81.3	34.3	—	34
多哥	117	—	—	1136	4	65	2161	40	5	57.3	43.7	0.01	6
马达加斯加	118	183	106	2291	3	71	2160	36	11	72.5	25.2	—	3
马里	119	523	17	1172	4	26	2614	48	39	78.7	36.5	0.03	0
尼日利亚	120	—	—	1598	10	60	2741	30	25	29.8	32.7	0.07	2
孟加拉国	121	418	1007	3972	4	55	2281	78	32	48.1	19.0	0.00	191
坦桑尼亚	122	281	213	1224	3	73	2032	46	34	74.6	45.3	0.00	6
贝宁	123	—	—	1330	5	41	2533	57	11	50.0	32.2	0.00	0
尼日尔	124	—	—	504	4	29	2376	32	3	86.8	40.0	—	0
安哥拉	125	249	137	490	3	70	1973	39	16	70.8	6.6	—	3
乌干达	126	202	181	1534	3	75	2211	60	34	78.1	22.7	—	1
中非	127	409	—	1145	3	55	1986	51	25	69.2	52.9	—	—
布基纳法索	128	181	—	1035	2	29	2677	66	6	92.2	33.3	—	5
埃塞俄比亚	129	208	196	1422	3	36	1980	31	8	80.2	44.5	—	7
布隆迪	130	—	—	1313	2	66	1685	70	41	89.7	34.9	—	2
卢旺达	131	—	—	1126	2	70	2085	61	20	90.1	37.4	—	7
高收入国家	132	25 774	13 070	5348	61	100	3536	98	99	3.5	1.5	—	158
中等收入国家	133	767	521	3269	4	83	—	81	43	44.9	9.5	—	133
低收入国家	134	280	211	2194	5	69	2194	60	33	58.5	25.0	—	37
世界平均	135	1072	677	3539	5	82	2798	77	44	43.1	3.0	—	129

附表 1-2-4　世界第一次农业现代化指数的增长率和预期完成时间

国家	编号	1980	1990	2008	1980～2008 年均增长率	实现 100 需要的年数（按 1980～2008 年速度）	1990～2008 年均增长率	实现 100 需要的年数（按 1990～2008 年速度）
瑞典	1	100	100	100	0.00	—	0.00	
美国	2	100	100	100	0.00	—	0.00	0
芬兰	3	100	100	100	0.00	—	0.00	
澳大利亚	4	88	91	93	0.18	42	0.14	54
瑞士	5	100	100	100	0.00	—	0.00	
挪威	6	100	100	100	0.00	—	0.00	
日本	7	99	100	100	0.02	16	−0.01	
丹麦	8	100	100	100	0.00	—	0.00	
德国	9	100	100	100	0.00	—	0.00	
荷兰	10	100	100	100	0.00	—	0.00	
加拿大	11	93	94	97	0.16	17	0.19	15
新加坡	12	100	100	100	0.00	—	0.00	—
英国	13	100	100	100	0.00	—	0.00	
法国	14	100	100	100	0.00	—	0.00	
比利时	15	100	100	100	0.00	—	0.00	
奥地利	16	100	100	100	0.00	—	0.00	
新西兰	17	100	100	100	0.00	—	0.00	
韩国	18	84	98	100	0.64	0	0.11	0
以色列	19	100	100	100	0.00	—	0.00	
意大利	20	100	100	100	0.00	—	0.00	
爱尔兰	21	100	100	100	0.00	—	0.00	
西班牙	22	99	100	100	0.04	0	0.00	
爱沙尼亚	23	—	86	95	—		0.52	11
斯洛文尼亚	24	—	100	100	—		0.00	
乌拉圭	25	92	97	99	0.26	3	0.15	6
俄罗斯	26	—	88	78	—		−0.67	
斯洛伐克	27	—	—	97	—		—	
希腊	28	96	98	100	0.13	0	0.13	0
匈牙利	29	84	92	100	0.63	0	0.46	0
捷克	30	—	100	100	—		−0.02	
葡萄牙	31	86	96	100	0.54	0	0.22	0
白俄罗斯	32	—	82	93	—		0.72	10
拉脱维亚	33	—	84	93	—		0.55	13
立陶宛	34	—	78	99	—		1.36	1
格鲁吉亚	35	—	67	74	—		0.57	53
乌克兰	36	—	78	81	—		0.17	121
保加利亚	37	87	91	97	0.38	9	0.33	10
黎巴嫩	38	89	95	100	0.41	0	0.31	0
哈萨克斯坦	39	—	—	68	—		—	
波兰	40	92	93	93	0.05	142	−0.02	
阿根廷	41	80	83	97	0.69	4	0.87	3
巴拿马	42	78	79	89	0.47	25	0.64	18
克罗地亚	43	—	100	100	—		0.00	
沙特阿拉伯	44	61	88	100	1.76	0	0.72	0
哥伦比亚	45	75	80	90	0.65	17	0.65	17
科威特	46	97	94	93	−0.15	—	−0.07	
智利	47	80	84	99	0.74	2	0.92	2
马其顿	48	—	—	97	—		—	
阿塞拜疆	49	—	64	66	—		0.23	181
摩尔多瓦	50	71	70	76	0.25	110	0.47	60
罗马尼亚	51	79	75	88	0.40	31	0.88	14
委内瑞拉	52	96	92	98	0.09	17	0.39	4
乌兹别克斯坦	53	—	73	83	—		0.73	26
多米尼加	54	69	76	95	1.17	4	1.28	4
亚美尼亚	55	—	93	80	—		−0.81	
巴拉圭	56	57	53	72	0.82	41	1.69	20
哥斯达黎加	57	88	91	100	0.46	0	0.50	0
巴西	58	76	73	87	0.52	26	1.02	13
墨西哥	59	77	78	85	0.36	45	0.52	31
博茨瓦纳	60	43	50	62	1.28	37	1.22	39
秘鲁	61	58	62	81	1.20	17	1.54	14
牙买加	62	82	84	80	−0.07	—	−0.25	—
约旦	63	74	87	87	0.57	25	0.00	—
南非	64	85	78	88	0.14	93	0.69	19
土耳其	65	71	80	93	0.97	8	0.82	9
厄瓜多尔	66	63	68	88	1.21	10	1.43	9
伊朗	67	61	77	86	1.21	12	0.59	25
蒙古	68	55	53	52	−0.17	—	−0.10	—
摩洛哥	69	49	54	67	1.11	37	1.14	36
马来西亚	70	72	89	100	1.16	0	0.65	0

附表 1-2-4 世界第一次农业现代化指数的增长率和预期完成时间　　（续表）

国家	编号	1980	1990	2008	1980～2008 年均增长率	实现 100 需要的年数（按 1980～2008 年速度）	1990～2008 年均增长率	实现 100 需要的年数（按 1990～2008 年速度）
萨尔瓦多	71	76	74	92	0.66	13	1.17	8
埃及	72	74	80	91	0.74	13	0.70	14
中国	73	56	57	76	1.09	26	1.56	18
阿尔及利亚	74	59	70	75	0.83	35	0.38	76
土库曼斯坦	75	—	—	86				
突尼斯	76	62	69	81	0.95	22	0.88	24
阿尔巴尼亚	77	66	69	76	0.53	52	0.51	54
吉尔吉斯斯坦	78	—	52	68	—	—	1.53	25
塔吉克斯坦	79	—	61	64	—	—	0.29	154
玻利维亚	80	49	45	56	0.46	128	1.21	49
缅甸	81	57	47	60	0.20	262	1.31	40
菲律宾	82	61	65	81	1.04	20	1.26	17
泰国	83	51	62	77	1.44	19	1.20	22
纳米比亚	84	62	56	64	0.12	389	0.72	63
津巴布韦	85	57	54	49	−0.50	—	−0.51	—
洪都拉斯	86	48	49	78	1.76	15	2.58	10
尼加拉瓜	87	62	53	70	0.41	88	1.52	24
越南	88	57	50	68	0.60	65	1.75	22
肯尼亚	89	42	40	47	0.43	176	0.90	83
斯里兰卡	90	69	68	82	0.63	31	1.09	18
刚果共和国	91	51	55	65	0.87	50	0.95	46
印度尼西亚	92	57	59	72	0.81	41	1.14	29
赞比亚	93	49	45	51	0.14	481	0.62	110
危地马拉	94	65	71	85	0.95	18	1.02	16
毛里塔尼亚	95	33	35	46	1.20	65	1.53	51
科特迪瓦	96	44	37	52	0.61	108	1.83	36
印度	97	41	49	63	1.61	29	1.48	31
巴基斯坦	98	47	56	69	1.35	28	1.10	35
莱索托	99	51	47	63	0.79	59	1.59	29
柬埔寨	100	39	32	45	0.55	146	1.88	43
喀麦隆	101	37	36	52	1.22	54	1.98	34
厄立特里亚	102	—	—	33	—	—	—	—
叙利亚	103	72	73	92	0.88	9	1.27	6
加纳	104	33	31	48	1.34	55	2.49	30
乍得	105	25	24	48	2.40	31	3.99	19
莫桑比克	106	33	25	32	−0.12	—	1.42	81
几内亚	107	46	31	38	−0.73	—	1.02	96
也门共和国	108	38	37	61	1.70	30	2.77	18
巴布亚新几内亚	109	39	47	53	1.07	59	0.70	91
海地	110	35	34	47	1.08	71	1.79	43
尼泊尔	111	30	38	48	1.67	45	1.33	56
塞内加尔	112	32	32	49	1.52	48	2.43	30
塞拉利昂	113	46	36	39	−0.60	—	0.39	247
刚果民主共和国	114	42	29	33	−0.87	—	0.76	146
老挝	115	41	42	50	0.73	96	0.87	80
马拉维	116	39	37	50	0.88	78	1.80	39
多哥	117	32	30	41	0.86	103	1.86	48
马达加斯加	118	45	36	41	−0.37	—	0.66	138
马里	119	24	28	34	1.20	90	1.17	92
尼日利亚	120	48	45	57	0.62	90	1.32	43
孟加拉国	121	42	48	65	1.57	28	1.73	25
坦桑尼亚	122	39	35	38	−0.06	—	0.47	205
贝宁	123	29	31	52	2.15	31	2.99	22
尼日尔	124	24	22	30	0.77	158	1.70	72
安哥拉	125	38	32	40	0.14	667	1.18	79
乌干达	126	42	35	44	0.21	392	1.39	59
中非	127	31	28	41	0.96	94	2.11	43
布基纳法索	128	23	24	35	1.47	71	2.20	48
埃塞俄比亚	129	—	21	30	—	—	2.07	58
布隆迪	130	28	33	44	1.64	50	1.64	50
卢旺达	131	34	33	42	0.80	108	1.30	67
高收入国家	132	100	100	100	0.00	—	0.00	—
中等收入国家	133	63	60	71	0.45	75	1.00	34
低收入国家	134	44	39	53	0.66	97	1.62	40
世界平均	135	69	70	74	0.29	104	0.35	86

附表 1-2-5　1960～2008 年第一次农业现代化指数

国家	编号	1960	1970	1980	1990	2000	2005	2008
瑞典	1	100	100	100	100	100	100	100
美国	2	96	100	100	100	100	100	100
芬兰	3	92	98	100	100	100	100	100
澳大利亚	4	80	81	88	91	95	96	93
瑞士	5	100	100	100	100	100	100	100
挪威	6	98	100	100	100	100	100	100
日本	7	83	96	99	100	100	100	100
丹麦	8	98	98	100	100	100	100	100
德国	9	100	100	100	100	100	100	100
荷兰	10	100	100	100	100	100	100	100
加拿大	11	79	90	93	94	95	94	97
新加坡	12	92	97	100	100	100	100	100
英国	13	100	100	100	100	100	100	100
法国	14	96	100	100	100	100	100	100
比利时	15	100	100	100	100	100	100	100
奥地利	16	94	100	100	100	100	100	100
新西兰	17	100	100	100	100	100	100	100
韩国	18	64	75	84	98	99	100	100
以色列	19	91	92	100	100	100	100	100
意大利	20	90	98	100	100	100	100	100
爱尔兰	21	88	97	100	100	100	100	100
西班牙	22	64	85	99	100	100	100	100
爱沙尼亚	23	—	—	—	86	89	93	95
斯洛文尼亚	24	—	—	—	100	100	100	100
乌拉圭	25	75	87	92	97	100	100	99
俄罗斯	26	69	82	—	88	73	76	78
斯洛伐克	27	—	—	—	—	94	97	97
希腊	28	71	88	96	98	99	100	100
匈牙利	29	68	79	84	92	99	100	100
捷克	30	—	—	—	100	98	100	100
葡萄牙	31	59	72	86	96	100	99	100
白俄罗斯	32	—	—	—	82	87	91	93
拉脱维亚	33	—	—	—	84	85	93	93
立陶宛	34	—	—	—	78	90	98	99
格鲁吉亚	35	—	—	—	67	67	76	74
乌克兰	36	—	—	—	78	71	78	81
保加利亚	37	64	79	87	91	91	95	97
黎巴嫩	38	71	80	89	95	100	100	100
哈萨克斯坦	39	—	—	—	—	59	63	68
波兰	40	69	80	92	93	89	92	93
阿根廷	41	80	82	80	83	88	95	97
巴拿马	42	53	68	78	79	83	87	89
克罗地亚	43	—	—	—	100	92	99	100
沙特阿拉伯	44	32	43	61	88	99	100	100
哥伦比亚	45	53	64	75	80	86	88	90
科威特	46	75	85	97	94	93	93	93
智利	47	69	78	80	84	94	98	99
马其顿	48	—	—	—	—	92	95	97
阿塞拜疆	49	—	—	—	64	61	65	66
摩尔多瓦	50	—	—	71	70	62	71	76
罗马尼亚	51	61	72	79	75	71	87	88
委内瑞拉	52	59	73	96	92	97	98	98
乌兹别克斯坦	53	—	—	—	73	75	79	83
多米尼加	54	50	57	69	76	83	94	95
亚美尼亚	55	—	—	—	93	69	78	80
巴拉圭	56	51	54	57	53	62	68	72
哥斯达黎加	57	58	73	88	91	96	98	100
巴西	58	52	58	76	73	79	81	87
墨西哥	59	56	65	77	78	84	84	85
博茨瓦纳	60	25	32	43	50	55	61	62
秘鲁	61	55	59	58	62	77	80	81
牙买加	62	68	76	82	84	86	87	80
约旦	63	43	59	74	87	86	88	87
南非	64	61	69	85	78	79	86	88
土耳其	65	41	51	71	80	88	92	93
厄瓜多尔	66	47	53	63	68	78	87	88
伊朗	67	33	42	61	77	85	88	86
蒙古	68	45	49	55	53	42	46	52
摩洛哥	69	34	41	49	54	59	65	67
马来西亚	70	63	58	72	89	97	99	100

附表 1-2-5　1960～2008 年第一次农业现代化指数　　　　　（续表）

国家	编号	1960	1970	1980	1990	2000	2005	2008
萨尔瓦多	71	44	56	76	74	86	89	92
埃及	72	54	57	74	80	88	91	91
中国	73	34	44	56	57	67	71	76
阿尔及利亚	74	32	42	59	70	71	75	75
土库曼斯坦	75	—	—	—	—	71	80	86
突尼斯	76	36	44	62	69	76	84	81
阿尔巴尼亚	77	46	63	66	69	66	74	76
吉尔吉斯斯坦	78	—	—	—	52	61	68	68
塔吉克斯坦	79	—	—	—	61	60	64	64
玻利维亚	80	40	43	49	45	51	57	56
缅甸	81	44	47	57	47	55	57	60
菲律宾	82	45	53	61	65	74	80	81
泰国	83	40	48	51	62	75	76	77
纳米比亚	84	46	47	62	56	59	62	64
津巴布韦	85	46	50	57	54	56	49	49
洪都拉斯	86	37	42	48	49	65	76	78
尼加拉瓜	87	46	52	62	53	57	69	70
越南	88	46	61	57	50	65	68	68
肯尼亚	89	33	38	42	40	43	49	47
斯里兰卡	90	59	67	69	68	77	82	82
刚果共和国	91	36	42	51	55	52	55	65
印度尼西亚	92	34	42	57	59	62	71	72
赞比亚	93	38	41	49	45	45	47	51
危地马拉	94	39	49	65	71	82	83	85
毛里塔尼亚	95	29	28	33	35	39	41	46
科特迪瓦	96	39	36	44	37	46	51	52
印度	97	31	35	41	49	57	62	63
巴基斯坦	98	28	36	47	56	63	67	69
莱索托	99	37	36	51	47	52	63	63
柬埔寨	100	34	42	39	32	38	45	45
喀麦隆	101	29	32	37	36	48	49	52
厄立特里亚	102	—	—	—	—	34	33	33
叙利亚	103	38	45	72	73	85	92	92
加纳	104	33	34	33	31	39	46	48
乍得	105	33	27	25	24	27	47	48
莫桑比克	106	27	30	33	25	31	32	32
几内亚	107	31	45	46	31	37	37	38
也门共和国	108	27	28	38	37	46	48	61
巴布亚新几内亚	109	36	37	39	47	51	52	53
海地	110	31	31	35	34	44	46	47
尼泊尔	111	34	28	30	38	44	47	48
塞内加尔	112	28	29	32	32	35	49	49
塞拉利昂	113	27	42	46	36	31	38	39
刚果民主共和国	114	39	42	42	29	31	32	33
老挝	115	38	37	41	42	39	49	50
马拉维	116	39	35	39	37	45	47	50
多哥	117	26	30	32	30	33	33	41
马达加斯加	118	50	41	45	36	35	40	41
马里	119	23	23	24	28	32	33	34
尼日利亚	120	28	31	48	45	51	57	57
孟加拉国	121	30	34	42	48	52	56	65
坦桑尼亚	122	27	31	39	35	36	38	38
贝宁	123	27	28	29	31	40	42	52
尼日尔	124	22	20	24	22	24	27	30
安哥拉	125	36	42	38	32	34	39	40
乌干达	126	33	40	42	35	41	42	44
中非	127	29	30	31	28	32	38	41
布基纳法索	128	34	22	23	24	31	35	35
埃塞俄比亚	129	23	—	—	21	28	30	30
布隆迪	130	30	27	28	33	36	38	44
卢旺达	131	28	29	34	33	33	41	42
高收入国家	132	100	100	100	100	100	100	100
中等收入国家	133	44	51	63	60	65	71	71
低收入国家	134	30	31	44	39	52	50	53
世界平均	135	51	59	69	70	72	74	74

附表 1-2-6   1960～2008 年第一次农业现代化指数的排名

国家	编号	1960	1970	1980	1990	2000	2005	2008
瑞典	1	7	1	1	1	1	1	1
美国	2	10	1	1	22	1	1	1
芬兰	3	14	14	1	1	1	1	1
澳大利亚	4	19	27	27	36	33	36	46
瑞士	5	1	1	1	1	1	1	1
挪威	6	8	1	1	1	1	1	1
日本	7	18	17	18	1	22	26	29
丹麦	8	9	13	1	1	1	1	1
德国	9	1	1	1	1	1	1	1
荷兰	10	1	1	1	1	1	1	1
加拿大	11	21	20	23	29	32	40	35
新加坡	12	13	15	1	1	1	1	1
英国	13	1	1	1	1	1	1	1
法国	14	11	1	1	1	1	1	1
比利时	15	1	1	1	1	1	1	1
奥地利	16	12	1	1	1	1	1	1
新西兰	17	1	1	1	1	1	1	1
韩国	18	32	34	33	23	26	1	1
以色列	19	15	19	1	1	1	1	1
意大利	20	16	12	1	1	1	1	1
爱尔兰	21	17	16	1	1	1	1	1
西班牙	22	33	23	19	1	1	24	1
爱沙尼亚	23	—	—	—	41	41	42	41
斯洛文尼亚	24	—	—	—	1	1	1	1
乌拉圭	25	23	22	24	25	23	27	31
俄罗斯	26	27	25		38	67	73	70
斯洛伐克	27	—	—	—	—	35	35	37
希腊	28	24	21	21	24	24	1	1
匈牙利	29	30	30	32	32	27	1	1
捷克	30	—	18		1	28	1	30
葡萄牙	31	39	38	30	26	1	28	1
白俄罗斯	32	—	—	—	46	46	48	43
拉脱维亚	33	—	—	—	42	52	43	44
立陶宛	34	—	—	—	54	40	34	32
格鲁吉亚	35	—	—	—	69	73	70	77
乌克兰	36	—	—	—	51	68	69	67
保加利亚	37	31	31	29	35	39	37	39
黎巴嫩	38	25	29	26	27	1	1	27
哈萨克斯坦	39	—	—	—	—	86	87	82
波兰	40	26	28	25	30	42	46	45
阿根廷	41	20	26	36	45	43	39	36
巴拿马	42	44	40	38	50	55	57	52
克罗地亚	43	—	—	—	1	38	29	1
沙特阿拉伯	44	89	68	58	39	25	25	1
哥伦比亚	45	45	43	42	49	50	53	51
科威特	46	22	24	20	28	36	44	42
智利	47	28	32	35	44	34	31	33
马其顿	48	—	—	—	—	37	38	38
阿塞拜疆	49	—	—	—	71	83	84	86
摩尔多瓦	50	—	—	48	64	81	77	74
罗马尼亚	51	35	37	37	57	69	54	53
委内瑞拉	52	37	36	22	33	29	33	34
乌兹别克斯坦	53	—	—	—	60	65	67	62
多米尼加	54	49	50	49	56	56	41	40
亚美尼亚	55	—	—	—	31	72	68	68
巴拉圭	56	47	53	64	84	80	80	78
哥斯达黎加	57	40	35	28	34	31	32	28
巴西	58	46	48	41	61	58	63	56
墨西哥	59	41	42	39	52	54	59	60
博茨瓦纳	60	108	93	82	86	91	91	93
秘鲁	61	42	46	61	73	61	64	65
牙买加	62	29	33	34	43	47	56	69
约旦	63	60	47	43	40	49	52	57
南非	64	36	39	31	53	59	58	55
土耳其	65	61	57	47	47	45	47	47
厄瓜多尔	66	50	54	53	67	60	55	54
伊朗	67	83	70	57	55	53	51	59
蒙古	68	57	59	68	83	107	111	100
摩洛哥	69	81	79	73	80	85	85	85
马来西亚	70	34	49	45	37	30	30	1

附表 1-2-6　1960~2008 年第一次农业现代化指数的排名　　　　　　（续表）

国家	编号	1960	1970	1980	1990	2000	2005	2008
萨尔瓦多	71	58	52	40	58	48	50	49
埃及	72	43	51	44	48	44	49	50
中国	73	82	66	67	76	74	76	75
阿尔及利亚	74	88	78	60	63	70	74	76
土库曼斯坦	75	—	—	—	—	71	66	58
突尼斯	76	75	67	54	65	63	60	64
阿尔巴尼亚	77	54	44	51	66	75	75	73
吉尔吉斯斯坦	78	—	—	—	85	82	82	83
塔吉克斯坦	79	—	—	—	74	84	86	89
玻利维亚	80	63	69	72	96	97	94	97
缅甸	81	59	62	66	92	92	92	95
菲律宾	82	56	55	59	70	66	65	66
泰国	83	62	61	69	72	64	72	72
纳米比亚	84	51	63	56	78	87	90	90
津巴布韦	85	52	58	65	81	90	99	106
洪都拉斯	86	71	72	76	88	76	71	71
尼加拉瓜	87	55	56	55	82	89	79	80
越南	88	53	45	62	87	77	81	84
肯尼亚	89	85	83	83	98	106	101	111
斯里兰卡	90	38	41	50	68	62	62	63
刚果共和国	91	74	77	70	79	93	96	88
印度尼西亚	92	80	76	63	75	79	78	79
赞比亚	93	70	80	74	94	103	107	103
危地马拉	94	66	60	52	62	57	61	61
毛里塔尼亚	95	96	103	100	107	112	115	113
科特迪瓦	96	65	88	81	100	101	98	101
印度	97	92	90	88	89	88	89	91
巴基斯坦	98	100	86	77	77	78	83	81
莱索托	99	72	87	71	91	94	88	92
柬埔寨	100	78	74	92	112	113	112	114
喀麦隆	101	95	94	95	103	99	100	102
厄立特里亚	102	—	—	—	—	120	126	127
叙利亚	103	69	64	46	59	51	45	48
加纳	104	86	92	99	116	111	109	109
乍得	105	87	108	107	124	130	106	108
莫桑比克	106	102	98	98	122	125	129	129
几内亚	107	90	65	78	115	114	123	124
也门共和国	108	105	104	94	101	100	104	94
巴布亚新几内亚	109	76	85	89	93	98	97	98
海地	110	91	95	96	109	104	110	112
尼泊尔	111	79	106	104	99	105	108	110
塞内加尔	112	98	102	102	114	117	102	107
塞拉利昂	113	106	75	79	105	127	121	122
刚果民主共和国	114	64	71	84	119	128	128	128
老挝	115	68	84	87	97	110	103	105
马拉维	116	67	89	90	102	122	105	104
多哥	117	107	100	101	118	122	127	118
马达加斯加	118	48	81	80	104	118	116	119
马里	119	109	109	108	121	124	125	126
尼日利亚	120	101	97	75	95	96	93	96
孟加拉国	121	93	91	85	90	95	95	87
坦桑尼亚	122	104	96	91	106	115	122	123
贝宁	123	103	105	105	117	109	117	99
尼日尔	124	111	111	109	125	131	131	131
安哥拉	125	73	73	93	113	119	118	121
乌干达	126	84	82	86	108	108	113	116
中非	127	97	99	103	120	123	120	120
布基纳法索	128	77	110	110	123	126	124	125
埃塞俄比亚	129	110	—	—	126	129	130	130
布隆迪	130	94	107	106	111	116	119	115
卢旺达	131	99	101	97	110	121	114	117
高收入国家	132							
中等收入国家	133							
低收入国家	134							
世界平均	135							

附表 1-3-1　2008 年第二次农业现代化指数

国家	编号	农业效益指数	农民生活质量指数	农业转型指数	第二次农业现代化指数	排名
瑞典	1	100	103	114	106	4
美国	2	120	100	82	101	10
芬兰	3	102	111	93	102	6
澳大利亚	4	91	97	76	88	16
瑞士	5	79	99	110	96	11
挪威	6	102	101	120	107	3
日本	7	116	89	64	89	14
丹麦	8	106	105	101	104	5
德国	9	106	96	120	107	2
荷兰	10	120	87	98	102	7
加拿大	11	106	92	70	89	15
新加坡	12	120	93	120	111	—
英国	13	117	101	114	110	1
法国	14	120	92	90	101	9
比利时	15	120	98	85	101	8
奥地利	16	100	90	95	95	12
新西兰	17	100	100	27	76	23
韩国	18	67	84	40	63	31
以色列	19	86	93	74	84	17
意大利	20	113	75	81	90	13
爱尔兰	21	92	94	55	80	19
西班牙	22	97	88	64	83	18
爱沙尼亚	23	68	71	89	76	21
斯洛文尼亚	24	90	62	73	75	24
乌拉圭	25	59	42	55	52	38
俄罗斯	26	62	63	34	53	36
斯洛伐克	27	74	56	67	65	28
希腊	28	72	56	41	56	34
匈牙利	29	87	61	48	65	29
捷克	30	91	56	82	76	22
葡萄牙	31	83	60	57	67	27
白俄罗斯	32	55	51	23	43	46
拉脱维亚	33	72	59	71	67	26
立陶宛	34	63	67	64	65	30
格鲁吉亚	35	55	41	7	34	66
乌克兰	36	59	52	18	43	45
保加利亚	37	64	52	25	47	42
黎巴嫩	38	76	28	54	53	37
哈萨克斯坦	39	37	49	18	35	63
波兰	40	59	57	30	49	40
阿根廷	41	53	55	63	57	33
巴拿马	42	57	47	18	40	51
克罗地亚	43	97	58	19	58	32
沙特阿拉伯	44	90	49	69	69	25
哥伦比亚	45	66	46	13	42	48
科威特	46	69	48	120	79	20
智利	47	90	45	23	53	35
马其顿	48	46	46	12	39	55
阿塞拜疆	49	49	38	15	34	69
摩尔多瓦	50	47	45	12	35	65
罗马尼亚	51	83	50	18	50	39
委内瑞拉	52	43	40	26	36	60
乌兹别克斯坦	53	64	32	7	34	67
多米尼加	54	54	35	56	48	41
亚美尼亚	55	45	46	5	32	72
巴拉圭	56	36	38	7	27	81
哥斯达黎加	57	51	36	18	35	64
巴西	58	43	38	19	33	70
墨西哥	59	43	36	46	42	49
博茨瓦纳	60	41	32	46	39	54
秘鲁	61	58	36	24	40	53
牙买加	62	33	59	17	36	61
约旦	63	29	36	51	39	56
南非	64	67	32	29	43	47
土耳其	65	31	34	14	26	83
厄瓜多尔	66	45	47	27	40	52
伊朗	67	31	30	15	26	85
蒙古	68	64	52	8	41	50
摩洛哥	69	20	28	6	18	102
马来西亚	70	73	47	13	44	44

附表 1-3-1 2008 年第二次农业现代化指数 （续表）

国家	编号	农业效益指数	农民生活质量指数	农业转型指数	第二次农业现代化指数	排名
萨尔瓦多	71	53	43	14	36	59
埃及	72	43	26	11	27	82
中国	73	54	41	10	35	62
阿尔及利亚	74	23	32	19	25	90
土库曼斯坦	75	32	27	12	24	91
突尼斯	76	22	35	23	27	80
阿尔巴尼亚	77	70	60	4	45	43
吉尔吉斯斯坦	78	72	33	6	37	58
塔吉克斯坦	79	66	26	7	33	71
玻利维亚	80	44	30	7	27	79
缅甸	81	60	12	4	25	88
菲律宾	82	69	35	8	37	57
泰国	83	29	44	8	27	78
纳米比亚	84	44	29	19	31	74
津巴布韦	85	17	16	7	13	121
洪都拉斯	86	44	39	9	31	73
尼加拉瓜	87	33	25	18	25	89
越南	88	38	46	5	30	76
肯尼亚	89	36	29	4	23	93
斯里兰卡	90	35	28	13	26	86
刚果共和国	91	50	18	23	30	75
印度尼西亚	92	50	19	7	26	87
赞比亚	93	43	14	4	20	98
危地马拉	94	61	31	9	34	68
毛里塔尼亚	95	26	33	9	23	92
科特迪瓦	96	26	16	7	16	107
印度	97	32	18	10	20	99
巴基斯坦	98	40	39	6	28	77
莱索托	99	25	14	15	18	103
柬埔寨	100	28	17	5	17	106
喀麦隆	101	23	13	7	14	114
厄立特里亚	102	28	7	5	13	120
叙利亚	103	29	28	8	22	95
加纳	104	25	17	5	16	111
乍得	105	20	11	8	13	123
莫桑比克	106	26	9	5	13	119
几内亚	107	20	13	5	13	124
也门共和国	108	44	13	9	22	94
巴布亚新几内亚	109	38	5	5	16	108
海地	110	54	17	6	26	84
尼泊尔	111	27	12	4	14	115
塞内加尔	112	25	21	7	17	105
塞拉利昂	113	19	9	4	11	130
刚果民主共和国	114	36	6	3	15	112
老挝	115	42	20	4	22	96
马拉维	116	24	7	3	11	129
多哥	117	24	11	4	13	122
马达加斯加	118	25	15	4	15	113
马里	119	23	17	3	14	116
尼日利亚	120	31	17	8	19	100
孟加拉国	121	35	11	8	18	104
坦桑尼亚	122	20	14	4	13	127
贝宁	123	24	14	4	14	117
尼日尔	124	23	14	4	13	118
安哥拉	125	24	17	14	19	101
乌干达	126	22	18	23	21	97
中非	127	22	12	4	13	125
布基纳法索	128	24	11	3	13	126
埃塞俄比亚	129	24	6	6	12	128
布隆迪	130	39	5	4	16	109
卢旺达	131	30	8	8	16	110
高收入国家	132	100	100	100	100	
中等收入国家	133	39	27	12	26	
低收入国家	134	27	13	6	15	
世界平均	135	45	38	29	38	

注：空格表示没有数据，后同.

附表 1-3-2　2008 年第二次农业现代化指标指数

国家	编号	农业劳动生产率	农产品平均关税	作物单产	粮食浪费比例	农民素质(高等教育)	动物营养比例	农村移动通讯普及率	农村互联网普及率	农业劳动力比例	农业增加值比例	有机农业用地比例	旅游农场的比例
瑞典	1	120	120	92	69	75	104	111	120	120	97	120	120
美国	2	120	120	120	120	120	86	84	110	120	113	13	—
芬兰	3	120	120	66	—	87	116	120	120	78	56	120	120
澳大利亚	4	114	120	31	98	82	105	97	103	103	59	68	—
瑞士	5	99	27	120	70	74	103	110	110	90	120	120	—
挪威	6	120	120	66	—	84	95	104	120	120	120	118	120
日本	7	120	110	113	120	100	65	82	109	83	104	4	—
丹麦	8	120	120	113	70	62	119	118	120	120	120	120	46
德国	9	108	120	120	77	60	95	120	109	120	120	120	120
荷兰	10	120	120	120	120	8	101	118	120	120	90	62	120
加拿大	11	120	120	63	120	116	81	63	109	120	68	21	—
新加坡	12	120	120	—	—	59	—	120	101	120	120	—	—
英国	13	106	120	120	120	80	94	119	110	120	120	95	120
法国	14	120	120	120	120	74	109	88	98	117	75	47	120
比利时	15	120	120	120	120	90	97	104	99	120	120	59	41
奥地利	16	97	120	120	64	44	93	120	103	63	79	120	120
新西兰	17	99	120	120	61	93	100	102	103	49	23	10	—
韩国	18	69	26	120	51	88	51	88	110	47	59	13	—
以色列	19	—	120	57	80	120	66	116	69	120	—	28	—
意大利	20	113	120	99	120	39	81	120	61	92	75	120	37
爱尔兰	21	48	120	120	79	83	87	114	91	63	89	25	43
西班牙	22	81	120	67	120	80	89	103	80	81	54	98	21
爱沙尼亚	23	12	120	50	91	50	75	105	57	95	52	120	—
斯洛文尼亚	24	120	120	102	18	38	90	65	54	34	63	120	—
乌拉圭	25	34	95	74	32	24	61	52	30	32	14	120	—
俄罗斯	26	11	70	45	120	76	71	77	27	39	30	—	—
斯洛伐克	27	35	120	97	43	24	78	62	61	88	48	120	11
希腊	28	37	120	82	49	40	73	72	39	31	46	84	4
匈牙利	29	42	120	108	78	31	93	69	51	78	35	72	8
捷克	30	22	120	100	120	21	82	72	48	106	59	120	43
葡萄牙	31	26	120	68	120	22	95	83	38	30	64	120	12
白俄罗斯	32	19	77	66	57	—	80	46	27	31	15	—	—
拉脱维亚	33	14	120	58	95	35	93	55	52	45	48	120	—
立陶宛	34	21	120	63	50	48	89	85	47	45	34	114	—
格鲁吉亚	35	7	120	41	52	49	54	40	23	7	15	0	—
乌克兰	36	9	113	65	51	67	65	68	9	21	18	15	—
保加利亚	37	38	120	77	22	36	68	76	29	47	21	7	—
黎巴嫩	38	120	66	41	78	—	49	17	17	120	28	13	—
哈萨克斯坦	39	7	93	19	28	—	81	57	10	10	26	—	—
波兰	40	10	120	60	44	33	85	67	44	24	33	46	18
阿根廷	41	46	69	73	24	38	101	57	21	120	15	54	—
巴拿马	42	17	49	42	120	35	66	63	23	24	23	6	—
克罗地亚	43	54	120	120	95	29	77	80	47	27	23	7	—
沙特阿拉伯	44	75	120	94	70	—	46	76	25	74	64	—	—
哥伦比亚	45	11	56	78	120	—	58	50	32	19	17	2	—
科威特	46	—	120	50	38	—	68	51	27	120	120	—	—
智利	47	25	120	109	107	33	78	44	25	28	38	2	—
马其顿	48	20	68	66	28	—	72	69	36	19	14	3	—
阿塞拜疆	49	5	55	51	83	37	41	47	27	9	24	11	—
摩尔多瓦	50	6	83	60	37	—	67	44	24	11	14	12	—
罗马尼亚	51	31	120	61	118	22	81	70	27	12	21	22	—
委内瑞拉	52	31	47	67	25	—	54	47	19	40	37	0	—
乌兹别克斯坦	53	9	44	81	120	—	54	32	10	14	7	0	—
多米尼加	54	15	47	79	75	27	53	40	19	24	23	120	—
亚美尼亚	55	19	98	45	16	—	75	58	5	8	8	1	—
巴拉圭	56	10	84	43	6	21	60	56	13	12	7	2	—
哥斯达黎加	57	21	64	71	47	26	65	24	29	27	21	7	—
巴西	58	15	68	72	19	12	70	40	29	18	22	17	—
墨西哥	59	13	74	65	22	24	62	38	18	26	40	72	—
博茨瓦纳	60	2	120	9	33	—	43	46	6	12	80	—	—
秘鲁	61	6	102	71	51	49	36	40	21	38	21	15	—
牙买加	62	9	34	23	64	—	62	62	54	19	28	2	—
约旦	63	10	38	17	50	—	40	48	22	97	52	3	—
南非	64	14	104	71	80	21	44	54	8	40	45	1	—
土耳其	65	13	44	49	19	19	37	50	30	13	17	12	—
厄瓜多尔	66	8	71	56	46	39	76	49	25	42	19	16	—
伊朗	67	12	25	46	42	23	37	33	28	15	15	—	—
蒙古	68	7	104	26	120	—	105	40	12	9	7	—	—
摩洛哥	69	10	28	19	25	14	24	44	31	9	10	0	—
马来西亚	70	25	120	67	80	30	52	57	47	24	15	1	—

附表 1-3-2 2008 年第二次农业现代化指标指数 （续表）

国家	编号	农业劳动生产率	农产品平均关税	作物单产	粮食浪费比例	农民素质（高等教育）	动物营养比例	农村移动通讯普及率	农村互联网普及率	农业劳动力比例	农业增加值比例	有机农业用地比例	旅游农场的比例
萨尔瓦多	71	11	104	59	38	—	52	67	10	19	11	11	—
埃及	72	11	15	120	26	—	27	33	17	11	11	10	—
中国	73	2	61	104	51	—	67	32	23	9	13	7	—
阿尔及利亚	74	8	32	24	30	—	33	53	10	17	22	—	—
土库曼斯坦	75	10	—	56	31	—	66	14	1	11	12	—	—
突尼斯	76	14	17	26	33	—	34	47	24	15	15	40	—
阿尔巴尼亚	77	—	113	71	27	—	93	64	24	6	7	0	—
吉尔吉斯斯坦	78	4	120	45	120	5	64	45	17	10	5	3	—
塔吉克斯坦	79	2	100	40	120	—	29	40	14	10	6	8	—
玻利维亚	80	3	89	35	49	—	51	28	9	8	11	3	—
缅甸	81	—	93	67	19	—	37	0	0	5	3	—	—
菲律宾	82	5	90	62	120	42	48	43	5	10	10	3	—
泰国	83	3	40	56	19	—	42	65	26	8	13	3	—
纳米比亚	84	7	120	8	40	—	48	34	6	21	17	—	—
津巴布韦	85	0	—	6	46	—	27	9	12	6	8	—	—
洪都拉斯	86	8	96	31	42	—	50	54	13	9	11	7	—
尼加拉瓜	87	10	70	35	17	—	40	33	3	12	10	33	—
越南	88	1	37	95	20	—	51	60	27	6	7	3	—
肯尼亚	89	1	36	26	79	—	43	33	10	5	6	1	—
斯里兰卡	90	4	31	68	38	36	24	45	7	11	11	18	—
刚果共和国	91	—	25	15	110	—	21	29	4	9	37	—	—
印度尼西亚	92	3	82	88	28	11	20	38	8	8	10	4	—
赞比亚	93	1	68	40	62	—	16	20	5	5	7	0	—
危地马拉	94	11	108	30	95	10	30	69	14	11	13	4	—
毛里塔尼亚	95	2	48	15	38	—	54	44	2	7	12	—	—
科特迪瓦	96	3	35	32	33	—	12	32	3	8	6	—	—
印度	97	2	28	49	49	—	26	22	5	6	9	14	—
巴基斯坦	98	3	42	50	63	42	64	37	12	8	7	2	—
莱索托	99	1	70	12	17	—	18	21	4	9	21	—	—
柬埔寨	100	2	37	52	21	—	29	23	1	5	4	5	—
喀麦隆	101	3	25	25	40	—	16	19	4	6	8	—	—
厄立特里亚	102	0	59	9	44	—	14	2	5	5	6	—	—
叙利亚	103	18	—	30	39	—	48	21	16	13	8	5	—
加纳	104	—	32	25	18	—	14	31	4	6	4	4	—
乍得	105	—	26	15	18	—	19	12	1	5	11	—	—
莫桑比克	106	1	39	15	49	—	13	14	2	4	5	—	—
几内亚	107	1	35	30	11	—	12	27	1	4	6	—	—
也门共和国	108	—	56	18	59	—	24	12	2	8	10	—	—
巴布亚新几内亚	109	3	43	70	—	—	—	8	2	5	4	6	—
海地	110	—	96	17	49	—	22	21	10	6	5	—	—
尼泊尔	111	1	43	44	20	—	21	12	2	4	4	5	—
塞内加尔	112	1	38	20	40	—	24	29	9	10	10	1	—
塞拉利昂	113	—	—	18	19	—	13	12	0	5	3	—	—
刚果民主共和国	114	1	38	14	90	—	6	—	—	6	4	1	—
老挝	115	2	55	71	39	—	27	23	9	5	4	2	—
马拉维	116	1	42	30	22	—	9	10	3	4	4	0	—
多哥	117	—	37	21	15	—	11	16	6	6	3	2	—
马达加斯加	118	1	39	43	18	—	24	18	2	4	6	1	—
马里	119	2	42	22	24	—	31	19	2	4	4	0	—
尼日利亚	120	—	44	30	20	—	10	27	16	12	5	—	—
孟加拉国	121	2	36	74	29	—	11	21	0	7	8	—	—
坦桑尼亚	122	1	34	23	21	—	17	23	1	5	3	5	—
贝宁	123	—	36	25	10	—	14	27	2	7	5	1	—
尼日尔	124	—	39	9	20	—	30	10	1	4	4	—	—
安哥拉	125	1	47	9	41	—	27	23	3	5	23	—	—
乌干达	126	1	38	29	22	—	21	23	10	4	7	58	—
中非	127	2	29	21	36	—	34	2	0	5	3	—	—
布基纳法索	128	1	49	19	26	—	18	13	1	4	5	2	—
埃塞俄比亚	129	1	28	27	41	—	15	2	0	4	3	10	—
布隆迪	130	—	46	25	47	—	9	5	1	4	4	—	—
卢旺达	131	—	34	21	35	—	10	11	4	4	4	17	—
高收入国家	132	100	100	100	99	101	101	100	100	100	101	101	100
中等收入国家	133	3	51	61	—	—	—	36	17	8	16	—	—
低收入国家	134	1	40	41	—	—	—	21	5	6	6	—	—
世界平均	135	4	62	66	49	—	54	38	23	8	50	—	—

附表 1-3-3　2008 年第二次农业现代化指标数值

国家	编号	农业劳动生产率	农产品平均关税	作物单产	粮食浪费比例	农民素质（高等教育）	动物营养比例	农村移动通讯普及率	农村互联网普及率	农业劳动力比例	农业增加值比例	有机农业用地比例	旅游农场的比例
瑞典	1	49 548	2	4899	3	30	33	118	88	2.2	1.6	7.96	3
美国	2	46 102	3	6624	0	61	27	89	76	1.4	1.3	0.51	—
芬兰	3	42 398	2	3542	—	35	37	129	83	4.5	2.7	6.49	3
澳大利亚	4	29 257	1	1650	2	33	34	103	71	3.4	2.6	2.70	—
瑞士	5	25 618	20	6510	3	30	33	116	76	3.9	1.2	11.00	—
挪威	6	41 932	2	3545	0	34	31	110	83	2.8	1.2	4.72	6
日本	7	52 062	5	6017	1	40	21	86	75	4.2	1.4	0.14	—
丹麦	8	36 907	2	6020	3	25	38	125	83	2.7	1.3	5.46	1
德国	9	27 855	2	7119	3	24	30	129	76	2.2	0.9	5.11	4
荷兰	10	43 572	2	8308	1	3	32	125	87	2.7	1.7	2.46	3
加拿大	11	48 710	2	3387	1	46	26	66	75	2.5	2.2	0.82	—
新加坡	12	49 867	0	—	—	24	—	132	70	1.1	0.1	—	—
英国	13	27 403	2	7419	2	32	30	126	76	1.4	0.7	3.78	11
法国	14	53 497	2	7293	1	29	35	93	68	3.0	2.0	1.88	3
比利时	15	40 858	2	8576	1	36	31	110	68	1.8	0.8	2.37	1
奥地利	16	24 998	2	6812	3	18	30	130	71	5.6	1.9	13.36	7
新西兰	17	25 446	2	7380	3	37	32	108	71	7.2	6.4	0.38	—
韩国	18	17 728	21	7064	4	35	16	94	76	7.4	2.6	0.52	—
以色列	19	—	4	3044	2	84	21	123	48	1.6	—	1.10	—
意大利	20	29 199	2	5275	0	16	26	151	42	3.8	2.0	9.05	1
爱尔兰	21	12 361	2	7597	3	33	28	121	63	5.6	1.7	0.99	1
西班牙	22	20 824	2	3584	1	32	28	109	55	4.3	2.8	3.93	0
爱沙尼亚	23	3207	2	2693	2	20	24	111	39	3.7	2.9	8.77	—
斯洛文尼亚	24	62 901	2	5473	11	15	29	68	37	10.2	2.4	6.00	—
乌拉圭	25	8835	6	3944	6	10	20	55	21	11.0	10.8	6.23	—
俄罗斯	26	2955	8	2388	1	30	23	81	18	9.0	5.0	0.00	—
斯洛伐克	27	8919	2	5175	5	10	25	65	42	4.0	3.1	6.27	0
希腊	28	9524	2	4389	4	16	23	76	27	11.4	3.3	3.35	0
匈牙利	29	10 948	2	5802	3	12	30	73	35	4.5	4.3	2.89	0
捷克	30	5687	2	5353	1	8	26	76	33	3.3	2.5	7.35	1
葡萄牙	31	6625	2	3635	1	9	30	88	26	11.5	2.4	6.35	0
白俄罗斯	32	4911	7	3556	4	—	26	48	19	11.3	9.8	—	—
拉脱维亚	33	3482	2	3104	2	14	30	59	36	7.7	3.1	8.48	—
立陶宛	34	5369	2	3348	4	19	29	90	33	7.7	4.4	4.55	—
格鲁吉亚	35	1925	4	2171	4	20	17	42	16	53.4	10.0	0.01	—
乌克兰	36	2394	5	3486	4	27	21	72	6	16.7	8.3	0.60	—
保加利亚	37	9855	2	4094	9	14	22	80	20	7.5	7.3	0.26	—
黎巴嫩	38	37 171	8	2186	3	—	16	18	12	2.8	5.3	0.50	—
哈萨克斯坦	39	1775	6	1011	7	—	26	60	7	33.5	5.7	0.00	—
波兰	40	2647	2	3217	5	13	27	71	30	14.7	4.5	1.85	0
阿根廷	41	11 793	8	3918	8	15	32	61	15	0.8	9.8	2.15	—
巴拿马	42	4458	11	2246	1	14	21	67	16	14.7	6.4	0.24	—
克罗地亚	43	13 909	4	6627	2	12	25	84	32	12.8	6.4	0.28	—
沙特阿拉伯	44	19 352	3	5049	3	—	15	80	17	4.7	2.3	—	—
哥伦比亚	45	2861	10	4154	1	—	18	53	22	18.4	8.7	0.09	—
科威特	46	—	3	2690	5	—	22	54	19	1.1	0.5	—	—
智利	47	6569	1	5842	2	13	25	47	17	12.3	3.9	0.09	—
马其顿	48	5165	8	3537	7	—	23	73	25	18.2	10.9	0.11	—
阿塞拜疆	49	1274	10	2741	2	15	13	50	19	38.7	6.3	0.45	—
摩尔多瓦	50	1627	7	3203	5	—	21	47	17	32.8	10.9	0.46	—
罗马尼亚	51	7991	2	3247	2	9	26	74	19	28.7	7.1	0.89	—
委内瑞拉	52	8036	11	3592	8	—	17	50	13	8.7	4.0	0.01	—
乌兹别克斯坦	53	2445	12	4350	1	—	17	34	7	25.0	21.4	0.01	—
多米尼加	54	3989	12	4246	3	11	17	43	13	14.5	6.5	6.33	—
亚美尼亚	55	5000	6	2405	13	—	24	61	4	46.2	17.8	0.02	—
巴拉圭	56	2497	6	2323	33	8	19	60	20	29.5	20.2	0.07	—
哥斯达黎加	57	5457	9	3803	4	10	21	26	20	13.2	7.3	0.27	—
巴西	58	3843	8	3829	11	5	22	42	20	19.3	6.7	0.67	—
墨西哥	59	3255	7	3454	9	10	20	40	13	13.5	3.8	2.86	—
博茨瓦纳	60	467	5	465	6	—	14	48	4	29.9	1.9	—	—
秘鲁	61	1530	5	3816	4	20	11	42	14	9.3	7.2	0.59	—
牙买加	62	2367	16	1253	3	—	20	66	37	18.2	5.3	0.09	—
约旦	63	2560	14	928	4	—	17	50	13	3.6	2.9	0.10	—
南非	64	3663	5	3807	2	8	14	57	5	8.8	3.3	0.05	—
土耳其	65	3326	12	2601	11	8	12	53	20	26.2	8.7	0.49	—
厄瓜多尔	66	2092	8	2991	4	16	24	52	17	8.3	6.7	0.65	—
伊朗	67	3061	22	2479	5	9	12	35	19	22.8	10.2	0.00	—
蒙古	68	1821	5	1383	1	—	33	42	8	37.7	21.1	—	—
摩洛哥	69	2523	19	1003	8	6	8	46	21	40.9	14.6	0.01	—
马来西亚	70	6399	3	3557	3	12	17	60	33	14.8	10.2	0.02	—

附表 1-3-3 2008 年第二次农业现代化指标数值 （续表）

国家	编号	农业劳动生产率	农产品平均关税	作物单产	粮食浪费比例	农民素质（高等教育）	动物营养比例	农村移动通讯普及率	农村互联网普及率	农业劳动力比例	农业增加值比例	有机农业用地比例	旅游农场的比例
萨尔瓦多	71	2807	5	3142	5	—	17	71	7	18.9	13.2	0.44	—
埃及	72	2931	36	7506	8	—	9	35	12	31.2	13.2	0.40	—
中国	73	504	9	5535	4	—	21	34	16	39.6	11.3	0.28	—
阿尔及利亚	74	2159	17	1257	7	—	11	56	7	20.7	6.9	0.00	—
土库曼斯坦	75	2677	—	2974	6	—	21	15	1	31.8	12.3	—	—
突尼斯	76	3498	32	1399	6	—	11	50	16	23.1	9.9	1.58	—
阿尔巴尼亚	77	—	5	3818	7	—	30	68	16	58.0	20.8	0.01	—
吉尔吉斯坦	78	1041	4	2380	1	2	21	47	12	36.3	29.8	0.13	—
塔吉克斯坦	79	525	5	2140	0	—	9	42	7	55.5	18.1	—	—
玻利维亚	80	723	4	1849	4	—	16	30	1	43.1	13.6	0.11	—
缅甸	81	—	6	3585	11	—	12	1	0	68.9	48.4	—	—
菲律宾	82	1211	6	3334	1	17	15	46	4	36.1	14.9	0.13	—
泰国	83	705	14	3014	11	—	13	69	18	41.7	11.6	0.10	—
纳米比亚	84	1704	4	417	5	—	15	36	4	16.3	9.1	0.00	—
津巴布韦	85	116	—	309	4	—	8	10	8	60.2	19.1	—	—
洪都拉斯	86	1984	6	1655	5	—	16	57	9	39.2	13.6	0.29	—
尼加拉瓜	87	2461	8	1872	12	—	13	35	2	29.1	19.4	1.33	—
越南	88	354	15	5064	10	—	16	64	19	57.9	22.1	0.13	—
肯尼亚	89	349	15	1417	3	—	14	35	5	73.6	27.0	0.02	—
斯里兰卡	90	903	18	3660	5	14	8	48	5	31.3	13.4	0.72	—
刚果共和国	91	—	22	776	2	—	7	31	3	37.3	4.1	0.00	—
印度尼西亚	92	706	7	4694	7	4	6	41	5	41.2	14.4	0.14	—
赞比亚	93	220	8	2146	3	—	5	21	10	67.0	21.2	0.01	—
危地马拉	94	2783	5	1624	2	4	10	73	10	33.2	11.6	0.16	—
毛里塔尼亚	95	411	11	791	5	—	17	46	1	51.8	12.5	0.00	—
科特迪瓦	96	892	15	1724	6	—	4	34	2	44.8	25.0	0.00	—
印度	97	471	20	2647	4	—	8	23	3	57.8	17.5	0.57	—
巴基斯坦	98	892	13	2674	3	17	20	39	8	43.6	20.4	0.09	—
莱索托	99	199	8	625	12	—	6	23	1	38.4	7.2	—	—
柬埔寨	100	388	15	2805	10	—	9	24	0	68.5	34.6	0.21	—
喀麦隆	101	730	22	1346	5	—	5	21	2	54.8	19.5	0.00	—
厄立特里亚	102	65	9	466	5	—	4	2	3	76.3	24.3	—	—
叙利亚	103	4543	—	1622	5	—	15	22	11	27.0	20.0	0.20	—
加纳	104	—	17	1328	11	—	5	33	3	55.9	33.5	0.17	—
乍得	105	—	21	812	11	—	6	13	1	71.4	13.6	—	—
莫桑比克	106	202	14	822	4	—	4	14	1	80.3	28.6	0.00	—
几内亚	107	321	15	1631	17	—	4	29	1	82.3	24.8	—	—
也门共和国	108	—	10	939	3	—	8	12	1	46.4	14.3	—	—
巴布亚新几内亚	109	663	13	3727	—	—	7	8	2	72.0	33.6	0.23	—
海地	110	—	6	897	4	—	7	22	7	60.2	27.9	—	—
尼泊尔	111	240	13	2361	10	—	7	12	1	92.8	33.7	0.19	—
塞内加尔	112	235	14	1075	5	—	8	31	6	33.7	15.7	0.02	—
塞拉利昂	113	—	—	989	10	—	4	13	0	68.5	50.2	—	—
刚果民主共和国	114	166	14	772	2	2	2	25	0	61.3	40.2	0.03	—
老挝	115	516	10	3778	5	—	9	24	1	75.8	34.7	0.08	—
马拉维	116	145	13	1599	9	—	3	10	2	81.3	34.3	0.01	—
多哥	117	—	15	1136	14	—	3	17	4	57.3	43.7	0.07	—
马达加斯加	118	183	14	2291	11	—	8	20	1	72.5	25.2	0.01	—
马里	119	523	13	1172	8	—	10	28	11	78.7	36.5	0.01	—
尼日利亚	120	—	12	1598	10	—	3	28	1	29.8	32.7	0.00	—
孟加拉国	121	418	15	3972	7	—	4	22	0	48.1	19.0	—	—
坦桑尼亚	122	281	16	1224	9	—	5	24	1	74.6	45.3	0.18	—
贝宁	123	—	15	1330	20	—	4	28	1	50.0	32.2	0.04	—
尼日尔	124	—	14	504	10	—	10	11	0	86.7	40.0	0.00	—
安哥拉	125	249	12	490	5	—	9	24	2	70.8	6.6	—	—
乌干达	126	202	14	1534	9	—	7	24	7	78.1	22.7	2.33	—
中非	127	409	19	1145	6	—	11	3	0	69.2	52.9	—	—
布基纳法索	128	181	11	1035	5	—	3	14	1	92.2	33.3	0.07	—
埃塞俄比亚	129	208	19	1422	4	—	3	2	0	80.2	44.5	0.41	—
布隆迪	130	—	12	1313	4	—	3	5	1	89.7	34.9	—	—
卢旺达	131	—	16	1126	6	—	3	11	3	90.1	37.4	0.69	—
高收入国家	132	25 774	5	5348	2	40	32	106.1	69.1	3.5	1.5	4.03	2
中等收入国家	133	767	11	3269	—	—	38	12	44.9	9.5	—	—
低收入国家	134	280	14	2194	—	—	22	8	58.5	25.0	—	—
世界平均	135	1072	9	3539	4	40	32	106	69	3.5	1.5	4.00	2
基准值	—	25 774	5	5348	2	40	32	106	69	3.5	1.5	4.00	2

附表 1-3-4　1980～2008 年世界第二次农业现代化指数和排名

国家	编号	指数					排名				
		1980	1990	2000	2005	2008	1980	1990	2000	2005	2008
瑞典	1	71	60	92	105	106	10	10	1	2	4
美国	2	83	71	89	99	101	4	2	2	7	10
芬兰	3	71	48	80	95	102	11	17	11	9	6
澳大利亚	4	63	55	65	83	88	20	13	18	16	16
瑞士	5	90	62	86	93	96	2	8	6	10	11
挪威	6	70	53	88	101	107	13	15	3	5	3
日本	7	62	60	73	83	89	21	9	15	15	14
丹麦	8	72	53	74	101	104	9	14	14	4	5
德国	9	74	62	85	104	107	8	6	7	3	2
荷兰	10	89	62	87	100	102	3	7	4	6	7
加拿大	11	76	73	85	85	89	7	1	8	13	15
新加坡	12	81	78	103	106	111	—	—	—	—	—
英国	13	99	67	87	106	110	1	3	5	1	1
法国	14	80	57	79	92	101	6	11	12	11	9
比利时	15	71	52	83	95	101	12	16	9	8	8
奥地利	16	66	47	78	89	95	16	18	13	12	12
新西兰	17	68	57	66	66	76	15	12	17	24	23
韩国	18	30	34	50	61	63	45	30	24	27	31
以色列	19	65	63	82	73	84	17	5	10	19	17
意大利	20	56	46	71	84	90	23	19	16	14	13
爱尔兰	21	64	43	58	74	80	19	22	20	18	19
西班牙	22	52	40	57	71	83	25	25	21	21	18
爱沙尼亚	23	—	32	49	67	76	—	32	25	23	21
斯洛文尼亚	24	—	29	53	72	75	—	38	22	20	24
乌拉圭	25	56	29	37	48	52	22	39	35	36	38
俄罗斯	26	—	11	33	45	53	—	92	40	38	36
斯洛伐克	27	—	38	35	57	65	—	26	37	30	28
希腊	28	41	31	37	49	56	29	35	34	35	34
匈牙利	29	65	42	44	63	65	18	23	29	25	29
捷克	30	—	25	49	69	76	—	45	26	22	22
葡萄牙	31	40	34	45	58	67	30	29	28	29	27
白俄罗斯	32	—	3	28	37	43	—	120	56	46	46
拉脱维亚	33	—	27	39	59	67	—	42	32	28	26
立陶宛	34	—	26	38	52	65	—	43	33	32	30
格鲁吉亚	35	—	—	18	23	34	—	—	82	77	66
乌克兰	36	—	6	22	31	43	—	117	66	58	45
保加利亚	37	36	28	30	38	47	34	40	48	45	42
黎巴嫩	38	44	41	46	51	53	28	24	27	34	37
哈萨克斯坦	39	—	—	19	22	35	—	—	78	83	63
波兰	40	53	35	33	41	49	24	28	41	42	40
阿根廷	41	69	45	51	53	57	14	20	23	31	33
巴拿马	42	36	23	33	36	40	35	49	39	49	51
克罗地亚	43	—	7	34	48	58	—	113	38	37	32
沙特阿拉伯	44	49	36	40	61	69	27	27	30	26	25
哥伦比亚	45	37	30	31	35	42	33	37	47	50	48
科威特	46	81	66	63	77	79	5	4	19	17	20
智利	47	38	32	40	51	53	31	33	31	33	35
马其顿	48	—	—	21	29	39	—	—	71	63	55
阿塞拜疆	49	—	4	23	26	34	—	118	64	68	69
摩尔多瓦	50	—	—	20	23	35	—	—	77	75	65
罗马尼亚	51	37	30	29	41	50	32	36	50	44	39
委内瑞拉	52	35	24	31	31	36	37	48	45	59	60
乌兹别克斯坦	53	—	—	27	33	34	—	—	57	53	67
多米尼加	54	32	27	28	42	48	41	41	53	41	41
亚美尼亚	55	—	—	15	18	32	—	—	97	93	72
巴拉圭	56	28	16	21	24	27	50	62	73	70	81
哥斯达黎加	57	34	24	30	30	35	38	47	49	62	64
巴西	58	26	18	27	30	33	55	58	58	60	70
墨西哥	59	30	21	28	32	42	46	52	55	56	49
博茨瓦纳	60	23	18	24	36	39	60	59	61	48	54
秘鲁	61	28	44	32	30	40	49	21	43	61	53
牙买加	62	29	20	25	33	36	47	54	59	52	61
约旦	63	31	18	36	43	39	43	57	36	40	56
南非	64	32	31	31	41	43	42	34	46	43	47
土耳其	65	22	13	17	22	26	62	81	83	82	83
厄瓜多尔	66	31	33	31	33	40	44	31	44	51	52
伊朗	67	22	15	17	22	26	63	70	87	81	85
蒙古	68	51	21	28	36	41	26	51	54	47	50
摩洛哥	69	15	12	10	15	18	88	89	114	104	102
马来西亚	70	34	26	32	44	44	39	44	42	39	44

附表 1-3-4 1980～2008 年世界第二次农业现代化指数和排名 （续表）

国家	编号	指数					排名				
		1980	1990	2000	2005	2008	1980	1990	2000	2005	2008
萨尔瓦多	71	25	17	23	26	36	56	60	65	69	59
埃及	72	22	21	24	23	27	61	53	62	76	82
中国	73	20	18	23	32	35	71	56	63	55	62
阿尔及利亚	74	22	14	15	21	25	64	73	95	87	90
土库曼斯坦	75	—	—	18	21	24	—	—	81	84	91
突尼斯	76	18	14	16	23	27	74	75	90	73	80
阿尔巴尼亚	77	24	16	21	31	45	57	61	68	57	43
吉尔吉斯斯坦	78	—	3	29	29	37	119	52	64	58
塔吉克斯坦	79	—	3	22	24	33	—	121	67	72	71
玻利维亚	80	33	15	20	24	27	40	64	75	71	79
缅甸	81	21	15	17	23	25	68	69	88	74	88
菲律宾	82	27	22	29	32	37	51	50	51	54	57
泰国	83	18	14	17	23	27	75	71	84	79	78
纳米比亚	84	26	14	16	26	31	54	80	89	67	74
津巴布韦	85	19	12	13	17	13	72	84	102	96	121
洪都拉斯	86	21	13	18	21	31	67	82	80	88	73
尼加拉瓜	87	24	15	21	19	25	59	66	72	91	89
越南	88	18	13	17	21	30	78	83	86	86	76
肯尼亚	89	20	16	20	21	23	69	63	76	89	93
斯里兰卡	90	21	14	19	21	26	66	74	79	85	86
刚果共和国	91	24	24	21	28	30	58	46	74	65	75
印度尼西亚	92	15	15	21	22	26	86	67	69	80	87
赞比亚	93	18	14	14	15	20	77	77	99	103	98
危地马拉	94	20	14	25	26	34	70	72	60	66	68
毛里塔尼亚	95	35	15	15	17	23	36	65	94	98	92
科特迪瓦	96	13	8	10	13	16	97	108	115	110	107
印度	97	17	12	15	16	20	81	87	93	100	99
巴基斯坦	98	26	19	21	23	28	53	55	70	78	77
莱索托	99	15	10	9	17	18	87	100	122	97	103
柬埔寨	100	12	12	11	14	17	100	86	107	109	106
喀麦隆	101	14	12	12	12	14	93	90	104	113	114
厄立特里亚	102	—	—	11	9	13	—	—	112	129	120
叙利亚	103	29	14	15	19	22	48	79	91	92	95
加纳	104	11	7	9	11	16	103	110	121	119	111
乍得	105	14	8	7	11	13	92	109	128	120	123
莫桑比克	106	14	8	11	12	13	90	107	111	112	119
几内亚	107	11	7	8	9	13	104	112	126	128	124
也门共和国	108	27	15	17	20	22	52	68	85	90	94
巴布亚新几内亚	109	9	9	15	14	16	107	101	96	108	108
海地	110	17	14	15	17	26	79	76	92	95	84
尼泊尔	111	16	10	12	12	14	84	96	106	117	115
塞内加尔	112	13	9	10	14	17	95	104	117	107	105
塞拉利昂	113	14	10	9	11	11	91	97	120	122	130
刚果民主共和国	114	13	12	13	16	15	96	88	103	99	112
老挝	115	18	12	14	18	22	73	85	98	94	96
马拉维	116	11	8	8	6	11	105	106	125	130	129
多哥	117	8	6	7	10	13	108	115	129	124	122
马达加斯加	118	18	11	11	12	15	76	93	113	116	113
马里	119	21	9	10	12	14	65	102	118	118	116
尼日利亚	120	17	14	11	14	19	82	78	109	106	100
孟加拉国	121	13	12	13	15	18	94	91	101	102	104
坦桑尼亚	122	15	10	11	10	13	89	98	110	123	127
贝宁	123	10	6	7	9	14	106	116	130	127	117
尼日尔	124	16	7	8	12	13	85	114	127	115	118
安哥拉	125	17	11	13	15	19	80	95	100	101	101
乌干达	126	17	9	12	15	21	83	103	105	105	97
中非	127	13	11	11	12	13	98	94	108	114	125
布基纳法索	128	11	7	8	11	13	101	111	124	121	126
埃塞俄比亚	129	—	—	10	10	12	—	—	119	125	128
布隆迪	130	12	10	10	10	16	99	99	116	126	109
卢旺达	131	11	8	9	12	16	102	105	123	111	110
高收入国家	132	69	49	76	92	100					
中等收入国家	133	13	11	14	20	26					
低收入国家	134	—	—	10	12	15					
世界平均	135	31	23	28	33	38					

附表 1-4-1　2008 年世界综合农业现代化指数

国家	编号	农业效益指数	农民生活质量指数	农业转型指数	第二次农业现代化指数	排名
瑞典	1	98	99	100	99	3
美国	2	100	95	66	87	14
芬兰	3	84	99	88	90	12
澳大利亚	4	81	98	75	84	17
瑞士	5	89	99	96	95	8
挪威	6	90	99	100	96	6
日本	7	94	88	74	85	16
丹麦	8	100	100	99	100	1
德国	9	100	97	100	99	2
荷兰	10	100	99	86	95	7
加拿大	11	91	95	51	79	20
新加坡	12	100	94	100	98	5
英国	13	100	97	98	98	4
法国	14	100	97	77	91	11
比利时	15	100	91	90	94	9
奥地利	16	88	96	91	92	10
新西兰	17	85	98	26	70	27
韩国	18	78	82	63	74	24
以色列	19	78	84	76	79	18
意大利	20	100	74	94	89	13
爱尔兰	21	61	89	72	74	25
西班牙	22	81	88	88	86	15
爱沙尼亚	23	57	72	90	73	26
斯洛文尼亚	24	83	69	78	77	21
乌拉圭	25	60	58	47	55	35
俄罗斯	26	48	62	32	47	45
斯洛伐克	27	78	75	76	76	22
希腊	28	54	66	60	60	34
匈牙利	29	82	75	66	74	23
捷克	30	80	71	86	79	19
葡萄牙	31	55	68	74	66	32
白俄罗斯	32	54	69	33	52	42
拉脱维亚	33	53	74	74	67	28
立陶宛	34	57	66	75	66	30
格鲁吉亚	35	35	60	29	41	57
乌克兰	36	49	58	21	42	56
保加利亚	37	65	62	33	54	38
黎巴嫩	38	80	55	18	51	43
哈萨克斯坦	39	19	61	19	33	76
波兰	40	36	63	54	51	44
阿根廷	41	80	61	58	66	29
巴拿马	42	46	54	14	38	66
克罗地亚	43	71	70	22	54	36
沙特阿拉伯	44	82	36	79	66	31
哥伦比亚	45	46	56	14	38	63
科威特	46	75	47	60	61	33
智利	47	61	56	45	54	37
马其顿	48	52	69	36	52	41
阿塞拜疆	49	20	48	26	32	80
摩尔多瓦	50	45	59	17	40	59
罗马尼亚	51	51	60	25	45	49
委内瑞拉	52	57	37	41	45	50
乌兹别克斯坦	53	51	48	9	36	68
多米尼加	54	55	52	51	52	40
亚美尼亚	55	43	59	21	41	58
巴拉圭	56	41	42	7	30	84
哥斯达黎加	57	54	58	18	43	52
巴西	58	51	47	19	39	62
墨西哥	59	41	51	44	45	48
博茨瓦纳	60	6	46	45	32	77
秘鲁	61	51	43	36	43	54
牙买加	62	26	68	15	36	69
约旦	63	50	51	58	53	39
南非	64	56	46	35	45	47
土耳其	65	33	50	36	39	61
厄瓜多尔	66	48	61	30	46	46
伊朗	67	44	34	27	35	71
蒙古	68	35	53	8	32	78
摩洛哥	69	35	34	7	25	94
马来西亚	70	49	62	19	43	53

附表 1-4-1　2008 年世界综合农业现代化指数　　　　（续表）

国家	编号	农业效益指数	农民生活质量指数	农业转型指数	第二次农业现代化指数	排名
萨尔瓦多	71	44	43	14	34	73
埃及	72	54	47	28	43	55
中国	73	32	57	24	38	65
阿尔及利亚	74	26	42	33	34	74
土库曼斯坦	75	26	34	26	28	89
突尼斯	76	40	47	27	38	64
阿尔巴尼亚	77	39	71	8	39	60
吉尔吉斯斯坦	78	40	53	13	35	70
塔吉克斯坦	79	37	32	18	29	87
玻利维亚	80	23	43	9	25	95
缅甸	81	36	39	3	26	91
菲律宾	82	33	49	7	29	86
泰国	83	21	55	11	29	88
纳米比亚	84	18	48	19	28	90
津巴布韦	85	4	37	6	16	109
洪都拉斯	86	37	46	9	31	81
尼加拉瓜	87	40	35	17	31	82
越南	88	33	56	6	32	79
肯尼亚	89	33	34	3	23	98
斯里兰卡	90	43	42	14	33	75
刚果共和国	91	12	20	100	44	51
印度尼西亚	92	34	34	10	26	92
赞比亚	93	15	21	5	13	120
危地马拉	94	38	43	10	30	83
毛里塔尼亚	95	8	37	12	19	102
科特迪瓦	96	15	27	6	16	108
印度	97	23	39	9	24	96
巴基斯坦	98	40	49	14	35	72
莱索托	99	7	32	29	23	99
柬埔寨	100	18	30	3	17	105
喀麦隆	101	12	22	6	13	121
厄立特里亚	102	5	25	5	12	127
叙利亚	103	42	49	19	36	67
加纳	104	16	30	3	16	107
乍得	105	11	20	22	17	104
莫桑比克	106	7	13	5	8	131
几内亚	107	12	24	11	16	110
也门共和国	108	16	30	3	16	106
巴布亚新几内亚	109	22	17	5	15	116
海地	110	11	28	2	14	119
尼泊尔	111	31	37	9	25	93
塞内加尔	112	17	33	5	18	103
塞拉利昂	113	12	15	2	10	129
刚果民主共和国	114	7	18	2	9	130
老挝	115	26	30	3	20	101
马拉维	116	16	28	2	15	113
多哥	117	14	19	2	11	128
马达加斯加	118	18	21	2	13	122
马里	119	10	27	2	13	124
尼日利亚	120	23	19	4	15	112
孟加拉国	121	35	30	7	24	97
坦桑尼亚	122	14	21	3	13	126
贝宁	123	16	24	2	14	118
尼日尔	124	8	21	—	14	117
安哥拉	125	5	23	62	30	85
乌干达	126	13	30	22	22	100
中非	127	9	28	2	13	123
布基纳法索	128	8	28	3	13	125
埃塞俄比亚	129	25	16	4	15	114
布隆迪	130	14	27	3	15	115
卢旺达	131	12	25	10	16	111
高收入国家	132	100	100	99	100	
中等收入国家	133	24	49	15	29	
低收入国家	134	25	32	5	21	
世界平均	135	25	51	32	36	

注：空格表示没有数据，后同.

附表 1-4-2　2008 年世界综合农业现代化指标指数

国家	编号	农业劳动生产率	农业相对生产率	谷物单产	农民人均供应人口	农民人力资本	动物营养比例	农村清洁饮水普及率	农村互联网普及率	农业劳动力比例	农业增加值比例	农业机械化	有机农业用地比例
瑞典	1	100	100	92	100	96	100	100	100	100	100	100	100
美国	2	100	100	100	100	100	86	94	100	100	100	52	13
芬兰	3	100	100	66	71	96	100	100	100	79	72	100	100
澳大利亚	4	100	100	31	91	91	100	100	100	87	70	—	68
瑞士	5	99	82	100	73	96	100	100	100	85	100	—	100
挪威	6	100	92	66	100	99	95	100	100	100	100	100	100
日本	7	100	100	100	75	—	65	100	100	93	100	100	4
丹麦	8	100	100	100	100	—	100	100	100	100	100	97	100
德国	9	100	100	100	100	94	95	100	100	94	100	100	62
荷兰	10	100	100	100	100	96	100	100	100	94	90	100	62
加拿大	11	100	100	63	100	100	81	99	100	100	—	33	21
新加坡	12	100	100	—	100	89	—	—	100	100	100	—	—
英国	13	100	100	100	100	94	94	100	100	100	100	—	95
法国	14	100	100	100	100	91	100	100	98	100	61	100	47
比利时	15	100	100	100	100	77	97	—	99	100	100	100	59
奥地利	16	97	100	100	57	91	93	100	100	65	98	100	100
新西兰	17	99	100	100	42	94	100	—	100	43	—	—	10
韩国	18	69	100	100	44	95	51	—	100	49	89	100	13
以色列	19	—	—	57	100	100	66	100	69	100	—	100	28
意大利	20	100	—	99	100	80	81	—	61	100	81	—	100
爱尔兰	21	48	38	100	58	90	87	—	91	64	100	100	25
西班牙	22	81	100	67	76	83	89	100	80	91	62	100	98
爱沙尼亚	23	12	80	50	85	59	75	99	57	100	60	100	100
斯洛文尼亚	24	100	100	100	31	63	90	—	54	47	86	100	100
乌拉圭	25	34	100	74	30	39	61	100	30	28	15	44	100
俄罗斯	26	11	100	45	34	62	71	88	27	45	45	6	—
斯洛伐克	27	35	100	97	82	61	78	100	61	100	74	31	100
希腊	28	37	65	82	31	54	73	99	39	20	36	100	84
匈牙利	29	42	100	100	86	56	93	100	51	100	41	52	72
捷克	30	22	98	100	99	55	82	100	48	100	90	55	100
葡萄牙	31	26	100	68	27	40	95	100	38	36	60	100	100
白俄罗斯	32	19	100	66	28	—	80	99	27	52	27	18	—
拉脱维亚	33	14	100	58	40	56	93	96	52	52	44	100	100
立陶宛	34	21	100	63	44	60	89	—	47	55	45	100	100
格鲁吉亚	35	7	87	41	6	65	54	97	23	3	13	100	0
乌克兰	36	9	100	65	20	61	65	97	9	20	27	21	15
保加利亚	37	38	100	77	45	55	68	97	29	66	25	35	7
黎巴嫩	38	100	—	41	100	—	49	100	17	—	24	—	13
哈萨克斯坦	39	7	43	19	9	—	81	91	10	7	46	4	—
波兰	40	10	50	60	24	60	85	—	44	29	41	100	46
阿根廷	41	46	100	73	100	45	100	80	21	100	20	—	54
巴拿马	42	17	100	42	24	46	66	81	23	18	16	—	6
克罗地亚	43	54	100	100	28	58	77	98	47	33	27	—	17
沙特阿拉伯	44	75	64	94	95	—	46	—	25	59	100	—	—
哥伦比亚	45	11	72	78	22	—	58	77	32	15	25	—	2
科威特	46	—	—	50	100	—	68	—	27	100	—	19	—
智利	47	25	91	100	29	48	78	72	25	27	67	85	2
马其顿	48	20	100	66	20	—	72	99	36	24	19	100	3
阿塞拜疆	49	5	15	51	9	66	41	59	27	5	67	23	11
摩尔多瓦	50	6	100	60	12	—	67	85	24	8	8	39	12
罗马尼亚	51	31	100	61	12	56	81	76	27	15	21	40	22
委内瑞拉	52	31	87	67	41	—	54	—	19	37	87	—	0
乌兹别克斯坦	53	9	100	81	15	—	54	82	10	17	9	—	1
多米尼加	54	15	100	79	25	44	53	91	19	21	31	—	100
亚美尼亚	55	19	100	45	7	—	75	96	5	5	15	66	1
巴拉圭	56	10	100	43	12	42	60	52	13	9	5	12	2
哥斯达黎加	57	21	97	71	27	43	62	96	29	24	24	—	7
巴西	58	15	100	72	16	32	70	58	29	16	25	—	17
墨西哥	59	13	60	65	28	38	62	85	18	27	59	19	72
博茨瓦纳	60	2	4	11	—	—	43	90	6	7	100	27	—
秘鲁	61	6	87	71	38	51	36	63	21	63	30	—	15
牙买加	62	9	50	23	20	—	62	88	54	14	29	—	2
约旦	63	10	73	17	100	—	40	91	22	85	71	73	3
南非	64	14	91	71	49	49	44	82	8	41	61	—	1
土耳其	65	13	51	49	18	38	37	95	30	14	19	98	12
厄瓜多尔	66	8	81	56	46	52	76	91	25	37	36	—	16
伊朗	67	12	100	46	19	38	37	—	28	20	26	37	—
蒙古	68	7	100	26	8	—	100	48	12	6	11	8	—
摩洛哥	69	10	100	19	11	25	24	58	31	7	12	—	0
马来西亚	70	25	81	67	26	52	52	96	47	27	28	—	1

附表 1-4-2　2008 年世界综合农业现代化指标指数　　　（续表）

国家	编号	农业劳动生产率	农业相对生产率	谷物单产	农民人均供应人口	农民人力资本	动物营养比例	农村清洁饮水普及率	农村互联网普及率	农业劳动力比例	农业增加值比例	农业机械化	有机农业用地比例
萨尔瓦多	71	11	85	59	21	—	52	68	10	17	13	—	11
埃及	72	11	90	100	16	—	27	98	17	10	17	74	10
中国	73	2	21	100	7	—	67	81	23	10	26	55	7
阿及利亚	74	8	53	24	19	—	33	81	10	18	54	28	—
土库曼斯坦	75	10	—	56	11	—	66	—	1	—	26	—	—
突尼斯	76	14	100	26	19	—	34	84	24	21	20	29	40
阿尔巴尼亚	77	—	—	71	6	—	93	97	24	3	6	24	0
吉尔吉斯斯坦	78	4	100	45	10	49	64	83	17	7	4	38	3
塔吉克斯坦	79	2	100	40	7	—	29	58	10	5	4	43	—
玻利维亚	80	3	47	35	8	—	51	69	9	6	17	—	3
缅甸	81	—	—	67	4	—	37	80	0	4	—	2	—
菲律宾	82	5	52	62	11	53	48	88	5	6	13	—	3
泰国	83	3	17	56	7	—	42	97	26	7	23	—	3
纳米比亚	84	7	29	8	28	—	48	90	6	13	25	—	—
津巴布韦	85	0	—	6	7	—	27	72	12	5	8	—	—
洪都拉斯	86	8	100	31	11	—	50	74	13	7	14	—	7
尼加拉瓜	87	10	100	35	14	—	40	63	3	9	9	—	33
越南	88	1	29	95	5	—	51	90	27	4	11	—	3
肯尼亚	89	1	100	26	5	—	43	49	10	4	4	—	1
斯里兰卡	90	4	86	68	13	59	24	79	7	12	13	—	18
刚果共和国	91	—	—	15	10	—	21	35	4	—	100	—	—
印度尼西亚	92	3	36	88	8	36	20	71	8	6	20	—	4
赞比亚	93	1	11	40	7	—	16	41	6	1	13	—	0
危地马拉	94	11	100	30	13	32	30	94	14	10	16	—	4
毛里塔尼亚	95	2	—	15	8	—	54	54	2	—	22	2	—
科特迪瓦	96	3	—	32	9	—	12	66	3	—	6	—	—
印度	97	2	35	49	7	—	26	86	5	9	10	—	14
巴基斯坦	98	3	97	50	11	34	64	87	12	7	8	41	2
莱索托	99	1	—	12	10	—	18	74	4	—	29	—	—
柬埔寨	100	2	13	52	5	—	29	61	1	1	4	2	5
喀麦隆	101	3	—	25	8	—	16	47	4	2	9	—	—
厄立特里亚	102	0	—	9	5	—	14	57	5	—	5	—	—
叙利亚	103	18	100	30	19	—	48	83	16	13	11	47	5
加纳	104	—	—	25	6	—	14	71	4	—	5	1	4
乍得	105	—	—	15	6	—	19	40	1	—	22	—	—
莫桑比克	106	1	—	15	4	—	13	26	2	—	5	—	—
几内亚	107	1	—	30	4	—	12	59	1	—	11	—	—
也门共和国	108	—	—	18	14	—	24	65	2	3	—	—	—
巴布亚新几内亚	109	3	9	70	5	—	—	32	2	1	9	—	6
海地	110	—	—	17	6	—	22	51	10	2	—	—	—
尼泊尔	111	1	73	44	4	—	21	88	2	2	3	25	5
塞内加尔	112	1	37	20	11	—	24	65	9	6	8	—	1
塞拉利昂	113	—	—	18	6	—	13	32	0	1	3	—	—
刚果民主共和国	114	1	—	14	7	—	6	29	—	—	4	—	1
老挝	115	2	—	71	4	—	27	53	9	—	5	—	2
马拉维	116	1	30	30	5	—	9	72	3	1	4	—	0
多哥	117	—	—	21	6	—	11	40	6	—	3	0	2
马达加斯加	118	1	22	43	5	—	24	36	2	1	4	—	1
马里	119	2	—	22	7	—	31	48	2	3	4	1	0
尼日利亚	120	—	—	30	17	—	10	30	16	3	7	1	—
孟加拉国	121	2	56	74	7	—	11	78	0	4	9	—	—
坦桑尼亚	122	1	27	23	4	—	17	46	1	1	2	—	5
贝宁	123	—	—	25	8	—	14	57	2	—	2	—	1
尼日尔	124	—	—	9	6	—	30	32	1	—	—	—	—
安哥拉	125	1	—	9	5	—	27	39	3	—	62	—	—
乌干达	126	1	20	29	5	—	21	60	10	1	7	—	58
中非	127	2	—	21	5	—	34	51	0	—	2	—	—
布基纳法索	128	1	—	19	4	—	18	66	1	—	4	—	2
埃塞俄比亚	129	1	70	27	4	—	15	31	0	1	2	—	10
布隆迪	130	—	—	25	3	—	9	70	1	—	3	—	—
卢旺达	131	—	—	21	4	—	10	61	4	—	2	—	17
高收入国家	132	100	100	100	99	100	100	98	100	97	100	—	100
中等收入国家	133	3	25	61	6	—	—	81	17	6	23	—	—
低收入国家	134	1	51	41	8	—	—	60	5	4	7	—	—
世界平均	135	4	21	66	8	—	54	77	23	9	55	—	—

附表 1-4-3 2008 年世界综合农业现代化指标数值

国家	编号	农业劳动生产率	农业相对生产率	谷物单产	农民人均供应人口	农民人力资本	动物营养比例	农村清洁饮水普及率	农村互联网普及率	农业劳动力比例	农业增加值比例	农业机械化	有机农业用地比例
瑞典	1	49 548	1	4899	84	12	33	100	88	0.1	0.1	5.92	7.96
美国	2	46 102	1	6624	137	14	27	94	76	0.1	0.1	2.58	0.51
芬兰	3	42 398	1	3542	43	12	37	100	83	0.2	0.1	7.85	6.49
澳大利亚	4	29 257	1	1650	56	12	34	100	71	0.2	0.0	—	2.70
瑞士	5	25 618	0	6510	45	12	33	100	76	0.2	0.0	25.97	11.00
挪威	6	41 932	0	3545	65	13	31	100	83	0.1	0.0	15.39	4.72
日本	7	52 062	1	6017	45	—	21	100	75	0.2	0.0	43.82	0.14
丹麦	8	36 907	1	6020	69	—	38	100	83	0.1	0.0	4.86	5.46
德国	9	27 855	1	7119	88	12	30	100	76	0.1	0.0	6.46	5.11
荷兰	10	43 572	1	8308	68	12	32	100	87	0.1	0.1	13.02	2.46
加拿大	11	48 710	1	3387	71	13	26	99	75	0.1	—	1.63	0.82
新加坡	12	49 867	1	—	168	11	—	—	70	0.0	0.0	—	—
英国	13	27 403	1	7419	139	12	30	—	76	0.0	0.0	—	3.78
法国	14	53 497	1	7293	73	12	30	—	68	0.1	0.1	6.35	1.88
比利时	15	40 858	1	8576	124	10	31	—	68	0.1	0.0	11.27	2.37
奥地利	16	24 998	0	6812	35	12	30	100	71	0.2	0.1	23.90	13.36
新西兰	17	25 446	1	7380	26	12	32	—	71	0.3	—	—	0.38
韩国	18	17 728	0	7064	27	12	16	—	76	0.3	0.1	16.33	0.52
以色列	19	—	—	3044	145	15	21	100	48	0.1	—	7.05	1.10
意大利	20	29 199	1	5275	62	10	26	—	42	0.1	0.1	—	9.05
爱尔兰	21	12 361	0	7597	36	11	28	—	63	0.2	0.1	14.76	0.99
西班牙	22	20 824	1	3584	47	11	28	100	55	0.2	0.1	8.24	3.93
爱沙尼亚	23	3207	0	2693	52	8	24	99	39	0.1	0.1	6.05	8.77
斯洛文尼亚	24	62 901	2	5473	19	8	29	—	37	0.3	0.1	—	6.00
乌拉圭	25	8835	0	3944	18	5	20	100	21	0.5	0.4	2.22	6.23
俄罗斯	26	2955	0	2388	21	8	23	88	18	0.3	0.1	0.30	0.00
斯洛伐克	27	8919	0	5175	50	8	25	100	42	0.1	0.1	1.55	6.27
希腊	28	9524	1	4389	19	7	23	99	27	0.7	0.2	11.97	3.35
匈牙利	29	10 948	1	5802	52	7	30	100	35	0.1	0.1	2.62	2.89
捷克	30	5687	0	5353	60	7	26	100	33	0.1	0.1	2.76	7.35
葡萄牙	31	6625	0	3635	16	5	30	100	26	0.4	0.1	13.98	6.35
白俄罗斯	32	4911	1	3556	17	—	26	99	19	0.3	0.2	0.90	—
拉脱维亚	33	3482	0	3104	24	7	30	96	36	0.3	0.1	5.01	8.48
立陶宛	34	5369	2	3348	27	8	29	—	33	0.3	0.1	6.32	4.55
格鲁吉亚	35	1925	0	2171	4	8	17	97	16	5.1	0.5	5.94	0.01
乌克兰	36	2394	1	3486	12	8	21	97	6	0.7	0.2	1.03	0.60
保加利亚	37	9855	2	4094	28	7	22	97	20	0.2	0.2	1.73	0.26
黎巴嫩	38	37 171	—	2186	107	—	16	100	12	—	0.2	—	0.50
哈萨克斯坦	39	1775	0	1011	6	—	26	91	7	1.9	0.1	0.18	0.00
波兰	40	2647	0	3217	15	8	27	—	30	0.5	0.1	12.46	1.85
阿根廷	41	11 793	1	3918	261	6	32	80	15	0.0	0.3	—	2.15
巴拿马	42	4458	0	2246	14	6	21	81	16	0.8	0.4	—	0.24
克罗地亚	43	13 909	1	6627	17	7	25	98	24	0.4	0.2	—	0.28
沙特阿拉伯	44	19 352	0	5049	58	—	15	—	17	0.2	0.0	—	—
哥伦比亚	45	2861	0	4154	13	—	18	77	22	0.9	0.2	—	0.09
科威特	46	—	—	2690	174	—	22	—	19	0.1	—	0.96	—
智利	47	6569	0	5842	18	6	25	72	17	0.5	0.1	4.26	0.09
马其顿	48	5165	1	3537	12	—	23	99	25	0.6	0.3	12.44	0.11
阿塞拜疆	49	1274	0	2741	5	—	13	59	19	3.0	0.1	1.16	0.45
摩尔多瓦	50	1627	2	3203	7	—	21	85	17	1.8	0.7	1.97	0.46
罗马尼亚	51	7991	1	3247	8	7	26	76	19	0.9	0.3	2.00	0.89
委内瑞拉	52	8036	0	3592	25	—	17	—	13	0.4	0.1	—	0.01
乌兹别克斯坦	53	2445	2	4350	9	—	17	82	7	0.8	0.7	—	0.01
多米尼加	54	3989	0	4246	16	6	17	91	13	0.7	0.2	—	6.33
亚美尼亚	55	5000	1	2405	4	—	24	96	4	3.0	0.4	3.28	0.02
巴拉圭	56	2497	1	2323	7	5	19	52	9	1.6	1.1	0.61	0.07
哥斯达黎加	57	5457	0	3803	16	6	21	96	20	0.6	0.3	—	0.27
巴西	58	3843	0	3829	10	4	20	58	13	0.9	0.2	0.00	0.67
墨西哥	59	3255	0	3454	17	5	20	85	13	0.5	0.1	0.97	2.86
博茨瓦纳	60	467	0	465	7	—	14	90	4	2.0	0.0	1.35	—
秘鲁	61	1530	0	3816	23	7	11	63	14	0.2	0.2	—	0.59
牙买加	62	2367	0	1253	12	—	20	88	37	1.0	0.2	—	0.09
约旦	63	2560	0	928	86	—	13	91	15	0.2	0.1	3.67	0.10
南非	64	3663	0	3807	30	6	14	82	5	0.3	0.1	—	0.05
土耳其	65	3326	0	2601	11	5	12	95	20	1.0	0.3	4.89	0.49
厄瓜多尔	66	2092	0	2991	28	7	24	91	17	0.4	0.2	—	0.65
伊朗	67	3061	0	2479	11	—	12	—	19	0.7	0.2	1.83	0.00
蒙古	68	1821	1	1383	5	—	33	48	8	2.5	0.5	0.38	—
摩洛哥	69	2523	0	1003	7	3	8	58	21	0.5	0.5	—	0.01
马来西亚	70	6399	0	3557	16	7	17	96	33	0.5	0.2	—	0.02

附表 1-4-3 2008 年世界综合农业现代化指标数值 （续表）

国家	编号	农业劳动生产率	农业相对生产率	谷物单产	农民人均供应人口	农民人力资本	动物营养比例	农村清洁饮水普及率	农村互联网普及率	农业劳动力比例	农业增加值比例	农业机械化	有机农业用地比例
萨尔瓦多	71	2807	0	3142	13	—	17	68	7	0.8	0.5	—	0.44
埃及	72	2931	0	7506	10	—	9	98	12	1.4	0.4	3.72	0.40
中国	73	504	0	5535	4	—	21	81	16	1.5	0.2	2.77	0.28
阿尔及利亚	74	2159	0	1257	11	—	11	81	7	0.8	0.1	1.40	0.00
土库曼斯坦	75	2677	—	2974	7	—	21	—	1	—	0.2		
突尼斯	76	3498	1	1399	12	—	11	84	16	0.7	0.3	1.43	1.58
阿尔巴尼亚	77	—	—	3818	4	—	30	97	16	4.3	1.1	1.22	0.01
吉尔吉斯斯坦	78	1041	1	2380	6	6	21	83	12	1.9	1.5	1.91	0.13
塔吉克斯坦	79	525	0	2140	4	—	9	58	7	3.1	0.8	2.16	
玻利维亚	80	723	0	1849	5	—	16	69	7	2.3	0.4		0.11
缅甸	81	—	—	3585	3	—	12	80	1	3.2	—	0.11	—
菲律宾	82	1211	0	3334	7	7	15	88	4	2.4	0.5	—	0.13
泰国	83	705	0	3014	4	—	13	97	18	2.0	0.3	—	0.10
纳米比亚	84	1704	0	417	17	—	15	90	4	1.1	0.2	—	0.00
津巴布韦	85	116	—	309	14	—	8	72	8	2.6	0.0	—	—
洪都拉斯	86	1984	0	1655	7	—	16	74	9	1.9	0.4	—	0.29
尼加拉瓜	87	2461	1	1872	9	—	13	63	2	1.5	0.7	—	1.33
越南	88	354	0	5064	3	—	16	90	19	3.3	0.6	—	0.13
肯尼亚	89	349	0	1417	3	—	14	49	7	3.9	1.4	—	0.02
斯里兰卡	90	903	0	3660	8	7	8	79	5	1.2	0.5	—	0.72
刚果共和国	91	—	—	776	6	—	7	35	3	—	0.1	—	0.00
印度尼西亚	92	706	0	4694	5	5	6	71	5.2	2.2	0.3	—	0.14
赞比亚	93	220	0	2146	4	—	5	41	11.6	0.5	—		0.01
危地马拉	94	2783	1	1624	8	4	10	94	10	1.5	0.4	—	0.16
毛里塔尼亚	95	411	—	791	5	—	17	54	1	—	0.3	0.10	0.00
科特迪瓦	96	892	—	1724	6	—	4	66	2	—	1.0	—	0.00
印度	97	471	0	2647	4	—	8	86	3	4.4	0.6	—	0.57
巴基斯坦	98	892	0	2674	7	4	20	87	8	2.1	0.8	2.05	0.09
莱索托	99	199	—	625	6	—	6	74	3	—	0.2	—	—
柬埔寨	100	388	0	2805	3	—	9	61	0	19.6	1.4	0.12	0.21
喀麦隆	101	730	—	1346	5	—	5	47	2	6.0	0.6	0.00	0.00
厄立特里亚	102	65	—	466	3	—	4	57	3	—	1.3	0.00	—
叙利亚	103	4543	1	1622	11	—	15	83	11	1.1	0.6	2.34	0.20
加纳	104	—	—	1328	4	—	5	71	3	4.0	1.3	0.05	0.17
乍得	105	—	—	812	4	—	6	40	1	—	0.3	—	—
莫桑比克	106	202	—	822	3	—	4	26	1	—	1.2	—	0.00
几内亚	107	321	—	1631	3	—	4	59	1	—	0.5	—	—
也门共和国	108	—	—	939	3	—	8	65	1	4.1	—	—	—
巴布亚新几内亚	109	663	0	3727	3	—	—	32	2	20.0	0.7	—	0.23
海地	110	—	—	897	4	—	7	51	7	5.6	—	—	—
尼泊尔	111	240	0	2361	2	—	7	88	1	6.9	2.0	1.23	0.19
塞内加尔	112	235	0	1075	7	—	8	65	2	2.3	0.7	—	0.02
塞拉利昂	113	—	—	989	4	—	4	32	0	10.5	2.1	—	0.03
刚果民主共和国	114	166	—	772	4	—	9	29	1	—	1.4	—	0.08
老挝	115	516	—	3778	3	—	6	53	6	—	1.2	—	—
马拉维	116	145	0	1599	3	—	3	72	2	16.3	1.7	—	0.01
多哥	117	—	—	1136	4	—	3	40	4	—	1.8	0.01	0.07
马达加斯加	118	183	0	2291	3	—	8	36	1	21.3	1.5	—	0.02
马里	119	523	—	1172	4	—	10	48	1	4.8	1.5	0.03	0.01
尼日利亚	120	—	—	1598	10	—	3	30	11	4.3	0.8	0.07	—
孟加拉国	121	418	0	3972	4	—	4	78	0	3.3	0.7	0.00	—
坦桑尼亚	122	281	0	1224	3	—	5	46	1	14.9	2.6	0.00	0.18
贝宁	123	—	—	1330	5	—	4	57	1	—	2.4	0.00	0.04
尼日尔	124	—	—	504	4	—	10	32	0	—	0.1	—	0.00
安哥拉	125	249	—	490	4	—	9	39	2	—	0.1	—	—
乌干达	126	202	0	1534	3	—	7	60	0	10.0	0.9	—	2.33
中非	127	409	—	1145	4	—	11	51	0	—	3.7	—	—
布基纳法索	128	181	—	1035	2	—	6	66	1	—	1.5	—	0.07
埃塞俄比亚	129	208	0	1422	3	—	5	31	0	12.2	3.4	—	0.41
布隆迪	130	—	—	1313	2	—	3	70	1	—	1.7	—	—
卢旺达	131	—	—	1126	2	—	3	61	3	—	2.7	—	0.69
高收入国家	132	25 774	0	5348	61	13	32	98	69.1	0.1	0.1	—	4.03
中等收入国家	133	767	0	3269	4	—	—	81	12	2.3	0.3	—	—
低收入国家	134	280	0	2194	5	—	—	60	4	3.6	0.9	—	—
世界平均	135	1072	0	3539	5	—	17	77	16	1.5	0.1	—	—
参考值	—	25 774	0	5348	61	13	32	100	69	0.1	0.1	5.00	4.00

附表 1-4-4　1980～2008 年世界综合农业现代化指数和排名

国家	编号	指数					排名				
		1980	1990	2000	2005	2008	1980	1990	2000	2005	2008
瑞典	1	97	98	99	99	99	7	2	1	2	3
美国	2	90	87	86	87	87	12	11	15	14	14
芬兰	3	85	86	91	90	90	15	14	8	11	12
澳大利亚	4	84	85	82	83	84	16	15	18	16	17
瑞士	5	100	99	99	96	95	1	1	2	5	8
挪威	6	99	93	93	95	96	6	6	6	7	6
日本	7	82	89	87	86	85	18	9	14	15	16
丹麦	8	96	94	92	100	100	10	4	7	1	1
德国	9	96	90	98	99	99	9	8	4	4	2
荷兰	10	100	95	90	93	95	5	3	10	8	7
加拿大	11	87	89	87	79	79	13	10	13	18	20
新加坡	12	100	94	98	96	98	1	5	3	6	5
英国	13	100	87	87	99	98	1	13	12	3	4
法国	14	97	83	84	89	91	8	16	17	12	11
比利时	15	100	78	91	92	94	1	17	9	9	9
奥地利	16	96	92	97	92	92	11	7	5	10	10
新西兰	17	86	75	71	69	70	14	19	22	27	27
韩国	18	34	53	67	70	74	49	36	24	26	24
以色列	19	79	87	85	68	79	20	12	16	28	18
意大利	20	78	77	90	88	89	21	18	11	13	13
爱尔兰	21	81	64	74	74	74	19	22	20	21	25
西班牙	22	67	64	75	79	86	25	23	19	17	15
爱沙尼亚	23	—	50	68	72	73	—	42	23	24	26
斯洛文尼亚	24	—	60	73	78	77	—	25	21	19	21
乌拉圭	25	67	58	58	56	55	24	28	31	34	35
俄罗斯	26	—	34	42	45	47	—	59	49	46	45
斯洛伐克	27	—	65	63	73	76	—	21	27	23	22
希腊	28	59	56	54	61	60	28	32	35	32	34
匈牙利	29	67	52	62	74	74	26	39	28	22	23
捷克	30	—	60	67	76	79	—	26	25	20	19
葡萄牙	31	49	55	59	62	66	33	33	30	30	32
白俄罗斯	32	—	59	37	42	52	—	27	61	51	42
拉脱维亚	33	—	57	56	62	67	—	29	32	31	28
立陶宛	34	—	38	47	57	66	—	54	43	33	30
格鲁吉亚	35	—	34	33	41	41	—	61	70	52	57
乌克兰	36	—	17	38	40	42	—	101	59	57	56
保加利亚	37	55	52	47	49	54	30	40	44	41	38
黎巴嫩	38	57	52	53	53	51	29	37	36	35	43
哈萨克斯坦	39	—	—	30	28	33	—	—	79	84	76
波兰	40	69	56	49	49	51	23	30	39	40	44
阿根廷	41	77	61	63	66	66	22	24	26	29	29
巴拿马	42	40	27	39	36	38	38	79	54	66	66
克罗地亚	43	—	41	48	50	54	—	50	40	39	36
沙特阿拉伯	44	37	54	55	72	66	43	34	33	25	31
哥伦比亚	45	39	39	38	35	38	40	53	58	67	63
科威特	46	84	67	54	46	61	17	20	34	45	33
智利	47	47	44	50	52	54	34	47	37	37	37
马其顿	48	—	—	48	49	52	—	—	41	42	41
阿塞拜疆	49	—	32	26	26	32	—	72	87	85	80
摩尔多瓦	50	19	14	35	37	40	79	116	64	61	59
罗马尼亚	51	53	42	37	43	45	31	48	60	48	49
委内瑞拉	52	60	53	48	40	45	27	35	42	56	50
乌兹别克斯坦	53	—	47	25	29	36	—	44	89	79	68
多米尼加	54	33	36	40	52	52	51	58	53	36	40
亚美尼亚	55	—	14	32	39	41	—	113	71	58	58
巴拉圭	56	31	34	30	23	30	55	62	76	95	84
哥斯达黎加	57	44	41	42	40	43	37	51	48	55	52
巴西	58	35	32	35	37	39	48	71	63	60	62
墨西哥	59	38	37	39	39	45	41	55	55	59	48
博茨瓦纳	60	24	42	34	32	32	66	49	67	72	77
秘鲁	61	27	50	42	41	43	62	41	50	53	54
牙买加	62	37	33	33	36	36	42	69	68	65	69
约旦	63	46	52	61	50	53	35	38	29	38	39
南非	64	51	45	41	47	45	32	45	52	43	47
土耳其	65	35	33	38	36	39	47	65	57	63	61
厄瓜多尔	66	30	56	45	42	46	59	31	45	50	46
伊朗	67	25	34	29	34	35	63	60	80	69	71
蒙古	68	46	33	28	31	32	36	67	82	74	78
摩洛哥	69	18	30	17	24	25	84	74	103	89	94
马来西亚	70	40	44	49	47	43	39	46	38	44	53

附表 1-4-4　1980～2008 年世界综合农业现代化指数和排名　　　　　（续表）

国家	编号	指数					排名				
		1980	1990	2000	2005	2008	1980	1990	2000	2005	2008
萨尔瓦多	71	33	33	31	31	34	50	64	72	73	73
埃及	72	35	47	43	43	43	46	43	47	47	55
中国	73	29	33	31	34	38	60	63	73	68	65
阿尔及利亚	74	32	36	31	32	34	52	56	74	70	74
土库曼斯坦	75	—	4	21	24	28	—	127	96	91	89
突尼斯	76	31	30	26	30	38	56	75	85	76	64
阿尔巴尼亚	77	32	36	34	40	39	54	57	66	54	60
吉尔吉斯斯坦	78	—	14	36	37	35	—	115	62	62	70
塔吉克斯坦	79	—	10	29	25	29	—	125	81	86	87
玻利维亚	80	36	27	25	23	25	45	82	88	96	95
缅甸	81	20	23	27	25	26	73	87	83	87	91
菲律宾	82	25	33	31	29	29	65	66	75	80	86
泰国	83	19	25	33	28	29	78	85	69	82	88
纳米比亚	84	32	27	25	24	28	53	81	90	88	90
津巴布韦	85	19	27	18	17	16	81	83	101	108	109
洪都拉斯	86	25	29	23	29	31	64	76	93	78	81
尼加拉瓜	87	27	24	26	29	31	61	86	84	81	82
越南	88	20	23	30	30	32	77	88	78	75	79
肯尼亚	89	24	26	14	15	23	67	84	111	111	98
斯里兰卡	90	23	32	26	32	33	68	73	86	71	75
刚果共和国	91	21	21	44	43	44	71	94	46	49	51
印度尼西亚	92	20	27	23	24	26	76	80	92	90	92
赞比亚	93	17	21	13	13	13	86	95	118	121	120
危地马拉	94	21	33	30	24	30	72	68	77	92	83
毛里塔尼亚	95	30	23	16	17	19	58	90	106	107	102
科特迪瓦	96	14	20	16	17	16	93	96	104	105	108
印度	97	14	28	24	21	24	92	77	91	98	96
巴基斯坦	98	31	40	42	36	35	57	52	51	64	72
莱索托	99	18	15	19	21	23	83	111	100	97	99
柬埔寨	100	10	13	20	17	17	104	118	98	104	105
喀麦隆	101	12	15	16	15	13	99	110	107	114	121
厄立特里亚	102	—	—	12	12	12	—	—	124	126	127
叙利亚	103	36	32	35	30	36	44	70	65	77	67
加纳	104	11	14	13	16	16	100	112	114	109	107
乍得	105	12	11	11	20	17	98	122	125	102	104
莫桑比克	106	11	9	10	9	8	103	126	129	131	131
几内亚	107	16	16	14	15	16	88	108	109	113	110
也门共和国	108	21	16	21	23	16	70	106	97	94	106
巴布亚新几内亚	109	22	22	16	17	15	69	91	105	106	116
海地	110	14	17	19	20	14	94	102	99	101	119
尼泊尔	111	16	23	21	21	25	87	89	95	99	93
塞内加尔	112	12	17	14	16	18	97	99	112	110	103
塞拉利昂	113	15	11	11	10	10	90	124	126	128	129
刚果民主共和国	114	10	9	10	10	9	106	121	130	130	130
老挝	115	14	13	16	19	20	91	117	108	103	101
马拉维	116	11	13	13	12	15	102	119	116	125	113
多哥	117	9	13	10	10	11	108	120	128	129	128
马达加斯加	118	18	17	14	15	13	85	104	113	112	122
马里	119	19	14	12	13	13	80	114	123	123	124
尼日利亚	120	19	21	13	14	15	82	93	119	117	112
孟加拉国	121	13	28	22	23	24	96	78	94	93	97
坦桑尼亚	122	13	16	12	11	13	95	107	122	127	126
贝宁	123	10	16	13	12	14	105	105	120	124	118
尼日尔	124	20	18	18	14	14	75	97	102	115	117
安哥拉	125	20	21	39	28	30	74	92	56	83	85
乌干达	126	16	15	14	20	22	89	109	110	100	100
中非	127	11	17	13	13	13	101	100	115	119	123
布基纳法索	128	9	11	12	14	13	107	123	121	118	125
埃塞俄比亚	129	—	3	9	14	15	—	128	131	116	114
布隆迪	130	8	18	13	13	15	110	98	117	120	115
卢旺达	131	9	17	11	13	16	109	103	127	122	111
高收入国家	132	100	100	100	100	100					
中等收入国家	133	23	36	26	30	29					
低收入国家	134	18	23	17	18	21					
世界平均	135	37	34	35	43	36					

附表 1-5-1   2008 年中国地区农业现代化指数

地区	编号	指标						指数				排名
		农业劳动生产率	谷物单产	农民人均收入	农村恩格尔系数	农业劳动力比例	农业增加值比例	农业效率指数	农民生活指数	农业转型指数	综合农业现代化指数	
北京	1	2458	5714	1534	0.34	6	1.1	53	17	81	50	1
天津	2	2259	5209	1138	0.41	16	1.9	52	14	51	39	3
河北	3	1967	4883	690	0.38	41	12.6	48	14	10	24	18
山西	4	677	3709	590	0.39	41	4.4	36	14	21	24	21
内蒙古	5	2344	5060	670	0.41	50	11.7	51	13	10	25	16
辽宁	6	2683	6425	802	0.41	33	9.7	54	13	13	27	7
吉林	7	2581	7352	710	0.40	45	14.3	54	14	9	25	11
黑龙江	8	2020	5454	699	0.33	46	13.1	53	16	9	26	9
上海	9	3257	6874	1646	0.41	6	0.8	55	14	82	50	2
江苏	10	3295	6273	1058	0.41	21	6.9	55	13	19	29	5
浙江	11	2347	6724	1332	0.37	18	5.1	53	15	24	31	4
安徽	12	1271	5347	605	0.44	45	16.0	52	12	9	24	19
福建	13	2571	5794	892	0.46	31	10.7	54	12	13	26	10
江西	14	1688	5696	676	0.49	41	16.4	52	11	9	24	20
山东	15	2159	6163	812	0.38	37	9.7	53	14	12	27	8
河南	16	1344	5865	641	0.38	49	14.4	52	14	9	25	14
湖北	17	2519	6031	670	0.47	35	15.7	54	12	10	25	12
湖南	18	1528	6329	649	0.51	50	18.0	52	11	8	23	22
广东	19	1826	5100	921	0.49	28	5.5	50	11	20	27	6
广西	20	1350	5022	531	0.53	55	20.3	49	10	7	22	26
海南	21	2842	4608	632	0.53	54	30.0	47	10	6	21	27
重庆	22	1215	6280	594	0.53	37	11.3	52	10	11	24	17
四川	23	1553	5421	593	0.52	45	18.9	52	10	8	23	23
贵州	24	654	5133	402	0.52	52	16.4	49	10	8	22	25
云南	25	875	4201	446	0.50	63	17.9	41	11	7	19	30
西藏	26	975	5636	457	0.52	56	15.3	51	10	8	23	24
陕西	27	1191	3776	451	0.37	47	11.0	37	14	11	20	28
甘肃	28	907	3544	392	0.47	53	14.6	34	11	8	18	31
青海	29	1232	3717	440	0.42	45	11.0	36	12	11	20	29
宁夏	30	1266	5306	530	0.42	45	10.9	51	13	11	25	13
新疆	31	2368	6184	504	0.43	52	16.4	53	12	8	25	15
香港	32	—	—	—	—	0.6	0.1	—	—	100	—	
澳门	33	—	—	—	—	0.2	0.0	—	—	100	—	
台湾	34	—	—	—	—	5	1.7	—	—	78	—	
中国	73	1584	5535	685	0.44	40	11.3	52	12	11	25	
高收入国家	132	35 408	5348	39 688	0.1	3.5	1.5	100	100	100	100	
中等收入国家	133	1176	3269	3251	—	44.9	9.5	32	8	12	17	
低收入国家	134	765	2194	523	—	58.5	25.0	22	1	6	10	
世界平均	135	1721	3539	8655	—	43.1	3.0	36	22	29	29	
参考值	—	35 408	5348	39 688	0.1	3.2	1.5	—	—	—	—	—

附录二 世界现代化水平评价的数据集

附表 2-1-1　2009 年世界现代化水平

国家	编号	人口/100万	第一次现代化			第二次现代化			综合现代化		国家阶段[d]	国家分组[e]
			程度	排名[a]	阶段[b]	指数	排名	阶段[c]	指数	排名		
瑞典	1	9	100	1	F4	105	2	S2	95	3	6	1
美国	2	307	100	1	F4	110	1	S2	98	1	6	1
芬兰	3	5	100	1	F4	103	4	S1	93	6	5	1
澳大利亚	4	22	100	1	F4	98	10	S1	90	14	5	1
瑞士	5	8	100	1	F4	95	13	S1	91	9	5	1
挪威	6	5	100	1	F4	100	6	S1	91	10	5	1
日本	7	128	100	1	F4	99	7	S1	93	5	5	1
丹麦	8	6	100	1	F4	104	3	S2	95	4	6	1
德国	9	82	100	1	F4	102	5	S1	98	2	5	1
荷兰	10	17	100	1	F4	95	14	S2	91	11	6	1
加拿大	11	34	100	1	F4	92	16	S1	85	17	6	1
新加坡	12	5	100	1	F4	99	8	S2	88	15	6	1
英国	13	62	100	1	F4	97	12	S2	92	8	6	1
法国	14	65	100	1	F4	92	17	S2	90	13	6	1
比利时	15	11	100	1	F4	95	15	S2	90	12	6	1
奥地利	16	8	100	1	F4	97	11	S1	92	7	5	1
新西兰	17	4	100	1	F4	90	18	S1	83	21	5	1
韩国	18	49	100	1	F4	98	9	S1	85	16	5	1
以色列	19	7	100	1	F4	88	19	S1	84	19	5	1
意大利	20	60	100	1	F4	79	24	S1	82	22	5	2
爱尔兰	21	4	100	1	F4	84	20	S1	85	18	5	1
西班牙	22	46	100	1	F4	82	21	S1	84	20	5	1
爱沙尼亚	23	1	100	1	F4	75	27	S1	71	27	5	2
斯洛文尼亚	24	2	100	1	F4	80	22		76	25	4	2
乌拉圭	25	3	100	1	F3	61	40		70	29	3	2
俄罗斯	26	142	100	1	F3	71	30		65	38	3	2
斯洛伐克	27	5	100	1	F4	66	34		67	35	4	2
希腊	28	11	100	1	F4	78	25	S1	78	23	5	2
匈牙利	29	10	100	1	F4	68	31	S1	70	30	5	2
捷克	30	10	100	1	F4	75	26		71	28	4	2
葡萄牙	31	11	100	1	F4	80	23	S1	77	24	5	2
白俄罗斯	32	10	97	51	F3	63	39		58	45	3	2
拉脱维亚	33	2	100	1	F4	68	32	S1	74	26	5	2
立陶宛	34	3	100	1	F4	72	29	S1	69	31	5	2
格鲁吉亚	35	4	89	73	F2	42	70		48	61	2	3
乌克兰	36	46	93	62	F3	59	41		57	48	3	2
保加利亚	37	8	98	50	F3	59	42		58	42	3	2
黎巴嫩	38	4	100	1	F4	64	38		66	36	3	2
哈萨克斯坦	39	16	98	46	F3	49	54		49	59	3	2
波兰	40	38	100	1	F4	66	33		65	37	4	2
阿根廷	41	40	100	1	F4	64	37	S1	69	32	5	2
巴拿马	42	3	98	47	F3	49	51		59	40	3	2
克罗地亚	43	4	100	1	F3	64	35		68	34	3	2
沙特阿拉伯	44	27	98	48	F4	73	28		54	51	4	2
哥伦比亚	45	46	96	52	F3	44	63		54	52	3	3
科威特	46	3	100	1	F4	64	36		68	33	4	2
智利	47	17	100	1	F4	55	43		58	44	4	2
马其顿	48	2	96	55	F3	48	55		53	53	3	2
阿塞拜疆	49	9	88	74	F3	42	67		45	67	3	3
摩尔多瓦	50	4	90	70	F3	48	58		49	57	3	2
罗马尼亚	51	21	100	1	F3	55	45		58	46	3	2
委内瑞拉	52	28	98	45	F4	52	48		57	49	4	2
乌兹别克斯坦	53	28	78	88	F2	42	69		33	87	2	3
多米尼加	54	10	96	54	F3	55	44		58	43	3	2
亚美尼亚	55	3	88	75	F2	42	66		46	65	2	3
巴拉圭	56	6	91	65	F2	36	79		44	69	2	3
哥斯达黎加	57	5	98	49	F3	44	62		54	50	3	2
巴西	58	193	100	1	F3	52	47		60	39	3	2
墨西哥	59	112	100	1	F4	48	56		57	47	4	3
博茨瓦纳	60	2	83	80	F3	44	64		44	71	3	3
秘鲁	61	29	95	57	F3	42	68		52	56	3	3
牙买加	62	3	96	53	F3	45	61		48	60	3	3
约旦	63	6	95	59	F4	49	53		52	55	4	3
南非	64	49	91	64	F3	48	57		45	68	4	3
土耳其	65	72	100	1	F3	50	50		59	41	3	2
厄瓜多尔	66	14	95	58	F3	40	72		47	63	3	3
伊朗	67	73	96	56	F3	46	60		47	64	3	3
蒙古	68	3	88	76	F2	41	71		44	70	2	3
摩洛哥	69	32	85	79	F2	36	80		43	72	2	3
马来西亚	70	28	99	44	F3	53	46		53	54	3	2

附表 2-1-1　2009 年世界现代化水平　　　　　　　　　　　　　（续表）

国家	编号	人口/100万	第一次现代化			第二次现代化			综合现代化		国家阶段[d]	国家分组[e]
			程度	排名[a]	阶段[b]	指数	排名	阶段[c]	指数	排名		
萨尔瓦多	71	6	94	61	F3	51	49		46	66	3	2
埃及	72	80	89	72	F3	37	76		42	75	3	3
中国	73	1331	90	67	F3	43	65		43	73	3	3
阿尔及利亚	74	35	92	63	F3	37	77		41	77	3	3
土库曼斯坦	75	5	81	83	F3	33	83		28	100	3	3
突尼斯	76	10	95	60	F3	46	59		47	62	3	3
阿尔巴尼亚	77	3	87	78	F2	49	52		49	58	2	2
吉尔吉斯斯坦	78	5	81	84	F2	39	73		42	74	2	3
塔吉克斯坦	79	7	73	90	F2	29	89		31	89	2	4
玻利维亚	80	10	87	77	F3	34	81		41	76	3	3
缅甸	81	48	69	92	F1	25	101		35	84	1	4
菲律宾	82	92	91	66	F2	33	82		39	78	2	3
泰国	83	69	82	82	F2	38	74		36	83	2	3
纳米比亚	84	2	80	85	F3	37	75		37	81	3	3
津巴布韦	85	12	63	96	F2	21	117		26	104	2	4
洪都拉斯	86	7	90	69	F3	32	85		36	82	3	3
尼加拉瓜	87	6	83	81	F2	28	95		33	85	2	4
越南	88	86	75	89	F2	29	87		29	94	2	4
肯尼亚	89	39	54	114	F1	28	94		24	114	1	4
斯里兰卡	90	21	78	86	F2	32	86		31	91	2	4
刚果共和国	91	4	60	101	F2	29	92		33	86	2	4
印度尼西亚	92	237	78	87	F2	29	91		31	90	2	4
赞比亚	93	13	56	106	F1	21	112		20	125	1	4
危地马拉	94	14	90	68	F3	32	84		39	80	3	4
毛里塔尼亚	95	3	55	107	F2	25	100		23	116	2	4
科特迪瓦	96	19	57	105	F2	20	119		25	106	2	4
印度	97	1155	73	91	F2	27	97		31	93	2	4
巴基斯坦	98	170	66	93	F2	27	99		32	88	2	4
莱索托	99	2	59	102	F2	19	123		28	98	2	4
柬埔寨	100	14	55	108	F1	24	107		21	122	1	4
喀麦隆	101	19	62	98	F1	27	98		28	99	2	4
厄立特里亚	102	5	55	110	F1	20	118		22	118	1	4
叙利亚	103	20	89	71	F3	36	78		39	79	3	3
加纳	104	24	62	99	F1	29	90		27	101	1	4
乍得	105	11	49	121	F0	21	115		23	117	0	4
莫桑比克	106	23	49	120	F0	20	120		25	108	0	4
几内亚	107	10	50	118	F0	23	108		20	124	0	4
也门共和国	108	23	61	100	F1	23	111		25	110	1	4
巴布亚新几内亚	109	7	45	125	F1	16	127		15	131	1	4
海地	110	10	54	112	F1	19	122		20	126	1	4
尼泊尔	111	29	53	115	F1	21	114		24	113	1	4
塞内加尔	112	12	65	94	F2	23	109		31	92	2	4
塞拉利昂	113	6	41	129	F0	24	103		25	107	0	4
刚果民主共和国	114	64	45	123	F1	18	126		18	129	1	4
老挝	115	6	63	97	F1	28	93		27	103	1	4
马拉维	116	14	55	109	F0	24	105		25	109	1	4
多哥	117	6	49	119	F1	21	113		24	111	1	4
马达加斯加	118	20	54	111	F1	20	121		24	115	1	4
马里	119	15	43	110	F1	23	110		22	119	1	4
尼日利亚	120	154	57	104	F2	29	88		29	97	2	4
孟加拉国	121	147	63	95	F2	24	102		29	95	2	4
坦桑尼亚	122	44	54	113	F1	24	106		22	120	1	4
贝宁	123	9	53	116	F1	28	96		27	102	1	4
尼日尔	124	15	43	126	F1	21	116		24	112	1	4
安哥拉	125	19	58	103	F2	24	104		29	96	2	4
乌干达	126	32	48	122	F1	18	124		21	123	1	4
中非	127	4	40	131	F0	16	129		18	130	0	4
布基纳法索	128	16	40	130	F0	15	131		18	128	0	4
埃塞俄比亚	129	81	42	128	F0	15	130		19	127	0	4
布隆迪	130	8	45	124	F0	16	128		16	121	0	4
卢旺达	131	10	52	117	F0	18	125		26	105	0	4
高收入国家	132	1120	100		F4	100		S2	100		6	
中等收入国家	133	4863	90		F3	37			40		3	
低收入国家	134	780	57		F2	22			25		3	
世界平均	135	6764	96		F3	48			53		3	

注：a. 第一次现代化程度达到 100% 时，排名不分先后。b. F4 代表第一次现代化的过渡期，F3 代表成熟期，F2 代表发展期，F1 代表起步期，F0 代表传统农业社会。c. S2 代表第二次现代化的发展期，S1 代表起步期。d. 国家阶段划分：0 代表传统农业社会，1 代表第一次现代化起步期，2 代表第一次现代化发展期，3 代表第一次现代化成熟期，4 代表第一次现代化过渡期，5 代表第二次现代化起步期，6 代表第二次现代化发展期，7 代表第二次现代化成熟期，8 代表第二次现代化过渡期。e. 国家分组为根据第二次现代化指数的分组，1 代表发达国家，2 代表中等发达国家，3 代表初等发达国家，4 代表欠发达国家。"—"表示没有数据，后同。

附表 2-1-2　2009 年根据第二次现代化指数的国家分组

国家	编号	第二次现代化指数	第一次现代化程度	综合现代化指数	人均GNI	人类发展指数	国家	编号	第二次现代化指数	第一次现代化程度	综合现代化指数	人均GNI	人类发展指数
美国	2	110	100	98	46330	0.906	英国	13	97	100	92	41080	0.860
瑞典	1	105	100	95	48590	0.898	瑞士	5	95	100	91	65280	0.899
丹麦	8	104	100	95	58370	0.891	荷兰	10	95	100	91	48380	0.905
芬兰	3	103	100	93	46670	0.877	比利时	15	95	100	90	45250	0.883
德国	9	102	100	98	42410	0.900	加拿大	11	92	100	85	41950	0.903
挪威	6	100	100	91	84560	0.941	法国	14	92	100	90	42610	0.880
日本	7	99	100	93	37520	0.895	新西兰	17	90	100	83	29050	0.906
新加坡	12	99	100	88	36880	0.856	以色列	19	88	100	84	25630	0.884
韩国	18	98	100	85	19830	0.889	爱尔兰	21	84	100	85	44460	0.905
澳大利亚	4	98	100	90	43590	0.926	西班牙	22	82	100	84	32060	0.874
奥地利	16	97	100	92	46410	0.879	—	—	—	—	—	—	—
斯洛文尼亚	24	80	100	76	23820	0.876	白俄罗斯	32	63	97	58	5770	0.746
葡萄牙	31	80	100	77	21830	0.805	乌拉圭	25	61	100	70	8970	0.773
意大利	20	79	100	82	35130	0.870	乌克兰	36	59	93	57	2840	0.720
希腊	28	78	100	78	28760	0.863	保加利亚	37	59	98	58	6080	0.766
捷克	30	75	100	71	17400	0.863	智利	47	55	100	58	9310	0.798
爱沙尼亚	23	75	100	71	14080	0.828	多米尼加	54	55	96	58	4670	0.680
沙特阿拉伯	44	73	98	54	16190	0.763	罗马尼亚	51	55	100	58	8320	0.778
立陶宛	34	72	100	69	11620	0.802	马来西亚	70	53	99	53	7220	0.752
俄罗斯	26	71	100	65	9290	0.747	巴西	58	52	100	60	8090	0.708
匈牙利	29	68	100	70	13080	0.811	委内瑞拉	52	52	98	57	10070	0.732
拉脱维亚	33	68	100	74	12390	0.798	萨尔瓦多	71	51	94	46	3370	0.669
波兰	40	66	100	65	12190	0.807	土耳其	65	50	100	59	9060	0.690
斯洛伐克	27	66	100	67	16120	0.829	巴拿马	42	49	98	59	6540	0.760
克罗地亚	43	64	100	68	13810	0.793	阿尔巴尼亚	77	49	87	49	3960	0.734
科威特	46	64	100	68	47790	0.757	约旦	63	49	95	52	4000	0.694
阿根廷	41	64	100	69	7580	0.788	哈萨克斯坦	39	49	98	49	6840	0.733
黎巴嫩	38	64	100	66	7760	0.733	—	—	—	—	—	—	—
马其顿	48	48	96	53	4540	0.725	蒙古	68	41	88	44	1760	0.642
墨西哥	59	48	100	57	8680	0.762	厄瓜多尔	66	40	95	47	4020	0.716
南非	64	48	91	45	5730	0.610	吉尔吉斯斯坦	78	39	81	42	870	0.611
摩尔多瓦	50	48	90	49	1570	0.638	泰国	83	38	82	36	3730	0.673
突尼斯	76	46	95	47	3860	0.692	纳米比亚	84	37	80	37	4130	0.617
伊朗	67	46	96	47	4520	0.703	埃及	72	37	89	42	2190	0.638
牙买加	62	45	96	48	4730	0.724	阿尔及利亚	74	37	92	41	4410	0.691
哥斯达黎加	57	44	98	54	6240	0.738	叙利亚	103	36	89	39	2570	0.630
哥伦比亚	45	44	96	54	5050	0.702	巴拉圭	56	36	91	44	2250	0.651
博茨瓦纳	60	44	83	44	6300	0.626	摩洛哥	69	36	85	43	2800	0.575
中国	73	43	90	43	3650	0.674	玻利维亚	80	34	87	41	1640	0.656
亚美尼亚	55	42	88	46	3040	0.712	菲律宾	82	33	91	39	1870	0.636
阿塞拜疆	49	42	88	45	4750	..	土库曼斯坦	75	33	81	28	3270	0.677
秘鲁	61	42	95	52	4300	0.714	危地马拉	94	32	90	39	2660	0.569
乌兹别克斯坦	53	42	78	33	1090	0.631	洪都拉斯	86	32	90	36	1800	0.619
格鲁吉亚	35	42	89	48	2540	0.724	斯里兰卡	90	32	78	31	1950	0.680
越南	88	29	75	29	1020	0.584	马里	119	23	43	22	570	0.352
尼日利亚	120	29	57	29	1190	0.449	也门共和国	108	23	61	25	1070	0.452
塔吉克斯坦	79	29	73	31	730	0.600	赞比亚	93	21	56	20	990	0.419
加纳	104	29	62	27	1190	0.527	多哥	117	21	49	24	470	0.429
印度尼西亚	92	29	78	31	2160	0.607	尼泊尔	111	21	53	24	440	0.449
刚果共和国	91	29	60	33	1950	0.523	乍得	105	21	49	23	610	0.323
老挝	115	28	63	27	920	0.514	尼日尔	124	21	43	24	340	0.285
肯尼亚	89	28	54	24	770	0.499	津巴布韦	85	21	63	26	370	0.349
尼加拉瓜	87	28	83	33	1050	0.582	厄立特里亚	102	20	55	22	290	..
贝宁	123	28	53	27	780	0.422	科特迪瓦	96	20	57	25	1160	0.397
印度	97	27	73	31	1220	0.535	莫桑比克	106	20	49	25	440	0.312
喀麦隆	101	27	62	28	1210	0.475	马达加斯加	118	20	54	24	420	0.483
巴基斯坦	98	27	66	32	1000	0.499	海地	110	19	54	20	670	0.449
毛里塔尼亚	95	25	55	23	970	0.447	莱索托	99	19	59	28	1070	0.440
缅甸	81	25	69	35	..	0.474	乌干达	126	18	48	21	470	0.438
孟加拉国	121	24	63	29	640	0.491	卢旺达	131	18	52	26	480	0.419
塞拉利昂	113	24	41	25	340	0.329	刚果民主共和国	114	18	45	18	170	0.277
安哥拉	125	24	58	27	3880	0.481	巴布亚新几内亚	109	16	45	15	1190	0.457
马拉维	116	24	55	25	310	0.387	布隆迪	130	16	45	22	150	0.308
坦桑尼亚	122	24	54	22	500	0.454	中非	127	16	40	18	450	0.334
柬埔寨	100	24	55	21	690	0.513	埃塞俄比亚	129	15	42	19	350	0.353
几内亚	107	23	50	20	380	0.341	布基纳法索	128	15	40	18	500	0.326
塞内加尔	112	23	65	31	1080	0.453							
高收入国家	132	100	100	100	37719								
中等收入国家	133	37	90	40	3390								
低收入国家	134	22	57	24	488								
世界平均	135	48	96	53	8737	0.676							

左侧分组：发达国家 21 个；中等发达国家 33 个；初等发达国家 32 个；欠发达国家 45 个。

附表 2-1-3　2009 年根据综合现代化指数的国家分组

分组	国家	编号	2008	2007	2005	2000	1990	1980	国家	编号	2008	2007	2005	2000	1990	1980
发达国家22个	美国	2	98	98	96	95	91	92	比利时	15	90	89	89	86	94	91
	德国	9	98	94	93	95	94	93	法国	14	90	90	90	86	90	89
	瑞典	1	95	94	95	98	98	98	澳大利亚	4	90	91	92	86	88	91
	丹麦	8	95	95	95	95	98	93	新加坡	12	88	85	80	88	64	60
	日本	7	93	94	94	94	93	94	韩国	18	85	86	83	79	63	47
	芬兰	3	93	92	92	89	92	87	加拿大	11	85	86	84	82	85	93
	奥地利	16	92	90	89	87	92	87	爱尔兰	21	85	85	81	75	71	68
	英国	13	92	90	90	88	89	88	以色列	19	84	83	83	84	81	82
	瑞士	5	91	91	91	96	92	91	西班牙	22	84	83	80	74	83	73
	挪威	6	91	90	90	90	91	91	新西兰	17	83	84	85	74	78	87
	荷兰	10	91	90	90	90	96	91	意大利	20	82	81	83	78	85	75
中等发达国家30个	希腊	28	78	74	71	60	67	69	俄罗斯	26	65	63	58	54	56	85
	葡萄牙	31	77	72	69	69	61	53	巴西	58	60	58	52	48	56	51
	斯洛文尼亚	24	76	75	74	65	71	—	巴拿马	42	59	58	55	51	49	56
	拉脱维亚	33	74	70	65	56	57	75	土耳其	65	59	56	50	42	45	42
	爱沙尼亚	23	71	70	67	62	56	76	保加利亚	37	58	55	52	48	52	63
	捷克	30	71	70	63	57	59	73	多米尼加	54	58	53	54	60	63	50
	乌拉圭	25	70	66	59	63	66	64	智利	47	58	58	58	54	48	59
	匈牙利	29	70	70	66	58	58	63	白俄罗斯	32	58	56	54	47	63	—
	立陶宛	34	69	66	62	54	57	—	罗马尼亚	51	58	54	46	39	40	50
	阿根廷	41	69	62	60	64	55	67	墨西哥	59	57	57	53	51	53	57
	科威特	46	68	67	61	54	62	74	乌克兰	36	57	53	53	46	51	91
	克罗地亚	43	68	66	61	49	62	—	委内瑞拉	52	57	55	49	50	52	58
	斯洛伐克	27	67	65	59	53	69	—	哥斯达黎加	57	54	52	47	50	50	54
	黎巴嫩	38	66	66	64	57	54	72	沙特阿拉伯	44	54	52	49	43	56	57
	波兰	40	65	63	60	53	51	65	哥伦比亚	45	54	54	46	46	51	50
初等发达国家41个	马其顿	48	53	51	45	47	44	—	吉尔吉斯斯坦	78	42	41	45	36	22	—
	马来西亚	70	53	49	52	43	37	39	埃及	72	42	41	34	40	40	38
	约旦	63	52	53	53	49	56	49	玻利维亚	80	41	41	54	41	54	33
	秘鲁	61	52	49	50	50	50	50	阿尔及利亚	74	41	40	38	30	40	46
	摩尔多瓦	50	49	47	43	40	43	59	菲律宾	82	39	40	39	39	40	40
	阿尔巴尼亚	77	49	42	37	30	32	35	叙利亚	103	39	33	33	29	39	45
	哈萨克斯坦	39	49	46	46	43	53	—	危地马拉	94	39	37	36	31	37	41
	牙买加	62	48	47	44	42	44	42	纳米比亚	84	37	35	34	31	32	—
	格鲁吉亚	35	48	47	44	41	48	77	洪都拉斯	86	36	33	32	33	38	37
	突尼斯	76	47	48	48	42	40	41	泰国	83	36	30	35	32	37	34
	厄瓜多尔	66	47	49	42	38	43	56	缅甸	81	35	26	28	24	30	26
	伊朗	67	47	44	38	33	37	39	尼加拉瓜	87	33	32	32	34	37	42
	亚美尼亚	55	46	44	41	37	21	—	刚果共和国	91	33	26	28	25	37	34
	萨尔瓦多	71	46	43	46	49	49	43	乌兹别克斯坦	53	32	31	33	29	20	—
	阿塞拜疆	49	45	42	37	38	—	—	巴基斯坦	98	32	31	28	31	26	30
	南非	64	45	41	42	36	45	51	塔吉克斯坦	79	31	31	29	30	5	—
	巴拉圭	56	44	41	37	55	40	41	印度尼西亚	92	31	29	29	30	27	31
	蒙古	68	44	42	48	35	39	65	斯里兰卡	90	31	30	28	28	35	32
	博茨瓦纳	60	44	39	35	37	33	20	塞内加尔	112	31	31	27	24	30	30
	摩洛哥	69	43	41	39	37	38	35	印度	97	31	28	28	29	27	30
	中国	73	43	41	38	31	28	21								
欠发达国家38个	越南	88	29	27	26	22	21	—	尼泊尔	111	24	23	22	17	23	20
	孟加拉国	121	29	28	28	24	31	25	肯尼亚	89	24	26	24	26	27	26
	安哥拉	125	29	25	18	15	44	—	马达加斯加	118	24	23	22	22	28	27
	尼日利亚	120	29	26	23	19	31	30	毛里塔尼亚	95	23	23	23	26	38	33
	莱索托	99	28	21	17	19	45	27	乍得	105	23	18	15	14	28	—
	喀麦隆	101	28	27	25	21	32	34	厄立特里亚	102	22	21	20	—	—	—
	土库曼斯坦	75	28	33	33	26	—	—	马里	119	22	23	19	18	22	23
	加纳	104	27	24	23	19	33	34	坦桑尼亚	122	22	17	15	16	23	18
	贝宁	123	27	24	23	21	36	29	布隆迪	130	22	17	17	18	24	25
	老挝	115	27	25	19	18	20	19	柬埔寨	100	21	19	21	20	31	—
	津巴布韦	85	26	27	24	24	26	30	乌干达	126	21	21	21	22	24	21
	卢旺达	131	26	18	16	16	21	19	几内亚	107	20	21	21	28	43	14
	科特迪瓦	96	25	25	24	23	50	62	赞比亚	93	20	19	18	19	21	30
	塞拉利昂	113	25	18	17	15	27	18	海地	110	20	39	27	29	42	24
	莫桑比克	106	25	20	19	22	21	18	埃塞俄比亚	129	19	16	13	15	24	17
	马拉维	116	25	16	14	19	32	21	布基纳法索	128	18	19	19	19	22	33
	也门共和国	108	25	26	26	23	31	13	刚果民主共和国	114	18	19	14	14	33	35
	多哥	117	24	22	21	21	29	—	中非	127	18	18	16	17	28	27
	尼日尔	124	24	17	16	17	24	26	巴布亚新几内亚	109	15	17	17	24	26	26
	高收入国家	132	100	100	100	100	100	100								
	中等收入国家	133	40	40	41	42	44	52								
	低收入国家	134	24	24	26	24	32	28								
	世界平均	135	53	54	53	50	53	60								

附表 2-2-1　2009 年世界第一次现代化程度

国家	编号	经济指标达标程度[a]				社会指标达标程度						程度(%)	排名	达标个数
		人均GNI	农业劳动力比例[a]	农业增加值比例[a]	服务业增加值比例[a]	城市人口比例	医生比例[a]	婴儿存活率[b]	预期寿命	成人识字率	大学入学率[a]			
瑞典	1	100	100	100	100	100	100	100	100	100	100	100	1	10
美国	2	100	100	100	100	100	100	100	100	100	100	100	1	10
芬兰	3	100	100	100	100	100	100	100	100	100	100	100	1	10
澳大利亚	4	100	100	100	100	100	100	100	100	100	100	100	1	10
瑞士	5	100	100	100	100	100	100	100	100	100	100	100	1	10
挪威	6	100	100	100	100	100	100	100	100	100	100	100	1	10
日本	7	100	100	100	100	100	100	100	100	100	100	100	1	10
丹麦	8	100	100	100	100	100	100	100	100	100	100	100	1	10
德国	9	100	100	100	100	100	100	100	100	100	—	100	1	9
荷兰	10	100	100	100	100	100	100	100	100	100	100	100	1	10
加拿大	11	100	100	100	100	100	100	100	100	100	100	100	1	10
新加坡	12	100	100	—	100	100	100	100	100	100	—	100	1	8
英国	13	100	100	100	100	100	100	100	100	100	100	100	1	10
法国	14	100	100	100	100	100	100	100	100	100	100	100	1	10
比利时	15	100	100	100	100	100	100	100	100	100	100	100	1	10
奥地利	16	100	100	100	100	100	100	100	100	100	100	100	1	10
新西兰	17	100	100	100	100	100	100	100	100	100	100	100	1	10
韩国	18	100	100	100	100	100	100	100	100	100	100	100	1	10
以色列	19	100	100	100	—	—	100	100	100	100	100	100	1	8
意大利	20	100	100	100	100	100	100	100	100	100	100	100	1	10
爱尔兰	21	100	100	100	100	100	100	100	100	100	100	100	1	10
西班牙	22	100	100	100	100	100	100	100	100	100	100	100	1	10
爱沙尼亚	23	100	100	100	100	100	100	100	100	100	100	100	1	10
斯洛文尼亚	24	100	100	100	100	96	100	100	100	100	100	100	1	9
乌拉圭	25	100	100	100	100	100	100	100	100	100	100	100	1	10
俄罗斯	26	100	100	100	100	100	100	99	100	100	100	100	1	9
斯洛伐克	27	100	100	100	100	100	100	100	100	100	100	100	1	10
希腊	28	100	100	100	100	100	100	100	100	100	100	100	1	10
匈牙利	29	100	100	100	100	100	100	100	100	100	100	100	1	10
捷克	30	100	100	100	100	100	100	100	100	100	100	100	1	10
葡萄牙	31	100	100	100	100	100	100	100	100	100	100	100	1	10
白俄罗斯	32	73	100	100	100	100	100	100	100	100	100	97	51	9
拉脱维亚	33	100	100	100	100	100	100	100	100	100	100	100	1	10
立陶宛	34	100	100	100	100	100	100	100	100	100	100	100	1	10
格鲁吉亚	35	32	57	100	100	100	100	100	100	100	100	89	73	8
乌克兰	36	36	100	100	100	100	100	99	100	100	100	93	62	8
保加利亚	37	77	100	100	100	100	100	100	100	100	100	98	50	9
黎巴嫩	38	99	100	100	100	100	100	100	100	100	100	100	1	9
哈萨克斯坦	39	87	100	100	100	100	100	97	100	100	100	98	46	8
波兰	40	100	100	100	100	100	100	100	100	100	100	100	1	10
阿根廷	41	96	100	100	100	100	100	100	100	100	100	100	1	9
巴拿马	42	83	100	100	100	100	100	100	100	100	100	98	47	9
克罗地亚	43	100	100	100	100	100	100	100	100	100	100	100	1	10
沙特阿拉伯	44	100	100	100	82	100	100	100	100	100	100	98	48	9
哥伦比亚	45	64	100	100	100	100	100	100	100	100	100	96	52	9
科威特	46	100	100	—	100	100	100	100	100	100	100	100	1	9
智利	47	100	100	100	100	100	100	100	100	100	100	100	1	10
马其顿	48	58	100	100	100	100	100	100	100	100	100	96	55	9
阿塞拜疆	49	60	79	100	71	100	100	73	100	100	100	88	74	6
摩尔多瓦	50	20	97	100	100	82	100	100	99	100	100	90	70	6
罗马尼亚	51	100	100	100	100	100	100	100	100	100	100	100	1	10
委内瑞拉	52	100	100	100	84	100	100	100	100	100	100	98	45	9
乌兹别克斯坦	53	14	87	75	100	74	100	67	97	100	67	78	88	3
多米尼加	54	59	100	100	100	100	100	100	100	100	100	96	54	9
亚美尼亚	55	39	68	71	100	100	100	100	100	100	100	88	75	7
巴拉圭	56	29	100	79	100	100	100	100	100	100	100	91	65	8
哥斯达黎加	57	79	100	100	100	100	100	100	100	100	100	98	49	9
巴西	58	100	100	100	100	100	100	100	100	100	100	100	1	10
墨西哥	59	100	100	100	100	100	100	100	100	100	100	100	1	10
博茨瓦纳	60	80	100	100	100	100	40	81	76	100	53	83	80	5
秘鲁	61	55	100	100	100	100	100	100	100	100	100	95	57	9
牙买加	62	60	100	100	100	100	100	100	100	100	100	96	53	9
约旦	63	51	100	100	100	100	100	100	100	100	100	95	59	9
南非	64	73	100	100	100	100	100	70	74	100	—	91	64	6
土耳其	65	100	100	100	100	100	100	100	100	100	100	100	1	10
厄瓜多尔	66	51	100	100	100	100	100	100	100	100	100	95	58	9
伊朗	67	57	100	100	100	100	100	100	100	100	100	96	56	9
蒙古	68	22	83	75	100	100	100	100	97	100	100	88	76	6
摩洛哥	69	36	73	94	100	100	100	94	100	70	87	85	79	4
马来西亚	70	92	100	100	100	100	100	100	100	100	100	99	44	9

附表 2-2-1　2009 年世界第一次现代化程度　　　　　　　（续表）

国家	编号	人均 GNI	经济指标达标程度[a] 农业劳动力比例[a]	农业增加值比例[a]	服务业增加值比例[a]	社会指标达标程度 城市人口比例	医生比例[a]	婴儿存活率[b]	预期寿命	成人识字率	大学入学率[a]	程度(%)	排名	达标个数
萨尔瓦多	71	43	100	100	100	100	100	100	100	100	100	94	61	9
埃及	72	28	94	100	100	86	100	100	100	83	100	89	72	6
中国	73	46	75	100	96	88	100	100	100	100	100	90	67	6
阿尔及利亚	74	56	100	100	76	100	100	94	100	91	100	92	63	6
土库曼斯坦	75	42	62	100	76	98	100	63	93	100	—	81	83	3
突尼斯	76	49	100	100	100	100	100	100	100	98	100	95	60	8
阿尔巴尼亚	77	50	52	71	100	94	100	100	100	100	100	87	78	6
吉尔吉斯斯坦	78	11	88	52	100	72	100	88	99	100	100	81	84	4
塔吉克斯坦	79	9	54	68	100	52	100	56	96	100	100	73	90	4
玻利维亚	80	21	83	100	100	100	100	70	94	100	100	87	77	6
缅甸	81	—	48	—	78	66	40	58	91	100	73	69	92	1
菲律宾	82	24	86	100	100	100	100	97	100	100	100	91	66	7
泰国	83	47	71	100	100	68	30	100	100	100	100	82	82	6
纳米比亚	84	52	100	100	100	74	30	94	89	100	60	80	85	4
津巴布韦	85	5	100	83	100	76	20	58	69	100	20	63	96	3
洪都拉斯	86	23	86	100	100	96	100	100	100	100	100	90	69	7
尼加拉瓜	87	13	100	79	100	100	40	100	100	98	100	83	81	6
越南	88	13	58	71	87	56	100	100	100	100	67	75	89	4
肯尼亚	89	10	49	65	100	44	10	54	80	100	27	54	114	2
斯里兰卡	90	25	91	100	100	30	60	100	100	100	—	78	86	5
刚果共和国	91	25	86	100	53	100	10	49	81	—	40	60	101	2
印度尼西亚	92	27	75	94	78	100	10	100	97	100	100	78	87	4
赞比亚	93	13	42	68	98	72	10	42	69	89	—	56	106	2
危地马拉	94	34	91	100	100	98	90	100	100	93	100	90	68	5
毛里塔尼亚	95	12	54	71	100	82	10	40	83	71	27	57	107	1
科特迪瓦	96	15	50	60	100	98	10	34	77	69	53	57	105	1
印度	97	16	54	83	100	60	100	60	93	79	87	73	91	4
巴基斯坦	98	13	67	68	100	74	100	45	70	70	33	66	93	2
莱索托	99	14	75	100	100	52	10	45	67	100	27	59	102	3
柬埔寨	100	9	43	43	93	44	20	65	89	98	47	55	108	0
喀麦隆	101	15	49	79	100	100	20	35	73	89	60	62	98	2
厄立特里亚	102	4	37	100	100	42	10	68	87	84	13	55	110	2
叙利亚	103	33	100	71	100	100	100	100	100	100	—	89	71	7
加纳	104	15	55	47	100	100	10	59	90	84	60	62	99	2
乍得	105	8	36	100	84	54	—	30	70	43	13	49	121	1
莫桑比克	106	6	37	48	100	76	—	32	70	69	7	49	120	1
几内亚	107	5	34	88	69	70	10	36	76	49	60	50	118	0
也门共和国	108	14	55	—	100	62	30	51	93	78	67	61	100	1
巴布亚新几内亚	109	15	41	42	44	26	10	63	89	75	—	45	125	0
海地	110	9	59	—	—	96	16	51	87	61	—	54	112	0
尼泊尔	111	6	45	45	100	36	20	70	97	74	40	53	115	1
塞内加尔	112	14	88	88	100	86	10	59	84	63	53	65	94	1
塞拉利昂	113	4	43	29	56	76	—	26	67	51	13	41	129	0
刚果民主共和国	114	2	44	35	73	70	10	27	69	84	40	45	123	0
老挝	115	12	38	44	87	64	40	68	96	91	87	63	97	1
马拉维	116	4	32	48	100	38	—	49	76	93	—	55	109	1
多哥	117	6	56	34	73	86	10	45	80	71	33	49	119	0
马达加斯加	118	5	38	52	100	60	20	67	94	80	27	54	111	0
马里	119	7	45	41	87	66	10	30	73	33	40	43	127	0
尼日利亚	120	15	67	45	60	98	40	33	73	76	67	57	104	0
孟加拉国	121	8	63	79	100	56	30	75	97	70	53	63	95	1
坦桑尼亚	122	6	40	52	100	52	—	57	81	91	7	54	113	1
贝宁	123	10	70	47	100	84	10	40	79	53	40	53	116	1
尼日尔	124	4	53	—	96	34	—	40	77	36	7	43	126	0
安哥拉	125	49	40	100	69	100	10	30	71	88	20	58	103	2
乌干达	126	6	40	60	100	26	10	46	76	91	27	48	122	0
中非	127	6	37	27	64	78	10	28	67	69	13	40	131	0
布基纳法索	128	6	35	45	98	40	10	32	77	36	20	40	130	0
埃塞俄比亚	129	4	38	29	84	34	—	43	83	38	27	42	128	0
布隆迪	130	2	33	43	100	22	—	34	70	84	20	45	124	1
卢旺达	131	6	33	44	100	38	—	48	79	89	33	52	117	1
高收入国家	132	100	100	100	100	100	100	100	100	100	100	100		10
中等收入国家	133	43	86	100	100	96	100	77	99	100	100	90		5
低收入国家	134	6	53	58	100	56	47	42	83	76	47	57		1
世界平均	135	100	86	100	100	100	100	71	99	100	100	96		7

a. 为 2001~2009 年期间最近年的数据。

b. 评价数据为婴儿死亡率,婴儿存活率＝1－婴儿死亡率。

附表 2-2-2　2009 年世界第一次现代化评价指标

国家	编号	经济指标[a]				社会指标					
		人均 GNI	农业劳动力比例[a]	农业增加值比例[a]	服务业增加值比例[a]	城市人口比例	医生比例[a]	婴儿存活率[b]	预期寿命	成人识字率	大学入学率[a]
瑞典	1	48 590	2	2	73	85	4.0	2	81	99	72
美国	2	46 330	2	1	77	82	3.0	7	78	99	86
芬兰	3	46 670	5	3	69	64	3.0	3	80	99	91
澳大利亚	4	43 590	3	3	68	89	3.0	4	82	99	82
瑞士	5	65 280	3	1	72	74	4.0	4	82	99	51
挪威	6	84 560	3	1	58	78	4.0	3	81	99	73
日本	7	37 520	4	1	71	67	2.0	2	83	99	59
丹麦	8	58 370	3	1	77	87	3.0	3	79	99	77
德国	9	42 410	2	1	73	74	4.0	4	80	99	—
荷兰	10	48 380	3	2	74	82	4.0	4	81	99	62
加拿大	11	41 950	2	2	67	81	2.0	5	81	99	62
新加坡	12	36 880	1	0	72	100	2.0	2	81	95	—
英国	13	41 080	1	1	78	90	3.0	5	80	99	59
法国	14	42 610	3	2	79	78	3.0	4	81	99	55
比利时	15	45 250	2	1	78	97	4.0	4	80	99	66
奥地利	16	46 410	5	2	69	67	5.0	4	80	99	59
新西兰	17	29 050	7	6	69	87	2.0	5	80	99	84
韩国	18	19 830	7	3	61	82	2.0	4	80	99	100
以色列	19	25 630	2	—	—	92	4.0	4	82	99	63
意大利	20	35 130	4	2	73	68	4.0	3	81	99	67
爱尔兰	21	44 460	5	1	67	62	3.0	3	80	99	61
西班牙	22	32 060	4	3	71	77	4.0	4	81	98	73
爱沙尼亚	23	14 080	4	3	68	69	3.0	5	75	100	64
斯洛文尼亚	24	23 820	9	2	64	48	2.0	3	79	100	88
乌拉圭	25	8970	11	10	64	92	4.0	10	76	98	65
俄罗斯	26	9290	10	5	62	73	4.0	10	69	100	77
斯洛伐克	27	16 120	4	3	63	57	3.0	7	75	99	56
希腊	28	28 760	12	3	79	61	6.0	4	80	97	91
匈牙利	29	13 080	5	4	66	68	4.0	5	74	99	62
捷克	30	17 400	3	2	60	74	4.0	3	77	99	61
葡萄牙	31	21 830	11	2	75	60	4.0	3	79	95	61
白俄罗斯	32	5770	22	10	48	74	5.0	5	70	100	77
拉脱维亚	33	12 390	9	3	76	68	3.0	9	73	100	67
立陶宛	34	11 620	9	3	70	67	4.0	6	73	100	80
格鲁吉亚	35	2540	53	10	69	53	5.0	21	73	100	26
乌克兰	36	2840	16	8	62	68	3.0	12	69	100	81
保加利亚	37	6080	7	6	64	71	4.0	11	73	98	54
黎巴嫩	38	7760	7	5	78	87	4.0	19	72	90	53
哈萨克斯坦	39	6840	29	6	53	58	4.0	30	68	100	41
波兰	40	12 190	13	4	66	61	2.0	5	76	100	71
阿根廷	41	7580	1	8	61	92	3.0	13	75	98	69
巴拿马	42	6540	14	6	76	74	2.0	18	76	94	45
克罗地亚	43	13 810	14	7	66	58	3.0	5	76	99	49
沙特阿拉伯	44	16 190	5	3	37	82	1.0	16	74	86	33
哥伦比亚	45	5050	19	7	58	75	1.0	17	73	93	37
科威特	46	47 790	3	—	49	98	2.0	10	74	94	19
智利	47	9310	11	3	54	89	1.0	8	79	99	55
马其顿	48	4540	20	11	52	67	3.0	11	74	97	41
阿塞拜疆	49	4750	38	8	32	52	4.0	41	70	100	19
摩尔多瓦	50	1570	31	10	77	41	3.0	17	69	98	38
罗马尼亚	51	8320	29	7	67	54	2.0	12	73	98	67
委内瑞拉	52	10 070	9	4	38	94	2.0	16	74	95	78
乌兹别克斯坦	53	1090	34	20	47	37	3.0	45	68	99	10
多米尼加	54	4670	15	6	61	70	2.0	23	73	88	33
亚美尼亚	55	3040	44	21	45	64	4.0	18	74	100	50
巴拉圭	56	2250	27	19	59	61	1.0	21	72	95	37
哥斯达黎加	57	6240	12	7	66	64	1.0	9	79	96	25
巴西	58	8090	17	6	69	86	2.0	15	73	90	34
墨西哥	59	8680	13	4	61	78	3.0	15	76	93	28
博茨瓦纳	60	6300	30	3	57	60	0.4	37	53	84	8
秘鲁	61	4300	8	8	57	72	1.0	16	74	90	34
牙买加	62	4730	20	6	72	54	2.0	21	73	86	24
约旦	63	4000	3	3	65	78	2.0	19	73	92	41
南非	64	5730	5	3	66	61	1.0	43	52	89	—
土耳其	65	9060	23	9	65	69	2.0	15	73	91	38
厄瓜多尔	66	4020	29	7	67	66	1.0	18	75	84	42
伊朗	67	4520	21	10	45	69	1.0	23	72	85	36
蒙古	68	1760	36	20	47	57	3.0	28	68	97	53
摩洛哥	69	2800	41	16	55	56	1.0	32	72	56	13
马来西亚	70	7220	14	10	46	71	1.0	6	74	92	36

附表 2-2-2　2009 年世界第一次现代化评价指标　（续表）

国家	编号	人均GNI	农业劳动力比例[a]	农业增加值比例[a]	服务业增加值比例[a]	城市人口比例	医生比例[a]	婴儿存活率[b]	预期寿命	成人识字率	大学入学率[a]
			经济指标[a]				社会指标				
萨尔瓦多	71	3370	18	12	60	61	2.0	15	72	84	25
埃及	72	2190	32	14	49	43	3.0	20	73	66	28
中国	73	3650	40	10	43	44	1.0	17	73	94	25
阿尔及利亚	74	4410	21	12	34	66	1.0	32	73	73	31
土库曼斯坦	75	3270	49	12	34	49	2.0	48	65	100	—
突尼斯	76	3860	21	7	66	67	1.0	15	74	78	34
阿尔巴尼亚	77	3960	58	21	60	47	1.0	17	77	96	19
吉尔吉斯斯坦	78	870	34	29	51	36	2.0	34	69	99	51
塔吉克斯坦	79	730	56	22	54	26	2.0	54	67	100	20
玻利维亚	80	1640	36	14	50	66	1.0	43	66	91	38
缅甸	81	..	63	—	35	33	0.4	52	64	92	11
菲律宾	82	1870	35	13	55	66	1.0	24	68	95	29
泰国	83	3730	42	11	45	34	0.3	12	74	94	45
纳米比亚	84	4130	16	9	58	37	0.3	32	62	89	9
津巴布韦	85	370	29	18	53	38	0.2	52	48	92	3
洪都拉斯	86	1800	35	12	60	48	1.0	21	73	84	19
尼加拉瓜	87	1050	30	19	52	57	0.8	24	73	78	18
越南	88	1020	52	21	39	28	1.0	19	75	93	10
肯尼亚	89	770	61	23	62	22	0.1	56	56	87	4
斯里兰卡	90	1950	33	13	58	15	0.6	15	75	91	
刚果共和国	91	1950	35	5	24	62	0.1	61	57	—	6
印度尼西亚	92	2160	40	16	35	53	0.1	28	68	92	24
赞比亚	93	990	72	22	44	36	0.1	72	48	71	—
危地马拉	94	2660	33	12	59	49	0.9	26	71	74	18
毛里塔尼亚	95	970	55	21	45	41	0.1	75	58	57	4
科特迪瓦	96	1160	60	25	50	49	0.1	87	54	55	8
印度	97	1220	56	18	55	30	1.0	50	65	63	13
巴基斯坦	98	1000	45	22	54	37	1.0	71	65	56	5
莱索托	99	1070	40	8	60	26	0.1	67	47	90	7
柬埔寨	100	690	70	35	42	22	0.2	46	62	78	7
喀麦隆	101	1210	61	19	50	58	0.2	85	51	71	9
厄立特里亚	102	290	81	15	63	21	0.1	44	61	67	2
叙利亚	103	2570	19	21	45	55	2.0	14	76	84	—
加纳	104	1190	55	32	49	51	0.1	51	63	67	9
乍得	105	610	83	14	38	27	—	100	49	34	2
莫桑比克	106	440	81	31	45	38	—	95	49	55	1
几内亚	107	380	87	17	31	35	0.3	84	53	39	9
也门共和国	108	1070	54	—	45	31	0.3	59	65	62	10
巴布亚新几内亚	109	1190	72	36	20	13	0.1	48	62	60	—
海地	110	670	51	—	—	48	0.2	59	61	49	—
尼泊尔	111	440	66	33	52	18	0.2	43	68	59	6
塞内加尔	112	1080	34	17	62	43	0.1	51	59	50	8
塞拉利昂	113	340	69	52	25	38	—	117	47	41	2
刚果民主共和国	114	170	68	43	33	35	0.1	113	48	67	6
老挝	115	920	78	34	39	32	0.4	44	67	73	13
马拉维	116	310	95	31	53	19	—	61	53	74	0
多哥	117	470	54	44	33	43	0.1	67	56	57	5
马达加斯加	118	420	80	29	55	30	0.2	45	66	64	4
马里	119	570	66	37	39	33	0.1	101	51	26	6
尼日利亚	120	1190	45	33	27	49	0.4	90	51	61	10
孟加拉国	121	640	48	19	53	28	0.3	40	68	56	8
坦桑尼亚	122	500	75	29	47	26	—	53	57	73	1
贝宁	123	780	43	32	54	42	—	75	55	42	6
尼日尔	124	340	57	—	43	17	—	75	54	29	1
安哥拉	125	3880	75	10	31	58	0.1	100	50	70	3
乌干达	126	470	75	25	50	13	0.1	65	53	73	4
中非	127	450	80	56	29	39	0.1	107	47	55	2
布基纳法索	128	500	85	33	44	20	0.1	93	54	29	3
埃塞俄比亚	129	350	79	51	38	17	—	70	58	30	4
布隆迪	130	150	92	35	45	11	—	89	49	67	3
卢旺达	131	480	92	34	52	19	—	63	55	71	5
高收入国家	132	37 719	3	1	73	77	3.0	6	80	98	70
中等收入国家	133	3390	35	10	55	48	1.0	39	69	83	24
低收入国家	134	488	57	26	50	28	0.5	71	58	61	7
世界平均	135	8737	35	15	70	50	1.0	42	69	84	27
标准值	—	7870	30	15	45	50	1.0	30	70	80	15

a. 为 2001～2009 年期间最近年的数据。

b. 评价数据为婴儿死亡率,婴儿存活率＝1－婴儿死亡率。

附表 2-2-3　2009 年世界第一次现代化发展阶段

地区	编号	信号指标				信号赋值				平均值	发展阶段[a]	2009年程度（%）
		农业增加产值占 GDP 比例	农业增加值/工业增加值	农业劳动力占总劳动力比例	农业劳动力/工业劳动力	赋值	赋值	赋值	赋值			
瑞典	1	2	0.08	2	0.10	4	4	4	4	4.0	F4	100
美国	2	1	0.05	2	0.10	4	4	4	4	4.0	F4	100
芬兰	3	3	0.11	5	0.21	4	4	4	3	3.8	F4	100
澳大利亚	4	3	0.10	3	0.14	4	4	4	4	4.0	F4	100
瑞士	5	1	0.04	3	0.14	4	4	4	4	4.0	F4	100
挪威	6	1	0.03	3	0.15	4	4	4	4	4.0	F4	100
日本	7	1	0.04	4	0.15	4	4	4	4	4.0	F4	100
丹麦	8	1	0.04	3	0.15	4	4	4	4	4.0	F4	100
德国	9	1	0.04	2	0.07	4	4	4	4	4.0	F4	100
荷兰	10	2	0.08	3	0.18	4	4	4	4	4.0	F4	100
加拿大	11	2	0.06	2	0.09	4	4	4	4	4.0	F4	100
新加坡	12	0	0.00	1	0.05	4	4	4	4	4.0	F4	100
英国	13	1	0.05	1	0.05	4	4	4	4	4.0	F4	100
法国	14	2	0.11	3	0.13	4	4	4	4	4.0	F4	100
比利时	15	1	0.05	2	0.08	4	4	4	4	4.0	F4	100
奥地利	16	2	0.07	5	0.20	4	4	4	3	3.8	F4	100
新西兰	17	6	0.24	7	0.33	3	3	4	3	3.3	F4	100
韩国	18	3	0.08	7	0.28	4	4	4	3	3.8	F4	100
以色列	19	—	—	2	0.10	—	—	4	4	4.0	F4	100
意大利	20	2	0.08	4	0.14	4	4	4	4	4.0	F4	100
爱尔兰	21	1	0.03	5	0.24	4	4	4	3	3.8	F4	100
西班牙	22	3	0.12	4	0.16	4	4	4	4	4.0	F4	100
爱沙尼亚	23	3	0.10	4	0.13	4	4	4	4	4.0	F4	100
斯洛文尼亚	24	2	0.06	9	0.27	4	4	4	3	3.8	F4	100
乌拉圭	25	10	0.38	11	0.50	3	3	3	3	3.0	F3	100
俄罗斯	26	5	0.15	10	0.36	3	3	4	3	3.3	F3	100
斯洛伐克	27	3	0.09	4	0.11	4	4	4	4	4.0	F4	100
希腊	28	3	0.17	12	0.57	4	4	4	3	3.5	F4	100
匈牙利	29	4	0.14	5	0.16	4	4	4	4	4.0	F4	100
捷克	30	2	0.05	3	0.08	4	4	4	4	4.0	F4	100
葡萄牙	31	2	0.09	11	0.39	4	4	3	3	3.5	F4	100
白俄罗斯	32	10	0.24	22	—	3	3	3	—	3.0	F3	97
拉脱维亚	33	3	0.14	9	0.36	4	4	4	3	3.8	F4	100
立陶宛	34	3	0.11	9	0.33	4	4	4	3	3.8	F4	100
格鲁吉亚	35	10	0.48	53	5.30	3	3	1	0	1.8	F2	89
乌克兰	36	8	0.28	16	0.70	3	3	3	3	3.0	F3	93
保加利亚	37	6	0.20	7	0.20	3	3	4	3	3.3	F3	98
黎巴嫩	38	5	0.29	7	—	3	3	4	—	3.3	F3	100
哈萨克斯坦	39	6	0.15	29	1.53	3	3	3	2	3.0	F3	98
波兰	40	4	0.13	13	0.42	4	4	3	3	3.5	F4	100
阿根廷	41	8	0.25	1	0.04	3	3	4	4	3.5	F4	100
巴拿马	42	6	0.33	14	0.70	3	3	3	3	3.0	F3	98
克罗地亚	43	7	0.26	14	0.48	3	3	3	3	3.0	F3	100
沙特阿拉伯	44	3	0.05	5	0.28	4	4	4	3	3.8	F4	98
哥伦比亚	45	8	0.21	19	0.95	3	3	3	2	2.8	F3	96
科威特	46	—	0.00	3	0.14	—	—	4	4	4.0	F4	100
智利	47	3	0.07	11	0.48	4	4	3	3	3.5	F4	100
马其顿	48	11	0.31	20	0.65	3	3	3	3	3.0	F3	96
阿塞拜疆	49	8	0.13	38	2.92	3	4	2	1	2.5	F3	88
摩尔多瓦	50	10	0.77	31	1.55	3	2	3	2	2.5	F3	90
罗马尼亚	51	7	0.27	29	0.97	3	3	3	2	2.8	F3	100
委内瑞拉	52	4	0.07	9	0.39	4	4	4	3	3.8	F4	98
乌兹别克斯坦	53	20	0.61	34	—	2	3	3	—	2.3	F2	78
多米尼加	54	6	0.19	15	0.68	3	3	3	3	3.3	F3	96
亚美尼亚	55	21	0.60	44	2.59	2	3	2	1	2.0	F2	88
巴拉圭	56	19	0.90	27	1.42	2	2	3	2	2.3	F2	91
哥斯达黎加	57	7	0.26	12	0.55	3	3	3	3	3.0	F3	98
巴西	58	6	0.24	17	0.77	3	3	3	3	3.0	F3	100
墨西哥	59	4	0.12	13	0.54	4	4	3	3	3.5	F4	100
博茨瓦纳	60	3	0.08	30	2.00	4	4	2	1	2.8	F3	83
秘鲁	61	8	0.23	8	0.38	3	3	4	3	3.3	F3	95
牙买加	62	6	0.27	20	1.18	3	3	3	2	2.8	F3	96
约旦	63	3	0.09	3	0.15	4	4	4	4	4.0	F4	95
南非	64	3	0.10	5	0.20	4	4	4	3	3.8	F4	91
土耳其	65	9	0.35	23	0.92	3	3	3	2	2.8	F3	100
厄瓜多尔	66	7	0.27	29	1.53	3	3	3	3	3.0	F3	95
伊朗	67	10	0.23	21	0.66	3	3	3	3	3.0	F3	96
蒙古	68	20	0.61	36	2.00	2	3	2	1	2.0	F2	88
摩洛哥	69	16	0.55	41	1.86	2	3	2	2	2.3	F2	85
马来西亚	70	10	0.23	14	0.52	3	3	3	3	3.0	F3	99

附表 2-2-3 2009 年世界第一次现代化发展阶段 （续表）

地区	编号	信号指标 农业增加产值占GDP比例	农业增加值/工业增加值	农业劳动力占总劳动力比例	农业劳动力/工业劳动力	信号赋值 赋值	赋值	赋值	赋值	平均值	发展阶段a	2009年程度（%）
萨尔瓦多	71	12	0.44	18	0.78	3	3	3	3	3.0	F3	94
埃及	72	14	0.38	32	1.39	3	3	2	2	2.5	F3	89
中国	73	10	0.22	40	1.48	3	3	2	2	2.5	F3	90
阿尔及利亚	74	12	0.22	21	0.81	3	3	3	2	2.8	F3	92
土库曼斯坦	75	12	0.22	49	—	3	3	2	—	2.7	F3	81
突尼斯	76	7	0.26	21		3	3	3	—	3.0	F3	95
阿尔巴尼亚	77	21	1.05	58	4.14	2	2	1	1	1.5	F2	87
吉尔吉斯斯坦	78	29	1.53	34	1.62	2	2	2	2	2.0	F2	81
塔吉克斯坦	79	22	0.92	56	3.11	2	2	1	1	1.5	F2	73
玻利维亚	80	14	0.39	36	1.80	3	3	2	2	2.5	F3	87
缅甸	81	—	0.00	63		—	—	1	—	1.0	F1	69
菲律宾	82	13	0.41	35	2.33	3	3	2	1	2.3	F2	91
泰国	83	11	0.26	42	2.10	3	3	2	1	2.3	F2	82
纳米比亚	84	9	0.27	16	0.89	3	3	3	2	2.8	F3	80
津巴布韦	85	18	0.62	29		2	2	3	—	2.3	F2	63
洪都拉斯	86	12	0.44	35	1.59	3	3	2	2	2.5	F3	90
尼加拉瓜	87	19	0.66	30	1.50	2	3	2	2	2.3	F2	83
越南	88	21	0.53	52	2.60	2	3	1	1	1.8	F2	75
肯尼亚	89	23	1.53	61	8.71	2	2	1	0	1.3	F1	54
斯里兰卡	90	13	0.43	33	1.32	2	3	2	2	2.3	F2	78
刚果共和国	91	5	0.07	35	1.67	3	4	2	2	2.8	F2	60
印度尼西亚	92	16	0.32	40	2.11	2	3	2	1	2.0	F1	78
赞比亚	93	22	0.65	72		2	3	1	—	2.0	F1	56
危地马拉	94	12	0.43	33	1.43	3	3	2	2	2.5	F3	90
毛里塔尼亚	95	21	0.60	55		3	3	1	—	2.3	F2	55
科特迪瓦	96	25	1.00	60		2	2	1	—	1.7	F2	57
印度	97	18	0.67	56	2.95	2	3	1	1	1.8	F2	73
巴基斯坦	98	22	0.92	45	2.25	2	2	2	1	1.8	F2	66
莱索托	99	8	0.25	40		3	3	2	—	2.7	F2	59
柬埔寨	100	35	1.52	70	6.36	1	2	1	0	1.0	F1	55
喀麦隆	101	19	0.61	61	6.78	2	3	1	0	1.5	F2	62
厄立特里亚	102	15	0.68	81		2	2	0	—	1.3	F1	55
叙利亚	103	21	0.62	19	0.66	2	3	3	3	2.8	F3	89
加纳	104	32	1.68	55		1	2	1	—	1.3	F1	62
乍得	105	14	0.29	83		2	3	0	—	1.7	F0	49
莫桑比克	106	31	1.29	81	27.00	1	2	0	0	0.8	F0	49
几内亚	107	17	0.33	87		2	3	0	—	1.7	F0	50
也门共和国	108	—	0.00	54		—	—	1	—	1.0	F1	61
巴布亚新几内亚	109	36	0.80	72		1	2	1	—	1.3	F1	45
海地	110	—	—	51		—	—	1	—	1.0	F1	54
尼泊尔	111	33	2.20	66	5.08	1	1	1	0	0.8	F1	53
塞内加尔	112	17	0.77	34	2.27	2	3	2	1	2.0	F2	65
塞拉利昂	113	52	2.26	69	9.86	0	1	1	0	0.5	F0	41
刚果民主共和国	114	43	1.79	68		1	2	1	—	1.3	F1	45
老挝	115	34	1.26	78		1	2	1	—	1.3	F1	63
马拉维	116	31	1.94	95		1	2	0	—	1.0	F0	55
多哥	117	44	1.83	54	7.71	1	2	1	0	1.0	F1	49
马达加斯加	118	29	1.81	80	20.00	2	2	0	0	1.0	F1	54
马里	119	37	1.54	66	11.00	1	2	1	0	1.0	F1	43
尼日利亚	120	33	0.80	45	3.75	1	2	2	1	1.5	F1	57
孟加拉国	121	19	0.66	48	3.20	2	3	2	1	2.0	F2	63
坦桑尼亚	122	29	1.21	75	15.00	2	2	1	0	1.3	F1	54
贝宁	123	32	2.46	43	4.30	1	1	2	1	1.3	F1	53
尼日尔	124	—	—	57	5.18	—	—	1	—	0.5	F1	43
安哥拉	125	10	0.17	75		3	4	1	—	2.7	F2	58
乌干达	126	25	0.96	75	12.50	2	2	1	0	1.3	F1	48
中非	127	56	3.73	80		0	1	0	—	0.3	F0	40
布基纳法索	128	33	1.50	85	28.33	1	2	0	0	0.8	F0	40
埃塞俄比亚	129	51	4.64	79	11.29	0	1	1	0	0.5	F0	42
布隆迪	130	35	1.75	92		1	2	0	—	1.0	F0	45
卢旺达	131	34	2.43	92		1	1	0	—	0.7	F0	52
高收入国家	132	1	0.04	3	0.13	4	4	4	4	4.0	F4	100
中等收入国家	133	10	0.29	35	1.46	3	3	2	2	2.5	F3	90
低收入国家	134	26	1.08	57		2	2	1	—	1.7	F2	57
世界平均	135	3	0.11	35	1.59	—	—	—	—	3.0	F3	96

a. F4 代表第一次现代化过渡期，F3 代表成熟期，F2 代表发展期，F1 代表起步期，F0 代表传统农业社会。

附表 2-2-4　世界第一次现代化程度增长率和预期完成时间

国家	编号	程度/(%)		1980~2009年年均增长率	程度达到100%所需年数	国家	编号	程度/(%)		1980~2009年年均增长率	程度达到100%所需年数
		1980年	2009年					1980年	2009年		
瑞典	1	100	100	0.00	—	厄瓜多尔	66	82	95	0.53	9
美国	2	100	100	0.00	—	伊朗	67	72	96	1.00	4
芬兰	3	100	100	0.00	—	蒙古	68	87	88	0.02	—
澳大利亚	4	100	100	0.00	—	摩洛哥	69	54	85	1.58	10
瑞士	5	100	100	0.00	—	马来西亚	70	69	99	1.28	1
挪威	6	100	100	0.00	—	萨尔瓦多	71	60	94	1.55	4
日本	7	100	100	0.00	—	埃及	72	71	89	0.76	15
丹麦	8	100	100	0.00	—	中国	73	54	90	1.80	6
德国	9	100	100	0.00	—	阿尔及利亚	74	72	92	0.84	10
荷兰	10	100	100	0.00	—	土库曼斯坦	75	—	81	—	—
加拿大	11	100	100	0.00	—	突尼斯	76	68	95	1.17	5
新加坡	12	94	100	0.20	0	阿尔巴尼亚	77	58	87	1.38	10
英国	13	100	100	0.00	—	吉尔吉斯斯坦	78	—	81	—	—
法国	14	100	100	0.00	—	塔吉克斯坦	79	—	73	—	—
比利时	15	100	100	0.00	—	玻利维亚	80	61	87	1.20	12
奥地利	16	100	100	0.00	—	缅甸	81	40	69	1.89	20
新西兰	17	100	100	0.00	—	菲律宾	82	61	91	1.37	7
韩国	18	87	100	0.50	0	泰国	83	62	82	0.95	22
以色列	19	100	100	0.00	—	纳米比亚	84	—	80	—	—
意大利	20	100	100	0.00	—	津巴布韦	85	52	63	0.63	73
爱尔兰	21	100	100	0.00	—	洪都拉斯	86	57	90	1.61	6
西班牙	22	100	100	0.00	—	尼加拉瓜	87	70	83	0.59	32
爱沙尼亚	23	—	100	—	—	越南	88	—	75	—	—
斯洛文尼亚	24	—	100	—	—	肯尼亚	89	42	54	0.86	73
乌拉圭	25	96	100	0.14	0	斯里兰卡	90	52	78	1.39	18
俄罗斯	26	—	100	—	—	刚果共和国	91	62	60	-0.09	—
斯洛伐克	27	—	100	—	—	印度尼西亚	92	43	78	2.04	12
希腊	28	100	100	0.01	0	赞比亚	93	52	56	0.24	241
匈牙利	29	95	100	0.18	0	危地马拉	94	62	90	1.33	8
捷克	30	96	100	0.15	0	毛里塔尼亚	95	44	55	0.79	76
葡萄牙	31	86	100	0.53	0	科特迪瓦	96	54	57	0.19	299
白俄罗斯	32	—	97	—	—	印度	97	44	73	1.79	18
拉脱维亚	33	97	100	0.09	0	巴基斯坦	98	45	66	1.36	31
立陶宛	34	—	100	—	—	莱索托	99	49	59	0.61	87
格鲁吉亚	35	92	89	-0.12	—	柬埔寨	100	—	55	—	—
乌克兰	36	—	93	—	—	喀麦隆	101	48	62	0.90	53
保加利亚	37	97	98	0.03	69	厄立特里亚	102	—	55	—	—
黎巴嫩	38	93	100	0.25	1	叙利亚	103	75	89	0.62	18
哈萨克斯坦	39	—	98	—	—	加纳	104	42	62	1.32	37
波兰	40	100	100	0.00	—	乍得	105	37	49	0.98	74
阿根廷	41	94	100	0.18	2	莫桑比克	106	23	49	2.60	28
巴拿马	42	94	98	0.14	12	几内亚	107	27	50	2.15	33
克罗地亚	43	—	100	—	—	也门共和国	108	26	61	3.04	16
沙特阿拉伯	44	66	98	1.39	1	巴布亚新几内亚	109	39	45	0.47	171
哥伦比亚	45	78	96	0.75	5	海地	110	30	54	2.00	31
科威特	46	91	100	0.32	0	尼泊尔	111	26	53	2.49	26
智利	47	92	100	0.30	0	塞内加尔	112	47	65	1.13	39
马其顿	48	—	96	—	—	塞拉利昂	113	38	41	0.21	432
阿塞拜疆	49	—	88	—	—	刚果民主共和国	114	46	45	-0.06	—
摩尔多瓦	50	—	90	—	—	老挝	115	34	63	2.16	22
罗马尼亚	51	90	100	0.35	0	马拉维	116	28	55	2.33	26
委内瑞拉	52	96	98	0.10	15	多哥	117	42	49	0.58	123
乌兹别克斯坦	53	—	78	—	—	马达加斯加	118	39	54	1.11	55
多米尼加	54	76	96	0.82	5	马里	119	31	43	1.13	75
亚美尼亚	55	—	88	—	—	尼日利亚	120	46	57	0.81	69
巴拉圭	56	68	91	1.01	10	孟加拉国	121	32	63	2.36	20
哥斯达黎加	57	90	98	0.31	7	坦桑尼亚	122	39	54	1.13	55
巴西	58	81	100	0.74	0	贝宁	123	40	53	1.00	64
墨西哥	59	88	100	0.45	0	尼日尔	124	30	43	1.23	69
博茨瓦纳	60	47	83	1.97	10	安哥拉	125	29	58	2.41	23
秘鲁	61	79	95	0.65	7	乌干达	126	30	48	1.65	45
牙买加	62	81	96	0.60	7	中非	127	37	40	0.23	407
约旦	63	85	95	0.37	14	布基纳法索	128	32	40	0.83	111
南非	64	78	91	0.51	19	埃塞俄比亚	129	26	42	1.65	53
土耳其	65	61	100	1.73	0	布隆迪	130	27	45	1.73	46
						卢旺达	131	29	52	2.06	32
高收入国家	132	100	100	0.00							
中等收入国家	133	84	90	0.24	44						
低收入国家	134	45	57	0.80	71						
世界平均	135	80	96	0.62	7						

附表 2-2-5　1950～2009 年世界第一次现代化程度

国家	编号	1950	1960	1970	1980	1990	2000	2005	2009
瑞典	1	81	96	100	100	100	100	100	100
美国	2	100	100	100	100	100	100	100	100
芬兰	3	61	84	100	100	100	100	100	100
澳大利亚	4	86	99	100	100	100	100	100	100
瑞士	5	84	93	100	100	100	100	100	100
挪威	6	85	91	100	100	100	100	100	100
日本	7	63	88	100	100	100	100	100	100
丹麦	8	84	97	100	100	100	100	100	100
德国	9	75	92	100	100	100	100	100	100
荷兰	10	80	97	100	100	100	100	100	100
加拿大	11	90	100	100	100	100	100	100	100
新加坡	12	55	77	90	94	94	100	100	100
英国	13	84	96	100	100	100	100	100	100
法国	14	76	97	100	100	100	100	100	100
比利时	15	83	95	100	100	100	100	100	100
奥地利	16	73	90	100	100	100	100	100	100
新西兰	17	85	98	100	100	100	100	100	100
韩国	18	35	52	71	87	97	100	100	100
以色列	19	85	95	91	100	100	100	100	100
意大利	20	63	87	100	100	100	100	100	100
爱尔兰	21	65	85	96	100	100	100	100	100
西班牙	22	58	73	95	100	100	100	100	100
爱沙尼亚	23	—	—	—	—	—	95	100	100
斯洛文尼亚	24	—	—	—	—	—	100	100	100
乌拉圭	25	—	81	85	96	94	99	96	100
俄罗斯	26	—	—	90	—	—	91	96	100
斯洛伐克	27	—	—	—	—	—	95	100	100
希腊	28	63	74	92	100	99	100	100	100
匈牙利	29	72	79	92	95	95	97	100	100
捷克	30	—	—	100	96	93	100	100	100
葡萄牙	31	48	60	73	86	95	100	100	100
白俄罗斯	32	—	—	—	—	—	93	94	97
拉脱维亚	33	—	—	—	97	—	95	99	100
立陶宛	34	—	—	—	—	—	95	100	100
格鲁吉亚	35	—	—	—	92	—	82	82	89
乌克兰	36	—	—	—	—	—	90	92	93
保加利亚	37	—	81	95	97	87	92	95	98
黎巴嫩	38	—	77	85	93	—	96	99	100
哈萨克斯坦	39	—	—	—	—	—	90	87	98
波兰	40	50	80	95	100	93	96	100	100
阿根廷	41	81	86	91	94	93	100	96	100
巴拿马	42	48	63	83	94	94	95	96	98
克罗地亚	43	—	—	—	—	—	97	100	100
沙特阿拉伯	44	—	27	52	66	91	90	98	98
哥伦比亚	45	36	54	66	78	87	92	93	96
科威特	46	—	77	88	91	98	100	100	100
智利	47	68	73	77	92	86	97	98	100
马其顿	48	—	—	—	—	—	92	94	96
阿塞拜疆	49	—	—	—	—	84	80	88	
摩尔多瓦	50	—	—	—	—	—	79	87	90
罗马尼亚	51	—	68	82	90	83	89	95	100
委内瑞拉	52	52	75	89	96	94	96	96	98
乌兹别克斯坦	53	—	—	—	—	—	77	77	78
多米尼加	54	40	48	62	76	82	90	93	96
亚美尼亚	55	—	—	—	—	—	82	84	88
巴拉圭	56	47	56	69	68	73	88	88	91
哥斯达黎加	57	55	58	73	90	90	94	97	98
巴西	58	53	59	72	81	87	94	95	100
墨西哥	59	53	64	79	88	91	98	100	100
博茨瓦纳	60	—	25	29	47	66	70	73	83
秘鲁	61	36	59	72	79	82	92	94	95
牙买加	62	47	68	78	81	83	90	93	96
约旦	63	—	44	55	85	87	92	93	95
南非	64	56	63	76	78	80	80	87	91
土耳其	65	34	45	54	61	79	88	97	100
厄瓜多尔	66	48	53	65	82	86	91	94	95
伊朗	67	—	42	57	72	65	84	87	96
蒙古	68	—	66	—	87	87	78	83	88
摩洛哥	69	36	41	49	54	66	75	76	85
马来西亚	70	—	46	55	69	77	91	93	99
萨尔瓦多	71	43	47	54	60	81	92	93	94
埃及	72	32	48	60	71	73	84	85	89
中国	73	26	37	40	54	63	76	86	90
阿尔及利亚	74	38	43	54	72	80	85	88	92
土库曼斯坦	75	—	—	—	—	—	72	76	81
突尼斯	76	—	43	54	68	78	89	93	95
阿尔巴尼亚	77	—	48	—	58	—	75	84	87
吉尔吉斯斯坦	78	—	—	—	—	—	71	73	81
塔吉克斯坦	79	—	—	—	—	—	78	72	73
玻利维亚	80	37	45	61	61	72	79	86	87
缅甸	81	—	40	25	40	—	55	61	69
菲律宾	82	43	58	53	61	71	88	90	91
泰国	83	37	41	55	62	73	77	81	82
纳米比亚	84	—	—	—	—	64	65	71	80
津巴布韦	85	—	44	48	52	59	64	59	63
洪都拉斯	86	31	40	52	57	66	82	84	90
尼加拉瓜	87	—	49	65	70	—	76	83	83
越南	88	—	—	37	—	—	66	72	75
肯尼亚	89	24	31	37	42	48	58	54	54
斯里兰卡	90	—	50	54	52	66	72	71	78
刚果共和国	91	—	41	52	62	64	63	63	60
印度尼西亚	92	16	30	41	43	59	68	78	78
赞比亚	93	—	42	47	52	52	50	49	56
危地马拉	94	27	46	46	62	65	78	80	90
毛里塔尼亚	95	—	26	32	44	53	53	52	55
科特迪瓦	96	—	—	37	54	51	51	53	57
印度	97	30	33	39	44	51	59	65	73
巴基斯坦	98	20	34	42	45	49	60	62	66
莱索托	99	—	23	34	49	54	51	51	59
柬埔寨	100	—	25	—	—	—	44	48	55
喀麦隆	101	—	35	35	48	52	52	54	62
厄立特里亚	102	—	—	—	—	—	48	47	55
叙利亚	103	—	—	48	62	75	79	81	89
加纳	104	—	37	39	42	53	55	53	62
乍得	105	—	26	28	37	38	43	35	49
莫桑比克	106	—	24	13	23	36	48	44	49
几内亚	107	—	15	—	27	44	47	43	50
也门共和国	108	—	19	—	26	61	56	60	61
巴布亚新几内亚	109	—	31	36	39	48	46	38	45
海地	110	17	31	30	30	47	53	50	54
尼泊尔	111	—	16	23	26	32	39	47	53
塞内加尔	112	—	34	42	47	48	55	54	65
塞拉利昂	113	—	19	39	38	42	34	37	41
刚果民主共和国	114	—	—	—	46	—	42	40	45
老挝	115	—	24	25	34	34	38	47	63
马拉维	116	—	26	28	28	37	37	39	55
多哥	117	—	27	34	42	48	46	46	49
马达加斯加	118	—	33	41	39	47	47	50	54
马里	119	—	24	28	31	37	37	37	43
尼日利亚	120	21	25	37	46	48	50	55	57
孟加拉国	121	—	29	—	32	43	51	56	63
坦桑尼亚	122	—	30	38	40	55	46	46	53
贝宁	123	—	30	38	40	55	46	46	53
尼日尔	124	—	21	24	30	35	37	33	43
安哥拉	125	—	30	—	29	59	40	48	58
乌干达	126	—	28	24	30	33	39	44	48
中非	127	—	31	35	37	43	38	36	40
布基纳法索	128	—	—	25	32	32	39	37	40
埃塞俄比亚	129	—	18	26	26	33	33	36	42
布隆迪	130	—	17	21	27	34	31	38	45
卢旺达	131	—	20	24	29	35	34	39	52
高收入国家	132	—	100	100	100	100	100	100	100
中等收入国家	133	—	51	—	84	84	93	92	90
低收入国家	134	—	34	33	45	52	58	59	57
世界平均	135	—	—	68	80	81	89	93	96

附表 2-2-6 1950～2009 年世界第一次现代化程度的排名

国家	编号	1950	1960	1970	1980	1990	2000	2005	2009	国家	编号	1950	1960	1970	1980	1990	2000	2005	2009
瑞典	1	12	9	1	1	1	1	1	1	厄瓜多尔	66	34	46	46	43	41	53	54	58
美国	2	1	1	1	1	1	1	1	1	伊朗	67	—	64	51	52	63	65	61	56
芬兰	3	23	21	1	1	1	1	1	1	蒙古	68	—	35	—	39	37	75	76	76
澳大利亚	4	3	3	1	1	1	1	1	1	摩洛哥	69	44	67	64	68	61	83	83	79
瑞士	5	8	12	1	1	1	1	1	1	马来西亚	70	—	55	53	55	53	54	56	44
挪威	6	4	14	1	1	1	1	1	1	萨尔瓦多	71	37	54	59	65	47	48	57	61
日本	7	22	17	1	1	1	1	1	1	埃及	72	48	50	50	53	55	67	64	72
丹麦	8	7	5	1	1	1	1	1	1	中国	73	52	72	72	69	67	80	68	67
德国	9	15	13	1	1	1	1	1	1	阿尔及利亚	74	40	61	57	51	49	64	66	63
荷兰	10	13	7	1	1	1	1	1	1	土库曼斯坦	75	—	—	—	—	—	85	80	83
加拿大	11	2	1	1	1	1	1	1	1	突尼斯	76	—	62	56	57	52	59	60	60
新加坡	12	27	27	27	31	27	1	1	1	阿尔巴尼亚	77	—	51	—	66	—	82	71	78
英国	13	9	8	1	1	1	1	1	1	吉尔吉斯斯坦	78	—	—	—	—	—	86	85	84
法国	14	14	6	1	1	1	1	1	1	塔吉克斯坦	79	—	—	—	—	—	77	88	90
比利时	15	10	11	1	1	1	1	1	1	玻利维亚	80	42	58	49	62	57	74	74	77
奥地利	16	16	16	1	1	1	1	1	1	缅甸	81	—	69	95	87	—	97	93	92
新西兰	17	5	4	1	1	1	1	1	1	菲律宾	82	38	42	61	63	58	63	63	66
韩国	18	46	47	42	40	23	1	1	1	泰国	83	41	66	55	59	54	78	77	82
以色列	19	6	10	25	1	1	1	1	1	纳米比亚	84	—	—	—	—	65	90	89	85
意大利	20	21	18	1	1	1	1	1	1	津巴布韦	85	—	60	65	72	70	91	95	96
爱尔兰	21	19	20	19	1	1	1	1	1	洪都拉斯	86	49	68	62	67	59	69	73	69
西班牙	22	24	32	20	1	1	1	1	1	尼加拉瓜	87	—	49	45	54	—	81	75	81
爱沙尼亚	23	—	—	—	—	—	39	1	1	越南	88	—	—	70	—	—	89	87	89
斯洛文尼亚	24	—	—	—	—	—	1	1	1	肯尼亚	89	53	80	79	85	81	95	102	114
乌拉圭	25	—	23	30	25	26	28	40	1	斯里兰卡	90	—	48	58	71	60	84	90	86
俄罗斯	26	—	15	—	—	—	52	41	1	刚果共和国	91	—	65	54	60	66	92	97	101
斯洛伐克	27	—	—	—	—	—	38	1	1	印度尼西亚	92	57	84	71	83	71	88	82	87
希腊	28	20	30	24	1	21	1	1	1	赞比亚	93	—	63	66	73	76	106	113	106
匈牙利	29	17	25	23	28	25	32	1	1	危地马拉	94	51	56	67	61	64	76	78	68
捷克	30	—	—	1	26	30	30	1	1	毛里塔尼亚	95	—	90	86	81	74	101	100	107
葡萄牙	31	32	39	38	41	24	1	1	1	科特迪瓦	96	—	—	78	70	78	103	103	105
白俄罗斯	32	—	—	—	—	—	45	49	51	印度	97	50	76	75	82	79	94	91	91
拉脱维亚	33	—	—	—	23	—	41	1	1	巴基斯坦	98	55	75	68	80	80	93	92	93
立陶宛	34	—	—	—	—	—	40	1	1	莱索托	99	—	99	85	74	73	104	104	102
格鲁吉亚	35	—	—	—	33	—	68	70	73	柬埔寨	100	—	95	—	—	—	115	109	108
乌克兰	36	—	—	—	—	—	57	62	62	喀麦隆	101	—	73	81	75	77	102	96	98
保加利亚	37	—	22	22	24	38	47	48	50	厄立特里亚	102	—	—	—	—	—	109	112	110
黎巴嫩	38	—	26	31	32	37	37	1	1	叙利亚	103	—	53	48	50	50	72	79	71
哈萨克斯坦	39	—	—	—	—	—	55	51	46	加纳	104	—	71	74	84	75	98	105	99
波兰	40	31	24	21	1	32	36	1	1	乍得	105	—	92	90	94	92	116	130	121
阿根廷	41	11	19	26	29	31	1	43	1	莫桑比克	106	—	96	101	110	95	108	119	120
巴拿马	42	33	37	32	30	29	42	44	47	几内亚	107	—	107	—	106	88	110	114	118
克罗地亚	43	—	—	—	—	34	1	1	1	也门共和国	108	—	103	—	109	68	96	94	100
沙特阿拉伯	44	—	87	63	58	35	29	42	48	巴布亚新几内亚	109	—	78	80	90	84	114	125	125
哥伦比亚	45	43	45	44	48	36	46	50	52	海地	110	56	79	87	99	86	100	106	112
科威特	46	—	28	29	35	22	1	1	1	尼泊尔	111	—	106	99	108	104	121	111	115
智利	47	18	31	36	34	42	33	36	1	塞内加尔	112	—	74	69	77	85	99	101	94
马其顿	48	—	—	—	—	—	49	52	55	塞拉利昂	113	—	102	73	92	91	128	128	129
阿塞拜疆	49	—	—	—	—	—	66	81	74	刚果民主共和国	114	—	—	—	78	—	117	122	123
摩尔多瓦	50	—	—	—	—	—	73	69	70	老挝	115	—	97	93	95	99	123	110	97
罗马尼亚	51	—	34	33	36	43	60	47	1	马拉维	116	—	91	89	104	94	126	121	109
委内瑞拉	52	30	29	28	27	28	35	39	45	多哥	117	—	88	84	86	82	112	116	119
乌兹别克斯坦	53	—	—	—	—	—	79	84	88	马达加斯加	118	—	77	70	89	87	111	107	111
多米尼加	54	39	52	47	49	46	58	55	54	马里	119	—	98	91	94	93	125	118	127
亚美尼亚	55	—	—	—	—	—	70	72	75	尼日利亚	120	54	94	77	79	83	107	99	104
巴拉圭	56	36	44	43	56	56	61	65	65	孟加拉国	121	—	85	—	96	89	104	98	95
哥斯达黎加	57	26	43	39	37	33	43	45	49	坦桑尼亚	122	—	89	82	91	102	118	120	113
巴西	58	29	40	40	44	34	44	46	1	贝宁	123	—	83	76	88	92	113	115	116
墨西哥	59	28	36	34	38	34	31	1	1	尼日尔	124	—	100	97	100	96	127	131	126
博茨瓦纳	60	—	93	88	76	62	87	86	80	安哥拉	125	—	82	—	102	69	119	108	103
秘鲁	61	45	41	41	46	45	50	53	57	乌干达	126	—	86	96	101	101	120	117	122
牙买加	62	35	33	35	45	44	56	59	53	中非	127	—	81	83	93	90	124	126	131
约旦	63	—	59	52	42	40	51	58	59	布基纳法索	128	—	—	94	97	103	122	129	130
南非	64	25	38	37	47	48	71	67	64	埃塞俄比亚	129	—	104	92	107	100	130	127	128
土耳其	65	47	57	60	64	51	62	38	1	布隆迪	130	—	105	100	105	98	131	124	124
										卢旺达	131	—	101	98	103	97	129	123	117

注：第一次现代化程度达到 100%，排名不分先后。排名为 131 个国家的排名。

附表 2-3-1 2009 年世界第二次现代化指数

国家	编号	知识创新指数	知识传播指数	生活质量指数	经济质量指数	第二次现代化指数	排名	国家	编号	知识创新指数	知识传播指数	生活质量指数	经济质量指数	第二次现代化指数	排名
瑞典	1	94	106	110	111	105	2	厄瓜多尔	66	3	60	52	44	40	72
美国	2	116	102	102	119	110	1	伊朗	67	24	63	59	36	46	60
芬兰	3	97	109	105	101	103	4	蒙古	68	7	65	61	29	41	71
澳大利亚	4	69	104	112	106	98	10	摩洛哥	69	19	48	45	31	36	80
瑞士	5	80	92	102	107	95	13	马来西亚	70	18	74	75	44	53	46
挪威	6	78	106	111	106	100	6	萨尔瓦多	71	—	55	58	41	51	49
日本	7	120	93	91	92	99	7	埃及	72	8	50	59	32	37	76
丹麦	8	93	107	100	116	104	3	中国	73	38	51	53	29	43	65
德国	9	99	104	103	102	102	5	阿尔及利亚	74	3	61	50	34	37	77
荷兰	10	61	102	109	109	95	14	土库曼斯坦	75	—	15	61	23	33	83
加拿大	11	70	90	103	104	92	16	突尼斯	76	27	67	54	37	46	59
新加坡	12	87	101	97	109	99	8	阿尔巴尼亚	77	—	64	48	35	49	52
英国	13	76	100	101	112	97	12	吉尔吉斯斯坦	78	3	72	46	29	39	73
法国	14	67	89	101	109	92	17	塔吉克斯坦	79	2	48	41	26	29	89
比利时	15	59	100	109	112	95	15	玻利维亚	80	8	54	46	30	34	81
奥地利	16	88	96	101	102	97	11	缅甸	81	4	23	31	42	25	101
新西兰	17	68	108	97	86	90	18	菲律宾	82	2	51	48	33	33	82
韩国	18	120	104	98	71	98	9	泰国	83	6	69	46	31	38	74
以色列	19	74	87	105	88	88	19	纳米比亚	84	—	34	34	44	37	75
意大利	20	34	91	97	92	79	24	津巴布韦	85	—	14	29	19	21	117
爱尔兰	21	50	95	93	100	84	20	洪都拉斯	86	0	50	46	33	32	85
西班牙	22	42	97	100	91	82	21	尼加拉瓜	87	0	37	43	31	28	95
爱沙尼亚	23	41	98	97	63	75	27	越南	88	4	49	42	23	29	87
斯洛文尼亚	24	65	100	85	70	80	22	肯尼亚	89	—	31	24	30	30	94
乌拉圭	25	17	89	84	55	61	40	斯里兰卡	90	4	54	36	32	32	86
俄罗斯	26	49	88	92	55	71	30	刚果共和国	91	—	27	34	24	29	92
斯洛伐克	27	28	92	84	61	66	34	印度尼西亚	92	3	46	39	27	29	91
希腊	28	32	95	95	90	78	25	赞比亚	93	—	20	26	18	21	112
匈牙利	29	32	93	86	61	68	31	危地马拉	94	0	51	44	34	32	84
捷克	30	42	93	104	62	75	26	毛里塔尼亚	95	—	23	34	19	25	100
葡萄牙	31	61	89	93	76	80	23	科特迪瓦	96	2	27	31	21	20	119
白俄罗斯	32	32	91	97	35	63	39	印度	97	15	32	35	27	27	97
拉脱维亚	33	32	93	77	69	68	32	巴基斯坦	98	15	28	36	28	27	99
立陶宛	34	36	99	91	62	72	29	莱索托	99	—	21	26	25	19	123
格鲁吉亚	35	8	56	65	38	42	70	柬埔寨	100	—	22	27	22	24	107
乌克兰	36	28	89	77	42	59	41	喀麦隆	101	—	24	32	25	27	98
保加利亚	37	21	82	82	49	59	42	厄立特里亚	102	—	11	25	25	20	118
黎巴嫩	38	—	56	76	59	64	38	叙利亚	103	4	49	59	32	36	78
哈萨克斯坦	39	4	71	79	41	49	54	加纳	104	—	33	34	20	29	90
波兰	40	31	96	82	56	66	33	乍得	105	—	13	34	16	21	115
阿根廷	41	33	82	80	60	64	37	莫桑比克	106	14	13	31	22	20	120
巴拿马	42	4	69	62	62	49	51	几内亚	107	—	26	31	14	23	108
克罗地亚	43	29	84	87	59	64	35	也门共和国	108	—	19	30	19	23	111
沙特阿拉伯	44	—	74	78	67	73	28	巴布亚新几内亚	109	—	7	28	14	16	127
哥伦比亚	45	4	74	54	44	52	47	海地	110	—	24	32	3	19	122
科威特	46	4	58	92	102	64	36	尼泊尔	111	14	19	27	24	21	114
智利	47	22	76	72	51	55	43	塞内加尔	112	6	26	30	31	23	109
马其顿	48	8	74	73	38	48	55	塞拉利昂	113	—	16	38	19	24	103
阿塞拜疆	49	6	65	64	33	42	67	刚果民主共和国	114	—	15	24	14	18	126
摩尔多瓦	50	21	66	59	46	48	58	老挝	115	—	29	38	18	28	93
罗马尼亚	51	23	85	63	48	55	45	马拉维	116	—	17	34	20	24	105
委内瑞拉	52	4	81	73	48	52	48	多哥	117	10	22	29	22	21	113
乌兹别克斯坦	53	—	48	57	21	42	69	马达加斯加	118	2	17	35	24	20	121
多米尼加	54	—	61	58	46	55	44	马里	119	—	18	29	22	23	110
亚美尼亚	55	7	63	70	29	42	66	尼日利亚	120	—	31	33	24	29	88
巴拉圭	56	3	56	49	37	36	79	孟加拉国	121	12	28	30	27	24	102
哥斯达黎加	57	10	54	61	52	44	62	坦桑尼亚	122	—	17	31	23	24	106
巴西	58	20	71	66	52	52	47	贝宁	123	—	25	28	29	28	96
墨西哥	59	10	58	74	51	48	56	尼日尔	124	—	8	33	23	21	116
博茨瓦纳	60	—	47	39	44	44	64	安哥拉	125	—	18	32	22	24	104
秘鲁	61	2	63	54	49	42	68	乌干达	126	8	18	24	23	18	124
牙买加	62	3	77	51	51	45	61	中非	127	—	5	30	14	16	129
约旦	63	7	70	63	56	49	53	布基纳法索	128	2	11	26	21	15	131
南非	64	25	64	50	54	48	57	埃塞俄比亚	129	3	11	28	20	15	130
土耳其	65	21	67	63	50	50	50	布隆迪	130	12	9	27	17	16	128
								卢旺达	131	2	15	34	20	18	125
高收入国家	132	100	100	100	100	100									
中等收入国家	133	20	48	45	34	37									
低收入国家	134	23	19	28	20	22									
世界平均	135	45	52	47	48	48									

附表 2-3-2 2009 年世界知识创新指数

国家	编号	知识创新指标的实际值			知识创新指标的指数			知识创新指数
		知识创新经费投入[a]	知识创新人员投入[b]	知识创新专利产出[c]	知识创新经费指数	知识创新人员指数	知识创新专利指数	
瑞典	1	4.0	52.4	2.8	120	120	41	94
美国	2	3.0	46.6	7.3	120	120	107	116
芬兰	3	3.0	77.1	3.4	120	120	50	97
澳大利亚	4	2.0	42.2	1.3	80	108	19	69
瑞士	5	3.0	34.4	2.2	120	88	32	80
挪威	6	2.0	54.7	2.4	80	120	35	78
日本	7	3.0	55.7	23.2	120	120	120	120
丹麦	8	3.0	56.7	2.7	120	120	40	93
德国	9	3.0	35.3	5.8	120	91	86	99
荷兰	10	2.0	30.9	1.6	80	79	23	61
加拿大	11	2.0	42.6	1.5	80	109	22	70
新加坡	12	3.0	60.9	1.5	120	120	22	87
英国	13	2.0	42.7	2.6	80	109	38	76
法国	14	2.0	35.0	2.2	80	90	32	67
比利时	15	2.0	34.4	0.6	80	88	9	59
奥地利	16	3.0	41.2	2.7	120	106	40	88
新西兰	17	1.0	43.7	3.6	40	112	53	68
韩国	18	3.0	46.3	26.1	120	119	120	120
以色列	19	5.0	—	1.9	120	—	27	74
意大利	20	1.0	16.2	1.5	40	41	21	34
爱尔兰	21	1.0	30.9	2.0	40	79	30	50
西班牙	22	1.0	29.4	0.8	40	75	11	42
爱沙尼亚	23	1.0	29.7	0.6	40	76	8	41
斯洛文尼亚	24	2.0	34.9	1.8	80	89	27	65
乌拉圭	25	1.0	3.5	0.1	40	9	1	17
俄罗斯	26	1.0	31.9	1.8	40	82	26	49
斯洛伐克	27	0.5	23.3	0.3	20	60	5	28
希腊	28	1.0	18.7	0.6	40	48	9	32
匈牙利	29	1.0	17.3	0.8	40	44	11	32
捷克	30	1.0	28.9	0.8	40	74	11	42
葡萄牙	31	2.0	38.0	0.4	80	97	5	61
白俄罗斯	32	1.0	—	1.6	40	—	23	32
拉脱维亚	33	1.0	19.4	0.5	40	50	7	32
立陶宛	34	1.0	25.5	0.3	40	65	4	36
格鲁吉亚	35	0.2	—	0.6	8	—	8	8
乌克兰	36	1.0	14.6	0.5	40	37	8	28
保加利亚	37	0.5	15.0	0.3	20	38	5	21
黎巴嫩	38	—	—	—	—	—	—	—
哈萨克斯坦	39	0.2	—	0.0	8	—	0	4
波兰	40	1.0	16.2	0.8	40	42	11	31
阿根廷	41	1.0	9.8	—	40	25	—	33
巴拿马	42	0.2	1.4	0.0	8	4	0	4
克罗地亚	43	1.0	15.1	0.6	40	39	8	29
沙特阿拉伯	44	—	—	0.1	—	—	1	—
哥伦比亚	45	0.2	1.3	—	8	3	—	4
科威特	46	0.1	1.7	—	4	4	—	4
智利	47	1.0	8.3	0.3	40	21	5	22
马其顿	48	0.2	5.2	0.2	8	13	2	8
阿塞拜疆	49	0.2	—	0.3	8	—	4	6
摩尔多瓦	50	1.0	7.3	0.4	40	19	6	21
罗马尼亚	51	1.0	9.1	0.3	40	23	7	23
委内瑞拉	52	0.2	1.9	0.0	8	5	0	4
乌兹别克斯坦	53	—	—	0.1	—	—	1	—
多米尼加	54	—	—	—	—	—	—	—
亚美尼亚	55	0.2	—	0.4	8	—	6	7
巴拉圭	56	0.1	0.7	—	4	2	—	3
哥斯达黎加	57	0.4	1.2	—	16	3	—	10
巴西	58	1.0	6.9	0.2	40	18	3	20
墨西哥	59	0.5	3.5	0.1	20	9	1	10
博茨瓦纳	60	1.0			40			
秘鲁	61	0.1	—	0.0	4	—	0	2
牙买加	62	0.1	—	0.1	4	—	1	3
约旦	63	0.3	—	0.1	12	—	2	7
南非	64	1.0	3.9	—	40	10	—	25
土耳其	65	1.0	6.8	0.4	40	17	5	21
厄瓜多尔	66	0.2	0.7	0.0	8	2	0	3
伊朗	67	1.0	7.1	0.8	40	18	12	24
蒙古	68	0.2	—	0.4	8	—	6	7
摩洛哥	69	1.0	6.5	0.1	40	17	1	19
马来西亚	70	1.0	3.7	0.3	40	10	4	18

附表 2-3-2　2009 年世界知识创新指数　　　　　　　　（续表）

| 国家 | 编号 | 知识创新指标的实际值 | | | 知识创新指标的指数 | | | 知识创新指数 |
		知识创新经费投入ᵃ	知识创新人员投入ᵇ	知识创新专利产出ᶜ	知识创新经费指数	知识创新人员指数	知识创新专利指数	
萨尔瓦多	71	0.0	—	—	0	—	—	—
埃及	72	0.2	6.2	0.1	8	16	1	8
中国	73	1.5	10.7	1.7	60	27	25	38
阿尔及利亚	74	0.1	1.7	0.0	4	4	0	3
土库曼斯坦	75	—	—	—	—	—	—	—
突尼斯	76	1.0	15.9	0.1	40	41	1	27
阿尔巴尼亚	77	—	—	—	—	—	—	—
吉尔吉斯斯坦	78	0.3	—	0.3	12	—	4	8
塔吉克斯坦	79	0.1	—	0.0	4	—	0	2
玻利维亚	80	0.3	1.2	—	12	3	—	8
缅甸	81	0.2	0.2	—	8	0	—	4
菲律宾	82	0.1	0.8	0.0	4	2	0	2
泰国	83	0.2	3.1	0.1	8	8	2	6
纳米比亚	84	—	—	—	—	—	—	—
津巴布韦	85	—	—	—	—	—	—	—
洪都拉斯	86	—	—	0.0	—	—	0	0
尼加拉瓜	87	—	—	0.0	—	—	0	0
越南	88	0.2	1.2	0.0	8	3	0	4
肯尼亚	89	—	—	0.0	—	—	0	—
斯里兰卡	90	0.2	0.9	0.1	8	2	1	4
刚果共和国	91	—	—	—	—	—	—	—
印度尼西亚	92	—	2.1	0.0	—	5	0	3
赞比亚	93	—	—	0.0	—	—	0	—
危地马拉	94	—	0.3	0.0	—	1	0	0
毛里塔尼亚	95	—	—	—	—	—	—	—
科特迪瓦	96	—	0.7	—	—	2	—	2
印度	97	1.0	1.4	0.0	40	4	1	15
巴基斯坦	98	1.0	1.5	0.0	40	4	0	15
莱索托	99	0.1	0.1	—	4	0	—	2
柬埔寨	100	—	0.2	—	—	0	—	—
喀麦隆	101	—	—	—	—	—	—	—
厄立特里亚	102	—	—	—	—	—	—	—
叙利亚	103	0.2	—	0.1	7	—	1	4
加纳	104	—	—	—	—	—	—	—
乍得	105	—	—	—	—	—	—	—
莫桑比克	106	1.0	0.2	0.0	40	0	0	14
几内亚	107	—	—	—	—	—	—	—
也门共和国	108	—	—	0.0	—	—	0	—
巴布亚新几内亚	109	—	—	0.0	—	—	0	—
海地	110	—	—	—	—	—	—	—
尼泊尔	111	0.7	0.6	—	27	2	—	14
塞内加尔	112	0.1	2.8	—	4	7	—	6
塞拉利昂	113	—	—	—	—	—	—	—
刚果民主共和国	114	0.5	—	—	20	—	—	—
老挝	115	—	0.2	—	—	—	—	—
马拉维	116	—	—	0.0	—	—	0	—
多哥	117	0.5	0.3	—	20	1	—	10
马达加斯加	118	0.1	0.5	0.0	4	1	0	2
马里	119	—	0.4	—	—	1	—	—
尼日利亚	120	0.1	—	—	4	—	—	—
孟加拉国	121	0.6	—	0.0	25	—	0	12
坦桑尼亚	122	—	—	—	—	—	—	—
贝宁	123	—	—	—	—	—	—	—
尼日尔	124	—	0.1	—	—	0	—	—
安哥拉	125	—	—	—	—	—	—	—
乌干达	126	0.4	—	0.0	16	—	0	8
中非	127	0.0	—	—	1	—	—	—
布基纳法索	128	0.1	—	0.0	4	—	0	2
埃塞俄比亚	129	0.2	0.2	0.0	8	1	0	3
布隆迪	130	0.3	—	—	12	—	—	12
卢旺达	131	0.0	—	—	2	—	—	2
高收入国家	132	2.5	39.5	6.8	100	101	100	100
中等收入国家	133	1.0	6.0	0.4	40	15	6	20
低收入国家	134	0.6	—	—	23	—	—	23
世界平均	135	2.0	12.8	1.5	80	33	22	45
标准值		2.5	39.5	6.8	—	—	—	—

a. 指 R&D 经费/GDP（％），其数据为 2001～2008 年期间最近年的数据。

b. 指从事研究与发展活动的科学家和工程师全时当量/万人，其数据为 2001～2008 年期间最近年的数据。

c. 指居民申请国内发明专利数/万人，其数据为 2001～2009 年期间最近年数据。

附表 2-3-3　2009 年世界知识传播指数

国家	编号	知识传播指标的实际值				知识传播指标的指数				知识传播指数
		中学普及率[a]	大学普及率[a]	电视普及率[b]	互联网普及率	中学普及指数	大学普及指数	电视普及指数	互联网普及指数	
瑞典	1	103	72	123	90	100	103	100	120	106
美国	2	94	86	97	78	94	120	87	108	102
芬兰	3	109	91	144	84	100	120	100	117	109
澳大利亚	4	133	82	110	72	100	117	99	100	104
瑞士	5	96	51	120	71	96	73	100	99	92
挪威	6	110	73	111	92	100	104	100	120	106
日本	7	101	59	90	78	100	84	81	108	93
丹麦	8	118	77	134	86	100	110	100	119	107
德国	9	102	—	128	80	100	—	100	111	104
荷兰	10	121	62	128	90	100	89	100	120	102
加拿大	11	102	62	68	78	100	89	61	108	90
新加坡	12	—	—	133	73	—	—	100	101	101
英国	13	99	59	130	83	99	84	100	115	100
法国	14	113	55	92	69	100	79	83	96	89
比利时	15	108	66	115	75	100	94	100	104	100
奥地利	16	100	59	141	73	100	84	100	101	96
新西兰	17	126	84	109	83	100	120	98	115	108
韩国	18	97	100	98	81	97	120	88	113	104
以色列	19	89	63	121	49	89	90	100	68	87
意大利	20	101	67	151	49	100	96	100	68	91
爱尔兰	21	118	61	109	68	100	87	98	94	95
西班牙	22	121	73	111	61	100	104	100	85	97
爱沙尼亚	23	99	64	203	72	99	91	100	100	98
斯洛文尼亚	24	97	88	103	64	97	120	93	89	100
乌拉圭	25	88	65	114	55	88	93	100	76	89
俄罗斯	26	85	77	162	42	85	110	100	58	88
斯洛伐克	27	92	56	101	75	92	80	91	104	92
希腊	28	102	91	118	44	100	120	100	61	95
匈牙利	29	99	62	118	62	99	89	100	86	93
捷克	30	95	61	136	64	95	87	100	89	93
葡萄牙	31	107	61	143	49	100	87	100	68	89
白俄罗斯	32	95	77	102	47	95	110	92	65	91
拉脱维亚	33	93	67	99	67	93	96	89	93	93
立陶宛	34	99	80	149	59	99	114	100	82	99
格鲁吉亚	35	88	26	64	29	88	37	58	40	56
乌克兰	36	94	81	120	33	94	116	100	46	89
保加利亚	37	88	54	140	45	88	77	100	63	82
黎巴嫩	38	82	53	36	24	82	76	32	33	56
哈萨克斯坦	39	95	41	94	33	95	59	85	46	71
波兰	40	99	71	117	59	99	101	100	82	96
阿根廷	41	86	69	130	31	86	99	100	43	82
巴拿马	42	73	45	164	28	73	64	100	39	69
克罗地亚	43	95	49	136	50	95	70	100	69	84
沙特阿拉伯	44	97	33	167	37	97	47	100	51	74
哥伦比亚	45	95	37	92	46	95	53	83	64	74
科威特	46	90	19	—	42	90	27	—	58	58
智利	47	90	55	97	34	90	79	87	47	76
马其顿	48	83	41	94	51	83	59	85	71	74
阿塞拜疆	49	99	19	87	41	99	27	78	57	65
摩尔多瓦	50	89	38	78	36	89	54	70	50	66
罗马尼亚	51	94	67	118	36	94	96	100	50	85
委内瑞拉	52	82	78	99	31	82	111	89	43	81
乌兹别克斯坦	53	104	10	59	17	100	14	53	24	48
多米尼加	54	77	33	88	28	77	47	79	39	61
亚美尼亚	55	93	50	85	7	93	71	77	10	63
巴拉圭	56	67	37	89	16	67	53	80	22	56
哥斯达黎加	57	96	25	42	34	96	36	38	47	54
巴西	58	101	34	90	39	100	49	81	54	71
墨西哥	59	90	28	75	25	90	40	68	35	58
博茨瓦纳	60	82	8	95	6	82	11	86	8	47
秘鲁	61	89	34	86	28	89	49	77	39	63
牙买加	62	91	24	110	59	91	34	99	82	77
约旦	63	88	41	102	29	88	59	92	40	70
南非	64	94	—	94	9	94	—	85	13	64
土耳其	65	82	38	87	37	82	54	78	51	67
厄瓜多尔	66	75	42	96	14	75	60	86	19	60
伊朗	67	83	36	72	38	83	51	65	53	63
蒙古	68	92	53	83	13	92	76	75	18	65
摩洛哥	69	56	13	80	33	56	19	72	46	48
马来西亚	70	69	36	109	57	69	51	98	79	74

附表 2-3-3　2009 年世界知识传播指数　　　　　　　　　　（续表）

国家	编号	知识传播指标的实际值				知识传播指标的指数				知识传播指数
		中学普及率ᵃ	大学普及率ᵃ	电视普及率ᵇ	互联网普及率	中学普及指数	大学普及指数	电视普及指数	互联网普及指数	
萨尔瓦多	71	64	25	123	14	64	36	100	19	55
埃及	72	67	28	69	21	67	40	62	29	50
中国	73	78	25	56	29	78	36	50	40	51
阿尔及利亚	74	96	31	94	13	96	44	85	18	61
土库曼斯坦	75	—	—	30	2	—	—	27	3	15
突尼斯	76	90	34	93	34	90	49	84	47	67
阿尔巴尼亚	77	72	19	130	41	72	27	100	57	64
吉尔吉斯斯坦	78	84	51	84	41	84	73	76	57	72
塔吉克斯坦	79	84	20	72	10	84	29	65	14	48
玻利维亚	80	81	38	73	11	81	54	66	15	54
缅甸	81	53	11	1	—	53	16	1	—	23
菲律宾	82	82	29	81	6	82	41	73	8	51
泰国	83	76	45	121	25	76	64	100	35	69
纳米比亚	84	65	9	54	6	65	13	49	8	34
津巴布韦	85	—	3	24	11	—	4	22	15	14
洪都拉斯	86	65	19	104	10	65	27	94	14	50
尼加拉瓜	87	68	18	56	4	68	26	50	6	37
越南	88	—	10	103	28	—	14	93	39	49
肯尼亚	89	59	4	49	10	59	6	44	14	31
斯里兰卡	90	87	—	68	9	87	—	61	13	54
刚果共和国	91	43	6	55	6	43	9	50	8	27
印度尼西亚	92	79	24	67	8	79	34	60	11	46
赞比亚	93	—	—	35	6	—	—	32	8	20
危地马拉	94	57	18	123	16	57	26	100	22	51
毛里塔尼亚	95	24	4	65	2	24	6	59	3	23
科特迪瓦	96	26	8	69	5	26	11	62	7	27
印度	97	60	13	45	5	60	19	41	7	32
巴基斯坦	98	33	5	60	12	33	7	54	17	28
莱索托	99	45	4	31	4	45	6	28	6	21
柬埔寨	100	40	7	40	1	40	10	36	1	22
喀麦隆	101	41	9	39	4	41	13	35	6	24
厄立特里亚	102	32	2	3	5	32	3	3	7	11
叙利亚	103	75	—	48	20	75	—	43	28	49
加纳	104	57	9	63	5	57	13	57	7	33
乍得	105	24	2	25	2	24	3	23	3	13
莫桑比克	106	23	1	26	3	23	1	23	4	13
几内亚	107	37	9	57	1	37	13	51	1	26
也门共和国	108	46	10	16	2	46	14	14	3	19
巴布亚新几内亚	109	—	—	13	2	—	—	12	3	7
海地	110	—	—	37	10	—	—	33	14	24
尼泊尔	111	43	6	26	2	43	9	23	3	19
塞内加尔	112	30	8	57	8	30	11	51	11	26
塞拉利昂	113	27	2	20	—	27	3	18	—	16
刚果民主共和国	114	37	6	16	1	37	9	14	1	15
老挝	115	44	13	53	5	44	19	48	7	29
马拉维	116	30	—	17	5	30	—	15	7	17
多哥	117	41	5	37	6	41	7	33	8	22
马达加斯加	118	32	4	30	2	32	6	27	3	17
马里	119	38	6	25	2	38	9	23	3	18
尼日利亚	120	30	10	47	28	30	14	42	39	31
孟加拉国	121	42	8	34	—	42	11	31	—	28
坦桑尼亚	122	27	1	40	2	27	1	36	3	17
贝宁	123	36	6	59	2	36	9	53	3	25
尼日尔	124	12	1	17	1	12	1	15	1	8
安哥拉	125	23	3	44	3	23	4	40	4	18
乌干达	126	27	4	29	10	27	6	26	14	18
中非	127	14	2	4	1	14	3	4	1	5
布基纳法索	128	20	3	21	1	20	4	19	1	11
埃塞俄比亚	129	34	4	5	1	34	6	5	1	11
布隆迪	130	21	3	10	1	21	4	9	1	9
卢旺达	131	27	5	24	4	27	7	22	6	15
高收入国家	132	100	70	111	72	100	100	100	100	100
中等收入国家	133	69	24	67	21	69	34	60	29	48
低收入国家	134	39	7	26	3	39	10	23	4	19
世界平均	135	68	27	69	27	68	39	62	38	52
标准值		100	70	70	72	—	—	—	—	—

a. 为 2001—2009 年期间最近年的数据。中学普及率数据包括职业培训,中学普及率指数最大值设为 100。

b. 为 2001—2009 年期间最近年的数据。

c. 移动通讯指数最大值设为 100。

附表 2-3-4　2009 年世界生活质量指数

国家	编号	生活质量指标的实际值					生活质量指标的指数					生活质量指数
		城镇人口比例	医生比例[a]	婴儿死亡率[b]	预期寿命	人均能源消费	城镇化指数	医生比例指数	婴儿存活指数	预期寿命指数	能源消费指数	
瑞典	1	85	4.0	2	81	4678	110	120	120	101	97	110
美国	2	82	3.0	7	78	7075	106	100	86	98	120	102
芬兰	3	64	3.0	3	80	6181	83	100	120	100	120	105
澳大利亚	4	89	3.0	4	82	5975	116	100	120	103	120	112
瑞士	5	74	4.0	4	82	3476	96	120	120	103	72	102
挪威	6	78	4.0	3	81	5490	101	120	120	101	114	111
日本	7	67	2.0	2	83	3713	87	67	120	104	77	91
丹麦	8	87	3.0	3	79	3230	113	100	120	99	67	100
德国	9	74	4.0	4	80	3893	96	120	120	100	81	103
荷兰	10	82	4.0	4	81	4672	106	120	120	101	97	109
加拿大	11	81	2.0	5	81	7411	105	67	120	101	120	103
新加坡	12	100	2.0	2	81	3828	120	67	120	101	79	97
英国	13	90	3.0	5	80	3197	117	100	120	100	66	101
法国	14	78	3.0	4	81	3920	101	100	120	101	81	101
比利时	15	97	3.0	4	80	5164	120	100	120	100	107	109
奥地利	16	67	5.0	4	80	3876	87	120	120	100	80	101
新西兰	17	87	2.0	5	80	4190	113	67	120	100	87	97
韩国	18	82	2.0	4	80	4693	106	67	120	100	97	98
以色列	19	92	4.0	4	82	3011	119	120	120	103	62	105
意大利	20	68	4.0	3	81	2703	88	120	120	101	56	97
爱尔兰	21	62	3.0	3	80	3142	81	100	120	100	65	93
西班牙	22	77	4.0	4	81	2792	100	120	120	101	58	100
爱沙尼亚	23	69	3.0	5	75	4026	90	100	120	94	84	97
斯洛文尼亚	24	48	2.0	3	79	3827	62	67	120	99	79	85
乌拉圭	25	92	4.0	10	76	1254	119	120	60	95	26	84
俄罗斯	26	73	4.0	10	69	4838	95	120	60	86	100	92
斯洛伐克	27	57	3.0	7	75	3147	74	100	86	94	65	84
希腊	28	61	6.0	4	80	2574	79	120	120	100	53	95
匈牙利	29	68	3.0	6	74	2480	88	100	100	93	51	86
捷克	30	74	4.0	3	77	4141	96	120	120	96	86	104
葡萄牙	31	60	4.0	3	79	2243	78	120	120	99	47	93
白俄罗斯	32	74	5.0	5	70	2931	96	120	120	88	61	97
拉脱维亚	33	68	3.0	9	73	1979	88	100	67	91	41	77
立陶宛	34	67	4.0	6	73	2733	87	120	100	91	57	91
格鲁吉亚	35	53	5.0	21	73	682	69	120	29	91	14	65
乌克兰	36	68	3.0	12	69	2943	88	100	50	86	61	77
保加利亚	37	71	4.0	11	73	2595	92	120	55	91	54	82
黎巴嫩	38	87	4.0	19	72	1258	113	120	32	90	26	76
哈萨克斯坦	39	58	4.0	30	68	4525	75	120	20	85	94	79
波兰	40	61	2.0	5	76	2452	79	67	120	95	51	82
阿根廷	41	92	3.0	13	75	1923	119	100	46	94	40	80
巴拿马	42	74	2.0	18	76	851	96	67	33	95	18	62
克罗地亚	43	58	3.0	5	76	2047	75	100	120	95	42	87
沙特阿拉伯	44	82	1.0	16	74	6176	106	33	38	93	120	78
哥伦比亚	45	75	1.0	17	73	684	97	33	35	91	14	54
科威特	46	98	2.0	10	74	10 317	120	67	60	93	120	92
智利	47	89	1.0	8	79	1872	116	33	75	99	39	72
马其顿	48	67	3.0	11	74	1512	87	100	55	93	31	73
阿塞拜疆	49	52	4.0	41	70	1525	68	120	15	88	32	64
摩尔多瓦	50	41	3.0	17	69	882	53	100	35	86	18	59
罗马尼亚	51	54	2.0	12	73	1830	70	67	50	91	38	63
委内瑞拉	52	94	2.0	16	74	2295	120	67	38	93	48	73
乌兹别克斯坦	53	37	3.0	45	68	1849	48	100	13	85	38	57
多米尼加	54	70	2.0	23	73	844	91	67	26	91	18	58
亚美尼亚	55	64	4.0	18	74	973	83	120	33	93	20	70
巴拉圭	56	61	1.0	21	72	700	79	33	29	90	15	49
哥斯达黎加	57	64	1.0	9	79	1083	83	33	67	99	22	61
巴西	58	86	2.0	18	73	1298	112	67	33	91	27	66
墨西哥	59	78	3.0	15	76	1578	101	100	40	95	33	74
博茨瓦纳	60	60	0.4	37	53	1083	78	13	16	66	22	39
秘鲁	61	72	1.0	16	74	517	94	33	38	93	11	54
牙买加	62	54	1.0	21	72	1633	70	33	29	91	34	51
约旦	63	78	2.0	19	73	1220	101	67	32	91	25	63
南非	64	61	1.0	43	52	2756	79	33	14	65	57	50
土耳其	65	69	2.0	15	73	1283	90	67	40	91	27	63
厄瓜多尔	66	66	1.0	18	75	736	86	33	33	94	15	52
伊朗	67	69	1.0	23	72	2795	90	33	26	90	58	59
蒙古	68	57	3.0	28	68	1182	74	100	21	85	25	61
摩洛哥	69	56	1.0	32	72	478	73	33	19	90	10	45
马来西亚	70	71	1.0	6	74	2645	92	33	100	93	55	75

附表 2-3-4　2009 年世界生活质量指数　　　　　　　　　　（续表）

国家	编号	生活质量指标的实际值					生活质量指标的指数					生活质量指数
		城镇人口比例	医生比例[a]	婴儿死亡率[b]	预期寿命	人均能源消费	城镇化指数	医生比例指数	婴儿存活指数	预期寿命指数	能源消费指数	
萨尔瓦多	71	61	2.0	15	72	796	79	67	40	90	17	58
埃及	72	43	3.0	20	73	903	56	100	30	91	19	59
中国	73	44	1.5	17	73	1598	57	50	35	91	33	53
阿尔及利亚	74	66	1.0	32	73	1077	86	33	19	91	22	50
土库曼斯坦	75	49	2.0	48	65	3825	64	67	13	81	79	61
突尼斯	76	67	1.0	15	74	889	87	33	40	93	18	54
阿尔巴尼亚	77	47	1.0	17	77	656	61	33	35	96	14	48
吉尔吉斯斯坦	78	36	2.0	34	69	542	47	67	18	86	11	46
塔吉克斯坦	79	26	2.0	54	67	373	34	67	11	84	8	41
玻利维亚	80	66	1.0	43	66	592	86	33	14	83	12	46
缅甸	81	33	0.4	52	64	332	43	13	12	80	7	31
菲律宾	82	66	1.0	24	68	455	86	33	25	85	9	48
泰国	83	34	0.3	24	74	1570	44	10	50	93	33	46
纳米比亚	84	37	0.3	32	62	796	48	10	19	78	17	34
津巴布韦	85	38	0.2	52	48	763	49	7	12	60	16	29
洪都拉斯	86	48	1.0	21	73	633	62	33	29	91	13	46
尼加拉瓜	87	57	0.4	24	73	625	74	13	25	91	13	43
越南	88	28	1.0	19	75	698	36	33	32	94	14	42
肯尼亚	89	22	0.1	56	56	469	29	3	11	70	10	24
斯里兰卡	90	15	0.6	15	75	436	19	20	40	94	9	36
刚果共和国	91	62	0.1	61	57	357	81	3	10	71	7	34
印度尼西亚	92	53	0.1	28	68	846	69	3	21	85	18	39
赞比亚	93	36	0.1	72	48	594	47	3	8	60	12	26
危地马拉	94	49	0.9	26	71	590	64	30	23	89	12	44
毛里塔尼亚	95	41	0.1	75	58	—	53	3	8	73	—	34
科特迪瓦	96	49	0.1	87	54	541	64	3	7	68	11	31
印度	97	30	1.0	50	65	545	39	33	12	81	11	35
巴基斯坦	98	37	1.0	71	65	495	48	33	8	81	10	36
莱索托	99	26	0.1	67	47	9	34	3	9	59	—	26
柬埔寨	100	22	0.2	46	62	378	29	7	13	78	8	27
喀麦隆	101	58	0.2	85	51	379	75	7	7	64	8	32
厄立特里亚	102	21	0.1	44	61	138	27	3	14	76	3	25
叙利亚	103	55	2.0	14	76	1003	71	67	43	95	21	59
加纳	104	51	0.1	51	63	407	66	3	12	79	8	34
乍得	105	27	—	100	49	—	35	—	6	61	—	34
莫桑比克	106	38	—	95	49	417	49	—	6	61	9	31
几内亚	107	35	0.1	84	53	—	45	3	7	66	—	31
也门共和国	108	31	0.3	59	65	330	40	10	10	81	7	30
巴布亚新几内亚	109	13	0.1	48	62	—	17	3	13	78	—	28
海地	110	48	0.2	59	61	285	62	5	10	76	6	32
尼泊尔	111	18	0.2	43	68	339	23	7	14	85	7	27
塞内加尔	112	43	0.1	51	59	243	56	3	12	74	5	30
塞拉利昂	113	38	—	117	47	—	49	—	5	59	—	38
刚果民主共和国	114	35	0.1	113	48	356	45	3	5	60	7	24
老挝	115	32	0.4	44	67	—	42	13	14	84	—	38
马拉维	116	19	—	61	53	—	25	—	10	66	—	34
多哥	117	43	0.1	67	56	444	56	3	9	70	9	29
马达加斯加	118	30	0.2	45	66	—	39	7	13	83	—	35
马里	119	33	0.1	101	51	—	43	3	6	64	—	29
尼日利亚	120	49	0.4	90	51	738	64	13	7	64	15	33
孟加拉国	121	28	0.3	40	68	192	36	10	15	85	4	30
坦桑尼亚	122	26	—	53	57	448	34	—	11	71	9	31
贝宁	123	42	0.1	75	55	360	55	3	8	69	7	28
尼日尔	124	17	—	75	54	—	22	—	8	68	—	33
安哥拉	125	58	0.1	100	50	608	75	3	6	63	13	32
乌干达	126	13	0.1	65	53	—	17	3	9	66	—	24
中非	127	39	0.1	107	47	—	51	3	6	59	—	30
布基纳法索	128	20	0.1	93	54	—	26	3	6	68	—	26
埃塞俄比亚	129	17	—	70	58	399	22	—	9	73	8	28
布隆迪	130	11	—	89	49	—	14	—	7	61	—	27
卢旺达	131	19	—	63	55	—	25	—	10	69	—	34
高收入国家	132	77	3.0	6	80	4819	100	100	100	100	100	100
中等收入国家	133	48	1.0	39	69	1254	62	33	15	86	26	45
低收入国家	134	28	0.5	71	58	364	36	16	8	73	8	28
世界平均	135	50	1.0	42	69	1839	65	33	14	86	38	47
标准值	—	77	3.0	6	80	4819	—	—	—	—	—	—

a. 为 2001～2009 年期间最近年的数据。

b. 评价数据为婴儿死亡率, 婴儿存活率＝1－婴儿死亡率。

附表 2-3-5　2009 年世界经济质量指数

国家	编号	经济质量指标的实际值				经济质量指标的指数				经济质量指数
		人均GNI	人均PPP[a]	物质产业增加值比例[b]	物质产业劳动力比例[b]	人均GNI指数	人均PPP指数	物质产业增加值指数	物质产业劳动力指数	
瑞典	1	48 590	37 830	27	23	120	105	100	120	111
美国	2	46 330	45 640	23	21	120	120	117	120	119
芬兰	3	46 670	35 910	31	29	120	100	87	97	101
澳大利亚	4	43 590	38 380	32	24	116	107	84	117	106
瑞士	5	65 280	47 010	28	30	120	120	96	93	107
挪威	6	84 560	55 390	42	23	120	120	64	120	106
日本	7	37 520	32 880	29	33	99	91	93	85	92
丹麦	8	58 370	38 360	23	23	120	107	117	120	116
德国	9	42 410	36 830	27	30	112	102	100	93	102
荷兰	10	48 380	39 690	26	27	120	110	104	104	109
加拿大	11	41 950	37 280	33	23	111	104	82	120	104
新加坡	12	36 880	49 430	28	23	98	120	96	120	109
英国	13	41 080	35 640	22	21	109	99	120	120	112
法国	14	42 610	33 940	21	26	113	94	120	108	109
比利时	15	45 250	36 610	22	26	120	102	120	108	112
奥地利	16	46 410	38 400	31	30	120	107	87	93	102
新西兰	17	29 050	28 050	31	27	77	78	87	104	86
韩国	18	19 830	27 250	39	32	53	76	69	88	71
以色列	19	25 630	26 850	—	23	68	75	—	120	88
意大利	20	35 130	31 930	27	33	93	89	100	85	92
爱尔兰	21	44 460	32 970	33	26	118	92	82	108	100
西班牙	22	32 060	31 520	29	29	85	88	93	97	91
爱沙尼亚	23	14 080	19 120	32	36	37	53	84	78	63
斯洛文尼亚	24	23 820	27 030	36	43	63	75	75	65	70
乌拉圭	25	8 970	12 800	36	38	24	36	75	85	55
俄罗斯	26	9 290	18 260	38	38	25	51	71	74	55
斯洛伐克	27	16 120	22 100	37	42	43	61	73	67	61
希腊	28	28 760	28 500	21	33	76	79	120	85	90
匈牙利	29	13 080	19 260	34	36	35	54	79	78	61
捷克	30	17 400	24 060	40	42	46	67	68	67	62
葡萄牙	31	21 830	24 050	25	39	58	67	108	72	76
白俄罗斯	32	5 770	13 090	52	—	15	36	52	—	35
拉脱维亚	33	12 390	17 400	24	34	33	48	113	82	69
立陶宛	34	11 620	17 380	30	36	31	48	90	78	62
格鲁吉亚	35	2 540	4 690	31	64	7	13	87	44	38
乌克兰	36	2 840	6 170	38	39	8	17	71	72	42
保加利亚	37	6 080	13 290	36	42	16	37	75	67	49
黎巴嫩	38	7 760	12 740	22	—	21	35	120	—	59
哈萨克斯坦	39	6 840	10 160	47	48	18	28	57	58	41
波兰	40	12 190	18 200	34	44	32	51	79	64	56
阿根廷	41	7 580	14 100	39	25	20	39	69	112	60
巴拿马	42	6 540	12 210	24	34	17	34	113	82	62
克罗地亚	43	13 810	19 250	34	43	37	54	79	65	59
沙特阿拉伯	44	16 190	22 540	63	23	43	63	43	120	67
哥伦比亚	45	5 050	8 680	42	39	13	24	64	74	44
科威特	46	47 790	58 350	51	24	120	120	53	117	102
智利	47	9 310	13 270	46	34	25	37	59	82	51
马其顿	48	4 540	11 000	48	51	12	31	56	55	38
阿塞拜疆	49	4 750	8 810	68	51	13	25	40	55	33
摩尔多瓦	50	1 570	3 020	23	51	4	8	117	55	46
罗马尼亚	51	8 320	14 480	33	59	22	40	82	47	48
委内瑞拉	52	10 070	12 170	62	32	27	34	44	88	48
乌兹别克斯坦	53	1 090	2 850	53	—	3	8	51	—	21
多米尼加	54	4 670	8 320	39	36	12	23	69	78	46
亚美尼亚	55	3 040	5 370	55	61	8	15	49	46	29
巴拉圭	56	2 250	4 420	41	45	6	12	66	62	37
哥斯达黎加	57	6 240	10 850	34	34	17	30	79	82	52
巴西	58	8 090	10 140	31	39	21	28	87	72	52
墨西哥	59	8 680	13 610	39	38	23	38	69	74	51
博茨瓦纳	60	6 300	12 950	43	45	17	36	63	62	44
秘鲁	61	4 300	8 420	43	29	11	23	63	97	49
牙买加	62	4 730	7 430	28	37	13	21	96	76	51
约旦	63	4 000	5 740	35	23	11	16	77	120	56
南非	64	5 730	10 010	34	30	15	28	79	93	54
土耳其	65	9 060	14 040	35	48	24	39	77	58	50
厄瓜多尔	66	4 020	8 480	33	48	11	24	82	58	44
伊朗	67	4 520	11 380	55	53	12	32	49	53	36
蒙古	68	1 760	3 630	53	55	5	10	51	51	29
摩洛哥	69	2 800	4 430	45	63	7	12	60	44	31
马来西亚	70	7 220	13 410	54	40	19	37	50	70	44

附表 2-3-5 2009 年世界经济质量指数 （续表）

国家	编号	经济质量指标的实际值				经济质量指标的指数				经济质量指数
		人均 GNI	人均 PPP[a]	物质产业增加值比例[b]	物质产业劳动力比例[b]	人均 GNI 指数	人均 PPP 指数	物质产业增加值指数	物质产业劳动力指数	
萨尔瓦多	71	3370	6390	40	41	9	18	68	68	41
埃及	72	2190	6020	51	55	6	17	53	51	32
中国	73	3650	6860	57	67	10	19	47	42	29
阿尔及利亚	74	4410	8060	66	47	12	22	41	60	34
土库曼斯坦	75	3270	6760	66	—	9	19	41	—	23
突尼斯	76	3860	7800	34	—	10	22	79	—	37
阿尔巴尼亚	77	3960	8520	40	72	10	24	68	39	35
吉尔吉斯斯坦	78	870	2190	49	55	2	6	55	51	29
塔吉克斯坦	79	730	2050	46	74	2	6	59	38	26
玻利维亚	80	1640	4470	50	56	4	12	54	50	30
缅甸	81	—	—	65	—	—	—	42	—	42
菲律宾	82	1870	3680	45	50	5	10	60	56	33
泰国	83	3730	7540	55	61	10	21	49	46	31
纳米比亚	84	4130	6140	42	34	11	17	64	82	44
津巴布韦	85	370	—	47	—	1	0	57	—	19
洪都拉斯	86	1800	3700	40	57	5	10	68	49	33
尼加拉瓜	87	1050	2550	48	50	3	7	56	56	31
越南	88	1020	2820	61	72	3	8	44	39	23
肯尼亚	89	770	1580	38	68	2	4	71	41	30
斯里兰卡	90	1950	4610	42	60	5	13	64	47	32
刚果共和国	91	1950	2830	76	58	5	8	36	48	24
印度尼西亚	92	2160	3910	65	58	6	11	42	48	27
赞比亚	93	990	1300	56	—	3	4	48	—	18
危地马拉	94	2660	4550	41	56	7	13	66	50	34
毛里塔尼亚	95	970	1900	55	—	3	5	49	—	19
科特迪瓦	96	1160	1770	50	—	3	5	54	—	21
印度	97	1220	3260	45	75	3	9	60	37	27
巴基斯坦	98	1000	2650	46	65	3	7	59	43	28
莱索托	99	1070	1960	40	—	3	5	68	—	25
柬埔寨	100	690	1920	58	81	2	5	47	35	22
喀麦隆	101	1210	2220	50	77	3	6	54	36	25
厄立特里亚	102	290	540	37	—	1	2	73	—	25
叙利亚	103	2570	5030	55	48	7	14	49	58	32
加纳	104	1190	1530	51	—	3	4	53	—	20
乍得	105	610	1190	62	—	2	3	44	—	16
莫桑比克	106	440	880	55	84	1	2	49	33	22
几内亚	107	380	950	69	—	1	3	39	—	14
也门共和国	108	1070	2350	55	—	3	7	49	—	19
巴布亚新几内亚	109	1190	2280	80	—	3	6	34	—	14
海地	110	670	1170	—	—	2	3	—	—	3
尼泊尔	111	440	1160	48	80	1	3	56	35	24
塞内加尔	112	1080	1870	38	64	3	5	71	44	31
塞拉利昂	113	340	790	75	75	1	2	36	37	19
刚果民主共和国	114	170	300	67	—	0	1	40	—	14
老挝	115	920	2290	61	—	2	6	44	—	18
马拉维	116	310	820	47	—	1	2	57	—	20
多哥	117	470	860	67	62	1	2	40	45	22
马达斯加斯	118	420	950	45	84	1	3	60	33	24
马里	119	570	990	61	72	2	3	44	39	22
尼日利亚	120	1190	2090	73	58	3	6	37	48	24
孟加拉国	121	640	1700	47	63	2	5	57	44	27
坦桑尼亚	122	500	1360	53	80	1	4	51	35	23
贝宁	123	780	1550	46	54	2	4	59	52	29
尼日尔	124	340	670	57	69	1	2	47	41	23
安哥拉	125	3880	5470	69	—	10	15	39	—	22
乌干达	126	470	1210	50	81	1	3	54	35	23
中非	127	450	760	71	—	1	2	38	—	14
布基纳法索	128	500	1150	56	89	1	3	48	31	21
埃塞俄比亚	129	350	950	62	87	1	3	44	32	20
布隆迪	130	150	400	55	—	0	1	49	—	17
卢旺达	131	480	1090	48	—	1	3	56	—	20
高收入国家	132	37 719	35 959	27	28	100	100	100	100	100
中等收入国家	133	3390	6331	45	59	9	18	60	47	34
低收入国家	134	488	1221	50	—	1	3	54	—	20
世界平均	135	8737	10 601	30	57	23	29	90	49	48
标准值		37 719	35 959	27	28	—	—	—	—	—

a. 为按购买力平价计算的人均 GNI。

b. 物质产业包括农业和工业，为 2001～2009 年期间最近年的数据。

附表 2-3-6　2009 年世界第二次现代化发展阶段

国家	编号	第一次现代化阶段[a]	产业结构信号 物质产业增加值占GDP比例	赋值	劳动力结构信号 物质产业劳动力占总劳动力比例	赋值	平均值	第二次现代化的阶段[b]	第二次现代化指数
瑞典	1	F4	27.0	2	23.0	2	2.0	S2	106
美国	2	F4	23.0	2	21.0	2	2.0	S2	110
芬兰	3	F4	31.0	1	29.0	2	1.5	S1	104
澳大利亚	4	F4	32.0	1	24.0	2	1.5	S1	98
瑞士	5	F4	28.0	2	30.0	1	1.5	S1	96
挪威	6	F4	42.0		23.0	2	1.0	S1	100
日本	7	F4	29.0	2	33.0	1	1.5	S1	99
丹麦	8	F4	23.0	2	23.0	2	2.0	S2	105
德国	9	F4	27.0	2	30.0	1	1.5	S1	103
荷兰	10	F4	26.0	2	27.0	2	2.0	S2	96
加拿大	11	F4	33.0	1	23.0	2	1.5	S1	92
新加坡	12	F4	28.0	2	23.0	2	2.0	S2	101
英国	13	F4	22.0	2	21.0	2	2.0	S2	98
法国	14	F4	21.0	2	26.0	2	2.0	S2	92
比利时	15	F4	22.0	2	26.0	2	2.0	S2	95
奥地利	16	F4	31.0	1	30.0	1	1.0	S1	98
新西兰	17	F4	31.0	1	27.0	2	1.5	S1	90
韩国	18	F4	39.0	1	32.0	1	1.0	S1	98
以色列	19	F4	—		23.0	2	1.0	S1	89
意大利	20	F4	27.0	2	33.0	1	1.5	S1	80
爱尔兰	21	F4	33.0	1	26.0	2	1.5	S1	84
西班牙	22	F4	29.0	2	29.0	1	1.5	S1	82
爱沙尼亚	23	F4	32.0	1	36.0	1	1.0	S1	76
斯洛文尼亚	24	F4	36.0	1	43.0		0.5		80
乌拉圭	25	F3	36.0		33.0		—		61
俄罗斯	26	F3	38.0		38.0		—		73
斯洛伐克	27	F4	37.0	1	42.0		0.5		66
希腊	28	F4	21.0	2	33.0	1	1.5	S1	78
匈牙利	29	F4	34.0	1	36.0	1	1.0	S1	69
捷克	30	F4	40.0		42.0				76
葡萄牙	31	F4	25.0	2	39.0	1	1.5	S1	81
白俄罗斯	32	F3	52.0		—				63
拉脱维亚	33	F4	24.0	2	34.0	1	1.5	S1	68
立陶宛	34	F4	30.0	1	36.0	1	1.0	S1	73
格鲁吉亚	35	F2	31.0		64.0		—		42
乌克兰	36	F3	38.0		39.0		—		60
保加利亚	37	F3	36.0		42.0		—		60
黎巴嫩	38	F3	22.0		—		—		64
哈萨克斯坦	39	F3	47.0		48.0		—		49
波兰	40	F4	34.0	1	44.0		0.5		67
阿根廷	41	F4	39.0	1	25.0	2	1.5	S1	65
巴拿马	42	F3	24.0		34.0		—		50
克罗地亚	43	F3	34.0		43.0		—		66
沙特阿拉伯	44	F4	63.0		23.0	2	1.0		75
哥伦比亚	45	F3	42.0		38.0		—		44
科威特	46	F4	51.0		24.0	2	1.0		64
智利	47	F4	46.0		34.0	1	0.5		55
马其顿	48	F3	48.0		51.0		—		48
阿塞拜疆	49	F3	68.0		51.0		—		42
摩尔多瓦	50	F3	23.0		51.0		—		48
罗马尼亚	51	F3	33.0		59.0		—		55
委内瑞拉	52	F4	62.0		32.0	1	0.5		52
乌兹别克斯坦	53	F2	53.0		—		—		42
多米尼加	54	F3	39.0		36.0		—		55
亚美尼亚	55	F2	55.0		61.0		—		42
巴拉圭	56	F2	41.0		45.0		—		36
哥斯达黎加	57	F3	34.0		34.0		—		44
巴西	58	F3	31.0		39.0		—		52
墨西哥	59	F4	39.0	1	38.0	1	1.0		48
博茨瓦纳	60	F3	43.0		45.0		—		44
秘鲁	61	F3	43.0		29.0		—		42
牙买加	62	F3	28.0		37.0		—		45
约旦	63	F4	35.0	1	23.0	2	1.5	S1	49
南非	64	F4	34.0	1	30.0	1	1.0		48
土耳其	65	F4	35.0		48.0		—		50
厄瓜多尔	66	F3	33.0		48.0		—		40
伊朗	67	F3	55.0		53.0		—		46
蒙古	68	F2	53.0		55.0		—		41
摩洛哥	69	F2	45.0		63.0		—		36
马来西亚	70	F3	54.0		40.0		—		53

附表 2-3-6 2009 年世界第二次现代化发展阶段　　　　（续表）

国家	编号	第一次现代化阶段ᵃ	产业结构信号		劳动力结构信号		平均值	第二次现代化的阶段ᵇ	第二次现代化指数
			物质产业增加值占GDP比例	赋值	物质产业劳动力占总劳动力比例	赋值			
萨尔瓦多	71	F3	40.0		41.0				52
埃及	72	F3	51.0		55.0				37
中国	73	F3	57.0		67.0				43
阿尔及利亚	74	F3	66.0		47.0				37
土库曼斯坦	75	F3	66.0		—				33
突尼斯	76	F3	34.0						46
阿尔巴尼亚	77	F2	40.0		72.0				50
吉尔吉斯斯坦	78	F2	49.0		55.0				39
塔吉克斯坦	79	F2	46.0		74.0				29
玻利维亚	80	F3	50.0		56.0				34
缅甸	81	F1	65.0		—				25
菲律宾	82	F2	45.0		50.0				33
泰国	83	F2	55.0		61.0				39
纳米比亚	84	F3	42.0		34.0				37
津巴布韦	85	F2	47.0		—				21
洪都拉斯	86	F3	40.0		57.0				32
尼加拉瓜	87	F2	48.0		50.0				28
越南	88	F2	61.0		72.0				29
肯尼亚	89	F1	38.0		68.0				28
斯里兰卡	90	F2	42.0		60.0				32
刚果共和国	91	F2	76.0		58.0				29
印度尼西亚	92	F2	65.0		58.0				29
赞比亚	93	F1	56.0		—				21
危地马拉	94	F3	41.0		56.0				33
毛里塔尼亚	95	F2	55.0		—				25
科特迪瓦	96	F2	50.0		—				20
印度	97	F2	45.0		75.0				27
巴基斯坦	98	F2	46.0		65.0				27
莱索托	99	F2	40.0		—				19
柬埔寨	100	F1	58.0		81.0				24
喀麦隆	101	F2	50.0		77.0				27
厄立特里亚	102	F1	37.0		—				20
叙利亚	103	F3	55.0		48.0				36
加纳	104	F1	51.0		—				29
乍得	105	F0	62.0		—				21
莫桑比克	106	F0	55.0		84.0				20
几内亚	107	F0	69.0		—				23
也门共和国	108	F1	55.0		—				23
巴布亚新几内亚	109	F1	80.0		—				16
海地	110	F1	100.0		—				19
尼泊尔	111	F1	48.0		80.0				21
塞内加尔	112	F2	38.0		64.0				23
塞拉利昂	113	F0	75.0		75.0				24
刚果民主共和国	114	F1	67.0		—				18
老挝	115	F1	61.0		—				28
马拉维	116	F0	47.0		—				24
多哥	117	F1	67.0		62.0				21
马达加斯加	118	F1	45.0		84.0				20
马里	119	F1	61.0		72.0				23
尼日利亚	120	F1	73.0		58.0				29
孟加拉国	121	F2	47.0		63.0				24
坦桑尼亚	122	F1	53.0		80.0				24
贝宁	123	F1	46.0		54.0				28
尼日尔	124	F1	57.0		69.0				21
安哥拉	125	F2	69.0		—				24
乌干达	126	F1	50.0		81.0				18
中非	127	F0	71.0		—				16
布基纳法索	128	F0	56.0		89.0				15
埃塞俄比亚	129	F0	62.0		87.0				15
布隆迪	130	F0	55.0		—				16
卢旺达	131	F0	48.0		—				18
高收入国家	132	F4	27.0	2	28.0	2	2.0	S2	100
中等收入国家	133	F3	45.0		59.0				37
低收入国家	134	F2	50.0		—				22
世界平均	135	F3	30.0		57.0				48

　　a. F4 代表第一次现代化的过渡期，F3 代表成熟期，F2 代表发展期，F1 代表起步期，F0 代表传统农业社会。

　　b. 第一次现代化过渡期时，再判断第二次现代化阶段，并根据第二次现代化指数进行调整（必须大于 60）。S2 代表发展期，S1 代表起步期。

附表 2-3-7　1970－2009 年世界第二次现代化指数和排名

国家	编号	指数[a]							排名						
		1970	1980	1990	2000	2005	2008	2009	1970	1980	1990	2000	2005	2008	2009
瑞典	1	58	75	93	109	105	104	106	7	2	3	1	2	2	2
美国	2	71	79	97	108	109	110	110	1	1	2	2	1	1	1
芬兰	3	49	62	85	103	101	103	104	18	15	10	4	6	4	4
澳大利亚	4	54	61	77	99	98	97	98	13	18	15	7	7	8	12
瑞士	5	51	65	98	99	95	94	96	15	11	1	8	8	11	14
挪威	6	56	65	87	100	101	99	100	8	12	7	6	5	6	7
日本	7	58	72	88	103	102	101	99	6	4	6	3	4	5	8
丹麦	8	54	66	87	102	102	103	105	12	10	8	5	3	3	3
德国	9	56	62	80	97	93	96	103	9	16	12	9	10	9	5
荷兰	10	60	68	85	93	93	94	96	3	7	9	10	9	10	13
加拿大	11	59	69	89	92	91	93	92	4	6	5	12	14	14	16
新加坡	12	41	41	69	76	88	93	101	23	32	18	19	18	15	6
英国	13	54	64	75	92	91	92	98	11	14	16	11	15	17	11
法国	14	48	67	78	90	92	94	92	19	9	13	13	13	13	17
比利时	15	53	74	83	90	92	94	95	14	3	11	14	11	12	15
奥地利	16	44	55	78	82	89	92	98	22	20	14	16	17	16	10
新西兰	17	47	62	69	77	91	89	90	20	17	17	18	16	18	18
韩国	18	25	35	55	84	92	98	98	46	41	26	15	12	7	9
以色列	19	45	64	65	81	84	84	89	21	13	20	17	19	20	19
意大利	20	39	47	66	74	78	77	80	26	29	19	21	22	23	24
爱尔兰	21	38	44	59	76	81	85	84	27	30	25	20	20	19	20
西班牙	22	31	55	62	72	78	82	82	35	21	22	22	21	21	21
爱沙尼亚	23	—	81	—	66	71	75	76	—	—	—	26	24	25	27
斯洛文尼亚	24	—	—	—	67	76	77	80	—	—	—	25	23	22	23
乌拉圭	25	34	48	59	69	54	57	61	31	27	24	23	44	39	40
俄罗斯	26	—	97	—	57	66	69	73	—	—	—	29	29	30	30
斯洛伐克	27	—	—	—	57	63	66	66	—	—	—	30	33	34	34
希腊	28	35	56	52	62	70	75	78	30	19	30	27	25	24	25
匈牙利	29	50	53	51	57	65	69	69	17	24	32	31	31	28	31
捷克	30	66	70	62	60	68	75	76	2	5	23	28	27	26	26
葡萄牙	31	24	28	39	68	68	72	81	51	53	42	24	26	27	22
白俄罗斯	32	—	70	—	51	58	60	63	—	—	—	39	38	36	39
拉脱维亚	33	—	60	—	56	65	68	68	—	—	—	32	32	32	32
立陶宛	34	—	79	—	55	65	69	73	—	—	—	33	30	29	29
格鲁吉亚	35	—	63	—	49	46	48	42	—	—	—	43	54	50	70
乌克兰	36	—	75	—	49	57	56	60	—	—	—	42	39	40	42
保加利亚	37	50	68	63	48	54	58	60	16	8	21	45	38	41	41
黎巴嫩	38	—	52	—	54	64	50	64	—	—	25	34	33	47	38
哈萨克斯坦	39	—	74	—	41	48	48	49	—	—	—	51	49	53	54
波兰	40	55	51	47	51	60	62	67	10	26	34	38	36	35	33
阿根廷	41	36	40	54	54	56	59	65	29	33	27	35	41	37	36
巴拿马	42	41	48	53	52	45	47	50	24	28	28	37	60	54	51
克罗地亚	43	—	—	—	51	59	63	66	—	—	—	40	37	34	35
沙特阿拉伯	44	26	40	52	50	66	55	75	40	34	29	41	28	42	28
哥伦比亚	45	23	27	43	47	39	44	44	55	55	38	46	73	59	63
科威特	46	59	53	90	54	61	68	64	5	23	4	36	35	31	37
智利	47	30	36	38	48	57	55	55	38	37	45	44	40	41	44
马其顿	48	—	—	—	41	43	48	48	—	—	—	52	63	52	55
阿塞拜疆	49	—	65	—	43	40	44	42	—	—	—	48	69	58	67
摩尔多瓦	50	—	61	—	39	41	46	48	—	—	—	61	66	57	58
罗马尼亚	51	36	42	41	42	46	51	55	28	31	40	50	52	45	43
委内瑞拉	52	32	34	39	40	46	51	52	34	42	43	56	53	46	49
乌兹别克斯坦	53	—	60	—	40	46	35	42	—	—	—	53	55	76	69
多米尼加	54	26	35	44	42	53	40	55	42	39	36	49	45	66	45
亚美尼亚	55	—	—	—	36	43	43	42	—	—	—	67	64	61	66
巴拉圭	56	24	22	31	40	34	35	36	50	72	59	55	80	77	79
哥斯达黎加	57	33	31	35	37	45	46	44	32	47	53	65	58	55	62
巴西	58	30	29	43	40	47	52	52	37	50	37	57	50	44	47
墨西哥	59	26	33	46	40	46	50	48	41	43	35	58	51	48	56
博茨瓦纳	60	11	23	28	33	32	28	44	96	71	69	70	84	87	64
秘鲁	61	25	29	37	38	42	39	42	47	51	49	62	65	69	68
牙买加	62	25	39	42	46	40	42	45	45	36	39	47	67	63	61
约旦	63	20	32	50	38	55	53	49	69	45	33	63	42	43	53
南非	64	39	33	38	37	40	40	48	25	44	47	64	68	67	57
土耳其	65	20	25	32	36	43	48	50	65	63	57	66	62	51	52
厄瓜多尔	66	25	40	28	33	36	42	40	48	35	70	71	75	64	72
伊朗	67	21	22	30	33	40	43	46	61	74	73	72	62	60
蒙古	68	—	55	52	30	40	41	41	—	—	22	80	70	65	71
摩洛哥	69	23	26	30	33	33	34	36	54	58	61	69	81	78	80
马来西亚	70	25	24	29	39	48	50	53	44	69	65	60	48	49	46

附表 2-3-7 1970－2009 年世界第二次现代化指数和排名　　　　（续表）

国家	编号	指数[a]							排名						
		1970	1980	1990	2000	2005	2007	2008	1970	1980	1990	2000	2005	2007	2008
萨尔瓦多	71	22	25	29	40	35	36	52	57	62	67	54	77	73	48
埃及	72	25	26	35	40	35	39	37	49	57	54	59	78	68	76
中国	73	21	25	26	31	40	43	43	60	66	73	78	71	60	65
阿尔及利亚	74	19	30	39	33	45	36	37	72	48	44	72	57	75	77
土库曼斯坦	75	—	—	—	35	48	36	33				68	47	72	84
突尼斯	76	20	29	28	33	45	46	46	63	49	68	74	61	56	59
阿尔巴尼亚	77	—	35	—	22	45	36	50		38		94	59	74	50
吉尔吉斯斯坦	78	—	56	—	32	45	38	39				76	56	70	73
塔吉克斯坦	79	—	—	—	32	38	31	29				75	74	82	89
玻利维亚	80	29	25	36	29	50	34	34	39	65	50	81	46	79	81
缅甸	81	16	21	21	27	21	19	25	82	80	91	84	109	104	101
菲律宾	82	25	26	29	32	34	33	33	43	61	66	77	79	80	82
泰国	83	18	26	24	30	36	38	39	74	60	80	79	76	71	74
纳米比亚	84	—	—	35	28	33	25	37			51	83	82	93	75
津巴布韦	85	20	21	27	26	26	20	21	64	76	71	86	93	100	117
洪都拉斯	86	17	27	29	28	28	29	32	79	56	64	82	87	83	85
尼加拉瓜	87	22	31	34	25	28	29	28	58	46	56	87	86	86	95
越南	88	—	17	—	22	29	29	29		88		95	85	84	87
肯尼亚	89	16	15	24	26	25	20	28	80	98	82	85	94	96	94
斯里兰卡	90	22	21	34	24	26	27	32	56	78	55	89	92	89	86
刚果共和国	91	33	28	23	22	22	17	29	33	54	83	97	106	111	92
印度尼西亚	92	19	19	29	22	27	28	29	73	85	63	93	88	88	91
赞比亚	93	15	22	22	20	20	16	21	86	75	88	100	111	113	112
危地马拉	94	17	25	38	22	27	29	33	78	64	48	96	89	85	83
毛里塔尼亚	95	21	21	25	24	22	16	25	59	79	75	91	108	115	100
科特迪瓦	96	9	28	31	20	22	18	20	98	52	60	99	104	107	119
印度	97	17	19	24	21	26	26	27	77	81	81	98	90	90	97
巴基斯坦	98	16	17	18	25	23	26	27	84	90	95	88	102	92	99
莱索托	99	20	24	32	19	14	17	19	67	68	58	104	129	112	123
柬埔寨	100	—	4	—	19	24	18	24		110		101	100	105	107
喀麦隆	101	16	23	24	19	24	19	27	81	70	78	103	99	103	98
厄立特里亚	102	—	—	—	19	21	15	20				102	110	119	118
叙利亚	103	31	35	38	24	33	33	36	36	40	46	90	83	81	78
加纳	104	18	25	22	18	25	20	29	75	67	87	106	95	102	90
乍得	105	16	26	18	16	14	12	21	83	59	94	113	126	130	115
莫桑比克	106	8	11	18	18	15	14	20	100	108	97	107	123	121	120
几内亚	107	8	14	26	18	20	16	23	99	104	72	109	112	117	108
也门共和国	108	4	14	40	23	26	20	23	103	103	41	92	91	98	111
巴布亚新几内亚	109	13	19	19	19	19	14	16	94	84	93	105	114	122	127
海地	110	14	15	24	17	24	26	19	90	95	79	112	98	91	122
尼泊尔	111	15	13	21	18	20	20	21	88	106	90	110	113	101	114
塞内加尔	112	24	19	25	16	25	22	23	53	83	77	117	97	94	109
塞拉利昂	113	24	19	23	14	17	15	24	52	82	86	126	116	120	103
刚果民主共和国	114	—	17	—	14	14	16	18		86		127	127	118	126
老挝	115	6	15	17	18	22	20	28	101	100	99	108	103	99	93
马拉维	116	21	15	23	16	16	14	24	62	99	85	118	118	124	105
多哥	117	19	22	23	17	24	18	21	71	73	84	111	101	108	113
马达加斯加	118	18	15	17	16	16	18	20	76	101	100	114	119	106	121
马里	119	20	17	17	16	18	17	23	66	89	101	116	115	109	110
尼日利亚	120	15	16	25	15	25	20	29	87	93	76	123	96	97	88
孟加拉国	121	5	16	21	16	22	21	24	102	92	89	115	105	95	102
坦桑尼亚	122	15	14	17	14	15	12	24	85	105	103	124	122	129	106
贝宁	123	20	21	25	15	22	17	28	68	77	74	120	107	110	96
尼日尔	124	13	16	18	15	14	11	21	92	91	96	119	128	131	116
安哥拉	125	19	16	35	15	17	16	24	70	94	52	121	117	116	104
乌干达	126	11	15	17	14	16	16	18	95	102	102	125	120	114	124
中非	127	13	15	20	12	11	12	16	91	97	92	129	131	128	129
布基纳法索	128	2	17	16	13	14	13	15	104	87	104	128	130	125	131
埃塞俄比亚	129	14	15	18	15	16	14	15	89	96	98	122	121	123	130
布隆迪	130	10	12	16	11	15	13	16	97	107	106	130	124	127	128
卢旺达	131	13	10	16	9	15	13	18	93	109	105	131	125	126	125
高收入国家	132	72	76	89	100	100	100	100							
中等收入国家	133	20	36	33	38	41	38	37							
低收入国家	134	9	20	22	20	22	20	22							
世界平均	135	33	44	47	46	51	50	48							

a. 1970～2000 年是以 2000 年高收入国家平均值为基准值的评价,2001 年以来是以当年高收入国家平均值为基准值的评价。1970 年和 1990 年没有知识创新和知识传播的数据,评价结果仅供参考

附表 2-4-1　2009 年世界综合现代化指数

国家	编号	经济发展指数	社会发展指数	知识发展指数	综合现代化指数	排名	国家	编号	经济发展指数	社会发展指数	知识发展指数	综合现代化指数	排名
瑞典	1	100	100	85	95	3	厄瓜多尔	66	50	70	22	47	63
美国	2	100	95	100	98	1	伊朗	67	43	58	39	47	64
芬兰	3	98	93	87	93	6	蒙古	68	35	70	27	44	70
澳大利亚	4	98	97	75	90	14	摩洛哥	69	37	68	26	43	72
瑞士	5	99	99	76	91	9	马来西亚	70	51	64	44	53	54
挪威	6	95	100	79	91	10	萨尔瓦多	71	48	73	19	46	66
日本	7	95	88	96	93	5	埃及	72	38	69	20	42	75
丹麦	8	100	100	85	95	4	中国	73	33	56	40	43	73
德国	9	99	99	95	98	2	阿尔及利亚	74	39	67	17	41	77
荷兰	10	100	100	73	91	11	土库曼斯坦	75	25	56	3	28	100
加拿大	11	98	83	73	85	17	突尼斯	76	41	67	34	47	62
新加坡	12	99	92	74	88	15	阿尔巴尼亚	77	39	67	42	49	58
英国	13	100	100	76	92	8	吉尔吉斯斯坦	78	35	56	36	42	74
法国	14	99	100	72	90	12	塔吉克斯坦	79	29	53	12	31	89
比利时	15	100	100	71	90	13	玻利维亚	80	37	60	27	41	76
奥地利	16	98	97	81	92	7	缅甸	81	48	45	12	35	84
新西兰	17	87	89	73	83	21	菲律宾	82	40	64	14	39	78
韩国	18	77	78	100	85	16	泰国	83	37	45	27	36	83
以色列	19	81	100	71	84	19	纳米比亚	84	50	50	11	37	81
意大利	20	94	97	56	82	22	津巴布韦	85	37	30	10	26	104
爱尔兰	21	96	95	63	85	18	洪都拉斯	86	39	56	14	36	82
西班牙	22	92	100	59	84	20	尼加拉瓜	87	38	50	11	33	85
爱沙尼亚	23	68	84	60	71	27	越南	88	26	46	15	29	94
斯洛文尼亚	24	76	79	74	76	25	肯尼亚	89	34	31	7	24	114
乌拉圭	25	60	97	53	70	29	斯里兰卡	90	38	48	7	31	91
俄罗斯	26	62	78	56	65	38	刚果共和国	91	26	64	8	33	86
斯洛伐克	27	68	83	51	67	35	印度尼西亚	92	31	47	15	31	90
希腊	28	87	95	53	78	24	赞比亚	93	22	34	4	20	125
匈牙利	29	67	86	56	70	30	危地马拉	94	40	61	16	39	80
捷克	30	69	87	57	71	28	毛里塔尼亚	95	23	43	4	23	116
葡萄牙	31	77	94	60	77	24	科特迪瓦	96	25	41	9	25	106
白俄罗斯	32	39	78	57	58	45	印度	97	31	44	17	31	93
拉脱维亚	33	68	93	59	74	26	巴基斯坦	98	33	47	16	32	88
立陶宛	34	66	86	56	69	31	莱索托	99	30	49	5	28	98
格鲁吉亚	35	41	78	23	48	61	柬埔寨	100	23	34	6	21	122
乌克兰	36	49	73	48	57	48	喀麦隆	101	27	47	9	28	99
保加利亚	37	55	79	41	58	42	厄立特里亚	102	30	33	5	22	118
黎巴嫩	38	52	90	55	66	36	叙利亚	103	39	67	12	39	79
哈萨克斯坦	39	48	71	28	49	59	加纳	104	25	46	10	27	101
波兰	40	63	75	58	65	37	乍得	105	19	48	3	23	117
阿根廷	41	61	87	61	69	32	莫桑比克	106	22	41	11	25	108
巴拿马	42	61	89	28	59	40	几内亚	107	15	38	7	20	124
克罗地亚	43	65	92	47	68	34	也门共和国	108	24	44	6	25	110
沙特阿拉伯	44	64	66	33	54	51	巴布亚新几内亚	109	12	33	1	15	131
哥伦比亚	45	51	80	31	54	52	海地	110	3	43	14	20	126
科威特	46	92	82	30	68	33	尼泊尔	111	26	33	13	24	113
智利	47	57	75	43	58	44	塞内加尔	112	36	48	9	31	92
马其顿	48	45	80	35	53	53	塞拉利昂	113	18	54	3	25	107
阿塞拜疆	49	37	75	24	45	67	刚果民主共和国	114	15	29	10	18	129
摩尔多瓦	50	45	66	37	49	57	老挝	115	21	46	13	27	103
罗马尼亚	51	53	73	48	58	46	马拉维	116	25	45	3	25	109
委内瑞拉	52	52	80	38	57	49	多哥	117	25	36	12	24	111
乌兹别克斯坦	53	25	60	13	33	87	马达加斯加	118	25	43	3	24	115
多米尼加	54	52	80	43	58	43	马里	119	24	37	6	22	119
亚美尼亚	55	35	81	24	46	65	尼日利亚	120	26	41	19	29	97
巴拉圭	56	44	63	26	44	69	孟加拉国	121	33	42	12	29	95
哥斯达黎加	57	57	73	33	54	50	坦桑尼亚	122	24	40	2	22	120
巴西	58	57	85	36	60	39	贝宁	123	36	39	6	27	102
墨西哥	59	58	89	24	57	47	尼日尔	124	26	41	1	24	112
博茨瓦纳	60	52	59	20	44	71	安哥拉	125	23	59	4	29	96
秘鲁	61	53	80	23	52	56	乌干达	126	25	29	9	21	123
牙买加	62	55	59	30	48	60	中非	127	14	38	2	18	130
约旦	63	54	75	28	52	55	布基纳法索	128	20	32	2	18	128
南非	64	58	51	26	45	68	埃塞俄比亚	129	18	35	4	19	127
土耳其	65	56	83	38	59	41	布隆迪	130	21	38	6	22	121
							卢旺达	131	25	47	5	26	105
高收入国家	132	100	99	100	100								
中等收入国家	133	40	54	27	40								
低收入国家	134	24	35	12	24								
世界平均	135	52	62	45	53								

附表 2-4-2　2009 年世界经济发展指数

国家	编号	经济发展指标的实际值				经济发展指标的指数				经济发展指数
		人均 GNI	人均 PPP[a]	服务业增加值比例[b]	服务业劳动力比例[b]	人均 GNI	人均 PPP	服务业增加值比例	服务业劳动力比例	
瑞典	1	48 590	37 830	73	77	100	100	100	100	100
美国	2	46 330	45 640	77	79	100	100	100	100	100
芬兰	3	46 670	35 910	69	71	100	100	95	99	98
澳大利亚	4	43 590	38 380	68	76	100	100	93	100	98
瑞士	5	65 280	47 010	72	70	100	100	99	97	99
挪威	6	84 560	55 390	58	77	100	100	79	100	95
日本	7	37 520	32 880	71	67	99	91	97	93	95
丹麦	8	58 370	38 360	77	77	100	100	100	100	100
德国	9	42 410	36 830	73	70	100	100	100	97	99
荷兰	10	48 380	39 690	74	73	100	100	100	100	100
加拿大	11	41 950	37 280	67	77	100	100	92	100	98
新加坡	12	36 880	49 430	72	77	98	100	99	100	99
英国	13	41 080	35 640	78	79	100	99	100	100	100
法国	14	42 610	33 940	79	74	100	94	100	100	99
比利时	15	45 250	36 610	78	74	100	100	100	100	100
奥地利	16	46 410	38 400	69	70	100	100	95	97	98
新西兰	17	29 050	28 050	69	73	77	78	95	100	87
韩国	18	19 830	27 250	61	68	53	76	84	94	77
以色列	19	25 630	26 850	—	77	68	75	—	100	81
意大利	20	35 130	31 930	73	67	93	89	100	93	94
爱尔兰	21	44 460	32 970	67	74	100	92	92	100	96
西班牙	22	32 060	31 520	71	71	85	88	97	99	92
爱沙尼亚	23	14 080	19 120	68	64	37	53	93	89	68
斯洛文尼亚	24	23 820	27 030	64	57	63	75	88	79	76
乌拉圭	25	8970	12 800	64	67	24	36	88	93	60
俄罗斯	26	9290	18 260	62	62	25	51	85	86	62
斯洛伐克	27	16 120	22 100	63	58	43	61	86	81	68
希腊	28	28 760	28 500	79	67	76	79	100	93	87
匈牙利	29	13 080	19 260	66	64	35	54	90	89	67
捷克	30	17 400	24 060	60	58	46	67	82	81	69
葡萄牙	31	21 880	24 050	75	61	58	67	100	85	77
白俄罗斯	32	5770	13 090	48	—	15	36	66	—	39
拉脱维亚	33	12 390	17 400	76	66	33	48	100	92	68
立陶宛	34	11 620	17 380	70	64	31	48	96	89	66
格鲁吉亚	35	2540	4690	69	36	7	13	95	50	41
乌克兰	36	2840	6170	62	61	8	17	85	85	49
保加利亚	37	6080	13 290	64	58	16	37	88	81	55
黎巴嫩	38	7760	12 740	78	—	21	35	100	—	52
哈萨克斯坦	39	6840	10 160	53	52	18	28	73	72	48
波兰	40	12 190	18 200	66	56	32	51	90	78	63
阿根廷	41	7580	14 100	61	75	20	39	84	100	61
巴拿马	42	6540	12 210	76	66	17	34	100	92	61
克罗地亚	43	13 810	19 250	66	57	37	54	90	79	65
沙特阿拉伯	44	16 190	22 540	37	77	43	63	51	100	64
哥伦比亚	45	5050	8680	58	62	13	24	79	86	51
科威特	46	47 790	58 350	49	76	100	100	67	100	92
智利	47	9310	13 270	54	70	25	37	74	92	57
马其顿	48	4540	11 000	52	49	12	31	71	68	45
阿塞拜疆	49	4750	8810	32	49	13	25	44	68	37
摩尔多瓦	50	1570	3020	77	49	4	8	100	68	45
罗马尼亚	51	8320	14 480	67	41	22	40	92	57	53
委内瑞拉	52	10 070	12 170	38	68	27	34	52	94	52
乌兹别克斯坦	53	1090	2850	47	—	3	8	64	—	25
多米尼加	54	4670	8320	61	64	12	23	84	89	52
亚美尼亚	55	3040	5370	45	39	8	15	62	54	35
巴拉圭	56	2250	4420	59	55	6	12	81	76	44
哥斯达黎加	57	6240	10 850	66	66	17	30	90	92	57
巴西	58	8090	10 140	69	61	21	28	95	85	57
墨西哥	59	8680	13 610	61	62	23	38	84	86	58
博茨瓦纳	60	6300	12 950	57	55	17	36	78	76	52
秘鲁	61	4300	8420	57	71	11	23	78	99	53
牙买加	62	4730	7430	72	63	13	21	99	88	55
约旦	63	4000	5740	65	77	11	16	90	100	54
南非	64	5730	10 010	66	70	15	28	90	97	58
土耳其	65	9060	14 040	65	52	24	39	89	72	56
厄瓜多尔	66	4020	8480	67	52	11	24	92	72	50
伊朗	67	4520	11 380	45	47	12	32	62	65	43
蒙古	68	1760	3630	47	45	5	10	64	62	35
摩洛哥	69	2800	4430	55	37	7	12	75	51	37
马来西亚	70	7220	13 410	46	60	19	37	63	83	51

附表 2-4-2 2009 年世界经济发展指数 (续表)

国家	编号	经济发展指标的实际值				经济发展指标的指数				经济发展指数
		人均 GNI	人均 PPP[a]	服务业增加值比例[b]	服务业劳动力比例[b]	人均 GNI	人均 PPP	服务业增加值比例	服务业劳动力比例	
萨尔瓦多	71	3370	6390	60	59	9	18	82	82	48
埃及	72	2190	6020	49	45	6	17	67	63	38
中国	73	3650	6860	43	33	10	19	59	46	33
阿尔及利亚	74	4410	8060	34	53	12	22	47	74	39
土库曼斯坦	75	3270	6760	34	—	9	19	47	—	25
突尼斯	76	3860	7800	66	—	10	22	90	—	41
阿尔巴尼亚	77	3960	8520	60	28	10	24	82	39	39
吉尔吉斯斯坦	78	870	2190	51	45	2	6	70	63	35
塔吉克斯坦	79	730	2050	54	26	2	6	74	36	29
玻利维亚	80	1640	4470	50	44	4	12	68	61	37
缅甸	81	—	—	35	—	—	—	48	—	48
菲律宾	82	1870	3680	55	50	5	10	75	69	40
泰国	83	3730	7540	45	39	10	21	62	54	37
纳米比亚	84	4130	6140	58	66	11	17	79	92	50
津巴布韦	85	370	—	53	—	1	—	73	—	37
洪都拉斯	86	1800	3700	60	43	5	10	82	60	39
尼加拉瓜	87	1050	2550	52	50	3	7	71	69	38
越南	88	1020	2820	39	28	3	8	53	39	26
肯尼亚	89	770	1580	62	32	2	4	85	44	34
斯里兰卡	90	1950	4610	58	40	5	13	79	56	38
刚果共和国	91	1950	2830	24	42	5	8	33	58	26
印度尼西亚	92	2160	3910	35	42	6	11	48	58	31
赞比亚	93	990	1300	44	—	3	4	60	—	22
危地马拉	94	2660	4550	59	44	7	13	81	61	40
毛里塔尼亚	95	970	1900	45	—	3	5	62	—	23
科特迪瓦	96	1160	1770	50	—	3	5	68	—	25
印度	97	1220	3260	55	25	3	9	75	35	31
巴基斯坦	98	1000	2650	54	35	3	7	74	49	33
莱索托	99	1070	1960	60	—	3	5	82	—	30
柬埔寨	100	690	1920	42	19	2	5	58	26	23
喀麦隆	101	1210	2220	50	23	3	6	68	32	27
厄立特里亚	102	290	540	63	—	1	2	86	—	30
叙利亚	103	2570	5030	45	52	7	14	62	72	39
加纳	104	1190	1530	49	—	3	4	67	—	25
乍得	105	610	1190	38	—	2	3	52	—	19
莫桑比克	106	440	880	45	16	1	2	62	22	22
几内亚	107	380	950	31	—	1	3	42	—	15
也门共和国	108	1070	2350	45	—	3	7	62	—	24
巴布亚新几内亚	109	1190	2280	20	—	3	6	27	—	12
海地	110	670	1170	—	—	2	3	—	—	3
尼泊尔	111	440	1160	52	20	1	3	71	28	26
塞内加尔	112	1080	1870	62	36	3	5	85	50	36
塞拉利昂	113	340	790	25	25	1	2	34	35	18
刚果民主共和国	114	170	300	33	—	0	1	45	—	15
老挝	115	920	2290	39	—	2	6	53	—	21
马拉维	116	310	820	53	—	1	2	73	—	25
多哥	117	470	860	33	38	1	2	45	53	25
马达加斯加	118	420	950	55	16	1	3	75	22	25
马里	119	570	990	39	28	2	3	53	39	24
尼日利亚	120	1190	2090	27	42	3	6	37	58	26
孟加拉国	121	640	1700	53	37	2	5	73	51	33
坦桑尼亚	122	500	1360	47	20	1	4	64	28	24
贝宁	123	780	1550	54	46	2	4	74	64	36
尼日尔	124	340	670	43	31	1	2	59	43	26
安哥拉	125	3880	5470	31	—	10	15	42	—	23
乌干达	126	470	1210	50	19	1	3	68	26	25
中非	127	450	760	29	—	1	2	40	—	14
布基纳法索	128	500	1150	44	11	1	3	60	15	20
埃塞俄比亚	129	350	950	38	13	1	3	52	18	18
布隆迪	130	150	400	45	—	0	1	62	—	21
卢旺达	131	480	1090	52	—	1	3	71	—	25
高收入国家	132	37 719	35 959	73	72	100	100	100	100	100
中等收入国家	133	3390	6331	55	41	9	18	75	57	40
低收入国家	134	488	1221	50	—	1	3	68	—	24
世界平均	135	8737	10 601	70	43	23	29	96	60	52
参考值			37 719	35 959	73	72	—	—	—	—

a. 按购买力平价 PPP 计算的人均 GNI(国际美元)。

b. 为 2001~2009 年期间最近年的数据。

附表 2-4-3　2009 年世界社会发展指数

国家	编号	社会发展指标的实际值				社会发展指标的指数				社会发展指数
		城市人口比例	医生比例[a]	预期寿命	生态效益[b]	城市人口比例	医生比例	预期寿命	生态效益	
瑞典	1	85	4.0	81	9.3	100	100	100	100	100
美国	2	82	3.0	78	6.5	100	100	98	81	95
芬兰	3	64	3.0	80	7.2	83	100	100	90	93
澳大利亚	4	89	3.0	82	7.1	100	100	100	88	97
瑞士	5	74	4.0	82	18.3	96	100	100	100	99
挪威	6	78	4.0	81	14.3	100	100	100	100	100
日本	7	67	2.0	83	10.6	87	67	100	100	88
丹麦	8	87	3.0	79	17.3	100	100	99	100	100
德国	9	74	4.0	80	10.4	96	100	100	100	99
荷兰	10	82	4.0	81	10.3	100	100	100	100	100
加拿大	11	81	2.0	81	5.3	100	67	100	67	83
新加坡	12	100	2.0	81	10.2	100	67	100	100	92
英国	13	90	3.0	80	11.0	100	100	100	100	100
法国	14	78	3.0	81	10.4	100	100	100	100	100
比利时	15	97	3.0	80	8.5	100	100	100	100	100
奥地利	16	67	5.0	80	11.8	87	100	100	100	97
新西兰	17	87	2.0	80	7.0	100	67	100	88	89
韩国	18	82	2.0	80	3.6	100	67	100	46	78
以色列	19	92	4.0	82	9.2	100	100	100	100	100
意大利	20	68	4.0	81	13.0	88	100	100	100	97
爱尔兰	21	62	3.0	80	15.8	81	100	100	100	95
西班牙	22	77	4.0	81	11.4	100	100	100	100	100
爱沙尼亚	23	69	3.0	75	4.4	90	100	94	54	84
斯洛文尼亚	24	48	3.0	79	7.1	62	67	99	88	79
乌拉圭	25	92	4.0	76	7.5	100	100	95	93	97
俄罗斯	26	73	4.0	69	2.4	95	100	86	30	78
斯洛伐克	27	57	3.0	75	5.1	74	100	94	64	83
希腊	28	61	6.0	80	11.2	79	100	100	100	95
匈牙利	29	68	3.0	74	5.2	88	100	93	65	86
捷克	30	74	4.0	77	4.4	96	100	96	55	87
葡萄牙	31	60	4.0	79	9.8	78	100	99	100	94
白俄罗斯	32	74	5.0	70	2.2	96	100	88	27	78
拉脱维亚	33	68	5.0	73	7.5	88	100	91	94	93
立陶宛	34	67	4.0	73	5.1	87	100	91	64	86
格鲁吉亚	35	53	5.0	73	4.3	69	100	91	53	78
乌克兰	36	68	3.0	69	1.3	88	100	86	17	73
保加利亚	37	71	4.0	73	2.6	92	100	91	33	79
黎巴嫩	38	87	4.0	72	5.7	100	100	90	72	90
哈萨克斯坦	39	58	4.0	68	1.9	75	100	85	24	71
波兰	40	61	2.0	75	4.6	79	67	95	58	75
阿根廷	41	92	3.0	75	4.3	100	100	94	53	87
巴拿马	42	74	2.0	76	7.9	96	67	95	99	89
克罗地亚	43	58	3.0	76	7.7	75	100	95	96	92
沙特阿拉伯	44	82	1.0	74	2.9	100	33	93	37	66
哥伦比亚	45	75	1.0	73	7.9	97	33	91	99	80
科威特	46	98	2.0	77	5.7	100	67	93	71	82
智利	47	89	1.0	79	5.4	100	33	99	68	75
马其顿	48	67	3.0	74	3.2	87	100	93	40	80
阿塞拜疆	49	52	4.0	70	3.5	68	100	88	43	75
摩尔多瓦	50	41	4.0	69	1.9	53	100	86	24	66
罗马尼亚	51	54	2.0	73	5.1	70	67	91	64	73
委内瑞拉	52	94	2.0	74	4.9	100	67	93	61	80
乌兹别克斯坦	53	37	3.0	68	0.6	48	100	85	7	60
多米尼加	54	70	3.0	73	5.6	91	67	91	70	80
亚美尼亚	55	64	4.0	74	3.9	83	100	93	49	81
巴拉圭	56	61	1.0	72	3.9	79	33	90	48	63
哥斯达黎加	57	64	1.0	79	6.1	83	33	99	76	73
巴西	58	86	2.0	73	6.6	100	67	91	83	85
墨西哥	59	78	3.0	76	5.0	100	100	95	62	89
博茨瓦纳	60	60	0.4	53	6.4	78	13	66	80	59
秘鲁	61	72	1.0	74	8.6	94	33	93	100	80
牙买加	62	54	1.0	73	3.2	70	33	91	40	59
约旦	63	78	2.0	73	3.2	100	67	91	40	75
南非	64	61	1.0	52	2.0	79	33	65	26	51
土耳其	65	69	2.0	73	6.7	90	67	91	83	83
厄瓜多尔	66	66	1.0	75	5.2	86	33	94	65	70
伊朗	67	69	1.0	72	1.7	90	33	90	21	58
蒙古	68	57	3.0	68	1.8	74	100	85	22	70
摩洛哥	69	56	1.0	72	5.9	73	33	90	74	68
马来西亚	70	71	1.0	74	3.0	92	33	93	38	64

附表 2-4-3 　2009 年世界社会发展指数 （续表）

国家	编号	社会发展指标的实际值				社会发展指标的指数				社会发展指数
		城市人口比例	医生比例[a]	预期寿命	生态效益[b]	城市人口比例	医生比例	预期寿命	生态效益	
萨尔瓦多	71	61	2.0	72	4.5	79	67	90	57	73
埃及	72	43	3.0	73	2.3	56	100	91	29	69
中国	73	44	1.5	73	2.1	57	50	91	27	56
阿尔及利亚	74	66	1.0	73	4.6	86	33	91	58	67
土库曼斯坦	75	49	2.0	65	0.9	64	67	81	11	56
突尼斯	76	67	1.0	74	4.4	87	33	93	56	67
阿尔巴尼亚	77	47	1.0	77	6.2	61	33	96	78	67
吉尔吉斯坦	78	36	2.0	69	1.8	47	67	86	22	56
塔吉克斯坦	79	26	2.0	67	2.1	34	67	84	26	53
玻利维亚	80	66	1.0	66	2.9	86	33	83	37	60
缅甸	81	33	0.4	64	—	43	13	80	—	45
菲律宾	82	66	1.0	68	4.2	86	33	85	53	64
泰国	83	34	0.3	74	2.5	44	10	93	32	45
纳米比亚	84	37	0.3	62	5.1	48	10	78	64	50
津巴布韦	85	38	0.2	48	0	49	7	60	6	30
洪都拉斯	86	48	1.0	73	3.0	62	33	91	38	56
尼加拉瓜	87	57	0.4	73	1.8	74	13	91	23	50
越南	88	28	1.0	75	1.5	36	33	94	19	46
肯尼亚	89	22	0.1	56	1.7	29	3	70	21	31
斯里兰卡	90	15	0.6	75	4.6	19	20	94	57	48
刚果共和国	91	62	0.1	57	8.6	81	3	71	100	64
印度尼西亚	92	53	0.1	68	2.6	69	3	85	32	47
赞比亚	93	36	0.1	48	2.0	47	3	60	25	34
危地马拉	94	49	0.9	71	4.8	64	30	89	61	61
毛里塔尼亚	95	41	0.1	58	—	53	3	73	—	43
科特迪瓦	96	49	0.1	54	2.3	64	3	68	28	41
印度	97	30	1.0	65	2.0	39	33	81	24	44
巴基斯坦	98	37	1.0	65	2.0	48	33	81	25	47
莱索托	99	26	0.1	47	83	34	3	59	100	49
柬埔寨	100	22	0.2	62	2.0	29	7	78	25	34
喀麦隆	101	58	0.2	51	3.3	75	7	64	42	47
厄立特里亚	102	21	0.1	61	2.0	27	3	76	25	33
叙利亚	103	55	2.0	76	2.7	71	67	95	33	67
加纳	104	51	0.1	63	3.0	66	3	79	38	46
乍得	105	27	—	49	—	35	—	61	—	48
莫桑比克	106	38	—	49	1.1	49	—	61	13	41
几内亚	107	35	0.1	53	—	45	3	66	—	38
也门共和国	108	31	0.3	65	3.6	40	10	81	45	44
巴布亚新几内亚	109	13	0.1	62	—	17	3	78	—	33
海地	110	48	0.2	61	2.3	62	5	76	29	43
尼泊尔	111	18	0.2	68	1.3	23	7	85	16	33
塞内加尔	112	43	0.1	59	4.6	56	3	74	58	48
塞拉利昂	113	38	—	47	—	49	—	59	—	54
刚果民主共和国	114	35	0.1	48	0.5	45	3	60	7	29
老挝	115	32	0.4	67	—	42	13	84	—	46
马拉维	116	19	—	53	—	25	—	66	—	45
多哥	117	43	0.1	56	1.2	56	3	70	15	36
马达加斯加	118	30	0.2	66	—	39	7	83	—	43
马里	119	33	0.4	51	—	43	13	64	—	37
尼日利亚	120	49	0.4	51	1.9	64	13	64	23	41
孟加拉国	121	28	0.3	68	2.8	36	10	85	36	42
坦桑尼亚	122	26	—	57	1.1	34	—	71	14	40
贝宁	123	42	0.1	55	2.2	55	3	69	28	39
尼日尔	124	17	—	54	—	22	—	68	—	45
安哥拉	125	58	0.1	50	7.7	75	3	63	96	59
乌干达	126	13	0.1	53	—	17	3	66	—	29
中非	127	39	0.1	47	—	51	3	59	—	38
布基纳法索	128	20	0.1	54	—	26	3	68	—	32
埃塞俄比亚	129	17	—	58	0.8	22	—	73	11	35
布隆迪	130	11	—	49	—	14	—	61	—	38
卢旺达	131	19	—	55	—	25	—	69	—	47
高收入国家	132	77	3.0	80	7.7	100	100	100	96	99
中等收入国家	133	48	1.0	69	2.8	62	33	86	35	54
低收入国家	134	28	0.5	58	1.3	36	16	73	16	35
世界平均	135	50	1.0	69	5.0	65	33	86	62	62
参考值	—	77	3.0	80	7.7	—	—	—	—	—

a. 为 2001～2009 年期间最近年的数据。

b. 为 2001～2009 年期间最近年的数据。

附表 2-4-4　2009 年世界知识发展指数

国家	编号	知识发展指标的实际值				知识发展指标的指数				知识发展指数
		知识创新经费投入[a]	知识创新专利产出[b]	大学普及率[c]	互联网普及率	知识创新经费投入	知识创新专利产出	大学普及率	互联网普及率	
瑞典	1	4.0	2.8	72	90	100	41	100	100	85
美国	2	3.0	7.3	86	78	100	100	100	100	100
芬兰	3	3.0	3.4	91	84	100	50	100	100	87
澳大利亚	4	2.0	1.3	82	72	80	19	100	100	75
瑞士	5	3.0	2.2	51	71	100	32	73	99	76
挪威	6	2.0	2.4	73	92	80	35	100	100	79
日本	7	3.0	23.2	59	78	100	100	84	100	96
丹麦	8	3.0	2.7	77	86	100	40	100	100	85
德国	9	3.0	5.8	—	80	100	86	—	100	95
荷兰	10	2.0	1.6	62	90	80	23	89	100	73
加拿大	11	2.0	1.5	62	78	80	22	89	100	73
新加坡	12	3.0	1.5	—	73	100	22	—	100	74
英国	13	2.0	2.6	59	83	80	38	84	100	76
法国	14	2.0	2.2	55	69	80	32	79	96	72
比利时	15	2.0	0.6	66	75	80	9	94	100	71
奥地利	16	3.0	2.7	59	73	100	40	84	100	81
新西兰	17	1.0	3.6	84	83	40	53	100	100	73
韩国	18	3.0	26.1	100	81	100	100	100	100	100
以色列	19	5.0	1.9	63	49	100	27	90	68	71
意大利	20	1.0	1.5	67	49	40	21	96	68	56
爱尔兰	21	1.0	2.0	61	68	40	30	87	94	63
西班牙	22	1.0	0.8	73	61	40	11	100	85	59
爱沙尼亚	23	1.0	0.6	64	72	40	8	91	100	60
斯洛文尼亚	24	2.0	1.8	88	64	80	27	100	89	74
乌拉圭	25	1.0	0.1	65	55	40	1	93	76	53
俄罗斯	26	1.0	1.8	77	42	40	26	100	58	56
斯洛伐克	27	0.5	0.3	56	75	20	5	80	100	51
希腊	28	1.0	0.6	91	44	40	9	100	61	53
匈牙利	29	1.0	0.8	62	62	40	11	89	86	56
捷克	30	1.0	0.8	61	64	40	11	87	89	57
葡萄牙	31	2.0	0.4	61	49	80	5	87	68	60
白俄罗斯	32	1.0	1.6	77	47	40	23	100	65	57
拉脱维亚	33	1.0	0.5	67	67	40	7	96	93	59
立陶宛	34	1.0	0.3	80	59	40	4	100	82	56
格鲁吉亚	35	0.2	0.6	26	29	8	8	37	40	23
乌克兰	36	1.0	0.5	81	33	40	8	100	46	48
保加利亚	37	0.5	0.3	54	45	20	5	77	63	41
黎巴嫩	38	—	—	53	24	—	—	76	33	55
哈萨克斯坦	39	0.2	0.0	41	33	8	0	59	46	28
波兰	40	1.0	0.8	71	59	40	11	100	82	58
阿根廷	41	1.0	—	69	31	40	—	99	43	61
巴拿马	42	0.2	0.0	45	28	8	0	64	39	28
克罗地亚	43	1.0	0.6	49	50	40	8	70	69	47
沙特阿拉伯	44	—	0.1	33	37	—	1	47	51	33
哥伦比亚	45	0.2	0.0	37	46	8	0	53	64	31
科威特	46	0.1	—	19	42	4	—	27	58	30
智利	47	1.0	0.3	55	34	40	5	79	47	43
马其顿	48	0.2	0.2	41	51	8	2	59	71	35
阿塞拜疆	49	0.2	0.3	19	41	8	4	27	57	24
摩尔多瓦	50	1.0	0.4	38	36	40	6	54	50	37
罗马尼亚	51	1.0	0.5	67	36	40	7	96	50	48
委内瑞拉	52	0.2	0.0	78	31	8	0	100	43	38
乌兹别克斯坦	53	—	0.1	10	17	—	1	14	24	13
多米尼加	54	—	—	33	28	—	—	47	39	43
亚美尼亚	55	0.2	0.4	50	7	8	6	71	10	24
巴拉圭	56	0.1	—	37	16	4	—	53	22	26
哥斯达黎加	57	0.4	—	25	34	16	—	36	47	33
巴西	58	1.0	0.2	34	39	40	3	49	54	36
墨西哥	59	0.5	0.1	28	25	20	1	40	35	24
博茨瓦纳	60	1.0	—	8	6	40	—	11	8	20
秘鲁	61	0.1	0.0	34	39	4	—	49	39	23
牙买加	62	0.1	0.1	24	59	4	1	34	82	30
约旦	63	0.3	0.1	41	29	12	2	59	40	28
南非	64	1.0	—	—	9	40	—	—	13	26
土耳其	65	1.0	0.4	38	37	40	5	54	51	38
厄瓜多尔	66	0.2	0.0	42	14	8	0	60	19	22
伊朗	67	1.0	0.8	36	38	40	12	51	53	39
蒙古	68	0.2	0.4	53	13	8	6	76	18	27
摩洛哥	69	1.0	0.1	13	33	40	1	19	46	26
马来西亚	70	1.0	0.3	36	57	40	4	51	79	44

附表 2-4-4　2009 年世界知识发展指数　　　　　　　　　　　　（续表）

国家	编号	知识发展指标的实际值				知识发展指标的指数				知识发展指数
		知识创新经费投入[a]	知识创新专利产出[b]	大学普及率[c]	互联网普及率	知识创新经费投入	知识创新专利产出	大学普及率	互联网普及率	
萨尔瓦多	71	0.0	—	25	14	0	—	36	19	19
埃及	72	0.2	0.1	28	21	8	1	40	29	20
中国	73	1.5	1.7	25	29	60	25	36	40	40
阿尔及利亚	74	0.1	0.0	31	13	4	0	44	18	17
土库曼斯坦	75	—	—	—	2	—	—	—	3	3
突尼斯	76	1.0	0.1	34	34	40	1	49	47	34
阿尔巴尼亚	77	—	—	19	41	—	—	27	57	42
吉尔吉斯斯坦	78	0.3	0.3	51	41	12	4	73	57	36
塔吉克斯坦	79	0.1	0.0	20	10	4	0	29	14	12
玻利维亚	80	0.3	—	38	11	12	—	54	15	27
缅甸	81	0.2	—	11	—	8	—	16	—	12
菲律宾	82	0.1	0.0	29	6	4	0	41	8	14
泰国	83	0.2	0.1	45	25	8	2	64	35	27
纳米比亚	84	—	—	9	6	—	—	13	8	11
津巴布韦	85	—	—	3	11	—	—	4	15	10
洪都拉斯	86	—	0.0	19	10	—	0	27	14	14
尼加拉瓜	87	—	0.0	18	4	—	0	26	6	11
越南	88	0.2	0.0	10	28	8	0	14	39	15
肯尼亚	89	—	0.0	4	10	—	0	6	14	7
斯里兰卡	90	0.2	0.1	—	9	8	1	—	13	7
刚果共和国	91	—	—	6	6	—	—	9	8	8
印度尼西亚	92	—	0.0	24	8	—	0	34	11	15
赞比亚	93	—	0.0	—	6	—	0	—	8	4
危地马拉	94	—	0.0	18	16	—	0	26	22	16
毛里塔尼亚	95	—	—	4	2	—	—	6	3	4
科特迪瓦	96	—	—	8	5	—	—	11	7	9
印度	97	1.0	0.0	13	5	40	1	19	7	17
巴基斯坦	98	1.0	0.0	5	12	40	0	7	17	16
莱索托	99	0.1	—	4	4	4	—	6	6	5
柬埔寨	100	—	—	7	1	—	—	10	1	6
喀麦隆	101	—	—	9	4	—	—	13	6	9
厄立特里亚	102	—	—	2	5	—	—	3	7	5
叙利亚	103	0.2	0.1	—	20	7	1	—	28	12
加纳	104	—	—	9	5	—	—	13	7	10
乍得	105	—	—	2	2	—	—	3	3	3
莫桑比克	106	1.0	0.0	1	3	40	0	1	4	11
几内亚	107	—	—	9	1	—	—	13	1	7
也门共和国	108	—	0.0	10	2	—	0	14	3	6
巴布亚新几内亚	109	—	0.0	—	2	—	0	—	3	1
海地	110	—	—	—	10	—	—	—	14	14
尼泊尔	111	0.7	—	6	2	27	—	9	3	13
塞内加尔	112	0.1	—	8	8	4	—	11	11	9
塞拉利昂	113	—	—	2	—	—	—	3	—	3
刚果民主共和国	114	0.5	—	6	1	20	—	9	1	10
老挝	115	—	—	13	6	—	—	19	7	13
马拉维	116	—	0.0	—	5	—	0	—	7	3
多哥	117	0.5	—	5	6	20	—	7	8	12
马达加斯加	118	0.1	0.0	4	2	4	0	6	3	3
马里	119	—	—	6	2	—	—	9	3	6
尼日利亚	120	0.1	—	10	28	4	—	14	39	19
孟加拉国	121	0.6	0.0	8	—	25	0	11	—	12
坦桑尼亚	122	—	—	1	2	—	—	1	3	2
贝宁	123	—	—	6	2	—	—	9	3	6
尼日尔	124	—	—	1	1	—	—	1	1	1
安哥拉	125	—	—	3	3	—	—	4	4	4
乌干达	126	0.4	0.0	4	10	16	0	6	14	9
中非	127	0.0	—	2	1	1	—	3	1	2
布基纳法索	128	0.1	0.0	3	1	4	0	4	1	2
埃塞俄比亚	129	0.2	0.0	4	1	8	0	6	1	4
布隆迪	130	0.3	—	3	1	12	—	4	1	6
卢旺达	131	0.0	—	5	4	1	—	7	6	5
高收入国家	132	2.5	6.8	70	72	100	100	100	100	100
中等收入国家	133	1.0	0.4	24	21	40	6	34	29	27
低收入国家	134	0.6	—	7	3	23	—	10	4	12
世界平均	135	2.0	1.5	27	27	80	22	39	38	45
参考值		2.5	6.8	70	72					

a. 指 R&D 经费/GDP(%)，其数据为 2001—2008 年期间最近年的数据。

b. 指居民申请国内发明专利数/万人，其数据为 2001～2009 年期间最近年数据。

c. 为 2001～2008 年期间最近年的数据。

附表 2-4-5　1980～2009 年世界综合现代化指数和排名

国家	编号	指数						排名					
		1980	1990	2000	2005	2008	2009	1980	1990	2000	2005	2008	2009
瑞典	1	98	98	98	95	94	95	1	1	1	3	3	3
美国	2	92	91	95	96	98	98	6	11	3	1	1	1
芬兰	3	87	92	89	92	92	93	17	9	9	7	6	6
澳大利亚	4	91	88	86	92	91	90	11	14	13	6	8	14
瑞士	5	89	92	96	91	91	91	13	7	2	8	7	9
挪威	6	91	91	90	90	90	91	8	10	7	9	13	10
日本	7	94	93	94	94	94	93	2	6	6	4	5	5
丹麦	8	93	98	95	95	95	95	4	2	4	2	2	4
德国	9	93	94	95	93	94	98	3	5	5	5	4	2
荷兰	10	91	96	90	90	90	91	9	3	8	11	11	11
加拿大	11	93	85	82	84	86	85	5	15	17	16	16	17
新加坡	12	60	64	88	80	85	88	37	25	11	21	18	15
英国	13	88	89	88	90	90	92	14	13	10	10	12	8
法国	14	89	90	86	90	90	90	12	12	15	12	10	13
比利时	15	91	94	86	89	89	90	10	4	14	14	14	12
奥地利	16	87	92	87	89	90	92	16	8	12	13	9	7
新西兰	17	87	78	74	85	84	83	15	19	21	15	19	21
韩国	18	47	63	79	83	86	85	54	27	18	19	15	16
以色列	19	82	81	84	83	83	84	19	18	16	17	20	19
意大利	20	75	85	78	83	81	82	23	16	19	18	22	22
爱尔兰	21	68	71	75	81	85	85	29	20	20	20	17	18
西班牙	22	73	83	74	80	83	84	26	17	22	22	21	20
爱沙尼亚	23	76	56	62	67	70	71	21	38	27	26	29	27
斯洛文尼亚	24	—	71	65	74	75	76	—	21	24	23	23	25
乌拉圭	25	64	66	63	59	66	70	33	24	26	37	31	29
俄罗斯	26	85	56	54	58	63	65	18	36	37	39	36	38
斯洛伐克	27	—	69	53	59	65	67	—	22	40	36	35	35
希腊	28	69	67	60	71	74	78	28	23	28	24	24	23
匈牙利	29	63	58	58	66	70	70	34	33	30	27	27	30
捷克	30	73	59	57	63	70	71	25	32	31	30	26	28
葡萄牙	31	53	61	69	69	72	77	46	31	23	25	25	24
白俄罗斯	32	—	63	47	54	56	58	—	28	52	43	44	45
拉脱维亚	33	75	57	56	65	70	74	22	35	33	28	28	26
立陶宛	34	—	57	54	62	66	69	—	34	38	31	32	31
格鲁吉亚	35	77	48	41	44	47	48	20	56	62	64	59	61
乌克兰	36	91	51	46	53	53	57	7	51	53	45	51	48
保加利亚	37	63	52	48	52	55	58	35	47	48	49	45	42
黎巴嫩	38	72	54	57	64	66	66	27	43	32	29	34	36
哈萨克斯坦	39	—	53	43	46	46	49	—	46	55	58	62	59
波兰	40	65	51	53	60	63	65	32	50	39	35	37	37
阿根廷	41	67	55	64	60	62	69	30	41	25	34	38	32
巴拿马	42	56	49	51	55	58	59	43	54	42	40	39	40
克罗地亚	43	—	62	49	61	66	68	—	29	45	33	33	34
沙特阿拉伯	44	57	56	43	49	52	54	41	40	57	54	53	51
哥伦比亚	45	50	51	46	46	54	54	49	49	54	60	48	52
科威特	46	74	62	54	61	67	68	24	30	36	32	30	33
智利	47	59	48	54	58	58	58	38	57	35	38	41	44
马其顿	48	—	44	47	45	51	53	—	61	50	61	54	53
阿塞拜疆	49	—	—	38	37	42	45	—	—	67	76	68	67
摩尔多瓦	50	59	43	40	43	47	49	39	67	63	65	61	57
罗马尼亚	51	50	40	39	46	54	58	50	69	66	57	47	46
委内瑞拉	52	58	52	50	49	55	57	40	48	43	53	46	49
乌兹别克斯坦	53	—	20	29	33	33	33	—	127	89	84	84	87
多米尼加	54	50	63	60	54	53	58	51	26	29	41	50	43
亚美尼亚	55	—	21	37	41	44	46	—	122	70	68	63	65
巴拉圭	56	41	40	55	37	41	44	61	68	34	75	75	69
哥斯达黎加	57	54	50	47	53	52	54	45	52	51	47	52	50
巴西	58	51	56	48	52	58	60	47	39	49	50	40	39
墨西哥	59	57	53	51	53	57	57	42	45	41	46	42	47
博茨瓦纳	60	20	33	37	35	39	44	106	90	71	79	78	71
秘鲁	61	47	54	50	50	49	52	53	42	44	51	59	56
牙买加	62	42	44	42	44	47	48	60	63	59	63	60	60
约旦	63	49	56	49	53	53	52	52	37	47	44	49	55
南非	64	51	45	36	42	41	45	48	60	73	67	71	68
土耳其	65	42	45	42	50	56	59	59	58	58	52	43	41
厄瓜多尔	66	56	43	38	42	49	47	44	64	68	66	56	63
伊朗	67	39	37	33	38	44	47	66	82	76	73	64	64
蒙古	68	65	39	35	48	42	44	31	75	74	55	66	70
摩洛哥	69	35	38	37	39	41	43	70	76	69	70	74	72
马来西亚	70	39	37	43	52	49	53	65	79	56	48	57	54

附表 2-4-5　1980—2009 年世界综合现代化指数和排名　　　　（续表）

国家	编号	指数						排名					
		1980	1990	2000	2005	2007	2008	1980	1990	2000	2005	2007	2008
萨尔瓦多	71	43	49	49	46	43	46	57	55	46	59	65	66
埃及	72	38	40	40	34	41	42	67	73	64	80	72	75
中国	73	21	28	31	38	41	43	103	103	79	72	69	73
阿尔及利亚	74	46	40	30	38	40	41	55	71	84	71	77	77
土库曼斯坦	75	—	—	26	33	33	28	—	—	93	82	85	100
突尼斯	76	41	40	42	48	48	47	63	72	60	56	58	62
阿尔巴尼亚	77	35	32	30	37	42	49	71	92	85	74	67	58
吉尔吉斯斯坦	78	—	22	36	45	41	42	—	120	72	62	73	74
塔吉克斯坦	79	—	5	30	29	31	31	—	128	83	87	88	89
玻利维亚	80	33	54	41	54	41	41	77	44	62	42	70	76
缅甸	81	26	30	24	28	26	35	97	100	100	93	102	84
菲律宾	82	40	40	39	39	40	39	64	70	65	69	76	78
泰国	83	34	37	32	35	36	36	73	84	78	78	81	83
纳米比亚	84	—	32	31	34	35	37	—	91	82	81	82	81
津巴布韦	85	30	26	24	24	27	26	81	108	97	101	96	104
洪都拉斯	86	37	38	33	32	33	36	68	77	77	86	83	82
尼加拉瓜	87	42	37	34	32	32	33	58	83	75	85	87	85
越南	88	—	21	22	26	27	29	—	123	104	97	97	94
肯尼亚	89	26	27	26	24	26	24	94	107	92	100	101	114
斯里兰卡	90	32	35	28	28	30	31	79	86	91	92	91	91
刚果共和国	91	34	37	25	28	26	33	75	80	95	94	100	86
印度尼西亚	92	31	27	30	29	29	31	80	106	86	88	92	90
赞比亚	93	30	21	19	19	18	20	86	124	117	116	123	125
危地马拉	94	41	37	31	36	37	39	62	81	81	77	80	80
毛里塔尼亚	95	33	38	26	23	23	23	78	78	94	106	111	116
科特迪瓦	96	62	50	23	24	25	25	36	53	101	102	105	106
印度	97	30	27	29	28	28	31	82	104	87	90	93	93
巴基斯坦	98	30	26	31	28	31	32	84	109	80	91	89	88
莱索托	99	27	45	19	17	21	28	91	59	119	123	114	98
柬埔寨	100	—	31	20	21	19	21	—	96	111	110	119	122
喀麦隆	101	34	32	21	25	27	28	72	94	108	99	95	99
厄立特里亚	102	—	—	20	20	21	22	—	—	112	113	115	118
叙利亚	103	45	39	29	33	33	39	56	74	88	83	86	79
加纳	104	34	33	19	23	24	27	74	89	114	103	106	101
乍得	105	28	26	24	15	18	23	89	110	99	128	125	117
莫桑比克	106	18	21	22	19	20	25	111	125	107	114	117	108
几内亚	107	14	43	28	21	21	20	113	66	90	112	116	124
也门共和国	108	13	31	23	26	26	25	114	97	102	98	99	110
巴布亚新几内亚	109	26	24	19	17	17	15	96	115	115	122	128	131
海地	110	24	43	22	27	39	20	100	65	103	96	79	126
尼泊尔	111	20	23	17	22	23	24	105	116	125	108	108	113
塞内加尔	112	30	30	24	27	31	31	83	99	98	95	90	92
塞拉利昂	113	27	27	15	17	18	25	92	105	128	120	121	107
刚果民主共和国	114	35	33	14	14	19	18	69	88	131	129	118	129
老挝	115	19	20	18	19	25	27	109	126	122	118	104	103
马拉维	116	21	32	19	14	16	25	104	93	113	130	131	109
多哥	117	29	34	21	21	22	24	88	87	109	109	112	111
马达加斯加	118	27	28	22	22	23	24	90	102	105	107	110	115
马里	119	23	22	18	19	23	22	101	119	121	117	109	119
尼日利亚	120	30	31	19	23	26	29	85	98	116	104	98	97
孟加拉国	121	25	31	24	28	28	29	98	95	96	89	94	95
坦桑尼亚	122	18	23	16	15	17	22	110	117	127	127	126	120
贝宁	123	29	36	21	23	24	27	87	85	110	105	107	102
尼日尔	124	26	24	17	16	17	24	95	114	123	124	129	112
安哥拉	125	20	44	15	18	28	29	107	62	130	119	103	96
乌干达	126	21	24	22	21	21	21	102	111	106	111	113	123
中非	127	27	28	17	16	18	18	93	101	124	126	124	130
布基纳法索	128	33	22	19	19	19	18	76	118	118	115	120	128
埃塞俄比亚	129	17	24	15	13	16	19	112	113	129	131	130	127
布隆迪	130	25	24	18	17	17	22	99	112	120	121	127	121
卢旺达	131	19	21	16	16	18	26	108	121	126	125	122	105
高收入国家	132	100	100	100	100	100	100						
中等收入国家	133	52	44	42	41	40	40						
低收入国家	134	28	32	24	26	24	24						
世界平均	135	60	53	50	53	54	53						

附录三　中国地区现代化水平评价的数据集

附表 3-1-1   2010 年中国地区现代化水平

地区	编号	人口/万	2010 年第一次现代化					2009 年第二次现代化			2009 年综合现代化	
			程度/(%)	排名	达标个数	发展阶段a		指数	排名	发展阶段b	指数	排名
北京	1	1755	100	1	10	F4		99	1	S2	85	1
天津	2	1228	100	1	10	F4		79	3		71	3
河北	3	7034	89	17	6	F3		41	18		37	20
山西	4	3427	90	15	6	F3		46	14		42	16
内蒙古	5	2422	93	9	7	F3		46	15		42	15
辽宁	6	4319	96	8	7	F3		57	7		50	7
吉林	7	2740	91	14	7	F2		47	12		44	11
黑龙江	8	3826	90	16	7	F2		48	11		43	13
上海	9	1921	100	1	10	F4		94	2		81	2
江苏	10	7725	99	5	8	F3		62	5		54	6
浙江	11	5180	99	4	8	F3		64	4		56	4
安徽	12	6131	87	20	6	F3		37	25		36	23
福建	13	3627	96	7	8	F3		48	10		45	9
江西	14	4432	87	21	5	F3		35	27		36	24
山东	15	9470	92	11	5	F3		49	8		45	10
河南	16	9487	85	25	6	F3		37	24		34	27
湖北	17	5720	93	10	7	F3		47	13		43	12
湖南	18	6406	88	19	6	F2		39	20		38	18
广东	19	9638	98	6	9	F3		60	6		55	5
广西	20	4856	84	27	5	F2		33	28		33	28
海南	21	864	86	23	6	F2		38	21		39	17
重庆	22	2859	92	12	7	F3		43	16		42	14
四川	23	8185	86	22	6	F2		40	19		38	19
贵州	24	3798	82	31	5	F2		30	31		31	31
云南	25	4571	83	29	3	F2		30	30		31	29
西藏	26	290	82	30	4	F2		31	29		31	30
陕西	27	3772	89	18	6	F3		49	9		46	8
甘肃	28	2635	84	26	6	F2		36	26		34	26
青海	29	557	86	24	5	F3		38	23		35	25
宁夏	30	625	91	13	6	F3		43	17		37	21
新疆	31	2159	83	28	5	F2		38	22		37	22
香港	32	700	100	—	10	F4		75	—	S2	77	
澳门	33	54	100	—	9	F4		72	—	S2	79	
台湾	34	2312	100	—	10	F4		89	—	S1	81	
中国	73	133 474	93	—	6	F3		43			43	
高收入国家	132							100		S2	100	
中等收入国家	133							37			41	
低收入国家	134							19			21	
世界平均	135							48			53	

a. F 代表第一次现代化,F4 代表过渡期,F3 代表成熟期,F2 代表发展期,F1 代表起步期。

b. S 代表第二次现代化,S2 代表发展期,S1 代表起步期,香港的发展阶段根据第二次现代化指数进行了调整。

附表 3-1-2　2010 年根据第一次现代化程度的地区分组

分组	地区	编号	2010 年		2009 年		
			第一次现代化程度/(%)	人均居民收入ª	第一次现代化程度/(%)	第二次现代化指数	综合现代化指数
比较发达地区9个	北京	1	100	11 234	100	99	85
	天津	2	100	10 798	100	79	71
	上海	9	100	11 254	100	94	81
	香港	32	100	31 759	100	75	77
	澳门	33	100	51 214	100	72	79
	台湾	34	100	19 155	100	89	81
	浙江	11	99	7650	98	64	56
	江苏	10	99	7817	97	62	54
	广东	19	98	6618	98	60	55
初等发达地区10个	福建	13	96	5921	95	48	45
	辽宁	6	96	6266	95	57	50
	内蒙古	5	93	7004	92	46	42
	湖北	17	93	4128	91	47	43
	山东	15	92	6081	91	49	45
	重庆	22	92	4082	91	43	42
	宁夏	30	91	3973	90	43	37
	吉林	7	91	4674	90	47	44
	山西	4	90	3888	89	46	42
	黑龙江	8	90	4005	89	48	43
初等发达地区15个	河北	3	89	4241	89	41	37
	陕西	27	89	4014	88	49	46
	湖南	18	88	3657	88	39	38
	安徽	12	87	3090	87	37	36
	江西	14	87	3144	86	35	36
	四川	23	86	3133	85	40	38
	海南	21	86	3525	85	38	39
	青海	29	86	3567	85	38	35
	河南	16	85	3616	84	37	34
	甘肃	28	84	2384	84	36	34
	广西	20	84	2991	82	33	33
	新疆	31	83	3703	84	38	37
	云南	25	83	2330	81	30	31
	西藏	26	82	2562	79	31	31
	贵州	24	82	1941	81	30	31
对照	中国	73	93	4437	90	43	43
	高收入国家	132			100	100	100
	中等收入国家	133			90	37	41
	低收入国家	134			57	19	21
	世界平均	135			96	48	53

a. 中国内地地区为人均地区生产总值,单位为美元,后同。

附表 3-1-3　2009 年根据第二次现代化指数的地区分组

分组	地区	编号	第二次现代化指数	第一次现代化程度	综合现代化指数	人均居民收入[a]	阶段[b]
发达地区	北京	1	99	100	85	10 314	6
	上海	9	94	100	81	11 563	4
	台湾	34	89	100	81	16 895	5
中等发达地区9个	天津	2	79	100	71	9160	4
	香港	32	75	100	77	29 881	6
	澳门	33	72	100	79	39 141	6
	浙江	11	64	98	56	6535	3
	江苏	10	62	97	54	6550	3
	广东	19	60	98	55	6026	3
	辽宁	6	57	95	50	5159	3
	山东	15	49	91	45	5255	3
	陕西	27	49	88	46	3175	3
初等发达地区23个	福建	13	48	95	45	4954	3
	黑龙江	8	48	89	43	3286	2
	吉林	7	47	90	44	3893	2
	湖北	17	47	91	43	3320	3
	山西	4	46	89	42	3151	3
	内蒙古	5	46	92	42	5897	3
	重庆	22	43	91	42	3355	3
	宁夏	30	43	90	37	3188	3
	河北	3	41	89	37	3598	3
	四川	23	40	85	38	2538	2
	湖南	18	39	88	38	2990	2
	海南	21	38	85	39	2819	2
	新疆	31	38	84	37	2919	2
	青海	29	38	85	35	2848	3
	河南	16	37	84	34	3015	3
	安徽	12	37	87	36	2402	2
	甘肃	28	36	84	34	1884	2
	江西	14	35	86	36	2538	3
	广西	20	33	82	33	2349	3
	西藏	26	31	79	31	2239	2
	云南	25	30	81	31	1982	2
	贵州	24	30	81	31	1509	2
对照	中国	73	43	90	43	3650	3
	高收入国家	132	100	100	100	37 719	6
	中等收入国家	133	37	90	41	3390	3
	低收入国家	134	19	57	21	488	2
	世界平均	135	48	96	53	8737	3

a. 中国内地地区为人均地区生产总值,单位为美元,后同。

b. 6 代表第二次现代化发展期,5 代表第二次现代化起步期,4 代表第一次现代化过渡期,3 代表第一次现代化成熟期,2 代表第一次现代化发展期,1 代表第一次现代化起步期。

附表 3-1-4　2009 年根据综合现代化水平的地区分组

分组	地区	编号	2009	2008	2007	2005	2000	1990	1980
发达地区	北京	1	85	83	81	79	65	52	42
	上海	9	81	79	77	71	62	49	42
	台湾	34	81	77	78	79	74	78	—
中等发达地区 6 个	澳门	33	79	79	79	77	65	75	—
	香港	32	77	78	76	76	76	77	64
	天津	2	71	68	63	62	50	43	36
	浙江	11	56	54	50	46	36	31	23
	广东	19	55	53	49	44	37	32	26
	江苏	10	54	50	47	43	35	32	28
初等发达地区 25 个	辽宁	6	50	47	46	45	39	38	29
	陕西	27	46	42	41	40	37	29	27
	福建	13	45	42	39	37	34	29	24
	山东	15	45	42	39	38	32	29	20
	吉林	7	44	41	41	40	35	33	28
	湖北	17	43	41	39	38	33	30	25
	黑龙江	8	43	40	39	38	33	34	28
	重庆	22	42	40	38	37	30	—	—
	内蒙古	5	42	37	36	34	30	31	27
	山西	4	42	39	36	35	32	31	26
	海南	21	39	37	36	34	31	33	—
	湖南	18	38	36	34	33	30	26	22
	四川	23	38	35	35	34	30	28	21
	河北	3	37	35	33	32	28	29	25
	宁夏	30	37	35	34	33	29	29	25
	新疆	31	37	36	34	33	30	31	26
	安徽	12	36	34	33	32	27	24	22
	江西	14	36	35	34	33	29	26	23
	青海	29	35	33	31	31	29	29	28
	甘肃	28	34	33	31	31	27	26	17
	河南	16	34	31	30	28	25	25	19
	广西	20	33	31	30	30	28	25	22
	云南	25	31	30	28	28	25	24	21
	西藏	26	31	35	34	28	25	28	27
	贵州	24	31	28	27	27	24	23	19
对照	中国	73	43	42	41	38	32	28	23
	高收入国家	132	100	100	100	100	100	100	100
	中等收入国家	133	41	40	40	41	43	48	52
	低收入国家	134	21	24	24	26	24	38	28
	世界平均	135	53	54	54	52	50	59	60

附表 3-2-1　2010 年中国地区第一次现代化程度和排名

地区	编号	经济指标达标程度				社会指标达标程度						程度	排名	达标个数
		人均国民收入[a]	农业劳动力比例	农业增加值比例	服务业增加值比例	城市人口比例	医生比例	婴儿死亡率[b]	预期寿命[c]	成人识字率	大学入学率			
北京	1	100	100	100	100	100	100	100	100	100	100	100	1	10
天津	2	100	100	100	100	100	100	100	100	100	100	100	1	10
河北	3	53	77	100	78	86	100	100	100	100	100	89	17	6
山西	4	49	78	100	82	92	100	100	100	100	100	90	15	6
内蒙古	5	88	62	100	80	100	100	100	100	100	100	93	9	7
辽宁	6	78	96	100	82	100	100	100	100	100	100	96	8	7
吉林	7	58	71	100	80	100	100	100	100	100	100	91	14	7
黑龙江	8	50	68	100	83	100	100	100	100	100	100	90	16	7
上海	9	100	100	100	100	100	100	100	100	100	100	100	1	10
江苏	10	98	100	100	92	100	100	100	100	100	100	99	5	8
浙江	11	96	100	100	97	100	100	100	100	100	100	99	4	8
安徽	12	39	75	100	75	84	100	100	100	100	100	87	20	6
福建	13	74	100	100	88	100	100	100	100	100	100	96	7	8
江西	14	39	80	100	73	86	100	89	100	100	100	87	21	5
山东	15	76	85	100	81	97	100	85	100	100	100	92	11	5
河南	16	45	67	100	64	75	100	100	100	100	100	85	25	6
湖北	17	52	100	100	84	92	100	100	100	100	100	93	10	7
湖南	18	46	64	100	88	86	100	100	100	100	100	88	19	6
广东	19	83	100	100	100	100	100	100	100	100	100	98	6	9
广西	20	37	56	86	79	78	100	100	100	100	100	84	27	5
海南	21	44	60	57	100	98	100	100	100	100	100	86	23	6
重庆	22	51	91	100	81	100	100	100	100	100	100	92	12	7
四川	23	39	70	100	78	77	100	100	100	100	100	86	22	6
贵州	24	24	60	100	100	60	100	100	98	100	73	82	31	5
云南	25	29	51	98	89	68	100	100	97	100	96	83	29	3
西藏	26	32	56	100	100	48	100	100	96	94	91	82	30	4
陕西	27	50	68	100	81	87	100	100	100	100	100	89	18	6
甘肃	28	30	59	100	83	65	100	100	100	100	100	84	26	6
青海	29	45	72	100	78	84	100	100	100	100	81	86	24	5
宁夏	30	50	76	100	92	92	100	100	100	100	100	91	13	5
新疆	31	46	59	76	72	80	100	100	100	100	100	83	28	5
香港[d]	32	100	100	100	100	100	100	100	100	100	100	100	—	10
澳门[d]	33	100	100	—	100	100	100	100	100	100	100	100	—	9
台湾	34	100	100	100	100	100	100	100	100	100	100	100	—	10
中国	73	55	82	100	96	93	100	100	100	100	100	93		6

a. 中国内地地区为 2009 年值。

b. 中国内地地区为 2008 年与 2000 年同比计算后的数据。

c. 中国内地地区为 2009 年或最近年的值。

d. 产业结构的数据为 2009 年的值,后同。

附表 3-2-2　2010 年中国第一次现代化评价指标

地区	编号	经济指标				社会指标					
		人均国民收入[a]	农业劳动力比例	农业增加值比例	服务业增加值比例	城市人口比例[a]	医生比例	婴儿死亡率[b]	预期寿命[c]	成人识字率	大学入学率
北京	1	11 234	5	1	75	85	5.2	6.5	80	98	105
天津	2	10 798	15	2	46	78	2.9	16.3	80	98	84
河北	3	4241	39	13	35	43	1.8	10.6	74	97	24
山西	4	3888	38	6	37	46	2.5	25.1	73	98	23
内蒙古	5	7004	48	9	36	53	2.3	8.5	71	96	25
辽宁	6	6266	31	9	37	60	2.3	11.9	75	98	39
吉林	7	4674	42	12	36	53	2.3	10.1	74	98	34
黑龙江	8	4005	44	13	37	56	2.1	13.9	73	98	34
上海	9	11 254	4	1	57	89	3.8	8.6	81	97	85
江苏	10	7817	19	6	41	56	1.7	14.4	75	96	36
浙江	11	7650	16	5	44	58	2.5	10.4	77	94	37
安徽	12	3090	40	14	34	42	1.3	12.4	73	92	20
福建	13	5921	29	9	40	51	1.7	11.9	74	97	26
江西	14	3144	38	13	33	43	1.3	33.7	72	97	26
山东	15	6081	35	9	37	48	1.9	35.5	75	95	29
河南	16	3616	45	14	29	38	1.4	22.4	73	96	20
湖北	17	4128	30	13	38	46	1.6	17.2	74	95	29
湖南	18	3657	47	15	40	43	1.6	24.7	72	97	24
广东	19	6618	26	5	45	63	2.0	23.2	75	98	24
广西	20	2991	53	18	35	39	1.3	13.5	74	97	16
海南	21	3525	50	26	46	49	1.6	16.0	74	96	24
重庆	22	4082	33	9	36	52	1.5	1.8	76	96	27
四川	23	3133	43	14	35	39	1.6	3.2	73	95	20
贵州	24	1941	50	14	47	30	1.0	5.8	69	91	11
云南	25	2330	59	15	40	34	1.4	17.8	68	94	14
西藏	26	2562	53	14	54	24	1.5	22.6	67	76	14
陕西	27	4014	44	10	36	44	1.7	17.4	72	96	33
甘肃	28	2384	51	15	37	33	1.5	25.0	71	91	19
青海	29	3567	42	10	35	42	1.9	23.5	70	90	12
宁夏	30	3973	39	9	42	46	1.9	13.7	73	94	18
新疆	31	3703	51	20	33	40	2.3	16.2	72	98	17
香港[d]	32	31 759	0.7	0.1	89	100	1.8	1.7	82	100	57
澳门[d]	33	51 214	0.2	0.0	89	100	2.7	3.2	81	100	63
台湾	34	19 155	5.2	1.6	67	83	2.6	5.78	79	98	84
中国	73	4437	37	10	43	47	1.8	14.9	73	96	26
标准值		8000	30	15	45	50	1.0	30	70	80	15

a. 中国内地地区为 2009 年值。

b. 中国内地地区为 2008 年与 2000 年同比计算后的数据。

c. 中国内地地区为 2009 年或最近年的值。

d. 产业结构的数据为 2009 年的值,后同。

附表 3-2-3　2010 年中国地区第一次现代化发展阶段

| 地区 | 编号 | 产业结构信号 | | | | 劳动力结构信号 | | | | 平均值 | 发展阶段[a] |
		农业增加产值占 GDP 比例	赋值	农业增加值/工业增加值	赋值	农业劳动力占总劳动力比例	赋值	农业劳动力/工业劳动力	赋值		
北京	1	1	4	0.04	4	5	4	0.24	3	3.8	F4
天津	2	2	4	0.03	4	15	3	0.36	3	3.5	F4
河北	3	13	3	0.24	3	39	2	1.17	2	2.5	F3
山西	4	6	3	0.11	4	38	2	1.45	2	2.8	F3
内蒙古	5	9	3	0.17	4	48	2	2.77	1	2.5	F3
辽宁	6	9	3	0.16	4	31	2	1.19	2	2.8	F3
吉林	7	12	3	0.23	3	42	2	1.97	2	2.5	F2
黑龙江	8	13	3	0.25	3	44	2	2.30	1	2.3	F2
上海	9	1	4	0.02	4	4	4	0.10	4	4.0	F4
江苏	10	6	3	0.12	4	19	3	0.41	3	3.3	F3
浙江	11	5	3	0.09	4	16	3	0.33	3	3.3	F3
安徽	12	14	3	0.27	3	40	2	1.36	2	2.5	F3
福建	13	9	3	0.18	3	29	3	0.78	3	3.0	F3
江西	14	13	3	0.24	3	38	2	1.27	2	2.5	F3
山东	15	9	3	0.17	4	35	2	1.09	2	2.8	F3
河南	16	14	3	0.25	3	45	2	1.55	2	2.5	F3
湖北	17	13	3	0.28	3	30	2	1.01	2	2.5	F3
湖南	18	15	2	0.32	3	47	2	2.17	1	2.0	F2
广东	19	5	3	0.10	4	26	3	0.74	3	3.3	F3
广西	20	18	2	0.37	3	53	1	2.54	1	1.8	F2
海南	21	26	2	0.94	2	50	1	4.15	1	1.5	F2
重庆	22	9	3	0.16	4	33	2	1.14	2	2.3	F3
四川	23	14	2	0.29	3	43	2	1.86	2	2.3	F2
贵州	24	14	3	0.35	3	50	1	4.18	1	2.0	F2
云南	25	15	2	0.34	3	59	1	4.37	1	1.8	F2
西藏	26	14	3	0.42	3	53	1	4.80	1	2.0	F2
陕西	27	10	3	0.18	4	44	2	1.75	2	2.8	F3
甘肃	28	15	2	0.30	3	51	1	3.38	1	2.0	F2
青海	29	10	3	0.18	4	42	2	1.86	2	2.8	F2
宁夏	30	9	3	0.19	4	39	2	1.49	2	2.8	F3
新疆	31	20	2	0.42	3	51	1	3.64	1	1.8	F2
香港	32	0.1	4	—	—	0.7	4	0.06	4	4.0	F4
澳门	33	0.0	4	—	—	0.19	4	0.01	4	4.0	F4
台湾	34	1.6	4	0.05	4	5.2	4	0.15	4	4.0	F4
中国	73	10	3	0.22	3	37	2	1.28	2	2.5	F3

a. F 代表第一次现代化，F4 代表过渡期，F3 代表成熟期，F2 代表发展期，F1 代表起步期。

附表 3-2-4 中国地区第一次现代化程度的增长率和预期完成时间

地区	编号	1980 年实现程度/(%)	1990 年实现程度/(%)	2010 年实现程度/(%)	1990~2010 年均增长率	实现 100%需要的年数(按1990~2010年速度)	1980~2010 年均增长率	实现 100%需要的年数(按1980~2010年速度)
北京	1	82.9	90.5	100.0	0.50	—	0.63	—
天津	2	77.7	84.2	100.0	0.86	—	0.84	—
河北	3	56.4	62.9	89.4	1.77	6	1.54	7
山西	4	62.5	69.0	90.1	1.35	8	1.23	9
内蒙古	5	58.8	65.3	93.0	1.78	4	1.54	5
辽宁	6	69.5	79.2	95.7	0.95	5	1.07	4
吉林	7	64.7	68.6	91.0	1.42	7	1.14	8
黑龙江	8	63.7	72.0	90.0	1.12	9	1.16	9
上海	9	82.3	89.4	100.0	0.56	—	0.65	—
江苏	10	56.3	64.2	99.0	2.19	0	1.90	1
浙江	11	52.7	66.3	99.2	2.04	0	2.13	0
安徽	12	51.5	56.7	87.3	2.18	6	1.77	8
福建	13	54.8	65.0	96.2	1.98	2	1.89	2
江西	14	51.6	56.2	86.8	2.19	7	1.75	8
山东	15	51.2	63.4	92.3	1.90	4	1.99	4
河南	16	50.5	59.1	85.1	1.84	9	1.75	9
湖北	17	53.8	62.7	92.8	1.98	4	1.83	4
湖南	18	50.8	57.5	88.5	2.17	6	1.87	7
广东	19	59.2	69.2	98.3	1.77	1	1.70	1
广西	20	53.4	56.4	83.6	1.99	9	1.51	12
海南	21	31.3	61.7	86.0	1.67	9	3.43	4
重庆	22	—	—	92.3	—	—	—	—
四川	23	48.8	57.0	86.5	2.10	7	1.93	8
贵州	24	45.4	51.3	81.6	2.35	9	1.97	10
云南	25	44.1	49.8	82.8	2.57	7	2.12	9
西藏	26	38.4	44.3	81.8	3.11	7	2.55	8
陕西	27	53.5	64.3	88.6	1.62	8	1.70	7
甘肃	28	46.0	59.9	83.7	1.68	11	2.01	9
青海	29	53.1	57.0	85.9	2.07	7	1.62	10
宁夏	30	54.2	61.7	91.1	1.97	5	1.75	5
新疆	31	50.6	60.2	83.3	1.64	11	1.68	11
香港	32	—	100.0	100.0				
澳门	33	—	100.0	100.0				
台湾	34	—	100.0	100.0				
中国	73	54.0	63.0	92.6	1.95	4	1.82	4

附表 3-2-5　1970~2010 年中国地区第一次现代化程度和排名

地区	编号	第一次现代化程度/(%)							排名						
		1970	1980	1990	2000	2005	2009	2010	1970	1980	1990	2000	2005	2009	2010
北京	1	64	83	91	94	98	100	100	3	1	1	2	2	1	1
天津	2	66	78	84	93	95	100	100	2	3	3	3	3	1	1
河北	3	35	56	63	74	84	89	89	19	10	15	16	16	17	17
山西	4	43	62	69	77	86	89	90	9	7	7	13	13	15	15
内蒙古	5	46	59	65	72	86	92	93	8	9	10	20	15	9	9
辽宁	6	60	69	79	87	90	95	96	4	4	4	4	7	8	8
吉林	7	49	65	69	79	86	90	91	6	5	8	10	12	13	14
黑龙江	8	56	64	72	81	86	89	90	5	6	5	8	11	16	16
上海	9	70	82	89	97	99	100	100	1	2	2	1	1	1	1
江苏	10	41	56	64	83	92	97	99	11	11	13	5	5	6	5
浙江	11	36	53	66	83	94	98	99	17	18	9	6	4	4	4
安徽	12	34	52	57	69	82	87	87	22	20	25	24	19	20	20
福建	13	41	55	65	79	89	95	96	13	12	11	11	8	7	7
江西	14	34	52	56	68	79	86	87	21	19	27	25	23	21	21
山东	15	33	51	63	77	87	91	92	24	21	14	14	10	12	11
河南	16	38	51	59	67	78	84	85	15	24	21	27	24	25	25
湖北	17	38	54	63	79	86	91	93	14	14	16	9	14	10	10
湖南	18	32	51	58	73	81	88	88	26	22	22	18	20	19	19
广东	19	42	59	69	81	91	98	98	10	8	6	7	6	5	6
广西	20	33	53	56	68	76	82	84	23	16	26	26	28	28	27
海南	21	n	31	62	70	77	85	86	—	30	17	22	27	24	23
重庆	22	n	n	n	77	87	91	92	—	—	—	15	9	11	12
四川	23	31	49	57	69	80	85	86	27	25	23	23	21	22	22
贵州	24	34	45	51	60	69	81	82	20	27	28	30	30	29	31
云南	25	33	44	50	61	68	81	83	25	28	29	29	31	30	29
西藏	26	n	38	44	59	69	79	82	—	29	30	31	29	31	30
陕西	27	37	53	64	78	83	88	89	16	15	12	12	18	18	18
甘肃	28	28	46	60	67	77	84	84	28	26	20	28	26	27	26
青海	29	41	53	57	71	78	85	86	12	17	24	21	25	23	24
宁夏	30	47	54	62	73	84	90	91	7	13	18	17	17	14	13
新疆	31	35	51	60	72	79	84	83	18	23	19	19	22	26	28
香港	32	—	—	100	100	100	100	100							
澳门	33	—	—	100	100	100	100	100							
台湾	34	—	—	100	100	100	100	100							
中国[a]	73	40	54	63	76	86	90	93							
高收入国家	132	100	100	100	100	100	100								
中等收入国家	133	—	84	84	93	92	90								
低收入国家	134	33	45	52	58	59	57								
世界平均	135	68	80	81	89	93	96								

a. 此表中国第一次现代化程度与世界第一次现代化评价结果略有不同。原因是数据来源不同,本表采用《中国统计年鉴》的数据。

附表 3-3-1　2009 年中国地区第二次现代化指数

地区	编号	知识创新指数	知识传播指数	生活质量指数	经济质量指数	第二现代化指数	排名
北京	1	120.0	100.2	101.8	73.9	99	1
天津	2	93.2	84.9	97.0	42.2	79	3
河北	3	19.2	53.5	63.7	27.4	41	18
山西	4	30.0	55.5	72.7	27.7	46	14
内蒙古	5	16.2	55.0	79.8	32.8	46	15
辽宁	6	44.5	65.1	84.3	33.1	57	7
吉林	7	31.1	57.7	68.6	29.3	47	12
黑龙江	8	33.4	55.0	75.1	27.9	48	11
上海	9	117.5	98.0	107.1	55.2	94	2
江苏	10	77.5	63.7	70.9	34.5	62	5
浙江	11	68.4	74.5	77.8	35.3	64	4
安徽	12	29.9	43.8	49.4	25.1	37	25
福建	13	34.9	65.0	61.2	31.7	48	10
江西	14	21.2	45.0	46.8	25.5	35	27
山东	15	42.5	56.4	68.5	30.6	49	8
河南	16	22.9	47.7	54.1	24.7	37	24
湖北	17	40.8	55.5	60.6	29.3	47	13
湖南	18	27.6	47.6	54.8	27.4	39	20
广东	19	63.5	70.9	69.8	35.4	60	6
广西	20	14.7	43.3	50.2	24.7	33	28
海南	21	11.4	53.4	58.0	28.7	38	21
重庆	22	33.3	52.4	58.7	28.5	43	16
四川	23	33.0	45.2	55.1	26.1	40	19
贵州	24	13.7	36.3	42.0	27.0	30	31
云南	25	13.7	39.3	43.8	24.6	30	30
西藏	26	9.5	36.6	48.5	29.9	31	29
陕西	27	53.9	58.7	55.4	27.3	49	9
甘肃	28	23.6	46.5	47.0	25.3	36	26
青海	29	17.9	45.6	60.6	26.9	38	23
宁夏	30	21.1	49.9	72.5	28.3	43	17
新疆	31	13.3	49.8	61.2	27.0	38	22
香港	32	31.6	87.0	100.5	79.8	75	
澳门	33	8.3	88.9	105.2	85.9	72	
台湾	34	118.3	87.6	98.9	50.2	89	
中国[a]	73	37.6	51.1	53.4	29.5	43	
高收入国家	132	100.4	100.0	100.0	100.0	100	
中等收入国家	133	20.3	48.2	44.7	33.5	37	
低收入国家	134	7.6	19.1	28.1	19.6	19	
世界平均	135	45.1	51.6	47.4	47.9	48	

　　a. 此表中国第二次现代化指数与世界第二次现代化评价结果略有不同。原因是数据来源不同,这里采用《中国统计年鉴》的数据。

附表 3-3-2　2009 年中国地区知识创新指数

地区	编号	知识创新指标的实际值			知识创新指标的指数			知识创新指数
		知识创新经费投入[a]	知识创新人员投入[b]	知识创新专利产出[c]	知识创新经费指数	知识创新人员指数	知识创新专利指数	
北京	1	5.5	109.3	16.71	120	120	120	120
天津	2	2.4	42.4	5.18	95	109	76	93
河北	3	0.8	8.0	0.40	31	21	6	19
山西	4	1.1	13.9	0.71	44	36	10	30
内蒙古	5	0.5	8.9	0.30	21	23	4	16
辽宁	6	1.5	18.7	1.65	61	48	24	44
吉林	7	1.1	14.4	0.79	45	37	12	31
黑龙江	8	1.3	14.2	0.88	51	36	13	33
上海	9	2.8	69.2	11.46	112	120	120	117
江苏	10	2.0	35.4	4.11	82	91	60	78
浙江	11	1.7	35.7	3.02	69	92	44	68
安徽	12	1.4	9.7	0.73	54	25	11	30
福建	13	1.1	17.4	1.06	44	45	16	35
江西	14	1.0	7.5	0.34	40	19	5	21
山东	15	1.5	17.4	1.48	61	45	22	42
河南	16	0.9	9.8	0.52	36	25	8	23
湖北	17	1.7	15.9	1.06	66	41	16	41
湖南	18	1.2	10.0	0.69	47	26	10	28
广东	19	1.7	29.4	3.35	66	75	49	64
广西	20	0.6	6.1	0.26	24	16	4	15
海南	21	0.4	4.9	0.53	14	12	8	11
重庆	22	1.2	12.2	1.34	49	31	20	33
四川	23	1.5	10.5	0.76	61	27	11	33
贵州	24	0.7	3.4	0.35	27	9	5	14
云南	25	0.6	4.6	0.36	24	12	5	14
西藏	26	0.3	4.6	0.24	13	12	4	10
陕西	27	2.3	18.0	1.55	93	46	23	54
甘肃	28	1.1	8.0	0.42	44	21	6	24
青海	29	0.7	8.3	0.31	28	21	5	18
宁夏	30	0.8	11.1	0.29	31	28	4	21
新疆	31	0.5	5.9	0.31	20	15	4	13
香港	32	0.7	20.9	0.91	28	54	13	32
澳门	33	0.1	6.3	0.33	4	16	5	8
台湾	34	2.9	67.0	4.47	118	172	66	118
中国	73	1.5	10.7	1.72	60	27	25	38
高收入国家	132	2.5	39.5	6.82	100	101	100	100
中等收入国家	133	1.0	6.0	0.38	40	15	6	20
低收入国家	134	0.6	—	—	23	0	0	8
世界平均	135	2.0	12.8	1.52	80	33	22	45
基准值		2.5	39.5	6.82				

a. 指 R&D 经费/GDP,单位为%。

b. 指从事研究与发展活动的科学家和工程师全时当量/万人。

c. 指知识创新活动中的专利产出,数值为居民申请国内发明专利数/万人。

附表 2-3-3 2008 年中国地区知识传播指数

地区	编号	知识传播指标的实际值				知识传播指标的指数				知识传播指数
		中学普及率[a]	大学普及率[b]	电视普及率	互联网普及率	中学普及指数[c]	大学普及指数	电视普及指数	互联网普及率	
北京	1	114	93	104	63	100	120	94	87	100
天津	2	109	72	81	46	100	103	73	64	85
河北	3	100	20	54	26	100	29	48	36	54
山西	4	97	21	57	31	97	31	51	43	55
内蒙古	5	96	22	67	24	96	31	60	33	55
辽宁	6	100	35	67	37	100	49	60	51	65
吉林	7	101	30	57	27	100	42	52	37	58
黑龙江	8	102	30	49	24	100	43	44	33	55
上海	9	117	76	110	61	100	108	99	85	98
江苏	10	102	33	64	36	100	48	58	50	64
浙江	11	106	34	86	47	106	49	78	66	75
安徽	12	94	18	35	17	94	25	32	24	44
福建	13	100	22	73	45	100	32	66	62	65
江西	14	90	24	35	18	90	34	31	25	45
山东	15	113	24	56	29	100	34	51	41	56
河南	16	111	17	42	21	100	24	38	29	48
湖北	17	101	26	55	26	100	37	49	36	55
湖南	18	92	21	43	22	92	30	39	30	48
广东	19	98	22	93	50	98	32	83	70	71
广西	20	88	14	40	21	88	20	36	29	43
海南	21	91	22	57	28	91	32	52	39	53
重庆	22	91	24	50	28	91	34	45	39	52
四川	23	89	18	42	20	89	26	38	28	45
贵州	24	76	10	38	15	76	14	34	21	36
云南	25	75	12	42	18	75	18	38	26	39
西藏	26	64	13	43	18	64	19	39	25	37
陕西	27	108	30	62	26	100	42	56	37	59
甘肃	28	93	17	45	20	93	24	41	28	46
青海	29	79	12	54	28	79	17	49	38	46
宁夏	30	89	17	61	23	89	24	55	31	50
新疆	31	90	16	52	29	90	22	46	41	50
香港	32	82	57	174	61	82	81	100	85	87
澳门	33	92	63	195	53	92	90	100	74	89
台湾	34	99	82	117	25	99	117	100	34	88
中国	73	78	25	56	29	78	36	50	40	51
高收入国家	132	100	70	111	72	100	100	100	100	100
中等收入国家	133	69	24	67	21	69	34	60	29	48
低收入国家	134	39	7	26	3	39	10	23	4	19
世界平均	135	68	27	69	27	68	39	62	38	52
基准值		100	70	111	72					

a. 中国地区为在校中学生占 12～17 岁人口比例,根据在校中学生人数和 2000 年人口普查数据计算。最大值设为 100。

b. 中国地区为在校大学生占 18～21 岁人口比例,根据在校大学生人数和 2000 年人口普查数据计算。

c. 最大值设为 100。

附表 3-3-4　2009 年中国地区生活质量指数

地区	编号	生活质量指标的实际值					生活质量指标的指数					生活质量指数
		城市人口比例	医生比例	婴儿死亡率[a]	预期寿命[b]	人均能源消费	城镇化指数	医生比例指数	婴儿存活指数	预期寿命指数	能源消费指数	
北京	1	85	5.0	2	80	2798	110	120	120	100	58	102
天津	2	78	2.8	2	79	3413	101	93	120	99	71	97
河北	3	43	1.7	11	74	2679	56	57	57	93	56	64
山西	4	46	2.4	10	73	3384	60	82	61	92	70	73
内蒙古	5	53	2.8	17	71	5386	69	94	35	88	112	80
辽宁	6	60	2.2	6	75	3379	78	75	104	94	70	84
吉林	7	53	2.2	9	74	2141	69	74	63	92	44	69
黑龙江	8	56	1.9	5	73	1816	72	64	111	91	38	75
上海	9	89	3.8	3	81	3796	115	120	120	102	79	107
江苏	10	56	1.7	7	75	2263	72	56	85	94	47	71
浙江	11	58	2.4	7	77	2193	75	80	92	96	45	78
安徽	12	42	1.2	16	73	1113	55	42	37	91	23	49
福建	13	51	1.6	11	74	1824	67	52	57	92	38	61
江西	14	43	1.3	25	72	1013	56	43	24	90	21	47
山东	15	48	1.9	8	75	2558	63	62	71	94	53	69
河南	16	38	1.4	12	73	1582	49	47	50	91	33	54
湖北	17	46	1.6	10	74	1858	60	53	60	92	39	61
湖南	18	43	1.5	14	72	1634	56	50	43	91	34	55
广东	19	63	1.9	9	75	1868	82	64	70	94	39	70
广西	20	39	1.3	14	74	1126	51	43	42	92	23	50
海南	21	49	1.6	10	74	1085	64	53	58	93	23	58
重庆	22	52	1.4	12	76	1798	67	45	48	95	37	59
四川	23	39	1.5	12	73	1542	50	51	50	91	32	55
贵州	24	30	1.0	34	69	1613	39	34	18	86	33	42
云南	25	34	1.4	35	68	1345	44	45	17	85	28	44
西藏	26	24	1.6	22	67	—	31	52	27	84	—	48
陕西	27	44	1.8	17	72	1692	56	60	35	90	35	55
甘肃	28	33	1.4	25	71	1597	42	46	24	89	33	47
青海	29	42	1.9	23	70	3478	54	63	26	88	72	61
宁夏	30	46	1.9	17	73	4984	60	64	44	91	103	73
新疆	31	40	2.2	16	72	2555	52	73	38	90	53	61
香港	32	100	1.8	1.8	82	—	120	59	120	103	—	100
澳门	33	100	2.4	3.2	81	—	120	80	120	101	—	105
台湾	34	83	2.5	5.8	79	—	108	85	104	99	—	99
中国	73	44	1.5	17	73	1598	57	50	35	91	33	53
高收入国家	132	77	3.0	6	80	4819	100	100	100	100	100	100
中等收入国家	133	48	1.0	39	69	1254	62	33	15	86	26	45
低收入国家	134	28	0.5	71	58	364	36	16	8	73	8	28
世界平均	135	50	1.0	42	69	1839	65	33	14	86	38	47
基准值		77	3.0	6	80	4819						

a. 中国内地地区数据为换算数据,根据 2000 年人口普查和 2008 年中国婴儿死亡率的数据换算。

b. 中国内地地区数据为各地区网络上公布的数据,为 2008 年或最近年的值。

附表 3-3-5 2009 年中国地区经济质量指数

地区	编号	经济质量指标的实际值				经济质量指标的指数				经济质量指数
		人均国民收入[a]	人均购买力[b]	物质产业增加值比例	物质产业劳动力比例	人均国民收入指数	人均购买力指数	物质产业增加值指数	物质产业劳动力指数	
北京	1	10 314	18 535	25	26	27	52	110	107	74
天津	2	9160	16 463	55	57	24	46	49	49	42
河北	3	3598	6467	65	69	10	18	42	40	27
山西	4	3151	5662	61	66	8	16	44	42	28
内蒙古	5	5897	10 598	62	66	16	29	44	43	33
辽宁	6	5159	9271	61	57	14	26	44	49	33
吉林	7	3893	6997	62	64	10	19	43	44	29
黑龙江	8	3286	5906	61	67	9	16	44	42	28
上海	9	11 563	20 781	41	43	31	58	67	66	55
江苏	10	6550	11 772	60	65	17	33	45	43	35
浙江	11	6535	11 745	57	64	17	33	47	44	35
安徽	12	2402	4317	64	71	6	12	42	39	25
福建	13	4954	8903	59	65	13	25	46	43	32
江西	14	2538	4561	66	68	7	13	41	41	25
山东	15	5255	9443	65	69	14	26	41	41	31
河南	16	3015	5419	71	75	8	15	38	38	25
湖北	17	3320	5966	60	60	9	17	45	47	29
湖南	18	2990	5374	59	69	8	15	46	41	27
广东	19	6026	10 830	54	61	16	30	50	46	35
广西	20	2349	4221	62	75	6	12	43	37	30
海南	21	2819	5066	55	64	7	14	49	44	29
重庆	22	3355	6030	62	63	9	17	43	45	28
四川	23	2538	4562	63	66	7	13	43	42	26
贵州	24	1509	2712	52	63	4	8	52	44	27
云南	25	1982	3562	59	74	5	10	46	38	25
西藏	26	2239	4024	45	65	6	11	59	65	30
陕西	27	3175	5706	62	68	8	16	44	41	27
甘肃	28	1884	3386	60	67	5	9	45	42	25
青海	29	2848	5118	63	65	8	14	43	43	27
宁夏	30	3188	5729	58	66	8	16	46	43	28
新疆	31	2919	5247	63	65	8	15	43	43	27
香港	32	29 881	—	11	13	79	0	120	120	80
澳门	33	39 141	—	11	16	104	0	120	120	86
台湾	34	16 895	—	31	41	45	0	88	68	50
中国	73	3650	6860	57	67	10	19	47	42	29
高收入国家	132	37 719	35 959	27	28	100	100	100	100	100
中等收入国家	133	3390	6331	45	59	9	18	60	47	34
低收入国家	134	488	1221	50	—	1	3	54	—	20
世界平均	135	8737	10 601	30	57	23	29	90	49	48
基准值		37 719	35 959	27	28					

　a. 中国内地地区数据为人均 GDP 的值,单位为当年价格美元。

　b. 中国内地地区数据为按购买力平价计算的人均 GDP,根据世界银行公布的 2009 年中国人民币和 PPP 的比例换算,单位为国际美元。

附表 3-3-6　2009 年中国地区第二次现代化发展阶段

地区	编号	第一次现代化的阶段[a]	产业结构信号 物质产业增加值占GDP比例	赋值	劳动力结构信号 物质产业劳动力占总劳动力比例	赋值	平均值	第二次现代化的阶段[b]
北京	1	F4	25	2	26	2	2.0	S2
天津	2	F4	55		57			
河北	3	F3	65		69			
山西	4	F3	61		66			
内蒙古	5	F3	62		66			
辽宁	6	F3	61		57			
吉林	7	F2	62		64			
黑龙江	8	F2	61		67			
上海	9	F4	41		43			
江苏	10	F3	60		65			
浙江	11	F3	57		64			
安徽	12	F3	64		71			
福建	13	F3	59		65			
江西	14	F3	66		68			
山东	15	F3	65		69			
河南	16	F3	71		75			
湖北	17	F3	60		60			
湖南	18	F2	59		69			
广东	19	F3	54		61			
广西	20	F3	62		75			
海南	21	F2	55		64			
重庆	22	F3	62		63			
四川	23	F2	63		66			
贵州	24	F2	52		63			
云南	25	F2	59		74			
西藏	26	F2	45		65			
陕西	27	F3	62		68			
甘肃	28	F2	60		67			
青海	29	F3	63		65			
宁夏	30	F3	58		66			
新疆	31	F2	63		65			
香港	32	F4	11	3	13	3	3.0	S2
澳门	33	F4	11	3	16	2	2.5	S2
台湾	34	F4	31	1	41	0	0.5	S1
中国	73	F3	57		67			
高收入国家	132	F4	27	2	28	2	2	S2
中等收入国家	133	F3	45		59			
低收入国家	134	F2	50					
世界平均	135	F3	30		57			

a. F 代表第一次现代化，F4 代表过渡期，F3 代表成熟期，F2 代表发展期，F1 代表起步期。

b. S 代表第二次现代化，S2 代表发展期，S1 代表起步期，香港的发展阶段根据第二次现代化指数进行了调整。

附表 3-3-7 1970~2009 年中国地区第二次现代化指数

地区	编号	指数[a]							排名						
		1970	1980	1990	2000	2005	2008	2009	1970	1980	1990	2000	2005	2008	2009
北京	1	31	44	55	74	90	97	99	3	1	1	1	1	1	1
天津	2	31	40	43	54	70	79	79	2	3	3	3	3	3	3
河北	3	17	29	25	29	37	42	41	23	11	17	16	17	18	18
山西	4	24	36	28	32	39	47	46	9	4	8	12	14	12	14
内蒙古	5	26	31	27	29	37	43	46	6	9	13	17	16	16	15
辽宁	6	28	34	35	40	50	57	57	4	5	4	4	4	7	7
吉林	7	25	34	30	34	42	47	47	8	6	7	9	10	13	12
黑龙江	8	25	33	30	35	43	49	48	7	7	6	7	9	9	11
上海	9	39	44	49	66	80	91	94	1	2	2	2	2	2	2
江苏	10	20	29	32	35	48	58	62	14	12	5	8	6	5	5
浙江	11	17	24	27	35	50	62	64	24	24	10	6	5	4	4
安徽	12	16	25	22	27	33	39	37	26	22	25	21	23	22	25
福建	13	18	26	23	31	40	47	48	18	19	22	14	13	11	10
江西	14	18	25	22	26	33	37	35	20	21	24	26	25	27	27
山东	15	18	26	28	32	42	50	49	17	18	9	11	11	8	8
河南	16	18	27	23	26	32	39	37	16	16	23	25	27	23	24
湖北	17	17	28	27	31	40	46	47	22	14	12	13	12	14	13
湖南	18	17	25	24	28	35	40	39	25	20	21	20	20	20	20
广东	19	22	26	27	34	45	57	60	10	17	11	10	8	6	6
广西	20	17	25	21	25	31	35	33	21	23	27	28	28	28	28
海南	21	—	—	21	26	33	38	38	—	—	26	27	26	24	21
重庆	22	—	—	—	27	38	44	43	—	—	—	22	15	15	16
四川	23	—	22	24	30	37	41	40	—	26	19	15	18	19	19
贵州	24	20	23	19	22	28	31	30	13	25	30	30	31	30	30
云南	25	19	22	20	23	29	32	30	15	27	28	29	29	29	29
西藏	26	—	15	20	22	29	30	29	—	29	29	31	30	31	31
陕西	27	22	31	26	39	45	48	49	11	8	15	5	7	10	9
甘肃	28	12	22	24	27	34	38	36	27	28	20	23	21	26	26
青海	29	20	28	24	27	34	38	38	12	15	18	24	22	25	23
宁夏	30	26	28	26	29	36	43	43	5	13	16	18	19	17	17
新疆	31	18	30	26	28	33	39	38	19	10	14	19	24	21	22
香港	32	—	—	75	93	93	79	75							
澳门	33	—	—	51	79	93	79	72							
台湾	34	—	—	65	80	88	89	89							
中国[b]	73	22	26	26	31	40	45	43							
高收入国家	132	72	76	89	100	100	100	100							
中等收入国家	133	20	36	32	38	41	38	37							
低收入国家	134	9	20	27	20	22	20	19							
世界平均	135	33	44	47	46	51	50	48							

a. 1970~2000 年是以 2000 年高收入国家平均值为基准值的评价,2001 年以来是以当年高收入国家平均值为基准值的评价。

b. 此表中国第二次现代化指数与世界第二次现代化评价结果略有不同。原因是数据来源不同,这里采用《中国统计年鉴》的数据。

附表 3-4-1 2009 年中国地区综合现代化水平

地区	编号	经济指数	社会指数	知识指数	综合现代化指数	排名
北京	1	70	87	97	85	1
天津	2	48	82	84	71	3
河北	3	30	56	26	37	20
山西	4	31	61	32	42	16
内蒙古	5	36	67	22	42	15
辽宁	6	38	67	46	50	7
吉林	7	33	65	34	44	11
黑龙江	8	31	63	35	43	13
上海	9	62	85	96	81	2
江苏	10	38	65	60	54	6
浙江	11	40	73	57	56	4
安徽	12	27	54	29	36	23
福建	13	36	62	39	45	9
江西	14	28	55	26	36	24
山东	15	33	61	39	45	10
河南	16	25	53	24	34	27
湖北	17	34	57	39	43	12
湖南	18	31	55	29	38	18
广东	19	41	71	54	55	5
广西	20	26	53	19	33	28
海南	21	33	61	23	39	17
重庆	22	32	58	35	42	14
四川	23	29	54	31	38	19
贵州	24	32	43	17	31	31
云南	25	27	48	18	31	29
西藏	26	35	42	15	31	30
陕西	27	30	58	49	46	8
甘肃	28	29	48	26	34	26
青海	29	30	54	22	35	25
宁夏	30	32	56	23	37	21
新疆	31	30	58	22	37	22
香港	32	93	86	52	77	—
澳门	33	100	93	43	79	—
台湾	34	74	95	75	81	—
中国[a]	73	33	56	40	43	
高收入国家	132	100	100	100	100	
中等收入国家	133	40	55	27	41	
低收入国家	134	18	35	9	21	
世界平均	135	52	62	45	53	

a. 此表中国综合现代化指数与世界综合现代化评价结果略有不同。原因是数据来源不同,这里采用《中国统计年鉴》的数据。

附表 3-4-2　2009 年中国地区经济指数

地区	编号	经济指标的实际值				经济指标的指数				经济指数
		人均国民收入[a]	人均购买力[b]	服务业增加值比例	服务业劳动力比例	人均国民收入	人均购买力	服务业增加值比例	服务业劳动力比例	
北京	1	10 314	18 535	76	74	27	52	100	100	70
天津	2	9160	16 463	45	43	24	46	62	60	48
河北	3	3598	6467	35	31	10	18	48	43	30
山西	4	3151	5662	39	34	8	16	54	47	31
内蒙古	5	5897	10 598	38	34	16	29	52	48	36
辽宁	6	5159	9271	39	43	14	26	53	59	38
吉林	7	3893	6997	38	36	10	19	52	50	33
黑龙江	8	3286	5906	39	33	9	16	54	46	31
上海	9	11 563	20 781	59	57	31	58	81	80	62
江苏	10	6550	11 772	40	35	17	33	54	49	38
浙江	11	6535	11 745	43	36	17	33	59	50	40
安徽	12	2402	4317	36	29	6	12	50	40	27
福建	13	4954	8903	41	35	13	25	57	48	36
江西	14	2538	4561	34	32	7	13	47	45	28
山东	15	5255	9443	35	31	14	26	48	44	33
河南	16	3015	5419	29	25	8	15	40	35	25
湖北	17	3320	5966	40	40	9	17	54	56	34
湖南	18	2990	5374	41	31	8	15	57	43	31
广东	19	6026	10 830	46	39	16	30	63	54	41
广西	20	2349	4221	38	25	6	12	52	35	26
海南	21	2819	5066	45	36	7	14	62	50	33
重庆	22	3355	6030	38	37	9	17	52	52	32
四川	23	2538	4562	37	34	7	13	50	47	29
贵州	24	1509	2712	48	37	4	8	66	51	32
云南	25	1982	3562	41	26	5	10	56	36	27
西藏	26	2239	4024	55	35	6	11	75	48	35
陕西	27	3175	5706	39	32	8	16	53	44	30
甘肃	28	1884	3386	40	33	5	9	55	46	29
青海	29	2848	5118	37	35	8	14	51	49	30
宁夏	30	3188	5729	42	34	8	16	57	48	32
新疆	31	2919	5247	37	35	8	15	51	48	30
香港	32	29 881	—	88.5	87	79	—	100	100	93
澳门	33	39 141	—	89.0	84	100	—	100	100	100
台湾	34	16 895	—	69	59	45	—	95	82	74
中国	73	3650	6860	43	33	10	19	59	46	33
高收入国家	132	37 719	35 959	73	72	100	100	100	100	100
中等收入国家	133	3390	6331	55	41	9	18	75	57	40
低收入国家	134	488	1221	50	—	1	3	68	0	18
世界平均	135	8737	10 601	70	43	23	29	96	60	52
参考值		37 719	35 959	73	72					

a. 中国内地地区数据为人均 GDP 的值,单位为当年价格美元。

b. 中国内地地区数据为按购买力平价计算的人均 GDP,根据世界银行公布的 2008 年中国人民币和 PPP 比例换算,单位为国际美元。

附表 3-4-3　2009 年中国地区社会指数

地区	编号	社会指标的实际值				社会指标的指数				社会指数
		城市人口比例	医生比例	预期寿命[a]	生态效益	城市人口比例	医生比例	预期寿命	生态效益	
北京	1	85	5.0	80	3.7	100	100	100	48	87
天津	2	78	2.8	79	2.7	100	93	99	35	82
河北	3	43	1.7	74	1.3	56	57	93	18	56
山西	4	46	2.4	73	0.9	60	82	92	12	61
内蒙古	5	53	2.8	71	1.1	69	94	88	14	67
辽宁	6	60	2.2	75	1.5	78	75	94	20	67
吉林	7	53	2.2	74	1.8	69	74	92	24	65
黑龙江	8	56	1.9	73	1.8	72	64	91	24	63
上海	9	89	3.8	81	3.0	100	100	100	40	85
江苏	10	56	1.7	75	2.9	72	56	94	38	65
浙江	11	58	2.4	77	3.0	75	80	96	39	73
安徽	12	42	1.2	73	2.2	55	42	91	28	54
福建	13	51	1.6	74	2.7	67	52	92	35	62
江西	14	43	1.3	72	2.5	56	43	90	33	55
山东	15	48	1.9	75	2.1	63	62	94	27	61
河南	16	38	1.4	73	1.9	49	47	91	25	53
湖北	17	46	1.6	74	1.8	60	53	92	23	57
湖南	18	43	1.5	72	1.8	56	50	91	24	55
广东	19	63	1.9	75	3.2	82	64	94	42	71
广西	20	39	1.3	74	2.1	51	43	92	27	53
海南	21	49	1.6	74	2.6	64	53	93	34	61
重庆	22	52	1.4	76	1.9	67	45	95	24	58
四川	23	39	1.5	73	1.6	50	51	91	21	54
贵州	24	30	1.0	69	0.9	39	34	86	12	43
云南	25	34	1.4	68	1.5	44	45	85	19	48
西藏	26	24	1.6	67	—	31	52	84	0	42
陕西	27	44	1.8	72	1.9	56	60	90	24	58
甘肃	28	33	1.4	71	1.2	42	46	89	15	48
青海	29	42	1.9	70	0.8	54	64	88	11	54
宁夏	30	46	1.9	73	0.6	60	64	91	8	56
新疆	31	40	2.2	72	1.1	52	73	90	15	58
香港	32	100	1.8	82	—	100	59	100	—	86
澳门	33	100	2.4	81	—	100	80	100	—	93
台湾	34	83	2.5	79	—	100	85	99	—	95
中国	73	44	1.5	73	2.1	57	50	91	27	56
高收入国家	132	77	3.0	80	7.7	100	100	100	100	100
中等收入国家	133	48	1.0	69	2.8	62	33	86	36	55
低收入国家	134	28	0.5	58	1.3	36	16	73	17	35
世界平均	135	50	1.0	69	5.0	65	33	86	65	62
参考值		77	3.0	80	7.7					

a. 中国内地地区数据为各地区网络上公布的数据,为 2008 年或最近年的值。

附表 3-4-4 2009 年中国地区知识指数

地区	编号	知识指标的实际值				知识指标的指数				
		知识创新经费投入[a]	知识创新专利产出[b]	大学普及率[c]	互联网普及率	知识创新经费投入	知识创新专利产出	大学普及率	互联网普及率	知识指数
北京	1	5.5	16.71	93	63	100	100	100	87	97
天津	2	2.4	5.18	72	46	95	76	100	64	84
河北	3	0.8	0.40	20	26	31	6	29	36	26
山西	4	1.1	0.71	21	31	44	10	31	43	32
内蒙古	5	0.5	0.30	22	24	21	4	31	33	22
辽宁	6	1.5	1.65	35	37	61	24	49	51	46
吉林	7	1.1	0.79	30	27	45	12	42	37	34
黑龙江	8	1.3	0.88	30	24	51	13	43	33	35
上海	9	2.8	11.46	76	61	100	100	100	85	96
江苏	10	2.0	4.11	33	36	82	60	48	50	60
浙江	11	1.7	3.02	34	47	69	44	49	66	57
安徽	12	1.4	0.73	18	17	54	11	25	24	29
福建	13	1.1	1.06	22	45	44	16	32	62	39
江西	14	1.0	0.34	24	18	40	5	34	18	26
山东	15	1.5	1.48	24	29	61	22	34	41	39
河南	16	0.9	0.52	17	21	36	8	24	29	24
湖北	17	1.7	1.06	26	26	66	16	37	36	39
湖南	18	1.2	0.69	21	22	47	10	30	30	29
广东	19	1.7	3.35	22	50	66	49	32	70	54
广西	20	0.6	0.26	14	21	24	4	20	29	19
海南	21	0.4	0.53	22	28	14	8	32	39	23
重庆	22	1.2	1.34	24	28	49	20	34	39	35
四川	23	1.5	0.76	18	20	61	11	26	28	31
贵州	24	0.7	0.35	10	15	27	5	14	21	17
云南	25	0.6	0.36	12	18	24	5	18	26	18
西藏	26	0.3	0.24	13	18	13	4	19	25	15
陕西	27	2.3	1.55	30	26	93	23	42	37	49
甘肃	28	1.1	0.42	17	20	44	6	24	28	26
青海	29	0.7	0.31	12	28	28	5	17	38	22
宁夏	30	0.8	0.29	17	23	31	4	24	31	23
新疆	31	0.5	0.31	16	29	20	4	22	41	22
香港	32	0.7	0.91	57	61	28	13	81	85	52
澳门	33	0.1	0.33	63	53	4	5	90	74	43
台湾	34	2.9	4.47	82	25	100	66	100	34	75
中国	73	1.5	1.72	25	29	60	25	36	40	40
高收入国家	132	2.5	6.82	70	72	100	100	100	100	100
中等收入国家	133	1.0	0.38	24	21	40	6	34	29	27
低收入国家	134	0.6	—	7	3	23	0	10	4	9
世界平均	135	2.0	1.52	27	27	80	22	39	38	45
参考值		2.5	6.82	70	72					

a. 指 R&D 经费/GDP,单位为%。

b. 指知识创新活动中的专利产出,数值为居民申请国内发明专利数/万人。

c. 中国地区为在校大学生占 19～22 岁人口比例,根据在校大学生人数和 2000 年人口普查数据计算。

附表 3-4-5　1980～2009 年中国地区综合现代化指数和排名

地区	编号	指数							排名						
		1980	1990	2000	2005	2007	2008	2009	1980	1990	2000	2005	2007	2008	2009
北京	1	42	52	65	79	81	83	85	1	1	1	1	1	1	1
天津	2	36	43	50	62	63	68	71	3	3	3	3	3	3	3
河北	3	25	29	28	32	33	35	37	16	15	24	23	24	24	20
山西	4	26	31	32	35	36	39	42	12	11	13	15	15	15	16
内蒙古	5	27	31	30	34	36	37	42	9	12	16	17	17	17	15
辽宁	6	29	38	39	45	46	47	50	4	4	4	5	7	7	7
吉林	7	28	33	35	40	41	41	44	5	6	8	9	8	11	11
黑龙江	8	28	34	33	38	39	40	43	6	5	11	11	13	13	13
上海	9	42	49	62	71	77	79	81	2	2	2	2	2	2	2
江苏	10	28	32	35	43	47	50	54	8	8	9	7	6	6	6
浙江	11	23	31	36	46	50	54	56	19	10	7	4	4	4	4
安徽	12	22	24	27	32	33	34	36	22	28	26	24	25	25	23
福建	13	24	29	34	37	39	42	45	18	18	10	13	12	9	9
江西	14	23	26	29	33	34	35	36	20	25	21	22	23	22	24
山东	15	20	29	32	38	39	42	45	26	17	14	12	11	8	10
河南	16	19	25	25	28	30	31	34	28	27	28	28	28	29	27
湖北	17	25	30	33	38	39	41	43	17	14	12	10	10	12	12
湖南	18	22	26	30	33	34	36	38	23	24	19	19	19	18	18
广东	19	26	32	37	44	49	53	55	13	9	5	6	5	5	5
广西	20	22	25	28	30	30	31	33	21	26	25	27	29	28	28
海南	21	—	33	31	34	36	37	39	—	7	15	18	16	16	17
重庆	22	—	—	30	37	38	40	42	—	—	18	14	14	14	14
四川	23	21	28	30	34	35	35	38	24	22	19	16	18	20	19
贵州	24	19	23	24	27	27	28	31	27	30	31	31	31	31	31
云南	25	21	24	25	28	28	30	31	25	29	30	30	30	30	29
西藏	26	27	28	25	28	34	35	31	11	21	29	29	21	21	30
陕西	27	27	29	37	40	41	42	46	10	16	6	8	9	10	8
甘肃	28	17	26	27	31	31	33	34	29	23	27	25	26	27	26
青海	29	28	29	29	31	31	33	35	7	20	22	26	27	26	25
宁夏	30	25	29	29	33	34	35	37	15	19	23	20	20	23	21
新疆	31	26	31	30	33	34	36	37	14	13	17	21	22	19	22
香港	32	64	77	76	76	76	78	77							
澳门	33	—	75	65	77	79	79	79							
台湾	34	—	74	74	79	78	77	81							
中国[a]	73	23	28	32	38	41	42	43							
高收入国家	132	100	100	100	100	100	100	100							
中等收入国家	133	52	48	43	41	40	40	41							
低收入国家	134	28	38	24	26	24	24	21							
世界平均	135	60	59	50	52	54	54	53							

　　a. 此表中国综合现代化指数与世界综合现代化评价结果略有不同。原因是数据来源不同,这里采用《中国统计年鉴》的数据。

联系单位：中国科学院中国现代化研究中心

地址：北京中关村北四环西路 33 号 726 室　邮政编码：100190

联系单位：北京同响时代现代化管理咨询中心

地址：北京中关村 944 楼 606 室　邮政编码：100086

电话：62539187　传真：62539103　E-mail：ccmr@mail. las. ac. cn

网址：http://www. modernization. com. cn

中国科学院中国现代化研究中心成立于 2002 年，是中国科学院所属的研究机构。北京同响时代现代化管理咨询中心（简称同响）成立于 2000 年。我们近期的主要成果有：

(1)《第二次现代化》丛书 9 本

《第二次现代化——人类文明进程的启示》，高等教育出版社，1999

《国家创新系统——第二次现代化的发动机》，高等教育出版社，1999

《第二次现代化的行动议程Ⅰ：公民意识现代化》，中国经济出版社，2000

《第二次现代化的行动议程Ⅱ：K 管理——企业管理现代化》，中国经济出版社，2000

《第二次现代化前沿Ⅰ：知识创新——竞争新焦点》，经济管理出版社，2001

《第二次现代化前沿Ⅱ：分配革命——按贡献分配》，经济管理出版社，2001

《东方复兴：现代化的三条道路》，商务印书馆，2003

《现代化科学：国家发达的科学原理》，科学出版社，2010

Modernization Science：The Principles and Methods of National Advancement，Springer，2012

(2)《中国现代化报告》系列 16 本

《中国现代化报告 2001：现代化与评价》，北京大学出版社，2001

《中国现代化报告 2002：知识经济与现代化》，北京大学出版社，2002

《中国现代化报告 2003：现代化理论与展望》，北京大学出版社，2003

《中国现代化报告 2004：地区现代化之路》，北京大学出版社，2004

《中国现代化报告 2005：经济现代化研究》，北京大学出版社，2005

《中国现代化报告 2006：社会现代化研究》，北京大学出版社，2006

《中国现代化报告 2007：生态现代化研究》，北京大学出版社，2007

《中国现代化报告 2008：国际现代化研究》，北京大学出版社，2008

《中国现代化报告 2009：文化现代化研究》，北京大学出版社，2009

《中国现代化报告 2010：世界现代化概览》，北京大学出版社，2010

《中国现代化报告 2011：现代化科学概论》，北京大学出版社，2011

《中国现代化报告 2012：农业现代化研究》，北京大学出版社，2012

《中国现代化报告概要（2001～2007)》，北京大学出版社，2007

《中国现代化报告概要（2001～2010)》，北京大学出版社，2010

《China Modernization Report Outlook（2001～2010)》，北京大学出版社，2010

Обзорный доклад о модернизация в мире и Китае（2001～2010），Весь мир. 2011

《中国现代化报告》系列

读者服务卡

编号：_____

尊敬的读者，您手中的《中国现代化报告 2012》，是中国现代化系列报告的第 12 本，它是我国学者 12 年理论探索和 1 年实证研究的智慧结晶。它提供了农业现代化的客观事实、基本原理和中国选择，以及 2009 年世界现代化水平。

在过去 300 年里，世界上大约有 20 多个国家和 10 亿人实现了现代化。在 21 世纪 100 年里，中国将大约有 15 亿人要实现现代化。中国现代化的任务超过发达国家的总和。如果没有科学的现代化研究，中国现代化有可能落空。

为促进我国的现代化研究，我们提出如下几个问题，向您请教：

1. 您填写本服务卡的时间是_____年_____月_____日。

2. 您对《中国现代化报告 2012》哪一部分内容比较满意？

　　□ 全部　　□ 第一章　　□ 第二章　　□ 第三章　　□ 评价部分、附表数据

3. 关于现代化研究，您希望加强哪些方面的研究？

　　□ 工业现代化　　□ 科技现代化　　□ 教育现代化　　□ 城市现代化

　　□ 其他_____

4.《中国现代化报告》提出了如下三项建议，您同意哪一项建议？

　　大学开设"现代化理论"选修课　　□ 同意　　□ 不同意　　□ 不确定

　　国家设立"中国现代化研究基金"　　□ 同意　　□ 不同意　　□ 不确定

　　成立中科院"中国现代化研究院"　　□ 同意　　□ 不同意　　□ 不确定

5. 您对我们的科研工作，有哪些建议或评价？

　　_____

　　_____

6. 您愿意与我们加强联系和交流吗？　　□ 愿意　　□ 不愿意　　□ 不确定

7. 为便于联系，请填写下列信息（它将被妥善保管）。谢谢您的支持！

　　姓名_____　　性别_____　　职称_____　　职务_____

　　单位全名_____

　　联系地址_____　　邮编_____

　　联系电话_____　　E-mail_____

中国现代化战略研究课题组　　中国科学院中国现代化研究中心

2012 年 2 月 8 日